秋　田　県

〈収録内容〉

■ 平成30年度は、弊社ホームページで公開しております。
本ページの下方に掲載しておりますQRコードよりアクセスし、データをダウンロードしてご利用ください。

解答用紙・音声データ配信ページへスマホでアクセス！ ⇒

※データのダウンロードは 2024 年 3 月末日まで。
※データへのアクセスには、右記のパスワードの入力が必要となります。 ⇒ 298465
※リスニング問題については最終ページをご覧ください。

〈 各教科の受検者平均点 〉

	数　学	英　語	理　科	社　会	国　語	合計点	100点換算点
2023年度	48.1	60.1	59.3	55.7	63.2	286.4	57.3
2022年度	55.5	54.5	49.1	56.5	64.9	280.5	56.1
2021年度	50.7	52.2	66.8	63.4	61.7	294.8	59.0
2020年度	51.5	58.0	57.0	57.2	58.6	282.3	56.5
2019年度	53.7	49.4	65.0	48.7	63.4	280.2	56.0
2018年度	51.4	54.5	64.0	61.7	57.1	288.7	57.7

本書の特長

POINT 1　解答は全問を掲載、解説は全問に対応！

POINT 2　英語の長文は全訳を掲載！

POINT 3　リスニング音声の台本、英文の和訳を完全掲載！

POINT 4　出題傾向が一目でわかる「年度別出題分類表」は、約 10 年分を掲載！

実戦力がつく入試過去問題集

- ▶ 問題 …………… 実際の入試問題を見やすく再編集。
- ▶ 解答用紙 …… 実戦対応仕様で収録。
- ▶ 解答解説 …… 重要事項が太字で示された、詳しくわかりやすい解説。
  ※採点に便利な配点も掲載。

合格への対策、実力錬成のための内容が充実

- ▶ 各科目の出題傾向の分析、最新年度の出題状況の確認で、入試対策を強化！
- ▶ その他、志願状況、公立高校難易度一覧など、学習意欲を高める要素が満載！

英語リスニング音声対応

英語のリスニング問題については、弊社オリジナル作成により音声を再現。
CDに全年度分を収録。

UD FONT

見やすく読みまちがえにくいユニバーサルデザインフォントを採用しています。用紙は目に優しい白さの紙を採用しており、紙面の見やすさがさらに引き立ちます。

2023年度/秋田県公立高校一般選抜合格状況(全日制)

○県北

学校名・学科名		募集人員	受検者数	合格者数	実質倍率
花輪	普通	111	89	89	1.00
十和田	普通	68	32	32	1.00
小坂	普通	35	7	7	1.00
	産業工学	33	17	17	1.00
大館鳳鳴	普通・理数	189	192	189	1.02
大館桂桜	普通・生活科学	88	97	88	1.10
	機械	34	28	31	0.90
	電気	30	35	30	1.17
	土木・建築	28	24	28	0.86
大館国際情報学院	普通	55	28	28	1.00
	国際情報	48	23	22	1.05
秋田北鷹	普通	119	119	117	1.02
	生物資源	31	21	22	0.95
	緑地環境	35	27	27	1.00
能代	普通・理数	192	159	158	1.01
能代松陽	普通・国際コミュニケーション	94	94	92	1.02
	情報ビジネス	56	34	35	0.97
能代科学技術	機械 電気 建設	83	46	44	1.05
	生物資源 生活福祉	67	42	40	1.05

○中央

学校名・学科名		募集人員	受検者数	合格者数	実質倍率
五城目	普通	78	22	22	1.00
男鹿海洋	普通	34	5	5	1.00
	海洋	31	10	9	1.11
	食品科学	35	9	8	1.13
男鹿工業	機械	27	13	13	1.00
	電気電子	29	15	15	1.00
	設備システム	25	15	15	1.00
秋田西	普通	138	125	125	1.00
金足農業	生物資源	27	25	25	1.00
	環境土木	24	16	16	1.00
	食品流通	26	23	23	1.00
	造園緑地	25	24	24	1.00
	生活科学	32	19	19	1.00
秋田	普通・理数	247	301	247	1.22
秋田北	普通	201	240	201	1.19
秋田南	普通	130	149	130	1.15
秋田中央	普通	175	229	175	1.31
新屋	普通	116	123	116	1.06
秋田工業	機械	42	60	42	1.43
	電気エネルギー	23	30	23	1.30
	土木	21	24	21	1.14
	建築	21	31	21	1.48
	工業化学	24	27	24	1.13

学校名・学科名		募集人員	受検者数	合格者数	実質倍率
秋田商業	商業	156	128	128	1.00
御所野学院	普通	51	33	32	1.03
本荘	普通	196	174	173	1.01
由利	普通・理数・国際	152	138	137	1.01
由利工業	機械	25	34	25	1.36
	電気	31	12	19	0.63
	環境システム	25	27	25	1.08
	建築	31	20	24	0.83
矢島	普通	60	12	12	1.00
西目	総合	105	73	71	1.03
仁賀保	普通	70	20	19	1.05
	情報メディア	35	28	27	1.04

○県南

学校名・学科名		募集人員	受検者数	合格者数	実質倍率
西仙北	普通	58	13	13	1.00
大曲農業	農業科学	52	60	52	1.15
	食品科学	28	26	26	1.00
	園芸科学	31	28	31	0.90
	生活科学	32	29	29	1.00
太田分校	普通	34	5	5	1.00
大曲	普通	145	138	138	1.00
	商業	29	22	21	1.05
大曲工業	機械	28	17	17	1.00
	電気	56	43	42	1.02
	土木・建築	28	29	28	1.04
角館	普通	178	141	139	1.01
六郷	普通・福祉	100	33	33	1.00
横手	普通・理数	192	198	192	1.03
横手城南	普通	139	124	124	1.00
横手清陵学院	普通	45	33	31	1.06
	総合技術	44	23	20	1.15
平成	普通	65	54	54	1.00
	総合ビジネス	26	21	21	1.00
雄物川	普通	64	16	15	1.07
増田	総合	70	69	69	1.00
	農業科学	27	26	26	1.00
湯沢	普通・理数	161	134	134	1.00
湯沢翔北	普通	28	27	27	1.00
	総合ビジネス	55	53	53	1.00
	工業技術	52	41	41	1.00
雄勝校	普通	38	13	12	1.08
羽後	普通	63	34	34	1.00

(注) 「募集人員」は一般選抜の募集人数。

数学 ●●●● 出題傾向の分析と合格への対策 ●●●●

出題傾向とその内容

〈最新年度の出題状況〉

本年度の出題数は，大問が5題，小問数にして23問であった。出題範囲は中学数学全般から，基礎力を問う問題と思考力を必要とする応用問題が組み合わされて出題されており，バランスのよい構成となっている。

出題内容は，大問1が，数・式，方程式，図形等から中学数学全般の基礎力を問う小問群，大問2は関数とグラフ，グラフの作成，確率，作図，大問3は資料の散らばり・代表値，大問4は合同の証明，定理の逆と反例，線分の長さ，大問5は図形と関数・グラフの融合問題であった。

〈出題傾向〉

問題の出題数は，ここ数年，大問数で5題という問題構成が定着している。

大問1は例年，計算問題を中心とした基本的な数学能力を問う8問の小問群である。数の性質，数・式の計算，文字の式，平方根，方程式の計算・応用，三平方の定理，円の性質，図形の計量等から出題されている。大問2～4は大問1よりも応用力を必要とする6～8問の小問群であり，数の性質と文字式を使った証明，平面図形の計量・証明・作図，場合の数と確率，資料の散らばり・代表値，図形と関数・グラフ，規則性等から出題されている。多少応用力を必要とするが，教科書を中心とした学校の教材をしっかり学習すれば十分解ける問題である。大問5はここ数年平面図形や動点問題が出題されているが，空間図形への準備もしっかりしておこう。

問題数が多く，作図や証明なども含まれており，かなり時間を必要とするものとなっているため，知識や思考力の他に，速さと確実性も必要である。また，選択問題は，内容によって全国でも難易度の高いものであるといえるだろう。

来年度の予想と対策

本年度が出題内容や問題数等に大きな変化がなかったことを考えると，この傾向は来年度以降も続くと考えられる。

出題傾向として，中学数学全般からまんべんなく出題されているので，まず教科書を中心に勉強し，中学数学の基礎固めをしっかりやって，苦手な分野をなくしておこう。

また，問題数が非常に多いので，計算の速さと正確さも身につけておこう。問題を解くときは，考えた経過として，式や図形などを書きとめておく習慣を身につけておくと本番でも見直しがしやすく，ミスも減るだろう。また，作図や証明問題は思考力を要求される問題が多いので，時間配分に気をつけておこう。ただ，基礎力のみでは対応できないものもある。かなり踏み込んだ力も必要になるので，応用問題にもチャレンジしておきたい。とにかく，ゆったりと考える時間はないので，ある程度問題を見て，瞬発的に解いていく力も身につけておきたい。

⇨学習のポイント

- 授業や学校の教材を中心に全分野の基礎力をまんべんなく身につけよう。
- 過去問や問題集を使って図形と関数・グラフの融合問題や図形の計量問題への対策を立てよう。

年度別出題内容の分析表　数学

		出題内容	26年	27年	28年	29年	30年	2019年	2020年	2021年	2022年	2023年
数と式		数の性質	○	○	○	○			○	○	○	○
		数・式の計算	○	○	○	○	○	○	○	○	○	○
		因数分解	○									
		平方根	○	○	○	○	○	○	○	○	○	○
方程式・不等式		一次方程式	○	○	○	○	○	○	○	○	○	○
		二次方程式	○	○	○	○	○	○	○	○	○	○
		不等式	○	○					○			○
		方程式の応用	○	○		○	○	○		○	○	○
関数		一次関数	○	○	○	○	○	○	○	○	○	○
		関数 $y=ax^2$	○	○	○	○	○	○	○	○	○	○
		比例関数		○	○	○	○	○	○	○	○	○
		関数とグラフ	○	○	○	○	○	○	○	○	○	○
		グラフの作成				○			○		○	○
図形	平面図形	角度	○	○	○	○	○	○	○	○	○	○
		合同・相似	○	○	○	○	○	○	○	○	○	○
		三平方の定理	○	○	○	○		○	○	○	○	○
		円の性質	○	○	○	○	○	○	○	○	○	○
	空間図形	合同・相似			○							
		三平方の定理					○					
		切断									○	
	計量	長さ	○	○	○	○	○	○	○	○	○	○
		面積	○	○	○	○	○	○	○	○	○	○
		体積	○	○	○	○	○	○	○	○	○	○
		証明	○	○	○	○	○	○	○	○	○	○
		作図	○	○	○	○	○	○	○	○	○	○
		動点						○				
データの活用		場合の数										
		確率	○	○	○	○	○	○	○	○	○	○
		資料の散らばり・代表値(箱ひげ図を含む)	○	○	○	○	○	○	○	○	○	
		標本調査					○				○	
融合問題		図形と関数・グラフ	○		○	○				○	○	○
		図形と確率										
		関数・グラフと確率					○					
		その他										
その他				○				○		○	○	○

英語 出題傾向の分析と合格への対策

出題傾向とその内容

〈最新年度の出題状況〉

本年度は大問5題の出題となっている。出題内容は，リスニングテストが大問1題であるが，それ以外は会話文，短文読解，長文読解と多岐にわたっている。

リスニングテストでは，英文の内容に合う絵を選ぶ問題，会話に対する応答を選ぶ問題，会話の内容についての質問に答える問題，会話を聞いてその内容について適切なものを選ぶ問題，英語の質問について自分自身の答えを英語で書く問題が出題された。配点は100点中の25点であった。

短文読解は，語句補充，語形変化，英問英答，条件英作文による出題であった。

会話文形式の読解問題は，語形変化，語句補充，図を見て答える問題，文の挿入，内容把握問題などであった。長文読解問題は，語句補充，語句の解釈，内容真偽，日本語で答える問題などが出題された。

文法については読解問題の中で問われている。

幅広い文法事項と問題形式をカバーしており，総合力を問う出題だったと言える。

〈出題傾向〉

出題傾向に変化があるものの，基本的な方針は変わっていない。

リスニングは分量・内容ともに標準的なものである。リスニング(4)では問題に目を通す時間が昨年度同様，15秒であった。

会話文形式の問題は読解中心ではあるが，独立した文法問題があるため，文法知識もおろそかにしてはならない。英文の完成や，英問英答問題など，英文を書く問題も多い。文法力を上げることは英作文対策にもなる。

読解問題では幅広い形式の小問が出題されるが，語句，英文，日本語ともに「書く」タイプの問題がやや多い。文量の少ない短文読解が出題されるのも特徴である。

来年度の予想と対策

リスニングテストの対策としては，音声を利用して英文を聞き慣れることが第一である。聞きながらメモを取る練習をすることも必要である。

出題の中心は会話文形式のものを含めた読解問題である。まずは，文法の重要事項を問題集などで身につけ，その知識を生かして短い英文を正確に読み，最終的にまとまった内容の英文へと進むべきであろう。

また，出題形式が多様なので，注意深く問題を読み実際に解答する練習も必要である。さまざまな形式の問題を解いておくとよいだろう。

英作文では，自分が伝えたいことを英文にする練習が効果的であろう。ただし，近年では文脈に従って書くものも出題されているので，そのような問題にも慣れておくこと。

⇨学習のポイント

- 中学校3年間で学習する文法知識を身につけ，それを使った英作文の練習をしよう。
- 中心となる読解問題は，多様な形式の問題に数多く触れよう。

年度別出題内容の分析表　英語

出題内容			26年	27年	28年	29年	30年	2019年	2020年	2021年	2022年	2023年
設問形式	リスニング	絵・図・表・グラフなどを用いた問題	○	○	○	○	○	○	○	○	○	○
		適文の挿入	○	○		○	○	○	○	○	○	○
		英語の質問に答える問題	○	○	○	○	○	○	○	○	○	○
		英語によるメモ・要約文の完成	○	○	○		○	○				
		日本語で答える問題				○						
		書き取り										
	語い	単語の発音										
		文の区切り・強勢										
		語句の問題	○	○		○	○	○	○	○	○	○
	読解	語句補充・選択（読解）	○	○	○	○	○	○	○	○	○	○
		文の挿入・文の並べ換え	○	○	○			○	○	○	○	○
		語句の解釈・指示語	○	○	○	○	○	○	○	○	○	○
		英問英答（選択・記述）	○	○	○	○	○	○	○	○	○	○
		日本語で答える問題	○	○	○	○	○	○	○	○	○	○
		内容真偽	○	○	○	○	○	○	○	○	○	○
		絵・図・表・グラフなどを用いた問題	○	○	○	○	○	○	○	○	○	○
		広告・メール・メモ・手紙・要約文などを用いた問題			○	○	○					
	文法	語句補充・選択（文法）	○	○	○			○	○	○	○	○
		語形変化				○	○	○	○	○	○	○
		語句の並べ換え	○	○	○		○					
		言い換え・書き換え										
		英文和訳										
		和文英訳										
		自由・条件英作文	○	○	○	○	○	○	○	○	○	○
文法事項		現在・過去・未来と進行形	○	○	○	○	○	○	○	○	○	○
		助動詞	○		○	○	○		○	○	○	○
		名詞・冠詞・代名詞	○	○				○	○	○	○	○
		形容詞・副詞	○	○			○	○	○	○	○	○
		不定詞	○	○	○	○	○	○	○	○	○	○
		動名詞			○	○	○	○	○	○	○	○
		文の構造（目的語と補語）	○		○	○	○	○			○	○
		比較	○	○	○	○	○		○	○	○	○
		受け身		○	○	○	○	○	○	○	○	○
		現在完了				○	○	○	○	○	○	○
		付加疑問文										○
		間接疑問文			○						○	
		前置詞		○		○					○	○
		接続詞	○	○	○		○		○	○	○	○
		分詞の形容詞的用法		○	○		○	○	○	○		
		関係代名詞	○		○	○	○	○	○	○	○	○
		感嘆文										
		仮定法										

— 秋田県公立高校 —

理科　出題傾向の分析と合格への対策

出題傾向とその内容

〈最新年度の出題状況〉

大問1は生物で，だ液の消化実験では方法・吸収では小腸のつくりで文章記述があった。大問2は化学で，水素の燃焼実験では水の検出方法・反応する物質の体積比と計算・化学変化を原子や分子のモデルで表す出題があった。大問3は地学で，地震発生のしくみ・震源からの距離と初期微動継続時間のグラフ化・緊急地震速報の出題があった。大問4は物理で，動滑車の実験の考察・仕事率の計算・位置エネルギーの出題があった。大問5は総合問題で，バイオマス発電(カーボンニュートラル)・風力発電でのエネルギーとその変換，発光ダイオードの出題があった。大問6は総合問題で，夏至と冬至での太陽の日周運動・南中高度の出題があった。基本的な実験・観察，身近な体験からの出題であり，実験方法，探究の道すじ，解答を導き出す過程などの記述問題が多く，科学の方法重視であった。

〈出題傾向〉

毎年，各学年の第一分野・第二分野からバランスよく出題される。3年間の複数単元からの総合問題も出題される。一つのテーマについて，いくつかの実験や観察から調べていきデータ(資料)を分析して判断し，考察して結論を得て総合的に活用して解く問題である。日常生活における科学をテーマとした自由研究の形式での出題もある。探究の道すじを重視した出題が多く，実験・観察の操作，実験計画，解答を導き出す過程について問う問題やデータから考察する問題が多い。資料を読み解き考察する問題も出題される。教科書に出ている標準的なものが中心であるが，基礎的・基本的内容を活用して解く応用発展的な問題が見られ，読解力，科学的思考力や判断力，表現力などが試される。毎年，文章記述問題の出題が特徴となっていて，解答を導く過程の記述問題も求められる。図解，作図，グラフ化，モデル化，化学式，化学反応式，イオン式，計算，など解答方法は多岐にわたる。

物理的領域　大問の中心は，5年は動滑車の実験・位置エネルギー・仕事率，エネルギーとその変換，4年は浮力と重力とばねばかりの弾性力の実験と水圧，3年はコイルと磁石による電磁誘導の検流計の指針の振れ，右ねじの法則，電力量，2年は3力のつり合いの作図，等速直線運動であった。

化学的領域　大問の中心は，5年は水素の燃焼実験と体積比・化学反応式と原子・分子モデル，バイオマス発電，4年は蒸留実験・沸点と密度と燃え方，$NaHCO_3$の分解実験と質量比，3年は酸・アルカリ，中和実験とイオン，金属の燃焼と質量比，2年は気体の発生と性質・密度であった。

生物的領域　大問の中心は，5年はだ液の消化の対照実験で実験方法・タンパク質の消化吸収・小腸のつくり，4年は細胞の観察，体細胞分裂，光合成，細胞の呼吸，無性生殖，3年は植物の体のつくりとはたらきと分類，刺激と反応，2年は刺激と反応，骨格と筋肉，呼吸のはたらきであった。

地学的領域　大問の中心は，5年は地震発生のしくみ・初期微動継続時間・緊急地震速報，夏至の太陽の日周運動，4年は空気中の水蒸気量，雲のでき方，望遠鏡で見える月，3年は火山灰，露頭の観察と柱状図，公転と夜の長さ，2年は星の日周・年周運動の見え方，金星の動きと見え方であった。

来年度の予想と対策

探究活動や日常生活や社会と関連する内容重視，複数単元にわたる総合問題など，基礎を踏まえた上での考察，解答を導く過程の記述など長い文章での解答を求める傾向は，今後も同様と思われる。

教科書を丁寧に復習しよう。日頃の授業では，実験・観察，資料の活用など探究の道すじは，図や表，グラフ化など分かり易く表現し，考察は結果に基づいて自分で文章を書く習慣を身につけよう。

⇨学習のポイント

- 過去問題を多く解き，「何を問われるのか，どんな答え方をすればよいのか」を把握しておこう。
- 教科書の図，表，応用発展，資料が全てテスト範囲。中学理科の全体を総合的に理解しよう。

年度別出題内容の分析表　理科

※★印は大問の中心となった単元

出題内容			26年	27年	28年	29年	30年	2019年	2020年	2021年	2022年	2023年
第一分野	第1学年	身のまわりの物質とその性質		○	○	○			○		○	○
		気体の発生とその性質	○		★	○	○		★	○		○
		水溶液		○				★	○			
		状態変化		★		○	○	○			★	
		力のはたらき(2力のつり合いを含む)	○	○			○	○	○		○	
		光と音	★				○		○	○	○	
	第2学年	物質の成り立ち	★		○	○		○			○	○
		化学変化，酸化と還元，発熱・吸熱反応	○	○		○	○		○	○		★
		化学変化と物質の質量	○				★		○	○	○	○
		電流(電力，熱量，静電気，放電，放射線を含む)		★	★	○	○	★		○		
		電流と磁界					○			★		○
	第3学年	水溶液とイオン，原子の成り立ちとイオン				○						
		酸・アルカリとイオン，中和と塩				★				★		
		化学変化と電池，金属イオン										
		力のつり合いと合成・分解(水圧，浮力を含む)		★	○	○	★		★		★	
		力と物体の運動(慣性の法則を含む)	○			★			○			
		力学的エネルギー，仕事とエネルギー	★			○		○				★
		エネルギーとその変換，エネルギー資源		○			○					○
第二分野	第1学年	生物の観察と分類のしかた	○	○								
		植物の特徴と分類	○			○	○		○	★	○	
		動物の特徴と分類	○									○
		身近な地形や地層，岩石の観察				○				○		
		火山活動と火成岩		★						○		
		地震と地球内部のはたらき						★				★
		地層の重なりと過去の様子				★				★		
	第2学年	生物と細胞(顕微鏡観察のしかたを含む)									★	
		植物の体のつくりとはたらき	○	○	○	★	○		○	○	○	
		動物の体のつくりとはたらき				★	○		★	○	○	★
		気象要素の観測，大気圧と圧力		○		○	○					
		天気の変化		○	○	○		○	○		★	
		日本の気象			★		○	★				
	第3学年	生物の成長と生殖	★		★		★				○	
		遺伝の規則性と遺伝子			○			★			○	
		生物の種類の多様性と進化	○					○				
		天体の動きと地球の自転・公転	○		★		★		○	○		○
		太陽系と恒星，月や金星の運動と見え方	★				○		★		○	
		自然界のつり合い		★								
自然の環境調査と環境保全，自然災害							★					○
科学技術の発展，様々な物質とその利用				○	○		○		○		○	○
探究の過程を重視した出題			○	○	○	○	○	○	○	○	○	○

— 秋田県公立高校 —

社会 ●●●● 出題傾向の分析と合格への対策 ●●●●

出題傾向とその内容

〈最新年度の出題状況〉

本年度の出題数は大問4題，小問41題であった。解答形式は，記号選択が18問，語句記入は15問であった。また，短文記述が8題出題されている。大問は，日本地理1題，世界地理1題，歴史1題，公民1題となっており，各分野からバランスよく出題されている。

地理的分野では，略地図・雨温図・グラフ・表などを用い，諸地域や諸国の特色・地形・気候・産業などを問う問題が出題されている。

歴史的分野では，生徒のレポートを題材とし，略年表やグラフ・表・史料・絵などを用いて，各時代の政治・経済・社会・外交などが出題されている。弥生時代から現代まで，幅広い時代が出題されている。世界史も出題されている。

公民的分野では，生徒のレポートを題材とし，説明図・表・グラフなどを用いて，政治・経済一般・国の政治の仕組み・地方自治などについて問う問題が出題されている。さらに，環境問題が1題出題されている。

〈出題傾向〉

出題内容は，基礎知識を問う問題が中心で，使用語句指定の記述問題も出題されており，考察力や表現力も求められている。

地理的分野では，日本の地理・世界の地理に関して基本事項を幅広く問う内容となっている。また，短文記述を通して，各種統計資料から読み取れるものと基本事項を結びつける力を確認する出題もされている。

歴史的分野では，わが国の政治・社会・外交・文化・宗教というテーマで出題することにより，各時代の特徴の把握の度合いを確認している。また，短文記述を通して，理解の深さを問う出題もされている。世界史のできごととの関係を問う問題もある。

公民的分野では，憲法・政治・経済一般を軸にして，今日の日本社会に対する理解の程度を問う内容となっている。

来年度の予想と対策

来年度も，出題数・出題内容ともに大きな変化はなく，記号選択や語句記入の問題が大部分を占めると思われる。基礎知識を問う問題が中心なので，教科書内容を中心に整理しよう。表・グラフなどから特色や傾向を読み取り，簡潔な文でまとめる練習も必要である。

地理的分野では，基礎知識のほかに，地図・グラフ・表などの資料を見て，諸地域・諸国の特色・産業・貿易・地形・気候等についてまとめる練習をしておくことが必要である。

歴史的分野では，教科書・年表・図説を用いて，政治・外交・社会・文化がそれぞれどのように結びついているかをよく理解しておく必要がある。

公民的分野では，政治・経済・地方自治・国際社会についての基礎知識を習得することはもちろん，教科書による学習だけでなく，テレビのニュースや新聞などで今日の日本・世界の問題にも備える必要があるだろう。

⇨学習のポイント

- 地理的分野では，教科書の基礎的事項を整理し，統計資料や地図の読み取り力をつけよう！
- 歴史的分野では，教科書で基礎的事項を整理し，略年表の問題に慣れておこう！
- 公民的分野では，教科書の基礎的な用語を確実に押さえ，時事的問題とも関連づけよう！

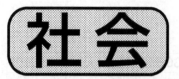

年度別出題内容の分析表　社会

分野	区分	出題内容	26年	27年	28年	29年	30年	2019年	2020年	2021年	2022年	2023年
地理的分野	日本	地形図の見方									○	
		日本の国土・地形・気候	○	○	○	○	○	○	○	○	○	
		人口・都市		○		○	○	○	○	○		○
		農林水産業		○	○	○	○	○	○	○		
		工業	○	○		○	○		○	○		○
		交通・通信			○	○		○	○		○	
		資源・エネルギー						○				○
		貿易	○									
	世界	人々のくらし・宗教							○			
		地形・気候	○	○	○	○	○	○	○	○	○	○
		人口・都市	○					○		○	○	○
		産業	○	○		○	○	○	○	○		○
		交通・貿易		○	○				○	○	○	
		資源・エネルギー	○					○			○	
	地理総合											
歴史的分野	日本史―時代別	旧石器時代から弥生時代		○					○		○	○
		古墳時代から平安時代	○	○	○	○	○	○	○	○	○	○
		鎌倉・室町時代	○	○	○	○	○	○	○	○	○	○
		安土桃山・江戸時代	○	○	○	○	○	○	○	○	○	○
		明治時代から現代	○	○	○	○	○	○	○	○	○	○
	日本史―テーマ別	政治・法律	○	○	○	○	○	○	○	○	○	○
		経済・社会・技術	○	○		○		○	○	○	○	○
		文化・宗教・教育	○	○	○	○	○	○	○		○	○
		外交	○	○	○	○	○	○	○	○	○	○
	世界史	政治・社会・経済史			○		○	○	○	○	○	○
		文化史										
		世界史総合										
	歴史総合											
公民的分野	憲法・基本的人権		○	○	○	○	○	○	○	○	○	○
	国の政治の仕組み・裁判		○	○	○	○	○		○	○		○
	民主主義											
	地方自治		○	○			○				○	○
	国民生活・社会保障		○			○	○	○				○
	経済一般		○	○	○		○	○	○	○	○	○
	財政・消費生活		○	○	○		○	○	○	○	○	
	公害・環境問題				○	○			○	○	○	○
	国際社会との関わり		○		○	○	○	○	○		○	
時事問題						○						
その他								○				

―秋田県公立高校―

国語　出題傾向の分析と合格への対策

出題傾向とその内容

〈最新年度の出題状況〉

本年度は，放送問題，現代文読解が2題，古文の読解，知識問題，作文の計6大問が出題された。

一の放送問題は，「人にやさしい町づくり」についての生徒3人の話し合いを聞き，内容や進行の仕方について答えるものであった。

二は論説文の読解。本文の内容や筆者の考えについて問われた。

三は知識問題で，漢字の読み書き，故事成語，品詞などが出題された。

四は小説の読解。登場人物の心情やその変化を問う問題が出題された。

五は古文の読解。仮名遣いや内容理解に関する問題が出題された。

六は，自分が今までに影響を受けた人物やものごとについて，自分の変化も交えて書くという課題作文が出題された。作文の字数は，200字以上250字以内であった。

〈出題傾向〉

聞き取り，現代文読解，古文または漢文読解，作文，知識問題と，盛りだくさんである。

聞き取りは，3人程度の会話を聞き，その内容や話し方について問われる。記述で解答する問題が多く，正確に聞き取る能力が求められている。

現代文読解は，小説は登場人物の心情理解が中心，論説文は内容理解が中心である。部分的な読み取りではなく，文章全体を通しての読解力が必要となる。

古文や漢文は，内容を正確に理解できるよう，訓練をしておきたい。また，歴史的仮名遣いや返り点など，基本的な知識も問われる。本年度は，生徒の会話が示され，空欄に適する内容を入れる問題が出題されている。

知識問題は，漢字の読み書きをはじめ，文法や語句など，幅広く出題されている。

作文は200～250字。条件に従って，自分の考えや意見を書くものである。

来年度の予想と対策

来年度も必要な対策は変わらないと予想される。

現代文は，多くの問題にあたって読解力を養っておきたい。文学的文章では，本文中の言葉を手がかりに，情景・心情を読み取る力が必要である。また，論理的文章の対策も怠ることはできない。文章を読み比べたり，内容をまとめたりする練習をしておくとよい。

古文と漢文への対策も必須である。古文や漢文の独特な表現や歴史的仮名遣い等の基本も確実に身につけておこう。また，詩・短歌(和歌)・俳句の形式や表現についてもおさえておく。

課題作文は，日ごろの練習なしには上達しない。ある事柄に対し，根拠を示しながら自分の意見を書く練習などを重ねて，十分な対策をしておくことが必要である。

漢字，語句，文法などは，教科書での学習を中心に，確実に身につけておこう。

聞き取り問題対策は，テレビやラジオ，インターネットなどを活用するとよいだろう。

⇨学習のポイント

- 多くの文章に触れて，基本的な読解ができるようにしよう。
- 漢字，文法，語句の基本知識も身につけよう。
- さまざまなテーマで作文の練習をする。

年度別出題内容の分析表　国語

出題内容			26年	27年	28年	29年	30年	2019年	2020年	2021年	2022年	2023年
内容の分類	読解	主題・表題	○				○					
		大意・要旨	○						○			
		情景・心情	○	○	○	○	○	○	○	○	○	○
		内容吟味	○	○	○	○	○	○	○	○	○	○
		文脈把握	○	○	○	○	○	○	○	○	○	○
		段落・文章構成		○	○	○		○				
		指示語の問題	○	○					○			○
		接続語の問題										
		脱文・脱語補充								○		
	漢字・語句	漢字の読み書き	○	○	○	○	○	○	○	○	○	○
		筆順・画数・部首										
		語句の意味	○					○	○			○
		同義語・対義語								○		
		熟語	○	○				○			○	
		ことわざ・慣用句		○	○	○	○					
		仮名遣い		○	○		○	○	○	○	○	○
	表現	短文作成										
		作文(自由・課題)	○	○	○	○	○	○	○	○	○	○
		その他							○			
	文法	文と文節		○		○					○	○
		品詞・用法	○		○	○	○			○	○	○
		敬語・その他		○	○		○					
	古文の口語訳		○	○		○						
	表現技法・形式				○	○				○		
	文学史											
	書写											
問題文の種類	散文	論説文・説明文	○	○	○	○	○	○	○	○	○	○
		記録文・報告文										
		小説・物語・伝記	○	○	○		○	○	○	○	○	○
		随筆・紀行・日記										
	韻文	詩	○				○					
		和歌(短歌)				○		○	○	○		
		俳句・川柳										
	古文			○	○		○	○	○		○	○
	漢文・漢詩		○			○				○	○	
	会話・議論・発表											
	聞き取り		○	○	○	○	○	○	○	○	○	○

— 秋田県公立高校 —

秋田県公立高校難易度一覧

目安となる偏差値	公立高校名
75 ~ 73	
72 ~ 70	秋田(普・理数)
69 ~ 67	
66 ~ 64	秋田南
63 ~ 61	秋田北，秋田中央，横手(普・理数)
60 ~ 58	大館鳳鳴(普・理数)，大曲，能代(普・理数)
57 ~ 55	本荘，湯沢(普・理数)
54 ~ 51	大曲(商業) 秋田工業(機械／電気エネルギー／土木／建築／工業化学)，市秋田商業(商業)，秋田西，新屋 大館国際情報学院，角館，増田(総合)
50 ~ 47	秋田北鷹，由利(普・理数・国際)，横手清陵学院 大館国際情報学院(国際情報)，湯沢翔北(普／総合ビジネス) 大曲工業(電気／機械／土木・建築)，能代松陽(普・国際コミュニケーション)，湯沢翔北(工業技術) 金足農業(生物資源／環境土木／食品流通／造園緑地／生活科学)，西目(総合)，横手城南，横手清陵学院(総合技術)
46 ~ 43	花輪，平成 大館桂桜(普・生活科学)，大曲農業(農業科学／食品科学／園芸科学／生活科学)，能代科学技術(機械・電気・建設) 能代松陽(情報ビジネス)，由利工業(機械／電気／環境システム／建築) 大館桂桜(機械／電気／土木・建築)，男鹿工業(機械／電気電子／設備システム)，西仙北，平成(総合ビジネス)
42 ~ 38	仁賀保，増田(農業科学) 秋田北鷹(生物資源／緑地環境)，雄物川，仁賀保(情報メディア)，六郷(普・福祉) 五城目，十和田 羽後，男鹿海洋，小坂(普／産業工学)，能代科学技術(生物資源・生活福祉)，湯沢翔北[雄勝校] 大曲農業[太田分校]，男鹿海洋(海洋／食品科学)
37 ~	矢島

＊(　)内は学科・コースを示します。特に示していないものは普通科(普通・一般コース)，または全学科(全コース)を表します。また，市は市立を表します。

＊データが不足している高校，または学科・コースなどにつきましては掲載していない場合があります。

＊公立高校の入学者は，「学力検査の得点」のほかに，「調査書点」や「面接点」などが大きく加味されて選抜されます。上記の内容は想定した目安ですので，ご注意ください。

＊公立高校入学者の選抜方法や制度は変更される場合があります。また，統廃合による閉校や学校名の変更，学科の変更などが行われる場合もあります。教育委員会などの関係機関が発表する最新の情報を確認してください。

不安という人なつっこい怪物。

曽我部恵一｜ミュージシャン

受験を前に不安を抱えている人も多いのではないでしょうか。今回はミュージシャンであり，3人の子どもたちを育てるシングルファーザーでもある曽我部恵一さんにご自身のお子さんに対して思うことをまじえながら，“不安”について思うことを聞いた。

曽我部恵一
'90年代初頭よりサニーデイ・サービスのヴォーカリスト／ギタリストとして活動を始める。2004年，自主レーベルROSE RECORDSを設立し，インディペンデント／DIYを基軸とした活動を開始する。以後，サニーデイ・サービス／ソロと並行し，プロデュース・楽曲提供・映画音楽・CM音楽・執筆・俳優など，形態にとらわれない表現を続ける。

── 子どもの人生を途中まで一緒に生きてやろうっていうのが，何だかおこがましいような気がしてしまう。

子どもが志望校に受かったらそれは喜ばしいことだし，落ちたら落ちたで仕方がない。基本的に僕は子どもにこの学校に行ってほしいとか調べたことがない。長女が高校や大学を受験した時は，彼女自身が行きたい学校を選んで，自分で申し込んで，受かったからそこに通った。子どもに「こういう生き方が幸せなんだよ」っていうのを教えようとは全く思わないし，勝手につかむっていうか，勝手に探すだろうなと思っているかな。

僕は子どもより自分の方が大事。子どもに興味が無いんじゃないかと言われたら，本当に無いのかもしれない。子どもと仲良いし，好きだけど，やっぱり自分の幸せの方が大事。自分の方が大事っていうのは，あなたの人生の面倒は見られないですよって意味でね。あなたの人生はあなたにしか生きられない。自分の人生って，設計して実際動かせるのは自分しかいないから，自分のことを責任持ってやるのがみんなにとっての幸せなんだと思う。

うちの子にはこの学校に入ってもらわないと困るんですすって言っても，だいたい親は途中で死ぬから子どもの将来って最後まで見られないでしょう。顔を合わせている時，あのご飯がうまかったとか，風呂入るねとか，こんなテレビやってたよ，とかっていう表面的な会話はしても，子どもの性格とか一緒にいない時の子どもの表情とか本当はちゃんとは知らないんじゃないかな。子どもの人生を途中まで一緒に生きてやろうっていうのが，何だかおこがましいような気がしてしまう。

── 不安も自分の能力の一部だって思う。

一生懸命何かをやってる人，僕らみたいな芸能をやっている人もそうだけど，みんな常に不安を抱えて生きていると思う。僕も自分のコンサートの前はすごく不安だし，それが解消されることはない。もっと自分に自信を持てるように練習して不安を軽減させようとするけど，無くなるということは絶対にない。アマチュアの時はなんとなくライブをやって，なんとなく人前で歌っていたから，不安はなかったけど，今はすごく不安。それは，お金をもらっているからというプロフェッショナルな気持ちや，お客さんを満足させないとというエンターテイナーとしての意地なのだろうけど，本質的な部分は“このステージに立つほど自分の能力があるのだろうか”っていう不安だから，そこは受験をする中学生と同じかもしれない。これは不安を抱えながらぶつかるしかない。それで，ぶつかってみた結果，ライブがイマイチだった時は，僕は今でも人生終わったなって気持ちになる。だから，不安を抱えている人に対して不安を解消するための言葉を僕はかけることができない。受験生の中には高校受験に失敗したら人生終わると思ってる人もいるだろうし，僕は一つのステージを失敗したら人生終わると思ってる。物理的に終わらなくても，その人の中では終わる。それに対して「人生終わらないよ」っていうのは勝手すぎる意見。僕たちの中では一回の失敗でそれは終わっちゃうんだ。でも，失敗しても相変わらずまた明日はあるし，明後日もある。生きていかなきゃいけない。失敗を繰り返していくことで，人生は続くってことがわかってくる。子どもたちの中には，そこで人生を本当に終わらそうっていう人が出てくるかもしれないけど，それは大間違い。同じような失敗は生きてるうちに何度もあって，大人になっている人は失敗を忘れたり，見ないようにしたりするのをただ単に繰り返して生きてるだけなんだと思う。失敗したからこそできるものがあるから，僕は失敗するっていうことは良いことだと思う。挫折が多い方が絶対良い。若い頃に挫折とか苦い経験っていうのはもう財産だから。

例えば，「雨が降ってきたから，カフェに入った。そしたら偶然友達と会って嬉しかった」。これって，雨が降る，晴れるとか，天気みたいなもうどうしようもないことに身を委ねて，自然に乗っかっていったら，結局はいい出来事があったということ。僕は，無理せずにそういう風に生きていきたいなと思う。失敗しても，それが何かにつながっていくから，失敗したことをねじ曲げて成功に持っていく必要はないんじゃないかな。

不安を感じてそれに打ち勝つ自信がないのなら，逃げたらいい。無理して努力することが一番すごいとも思わない。人間，普通に生きると70年とか80年とか生きるわけで，逃げてもどこかで絶対勝負しなきゃいけない瞬間っていうのがあるから，その時にちゃんと勝負すればいいんじゃないかな。受験がどうなるか，受かるだろうか，落ちるだろうか，その不安を抱えている人は，少なからず，勝負に立ち向かっていってるから不安を抱えているわけで。それは素晴らしいこと。不安っていうのは自分の中の形のない何かで自分の中の一つの要素だから，不安も自分の能力の一部だって思う。不安を抱えたまま勝負に挑むのもいいし，努力して不安を軽減させて挑むのもいい。または，不安が大きいから勝負をやめてもいいし，あくまでも全部自分の中のものだから。そう思えば，わけのわからない不安に押しつぶされるってことはないんじゃないかな。

ダウンロードコンテンツのご利用方法

※弊社 HP 内の各書籍ページより，解答用紙などのデータダウンロードが可能です。

※巻頭「収録内容」ページの下部 QR コードを読み取ると，書籍ページにアクセスが出来ます。（ Step 4 からスタート）

Step 1 東京学参 HP（https://www.gakusan.co.jp/）にアクセス

Step 2 下へスクロール『フリーワード検索』に書籍名を入力

Step 3 検索結果から購入された書籍の表紙画像をクリックし，書籍ページにアクセス

Step 4 書籍ページ内の表紙画像下にある『ダウンロードページ』を

クリックし，ダウンロードページにアクセス

Step 5 巻頭「収録内容」ページの下部に記載されている

パスワードを入力し，『送信』をクリック

解答用紙・+αデータ配信ページへスマホでアクセス！ ⇒

＊データのダウンロードは 2024 年 3 月末日まで。

＊データへのアクセスには，右記のパスワードの入力が必要となります。 ⇒ ●●●●●●

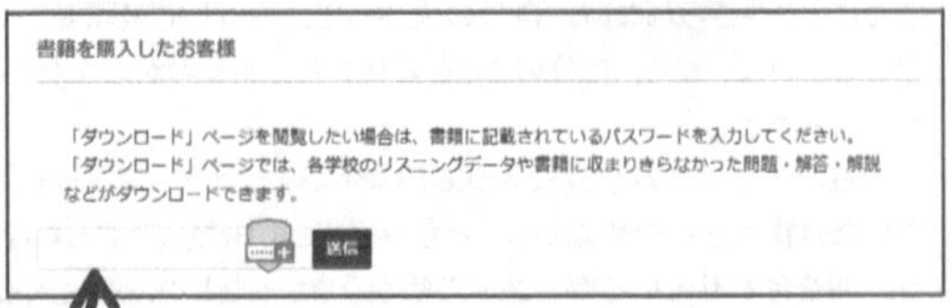

Step 6 使用したいコンテンツをクリック

※ PC ではマウス操作で保存が可能です。

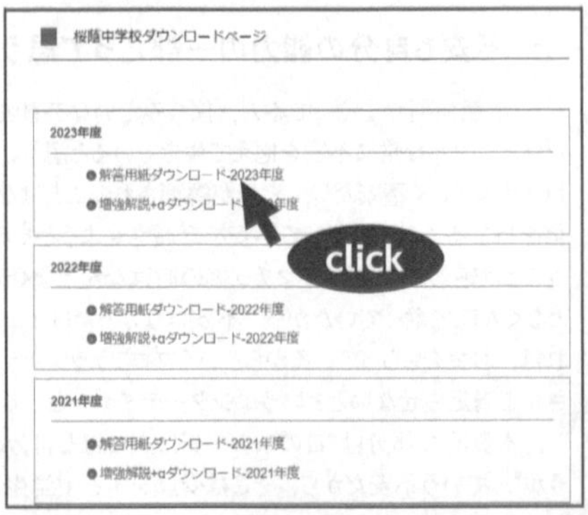

秋田県公立高等学校

2023年度

★★★★★★★★★★★★★★★★★★★★★★★

入　試　問　題

2023年度

●くわしい解説……39ページ

＜数学＞

時間　60分　　満点　100点

1　次の(1)～(15)の中から，**指示された８問**について答えなさい。

(1)　$8+12\div(-4)$　を計算しなさい。

(2)　$12ab\div6a^2\times2b$　を計算しなさい。

(3)　次の数の大小を，不等号を使って表しなさい。

4，$\sqrt{10}$

(4)　$x=\frac{1}{2}$，$y=-3$　のとき，$2(x-5y)+5(2x+3y)$　の値を求めなさい。

(5)　$\frac{\sqrt{2}}{2}-\frac{1}{3\sqrt{2}}$を計算しなさい。

(6)　方程式　$\frac{5x-2}{4}=7$　を解きなさい。

(7)　連立方程式　$\begin{cases}2x+y=5\\x-4y=7\end{cases}$　を解きなさい。

(8)　方程式　$x^2+5x+2=0$　を解きなさい。

(9)　右の図のように，１辺の長さが５㎝の正三角形の紙を，その一部が重なるように，横一列に３枚並べて図形をつくる。このとき，重なる部分は，すべて１辺の長さがa㎝の正三角形となるようにする。図の太線は，図形の周囲を表している。太線で表した図形の周囲の長さを，aを用いた式で表しなさい。

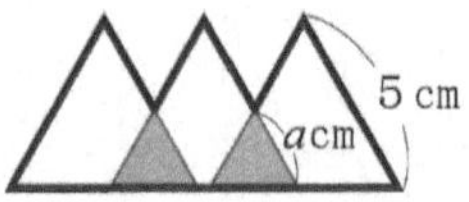

(10)　nは100より小さい素数である。$\frac{231}{n+2}$が整数となるnの値を**すべて**求めなさい。

(11)　右の図のように，正方形ＡＢＣＤ，正方形ＥＦＣＧがある正方形ＡＢＣＤを，点Ｃを中心として，時計まわりに45°だけ回転移動させると，正方形ＥＦＣＧに重ね合わせることができる。このとき，$\angle x$の大きさを求めなさい。

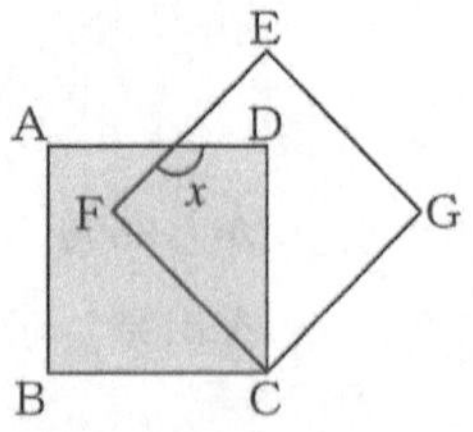

⑿　右の図で，６点Ａ，Ｂ，Ｃ，Ｄ，Ｅ，Ｆは，円Ｏの周上の点であり，線分ＡＥと線分ＢＦは円Ｏの直径である。点Ｃ，点Ｄは$\overset{\frown}{BE}$を３等分する点である。∠ＡＯＢ＝42°のとき，∠xの大きさを求めなさい。

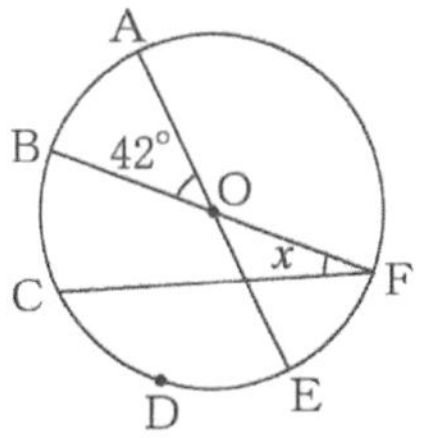

⒀　右の図のように，△ＡＢＣがあり，点Ｄは辺ＢＣ上にあるＡＢ＝12㎝，ＡＣ＝８㎝，ＣＤ＝６㎝，∠ＡＢＣ＝∠ＤＡＣのとき，線分ＡＤの長さを求めなさい。

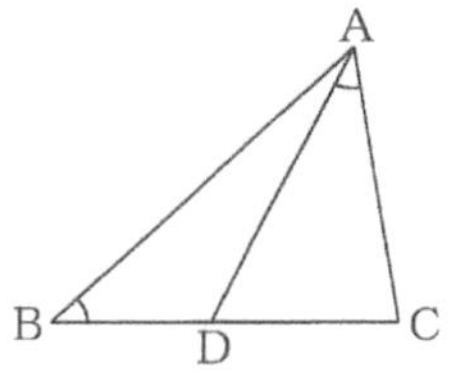

⒁　図１のように，三角柱ＡＢＣ－ＤＥＦの形をした透明な容器に，水を入れて密閉した。この容器の側面はすべて長方形で，ＡＢ＝６㎝，ＢＣ＝８㎝，ＣＦ＝12㎝，∠ＡＢＣ＝90°である。この容器を，△ＤＥＦが容器の底になるように，水平な台の上に置いた。このとき，容器の底から水面までの高さは８㎝である。この容器を図２のように，四角形ＦＥＢＣが容器の底になるように，水平な台の上に置きかえたとき，容器の底から水面までの高さを求めなさい。ただし，容器の厚みは考えないものとする。

図１

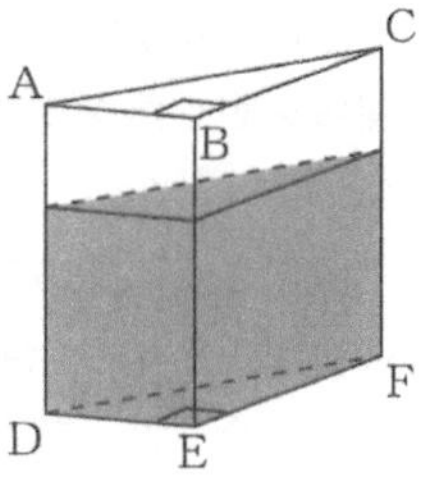

図２

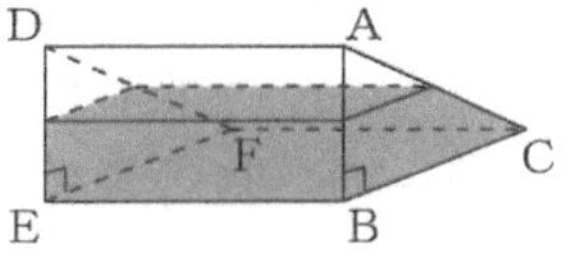

⒂　右の図のように，底面の半径が４㎝の円錐を平面上に置き頂点Ｏを中心としてすべらないように転がした。このとき，点線で表した円Ｏの上を１周し，もとの場所にもどるまでに，３回半だけ回転した。この円錐の表面積を求めなさい。ただし，円周率をπとする。

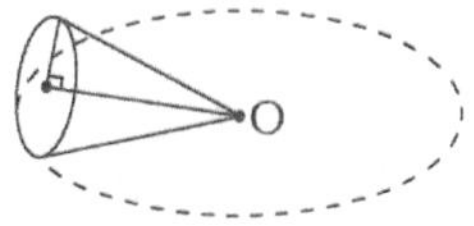

2　あとの⑴～⑶の問いに答えなさい。

⑴　駅から3600ｍ離れた図書館まで，まっすぐで平らな道がある。健司さんは，午前10時に駅を出発し，毎分60ｍの速さで図書館に歩いて向かった。駅から1800ｍ離れた地点で立ち止まって休憩し，休憩後は毎分120ｍの速さで図書館に走って向かい，午前10時50分に図書館に着いた。次のページの図は，健司さんが駅を出発してからx分後に，駅からyｍ離れた地点にいるとして，xとyの関係を表したグラフの一部である。

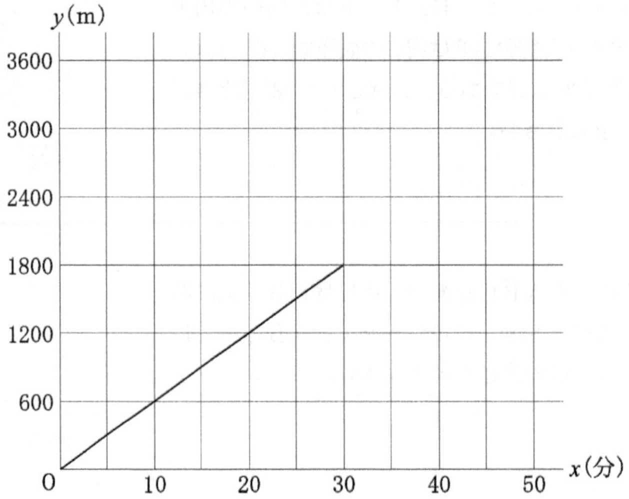

①　健司さんが駅から1800m離れた地点で休憩を始めてから，図書館に着くまでの x と y の関係を表したグラフを，図にかき加えなさい。

②　健司さんの姉の美咲さんは，健司さんが駅を出発した時刻と同じ時刻に，自転車に乗って図書館を出発し，毎分240mの速さで駅に向かっていたところ，歩いて図書館に向かう健司さんと出会った。美咲さんと健司さんが出会ったときの時刻を求めなさい。

⑵　次の図のように，袋Aには整数１，２，３が１つずつ書かれた３枚のカードが，袋Bには整数４，５，６が１つずつ書かれた３枚のカードが入っている。このとき，下の①，②の問いに答えなさい。

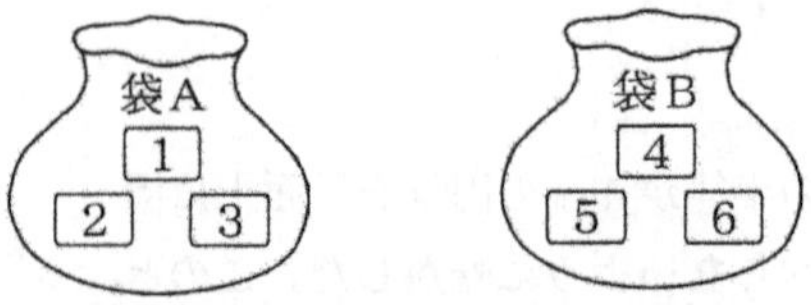

①　袋A，袋Bからそれぞれカードを１枚ずつ取り出し，取り出されたカードに書かれている数の積を求める。このとき，積が奇数になる確率を求めなさい。ただし，袋Aからどのカードが取り出されることも，袋Bからどのカードが取り出されることも，それぞれ同様に確からしいものとする。

②　袋A，袋Bに入っているカードとは別に，整数７が書かれているカードが６枚ある。袋Bに，整数７が書かれているカードを何枚か追加し，袋A，追加したカードが入っている袋Bからそれぞれカードを１枚ずつ取り出し，取り出されたカードに書かれている数の積を求める。積が奇数になる確率と積が偶数になる確率が等しいとき，追加したカードは何枚か，求めなさい。ただし，袋Aからどのカードが取り出されることも，追加したカードが入っている袋Bからどのカードが取り出されることも，それぞれ同様に確からしいものとする。

⑶　次の図のように，点Oを中心とする円の周上に点Aがある。このとき，点Aを接点とする円Oの接線を定規とコンパスを用いて作図しなさい。ただし，作図に用いた線は消さないこと。

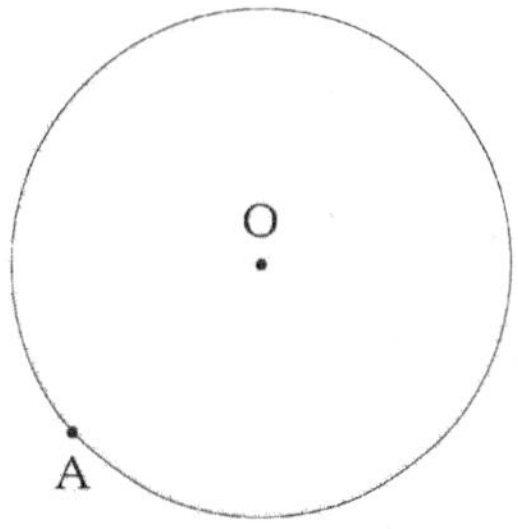

3　A中学校の図書委員会は，全校生徒を対象として，ある日曜日の読書時間を調査した。あとの⑴～⑶の問いに答えなさい。

⑴　図1の**ア**～**エ**は，3年1組を含む4つの学級の読書時間のデータを，ヒストグラムに表したものである。例えば，**ア**の10～20の階級では，読書時間が10分以上20分未満の生徒が1人いることを表している。4つの学級の生徒数は，すべて31人である。3年1組のヒストグラムは，最頻値が中央値よりも小さくなる。3年1組のヒストグラムとして最も適切なものを，図1の**ア**～**エ**から1つ選んで記号を書きなさい。

図1

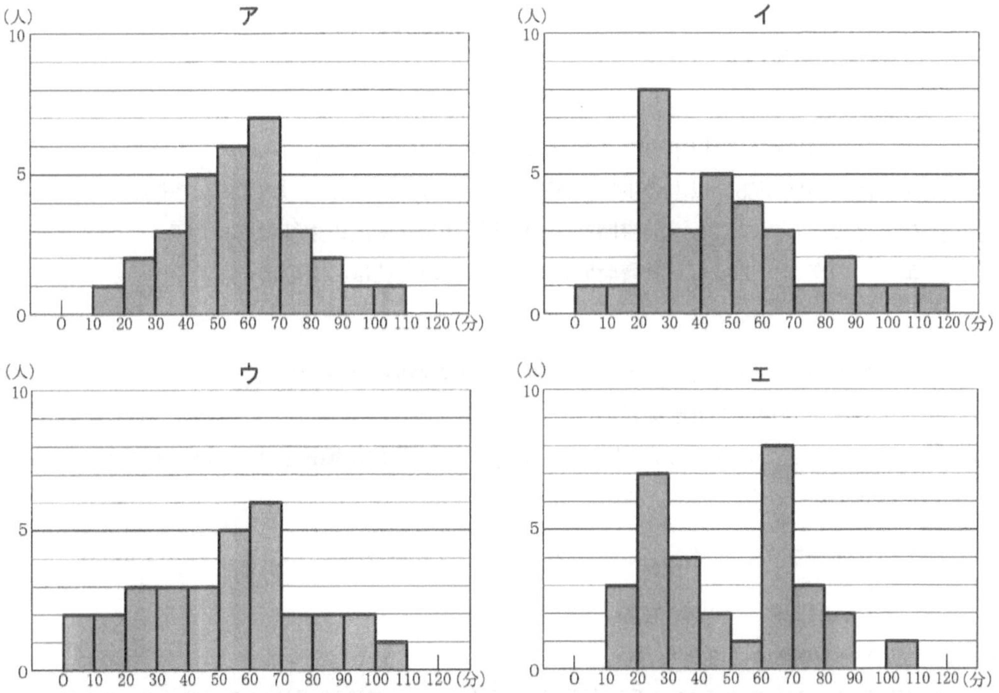

⑵　次のページの表は，3年2組30人の読書時間のデータを，小さい順に並べたものである。このデータの範囲と第1四分位数をそれぞれ求めなさい。

３年２組の読書時間（単位　分）

5	10	10	15	20	25	25	30	35	40
40	40	45	50	55	60	60	60	60	60
65	65	65	70	80	85	85	90	105	110

⑶　３年１組，２組，３組で運動部に所属している生徒は，16人ずついる。図２は，３年１組の運動部の生徒をグループ１，３年２組の運動部の生徒をグループ２，３年３組の運動部の生徒をグループ３とし，それぞれの読書時間のデータを，箱ひげ図に表したものである。

図２

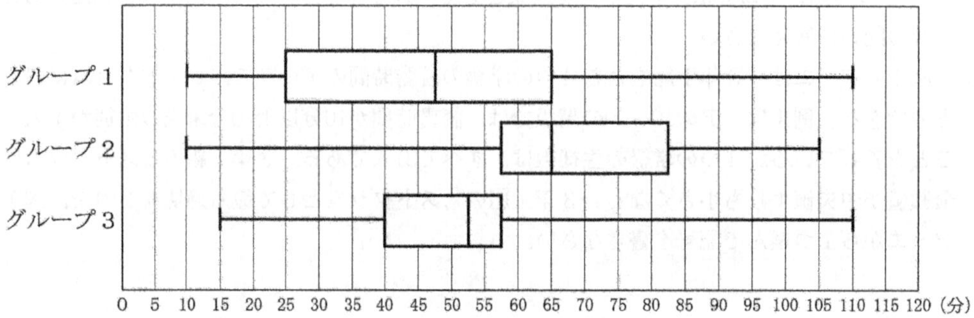

①　図２から読み取れることとして正しいものを，次の**ア**～**エ**から**すべて**選んで記号を書きなさい。

ア　読書時間が55分以下の生徒数が最も少ないグループは，グループ２である。
イ　読書時間が55分以上の生徒数が最も多いグループは，グループ３である。
ウ　どのグループにも，読書時間が80分以上100分未満の生徒は必ずいる。
エ　どのグループにも，読書時間が100分以上の生徒は必ずいる。

②　図２において，読書時間のデータの散らばりぐあいが最も大きいグループを，次の**ア**～**ウ**から１つ選んで記号を書きなさい。

また，そのように判断した理由を，**「範囲」**と**「四分位範囲」**という両方の語句を用いて書きなさい。

ア　グループ１　　**イ**　グループ２　　**ウ**　グループ３

4　あとの⑴～⑶の問いに答えなさい。

⑴　図（次のページ）のように，正三角形ＡＢＣがある。点Ｄは辺ＢＣをＣの方向に延長した直線上にある。点Ｅは線分ＡＤ上にあり，ＡＢ∥ＥＣである。点Ｆは辺ＡＣ上にあり，ＣＥ＝ＣＦである。このとき，△ＡＣＥ≡△ＢＣＦとなることを証明しなさい。

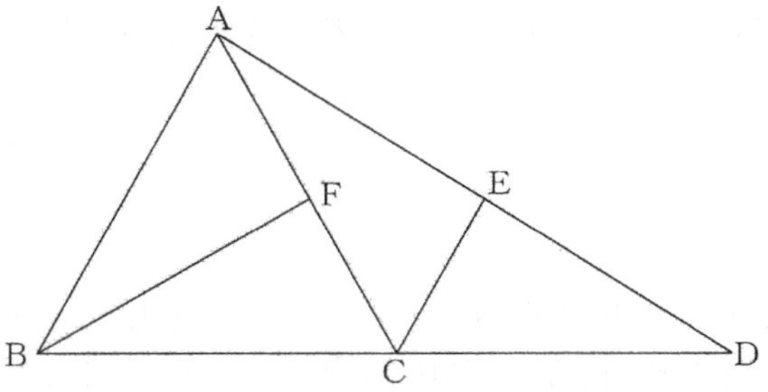

(2)　詩織さんは，次のことがらの**逆**について考えたことをまとめた。[詩織さんのメモ] が正しくなるように，**ア**には記述の続きを，**イ**には反例を書きなさい。

2つの自然数 a，b において，　$a=3$，　$b=6$ ならば，$a+b=9$

[詩織さんのメモ]

逆は，次のようにいえる。

2つの自然数 a，b において，［　**ア**　］

逆は，正しくない。（反例）［　**イ**　］

(3)　直角三角形ＡＢＣで，辺ＡＢの長さは，辺ＢＣの長さより２㎝長く，辺ＢＣの長さは辺ＣＡの長さより７㎝長い。このとき，直角三角形ＡＢＣの斜辺の長さを求めなさい。

5　あとのⅠ，Ⅱから，**指示された問題**について答えなさい。

Ⅰ　次の図において，㋐は関数 $y=x^2$，㋑は関数 $y=ax^2\,(0<a<1)$ のグラフである。２点A，Bは，㋐上の点であり，点Aの座標は $(-1,\ 1)$，点Bの座標は $(2,\ 4)$ である。原点Oから $(0,\ 1)$，$(1,\ 0)$ までの距離を，それぞれ１㎝とする。次の(1)～(3)の問いに答えなさい。

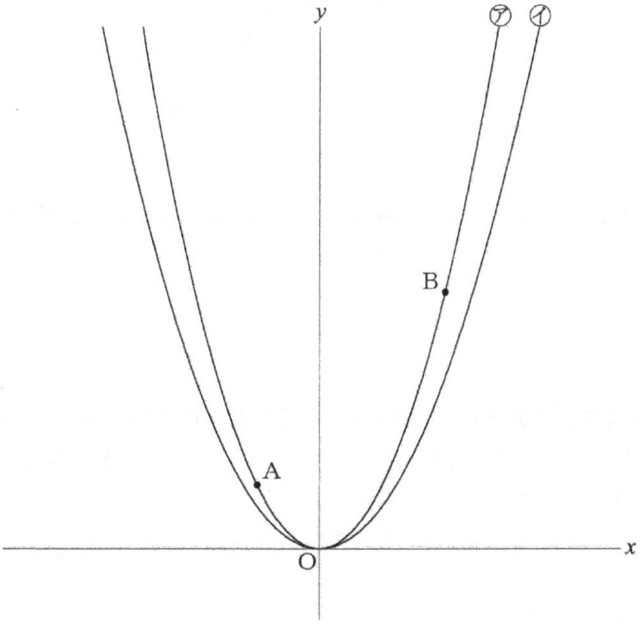

(1)　2点A，Bを通る直線の式を求めなさい。求める過程も書きなさい。

(2)　$a=\frac{2}{3}$のとき，㋑上に，x座標が3である点Cをとる。このとき，線分BCの長さを求めなさい。

(3)　㋐上に，x座標が正で，y座標が1である点Pをとる。㋑上に，x座標が-1より小さく，y座標が4である点Qをとる。四角形APBQの面積が12cm²になるとき，aの値を求めなさい。

Ⅱ　次の図において，㋐は関数$y=\frac{1}{2}x^2$，㋑は関数$y=-x+4$のグラフであり，点Aの座標は$(-4,\ 8)$，点Bの座標は$(2,\ 2)$である。㋐上に，x座標がtである点Pをとり，㋑上に，点Pとx座標が等しい点Qをとる。原点Oから$(0,\ 1)$，$(1,\ 0)$までの距離を，それぞれ1cmとする。次の(1)，(2)の問いに答えなさい。

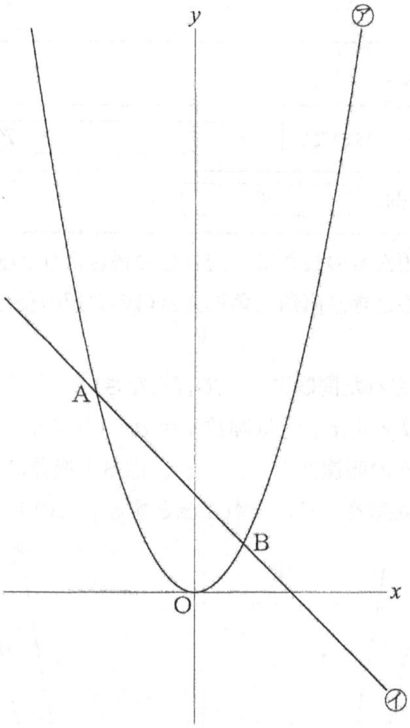

(1)　$t=-2$のとき，2点A，Pを通る直線の式を求めなさい。求める過程も書きなさい

(2)　$-4<t<2$とする。

①　$AQ=5\sqrt{2}$cmになるとき，tの値を求めなさい。

②　㋑上に，x座標が2より大きい点Rを，線分BRの長さと線分BQの長さが等しくなるようにとる。㋐上に，点Rとx座標が等しい点Sをとる。四角形PQSRの面積が30cm²になるとき，tの値を求めなさい。

＜英語＞

時間　60分　　満点　100点

1　リスニングテスト

⑴　（会話を聞き，質問に対する答えとして最も適切な絵を選ぶ問題）　　**2回ずつ放送**

①　ア

イ

ウ

エ

②　ア

イ

ウ

エ

⑵　（会話を聞き，会話の最後の文に対する応答として最も適切なものを選ぶ問題）**1回ずつ放送**

①　ア　I went to Canada.　　イ　They were very kind.
　　ウ　You had a good time, too.

②　ア　Sounds nice.　　イ　No, I can't.
　　ウ　I have to go to the hospital.

③　ア　He is in the gym.　　イ　His book is on the desk.
　　ウ　He is from Akita.

⑶　（会話を聞き，質問に対する答えとして最も適切なものを選ぶ問題）　　**2回ずつ放送**

①　ア　To get the ticket for the concert.　　イ　To practice for the concert.
　　ウ　To meet Mr. Jones.　　エ　To be a brass band member.

②　ア　Next Sunday.　　イ　At the new hall.
　　ウ　This Friday.　　エ　At school.

③　ア　He will go to the hall right now.　　イ　He will practice more.
　　ウ　He will meet Kana tomorrow.　　エ　He will ask the music teacher.

⑷　（トムの話を聞き，その内容として適切なものを**2つ**選ぶ問題と，トムの最後の問いかけに対して，トムの話を踏まえ，**1つの英文**であなたの［**質問**］を書く問題）　　**2回放送**

ア　Tom has seven classes every day.
イ　Tom is good at Spanish and studies it hard.
ウ　Tom will learn Japanese because he likes Japanese comics.
エ　Tom has lunch in his classroom with his friends.

［**質問**］＿＿＿＿＿＿＿＿＿＿＿＿＿＿＿＿＿＿＿＿＿＿＿＿＿＿＿＿？

2　次の(1)～(3)の問いに答えなさい。

(1)　次は，中学生の麻衣子 (Maiko) とアメリカ出身の留学生のアンナ (Anna) が，書店で，血液型 (blood type) について会話をしている場面です。(　) 内の①～④の語を，それぞれ適切な形に直して**英語１語**で書き，会話を完成させなさい。

Anna : There are so many kinds of books here.
Maiko : This is the (① large) of all bookstores in this city.
Anna : I'm surprised that many books about blood types are (② sell) here.
Maiko : It's a popular topic. We often enjoy (③ talk) about our blood types. In Japan, "What is your blood type?" is a common question.
Anna : We don't usually ask such a question in America. Actually, most of us don't know our blood types. Why is it necessary to know them?
Maiko : In Japan, people sometimes connect blood types to *personalities. Look at this magazine. It (④ say) that type A people are kind to others.
Anna : Sounds interesting.

【注】 *personality：性格

(2)　次の①～④について，〔説明〕が示す**英語１語**を (　) に書き，英文を完成させなさい。ただし，答えは (　) 内に示されている文字で書き始めること。

①　During (w　　) vacation, many people in Japan send New Year's cards.
〔説明〕 the season between autumn and spring

②　It's important to be (q　　) in the library.
〔説明〕 peaceful, without big sounds or voices

③　If your friend has a different (o　　) from yours, you should listen to it.
〔説明〕 an idea or a feeling about something

④　I'll go to bed early because I couldn't (s　　) well last night.
〔説明〕 to close your eyes and rest

(3)　次の①～③について，〈　〉の状況の会話がそれぞれ成り立つように［　］内の語に必要な２語を加え，正しい語順で英文を完成させなさい。ただし，文頭にくる語は，最初の文字を大文字にすること。

①　〈留学生と休み時間に写真を見ながら〉
Paul : This is my grandfather, Eric.
Hitoshi : He looks young. [how] he?
Paul : He's seventy years old.

②　〈アメリカのレストランで〉
Taro : Excuse me. Could [show] a menu? I want something sweet.
Woman : Sure. Here you are.
Taro : Thank you.

③ 〈ALTとスキー場で〉

Mr. Lee: You're tired, aren't you? How you been skiing?

Rumi: For about four hours, but I'm still fine.

3　次は，中学生の幸太 (Kota) と美保 (Miho)，留学生のエマ (Emma) が会話をしている場面です。これを読んで，(1)，(2)の問いに答えなさい。

Kota, I heard that your soccer team practices not only after school, but also on Saturdays. Isn't it tough?

Emma

Kota

Yes, it's tough. We have to run to the Sports Park to practice soccer after school. We'll have the city tournament soon, so we practice hard to win the championship. I like to play it with my team members. We really want to win the championship though it is difficult.

I understand why you work so hard. In my case, I study Japanese hard because I want to be a translator in my country. It's my goal. Having a goal is important, right?

Emma

Kota

Definitely. We should have a clear goal when we try to do something. What do you think, Miho?

Miho

I agree with you, Kota. Having goals keeps us positive. I also think it's important to have a hero, a person you respect.

That's a great idea, Miho.
Who is the person you respect? Tell us about the person and the reason.

Emma

(1) 次の①，②の問いに対する答えを，それぞれ**主語と動詞を含む英文1文**で書きなさい。

① Where does Kota practice soccer after school?

② What is Emma's goal?

(2) あなたなら下線部の問いかけにどのように答えますか。解答用紙の（　）に適する語を書き入れ，次の≪条件≫にしたがって，英文を書きなさい。

≪条件≫・文の数は問わないが，**15語以上25語以内の英語**で書くこと。

・符号（，．？！など）は語数に含めない。

4 中学生の由紀 (Yuki) と留学生のマイク (Mike) が，職業体験イベントであるドリームジョブデイ (Dream Job Day) について，案内ポスターを見ながら会話をしている場面です。これを読んで，(1)～(4)の問いに答えなさい。

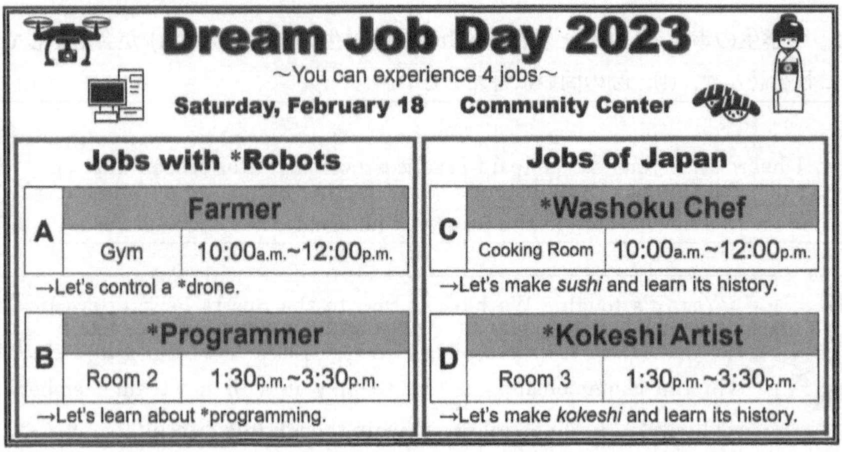

Yuki: Look. We can choose jobs from A to D. Which do you want to join?
Mike: I'm interested in traditional Japanese things. I want to know how to cook Japanese food and learn its history. So I'll join【　　】.
Yuki: Then, you'll learn about *sushi* in the morning. (①)?
Mike: Good idea. I can also learn the history of *kokeshi*. Have you decided which to join?
Yuki: Well, I've wanted to experience programming. So B is good for me. Last year, I was surprised to see robots. They carried food in a restaurant. I want to learn about robot programming.
Mike: Robots continue to improve our lives and we can see them in many places. Will you join A to learn about drones?
Yuki: No, I won't. I once controlled a drone when I experienced my uncle's job last summer. (②). I also want to learn about *washoku*, so I'll join you.
Mike: That'll be fun. Let's meet in front of the Community Center in the morning.
Yuki: Yes, let's. Why don't we meet at 9:45 a.m.? I want to be in the room 《　　》 the job experience starts.
Mike: OK. See you then.

【注】 *robot：ロボット　*drone：ドローン　*programmer：プログラマー
*programming：プログラミング　**washoku*：和食　**kokeshi*：こけし

(1) 本文中の【　】に当てはまる最も適切なものを，案内ポスターの A ～ D から１つ選んで記号を書きなさい。

(2) 本文中の①，②に当てはまる最も適切なものを，あとのア～エからそれぞれ１つずつ選んで記号を書きなさい。

① ア Shall I take you to the Gym

イ　How about joining D in the afternoon
ウ　Why don't we join B at 1:30 p.m.
エ　Do you want me to make *sushi*
② ア　And, I want to visit the Gym
イ　Next, you can use the drone, too
ウ　So, I'll choose a different job
エ　But, you should learn the technology

(3) 本文中の《　》に当てはまる語を，**bで始まる英語1語**で書きなさい。

(4) 次は，マイクがイベントに参加した後に記入したアンケートの内容の一部です。(　)に当てはまる最も適切な**英語1語**を，本文中から**そのまま抜き出して**書きなさい。

I learned that chefs and artists keep Japanese tradition. They also try to develop their skills every day. I'd like to (　　) learning new things like them in my school life. Thank you very much.

5 次の英文は，イギリス出身の教育者であり宣教師 (missionary) でもあったエミー・カーマイケル (Amy Carmichael) さんの話です。これを読んで，あとの(1)～(6)の問いに答えなさい。

Amy Carmichael was born in a village in England in 1867. Her parents always worked hard to help other people. She was the oldest of her brothers and sisters. When Amy was a little girl, she liked to do dangerous things outside with her brothers. So, her mother said, "Don't do such things." Amy listened to her mother because she wanted to help people as a missionary like her parents in the future. She decided to be a good girl and helped her parents well. She also *prayed to *God every night with her parents.

One morning, Amy stood in front of the mirror. She was sad because she didn't like her brown eyes. Her mother had clear blue eyes and Amy wanted eyes like her mother's. "Why do I have brown eyes?" Amy wondered. "If I had blue eyes, I would be pretty," Amy said to her mother. "I love your brown eyes," her mother said. That night, Amy prayed to God because she thought that God can do anything. "Please, please give me blue eyes." The next morning, Amy ran to the mirror (A)in anticipation. But her eyes were still brown. Amy cried because God didn't answer her wish. Her mother told her, "Your eyes are so beautiful. You don't have to change the color of your eyes. I love you, Amy."

When Amy was twenty-seven years old, she went to India as a missionary. At that time in India, poor people often left their children at *facilities because they couldn't take care of them. But even in facilities, there was not enough food. One day, Amy met a girl who ran out of a facility. She looked hungry and weak. After talking with her, Amy knew that the girl was seven years old and lived in very difficult conditions at the facility. She said to Amy, "There are a lot of other children like me in the facility." When Amy heard (B)this, she decided to take action to help them.

First, she had to meet and talk with the leader of the facility, but (C)it was hard for her to meet him. In those days, in India, people from other countries couldn't enter the facility. So, she had to change her *skin color and wear Indian clothes. She stood in front of the mirror and put coffee powder on her face to change her skin color.

Then, Amy remembered what she prayed for in her childhood. "If I had (a) eyes, I couldn't be like Indian people. I can change my skin color with coffee powder, but I cannot change the color of my eyes. I don't need blue eyes," she thought. "My mother was right."

After she met the leader of the facility, Amy wrote some books about the children in the facilities. Then people in the world learned about the children and the government in India had to make laws to protect them.

Thanks to her (b) eyes, she could save a lot of children in India. "I'm proud of myself and the color of my eyes. I realize I am worth living," said Amy. When Amy understood this, she loved herself more.

She spent all her life in India and saved more than 1,000 children.

【注】 *pray：祈る　*God：神　*facility：施設　*skin：肌

(1) 下線部(A)in anticipationの意味として最も適切なものを，本文の内容から判断して，次のア～エから１つ選んで記号を書きなさい。

ア 反省して　イ 疲弊して　ウ 期待して　エ 回復して

(2) 下線部(B)thisの指している内容を，次のア～エから１つ選んで記号を書きなさい。

ア Amy's brothers liked to do dangerous things.

イ Amy's eyes were beautiful.

ウ The girl was seven years old.

エ Many hungry children were in the facility.

(3) 下線部(C)it was hard for her to meet himの理由を，日本語で書きなさい。

(4) 本文の内容から判断して，(a)，(b)に当てはまる最も適切な英語１語を，本文中から抜き出してそれぞれ書きなさい。

(5) 本文の内容と合っているものを，次のア～カから２つ選んで記号を書きなさい。

ア Amy liked to play inside with her older brothers and sisters.

イ Amy had a color of eyes that was different from her mother's.

ウ Amy went to India when she was a little girl.

エ Amy used coffee powder to meet the leader of the facility.

オ Amy wrote some books to introduce England.

カ Amy returned to England after working as a missionary.

(6) 次のページの英文は，ある生徒が本文を読んで考えをまとめたものです。①，②に当てはまる最も適切な**英語１語**を，下の**ア**～**オ**から１**つずつ**選んで記号を書きなさい。

I like two things about Amy's story. First, Amy was strong and learned to (①) everything about herself. Second, Amy didn't (②) helping children even in difficult situations. Amy made many children in India happy. I want to be a person like her.

ア hurt　イ stop　ウ start　エ answer　オ accept

＜理科＞　時間　50分　満点　100点

1 恵さんは，料理の本を見て次の内容に興味をもち，実験を行ったり資料で調べたりした。後の(1)，(2)の問いに答えなさい。

【興味をもったこと】肉の下ごしらえをするとき，図１のように，生の肉に生のパイナップルをのせておくと，肉が柔らかくなる。これは，パイナップルに消化酵素がふくまれているためである。

図１
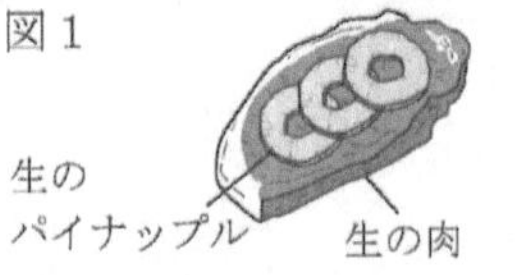

(1) 恵さんは，消化酵素のはたらきについて調べるため，だ液を用いて次の実験を行った。

【実験】図２のように，デンプンをふくむ寒天にヨウ素液を加えて青紫色にし，ペットボトルのふたＡ，Ｂに少量入れて固めた。Ａには水をふくませたろ紙を，Ｂにはだ液をふくませたろ紙をそれぞれ上に置いた。次に，図３のようにＡ，Ｂを a 約40℃の湯に入れて10分間あたためた。

図２
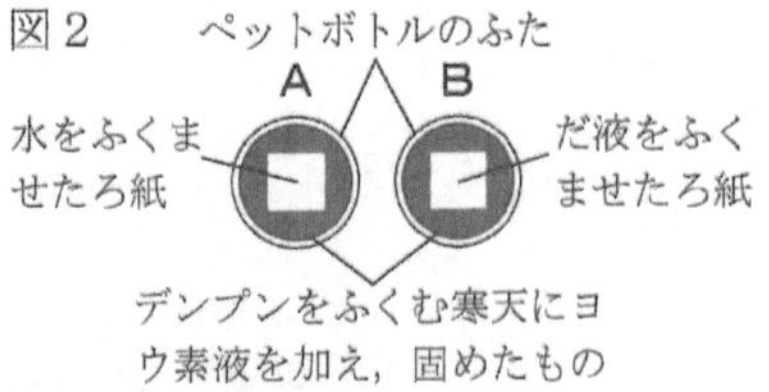

図３
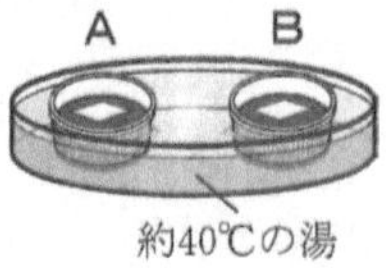

図４
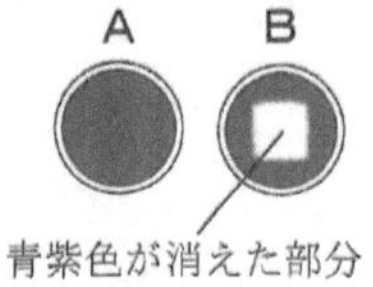

【結果】ろ紙を取り除いたところ，図４のようにＡに変化はなかったが，Ｂのろ紙の下の部分は青紫色が消えた。

【考察】だ液にふくまれている消化酵素のはたらきにより，デンプンが［　P　］ことがわかった。ご飯をかんでいると甘くなってくることから，デンプンが b 糖に変わったのではないかと考えた。

① 次のうち，だ液にふくまれる消化酵素はどれか，１つ選んで記号を書きなさい。

ア　ペプシン　　イ　アミラーゼ　　ウ　リパーゼ　　エ　トリプシン

② 下線部ａのようにするのはなぜか，「ヒトの」に続けて書きなさい。

③ 恵さんの考察が正しくなるように，Ｐにあてはまる内容を書きなさい。

④ 下線部ｂがふくまれていることを確認するための方法について説明した次の文が正しくなるように，Ｑにあてはまる内容を書きなさい。

下線部ｂがふくまれている水溶液に，ベネジクト液を加えて［　Q　］と，赤褐色《せきかっしょく》の沈殿《ちんでん》が生じる。

(2) 恵さんは，消化酵素のはたらきについて資料で調べ，次のページのようにまとめた。

【まとめ】生のパイナップルにふくまれる消化酵素には，胃液にふくまれる消化酵素と同じように肉の主な成分であるタンパク質に作用し，図５のような小腸の柔毛で吸収されやすい物質に変化させるはたらきがある。

図５

① タンパク質が消化酵素によって変化した物質は，図５のX，Yのどちらの管に入るか，記号を書きなさい。また，その管の**名称**を書きなさい。

② 小腸に柔毛がたくさんあると，効率よく養分を吸収することができる。それはなぜか，「**表面積**」という語句を用いて書きなさい。

2 香さんは，図１のようなロケットが水素を燃焼させて飛んでいることに興味をもち，実験を行ったり資料で調べたりした。あとの(1)～(3)の問いに答えなさい。

図１

(1) 香さんは，水素の燃焼について調べるため，次の実験を行った。

【実験】図２のような乾《かわ》いた無色透明なポリエチレンの袋の中に，水素と酸素の混合気体と，水に反応する青色の試験紙を入れ，点火装置で点火したところ，一瞬，炎が出た後，袋の内側がくもった。また，袋の中に入れた a 試験紙は，水に反応して青色から赤色（桃色）に変化した。

図２
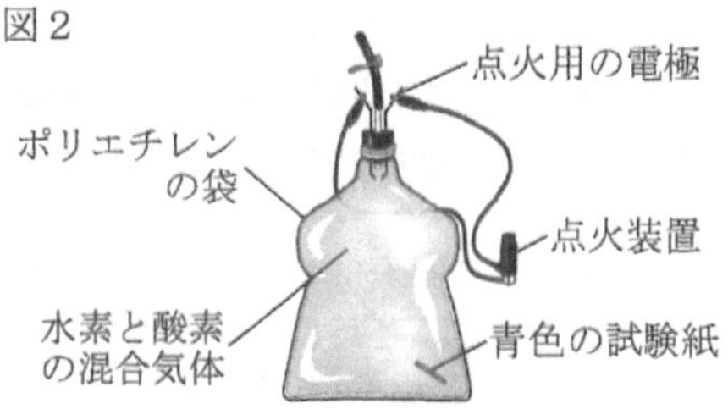

① 次のうち，水素はどれに分類されるか，**２つ**選んで記号を書きなさい。

ア 混合物　**イ** 純粋な物質　**ウ** 単体　**エ** 化合物

② 下線部aのように変化した試験紙は何か，名称を書きなさい。

③ 次に，8.0 cm^3 の水素に加える酸素の体積を変えて図２と同様にして反応させ，反応後に残る気体の体積を調べた。図３は，このときの結果を示したグラフである。8.0 cm^3 の水素と7.0 cm^3 の酸素を完全に反応させたとき，反応後に残る気体は何か，**化学式**を書きなさい。また，その**体積**は何 cm^3 か，求めなさい。

図３
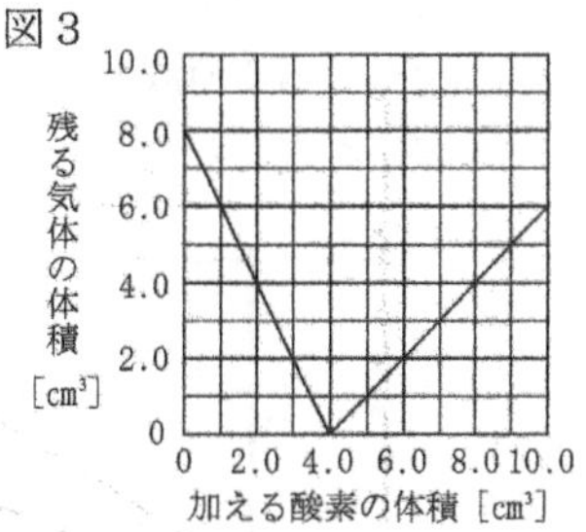

(2) 香さんは，水素の燃焼について実験の結果と資料をもとに，次のようにまとめた。

【まとめ】水素が燃焼するとき，水素と酸素は［　X　］で結びつき，爆発的に反応して b 水ができる。水素を燃焼させて飛んでいるロケットは，水素が燃焼したときに生じる高温の水蒸気などを噴射することで進むための力を得ている。

① 香さんのまとめが正しくなるように，**X**にあてはまる内容を「**体積**」と「**割合**」という語句を用いて書きなさい。

② 次のうち，燃焼すると下線部**b**ができるのはどれか，**2つ**選んで記号を書きなさい。

ア 砂糖　**イ** 鉄　**ウ** 炭素　**エ** エタノール

⑶ 香さんは，水素の燃焼を表す化学反応式について，タブレット型端末を使って原子や分子のモデルを用いて考えた。図4は，その途中の画面である。香さんの考えが正しくなるように，図4に原子や分子のモデルをかき加えて完成させなさい。

図4

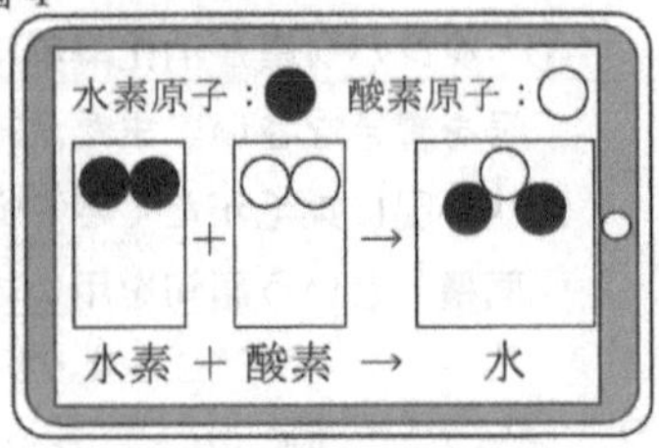

3 仁さんは，地震のしくみや緊急地震速報について調べた。後の⑴，⑵の問いに答えなさい。

⑴ 仁さんは，地震について調べたことを次のようにまとめた。

【まとめ】日本列島付近の太平洋では，a プレートが動くことにより，地下で岩盤《がんばん》にひずみが生じて岩盤の一部が破壊され，ずれが生じ，ゆれが発生することがある。このずれを b 隆起という。地表において，地震が発生した場所の真上を c 震央という。また，観測地点における地震のゆれの大きさは，10段階の d 震度で表される。

① 下線部**a**のようすを表した模式図で，最も適切なものはどれか。次から1つ選んで記号を書きなさい。ただし，矢印はプレートが動く向きを表すものとする。

ア　**イ**　**ウ**　**エ**

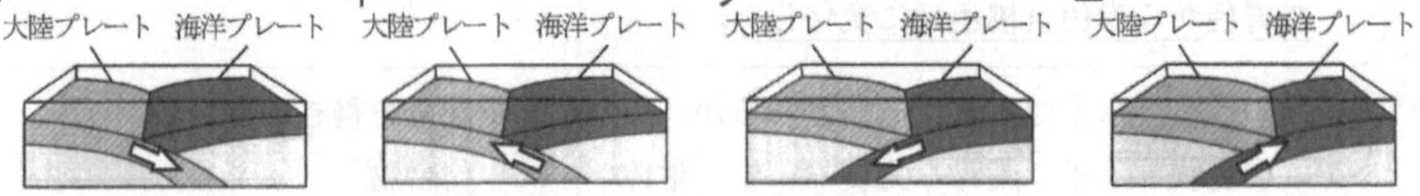

② 仁さんは，まとめの語句に誤りがあることに気づいた。下線部**b**～**d**のうち，**誤りのある語句**を1つ選んで**記号**を書きなさい。また，選んだ語句を正しく**書き直し**なさい。

⑵ 図は，ある地震の記録をもとに仁さんが作成した，P波とS波の到達時刻と震源からの距離の関係を表したものである。ただし，P波とS波は一定の速さで伝わるものとする。

図

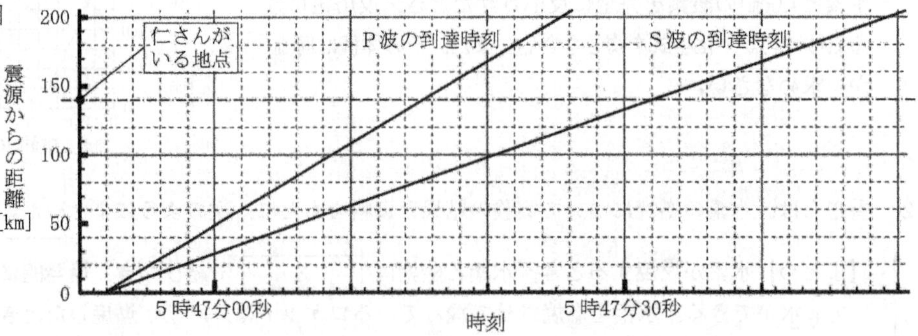

① 震源から140km離れている仁さんがいる地点では，この地震におけるS波の伝わる速さは

何km/秒か，求めなさい。

② 図をもとに，震源からの距離と初期微動継続時間との関係を表すグラフをかきなさい。

③ 仁さんは，緊急地震速報について調べたことを次のようにまとめ，図をもとに考察した。仁さんの考察が正しくなるように，**X**にあてはまる内容を書きなさい。また，**Y**にあてはまる内容を，下の**ア**～**エ**から１つ選んで記号を書きなさい。

【調べたこと】緊急地震速報は，地震が発生した場所や規模をＰ波から推定し，大きなゆれの到達を一斉に知らせるものである。速報から大きなゆれが到達するまでの時間は，数秒から数十秒である。
【考察】Ｐ波は，大きなゆれを伝えるＳ波よりも［　X　］。よって，速報が出されることで，［　Y　］大きなゆれに対処する時間ができる。

ア　地震の規模が大きいほど　　**イ**　震源からの距離が大きいほど
ウ　地震の規模が小さいほど　　**エ**　震源からの距離が小さいほど

4　明さんは，ある港で図１のような見慣れない船を見つけ，興味をもった。そこで，資料で調べ，疑問に思ったことについて実験を行った。後の⑴，⑵の問いに答えなさい。

図１

【資料】図１はＳＥＰ船といい，風力発電用の風車の建設などに使われる。重いおもりや部品を持ち上げたり，高い所からおもりを落として風車の土台となるくいを打ち込んだりする。
【疑問】クレーンは，どのようにして重いおもりや部品を持ち上げているのだろうか。

⑴ クレーンで重いおもりを持ち上げている理由について説明した次の文が正しくなるように，**P**にあてはまる内容を「**位置エネルギー**」という語句を用いて書きなさい。

持ち上げるおもりの高さが高いほど，また，質量が大きいほど［　P　］ので，おもりを落としたとき，くいを深く打ち込むことができる。

⑵ 明さんは，動滑車のはたらきを調べるため，次の実験を行った。ただし，100ｇの物体にはたらく重力の大きさを１Ｎとし，糸の質量，糸と滑車の間にはたらく摩擦，糸の伸び縮みは考えないものとする。

【実験】図２，図３の装置のように質量40ｇの定滑車や動滑車を使って，質量500ｇのおもりを床から10cmの高さまで持ち上げるのに必要な力の大きさと糸を引いた距離を調べ，結果を表にまとめた。

表

	図２	図３
力の大きさ［Ｎ］	5.0	2.7
糸を引いた距離［cm］	10	20

図２
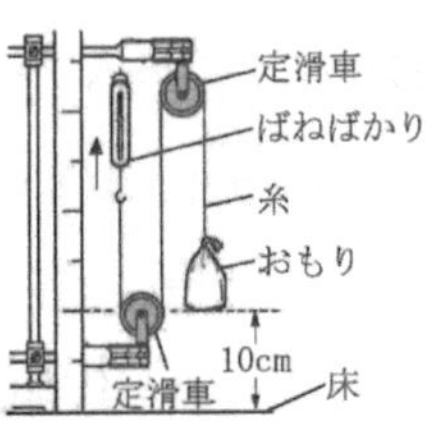

図３
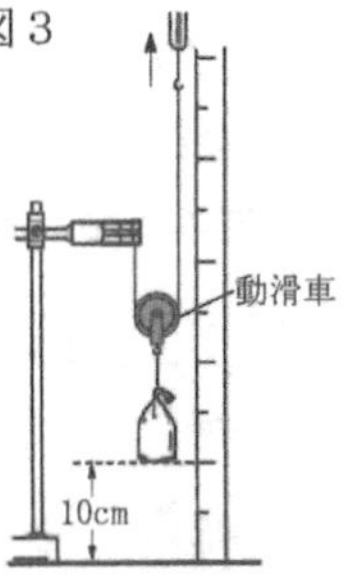

①　仕事の大きさを表す単位を何というか，記号で書きなさい。

②　図３でおもりを持ち上げるのに３秒かかった。このときの仕事率は何Wか，求めなさい。求める過程も書きなさい。

③　図４のように，クレーンのフックをワイヤーで巻き上げて動かす部分には，複数の動滑車が使われている。そこで，明さんは実験で使ったものと同じ定滑車と動滑車で図５のような装置を作り，おもりを床から10㎝の高さまで持ち上げた。持ち上げるのに必要な力が1.7Nのとき，おもりの質量は何ｇか，求めなさい。ただし，動滑車２つと動滑車をつなぐ板の質量の合計は100ｇとし，動滑車をつなぐ板は水平に動くものとする。

④　実験の結果をもとに，明さんがまとめた次の考えが正しくなるように，X，Yにあてはまる語句をそれぞれ書きなさい。

図４

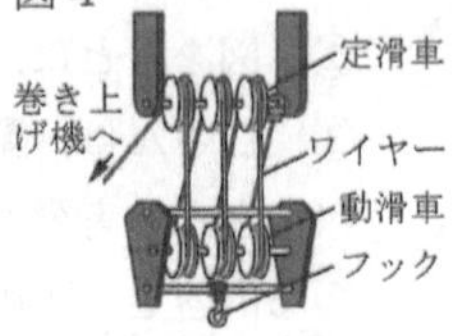

図５

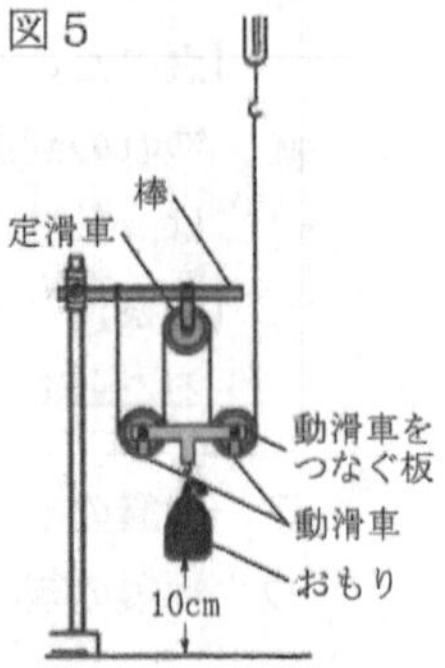

動滑車を使うと，糸を引く距離は，物体を持ち上げる距離より（　X　）なりますが，加える力の大きさは，物体にはたらく力の大きさより（　Y　）なるので，クレーンは複数の動滑車をつなげて，重いおもりや部品を持ち上げています。

5　愛さんは，バイオマス発電や風力発電について興味をもち，資料で調べたり説明を聞いたりした。後の⑴～⑶の問いに答えなさい。

⑴　愛さんは，バイオマス発電について資料で調べ，次のようにまとめた。

【調べたこと】農林業からでる作物の残りかすや家畜のふん尿，間伐材《かんばつざい》などを利用して，そのまま燃焼させたり，微生物を使って発生させたアルコールなどを燃焼させたりして発電している。また，間伐材などを燃焼させた際に排出される a 二酸化炭素は，原料の植物が生育する過程で光合成によって大気からとりこまれたものである。よって，全体としてみれば，大気中の二酸化炭素の量は［　P　］という長所がある。

①　次のうち，下線部 a を発生させる方法はどれか，１つ選んで記号を書きなさい。

ア　二酸化マンガンにオキシドールを加える
イ　石灰石にうすい塩酸を加える
ウ　亜鉛にうすい塩酸を加える
エ　塩化アンモニウムと水酸化カルシウムを混ぜ合わせて熱する

②　愛さんの調べたことが正しくなるように，Pにあてはまる内容を書きなさい。

⑵　愛さんは，風力発電の会社の人から次のような説明を聞いた。

風力発電では，図１のような風車を，風の力で回転させて発電機を動かし発電しています。交流という種類の電流を b 送電線で各家庭や工場などに送っているのですが，途中で電気エネルギーの一部が失われてしまいます。

図１

① 図２のように，2つの発光ダイオードを，足の長い方と短い方が逆になるように電源装置につないだ。３Ｖの電圧を加えて交流の電流を流し，発光ダイオードを左右に振ると，発光ダイオードはどのように見えるか，次から１つ選んで記号を書きなさい。

図２
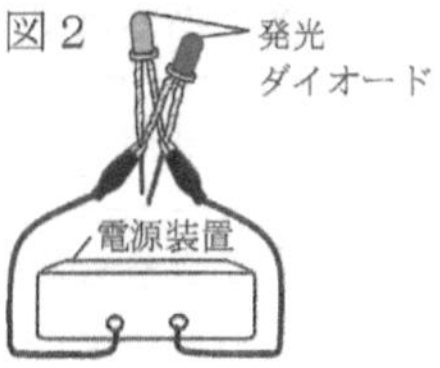

ア　２つとも光っていない
イ　一方だけ光り続け，１本の線に見える
ウ　２つとも光り続け，２本の線に見える
エ　交互に光り，２本の点線に見える

② 下線部**b**のようになるのはなぜか，書きなさい。

⑶ バイオマス発電や風力発電について，愛さんがまとめた次の考えが正しくなるように，**X**，**Y**にあてはまる語句をそれぞれ書きなさい。

> バイオマス発電では，燃料となる物質がもっている（ X ）エネルギーを，風力発電では，風による空気の（ Y ）エネルギーを，それぞれ電気エネルギーに変換しており，発電の際に石油や石炭などを使用しません。よって，このような再生可能なエネルギーの開発を進めていくことが必要であると考えました。

6 学さんは，自宅に毎年やってくるツバメを観察して，疑問に思ったことについて，タブレット型端末で検索したり資料をもとに考えたりした。後の⑴，⑵の問いに答えなさい。

⑴ 学さんは，タブレット型端末でツバメについて検索したところ，図１のような記述を見つけた。

図１
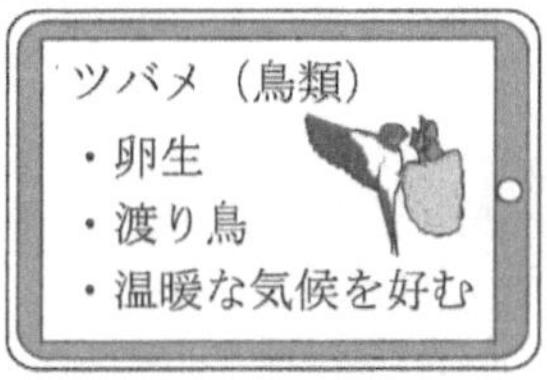

① 次の**ア**～**エ**のうち，鳥類に分類される生物はどれか，**すべて**選んで記号を書きなさい。
ア　スズメ　　イ　コウモリ
ウ　ワシ　　　エ　ペンギン

② 鳥類の卵の特徴について説明した次の文が正しくなるように，**P**にあてはまる内容を書きなさい。

鳥類は陸上に卵をうむため，鳥類の卵には，魚類の卵にはない［　P　］がある。

⑵ ツバメが温暖な気候を好むことを知った学さんは，なぜ，冬よりも夏の気温の方が高くなるのだろうかという疑問をもった。そこで，図２のような，透明半球に夏至と冬至の太陽の通り道を示した資料をもとに考えた。

図２
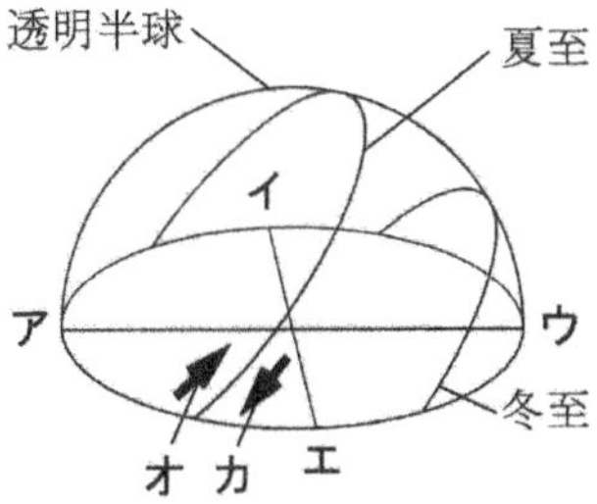

① 図２で，**北**を表しているのは**ア**～**エ**のどれか，また，太陽が動いて見える**方向**は**オ**，**カ**のどちらか，それぞれ１つずつ選んで記号を書きなさい。

② 図２のように，夏至と冬至で太陽の通り道が異なる理由について説明した次のページの文が正しくなるように，

Xにあてはまる内容を書きなさい。

地球が X 公転しているため。

③ 冬よりも夏の気温の方が高くなる理由について，学さんがまとめた次の考えが正しくなるように，Yにあてはまる内容を書きなさい。

> 夏至と冬至の南中高度を比べると，夏至の方が高くなっています。太陽の光が当たる角度が地面に対して垂直に近いほど，同じ面積に Y ます。さらに，太陽が出ている時間は，冬至よりも夏至の方が長くなっています。だから，冬よりも夏の気温の方が高くなると考えました。

＜社会＞　時間　50分　　満点　100点

1　次の模式図と地図，図，表を見て，(1)～(4)の問いに答えなさい。

模式図

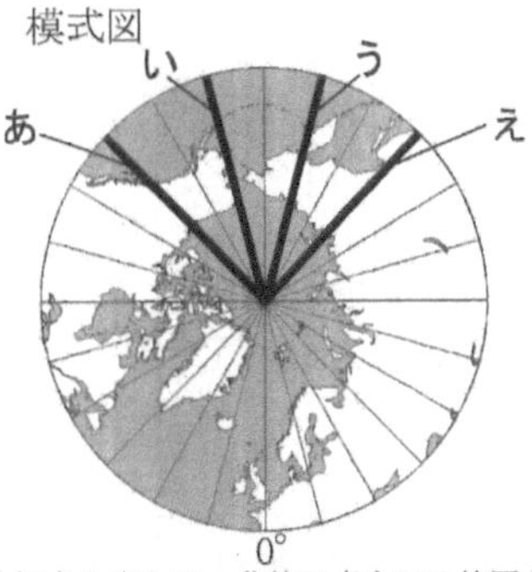

※北極点を中心に，北緯45度までの範囲を表している。
※経線は本初子午線を基準に，15度ごとに引いている。

地図

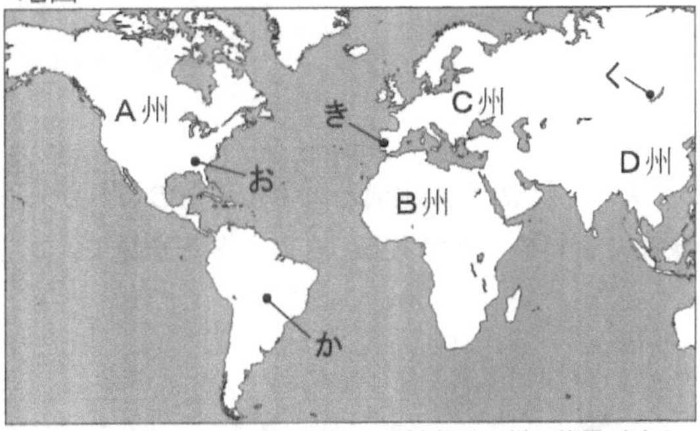

※ロシア連邦はC州に位置づける。

図１　ある都市の気温と降水量

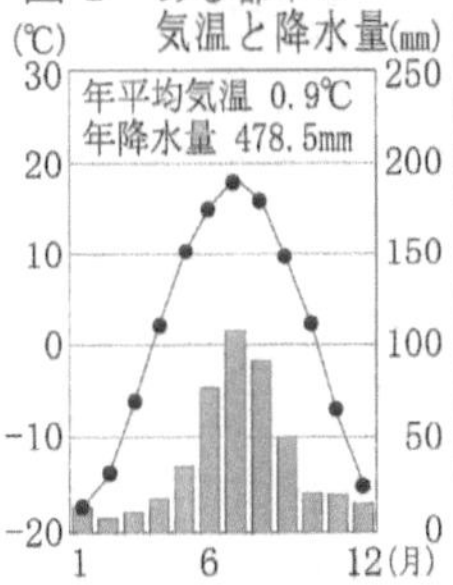

表１　各州の農業に関する統計(2018年)

州＼項目	農林水産業就業人口比率(%)	農業従事者一人あたりの農地面積(ha)	*穀物の生産量(万ｔ)
㋐	49.3	5.1	20 260
㋑	30.5	2.8	145 029
㋒	6.5	33.4	56 924
㋓	5.5	24.8	49 859
南アメリカ州	12.5	22.3	20 725
オセアニア州	12.5	167.2	3 488

*小麦，米，とうもろこしなどの合計

表２　４か国と日本の比較

国＼項目	人口100人あたりの自動車保有台数(台)(2018年)	二酸化炭素の総排出量(百万t)	
		1990年	2018年
㋔	10.0	131	543
㋕	60.2	549	352
㋖	86.1	4 803	4 921
㋗	22.5	244	428
日本	61.5	1 054	1 081

(図１，表１，表２は「データブック オブ・ザ・ワールド2022年版」などから作成)

(1)　三大洋のうち，模式図に**まったく表されていない**海洋名を書きなさい。

(2)　模式図の**あ**～**え**のうち，日本の領土を通る経線を，一つ選んで記号を書きなさい。

(3)　図１は，地図の**お**～**く**のいずれかの都市の気温と降水量を表したものである。図１が表している都市を，地図の**お**～**く**から一つ選んで記号を書きなさい。また，この都市が属する気候帯について述べた次の文の［X］にあてはまる語を書きなさい。

> この気候帯には，マツやモミなどの針葉樹林帯である［X］が広がっている地域がある。

(4)　地図のA～D州に関する問題である。

①　表１の㋐～㋓は，A～D州のいずれかを示している。B州を示すものを，㋐～㋓から一つ選んで記号を書きなさい。

②　表２の㋔～㋗は，A～D州の各州において，二酸化炭素の総排出量上位国であるアメリカ，南アフリカ共和国，イギリス，インドネシアのいずれかを示している。イギリスを示すものを，㋔～㋗から一つ選んで記号を書きなさい。

③　図２（次のページ）は，D州に属する中国の状況を示したものである。図２から読みとれる，中国の状況の変化と課題について，次の語を用いて書きなさい。〔 拡大 〕

図2　中国におけるGDPと一人あたりの所得の推移

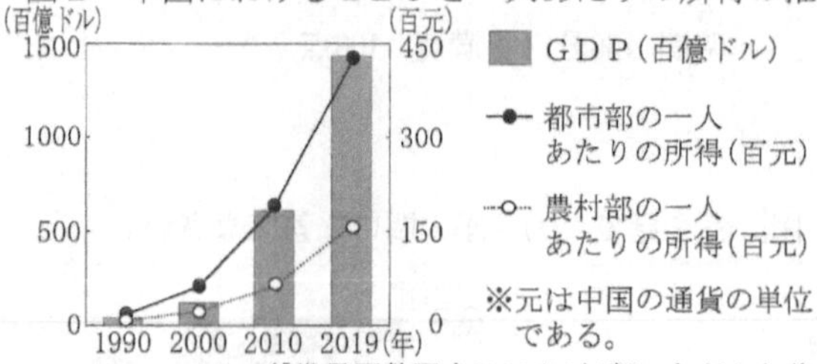

(「世界国勢図会2021/22年版」などから作成)

2　次は，「私たちの生活とエネルギーのこれから」について，生徒がレポートにまとめるために集めた資料の一部である。これとメモを見て，あとの⑴～⑷の問いに答えなさい。

資料

図1　*1住宅用太陽光発電機器設置割合（2018年）

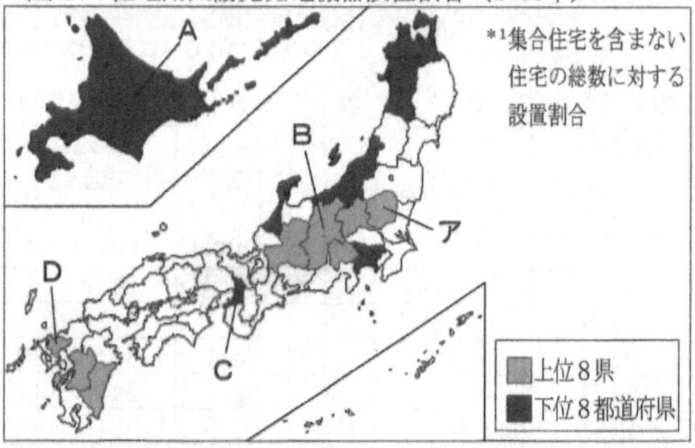

図2　図1に示した下位8都道府県の年日照時間と太陽光発電機器設置数（2018年）

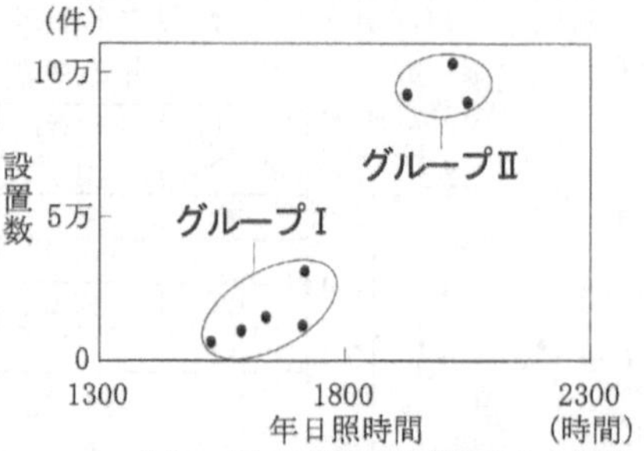

(図1，図2は総務省資料などから作成)

表　発電所数の比較（2019年）

○全国平均以上　●全国平均未満

	水力	火力	風力	地熱
あ	●	●	●	●
い	○	●	●	●
う	○	○	○	○
え	●	○	●	●

図3　日本の発電量とその内訳

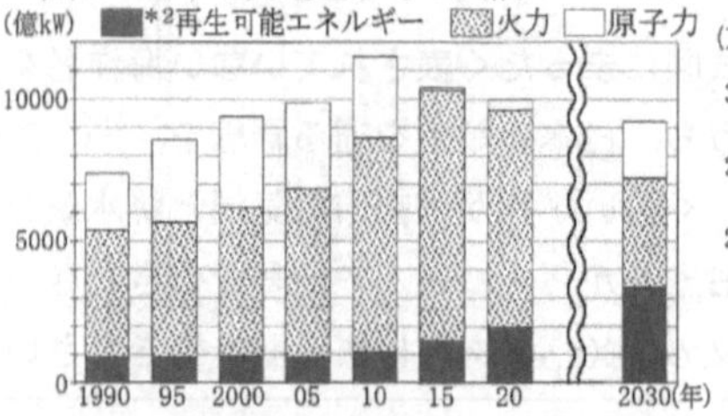

*2水力，風力，地熱，太陽光発電など　※2030年は予測。

図4　秋田県の再生可能エネルギー発電量

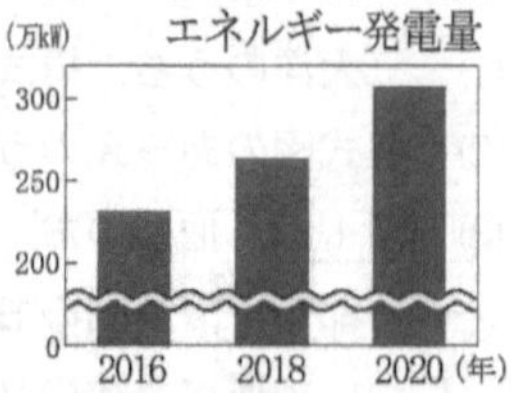

(表，図3，図4は資源エネルギー庁資料などから作成)

⑴　図1のアが示す県の県庁所在地名を書きなさい。

⑵　メモは，生徒が図1と図2をもとにまとめたものである。

メモ

◇図1の分布の傾向

上位8県	・本州の［P］部にある ・九州地方にある
下位8都道府県	・［Q］に面している →図2のグループⅠ ・人口が多い →図2のグループⅡ

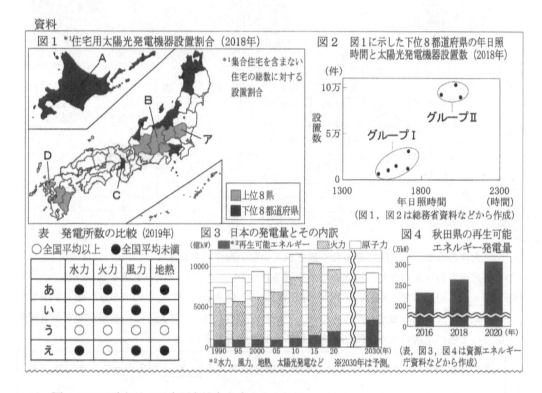

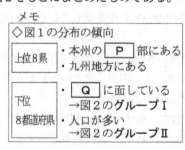

① P と Q にあてはまる語を，それぞれ一つずつ選んで記号を書きなさい。

ア　平野

イ　内陸

ウ　太平洋

エ　日本海

② 図２の**グループⅡ**に属する**県名**を書きなさい。

⑶　表の**あ**～**え**は，それぞれ図１の**A**～**D**の道府県のいずれかを示している。**C**を示すものを，**あ**～**え**から一つ選んで記号を書きなさい。また，**C**を含む工業地帯名を書きなさい。

⑷　次は，図３と図４をもとに生徒が話し合っている様子である。

> 生徒Ａ：日本の発電量の内訳が，将来，変化していく予測になっているね。
> 生徒Ｂ：図４の秋田県のような X 取り組みが，全国各地で行われていくからかな。
> 生徒Ａ：そうだね。このこととあわせて，火力の発電量が減ることによって Y ので，日本のエネルギー自給率の上昇も期待できるんじゃないかな。

① 下線部について，2030年の再生可能エネルギー発電量は，2010年の約何倍になると予測されているか。整数で書きなさい。

② X と Y に入る適切な内容を書きなさい。ただし，Y は次の語を用いて書きなさい。〔 **化石燃料** 〕

3　次は，古代から現代までの時代区分ごとに，生徒がテーマを設定してまとめたレポートの一部である。これらと地図，年表を見て，あとの⑴～⑷の問いに答えなさい。

レポート

Ⅰ　古代　テーマ：古代の人々が残した記録

◇わが国は，古くから東アジアと深く関わり，その影響を受けながら国のしくみを確立していった。

資料１　中国の歴史書

> 倭の奴国が漢に朝貢したので，光武帝は印とそれを結びとめるひもを与えた。

（「後漢書」から部分要約）

◇ⓐ奈良時代に整えられた律令国家のしくみは，平安時代になるとⓑ次第にくずれていった。

資料２　平安時代のある地域の戸籍

> 男　子　59 人
> 女　子　376 人　〕総人口　435人

（「阿《あ》波《わ》国《のくに》板《いた》野《の》郡《ぐん》田《た》上《のかみ》郷《のごう》延《えん》喜《ぎ》二《に》年《ねん》戸籍」から部分要約）

表　律令による税負担（一部）

<table>
<tr><th></th><th>租</th><th>調</th><th>庸</th></tr>
<tr><td>男子</td><td rowspan="2">稲
(収穫の約３%)</td><td>絹，特産品など</td><td>布(労役の代わり)</td></tr>
<tr><td>女子</td><td>なし</td><td>なし</td></tr>
</table>

Ⅱ　中世　テーマ：新しい技術と民衆の成長

◇ⓒ鎌倉時代になるとⓓ農業生産力が高まるとともに，手工業や商業も盛んになった。

図１　田を耕す農民

（「松崎天神縁起絵巻」）

資料３　幕府から守護にあてた書状

> 諸国の百姓は田の稲を刈り取ったあと，そこに麦をまいている。

（「新編追加」から部分要約）

◇ⓔ室町時代になると，民衆の成長を背景とした社会や文化が形成された。

Ⅲ X テーマ：統一事業と社会の変動

◇安土桃山時代になると，ヨーロッパ人が来航するようになり，わが国の政治や文化に影響を与えた。

資料４ 宣教師の追放を命じた法令

一 日本は神国であるから，キリシタンの国から悪い教えを伝え広められるのはよろしくない。
一 ポルトガル船は，商売のために来ているので特別に許可する。今後も取引するように。

（「バテレン追放令」から部分要約）

◇江戸時代には幕府と藩による支配が確立したが，次第に幕府の政治は行きづまっていった。

資料５ 寛政の改革を批判した狂歌

ⓕ白河の清きに魚《うお》の住みかねて
元のにごりの田沼恋しき

Ⅳ 近代・現代 テーマ：人，もの，情報の往来

◇近代化や社会情勢の変化にともない，人，もの，情報の往来が活発になった。

資料６ 秋田県のある村長の演説

オーストリア皇太子夫妻がサラエボで暗殺されてから５年，日本はイギリス・フランスとともにドイツと戦い，勝利を収めた。

（「梾澤《がっきざわ》歳時記」から部分要約）

図２ *1*2 全国の人口規模別市町村人口

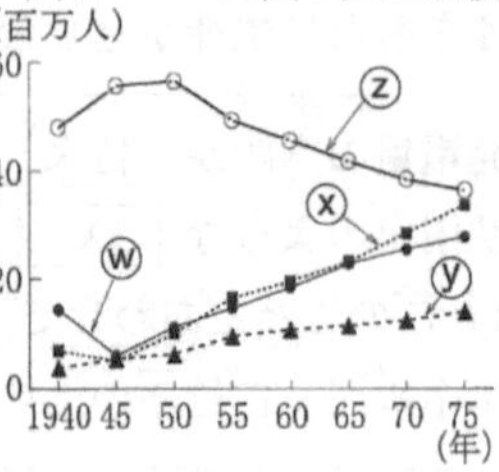

*1 全国の市町村を人口規模によってⓦ～ⓩの４グループに分け，それぞれのグループの人口の合計の推移を表したもの
ⓦグループ：50万人以上
ⓧグループ：10万～50万人未満
ⓨグループ： 5万～10万人未満
ⓩグループ： 5万人未満
*2 東京都23区は１市として計算
（総務省統計局資料から作成）

(1) レポートのⅠに関する問題である。

① 資料１に記されているできごとよりも前のできごとを，**二つ**選んで記号を書きなさい。

ア エジプト文明で太陽暦が考え出された
イ 朝鮮半島で高句麗・百済・新羅が対立した
ウ 十字軍がエルサレムに向けて進軍した
エ 孔子が仁と礼に基づく政治を説いた

② 下線部ⓐのころ，わが国の朝廷が使いを送っていた中国の王朝名を，一つ選んで記号を書きなさい。

ア 隋 **イ** 唐 **ウ** 宋 **エ** 元

③ 次は，下線部ⓑについて，資料２と表をもとに生徒が考察したものである。 あ に入る適切な内容を書きなさい。

総人口に占める女子の割合が極端に大きいのは，調や庸が あ ので，その負担から逃れようと，いつわって戸籍に登録したためだと考えられる。

(2) レポートのⅡに関する問題である。

① 下線部ⓒに幕府が置かれた場所を，地図の**ア**～**エ**から一つ選んで記号を書きなさい。

② 下線部ⓓの理由として考えられることを，図１と資料３から読みとり，書きなさい。

③ 下線部ⓔの社会や文化について述べた文として正しいものを，一つ選んで記号を書きなさい。

ア 読み・書き・そろばんを教える寺子屋が増えた
イ 出雲の阿国《おくに》がかぶき踊りをはじめた
ウ 運慶らの仏師によって金剛力士像がつくられた

地図

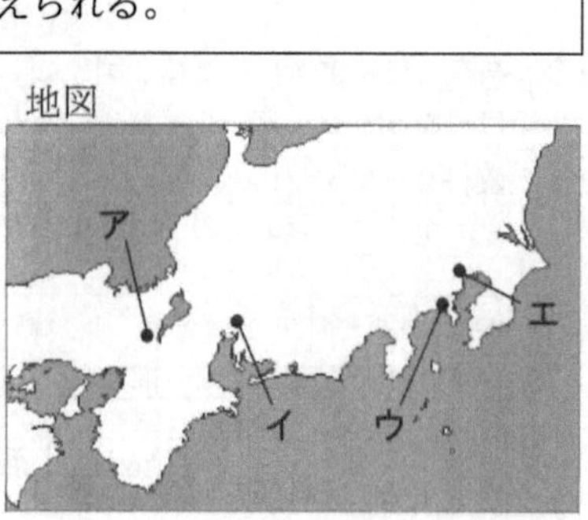

エ　村の自治を行う惣という組織がつくられた

(3)　レポートのⅢに関する問題である。

① X にあてはまる時代区分を書きなさい。

② 資料4の法令を出した人物がおこなった政策を，一つ選んで記号を書きなさい。

ア　御家人の借金を取り消し土地を取り戻させた

イ　一揆を防ぐため，百姓から武器を取り上げた

ウ　大名が許可なく城を修理することを禁止した

エ　市における税を免除し，座の特権を廃止した

③ 下線部ⓕを指す人物名を書きなさい。

(4)　レポートのⅣに関する問題である。

① 資料6は，年表の下線部㋐に示した戦争が終わった翌年におこなわれた演説である。この戦争の名称を書きなさい。

② 年表の㋑の期間における，図2のグラフの変化の理由として考えられることを，一つ選んで記号を書きなさい。

ア　農村部への疎開

イ　世界恐慌の発生

ウ　関東大震災による被害

エ　満州からの引きあげ

③ 年表の㋒のころの都市部と農村部において，図2のグラフの変化に関連しておきたこととして適切なものを，それぞれ一つずつ選んで記号を書きなさい。

ア　食料不足が生じた　　イ　過疎化が進んだ

ウ　住宅不足が生じた　　エ　小作農が増加した

④ 年表の下線部㋓に関連した次の文の い に入る国名と，う にあてはまる語を書きなさい。

年表

年代		主なできごと
1910		㋐戦争に初めて戦車が使用される ラジオ放送が始まる
1940	㋑	
1945		ポツダム宣言を受諾する
1960	㋒	東海道新幹線が開通する
1970		日本万国博覧会(大阪)が開催される
1980		
1990		㋓ベルリンの壁が崩壊し，東西ドイツの国境が開かれる

> このできごとの後，アメリカと い の首脳が会談し，う の終結が宣言された。

4　次は，豊かな社会生活を築くことについて，これまで学習したことをもとに，生徒がまとめたものの一部である。これらを見て，あとの(1)～(9)の問いに答えなさい。

私たちの権利の保障と政治の関わりについて

◇日本国憲法は，ⓐ人が生まれながらにしてもっている権利を保障している。

◇私たちは，ⓑ主権者としての自覚をもって政治に参加することが大切である。

資料1　日本国憲法第11条

> 国民は，すべての あ の享有を妨げられない。この憲法が国民に保障する あ は，侵すことのできない永久の権利として，現在及び将来の国民に与へられる。

表　おもな直接請求のしくみ

請求の種類	必要な署名	請求後の取り扱い
首長・議員の解職	有権者の3分の1以上	い を行い，う の賛成があれば解職
条例の制定・改廃	有権者の え	議会を招集し，その結果を報告

図１　政治のしくみについて

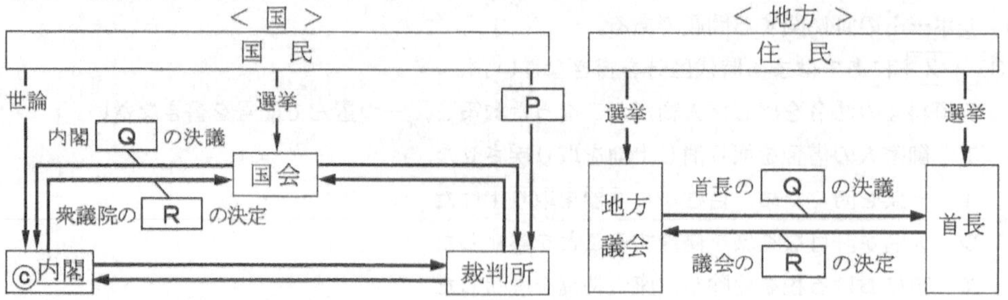

(1)　下線部ⓐに関する問題である。

①　資料１の [あ] にあてはまる語を書きなさい。ただし，[あ] には同じ語が入る。

②　下線部ⓐを侵害された人々が国に要求できる権利を，一つ選んで記号を書きなさい。

ア　裁判を受ける権利　　イ　団体交渉権　　ウ　国政調査権　　エ　自己決定権

(2)　下線部ⓑに関する問題である。

①　表の [い] にあてはまる語を書きなさい。

②　表の [う]，[え] にあてはまる語を，それぞれ一つずつ選んで記号を書きなさい。

ア　３分の１以上　　イ　過半数　　ウ　３分の２以上　　エ　50分の１以上

③　図１の [P] にあてはまる語を，一つ選んで記号を書きなさい。

ア　監査請求　　イ　国民審査　　ウ　弾劾裁判　　エ　違憲審査

(3)　図１の下線部ⓒが行うことを，一つ選んで記号を書きなさい。

ア　条約の承認　　イ　法律の制定　　ウ　予算の作成・提出　　エ　憲法改正の発議

(4)　図１の [Q]，[R] にあてはまる語を，それぞれ書きなさい。ただし，[Q]，[R] にはそれぞれ同じ語が入る。また，図１をもとに生徒が考えた次の文の [S] に入る適切な内容を，次の語を用いて書きなさい。〔**集中**〕

> 国の政治では国会，内閣，裁判所が，地方の政治では地方議会と首長が，それぞれ互いに抑制し合い均衡を保ち，[S] ことで，私たちの権利と自由が守られている。

私たちの暮らしと経済活動の関わりについて

◇ⓓ商品の価格の決定には，需要量と供給量が関係している。

◇企業の健全な競争を保つため，ⓔ公正取引委員会が監視や指導を行っている。

図２　ほうれんそうと野菜ジュースの価格（2020年）

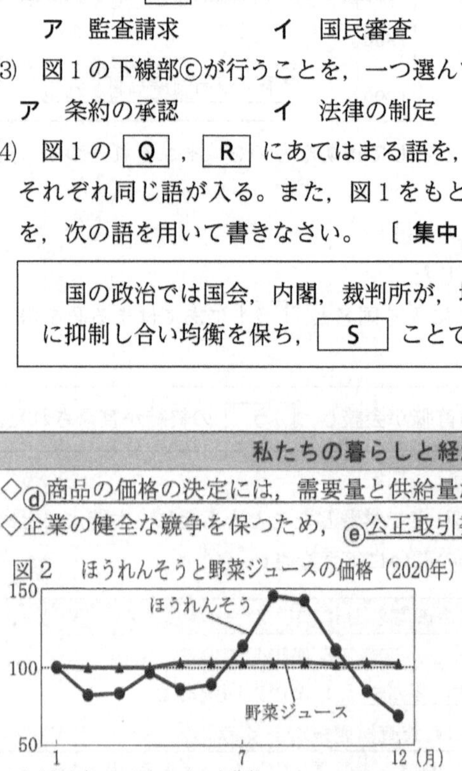

※東京都区部の１月を100とした指数。（総務省資料から作成）

図３　景気変動のモデル図

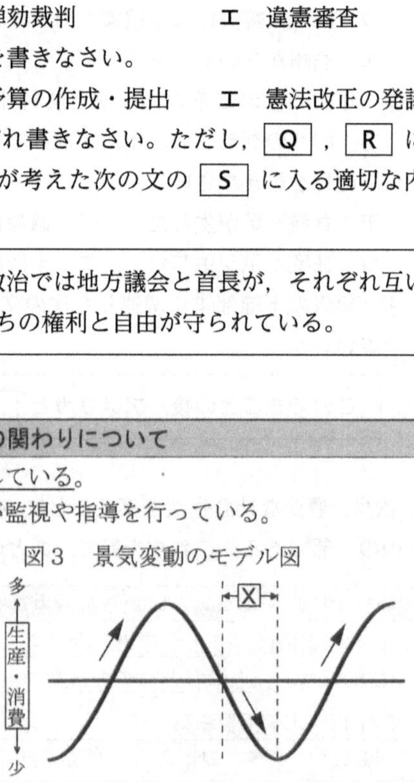

(5)　次は，下線部ⓓに関わる図２をもとに生徒が考えたものである。[お] に入る適切な内容を

書きなさい。

> ほうれんそうが野菜ジュースと比べて [お] のは，季節や天候によって生産量が変わりやすいからだと思う。

(6) 下線部ⓔが設置される根拠となる法律名を書きなさい。

(7) 図３の[X]のときに起こりやすい状況を，**二つ**選んで記号を書きなさい。

ア 失業者の増加　**イ** 賃金の上昇　**ウ** 企業利益の増加　**エ** 企業倒産の増加

安心して働くことのできる社会のあり方について

◇わが国の社会保障制度には，ⓕ社会保険，公的扶助，社会福祉，公衆衛生があり，社会全体でお互いに生活を支え合う仕組みとなっている。

◇政府は，生産性の向上に加え，多様で柔軟な働き方が選択できるよう，ⓖ働き方改革に取り組んでいる。

図４　わが国の＊労働時間と国民総所得の推移

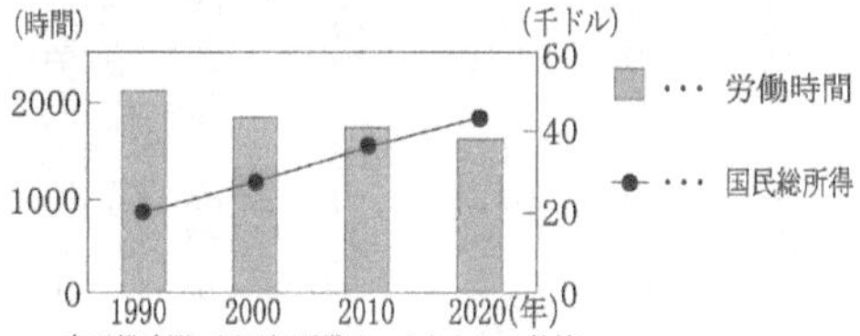

＊労働時間，国民総所得は一人あたりの数値

（ＯＥＣＤ資料などから作成）

資料２　「カエル！ジャパン」キャンペーン

ひとつ「働き方」を変えてみよう！
カエル！ジャパン
Change! JPN

わが国では [Y] の実現に向け，憲章と行動指針を策定するとともに，右のようなキャッチフレーズとシンボルマークを作成し，社会全体で取り組むキャンペーンを実施している。

（内閣府資料から作成）

(8) 下線部ⓕの内容にあたるものを，一つ選んで記号を書きなさい。

ア 児童の自立援助　**イ** 下水道の整備　**ウ** 国民年金の給付　**エ** 生活保護費の支給

(9) 下線部ⓖに関する問題である。

① 次は，図４をもとに生徒がまとめたものである。[か] に入る適切な内容を書きなさい。

> わが国では1990年からの30年間で，[か] ことから，生産における労働の効率が上がったと考えられる。

② 資料２の [Y] にあてはまる語を，一つ選んで記号を書きなさい。

ア フェアトレード　**イ** ワーク・ライフ・バランス

ウ クーリング・オフ　**エ** セーフティネット

五

次の文章を読んで、1～4の問いに答えなさい。

それ三界《さんがい》（人間の世界）はただ心ひとつなり。心もしやすからずは象馬七珍《ざうめしつちん》（象や馬や七つの珍宝）もよしなく、宮殿《くうでん》楼閣も望みなし。今、さびしき住《すま》ひ、一間の庵《いほり》、みづからこれを愛す。おのづから都に出でて身の乞匃《こつがい》（物乞い）となれる事を恥づと①いへども、帰りてここにをる時は他の俗塵《ぞくぢん》に馳《は》する（俗世間のつまらない物事にとらわれる）事をAあはれむ。もし人この言へる事をB疑はば、魚と鳥とのありさまを見よ。魚は水に飽かず、魚にあらざればその心を知らず。鳥は林をねがふ、鳥にあらざればその心を知らず。閑居の気味（良さや趣）もまた同じ。住まずして誰か②さとらむ。

（「方丈記」による）

1　①いへども　②さとらむ　を現代仮名遣いに直しなさい。

2　AとBの〰〰線部の主語の組み合わせとして適切なものを、次のア～エから一つ選んで記号を書きなさい。

ア　A　他人　B　作者　　イ　A　作者　B　他人
ウ　A　他人　B　他人　　エ　A　作者　B　作者

3　また同じ　について、次のようにまとめた。[a][b]に当てはまる語句を、本文中からそれぞれ五字で抜き書きしなさい。

> 魚の「[a]」という心、鳥の「[b]」という心は、それぞれ魚や鳥にしか分からないのと同じように、閑居に住む人の心は、住んでいる人にしか分からないということ。

4　次は、この文章を読んだ生徒AとBの会話である。これを読んで、後の問いに答えなさい。

> A　作者は、どんな生活をしたいと思っているのかな。
> B　他人の生活と比較していることを踏まえて考えると、俗世間に[Ⅰ]生活を、作者は望んでいるのだと思うな。
> A　閑居に住むことで、自分の望む生活ができているんだね。
> B　作者は、心が安らかでなければ、珍しい宝や宮殿のような豪邸も意味がないと言っているね。閑居での生活に満足できるかどうかも、人によって違うということだね。
> A　そうか、「ただ心ひとつなり」とは、[Ⅱ]ことができるということなんだね。これは、現代に暮らす私たちにも当てはまりそうだね。

(1)　[Ⅰ]に適する内容を、**八字以内**で書きなさい。

(2)　[Ⅱ]に適する内容を、**二十字以内**で書きなさい。

六

あなたが今までに影響を受けた人物やものごとについて、その影響によって自分がどう変化したのかを交えて、次の〈条件〉にしたがって書きなさい。

〈条件〉
・題名は不要
・字数は二百字以上、二百五十字以内

1　あからさまな視線 に至るまでの豊蔵の心情の変化について、次のようにまとめた。〔　〕に当てはまる語句を、本文中から**二字**で抜き書きしなさい。

期待 → 〔　〕 → 侮蔑と猜疑

2　人の心をえぐる とあるが、このときの彦太郎の心情として最も適切なものを、次の**ア**～**エ**から一つ選んで記号を書きなさい。

ア 苦痛　**イ** 歓喜　**ウ** 失望　**エ** 感謝

3　籾殻を口いっぱいに食んでいるかのようだ とあるが、彦太郎がこのように感じた理由を、「立場」「空虚」の二語を用いて、解答欄にしたがって**四十五字以内**で書きなさい。

4　次は、本文をもとに劇の台本づくりに取り組んでいる生徒A、B、Cの会話である。構想している台本の一部と会話を読んで、後の問いに答えなさい。

【台本の一部】

豊蔵	「破門くらい、なんぼのもんじゃい」 (豊)は、**拳で壁をたたき、**〔　〕 「見てみい！白紙は仰山、残っとるやないか。ここに己の意の赴くままに、筆を走らせるんや。考えるだけで、からだが熱うなる、胸が躍る。それがほんまの絵師やないんか！」
彦太郎	**(豊)をひとたび見返す** **その後(豊)に背を向け、歩き出す** （暗転、海辺の場面へ　音響：波の音）
彦太郎	**(彦)登場、崩れるように膝をつく** **声を放ち、海に向かって泣き続ける**

【舞台レイアウト】

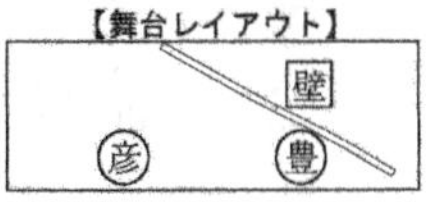

A	豊蔵を見返す彦太郎には、どんな演出がふさわしいだろう。
B	本文中の「大砲の弾が、まともに当たったようだ」という描写から、彦太郎が受けた〔a〕の大きさが分かるね。その様子を、表情や体の細かな動きで表現するといいと思うな。
A	なるほど。では、海辺の場面の演出についてはどうかな。
C	私は、海が「〔b〕」という擬人化された描写が気になったよ。彦太郎は、心の高ぶりを海が受け止めてくれたように感じたのではないかな。静かな波の音を流して、印象的な演出にしたいな。
B	僕は「奇跡」という言葉から、これまで抱えていた〔c〕ことができた、彦太郎の喜びやうれしさを感じたよ。声を放って泣き続ける彦太郎の表情は、泣き笑いに近いのではないかな。
A	よい考えだね。では、これまでの提案をもとに、この場面を一度演じてみようよ。その後でまた話し合おう。

(1)　**【台本の一部】**の〔　〕に当てはまる演出として最もふさわしいものを、次の**ア**～**エ**から一つ選んで記号を書きなさい。

ア (彦)を温かく見守る　**イ** (彦)をにらみつける
ウ (彦)に目もくれない　**エ** (彦)から目をそらす

(2)　〔a〕〔b〕に当てはまる内容を、〔a〕には**二字**で、〔b〕には**十五字**で、本文中からそれぞれ抜き書きしなさい。

(3)　〔c〕に適する内容を、「覚悟」という語句を用いて、**二十五字以内**で書きなさい。

太郎の身上だった。なまじ師とそっくりに描ける腕をもつために、応挙風を期待されると、応えてやりたいとの思いがわく。それが強靭《きょうじん》な我とせめぎ合い、迷いとなって筆に現れる。

　新築の寺ともなれば、その迷いはいっそう深まる。一枚一枚の出来だけではなしに、どこにどのような絵を配し、按配《あんばい》するか。流れや繋《つな》がりも鑑みて、寺という空間に、俗世と切り離されたひとつの世界を作る。それが障壁画と呼ばれる室内装飾の真髄なのである。

　己が足をはこべぬ詫《わ》び料代わりに、応挙は数枚の絵を彦太郎に託す。

　その礎《いしずえ》をまるきり無視して勝手に走れば、寺の静謐《せいひつ》な空気そのものを壊すことになりかねない――。それを言い訳に、これまでどうしても踏み出せなかった。

「おまえは、それでええんかい」

　豊蔵は、背後の絵を閉め出すように、後ろ手にゆっくりと襖を閉めた。

「はるばるこないな地まで足をはこんだあげく、くだらん筆で茶をにごすつもりか？　己の絵を描かんままで、おめおめと京へ戻るつもりなんか？　平安絵師の誇りは、旅路の紀伊の浜に、落としてきたんか？」

　単に応挙を、侮辱しているのではない。豊蔵が問うているのは、吉村胡雪の、画家としての覚悟の程だった。

「……おれには弟子としての務めがある。勝手を通さば、今度こそ破門となろう」

「破門くらい、なんぼのもんじゃい」

　ふん、と鼻で吐き捨て、まるで白無垢《しろむく》のような二之間《にのま》の壁を、拳で打った。薄い拳にもかかわらず、その音は座敷をふるわせた。

「見てみい！　白紙は仰山《ぎょうさん》、残っとるやないか。ここに己の意の赴くままに、筆を走らせるんや。考えるだけで、からだが熱うなる、胸が躍る。それがほんまの絵師やないんか！」

　まるで大砲《おおづつ》の弾が、まともに当たったようだ。彦太郎にとっては、それほど凄《すさ》まじい衝撃だった。打ち抜かれた胸に、大きな風穴があき、そこから新鮮な空気が音を立てて流れ込む。

　ひとたび豊蔵を見返して、くるりと背を向けた。

　本堂を離れ、境内を抜け、山門を出る。

　ひと足ごとに速まって、やがては駆けるようにして一本道を下った。

　串本は、両側を海にはさまれた東西が七町にも満たない狭い土地だ。東へ向かい、いくらも行かぬうち、海が見えた。

　空の半分を闇が覆い、藍の海が眠るように静かに横たわっていた。

　それ以上進みようがなく、波打ち際で足が止まったとたん、堪《こら》えていたものが一気にあふれた。

　このふた月余、どうしても描けなかった。筆をもつたびに、手は応挙の影をなぞることを嫌がった。のらくらと時を稼ぎながら、誰かが背を押してくれることを彦太郎は待っていた。そんな都合のよい奇跡など起こるはずがないと、諦めかけてもいた。

　深山箏白は、その奇跡をやってのけた。

　彦太郎は声を放ち、海に向かって泣き続けた。

（西條奈加「ごんたくれ」による）

【注】＊円山応挙……江戸中期の絵師。彦太郎の師匠

＊鑑みる……他を参考にして考える。他と比べ合わせて考える

＊猜疑……相手の行為などをうたがったり、腹を立てたりすること

＊籾殻……イネの実を包んでいる外側の固い殻

三　次の文章を読んで、1〜4の問いに答えなさい。

近年、文化財を観光やまちづくりなどの分野で活用する機運が高まっている。例えば、神社仏閣、城跡、歴史的建造物などの独特な①雰囲気をもつ会場で、会議やコンサート、②デントウ芸能の鑑賞会などを実施することにより、特別感を演出できる。また、文化財の特徴や魅力を生かし、地域のイメージアップを図ることもできる。

ただし、文化財は一度壊れてしまえば取り返しのつかないものである。それぞれの特性についての正しい認識のもと、適切に取り扱わなければならない。活用する際、主催者は、文化財の価値を③損なうことがないよう、参加者に④ハタラきかける必要がある。

1　①雰囲気　③損なう　の読み仮名を書きなさい。
②デントウ　④ハタラき　を漢字に直して書きなさい。

2　近年　が直接係る部分を、次のア〜エから一つ選んで記号を書きなさい。

ア　文化財を　　イ　活用する
ウ　機運が　　エ　高まっている

3　取り返しのつかない　という意味を表す故事成語を、次のア〜エから一つ選んで記号を書きなさい。

ア　虎の威を借る狐《きつね》　　イ　漁夫の利
ウ　覆水盆に返らず　　エ　五十歩百歩

4　正しい　の活用形を書きなさい。

四　次の文章を読んで、1〜4の問いに答えなさい。

「吉村胡雪《よしむらこせつ》」こと彦太郎《ひこたろう》は、*円山応挙《まるやまおうきょ》一門の絵師である。ある日、応挙の代筆役として寺に遣わされた彦太郎のもとを、対立しながらも絵師としての腕を認め合う間柄である「深山箏白《みやまそうはく》」こと豊蔵《とよぞう》が訪れる。彦太郎の描いた障壁画に期待を寄せていた豊蔵だったが、彦太郎は、ふた月余も絵を描けずにいた。

日は西の海に半身を浸し、光は勢いを失っている。奥の間はすでに薄暗いが、もともと日本画は、暗さを*鑑《かんが》みて描かれている。行灯《あんどん》や燭台《しょくだい》のほのかな灯《あか》りに浮かび上がるときこそ、真の姿を見せる。

しかし豊蔵は、座敷に入ってすぐさま、落胆のため息をもらした。

「なんや、応挙の筆やないか。こないなもんを拝むために、ド田舎まで足を延ばしたわけやあらへんわい」

「相変わらず、無礼な奴だな。寺の和尚は、師匠の絵をご所望なのだ」

ちらりと、豊蔵がふり返った。侮蔑《ぶべつ》と*猜疑《さいぎ》を隠そうともしない、あからさまな視線だった。

「もしや、同じつまらん筆で、残る襖《ふすま》や壁を、埋めるつもりではなかろうな？」

この男の言いざまは、いつでも人の心をえぐる。いくら覚悟をしていても、その容赦《ようしゃ》のなさに打ちのめされる。喘《あえ》ぐように、彦太郎は反駁《はんばく》した。

「おれは、師匠の代わりに遣わされた。寺が望むのは、吉村胡雪ではなく円山応挙の絵だ」

言いながら、その空虚さに気がついた。彦太郎が嚙《か》んでいるのは、砂ですらない。まるで*籾殻《もみがら》を口いっぱいに食《は》んでいるかのようだ。いくら嚙みしめても中身はなく、籾の先だけがちくちくと舌を刺す。

応挙は彦太郎に、自身の筆を真似《まね》よと強いたことは一度もない。ただ師の代筆という立場が、彦太郎を縛るのだ。人を喜ばせるのが、彦仕組みに依存する社会をつくりました。他にも、地方の自律的発展よりも大都市圏の経済活動を優先した結果として都市と地方の間に様々な格差が生じ、かつ固定化することを容認してきました。こうした課題が克服されていくなかで現行世代の私たちのニーズは徐々に満たされていくことになるわけですが、将来世代は異なる社会に暮らすことになりますから、彼らにとっての課題やニーズも必然的に我々のそれとは異なっていることでしょう。

　現行世代の私たちが将来世代の彼らのニーズを言い当てることはできませんが、私たちが彼らのことに思いを馳《は》せることはできます。このように将来世代が暮らす未来のことを考慮しながら、現行世代の私たちの開発のあり方を考える、ということが「持続可能な開発」という概念が意味するところなのです。つまり、持続可能な開発という考え方は、半分は現行世代の開発のあり方を将来世代との公平な関係性のなかで問い直していくこと、そしてもう半分は次世代への思いやりによってできていると言えます。

（工藤尚悟「私たちのサステイナビリティ」による）

【注】＊担保……保証すること
＊ジェンダー……歴史的・社会的に形作られた男女の差異
＊先述のような深刻な公害……ここでは、水俣《みなまた》病や四日市ぜんそくなどの公害のこと

1 彼ら　とは誰を指すか。解答欄にしたがって本文中から**二字**で抜き書きしなさい。

2 発展に対する直線的な見方　とはどのような見方のことか。「比例」という語句を用いて、解答欄にしたがって**二十字以内**で書きなさい。

3 「ニーズ（needs）」について、次のように整理した。[　]に当てはまる語句を、本文中から**六字**で抜き書きしなさい。

> ・「欲求」と和訳される。
> ・「欲求」という語の本来の意味よりも広い意味合いをもち、[　]や、その質に関わる項目が含まれる。

4 この文章について説明したものとして最も適切なものを、次の**ア**～**エ**から一つ選んで記号を書きなさい。

ア　読み手の共感を得るために、仮説の検証を繰り返している。
イ　読み手の興味を引くために、専門家の意見を引用している。
ウ　読み手の思考を促すために、段落ごとに疑問を挙げている。
エ　読み手の理解を補うために、複数の事例を取り上げている。

5 持続可能な開発について、本文の内容を踏まえ、次のようにまとめた。これを読んで、後の問いに答えなさい。

> 　持続可能な開発という概念に込められた主張は、力強く、[a]なものだが、現行世代の私たちが将来世代のニーズを[b]ことができないなど、難しい点も多い。その前提に立ち、現行世代が将来世代を思いやり、両者の公平な関係性のもとに開発が実践されているか、具体的に言えば、現行世代の開発のあり方が[c]になっているかを問い直していくことが求められる。

(1) [a][b]に当てはまる語句を、[a]には**三字**で、[b]には**五字**で、本文中からそれぞれ抜き書きしなさい。

(2) [c]に適する内容を、「自ら」「考慮」の二語を用いて、**四十字以内**で書きなさい。

繰り返します。（※アからエを繰り返して読む）

（間10秒）

これで国語の「聞くこと」に関する検査を終わります。問題用紙を開いて、次の問題に移ってください。

二　次の文章を読んで、**1**～**5**の問いに答えなさい。

持続可能な開発の定義において問われていることは、将来世代と現行世代がどのような関係にあるべきかということです。このことについて持続可能な開発という概念には、「現行世代である私たちが自らのニーズを満たすための開発をするとき、その開発のあり方が、将来世代が彼らのニーズを満たすために必要な能力を阻害するものであってはならない」という力強いメッセージが込められています。つまり、社会が発展していくときに、将来世代と現行世代の間には、公平な関係性（世代間公平性）が*担保《たんぽ》されなければならないと主張しています。

とても魅力的な主張である一方で、実際にこの持続可能な開発を実践するには、多くの難しい点があります。当然ですが、将来世代はまだ生まれてすらいませんから、現行世代の私たちは彼らの声について想像するしかありません。これが本当に彼らの声を代弁するものであるのかについては、残念ながら確かめようがありません。

また、私たち現行世代は、将来世代が暮らす時代には、今よりも科学技術や社会制度が発展していると考えがちです。そのため、現段階で私たちにとって問題であることも、将来世代にとっては既に解決可能なことになっているだろうと楽観的に考えてしまうことがあります。このような見方の背景には、時間の経過とともに技術や制度というものは改善されていき、そうしたときに物事は必ず改善されていくのだというような、発展に対する直線的な見方があります。しかし、実際には私たちの社会にはもう何世代も解決できていないような問題がいくつもあります。

例えば経済格差がその典型で、収入の高い世帯に生まれた子どもたちがより高い割合で難関大学に進学し、将来的に高収入の職に就くというような構造があります。このことが教育や収入の格差を世代を超えて固定化させるという状況を生み出しています。社会の発展が必ずしも時間の経過と比例して前進するものではないことを認めたとき、将来世代との公平性を議論する際の前提条件が大きく変わることになります。

持続可能な開発の定義のなかでもうひとつ重要な概念は、「ニーズ（needs）」の部分です。持続可能な開発の和訳では「欲求」が用いられていますが、ここでのニーズはもう少し広い意味合いを含んでいます。「欲求」は生命活動の存続に必要なことという意味ですが、持続可能な開発におけるニーズには、*ジェンダーの公平性、教育機会の平等、民主主義的な社会の維持など、生活の質（Quality of Life）に深く関連する項目も含まれています。単に環境保全と経済発展のバランスだけを見ているのではなく、人々の暮らしに関わる多くの項目が、持続可能な開発における「ニーズ」には含まれているのです。

そして、このニーズは時代と共に変化していきます。私たち現行世代にとって満たしたいニーズは、先行世代のそれから大きく変化してきていますから、将来世代のニーズが私たちのそれと大きく異なるものになることも容易に想像がつきます。

例えば経済的な豊かさを環境よりも優先した結果として、*先述のような深刻な公害を私たちは経験しました。安定的な電力供給を優先したために、保管する以外に処理方法のない廃棄物を生み出し続ける通行の邪魔になるものを取り除くことが必要だということですね。

えみ　そうですね。ただ、歩道の補修は市にお願いしないとできませんが、雑草や落ち葉を取り除くことは、私たちにもできるかもしれません。例えば、クリーンアップ活動と草取りを一緒に行えば、歩道をきれいで安全な状態に保つことができます。このように、みんなが安全に生活できるという視点に立って、自分たちができることについて考えていくことも必要だと思います。

りく　中学生だけでなく、小学生や地域の人と協力してクリーンアップ活動を行う日を設定するということを、提案の中に入れるのはどうでしょうか。

たける　なるほど。たくさんの人を巻き込んだ形で「人にやさしい町づくり」に取り組むということですね。ここまでの話し合いで、提案する内容が具体的になってきましたね。次回の話し合いでは、僕たちの考えが、より伝わりやすくなるような話の構成について考えてみましょう。

（間2秒）

話し合いの様子はここまでです。

（間2秒）

それでは問題に移ります。問題は選択肢も含めてすべて放送で出題します。答えは解答用紙に記入しなさい。

（間3秒）

1　りくさんが実際に見て危険だと感じたことは、どのようなことでしたか。解答欄にしたがって書きなさい。

（間30秒）

次の問題に移ります。

2　たけるさんが、りくさん、えみさんの発言を聞いて整理した内容は、歩道そのものを補修することと、もう一つはどのようなことでしたか。解答欄にしたがって書きなさい。

（間30秒）

次の問題に移ります。

3　えみさんは、自分たちができることについて、どのような視点に立って考えていく必要があると話していましたか。解答欄にしたがって書きなさい。

（間30秒）

次の問題に移ります。

4　たけるさんの進行の仕方について、最もふさわしいものを、次に読み上げる選択肢**ア**、**イ**、**ウ**、**エ**の中から一つ選んで、解答欄に記号をカタカナで書きなさい。選択肢は二回読みます。

ア　二人の発言を共感的に受け止め、話の内容をまとめている。

イ　テーマに沿って話し合えるように、発言者に注意している。

ウ　話の中の分かりにくい点を指摘し、発言者に説明を求めている。

エ　二人の発言を比較し、互いの異なる点を明らかにしている。

＜国語＞

時間　六〇分　満点　一〇〇点

一　「聞くこと」に関する検査

〔注〕（　）内は音声として入れない。

ただいまから、国語の「聞くこと」に関する検査を始めます。「聞くこと」に関する検査は、出題も含めてすべて放送で行いますので、指示があるまで問題用紙を開いてはいけません。解答用紙とメモ用紙を準備してください。

（間5秒）

メモ用紙は必要に応じて使ってください。問題は全部で四つです。

（間3秒）

たけるさん、りくさん、えみさんの三人は、各中学校の代表者が集まって行う市長との意見交換会で、「人にやさしい町づくり」について提案することになりました。

これから放送する内容は、提案する内容について三人が話し合っている様子です。進行役は、たけるさんが務めています。

話し合いの様子と問題は、一度だけ放送します。

それでは、始めます。

（間3秒）

たける　はじめに、前回の話し合いの確認をします。僕たちは「人にやさしい町づくり」について、身近な生活の中から見つけた問題をもとに提案することにしました。校内アンケートでは、歩道の整備についての意見が多かったので、このことを踏まえて、今日は、提案の内容を考えましょう。はじめに、りくさんの意見を聞かせてください。

りく　はい。僕は、歩道を補修する必要があると思います。僕の通学路では、歩道の舗装が古くなり、ところどころにひび割れや穴があって、歩きにくくなっています。それに、雨が降ったあと、小学生が穴の部分にできた水たまりをよけようとして車道を歩いていたのを見て、危険だと感じました。

たける　りくさんは、実際に危ないと感じたことがあったのですね。校内アンケートの結果から考えると、そういう場所が多いということかもしれませんね。では次に、えみさんの意見をお願いします。

えみ　はい。私は、歩道脇の雑草を取り除くことも必要だと思います。先月のクリーンアップ活動で、ひがし公園の周りを清掃しているときに、伸びた雑草が歩道にはみ出している場所があることに気付きました。りくさんは、普段ひがし公園の前を通っていますよね。そのときに、歩きにくいと感じたことはありませんか。

りく　たしかに、歩道脇の雑草が伸びてくると、通行の邪魔になることがあります。それに、公園の周りに限らず、街路樹が並んでいる道では、秋になると落ち葉が積もって滑りやすくなることも、危険だと感じます。

えみ　なるほど。落ち葉のことは気付きませんでした。

たける　そのような問題もあったのですね。ここまでの二人の話を整理すると、歩道そのものを補修することと、

MEMO

大切なことはメモしておこうネ！

2023年度

解答と解説

《2023年度の配点は解答用紙集に掲載してあります。》

<数学解答>

1 (1) 5　(2) $\frac{4b^2}{a}$　(3) $4>\sqrt{10}$　(4) -9

(5) $\frac{\sqrt{2}}{3}$　(6) $x=6$　(7) $x=3$，$y=-1$

(8) $x=\frac{-5\pm\sqrt{17}}{2}$　(9) $45-6a$ cm

(10) 5，19，31　(11) 135°　(12) 23°

(13) 9cm　(14) $6-2\sqrt{3}$ cm　(15) 72π cm^2

2 (1) ① 右図1　② 午前10時12分

(2) ① $\frac{2}{9}$　② 5枚　(3) 右図2

3 (1) イ　(2) (範囲) 105分　(第1四分位数) 30分

(3) ① ア，エ　② (記号) ア　(理由) 解説参照

4 (1) 解説参照　(2) ア (例)$a+b=9$なら，$a=3$，$b=6$　イ (例)$a=4$，$b=5$　(3) 17cm

5 Ⅰ (1) $y=x+2$(求める過程は解説参照)　(2) $\sqrt{5}$ cm　(3) $a=\frac{1}{4}$　Ⅱ (1) $y=-3x-4$(求める過程は解説参照)　(2) ① $t=1$　② $t=2-\sqrt{5}$

図1

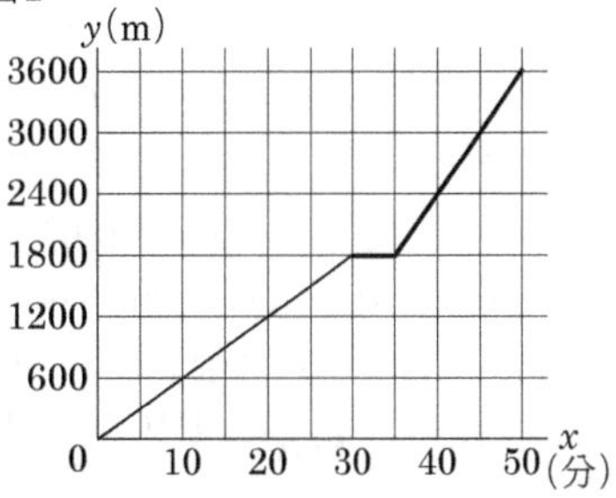

図2

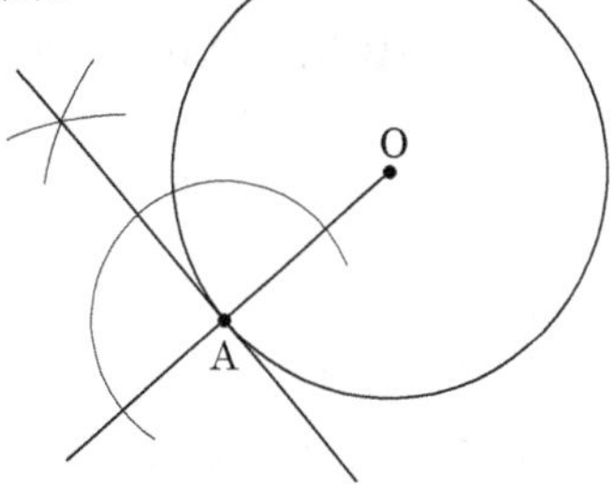

<数学解説>

1 (数・式の計算，平方根，不等式，式の値，一次方程式，連立方程式，二次方程式，規則性，数の性質，角度，線分の長さ，体積，表面積)

(1) 四則をふくむ式の計算の順序は，乗法・除法→加法・減法となる。$8+12\div(-4)=8+(-3)=8-3=5$

(2) $12ab\div6a^2\times2b=12ab\times\frac{1}{6a^2}\times2b=\frac{12ab\times2b}{6a^2}=\frac{4b^2}{a}$

(3) $4=\sqrt{4^2}=\sqrt{16}$であり，$\sqrt{16}>\sqrt{10}$だから，$4>\sqrt{10}$

(4) $x=\frac{1}{2}$，$y=-3$のとき，$2(x-5y)+5(2x+3y)=2x-10y+10x+15y=12x+5y=12\times\frac{1}{2}+5\times(-3)=6-15=-9$

(5) $\frac{1}{3\sqrt{2}}=\frac{1\times\sqrt{2}}{3\sqrt{2}\times\sqrt{2}}=\frac{\sqrt{2}}{6}$だから，$\frac{\sqrt{2}}{2}-\frac{1}{3\sqrt{2}}=\frac{\sqrt{2}}{2}-\frac{\sqrt{2}}{6}=\left(\frac{1}{2}-\frac{1}{6}\right)\sqrt{2}=\left(\frac{3}{6}-\frac{1}{6}\right)\sqrt{2}=\frac{\sqrt{2}}{3}$

(6) 方程式$\frac{5x-2}{4}=7$　両辺に4をかけて，$\frac{5x-2}{4}\times4=7\times4$　$5x-2=28$　左辺の-2を移項して，$5x=28+2=30$　両辺をxの係数の5で割って，$5x\div5=30\div5$　$x=6$

(7) $\begin{cases}2x+y=5\cdots①\\x-4y=7\cdots②\end{cases}$　とする。①$-$②$\times2$より，$2x+y-(x-4y)\times2=5-7\times2$　$2x+y-2x+8y=5-14$　$9y=-9$　$y=-1$　これを②に代入して，$x-4\times(-1)=7$　$x+4=7$　$x=3$　よって，連立方程式の解は，$x=3$，$y=-1$

(8)　**2次方程式$ax^2+bx+c=0$の解は，**$x=\dfrac{-b\pm\sqrt{b^2-4ac}}{2a}$で求められる。問題の2次方程式は，$a=1$，$b=5$，$c=2$の場合だから，$x=\dfrac{-5\pm\sqrt{5^2-4\times1\times2}}{2\times1}=\dfrac{-5\pm\sqrt{25-8}}{2}=\dfrac{-5\pm\sqrt{17}}{2}$

(9)　(図形の周囲の長さ)＝(1辺の長さが5cmの正三角形の周の長さ)×3－(1辺の長さが$a$cmの正三角形の周の長さ)×2＝(5×3)×3－(a×3)×2＝(45－6a)(cm)

(10)　231を**素因数分解**すると，231＝3×7×11だから，$\dfrac{231}{n+2}$が整数となるのは，分母の$n+2$が231の約数の1，3，7，11，21，33，77，231のうち，いずれかになるとき。それぞれに対応するnの値は－1，1，5，9，19，31，75，229であり，このうち，nが問題の条件である100より小さい素数であるのは，n＝5，19，31

(11)　正方形EFCGは，点Cを中心として，正方形ABCDを時計まわりに45°だけ**回転移動**させたものだから，∠BCF＝45°　辺ADと辺EFの交点をHとすると，**四角形CDHFの内角の和は360°**であることから，∠x＝360°－(∠CDH＋∠CFH＋∠FCD)＝360°－{∠CDH＋∠CFH＋(∠BCD－∠BCF)}＝360°－{90°＋90°＋(90°－45°)}＝135°

(12)　$\overset{\frown}{BC}=\overset{\frown}{CD}=\overset{\frown}{DE}$より，∠BOE＝3∠BOC　∠AOB＋∠BOE＝180°より，∠AOB＋3∠BOC＝180°　$\angle BOC=\dfrac{180°-\angle AOB}{3}=\dfrac{180°-42°}{3}=46°$　$\overset{\frown}{BC}$に対する**中心角と円周角の関係**から，$\angle x=\dfrac{\angle BOC}{2}=\dfrac{46°}{2}=23°$

(13)　△ABCと△DACで，仮定より，∠ABC＝∠DAC…①　共通な角だから，∠ACB＝∠DCA…②　①，②より，2組の角がそれぞれ等しいので，△ABC∽△DAC　**相似な図形では，対応する線分の長さの比はすべて等しい**から，AB：DA＝AC：DC＝8：6＝4：3　よって，$AD=AB\times\dfrac{3}{4}=12\times\dfrac{3}{4}=9$(cm)

(14)　問題図1より，水が入ってない部分の容積は，$\left(\dfrac{1}{2}\times6\times8\right)\times(12-8)=96$(cm^3)　問題図2において，辺AB，ACと水面の交点をそれぞれG，Fとし，AG＝x(cm)とする。GH//BCより，**平行線と線分の比についての定理**を用いると，GH：BC＝AG：AB　$GH=\dfrac{BC\times AG}{AB}=\dfrac{8\times x}{6}=\dfrac{4}{3}x$(cm)
底面が△AGH，高さがADの三角柱の体積が96cm^{3}であることより，$\triangle AGH\times AD=\left(\dfrac{1}{2}\times GH\times AG\right)\times AD=\left(\dfrac{1}{2}\times\dfrac{4}{3}x\times x\right)\times12=96$　$x^2=12$　$x>0$より$x=\sqrt{12}=2\sqrt{3}$　以上より，容器の底から水面までの高さGB＝AB－AG＝$6-2\sqrt{3}$ (cm)

(15)　円錐の底面の中心をPとする。円錐を転がして，もとの場所にもどるまでに，ちょうど3回半だけ回転したということは，(円錐の側面積)：(円Oの面積)＝(円Pの周の長さ)：(円Oの周の長さ)＝1：3.5＝2：7である。また，**すべての円はお互いに相似な図形**だから，円Pと円Oの相似比は，(円Pの周の長さ)：(円Oの周の長さ)＝2：7に等しい。これより，(円Pの半径)：(円Oの半径)＝2：7　(円Oの半径)＝(円Pの半径)×$\dfrac{7}{2}=4\times\dfrac{7}{2}=14$(cm)　以上より，(円錐の表面積)＝(底面積)＋(側面積)＝(円Pの面積)＋(円Oの面積)×$\dfrac{2}{7}=\pi\times4^2+\pi\times14^2\times\dfrac{2}{7}=72\pi$ (cm^2)

2 (関数とグラフ，グラフの作成，確率，作図)

(1)　①　健司さんは，休憩した地点から図書館までの3600－1800＝1800(m)の道のりを，1800÷120＝15(分)かかったから，休憩した地点を10時50分－15分＝10(時)35(分)に出発した。これより，健司さんが駅から1800m離れた地点で休憩を始めてから，図書館に着くまでのxとyの関係を表したグラフは，点(30，1800)，(35，1800)，(50，3600)を線分で結んだ折れ線のグラフとなる。

② 美咲さんのxとyの関係を表したグラフを①のグラフに書き加えると，右図のようになり，美咲さんと健司さんが出会ったのは，2人のグラフの交わったところである。**横軸が時間，縦軸が道のりのグラフでは，速さが一定の場合の時間と道のりの関係のグラフは直線になる。また，その直線の傾きは速さに等しい**から，健司さんの$0 \leqq x \leqq 30$におけるxとyの関係は，原点を通り，速さが毎分60mであることから，$y=60x$…㋐　また，美咲さんのxとyの関係は，点(0, 3600)を通り，速さが毎分240mであることから，$y=-240x+3600$…㋑　グラフの交点のx座標は，㋐と㋑の連立方程式の解。㋐を㋑に代入して，$60x=-240x+3600$　$x=12$　よって，美咲さんと健司さんが出会ったときの時刻は，10時12分である。

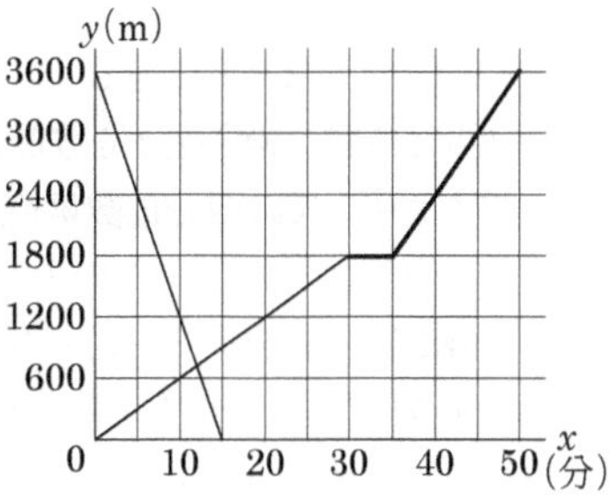

(2) ① すべてのカードの取り出し方は，3×3=9(通り)。このうち，取り出されたカードに書かれている数の積が**奇数**になるのは，右図の○印を付けた積の2通りだから，求める確率は$\frac{2}{9}$

袋A＼袋B	4	5	6
1	4	⑤	6
2	8	10	12
3	12	⑮	18

② 袋Bに整数7が書かれているカードをn枚追加したとすると，袋Aには奇数が書かれたカードが2枚あり，袋Bには奇数が書かれたカードが$(1+n)$枚ある。すべてのカードの取り出し方は，$3\times(3+n)=(9+3n)$(通り)。このうち，取り出されたカードに書かれている数の積が奇数になるのは，どちらも奇数が書かれたカードを取り出すときだから，$2\times(1+n)=(2+2n)$(通り)…㋐　これより，取り出されたカードに書かれている数の積が**偶数**になるのは，$(9+3n)-(2+2n)=(7+n)$(通り)…㋑
積が奇数になる確率と積が偶数になる確率が等しくなるのは，㋐=㋑となるときだから，$2+2n=7+n$　$n=5$　よって，追加したカードは5枚である。

(3) (着眼点) **接線と接点を通る半径は垂直に交わる**ので，点Aを通る半直線OAの垂線が，点Aを接点とする円Oの接線となる。(作図手順) 次の①～②の手順で作図する。
① 半直線OAを引く。② 点Aを中心として半直線OAに交わるように円を描き，つくられたそれぞれの交点を中心として，交わるように半径の等しい円を描き，その交点と点Aを通る直線(点Aを接点とする円Oの接線)を引く。

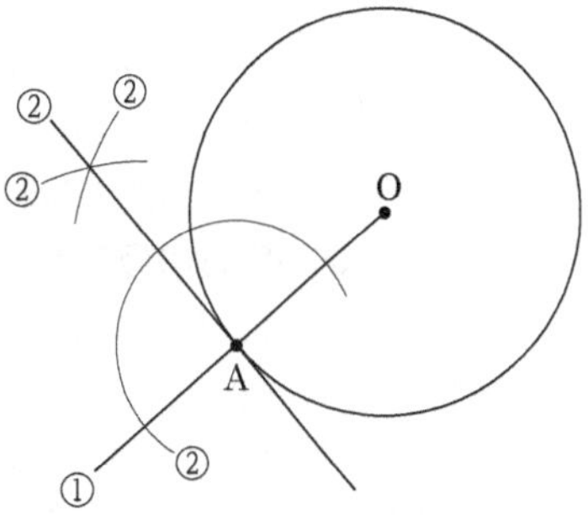

3 (資料の散らばり・代表値)

(1) **最頻値**は，**度数分布表**の中で**度数**の最も多い**階級**の**階級値**。また，**中央値**は，資料の値を大きさの順に並べたときの中央の値。4つの学級の生徒数は，すべて31人であるから，読書時間の少ない方から16番目の生徒が含まれている階級が，中央値の含まれている階級。アの最頻値は$\frac{60+70}{2}=65$(分)，中央値の含まれている階級は50分以上60分未満の階級。イの最頻値は$\frac{20+30}{2}=25$(分)，中央値の含まれている階級は40分以上50分未満の階級。ウの最頻値は$\frac{60+70}{2}=65$(分)，中央値の含まれている階級は50分以上60分未満の階級。エの最頻値は$\frac{60+70}{2}=65$(分)，中央値の含まれている階級は40分以上50分未満の階級。以上より，3年1組の**ヒストグラム**として最も適切なものはイである。

(2) データの**範囲**は，資料の最大の値と最小の値の差。問題の表より，**最小値**は5分，**最大値**は

110分だから，データの範囲は，110－5＝105(分)である。**四分位数**とは，全てのデータを小さい順に並べて4つに等しく分けたときの3つの区切りの値を表し，小さい方から**第1四分位数**，**第2四分位数**，**第3四分位数**という。第2四分位数は中央値のことである。問題の表は，30人のデータだから，第1四分位数は読書時間の小さい方から8番目の30分である。

(3)　①　16人のデータのとき，第1四分位数は読書時間の小さい方から4番目と5番目の**平均値**，第2四分位数(中央値)は読書時間の小さい方から8番目と9番目の平均値，第3四分位数は読書時間の多い方から4番目と5番目の平均値である。　ア　グループ1とグループ3は，第2四分位数が55分より小さく，第3四分位数が55分より大きいから，読書時間が55分以下の生徒数は8人以上である。グループ2は，第1四分位数が55分より大きいから，読書時間が55分以下の生徒数は4人以下である。正しい。　イ　アと同様に考えて，グループ1とグループ3は，読書時間が55分以上の生徒数は8人以下である。グループ2は，読書時間が55分以上の生徒数は16人以上である。正しくない。　ウ　グループ1に関して，読書時間の多い方から2番目の生徒が65分，読書時間の一番多い生徒が110分と考えると，80分以上100分未満の生徒はいない。グループ2に関して，読書時間の多い方から5番目の生徒が65分，4番目の生徒がが100分と考えると，80分以上100分未満の生徒はいない。グループ3に関して，読書時間の多い方から5番目の生徒が55分，2番目～4番目の生徒がすべて60分と考えると，80分以上100分未満の生徒はいない。正しくない。　エ　各グループとも，読書時間の一番多い生徒は100分以上だから，100分以上の生徒は必ずいる。正しい。

②　(理由)　(例)範囲と四分位範囲が，ともに最も大きいから。

4　(合同の証明，定理の逆と反例，線分の長さ)

(1)　(証明)　(例)△ACEと△BCFにおいて　仮定から，CE＝CF…①　正三角形は3つの辺が等しい三角形だから，AC＝BC…②　**平行線の錯角は等しい**から，∠ACE＝∠BAC　また，正三角形の3つの角は等しいから，∠BAC＝∠BCF　よって，∠ACE＝∠BCF…③　①，②，③より，2組の辺とその間の角がそれぞれ等しいから，△ACE≡△BCF

(2)　ア　**ある定理の仮定と結論を入れかえたものを，その定理の逆という。**「2つの自然数a，bにおいて，$a=3$，$b=6$ならば，$a+b=9$」…※　について，仮定は「$a=3$，$b=6$」，結論は「$a+b=9$」だから，※の逆は，「2つの自然数a，bにおいて，$a+b=9$ならば，$a=3$，$b=6$」である。
イ　他の**反例**としては，$(a,\ b)=(1,\ 8)$，$(2,\ 7)$，$(5,\ 4)$，$(6,\ 3)$，$(7,\ 2)$，$(8,\ 1)$がある。

(3)　BC＝$x$cmとすると，AB＝$x+2$cm，CA＝$x-7$cmと表される。これより，CA＜BC＜ABだから，△ABCは辺ABを斜辺とする直角三角形であり，**三平方の定理**$BC^2+CA^2=AB^2$が成り立つ。これをxの式で表すと，$x^2+(x-7)^2=(x+2)^2$　整理して，$x^2-18x+45=0$　$(x-3)(x-15)=0$　CA＞0より$x>7$だから，$x=15$　以上より，斜辺の長さAB＝15＋2＝17(cm)

5　(図形と関数・グラフ)

I　(1)　(過程)　(例)求める直線は，2点A$(-1,\ 1)$，B$(2,\ 4)$を通るので，傾きは，$\frac{4-1}{2-(-1)}=1$　したがって，求める直線は$y=x+b$と表すことができる。この直線はA$(-1,\ 1)$を通るから，$y=x+b$に$x=-1$，$y=1$を代入すると，$1=-1+b$　これを解くと，$b=2$　よって，求める直線の式は$y=x+2$

(2)　点Cは$y=\frac{2}{3}x^2$上にあるから，そのy座標は$y=\frac{2}{3}\times 3^2=6$　よって，C$(3,\ 6)$　三平方の定理より，(線分BCの長さ)＝(2点B，C間の距離)＝$\sqrt{(3-2)^2+(6-4)^2}=\sqrt{1+4}=\sqrt{5}$(cm)

(3)　(点Pのy座標)＝(点Aのy座標)＝1，(点Qのy座標)＝(点Bのy座標)＝4より，AP//BQ//x軸　また，**y軸に関する放物線の対称性**より，P(1, 1)　点Qのx座標をtとおくと，Q(t, 4)　(四角形APBQの面積)＝△ABP＋△ABQ＝$\frac{1}{2}$×AP×(点Bのy座標－点Aのy座標)＋$\frac{1}{2}$×BQ×(点Bのy座標－点Aのy座標)＝$\frac{1}{2}\times\{1-(-1)\}\times(4-1)+\frac{1}{2}\times(2-t)\times(4-1)=\left(6-\frac{3}{2}t\right)$(cm^2)　これが，12cm^{2}になるとき，$6-\frac{3}{2}t=12$より，$t=-4$　これより，Q(−4, 4)　$y=ax^2$は点Qを通るから，$4=a\times(-4)^2=16a$　$a=\frac{1}{4}$

Ⅱ　(1)　(過程)　(例)求める直線は，2点A(−4, 8)，P(−2, 2)を通るので，傾きは，$\frac{2-8}{(-2)-(-4)}=-3$　したがって，求める直線は$y=-3x+b$と表すことができる。この直線は，A(−4, 8)を通るから，$y=-3x+b$に$x=-4$，$y=8$を代入すると，$8=-3\times(-4)+b$　これを解くと，$b=-4$　よって，求める直線の式は$y=-3x-4$

(2)　①　点Aを通りy軸に平行な直線と，点Qを通りx軸に平行な直線との交点をHとすると，直線㋑のグラフの傾きが−1であることから，△AQHは**直角二等辺三角形で，3辺の比は1：1：$\sqrt{2}$**　QH＝AQ×$\frac{1}{\sqrt{2}}=5\sqrt{2}\times\frac{1}{\sqrt{2}}=5$　よって，t＝(点Qのx座標)＝(点Aのx座標)＋QH＝$-4+5=1$

②　(点Pのx座標)＝(点Qのx座標)＝t，(点Rのx座標)＝(点Sのx座標)より，PQ//RS//y軸　2点P，Qの座標はそれぞれ，P$\left(t,\ \frac{1}{2}t^2\right)$，Q($t$, $-t+4$)　BQ＝BRより点Bは線分QRの中点であり，**2点(x_1, y_1)，(x_2, y_2)の中点の座標は，$\left(\frac{x_1+x_2}{2},\ \frac{y_1+y_2}{2}\right)$で求められる**ことから，点Rの$x$座標を$r$とすると，$\frac{t+r}{2}=2$　$r=4-t$　これより，2点R，Sのy座標はそれぞれ$y=-(4-t)+4=t$，$y=\frac{1}{2}\times(4-t)^2=\frac{1}{2}(4-t)^2$と表され，R($4-t$, t)，S$\left(4-t,\ \frac{1}{2}(4-t)^2\right)$　以上より，(四角形PQSRの面積)＝(台形PQSRの面積)＝$\frac{1}{2}$×(PQ＋RS)×(点Rのx座標－点Pのx座標)＝$\frac{1}{2}\times\left[\left\{(-t+4)-\frac{1}{2}t^2\right\}+\left\{\frac{1}{2}(4-t)^2-t\right\}\right]\times\{(4-t)-t\}=6(t-2)^2$(cm^2)　これが，30cm^{2}になるとき，$6(t-2)^2=30$より，$(t-2)^2=5$　$t-2=\pm\sqrt{5}$　$t=2\pm\sqrt{5}$　$-4<t<2$より，$t=2-\sqrt{5}$

＜英語解答＞

1　(1)　①　ウ　②　イ　(2)　①　イ　②　ウ　③　ア　(3)　①　イ　②　ア　③　エ　(4)　ア，ウ　［質問］　(例1)How do you go to school?　(例2)Do you wear a school uniform?

2　(1)　①　largest　②　sold　③　talking　④　says　(2)　①　winter　②　(例)quiet　③　(例)opinion　④　(例)sleep　(3)　①　(例)(How)(old)(is) he?　②　(例)Could (you)(show)(me)a menu?　③　(例)How(long)(have)(you)been skiing?

3　(1)　①　(例)He practices it at the Sports Park.　②　(例)It is to be a translator in her country.　(2)　(例1)The person I respect is(Kodaira Nao). She is the first Japanese woman speed skater who won the gold in the Olympic Games. I was impressed with her race.　(例2)The person I respect is (my grandmother). She is eighty and still works as a farmer. She has grown delicious rice for many years. She gives me a lot of energy.

4 (1)　C　(2)　①　イ　②　ウ　(3)　(例)before　(4)　(例)continue

5 (1)　ウ　(2)　エ　(3)　(例)インドでは，他国出身の人々は施設に入ることができなかったから。　(4)　a　blue　b　brown　(5)　イ，エ　(6)　①　オ　②　イ

＜英語解説＞

1 (リスニング)

放送台本の和訳は，49ページに掲載。

2 (会話文：語形変化，語句の問題，語句補充・選択，比較，受け身，動名詞，現在・過去・未来と進行形，名詞・冠詞・代名詞，文の構造，現在完了，接続詞，付加疑問)

(1)　(問題文訳)　アンナ：ここにはとてもたくさんの種類の本があるのね。

麻衣子：ここはこの町のすべての本屋さんの中で①(もっとも大きい)んだよ。

アンナ：ここでは，血液型に関する本がたくさん②(売られている)のには驚いた。

麻衣子：それは人気のある話題だ。私たちはよく，自分の血液型について③(話すこと)が楽しい。日本では，「あなたの血液型は何型ですか？」というのはよくある質問だね。

アンナ：アメリカでは，私たちはそんな質問はあまりしないよ。実は，ほとんどの人が自分の血液型を知らない。なぜ，知る必要があるのかな？

麻衣子：時々日本の人々は，血液型と性格を結びつけるのよ。この雑誌を見て。A型の人々は他人に優しいって④(言っている)よ。

アンナ：面白そうね。

①　largest　カッコの文は「この町のすべての本屋の中で大きい」なので，一番大きいと考えると，large の最上級 largest が適当。　②　sold　カッコの前が be 動詞なので，それに続く動詞は ing 形か過去分詞形が考えられるが，この場合「本屋で血液型についての多くの本が売られている」と受け身の表現にして sold と過去分詞形にするのが適当。　③　talking　カッコの前は enjoy と動詞なので talk は ing 形の動名詞として talking とするのが適当。Enjoy ~ing で「~することを楽しむ」　④　says　カッコの文は，雑誌に何が書いてあるのか話をしているので，主語 it に続く動詞は現在形で三人称単数形 says が適当。

(2)　①　winter(冬)　(問題文訳)(冬)休みの間，日本では多くの人たちが年賀状を出します。〔説明〕秋と春の間の季節　説明文によると「冬(winter)」だと考えられる。　②　(解答例)quiet(静かな)　(問題文訳)図書館では，(静か)にすることが大切です。〔説明〕穏やかで，大きな音や声がない　問題文の to be~は「~になる，する」という表現。　③　(解答例)opinion(意見)　(問題文訳)友達が自分と違う(意見)を持っていたら，あなたはそれを聞くべきだ。〔説明〕何かに対する考えや思い　説明文から，「意見，持論，見解」といった意味の単語と想定できる。　④　(解答例)sleep(眠る)　(問題文訳)昨日の夜私はよく(眠れ)なかったので，早くベッドに入ることにする。〔説明〕あなたの目を閉じて休息すること　sleep well で「よく眠る」。

(3)　①　(解答例)(How)(old)(is)he?　(問題文訳)ポール：これはぼくの祖父のエリックだよ。／ヒトシ：若く見えるね。彼は何歳なの？／ポール：70歳だよ。　空欄のあとには「70歳」と年齢を答えているので，解答例では年齢を聞く疑問文としている。　②　(解答例)Could (you)(show)(me)a menu?　(問題文訳)タロウ：すみません。私にメニューを見せていただけますか？　何か甘いものが欲しいのです。／女性：わかりました，どうぞ。／タロウ：ありがとうございます。　空欄のあとの発話では “Here you are” と言ってメニューを渡していると考えられるので，解答例では Could you～「～してくれますか？」という表現を使っている。また show A B で「AにBを見せる」　③　(解答例)How(long)(have)(you)been skiing?　(問題文訳)リー先生：疲れたでしょう？　スキーをどれぐらいの間していましたか？／ルミ：4時間くらいです，でもまだ元気です。　空欄のあとには「約4時間」とあるので，解答例では「どれぐらいの間，どれぐらいの時間」を問う疑問文を，have you been skiing と現在完了進行形(過去から現在までスキーを続けている状態)にしている。

3 (会話文：自由・条件英作文，英問英答，現在・過去・未来と進行形，不定詞，関係代名詞，前置詞)

(問題文訳)　エマ：幸太，サッカー部の練習は放課後だけでなく，土曜日もあると聞いた。大変じゃない？

幸太：そう，大変なんだ。放課後は，サッカーの練習をするために Sports Park まで走っていかなければならない。もうすぐ市の大会があるので，優勝を目指して一生懸命練習している。ぼくはチームのメンバーとサッカーを一緒にやるのが好きなんだ。難しいけど，ぼくたちは本当に大会で優勝したい。

エマ：あなたがなぜそれほど頑張るのかわかる。私の場合，日本語を一生懸命勉強しているのは，自分の国で翻訳者になりたいからなの。それが私の目標。目標を持つことは大切なことだよね？

幸太：その通り。ぼくたちが何かをしようとするときに，はっきりとした目標があったほうがいいよ。美保はどう思う？

美保：私もそう思う，幸太。目標を持つことで，私たちは前向きになれる。あと，ヒーロー，あなたが尊敬する人がいることも大切だと思う。

エマ：それはいい考えだね，美保。あなたが尊敬する人とは誰？　その人と理由について私たちに教えて。

(1)　①　(問題文訳)幸太は放課後，どこでサッカーの練習をするのか？　(解答例)He practices it at the Sports Park.(彼は Sports Park でその練習をする)　問題本文の第2番目の幸太の発話第2文 We have to～と次の文 We'll have the～に「放課後は Sports Park でサッカーの練習をする」とあるので，この文を参考に解答を作りたい。解答例の主語は He で時制は現在なので，動詞は三人称単数形 practices とする。また，at は場所を示す前置詞。

②　(問題文訳)エマの目標は何か？　(解答例)It is to be a translator in her country.(それは，彼女の国で翻訳者になること。)　問題本文の第3番目のエマの発話第3文 It's my goal. に「それが私の目標」とあり，具体的にはその前の文 In my case～「翻訳者になりたい」なので，この文を参考に解答文を作りたい。to be～は「～になること」で to 不定詞の表現。

(2)　(解答例1)The person I respect is(Kodaira Nao). She is the first Japanese woman speed skater who won the gold in the Olympic Games. I was impressed with her race.　(解答例訳)私が尊敬する人は，(小平奈緒さん)です。彼女はオリンピックで金メダルを獲得した初めての日本人女性のスピードスケート選手です。彼女のレースは印象的でした。　(解答例2)The person I respect is(my grandmother). She is eighty and still works as a farmer. She has grown delicious rice for many years. She gives me a lot of energy.　(解答例訳)私が尊敬する人は，(私の祖母)です。祖母は80歳で，まだ農家として働いています。祖母は美味しいお米を何年も作り続けています。祖母は私にたくさんの元気をくれます。　問題本文の下線部で求められていることと，問題にある条件を確認して英作文を作成したい。一つ目の解答例の文の skater who won the gold の who は主格のはたらきをする**関係代名詞**で，who～が skater を説明して「金メダルを獲得したスケート選手」となる。

4　(会話文：図・表・グラフなどを用いた問題，内容真偽，文の挿入，語句補充・選択，動名詞，不定詞，助動詞)

ドリームジョブデイ 2023

～4つの仕事を体験できます～

2月18日 日曜日　　コミュニティーセンター

ロボットを使う仕事

A	農家	
	体育館	午前10:00～午後12:00

→ ドローンを操作しよう。

B	プログラマー	
	ルーム2	午後1:30～午後3:30

→ プログラミングを学ぼう。

日本のしごと

C	和食の料理人	
	調理室	午前10:00～午後12:00

→ すしを作りその歴史を学ぼう。

D	こけし職人	
	ルーム3	午後1:30～午後3:30

→ こけしを作ってその歴史を学ぼう。

(問題文訳)　由紀：見て。AからDまで仕事が選べるけれども，あなたはどれに参加したい？

マイク：伝統的な日本のものに興味があるんだ。ぼくは日本の料理の作り方を知りたいし，その歴史も学びたい。だから，【Ｃ】に参加するよ。

由紀　：それなら，午前中は*おすし*について学ぶのね。①(午後はＤに参加するのはどうかな)？

マイク：いい考えだね。*こけし*の歴史も学ぶことができるしね。きみはどれに参加するのかもう決めたの？

由紀　：そうね，プログラミングを体験してみたかった。だから，私にはＢがいいね。去年，ロボットを見て驚いた。ロボットがレストランで料理を運んでいた。ロボットのプログラミングを学んでみたい。

マイク：ロボットはぼくたちの生活を向上させ続けていて，多くの場所で見ることができるね。きみはＡに参加して，ドローンについて学ぶつもりなの？

由紀　：いいえ，そうはしない。去年の夏，叔父の仕事を体験したときに，一度ドローンを操作したことがあるから，②(だから，別の仕事を選ぶことにする)。私も*和食*について学びたいから，あなたと一緒に参加する。

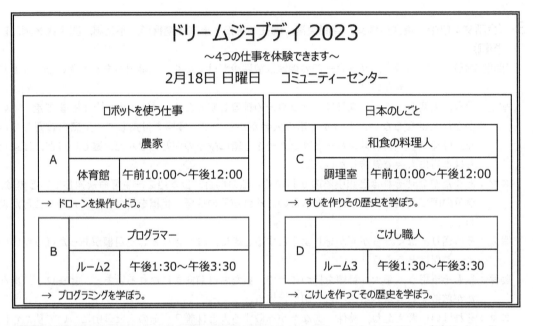

マイク：それは楽しみだね。朝，コミュニティセンターの前で会おうか。

由紀　：そうね，そうしましょう。午前9時45分に会うのはどう？　職業体験が始まる≪前に≫部屋にいたいから。

マイク：わかった。またね。

(1)　空欄の前の文 I want to~には「日本の料理の作り方とその歴史を学びたい」とあるので，案内ポスターでは C が適当。

(2)　①　ア　あなたを体育館へ連れて行こうか　イ　午後は D に参加するのはどうかな(○)　ウ　午後1:30 にBに参加しようか　エ　あなたは私にすしを作ってほしいの　空欄のあとのマイクの発話第2文 I can also~では「こけしの歴史も学べる」とあり，これは案内ポスターでは D にあたるのでイが適当。選択肢エの want me to makeは want＋人＋to~で「人に~してもらいたい」という表現になる。　②　ア　そして，体育館に行ってみたい　イ　次は，ドローンも使うことができる　ウ　だから，別の仕事を選ぶことにする(○)　エ　しかし，あなたは技術を学ぶべき　空欄のある由紀の発話 No, I won't. 以後では，「ドローンは学ばない，一度ドローンを操作したことがあるから」とあって，これに続くので空欄には選択肢ウが適当。

(3)　空欄の前の文 Why don't we~では「午前9時45分に集合」とあり，案内ポスターによるとこれは職業体験が始まる時間(午前10時)より前なので，解答例では「体験が始まる≪前≫に部屋にいる」として空欄には before を入れている。空欄の文の be in the room の be は「(部屋に)いる」と状態を表す表現になっている。

(4)　(問題文訳)料理人やアーティストは，日本の伝統を守っていることを学びました。また，彼らは日々，自分の技術を高めようと努力しています。私の学校生活でも，彼らのように新しいことを学び(続け)たいです。ありがとうございました。　空欄の文は「新しいことを学ぶことを(　　)したい」となり，解答例では「学ぶことを続ける」として continue を空欄に入れている。この単語は問題本文第6番目のマイクの発話最初の文 Robots continue to~にある。問題文の空欄のあとの learning は動名詞の表現で，leaning~「~を学ぶこと」となる。

5 (長文読解：語句の解釈・指示語，日本語で答える問題，語句補充・選択，内容真偽，不定詞，形容詞・副詞，比較，関係代名詞，動名詞)

(全訳)　エミー・カーマイケルは1867年にイギリスの村で生まれました。彼女の両親は，いつも他の人々を助けるために，一生懸命に働きました。彼女は兄弟姉妹の中で最年長でした。エミーは幼い頃，兄弟と外で危険なことをするのが好きでした。だから，彼女の母親は「そんなことしてはいけません」と言いました。エミーは母親の言うことを聞きました，なぜなら，将来，彼女の両親のように宣教師として人々を助けたかったからです。彼女はいい子になろうと決心し，両親をよく助けました。彼女はまた，毎晩両親と一緒に神に祈りました。

ある朝，エミーは鏡の前に立っていました。彼女は自分の茶色い目が気に入らなかったので，悲しかったのです。彼女の母親は澄んだ青い目をしており，エミーは母親のような目を望んでいました。「なぜ私は茶色の目をしているの？」とエミーは疑問に思いました。「もし私の目が青いなら，私はかわいいのに」とエミーは母親に言いました。「私はあなたの茶色い目が大好きです」と母親は言いました。その夜，エミーは神に祈りました，なぜなら神は何でもできると思ったからです。「どうか，どうか私に青い目をください」翌朝，エミーは(A)期待して，鏡に向かって走りました。しかし，彼女の目はまだ茶色でした。神が彼女の願いに応えてくれなかったので，エミーは泣きました。母親はエミーに「あなたの目はとてもきれいです。目の色を変える必要はありません。大好きですよ，エミー」と言いました。

エミーは27歳のとき，宣教師としてインドに行きました。当時のインドでは，貧しい人々が子どもの世話をすることができず，施設に子どもを置いていくことがよくありました。しかし，施設でさえも十分な食料がありませんでした。ある日，エミーは施設を逃げ出した少女と会いました。彼女は空腹で弱っているように見えました。彼女と話した後，エミーはその少女が7歳で，施設では非常につらい状況で暮らしていることを知りました。彼女はエミーに，「施設には私のような他の子どもたちがたくさんいます」と言いました。エミーが(B)これを聞いた時，彼女たちを助けるために行動を起こすことに決めました。

始めに，施設のリーダーに会って話をする必要がありましたが，(C)彼女にとって彼に会うことは大変なことでした。当時のインドでは，他国出身の人々は施設に入ることができませんでした。だから，彼女は肌の色を変えて，インドの服を着なければなりませんでした。彼女は鏡の前に立ち，肌の色を変えるためにコーヒーの粉を顔につけました。

それから，エミーは子どもの頃に祈ったことを思い出しました。「もしa(青い)目をしていたら，私はインドの人々のようにはなれない。私はコーヒーの粉で肌の色は変えられるけれども，目の色は変えらない。青い目は必要ない」と彼女は思いました。「私の母は正しかった」

施設のリーダーに会った後，エミーは施設の子どもたちについて何冊かの本を書きました。その後，世界中の人々が子どもたちのことを知り，そしてインドの政府は子どもたちを保護するための法律を作らなければなりませんでした。

彼女のb(茶色い)瞳のおかげで，彼女はインドで多くの子どもたちを救うことができました。「私は自分自身と自分の目の色を誇りに思っています。私は自分が生きる価値があることに気づきました」とエミーは言いました。エミーはこれがわかったとき，自分自身をもっと好きになりました。

彼女は生涯をインドで過ごし，1,000人を超す子どもたちを救いました。

(1)　下線部の文には「翌朝，エミーは鏡に向かって走った」とあり，なぜ走ったのかは，その前の文 “Please, please give~ とその前の文 That night, Amy~にある通り「青い目が欲しくて神に祈った」ことの結果を見たかったからと考えられる。したがって，選択肢ではウが適当。

(2)　ア　エミーの兄弟は危険なことをするのが好きだった。　イ　エミーの目は美しかった。ウ　その少女は 7 歳だった。　エ　施設にはおなかを空かせた子どもたちがたくさんいた。(○)下線部の前の文 She said to~には，「施設には私のような(空腹の)子どもたちがたくさんいる」とあり，下線部 this はこの部分を指していると考えられるのでエが適当。選択肢アの liked to do~の to do は不定詞で「~することが好きだった」という表現になる。

(3)　下線部の文の意味は「彼に会うことは彼女にとって大変なことだった」であり，彼に会うことができなかった理由は下線部の文の次の In those days~にあって，それは「当時のインドでは，他国出身の人々は施設に入ることができなかった」からと考えられる。したがって，解答例のような内容が適当。

(4)　(a)　カッコの文を含む発話全体では，「もし(a)目をしていたら，インド人のようにはなれない。コーヒーの粉で肌の色は変えられるけれども，目の色は変えらない。青い目はいらない」とあるので，blue(青い)が適当。　(b)　カッコを含む文は「(b)目のおかげで多くの子どもたちを救うことができた」と考えられる。問題本文第4段落 First, she had~から第6段落 After she met~では，「茶色い目だったので施設のリーダーに会うことができて，施設の子どもたちのことを本に書き，その結果インド政府は施設の子どもたちを守るために法律を作ることが必要になった」とあるので，「茶色い目だったので子どもたちを救うことができた」と考えられ，空欄には brown (茶色の)が適当。

(5)　ア　エミーは兄や姉と室内で遊ぶことが好きだった。　イ　エミーは母親とは違う目の色をしていた。(○)　ウ　エミーは幼い頃にインドに行った。　エ　エミーは施設のリーダーに会うためにコーヒーの粉を使った。(○)　オ　エミーはイギリスを紹介するために本を何冊か書いた。　カ　エミーは宣教師として働いた後にイギリスに戻った。　問題本文第2段落第2文 She was sad～と第3文 Her mother had～には,「エミーの目は茶色で，母親のように澄んだ青い目が欲しかった」とあるのでイが適当。また，問題本文第4段落第2文 In those days～，第3文 So, she had～と第4文 She stood in～には,「当時のインドでは，他国出身の人々は施設に入ることができないから，彼女は肌の色を変えるためにコーヒーの粉を顔につけた」とあるのでエが適当。選択肢イの～eyes that was～の that は主格の関係代名詞で，that 以下が eyes を説明する表現になる。

(6)　ア　傷つける　　イ　やめる(②)　　ウ　始める　　エ 答える　　オ　受け入れる(①)

(問題文と正答訳)エミーの話で好きなことが2つあります。1つ目は，エミーは強く，自分自身のすべてを①(オ受け入れる)ことを学んだことです。2つ目は，エミーは困難な状況でも子どもたちを助けることを②(イやめ)なかったことです。エミーはインドの多くの子どもたちを幸せにしました。私は彼女のような人になりたいです。　①　空欄の文は「彼女自身のすべてを(①)」であると考えられる。問題本文第7段落第2文 “I'm proud of～には「自分自身と自分の目の色を誇りに思ってる」とあり，最後には自分の目の色に納得したと考えられることから，選択肢ではオが適当。　②　空欄の文は「エミーは困難な状況でも子どもたちを助けることを(②)なかった(否定形)」と考えられる。問題本文の最後の文 She spent all～には「彼女は生涯をインドで過ごし，1,000人を超す子どもたちを救った」とあり，これは「子どもたちを救う活動をつづけた」，つまり「活動をやめなかった」と考えると選択肢イが適当。空欄のあとの helping は動名詞で「助けること」という表現になる。

2023年度英語　リスニングテスト

〔放送台本〕

ただ今からリスニングテストを始めます。

問題は(1)から(4)まであります。聞きながらメモをとってもかまいません。また，(2)の会話は1回しか放送されませんので，注意して聞いてください。(1)を始めます。問題は2つです。二人の会話とそれについての質問を聞いて，答えとして最も適切な絵を，それぞれア，イ，ウ，エから1つずつ選んで記号を書きなさい。会話と質問は通して2回ずつ放送されます。では始めます。

①　(A男)：Wow, it's very beautiful! Can I take a picture?
　(B女)：Sure.
　(A男)：Thank you. I'm interested in calligraphy.
　Question：What is he going to do?

②　(A女)：It was raining all day yesterday. What did you do, Ken?
　(B男)：I read books at home. I wanted to play tennis outside, but I couldn't.
　(A女)：Oh, I see. I watched TV at home.
　Question：What did Ken do yesterday?

〔英文の訳〕

①　(A男)：わあ，とてもきれいですね！　写真を撮ってもいいですか？

(B女)：もちろんです。
(A男)：ありがとうございます。私は書道に興味があります。
質問　：彼は何をするつもりですか？
答え　：ウ
② (A女)：昨日は一日中雨が降っていたね。何をしていたの，ケン？
(B男)：家で本を読んでいた。外でテニスをしたかったのだけれど，できなかった。
(A女)：ああ，そうね。私は家でテレビを見ていた。
質問　：昨日ケンは何をしましたか？
答え　：イ

〔放送台本〕

(2)に移ります。問題は3つです。二人の会話を聞いて，それぞれの会話の最後の文に対する応答として最も適切なものを，それぞれア，イ，ウから1つずつ選んで記号を書きなさい。会話は通して1回だけ放送されます。では始めます。

① (A女)：You look happy.
(B男)：Yes. I got a letter from my host family in Canada.
(A女)：I see. Please tell me more about them.
② (A女)：Hello.
(B男)：Hello. Can I change the plan for next Saturday?
(A女)：No problem. Are you busy on that day?
③ (A男)：This book has been here since yesterday.
(B女)：It's Yuta's.
(A男)：Oh, where is he now?

〔英文の訳〕

① (A女)：うれしそうですね。
(B男)：うん，カナダのホストファミリーから手紙が届いたんです。
(A女)：ああ，なるほど。彼らのことをもっと教えてください。
答え　：イ(彼らはとても親切でした。)
② (A女)：もしもし。
(B男)：もしもし。次の土曜日の予定を変更してもいいかな？
(A女)：問題ないよ。その日，あなたは忙しいの？
答え　：ウ(私は病院に行かなければならない。)
③ (A男)：この本は，昨日からここにあるんだ。
(B女)：ユウタのものだね。
(A男)：ああ，彼は今どこにいるのだろう？
答え　：ア(彼は体育館にいる。)

〔放送台本〕

(3)に移ります。中学生の香菜(Kana)が，ALTのジョーンズ先生(Mr. Jones)と会話をしています。会話の後で，3つの質問をします。答えとして最も適切なものを，それぞれア，イ，ウ，エから1つずつ選んで記号を書きなさい。会話と質問は通して2回ずつ放送されます。では始めます。

(*Mr.Jones*)：I saw you in front of the new concert hall yesterday.

(*Kana*):	I was there to practice for the concert with my brass band members.
(*Mr.Jones*):	How was practice?
(*Kana*):	Good. But we need to practice more.
(*Mr.Jones*):	When is the concert?
(*Kana*):	Next Sunday. We'll practice at the concert hall again this Friday.
(*Mr.Jones*):	I want to go to the concert. Do I need a ticket?
(*Kana*):	Yes. You can get it from our music teacher, Ms. Sato.
(*Mr.Jones*):	I see. I'll ask her about it. I'm looking forward to the concert.
(*Kana*):	Thank you. I'll do my best.
Questions:	① Why did Kana go to the new concert hall?
	② When will the concert be held?
	③ What will Mr. Jones do to get a ticket?

〔英文の訳〕

ジョーンズ先生：昨日、新しいコンサートホールの前であなたを見かけましたよ。
香菜：　私のブラスバンドのメンバーと一緒に演奏会の練習をするためにそこにいました。
ジョーンズ先生：練習はどうでしたか？
香菜：　よかったです。でも、私たちはもっと練習する必要があります。
ジョーンズ先生：コンサートはいつなのですか？
香菜：　次の日曜日です。私たちは今週の金曜日もまたコンサートホールで練習します。
ジョーンズ先生：コンサートに行きたいですね。チケットは必要なのですか？
香菜：　はい。音楽のサトウ先生からいただけます。
ジョーンズ先生：わかりました。彼女にそのことを聞いてみます。コンサートが楽しみです。
香菜：　ありがとうございます。がんばります。
質問①：なぜ香菜は新しいコンサートホールに行ったのですか？
答え①：イ(コンサートの練習をするために)
質問②：コンサートはいつ開催されますか？
答え②：ア(次の日曜日)
質問③：ジョーンズ先生は、チケットを手に入れるために何をしますか？
答え③：エ(彼は音楽の先生に聞く)

〔放送台本〕

(4)に移ります。トム(Tom)はアメリカの中学生です。あなたは英語の授業中に，オンラインでトムの話を聞いています。その内容として適切なものを，ア，イ，ウ，エから2つ選んで記号を書きなさい。また，最後の問いかけに対して，トムの話を踏まえ，1つの英文であなたの[質問]を書きなさい。トムの話は2回放送されます。はじめに15秒間，選択肢に目を通しなさい。では始めます。

Hello, everyone. Today, I'll talk about my school life. I have four classes in the morning and three in the afternoon every day. At my school, the students can learn some languages. I study Spanish. I'm not good at it, but I study it hard because I want to go to Spain someday. Next year, I'm going to study one more language, Japanese, because I like Japanese comics. At lunch time, I eat my favorite food at the school cafeteria with my friends. Pizza and sandwiches are popular. Now, do you have any questions about my school life?

これでリスニングテストを終わります。

〔英文の訳〕

みなさん，こんにちは。今日は，私の学校生活についてお話します。私は毎日，午前中に4つの授業を，午後には3つ受けています。私の学校では，生徒たちはいくつかの言語を学ぶことができます。私はスペイン語を勉強しています。得意ではないけれど，いつかスペインに行きたいから一生懸命勉強しています。来年は，日本の漫画が好きなので，もう一つの言語の日本語も勉強するつもりです。昼食時間には，学校のカフェテリアで友達と一緒に好きなものを食べます。ピザやサンドイッチが人気です。さて，私の学校生活について何か質問はありますか？

答え：内容の適切な選択肢はアとウ。

［問に対する答え］　(例1)How do you go to school?（学校へはどのように通っていますか？）
(例2)Do you wear a school uniform?（学校の制服は着ていますか？）

＜理科解答＞

1　(1)　①　イ　　②　ヒトの(例)体温に近づけるため。　③　(例)なくなった
④　(例)加熱する　　(2)　①　記号　X　　名称　(例)毛細血管　　②　(例)小腸内の表面積が大きくなるから。

2　(1)　①　イ，ウ　　②　塩化コバルト紙
③　(化学式)　O_2　　(体積)　3.0cm^3
(2)　①　(例)体積が2：1の割合　　②　ア，エ　　(3)　図1

図1

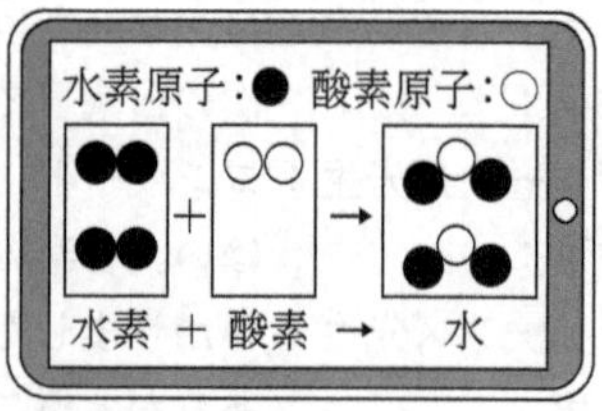

3　(1)　①　ウ　　②　(記号)　b　　(書き直し)　断層
(2)　①　3.5km/秒　　②　図2
③　X　(例)伝わる速さが速い　　Y　イ

4　(1)　(例)位置エネルギーが大きくなる
(2)　①　(例)J　　②　(過程)　手が加えた力の大きさ2.7N，手が引いた糸の距離0.2m　　(仕事)　2.7N×0.2m＝0.54J　　0.54J÷3秒＝0.18W
③　580g　　④　X　(例)長く　　Y　(例)小さく

図2

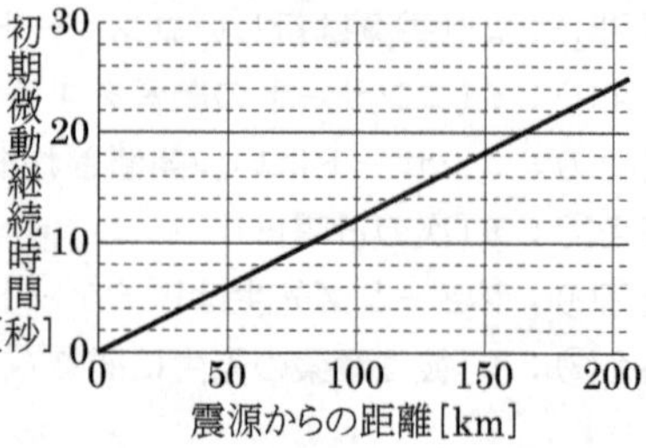

5　(1)　①　イ　　②　(例)増加しない
(2)　①　エ　　②　(例)熱が発生するため。　　(3)　X　化学　　Y　運動

6　(1)　①　ア，ウ，エ　　②　(例)かたい殻　　(2)　①　北　ア　　方向　カ
②　(例)地軸を傾けたまま　　③　(例)多くの光が当たり

＜理科解説＞

1　**(動物の体のつくりとはたらき：デンプンの消化実験・タンパク質の消化吸収・小腸のつくり)**

(1)　①　だ液には**デンプンを分解する消化酵素**である，**アミラーゼ**がふくまれる。　②　40℃の湯に入れて10分間あたためたのは，だ液はヒトの体内ではたらくので，**ヒトの体温に近づけるため**である。　③　だ液をふくませたろ紙をおいたBは，40℃の湯に入れて10分間あたためた結果，ヨウ素液に反応し青紫色であったデンプンの色が消えた。そのことから，**だ液にふくまれて**

いる消化酵素のはたらきにより，デンプンがなくなったことがわかる。　④　**糖**がふくまれている水溶液に**ベネジクト液を加えて加熱**すると，**赤褐色の沈殿**が生じる。

(2)　①　**タンパク質**は消化酵素により**アミノ酸**に分解され，**Xの毛細血管**に入る。　②　小腸に**柔毛**がたくさんあると，**効率よく養分を吸収**することができるのは，**小腸内の表面積が大きくなるから**である。

2　**(化学変化：水素の燃焼・化学反応式，化学変化と質量：反応する物質の質量比・質量保存の法則，物質の成り立ち：化学式，身のまわりの物質とその性質：有機物)**

(1)　①　水素は，1種類の元素からできている物質(**単体**)であり，純粋な物質である。　②　**水に反応**して青色から赤色(桃色)に変化した試験紙の名は，**塩化コバルト紙**である。　③　水素と酸素が化合したときの化学反応式は，$2H_2+O_2 \rightarrow 2H_2O$，である。図3グラフから，**8.0cm^{3}の水素と過不足なく反応する酸素の質量は，4.0cm^3**である。よって，8.0cm^{3}の水素と7.0cm^{3}の酸素を完全に反応させたとき，反応後に**残る気体は酸素・化学式O_2**であり，その体積は3cm^{3}である。

(2)　①　図3のグラフから，水素が燃焼するとき，水素と酸素は**体積が2：1の割合**で結びつき，爆発的に反応して水ができる。　②　砂糖やエタノールは，炭素と水素がふくまれる**有機物**であるため，燃焼すると**水と二酸化炭素**ができる。

(3)　水素の燃焼を表す化学反応式を書くために，まず，化学変化を原子や分子のモデルで表す。**質量保存の法則**により，化学変化が起こる前と後で，**物質をつくる原子の組み合わせは変わるが，反応に関係する物質の原子の種類と数は変わらない**ため，

水素2分子　＋　酸素1分子　→　水2分子　　である。解答参照。

3　**(地震と地球内部のはたらき：プレートの動き・断層・初期微動継続時間・緊急地震速報，自然災害)**

(1)　①　日本列島付近の太平洋では**大陸プレートの下に海洋プレートが沈みこむ**(設問：正解は図ウ)ことにより，地下で岩盤にひずみが生じて岩盤の一部が破壊され，**ずれ**が生じ，ゆれが発生する。　②　誤りのある語句はbである。①のずれを**断層**という。

(2)　①　グラフより，地震発生時刻は，5時46分52秒である。よって，**S波の速さ**は，140km÷(5時47分32秒－5時46分52秒)≒3.5(km/秒)，である。　②　**初期微動継続時間は，(S波が届くまでの時間)－(P波が届くまでの時間)**で求められる。グラフ用紙に，(震源からの距離〔km〕，初期微動継続時間〔秒〕)の座標である(60，7)，(120，14)，(180，21)，の各点を書き入れ，原点を通り各点の最も近くを通る直線を引く。このことから，**震源からの距離は初期微動継続時間に比例する**ことがわかる。　③　**緊急地震速報は，地震が発生した場所や規模をP波から推定し，大きなゆれの到達を一斉に知らせるものである。**速報から大きなゆれが到達するまでの時間は，数秒から数十秒である。このことから，P波は，大きなゆれを伝えるS波よりも伝わる速さが速いため，速報が出されることで，**震源からの距離が大きいほど，大きなゆれに対処する時間ができる**ことがわかる。

4　**(仕事とエネルギー：動滑車・仕事率，力学的エネルギー：位置エネルギー)**

(1)　持ち上げるおもりの高さが高いほど，また，質量が大きいほど**位置エネルギーが大きくな**

り，おもりを落としたとき，くいを深く打ち込む仕事ができる。

(2) ① 仕事の大きさを表す単位をジュールといい，記号はJである。 ② 手が加えた力の大きさは2.7N，手が引いた糸の距離は0.2mであるから，仕事〔J〕＝2.7〔N〕×0.2〔m〕＝0.54〔J〕であり，仕事率〔W〕＝0.54〔J〕÷3〔s〕＝0.18〔W〕である。 ③ 動滑車2つを使っておもりを持ち上げているので，力の大きさは$\frac{1}{4}$になっている。よって，動滑車を使わない場合は，おもりと動滑車2つと動滑車をつなぐ板の質量の合計〔g〕＝170〔g〕×4＝680〔g〕であるから，おもりの質量〔g〕＝680〔g〕－100〔g〕＝580〔g〕である。 ④ 動滑車を使うと，糸を引く距離は，物体を持ち上げる距離より長くなるが，加える力の大きさは，物体にはたらく力の大きさより小さくなる。

5 (エネルギーとその変換・エネルギー資源：バイオマス発電・風力発電，電流と磁界：交流・発光ダイオード，気体の発生とその性質，科学技術の発展)

(1) ① 二酸化炭素を発生させられるのは，石灰石にうすい塩酸を加える方法である。 ② 農林業からでる作物の残りかすや家畜のふん尿，間伐材といった生物資源(バイオマス)などを利用して燃焼させたり，微生物を使って発生させたアルコールなどを燃焼させたりして発電している。その発電方法をバイオマス発電という。発生する二酸化炭素の増減について考えると，間伐材などを燃焼させた際に排出される二酸化炭素は，原料の植物が生育する過程で光合成によって大気からとりこまれたものである。よって，全体としてみれば，「大気中の二酸化炭素の量は増加しない(カーボンニュートラル)」という長所がある。

(2) ① 発光ダイオードは，足の長い方から短い方の決まった向きにだけ電流が流れて点灯する。逆向きにつなぐと点灯しない。交流は電流の向きと大きさが周期的に変わる。よって，2つの発光ダイオードを，足の長い方と短い方が逆になるように電源装置につなぎ，電圧を加えて交流の電流を流し，発光ダイオードを左右に振ると，発光ダイオードは，交互に光り，2本の点線に見える。 ② 風力発電では，交流の電流を送電線で送っているが，途中で熱が発生するため，電気エネルギーの一部が熱エネルギーとなって失われてしまう。

(3) バイオマス発電では，燃料となる物質がもっている化学エネルギーを，風力発電では，風による空気の運動エネルギーを，それぞれ電気エネルギーに変換している。

6 (天体の動きと地球の自転・公転：太陽の動きと季節の変化，動物の特徴と分類)

(1) ① 鳥類はペンギン，スズメ，ワシであり，コウモリは哺乳類である。 ② 鳥類は陸上に卵をうむため，鳥類の卵には，魚類の卵にはないかたい殻がある。

(2) ① 太陽の日周運動で太陽が南中するとき，太陽の方位は真南になるのでウが南であるからアが北である。太陽は東から西に動いて見えるため，太陽が動いて見える方向はカである。
② 夏至と冬至で太陽の通り道が異なるのは，地球が地軸を傾けたまま公転しているためである。 ③ 夏至と冬至の南中高度を比べると，夏至の方が高い。それは，太陽の光が当たる角度が地面に対して垂直に近いほど，同じ面積に多くの光が当たるからである。また，夏至は日の出と日の入りの位置がどちらも北寄りになり，冬至より太陽が出ている時間が長い。よって冬よりも夏の気温の方が高い。

<社会解答>

1 (1) インド洋　(2) え　(3) 記号 く　語 タイガ　(4) ① ㋐　② ㋕
③ (例)GDPと一人あたりの所得が増加しているが，都市部と農村部の一人あたりの所得格差が拡大している。

2 (1) 宇都宮(市)　(2) ① P イ　Q エ　② 神奈川(県)　(3) (記号) え
(工業地帯名) 阪神(工業地帯)　(4) ① 約3倍　② X (例)再生可能エネルギーの発電量を増やす　Y (例)化石燃料の輸入量が減る

3 (1) ① ア，エ　② イ　③ (例)男子にしか課せられない　(2) ① ウ
② (例)家畜を利用した耕作や二毛作など新しい農業技術が導入されたから。　③ エ
(3) ① 近世　② イ　③ 松平定信　(4) ① (例)第一次世界大戦　② ア
③ (都市部) ウ　(農村部) イ　④ い (例)ソ連　う (例)冷戦

4 (1) ① 基本的人権　② ア　(2) ① (例)住民投票　② う イ　え エ
③ イ　(3) ウ　(4) Q 不信任　R 解散　S (例)権力の集中を防ぐ
(5) (例)価格の変化が大きい　(6) (例)独占禁止法　(7) ア，エ　(8) ウ
(9) ① (例)一人あたりの労働時間が減少しているが，国民所得は増加している　② イ

<社会解説>

1 (地理的分野―世界地理－地形・気候・産業・都市，公民的分野―環境問題)

(1) 世界の**三大洋**とは，**太平洋・大西洋・インド洋**である。このうち，図の上部の右側のユーラシア大陸と，左側の北アメリカ大陸の間に描かれているのが，太平洋である。図の下部の右側ユーラシア大陸と，左側の北アメリカ大陸の間に描かれているのが，大西洋である。全く描かれていないのは，インド洋である。インド洋の全域が，北緯45度以南のためである。

(2) 日本の**標準時子午線**は東経135度であり，経線は15度ごとにひかれているから，日本を通るのは，東経0度の**本初子午線**から東へ9本目の経線になる。つまり，えの経線である。

(3) 記号 まず，図1の**雨温図**の特徴を見る。冬季は零下20℃近くまで下がり，6月・7月・8月が夏季であり，20℃近くまで上がる。1年間の中でこのように気温が変化するのは，お・か・き・くのうち，くの都市である。ロシア連邦北部の大部分は，長くて厳しい冬と，短いが比較的温暖な夏を持つ冷帯気候に属している。この地域の針葉樹の森林を**タイガ**という。タイガは，カナダ北部・アラスカにも多くみられる。タイガというのは「北方の原生林」という意味である。

(4) ① B州はアフリカ州である。アフリカ州では**農林水産業**の就業人口比率が50%近いが，一人あたりの農地面積や穀物の生産量は，極めて低い水準にある。表1中の㋐に該当する。　② 問題の4国のうち，二酸化炭素排出量の減少で他を引き離しているのが，イギリスである。表2中の㋕に該当する。　③ 中国では，1980年代から，沿海部を**経済特区**などとして重点的に開発した。そのため，沿海部の都市部と内陸部の農村部では，一人あたりの所得に格差が拡大している。

2 (地理的分野―日本地理－都市・エネルギー・工業)

(1) アが示しているのは，栃木県である。栃木県の**県庁所在地**は，宇都宮市である。なお，宇都宮市は人口が50万人を超えるが，**政令指定都市**ではない。

(2) ① 問題の図1は，住宅用太陽光発電器設置割合の上位と下位の県を示している。上位8県は本州内陸部と九州に分布しており，Pはイである。下位の県は日本海側に集中しており，Qはエ

である。 ② 年間日照時間が多いのに，太陽光発電器設置が進んでいないのは，神奈川県である。

(3) (記号) Cを示すのは，火力以外の発電所数が，全国平均以下である，えである。 (工業地帯名) Cの大阪府を含む工業地帯は，**阪神工業地帯**である。金属製品の事業所数が多いのが，阪神工業地帯の特徴であり，その中心である大阪府では，金属製品の事業所数が全国第一位である。

(4) ① 図3を見ると，2030年の**再生可能エネルギー**の発電量は，2010年の約3倍となることが読み取れる。 ② X 秋田県のような先進的な取り組みをし，再生可能エネルギーの発電量を増やす。上記のような趣旨のことを記せばよい。 Y 火力での発電量が減ることによって，石油・石炭に代表される**化石燃料**の輸入量が減ることが予想される。このような趣旨を簡潔に記せばよい。

3 **(歴史的分野―日本史時代別－旧石器時代から弥生時代・古墳時代から平安時代・鎌倉時代から室町時代・安土桃山時代から江戸時代・明治時代から現代，―日本史テーマ別－政治史・外交史・社会史・技術史・宗教史，―世界史－政治史)**

(1) ① 資料1に記されている倭の奴国王が，洪武帝から金印を授かったのは，紀元1世紀の西暦57年のことである。 ア **エジプト文明**では，太陽の運行をもとにした**太陽暦**に，紀元前5000年頃に移行した。 イ 朝鮮半島で，**高句麗・百済・新羅**の三国が対立したのは，4世紀から7世紀頃である。 ウ 11世紀に**ローマ教皇**の呼びかけに応じ，イスラム教徒からパレスチナの聖地**エルサレム**を奪還するために遠征したのが**十字軍**である。 エ 紀元前6世紀から紀元前5世紀の中国の思想家で，それまでの様々な知識・伝統を，一つの道徳・思想にまで大成させ，**儒教**を創始した人物が**孔子**である。したがって，資料1よりも前のできごとは，アとエである。
② **遣唐使**は630年に始まり，894年に停止された。よって，下線部aの**奈良時代**に派遣されていたのは遣唐使であり，正答はイである。 ③ **律令制度**では，**庸**や**調**は男子にしか課せられず，また，**兵士**として徴用されるのも男子だけだったので，それらの負担を免れるため，男子を女子と偽る，いわゆる**偽籍**が数多く行われていたからである。このような趣旨を簡潔にまとめて解答すればよい。

(2) ① **鎌倉幕府**の本拠地は，相模国(今の神奈川県)の太平洋沿岸部に置かれた。地図上のウである。 ② 家畜を利用し，**牛や馬**で田や畑を耕すことや，米の裏作に麦をつくる**二毛作**など新しい農業技術が導入され，生産性が向上したからである。このような趣旨を簡潔にまとめて解答すればよい。 ③ アは，江戸時代の説明である。イは，安土桃山時代の説明である。ウは，鎌倉時代の説明である。ア・イ・ウのどれも別の時代の説明である。エが，室町時代の説明として正しい。室町時代に生産力の向上によって実力を蓄えた農民たちは団結して，**惣**(そう)という自治組織をつくった。惣では代表者を定め，農民みずから**おきて**をつくり，**寄合**を開き，おきてに照らして，入会地(いりあいち)をめぐるもめごとなどを解決していた。

(3) ① 日本史の時代区分は，原始・古代・中世・近世・近代・現代となっている。安土桃山時代から江戸時代は，通常「**近世**」とされる。 ② 資料4の法令は，豊臣秀吉の出した**伴天連(バテレン)追放令**である。アは，鎌倉幕府の出した**永仁の徳政令**である。ウは，江戸幕府の出した**武家諸法度**である。エは，**織田信長**の出した**楽市楽座令**である。ア・ウ・エのどれも別の時代の法令である。イが正しい。イは，**豊臣秀吉**が1588年に出した**刀狩令**である。刀狩令では，百姓が武器を持つことを禁じた。刀狩令では，武器として，刀・脇指・弓・やり・**鉄砲**等と記してある。刀狩令によって**兵農分離**は大きく進んだ。 ③ 狂歌の「白河」は，元白河藩主の**老中松平定信**を指している。松平定信は，18世紀末に**寛政の改革**を行った。

(4)　①　1914年にオーストリアの皇太子夫妻がセルビア人の青年に暗殺され，オーストリアがセルビアに**最後通牒**を突きつけたのが，**第一次世界大戦**の勃発につながった。オーストリア・ドイツ・トルコなどの**同盟国**と，イギリス・フランス・ロシアなどの**連合国**との間で，戦闘が繰り広げられた。日本は**日英同盟**を口実に連合国側に参戦し，中国**山東省**にあるドイツの拠点を攻撃し占領した。　②　イ　**世界恐慌**の発生は1929年である。　ウ　**関東大震災**は1923年に起こった。エ　**満州**からの**引揚者**の流れは，1945年に始まった。イ・ウ・エのどれも別の時代のことであり，アが正しい。米軍機からの**空襲**(爆撃)を避けるために，1944年から**学童疎開**が始まった。　③　(都市部)　1960年から1970年の**高度経済成長期**には，都市部に人口が集中し住宅不足が起こった。(農村部)　農村部からは，**生産年齢**人口が流出し，**過疎高齢化**が進んだ。　④　**アメリカとソ連**の首脳である，ブッシュ大統領とゴルバチョフ書記長が1989年に**マルタ島で会談**した。この会談で**資本主義陣営**と**社会主義陣営**の**冷戦終結**が宣言された。同年に**ベルリンの壁**が崩壊して，翌1990年に**東西ドイツが統一**された。

4 (公民的分野―基本的人権・経済一般・国の政治の仕組み・裁判・地方自治・社会保障・国民生活)

(1)　①　日本国憲法第11条は「国民は，すべての**基本的人権**の享有を妨げられない。この憲法が国民に保障する基本的人権は，侵すことのできない永久の権利として，現在及び将来の国民に与へられる。」と規定している。　②　イ　**団体交渉権**は，労働者が団結して使用者に対して交渉する権利である。　ウ　日本国憲法第62条に「両議院は，各々国政に関する調査を行い，これに関して，証人の出頭及び証言並びに記録の提出を要求することができる。」という規定がある。これを国会の**国政調査権**という。　エ　日本国憲法第13条は「すべて国民は，個人として尊重される。**生命**，**自由**及び**幸福追求**に対する国民の権利については，**公共の福祉**に反しない限り，立法その他の国政の上で，最大の尊重を必要とする。」と定めている。また，一定の個人的な事柄について，公権力から干渉されることなく，自由に決定する権利を**自己決定権**という。イ・ウ・エのどれも，基本的人権を侵害された時に国に要求できる権利ではない。アの，**裁判を受ける権利**が正しい。なお，日本は三審制をとっているため，希望すれば三回まで裁判を受けることができる。

(2)　①　地方自治法において定められた，**首長や議員の解職**は，**リコール**とも呼ばれる。都道府県知事や市町村長に関しては，**有権者の3分の1以上の署名**を集めて，**選挙管理委員会**に解職を請求し，その後行われる**住民投票**において，**過半数の賛成**があれば解職となる。正答は住民投票である。　②　う　上記のように，住民投票において，過半数の賛成があれば首長や議員は解職となる。　え　**地方自治**における**直接請求**では，**条例**の制定・改廃を求める場合は，**有権者数の50分の1**以上の署名を，首長に提出することになっている。　③　**最高裁判所裁判官**の適・不適を国民が審査することを**国民審査**という。各裁判官任命後の最初の**衆議院議員総選挙**の際に行われ，さらに10年経過したのちの衆議院議員総選挙の際に同様な審査を行う。**直接民主制**の一つである。

(3)　ア　**条約**を承認するのは，国会の仕事である。　イ　**法律**を制定するのも，国会の仕事である。　エ　**違憲審査**を行うのは裁判所の仕事である。ア・イ・エのどれも他の機関の仕事である。ウが正しい。日本国憲法第73条に「**内閣**は，他の一般行政事務の外，左の事務を行ふ。(中略)五　**予算を作成して国会に提出**すること。」と明記してある。

(4)　Q　憲法第69条に「内閣は，衆議院で**不信任**の決議案を可決し，又は信任の決議案を否決したときは，十日以内に**衆議院が解散**されない限り，**総辞職**をしなければならない。」と明記されており，衆議院を解散しなければならないことはない。なお，衆議院は**内閣不信任**決議を行うことができるが，参議院はできない。参議院が審議できるのは，**内閣問責決議案**である。 R 衆議院を解散するのは内閣の権限である。参議院は解散されない。 S 国では，国会・内閣・裁判所が均衡と抑制を保ち，地方では首長と議会が均衡と抑制を保つことによって，権力の集中を防ぐことができているのである。

(5) 図2を見ると，野菜ジュースは価格の変動が全くないのに対し，ほうれん草は年間を通じて価格の変動が大きいことが見てとれることを指摘するとよい。

(6) 1947年に施行された**独占禁止法**の目的は，公正かつ**自由な競争**を促進し，事業者が自主的な判断で自由に活動できるようにし，消費者が不当に高い価格で商品を購入しなくてよいようにすることである。そして，独占禁止法の規制を実現する組織として，**公正取引委員会**が設けられている。

(7) 景気の下降期には，企業の倒産が増加し，その結果失業者が増加することが起こってくる。

(8) 日本の**社会保障制度**は，**社会保険・公的扶助・社会福祉・公衆衛生**の4本の柱からなっている。社会保険は，あらかじめ支払っておいた保険料を財源として給付されるもので，病気になったときに給付される医療保険，高齢になったときや障害を負ったときに給付される年金保険などがある。国民年金が給付されるのは，こうした仕組みによってである。

(9) ① 図4に見られるように，棒グラフで示した**一人あたりの労働時間**が減少しているが，折れ線グラフで示した**国民所得**は増加していることを指摘する。 ② 誰もがやりがいや充実感を感じて働き，仕事上の責任を果たす。そして，子育て・介護の時間や，家庭・地域・自己啓発等にかかる個人の時間を持つことができ，健康で豊かな生活を送る。このことを，**ワーク・ライフ・バランス**という。

＜国語解答＞

一 1 (例)(小学生が水たまりをよけようとして)車道を歩いていた(こと) 2 (例)通行の邪魔になるものを取り除く(こと) 3 (例)みんなが安全に生活できる(という視点) 4 ア

二 1 将来(世代) 2 (例)(物事は)時間の経過に比例して必ず改善される(という見方) 3 人々の暮らし 4 エ 5 (1) a 魅力的 b 言い当てる (2) (例)自らのニーズを満たすだけでなく，将来世代が暮らす未来のことを考慮したもの

三 1 ① ふんいき ② 伝統 ③ そこ(なう) ④ 働(き) 2 エ 3 ウ 4 連体形

四 1 落胆 2 ア 3 (例)(豊蔵に対する反論が,)師の代筆という立場にとらわれず，自分らしい絵を描きたいという思いを押し殺した空虚なもの(であることに気付いたから。) 4 (1) イ (2) a 衝撃 b 眠るように静かに横たわっていた (3) (例)迷いから解放され，画家としての覚悟を決める

五 1 ① いえども ② さとらん 2 イ 3 a 水に飽かず b 林をねがふ 4 (1) (例)とらわれない (2) (例)心のもち方ひとつでどのようにも変わる

六 (例) 私が影響を受けた人物は，中学三年生のときの担任の中村先生である。中村先生は，服装チェックはいい加減だし，プリントを配り忘れることもたびたびあった。しかし，クラスでいじめがあったときの対応は早かったし，進路についても真剣に話を聞いてくれた。

私は，以前はよく友人や弟とけんかしていたが，中村先生に出会ってからはトラブルが減ってきた。周囲の人たちからは性格が穏やかになったと言われるが，実はそうではない。私の時間やエネルギーを，もっと大切なことに費やすべきだと気づいただけである。

＜国語解説＞

一　(聞き取り―内容吟味)

1　りくさんは，「小学生が穴の部分にできた水たまりをよけようとして**車道を歩いていた**のを見て，危険だと感じました。」と言っている。

2　たけるさんは，「ここまでの二人の話を整理すると，歩道そのものを補修することと，**通行の邪魔になるものを取り除く**ことが必要だということですね。」と言っている。

3　えみさんは，「**みんなが安全に生活できる**という視点に立って，自分たちができることについて考えていくことも必要だと思います。」と言っている。

4　たけるさんは，「～ですね。」と，二人の発言を確かめる形で**共感的に受け止め，話の内容をまとめている**ので，アが正解である。

二　(論説文－内容吟味，文脈把握，指示語の問題)

1　傍線部の「彼ら」は「現行世代の私たち」と対比されている「**将来世代**」を指している。

2　指定語句の「**比例**」は，二つのものの数や量が同じ割合で増えたり減ったりすることを言う。傍線部「発展に対する直線的な見方」の前の「**時間の経過とともに**技術や制度というものは改善されていき，そうしたときに物事は必ず**改善されていく**」は，「時間の経過に比例して技術や制度は改善され，物事は改善される」と言い換えられるので，これをもとに，前後の語句につながるように20字以内で書く。

3　傍線部「ニーズ(needs)」については，少し後に「欲求」よりは「もう少し広い意味合い」を含んでおり，「**生活の質**(Quality of Life)に深く関連する項目も含まれています」と説明されている。設問に「6字」という条件があるので，「生活」と同じ意味の「**人々の暮らし**」を抜き書きする。

4　第四段落と第七段落の初めの「**例えば**」に注目する。この文章では，社会に時間が経過しても解決できない問題があることや，ニーズが時代とともに変化していくことについて，**読み手の理解を補うために例を挙げて説明している**。したがって，エが正解。アの「仮説の検証」やイの「専門家の意見」の「引用」はされていない。冒頭の一文では「問われていること」が示されているが，段落ごとに疑問は挙げられていないので，ウは不適切な説明である。

5　(1)　a　第一段落で提示した持続可能な開発という概念に込められた主張について，第二段落の初めに「とても**魅力的**」と書かれている。　b　最終段落に，「現行世代の私たちが将来世代の彼らのニーズを**言い当てる**ことはできません」と書かれている。　(2)　最終段落の「**将来世代が暮らす未来のことを考慮しながら，現行世代の私たちの開発のあり方を考える**」をもとに，前後につながるように40字以内で書く。

三　(知識―漢字の読み書き，語句の意味，文と文節，品詞・用法)

1　①「**雰囲気**」は，その場に自然に生まれてくる感じという意味。　②「**伝統**」は，ある社会で古くから受け継がれてきた風習や様式のこと。　③「**損**」の音読みは「ソン」で，「損害」「破損」などの熟語を作る。　④「**働**」は，日本で作られた漢字である。

2 波線部「近年」を含む文の主語は「機運が」，述部は「高まっている」で，「文化財を観光やまちづくりなどの分野で活用する」は「機運が」に係る。「近年」が直接係るのは**「高まっている」**である。

3 それぞれの故事成語の意味は，ア「虎の威を借りる狐」＝有力者の権威に頼っていばる人，イ「漁夫の利」＝当事者どうしが争っている間に第三者が何の苦労もなく利益を得ること，ウ**「覆水盆に返らず」**＝一度してしまったことは取り返しがつかない，エ「五十歩百歩」＝大した違いがないこと，である。

4 「正しい」は形容詞で終止形と連体形が同じ形であるが，ここでは**名詞(体言)**の「認識」を修飾しているので，**連体形**である。

四 (小説—情景・心情，内容吟味，文脈把握)

1 「彦太郎の描いた障壁画に**期待**を寄せていた」→「座敷に入ってすぐさま，**落胆**のため息をもらした」→「**侮蔑と猜疑**を隠そうともしない」という豊蔵の心情の変化を読み取る。

2 「えぐる」は刃物などを突き刺して回すということで，「心をえぐる」は**苦痛**を与えるという意味になる。

3 彦太郎は「**師の代筆という立場**」で寺の障壁画を任されたが，描くことができない。「応挙風」の絵を描く技量があり，寺の期待に応えたいという思いもあるのに，「強靭な我」が抑えられず，迷いが生じるためである。彦太郎は，豊蔵の言葉をきっかけに**自分らしい絵を描きたい**という自分の本心に向き合い，自分の言葉の**空虚**さに気づいたのである。この内容を，指定語句の「**立場**」「**空虚**」を入れて45字以内で書く。

4 (1) 直前の豊蔵の言葉や拳で壁をたたくという動作から読み取れる豊蔵の**怒り**や**いらだち**にふさわしいのは，イである。 (2) a Bさんが引用した描写に続く「彦太郎にとっては，それほど凄まじい**衝撃**だった。」から抜き書きする。 b 彦太郎が海に向かう場面の情景を描いた「空の半分を闇が覆い，藍の海が**眠るように静かに横たわっていた。**」から抜き書きする。
(3) 空欄cの前後の語句に注目する。彦太郎が「これまで抱えていたもの」は「迷い」であり，後に「ことができた」とあるので，cには「**迷いから解放される**」「迷いをなくす」という内容が入ると考えられる。指定語句の「**覚悟**」について書いてある部分を本文から探すと，「豊蔵が問うているのは，吉村胡雪の**画家としての覚悟**の程だった」とあるので，この内容を入れて「迷いから解放され，画家としての覚悟を決める」などと書く。

五 (古文—内容吟味，文脈把握，仮名遣い)

〈口語訳〉 そもそも，人間の世界は，ただ心のもち方ひとつである。心がもし安らかでなければ象や馬や七つの珍宝も無意味で，宮殿や高い建物も欲しくない。今，寂しい住まいで，一部屋の粗末な家(に住んでいるが)，私はこれを愛している。まれに都に出て物乞いになることを恥ずかしく思うとは言っても，帰ってここにいる時は他の人が俗世間のつまらない物事にとらわれることを気の毒に思う。もし他の人がこの言葉を疑うならば，魚と鳥との様子を見なさい。魚は水に飽きないが，魚ではないのでその気持ちはわからない。鳥は林に行きたがるが，鳥ではないのでその気持ちはわからない。俗世間から離れた暮らしの良さや趣もまた同じである。住まなくては，誰がわかるだろう(いや，住んでみなければわからない)。

1 ① 「**へ**」を「**え**」に直して「**いえども**」と書く。 ② 「**む**」を「**ん**」に直して「**さとらん**」と書く。

2 随筆は，作者の言動については主語が省略される場合が多い。Aは，**作者**が「他」を気の毒に思っている。Bは，「人」，つまり**他人**が作者の言葉を疑うということである。したがって，両方を満たすイが正解となる。

3　本文で「魚」と「鳥」について書いてある部分を探すと，「魚は**水に飽かず**」「鳥は**林をねがふ**」とあるので，ここから抜き書きする。

4　(1)　作者は，他人の生活について「俗塵に馳する」(＝俗世間のつまらない物事にとらわれる)と述べている。作者が望んでいるのは逆の生活であるから，「俗世間のつまらない物事に**とらわれない**」生活ということになる。　(2)　作者は傍線部の後で，心のもち方によって，財宝や宮殿の価値がなくなることもあれば，粗末な家をすばらしいと感じることもあると述べている。「**心のもち方ひとつでどのようにも変わる**」という内容を，前後につながるように20字以内で書く。

六　(作文)

与えられた**条件**を満たして書くこと。**自分が今までに影響を受けた人物やものごと**について，その影響によって**自分がどう変化したのか**を交えて書く。字数は**200〜250字**である。解答例は，自分が影響を受けた人物について説明し，その影響による自分の行動や心情の変化を述べている。書き終わったら**必ず読み返して**，誤字・脱字や表現の不自然なところは書き改める。

MEMO

大切なことはメモしておこうネ！

秋田県公立高等学校

2022年度

★★★★★★★★★★★★★★★★★★★★★★

入　試　問　題

2022年度

●くわしい解説……39ページ

＜数学＞

時間　60分　　満点　100点

1　次の(1)～(15)の中から，**指示された8問**について答えなさい。

(1)　$-3\times(5-8)$ を計算しなさい。

(2)　$a^2\times ab^2\div a^3b$ を計算しなさい。

(3)　$\sqrt{80}\times\sqrt{5}$ を計算しなさい。

(4)　次の5つの数の中から，無理数を**すべて**選びなさい。

$\sqrt{2}$ ，$\sqrt{9}$，$\dfrac{5}{7}$ ，-0.6 ，π

(5)　連立方程式 $\begin{cases} x+y=9 \\ 0.5x-\dfrac{1}{4}y=3 \end{cases}$ を解きなさい。

(6)　方程式 $x^2+3x+2=0$ を解きなさい。

(7)　y は x に反比例し，$x=2$ のとき，$y=4$ である。このとき，y を x の式で表しなさい。

(8)　袋の中に，白い碁石《ごいし》と黒い碁石が合わせて500個入っている。この袋の中の碁石をよくかき混ぜ，60個の碁石を無作為に抽出したところ，白い碁石は18個含まれていた。この袋の中に入っている500個の碁石には，白い碁石がおよそ何個含まれていると推定できるか，求めなさい。

(9)　$x=11$，$y=54$のとき，$25x^2-y^2$ の値を求めなさい。

(10)　2つの整数148，245を自然数 n で割ったとき，余りがそれぞれ4，5となる自然数 n は全部で何個あるか，求めなさい。

(11)　右の図で，3直線 ℓ，m，n は，いずれも平行である。このとき，x の値を求めなさい。

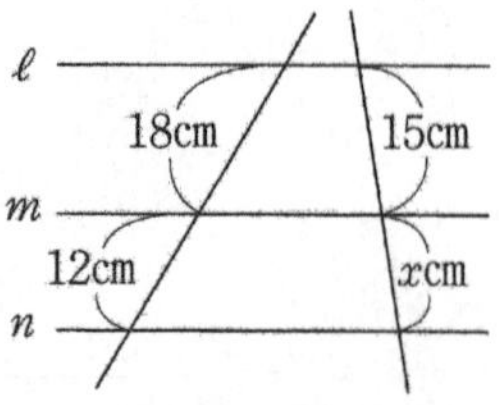

(12)　右の図で，$\angle x$ の大きさを求めなさい。

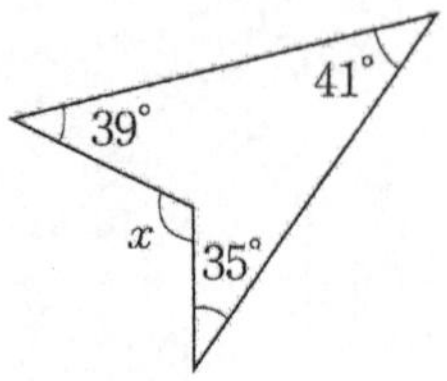

(13)　図１は，立方体ABCD－EFGHに，線分BGをかき加えたものである。図２は，図１の立方体の展開図である。このとき，図２に線分BGを表す線をかきなさい。ただし，頂点を表すＡ～Ｈの文字を書く必要はないものとする。

図１
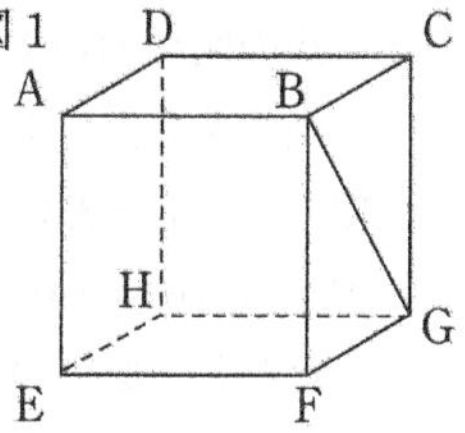

図２
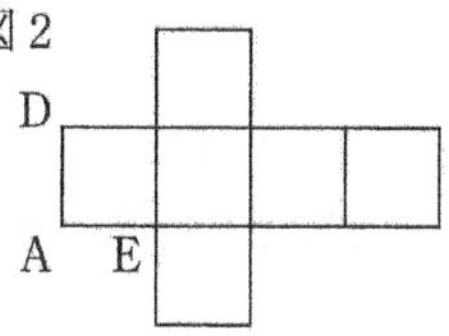

(14)　右の図は，底面の半径が３㎝，側面積が24π ㎠の円錐である。この円錐の体積を求めなさい。ただし，πは円周率とする。

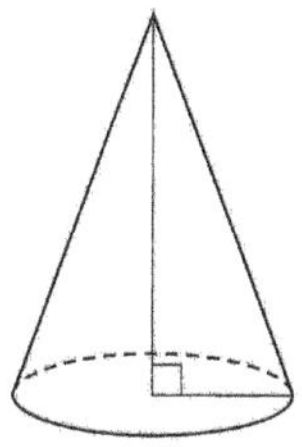

(15)　右の図のように，直方体ABCD－EFGHがあり，点Mは辺AEの中点である。AB＝BC＝６㎝，AE＝12㎝のとき，四面体BDGMの体積を求めなさい。

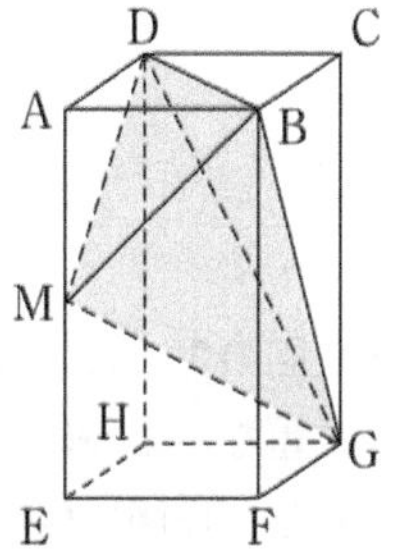

2　次の(1)～(4)の問いに答えなさい。

(1)　次の①，②の問いに答えなさい。

①　方程式 $2x+3y=-6$ のグラフをかきなさい。

②　右の図のような，１次関数 $y=ax+b$（a，bは定数）のグラフがある。このときのa，bの正負について表した式の組み合わせとして正しいものを，次の**ア**～**エ**から１つ選んで記号を書きなさい。

ア　$a>0$，$b>0$
イ　$a>0$，$b<0$
ウ　$a<0$，$b>0$
エ　$a<0$，$b<0$

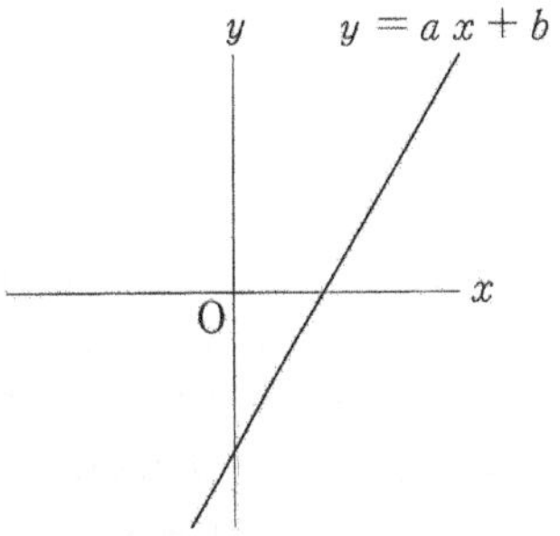

(2) 次の図において，㋐は関数 $y=x^2$，㋑は関数 $y=-\frac{1}{2}x^2$ のグラフである。点Aは y 軸上の点であり，y 座標は3である。点Bは㋐上の点であり，x 座標は正である。点Cは㋑上の点であり，x 座標は点Bの x 座標と等しい。

① 点Bの x 座標が2のとき，線分BCの長さを求めなさい。ただし，原点Oから（0，1），（1，0）までの距離を，それぞれ1 cmとする。

② 3点A，B，Cを結んでできる△ABCがAB＝ACの二等辺三角形になるとき，点Bの x 座標を求めなさい。

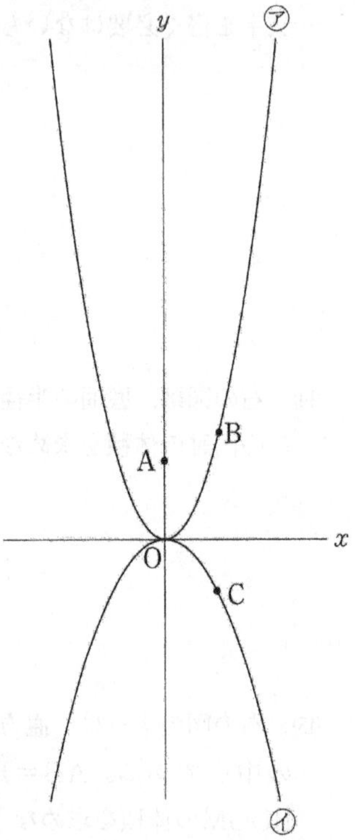

(3) 図のように，長方形ABCDがあり，点Eは辺BC上の点である。この長方形を頂点Dが点Eに重なるように折ったときにできる折り目の線を，定規とコンパスを用いて作図しなさい。ただし，作図に用いた線は消さないこと。

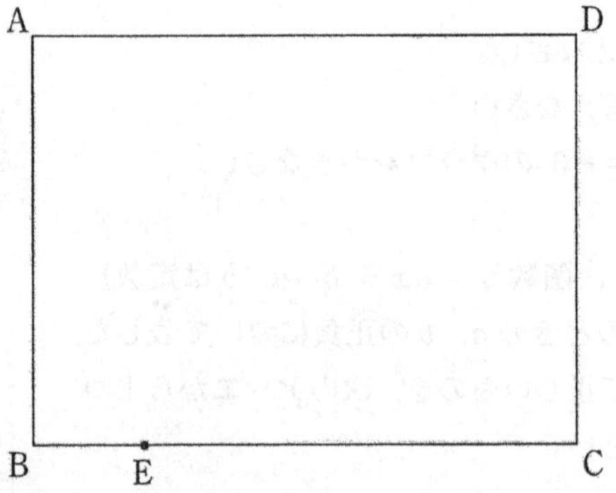

(4) 次のページの図のように，AB＝4 cm，AD＝8 cmの長方形ABCDがある。点Pは，点Aを出発し，辺AD上をA→Dに毎秒1 cmの速さで動き，点Dで止まる。点Qは，点Pが点Aを出発するのと同時に点Bを出発し，辺BC上をB→C→Bの順に毎秒2 cmの速さで動き，点Bで止ま

る。点Pが点Aを出発してから x 秒後の四角形ABQPの面積を y cm²とする。

$0 \leqq x \leqq 8$ のとき，x と y の関係を表す最も適切なグラフを，あとの**ア**～**オ**から１つ選んで記号を書きなさい。ただし，$x=0$ のとき $y=0$ とし，$x=8$ のとき $y=16$ とする。

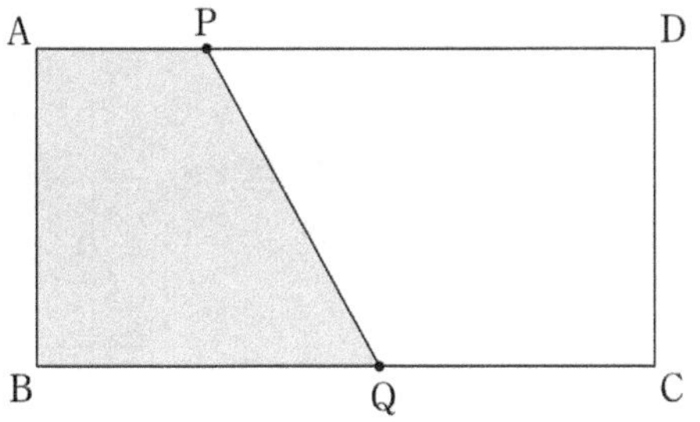

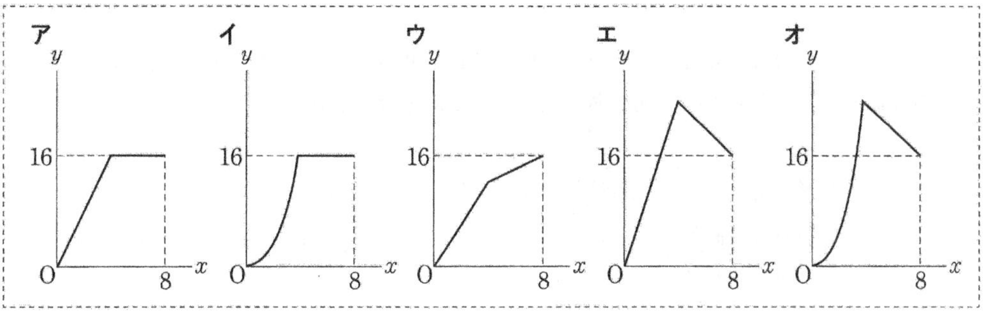

3　写真のような，「鱗文様《うろこもんよう》」と呼ばれる日本の伝統文様がある。図１の三角形A△と三角形B▽は合同な正三角形であり，この「鱗文様」は，図２のように，三角形Aと三角形Bをしきつめてつくったものとみることができる。あとの(1)，(2)の問いに答えなさい。

写真

「鱗文様」の布

図１

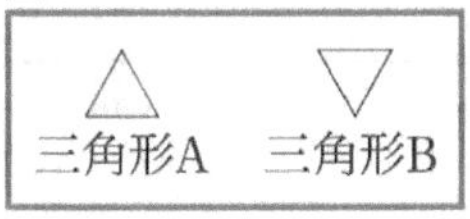

図２

(1)　次のページの図３のように，１段目に三角形Aが１個あるものを１番目の図形とし，２番目の図形以降では，三角形Aと三角形Bをすき間なく規則的に並べて，「鱗文様」の正三角形をつくっていく。m 番目の図形の m 段目には，三角形Aが m 個ある。

図3

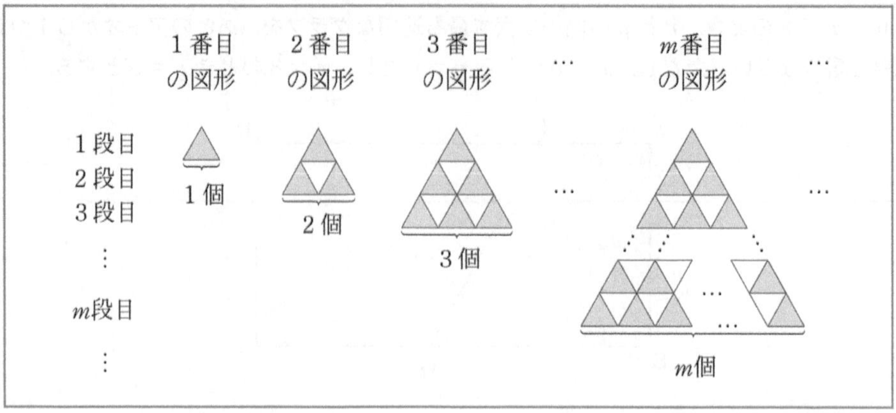

① 次の表は，1番目の図形，2番目の図形，3番目の図形，…にある三角形Aの個数，三角形Bの個数をまとめたものの一部である。**ア**，**イ**にあてはまる数を書きなさい。

表

図形の番号　　（番目）	1	2	3	4	5	6	7	…
三角形Aの個数　（個）	1	3	6				**ア**	…
三角形Bの個数　（個）	0	1	3				**イ**	…

② m番目の図形に，三角形A，三角形Bを加えて，$(m+1)$番目の図形をつくる。加えた三角形Aの個数が16個，三角形Bの個数が15個のとき，mの値を求めなさい。

③ m番目の図形にある三角形Aの個数の求め方を，次のように説明した。[説明]が正しくなるように，**ウ**，**エ**にあてはまる式を書きなさい。

[説明]

右の図は，図3のm番目の図形の右側に，この図形を上下逆さまにした図形を置いたものです。

右の図で，三角形Aは，1段目に$(1+m)$個，2段目に$\{2+(m-1)\}$個あります。同様にして，三角形Aは，m段目に$(m+1)$個あるので，三角形Aの個数は全部で **ウ** 個となります。

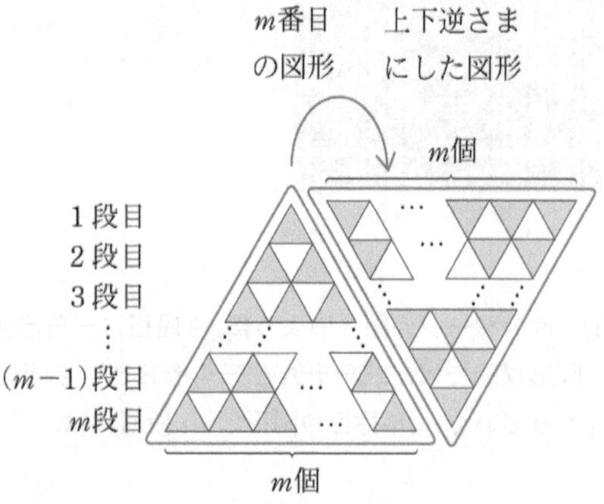

このことから，図3のm番目の図形にある三角形Aの個数は **エ** 個となります。

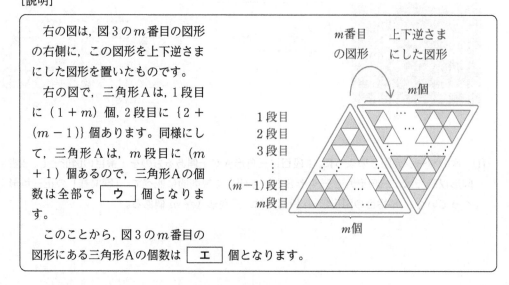

(2)　三角形Aと三角形Bをすき間なく規則的に並べて,「鱗文様」の正六角形をつくっていく。図４のように，正六角形の辺の１つに，三角形Aが，１個並ぶ図形を１番目の正六角形，２個並ぶ図形を２番目の正六角形，３個並ぶ図形を３番目の正六角形，…とする。

n 番目の正六角形にある三角形Aの個数を，n を用いた式で表しなさい。

図４

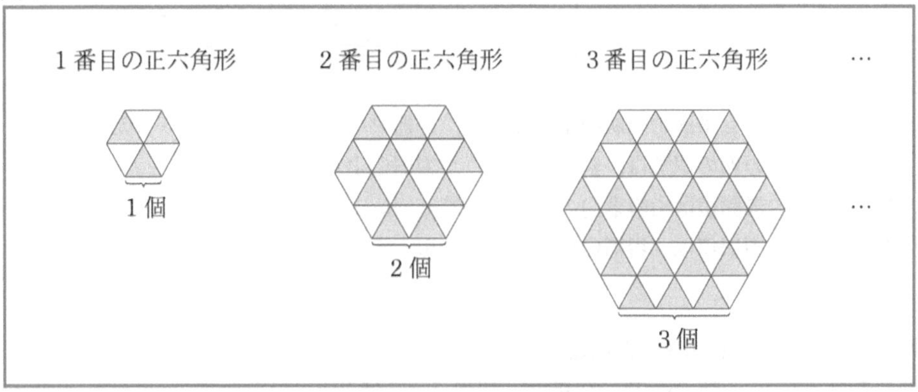

4　次の(1)，(2)の問いに答えなさい。

(1)　箱の中に整数１，２，３，４が１つずつ書かれているカードが４枚入っている。この箱の中からカードを取り出す。ただし，どのカードが取り出されることも同様に確からしいものとする。

①　この箱の中からカードを１枚取り出すとき，カードに書かれている数が偶数である確率を求めなさい。

②　この箱の中から，次のA，Bで示した２つの方法でそれぞれカードを２枚取り出す。取り出した２枚のカードに書かれている数の和が５以上になるのは，どちらの方法のときが起こりやすいか。起こりやすいほうをA，Bから１つ選んで記号を書きなさい。また，そのように判断した理由を，根拠となる数値を示して説明しなさい。

A　カードを１枚取り出し，箱の中に戻さずに続けてもう１枚取り出す。
B　カードを１枚取り出してカードに書かれている数を確認した後，カードを箱の中に戻し，再びこの箱の中から１枚取り出す。

(2)　２つの容器P，Qに，卵が10個ずつ入っている。それぞれの容器に入った卵の重さを１個ずつ調べた。次のページの図は，調べた結果を容器別にヒストグラムに表したものである。この図において，例えば52～54の階級では，重さが52ｇ以上54ｇ未満の卵が，容器Pには２個，容器Qには１個あることを表している。

この図から読み取れることとして正しいものを，あとの**ア**～**エ**から１つ選んで記号を書きなさい。

図

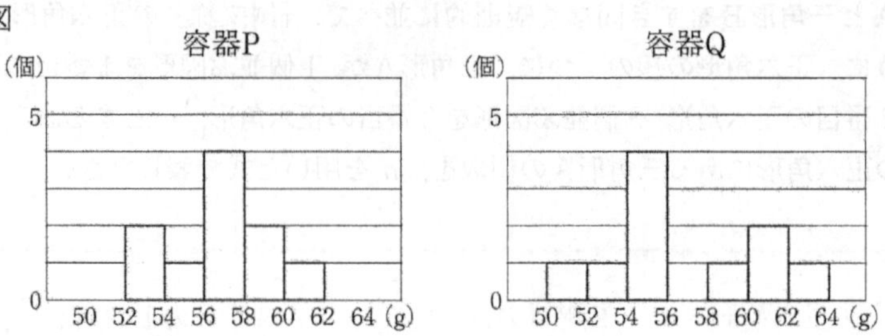

ア 60g以上62g未満の階級の相対度数は，容器Pのほうが容器Qよりも大きい。
イ 58g以上の卵の個数は，容器Pのほうが容器Qよりも多い。
ウ 容器Pの最頻値は，容器Qの最頻値と等しい。
エ 容器Pの中央値は，容器Qの中央値よりも大きい。

5 次のⅠ，Ⅱから，**指示された問題**について答えなさい。

Ⅰ 図1のように，∠ACB＝90°の直角三角形ABCがある。点Dは，辺AB上の点であり，AB⊥CDである。次の(1)，(2)の問いに答えなさい。

図1

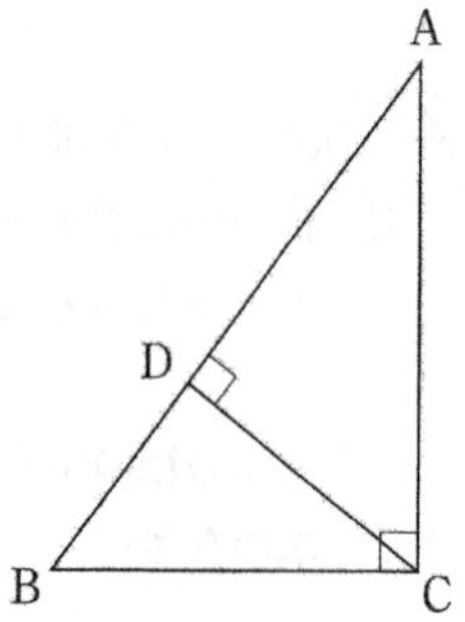

(1) △ABC∽△ACDとなることを証明しなさい。

(2) 図2のように，点Oを中心とし，図1の直角三角形ABCの頂点A，B，Cを通る円Oがある。点Eは，線分CDをDの方向に延長した直線と円Oの交点である。BE＝6㎝，AC＝8㎝である。

図2

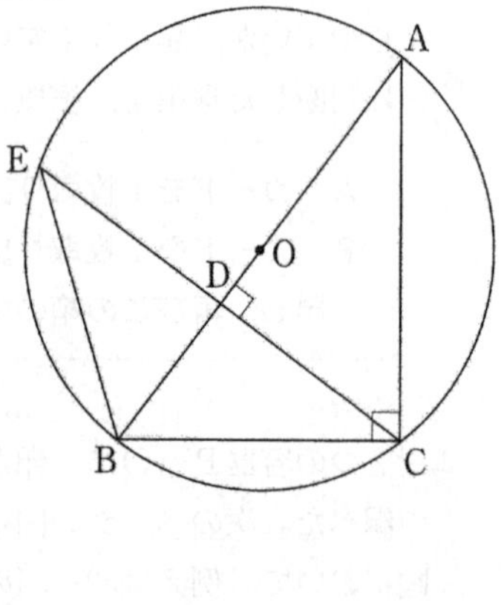

① 図2において，辺の長さや角の大きさの関係を正しく表しているものを，次の**ア**～**エ**から1つ選んで記号を書きなさい。

ア BE＝DE
イ AD＝CD
ウ ∠ABE＝∠ACE
エ ∠BDE＝2∠BCE

② △BCDの面積は，△ABCの面積の何倍か，求めなさい。

Ⅱ　図1のように，点Oを中心とし，線分ABを直径とする円Oがある。直線ℓは，点Bを通る円Oの接線である。点Cは，円Oの周上にあり，点A，Bと異なる点である。点Dは，直線ACと直線ℓの交点である。次の(1)，(2)の問いに答えなさい。

図1

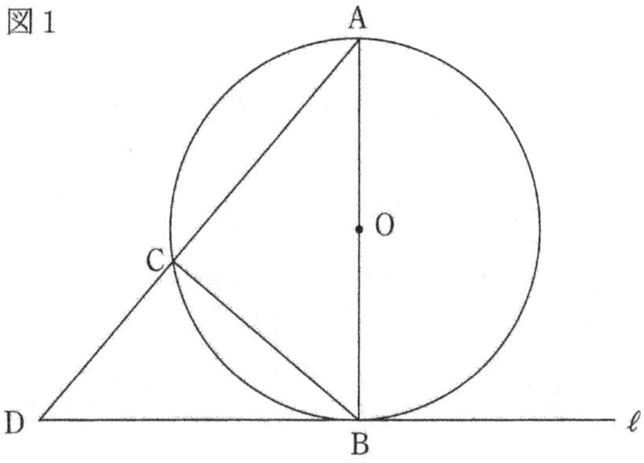

(1)　△ABC∽△ADBとなることを証明しなさい。

(2)　図2は，図1に線分OCと線分ODをかき加えたものである。点Eは，線分BCと線分ODの交点である。

図2

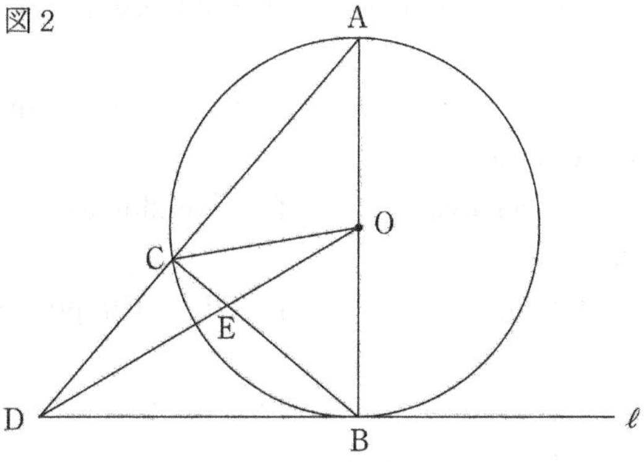

①　図2における角の大きさの関係について必ずいえることを，次の**ア**～**エ**から1つ選んで記号を書きなさい。

ア　∠BOE＝∠OEB
イ　∠BAD＝∠CBD
ウ　∠ODC＝∠COD
エ　∠COD＝∠CBD

②　線分OBと線分ADの長さの比が，OB：AD＝3：8のとき，△OBEの面積は，△ABDの面積の何倍か，求めなさい。

<英語> 時間 60分 満点 100点

1 リスニングテスト

(1) (会話を聞き，質問に対する答えとして最も適切な絵を選ぶ問題) 2回ずつ放送

① ア イ ウ エ

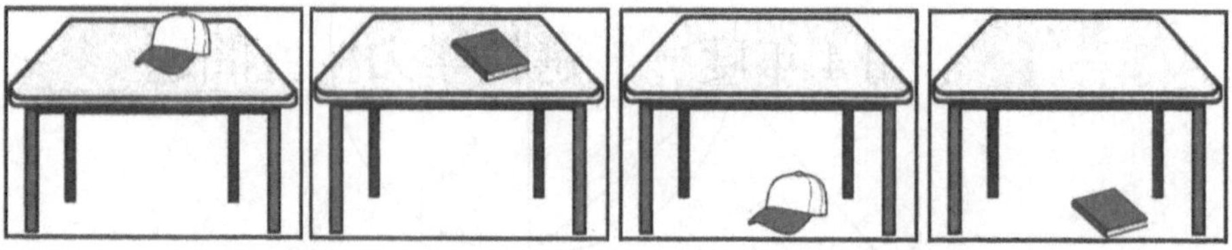

② ア イ ウ エ

(2) (会話を聞き，会話の最後の文に対する応答として最も適切なものを選ぶ問題)

1回ずつ放送

① ア Can I tell her about it? イ Can I use your phone?
ウ Can I leave a message?

② ア They are too expensive. イ Five dollars.
ウ Here you are.

③ ア Sure. I can't wait. イ OK. I'll go alone.
ウ Yes. Let's go to the park.

(3) (会話を聞き，質問に対する答えとして最も適切なものを選ぶ問題) 2回ずつ放送

① ア Twice. イ Three times.
ウ Four times. エ Five times.

② ア Because he has a friend in Italy.
イ Because he wants to watch soccer games.
ウ Because he likes reading books.
エ Because he's interested in the history of Italy.

③ ア Pictures of her friends. イ Pictures of the old buildings.
ウ Pictures of her family. エ Pictures of the food.

(4) (ジャックの話を聞き，その内容として適切なものを**2つ**選ぶ問題と，ジャックの最後の［問い］に対して，**話題を1つ取り上げ**，**2つの英文**であなたの［答え］を書く問題) 2回放送

ア Jack has been in America since last month.
イ Jack thought that learning Japanese was easy.

ウ Jack taught English as a volunteer in Akita.

エ Jack enjoys talking with Japanese people in America.

［答え］ ______

2 次の(1)～(3)の問いに答えなさい。

(1) 次は，中学生の未来（Miku）と留学生のルーシー（Lucy）が，お互いの持ち物について会話をしている場面です。（　）内の①～④の語を，それぞれ**適切な形に直して英語1語**で書き，会話を完成させなさい。

Miku : Oh, you have a nice bag. Where did you find it?
Lucy : I (① find) it at the new shop near my house last week. This is my favorite *brand.
Miku : I know that brand. I like the design. It's very famous, so (② get) it is difficult, right?
Lucy : Yes. Oh, you have a new bag, too. I've never seen this kind of design.
Miku : This small bag was made by my grandmother. She (③ give) it to me last month. This type of small bag is called *gamaguchi* in Japan.
Lucy : *Gamaguchi*? What's that?
Miku : It means a *toad's mouth. It opens *wide, so it's easy to put small things into it. I think this *gamaguchi* is (④ good) than my old bag.

【注】 *brand：銘柄　toad's mouth：ヒキガエルの口　wide：広く

(2) 次の①～④について，(例)を参考にして，［説明］が示す**英語1語**を（　）に書き，英文を完成させなさい。ただし，**答えは（　）内に示されている文字**で書き始めること。

(例) He likes (h　　) very much. He's interested in old foreign events.
［説明］ all the events that have already happened
［答え］ (history)

① I have a friend who lives in Midori City. I visited him last (S　　).
［説明］ the day of the week before Sunday

② If you want to borrow some books, you should go to a (l　　).
［説明］ a building which has many books, newspapers and so on

③ That supermarket has become (p　　) because it sells many kinds of vegetables.
［説明］ liked or enjoyed by a lot of people

④ I like to (c　　) cards of this anime character. I have many cards of the character.
［説明］ to get things from different places

(3) 次の①～③について，(例)を参考にして，〈 〉の状況の会話がそれぞれ成り立つように □ 内の語に**必要な2語を加え，正しい語順**で英文を完成させなさい。ただし，文頭にくる語は，最初の文字を大文字にすること。

(例)〈留学生と教室で〉
Mike: [pen] this?
Naoki: Oh, it's mine. Thank you, Mike.
[答え] (Whose) (pen) (is)

① 〈ALT の先生との授業中のやり取りで〉
Kana: I visited Kyoto last week.
Ms. Smith: Good. [you] go there?
Kana: I went there by train. I had a lot of fun there.

② 〈留学生と休日に〉
Ben: I'll go skiing next month.
Kanako: Nice! I think skiing is the [exciting] all winter sports.

③ 〈留学生と職員室の前で〉
Kevin: What did Mr. Sato say to you, Takeru?
Takeru: He told [go] to the science room after lunch.

3 次は，ALT のホワイト先生 (Mr. White) が，中学生の亮太 (Ryota)，絵美 (Emi) と，英語の授業で会話をしている場面です。これを読んで，(1)，(2)の問いに答えなさい。

There are many kinds of interesting school events in junior high schools in Japan. I really love them. What was your favorite school event, Ryota?

Mr. White

Ryota

My favorite school event was *Sports Day. It was my best *memory. What was your favorite school event when you were a junior high school student, Mr. White?

Let's see.... I enjoyed my school life like you. My favorite event was the *Talent Show. We had it in May. In the event, we showed our *special skills on the stage. For example, my friends showed us *gymnastics.

Mr. White

Sounds interesting! What did you do in the event?

Emi

I played the guitar. To do my best in front of a lot of students, I practiced it from 7 p.m. to 9 p.m. every night. On the day of the event, I felt nervous, but I really enjoyed playing it. The event was not a contest, so all of us had a good time. It was my best memory. Now everyone, what was the best memory of your junior high school life?

Mr. White

【注】 *Sports Day：運動会　*memory：思い出　*Talent Show：タレントショー（イベント名）
*special skills：特技　*gymnastics：器械体操

(1) 次の①，②の問いに対する答えを，それぞれ**主語と動詞を含む英文１文**で書きなさい。

① When was the Talent Show held in Mr. White's school?

② How many hours did Mr. White practice the guitar every night?

(2) あなたなら，下線部のホワイト先生の質問に対してどのように答えますか。解答用紙の（　）に紹介したい内容を書き入れ，次の≪条件≫にしたがって，英文を書きなさい。

≪条件≫ ・文の数は問わないが，**15語以上25語以内の英語**で書くこと。
・符号（，．？！など）は語数に含めない。

4 次は，留学生のベッキー（Becky）と中学生の幸（Sachi）が，ブロードウェイのミュージカル（Broadway musicals）について，チケットや劇場（theater）の館内図を見ながら会話をしている場面です。これらと幸が書いた手紙を読んで，(1)～(4)の問いに答えなさい。

Becky: I hear you're interested in Broadway musicals. [①]. When I was in America, we often went to Broadway together.

Sachi: That's nice. I've never been there but I really like them.

Becky: I brought my ticket for the musical I watched before. Do you want to see it?

Sachi: Yes, please. I want to know more about Broadway musicals.

Becky: Here you are.

Sachi: Wow, you saw "The Cat King" at ABC theater two years ≪　　≫.

Becky: Yes. "The Cat King" was my favorite musical because the music and the

ベッキーのチケット

ABC劇場　館内図

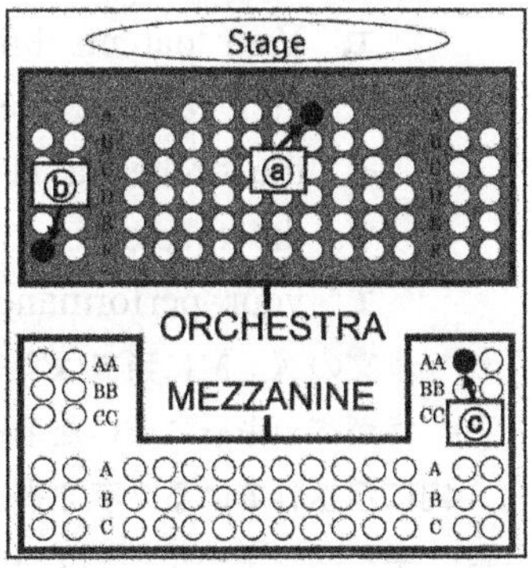

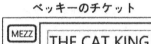

performance were really good.

Sachi: That's the one I have wanted to see for a long time. I want to go to America and watch it someday.

Becky: I'm sure you'll have the *chance to do that.

Sachi: Thank you. Oh, I have a question. What does this "MEZZ" on your ticket mean?

Becky: It means mezzanine. It's the area which has seats on the second *floor. Look at this map. In this theater, this area is called mezzanine. I watched "The Cat King" from the mezzanine. The other area is called the orchestra. It's the area which has seats on the first floor.

Sachi: Do you like to see musicals from the mezzanine floor?

Becky: Well, both the mezzanine and the orchestra have their own good points. For example, the orchestra seats are *close to the stage. On the other hand, the mezzanine seats are on a higher floor, so [②]. You should think about that when you see musicals.

Sachi: I see. Thank you for your advice.

The next year, in 2021, Sachi saw the same musical in America and wrote to Becky.

> Yesterday, I saw "The Cat King" at ABC theater in New York! I considered which floor to (c ______), the mezzanine or the orchestra. Finally, I got the seat just in front of the stage in the orchestra. I could see the facial expressions of the people on the stage well.
> I was satisfied with that.

【注】 *chance：チャンス，機会　*floor：～階　*close：近い

(1) 本文中の①，②に当てはまる最も適切なものを，次のア～エからそれぞれ１つずつ選んで記号を書きなさい。

① ア I also like your favorite place
　イ My mother and I like musicals, too
　ウ The musical you saw is so famous
　エ Your parents know why you like it

② ア you can see the whole stage easily
　イ the orchestra is the best floor to see it
　ウ the theater is very crowded now
　エ your performance looked really good

(2) 本文の《　》に当てはまる**英語１語**を書きなさい。

(3) 幸がベッキーに書いた手紙の中の(　)に適する**英語１語**を書きなさい。ただし，**答えは(　)内に示されている文字で書き始めること。**

(4) 幸とベッキーが "The Cat King" を実際に観劇した席を，館内図のⓐ～ⓒからそれぞれ

1つずつ選んで記号を書きなさい。また，幸が自分の席で満足した理由を，**日本語**で書きなさい。

5　次の英文は，高校生のさくら（Sakura）が留学の経験を経て考えたことについて書いたものです。これを読んで，(1)～(6)の問いに答えなさい。

It was eight o'clock. I was sixteen years old. When I got to school, some student council members were standing in front of the school. They were smiling and *greeting the students. So I said, "Good morning" like everyone else, but I said to myself, "Why are they doing that? Is the greeting so important?"

When I was seventeen, I went to the United States to study English and learn something《　　》about American culture. One day, I went to a shop. I saw a *tray near the *cash register. There were some *pennies in the tray. I asked a *cashier what it was because I had no idea. Then, he explained it to me. "At some stores in America, we have this tray near the cash register. Some pennies are in the trays. When people get pennies as change and they don't need them, they put the pennies in the tray for other people. If people need a few pennies to buy things, they can take some from the tray and use them to *pay." Then, when I was going to pay, I needed three pennies. I wanted to use the tray, so (A) I did. I was glad because I could try a part of American culture.

Soon after that, something interesting happened to me. My host mother and I went to a *drive-through restaurant. When my host mother *ordered some hamburgers there and was going to pay, the cashier said, "(B) You don't have to pay." She was surprised and asked why. He answered, "The man before you has already paid." She said, "I don't know about that customer, but he paid for me!" My host mother and I talked a little and she said, "We will pay for the next family." We felt satisfied with our decision. A few days later, I read an article in the newspaper and learned that many other customers did the same thing after us. About fifty people paid for other people's food!

These two examples in America have taught me important things. In Japan, when the student council members greeted the students, many of them said, "Good morning." So I did that, too. But in these examples in the United States, people did not need to donate pennies or pay for other customers. They did these out of the *kindness of their hearts. They did not *care who they were helping. This idea was new to me and changed my (C) perspective. I said to myself, "I will try something for others without wanting anything from them."

Now, it is eight o'clock. I am eighteen years old and I am back in Japan. I am in front of the school as a member of the student council. I am smiling and greeting the students. Some students pass by without saying, "Good morning." Other students greet us and look happy. That makes me happy. Now, I finally know how I can *enrich my life.

【注】 *greet：あいさつをする　*tray：トレイ　*cash register：店のレジ
*penny：１セント硬貨（１セントは約１円）　*cashier：店のレジ係
*pay（paid）：支払う（支払った）　*drive-through：ドライブスルー　*order：注文する
*kindness：親切　*care：気にする　*enrich：豊かにする

(1) 《　》に当てはまる**英語１語**を，次のア～エから１つ選んで記号を書きなさい。

ア strict　イ same　ウ unique　エ expensive

(2) 下線部(A)I did の具体的な内容として最も適切なものを，次のア～エから１つ選んで記号を書きなさい。

ア took the pennies from the tray　イ put the pennies in the tray
ウ wanted the pennies as change　エ left pennies as change

(3) 下線部(B)You don't have to pay の具体的な理由を，**日本語**で書きなさい。

(4) 下線部(C)perspective の意味として最も適切なものを，本文の内容から判断して，次のア～エから１つ選んで記号を書きなさい。

ア 転換　イ 視点　ウ 援助　エ 期待

(5) 本文の内容と合っているものを，次のア～オから**２つ**選んで記号を書きなさい。

ア Before Sakura went to America, she didn't think greeting was important and didn't greet other students.
イ When people use pennies near the cash register in America, they must give them back.
ウ A lot of people at the drive-through restaurant paid for the next customers.
エ People in the United States always help others because they have to do it.
オ Sakura feels good because some students greet her in front of the school now.

(6) 次の英文は，ある生徒が本文を読んで考えたことをまとめたものです。本文の内容に合うように，①，②に適する**英語１語**を，下のア～カからそれぞれ１つずつ選んで記号を書きなさい。

> Before I read the story, I thought that people were glad when someone was kind to them. However, I didn't want to help people if I didn't (①) them. Also, I always thought that someone else helped people who had troubles. This story tells me that our kind actions may give people good feelings and change their lives. I hope that these actions will (②) forever in many places in the world.

ア finish　イ know　ウ agree
エ continue　オ make　カ solve

＜理科＞

時間　50分　　満点　100点

1　細胞のつくりやはたらきについて，次の(1)，(2)の問いに答えなさい。

(1)　オオカナダモの葉とヒトのほおの粘膜《ねんまく》を用いて，次の観察を行った。

【観察】　スライドガラスを２枚用意し，一方にはオオカナダモの葉をのせ，もう一方にはヒトのほおの粘膜を綿棒でこすりつけ，それぞれに染色液を数滴加え，プレパラートをつくった。次に，オオカナダモの葉の細胞をA，ヒトのほおの粘膜の細胞をBとし，顕微鏡でそれぞれの細胞を観察した。

【結果】

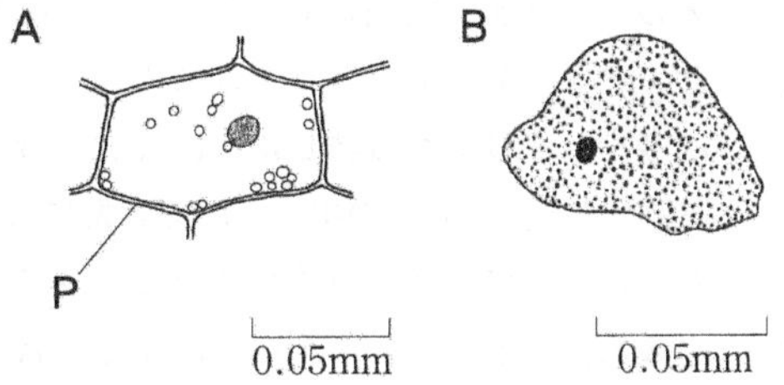

・AとBの両方に，染色液によく染まる a丸いものが見られた。
・Pは，Aには見られたが，Bには見られなかった。

①　下線部aをよく染めることのできる染色液は何か，書きなさい。

②　Pは，細胞の形を維持《いじ》し，からだを支えるのに役立っている。Pは何か，書きなさい。

③　ヒトのほおの粘膜の細胞は，体細胞分裂を活発に行っている。体細胞分裂を行う前の細胞１個の染色体の数を x と表した場合，体細胞分裂を行ったあとの細胞１個の染色体の数はどのように表されるか，次から１つ選んで記号を書きなさい。

ア　$\frac{1}{2}x$　　イ　x　　ウ　$2x$　　エ　$4x$

(2)　細胞で行われる光合成や呼吸について次のようにまとめた。[○，●，◇] は [水，酸素，二酸化炭素] のいずれかを表している。

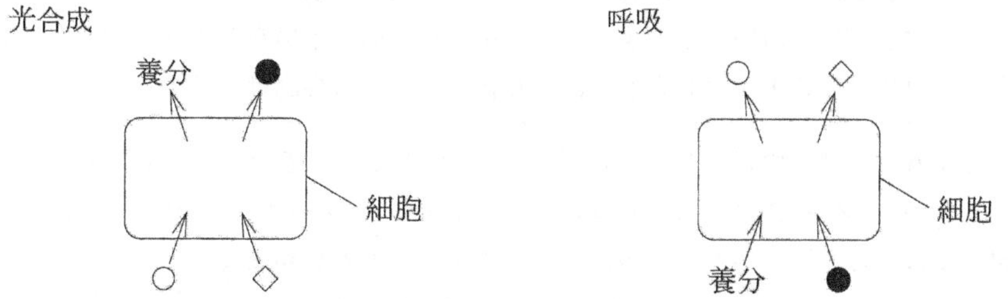

・光合成では，気孔からとり入れた○と根から吸い上げた◇を使い，b光のエネルギーを利用して，デンプンなどの養分と●がつくられる。
・呼吸では，●を使って［　Q　］ときに，○と◇ができる。

①　◇が表しているものは何か，書きなさい。

②　下線部bを利用して，細胞質の中で光合成を行う部分を何というか，書きなさい。

③　Qにあてはまる内容を「**養分**」と「**エネルギー**」という語句を用いて，書きなさい。

2 香さんの学級では，「水とエタノールの混合物からエタノールをとり出すにはどうすればよいか」という課題を設定し，実験を行った。下の(1)~(4)の問いに答えなさい。

【仮説】 表1のように，物質の種類によって a沸騰するときの温度は決まっている。この温度のちがいを利用すれば，水とエタノールの混合物からエタノールをとり出すことができるのではないか。

表1

物質	沸騰《ふっとう》するときの温度［℃］
水	100
エタノール	78

【実験】 b水17cm³とエタノール3cm³の混合物をつくり，そのうち2cm³を液体A，残りの混合物をSとした。Sと c沸騰石を枝つきフラスコに入れ，図のように気体の温度をはかりながら熱した。出てきた液体を順に3本の試験管に約2cm³ずつ集め，出てきた順に液体B，C，Dとした。次に，A～Dそれぞれにポリプロピレンの小片を入れ，うきしずみを調べた。また，A～Dそれぞれにひたしたろ紙を蒸発皿に移し，マッチで火をつけたときのようすを調べた。表2は，水，エタノール，ポリプロピレンの密度を，表3は，実験の結果をそれぞれ表したものである。

図

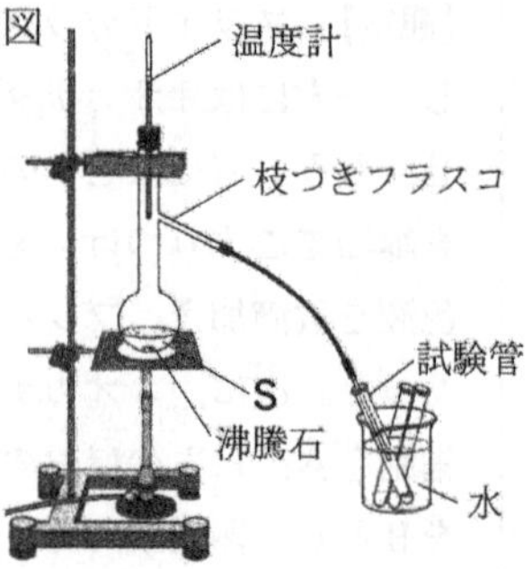

表2

物質	密度[g/cm³]
水	1.00
エタノール	0.79
ポリプロピレン	0.90～0.91

表3

液体	液体を集めたときの気体の温度［℃］	ポリプロピレンのうきしずみ	火をつけたときのようす
A	―	ういた	燃えなかった
B	78 ～ 83	しずんだ	よく燃えた
C	83 ～ 87	ういた	少し燃えた
D	87 ～ 92	ういた	燃えなかった

(1) 下線部aを何というか，名称を書きなさい。また，表1のエタノールは沸騰しているときどのような状態か，次から1つ選んで記号を書きなさい。

ア 液体　イ 気体　ウ 液体と気体が混ざった状態

(2) 下線部bの質量は何gか，四捨五入して小数第1位まで求めなさい。

(3) 下線部cは，実験においてどのような現象を防ぐために用いられるか，書きなさい。

(4) 香さんの班では，表1～表3をもとに話し合った。次の会話は，その一部である。

仁さん：Aはポリプロピレンよりも密度が（ W ）こと，Bはポリプロピレンよりも密度が（ X ）ことから，BはAよりも密度が（ Y ）ことがわかるね。

舞さん：A～Dを比べると，Bが最も燃えやすいこともわかるね。

明さん：密度や燃えやすさのちがいは，それぞれの液体における［ Z ］のちがいに関係があるよね。

香さん：熱する前のSよりも，エタノールが沸騰するときの温度あたりで集めたBのほうが［ Z ］が大きいから，沸騰するときの温度のちがいを利用すれば，エタノールをとり出すことができたといえるね。

① 仁さんの発言が正しくなるように，W～Yに「大きい」か「小さい」のいずれかを，それぞれ書きなさい。

② 明さんと香さんの発言が正しくなるように，Zにあてはまる内容を書きなさい。

3　卓さんは，空気の上昇により気圧が下がって雲ができることについて，実験を行ったり，資料や記録を調べたりした。次の(1)，(2)の問いに答えなさい。

(1)　卓さんは，気圧を下げたときの空気の変化を調べるため，次の実験を行った。

【実験】　図のように，少量の水と線香の煙を入れた丸底フラスコと注射器をつないだ。a丸底フラスコ内の気圧を下げるために注射器のピストンをすばやく引いたところ，b丸底フラスコ内の温度が下がり，白くくもった。

図

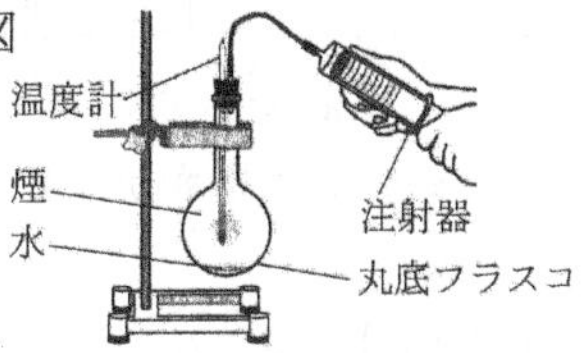

①　ピストンを引く前，下線部aは約1気圧である。1気圧は何hPaか，最も適切なものを次から1つ選んで記号を書きなさい。

ア　987hPa　　イ　1000 hPa　　ウ　1013hPa　　エ　1026hPa

②　下線部bの理由について，卓さんがまとめた次の文が正しくなるように，Pにあてはまる内容を書きなさい。

ピストンを引いて丸底フラスコ内の気圧を下げると，空気が膨張して温度が下がって露点に達し，丸底フラスコ内の空気中の［　P　］からだと考えられる。

(2)　卓さんは，雲のできはじめる高さについて，次のように考えた。

c空気のかたまりが上昇したときに空気1 m^{3}中の水蒸気量が変わらない場合，資料と，同じ場所で観測された表1の記録から，A・B・C日における，d雲のできはじめる高さのちがいを推測できる。

資料

空気の温度は，雲ができるまで100 m 上昇するごとに1℃ずつ下がる。

表1

観測日	A日	B日	C日
観測時刻	正午	正午	正午
雲量	7	8	7
気温[℃]	22	16	20
湿度[%]	70	79	62
露点[℃]	16	12	12
降水量[mm]	0	0	0

①　下線部cについて，次のうち，上昇気流ができる場所はどこか，**2つ**選んで記号を書きなさい。

ア　太陽の光で地面があたためられるところ　　イ　空気が山の斜面にぶつかるところ
ウ　夏の夜に海陸風がふいているときの陸上　　エ　高気圧の中心付近

②　表1の観測日の天気はすべて同じである。この天気は何か，**天気記号**でかきなさい。

③　表2は，気温に対する飽和水蒸気量を示している。B日正午の空気1 m^{3}中に含まれる水蒸気は何gか，四捨五入して小数第1位まで求めなさい。求める**過程**も書きなさい。

表2

気温[℃]	16	18	20	22
飽和水蒸気量[g/m^3]	13.6	15.4	17.3	19.4

④　下線部dについて，卓さんが考えた次の文が正しくなるように，XにはA～Cのいずれかを，Yにはあてはまる内容を「**気温**」と「**露点**」という語句を用いて，それぞれ書きなさい。

空気の上昇によって雲のできはじめる高さが最も高かったのは，(　X　)日だと考えられる。その理由は，(　X　)日はほかの2日と比べて［　Y　］からである。

4 恵さんは，水中の物体にはたらく力について実験を行った。下の(1)~(6)の問いに答えなさい。ただし，100gの物体にはたらく重力の大きさを1Nとし，フックや糸の体積と質量，滑車の摩擦は考えないものとする。

【実験Ⅰ】 水がしみこまない，表1のような直方体の物体A，Bを水槽《すいそう》の水に入れたところ，図1のように，Aはしずみ，Bは水面からBの底面までの距離が2cmで静止した。

【実験Ⅱ】 図2のように，Aをばねばかりにつるして水に入れ，水面からAの底面までの距離をSとしてばねばかりの値を読み，表2にまとめた。

【実験Ⅲ】 図3のように，水槽の底に固定した滑車を使ってBにつけた糸をばねばかりで引き，水面からBの底面までの距離をTとしてばねばかりの値を読み，表3にまとめた。

表1

	A	B
底面積[cm²]	10	40
高　さ[cm]	4	5
質　量[g]	80	80

図1

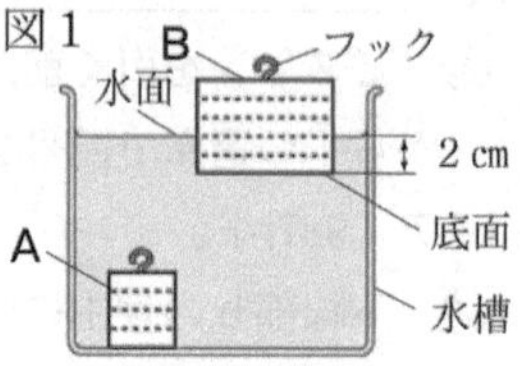

図2

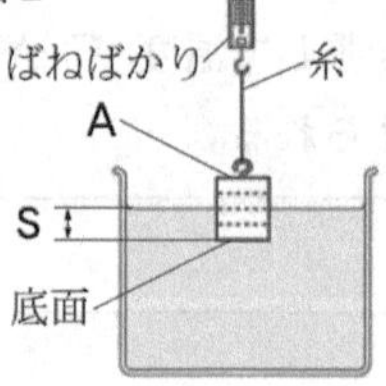

図3

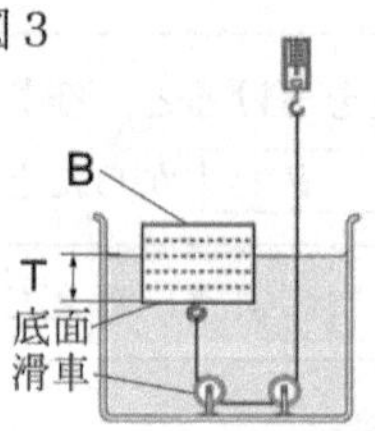

表2

S[cm]	1	2	3	4	5	6
ばねばかりの値[N]	0.7	0.6	0.5	0.4	0.4	0.4

表3

T[cm]	2	3	4	5	6	7
ばねばかりの値[N]	0	0.4	0.8	1.2	1.2	1.2

(1) 図1について，Bにはたらく重力はどのように表されるか，図4に矢印でかきなさい。ただし，方眼の1目盛りを0.2Nとする。

図4

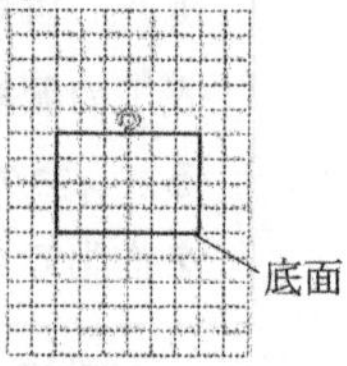

(2) 下線部は，変形したばねが，もとにもどろうとする性質を利用した道具である。この性質によって生じる力を何というか，書きなさい。

(3) Tが6cmのとき，Bにはたらく浮力の大きさは何Nか，求めなさい。

(4) 次のうち，Sが4cmのときのAの底面にはたらく水圧の大きさと，Tが4cmのときのBの底面にはたらく水圧の大きさの比を表しているのはどれか，1つ選んで記号を書きなさい。

ア 1：4　**イ** 1：2　**ウ** 1：1　**エ** 2：1　**オ** 4：1

(5) 表2，表3をもとに，恵さんが考えた次の文が正しくなるように，Xにあてはまる内容を書きなさい。

> 物体の［ X ］が大きくなるほど浮力は大きくなるが，物体がすべて水に入った状態では，物体の［ X ］が変わらず，浮力は変わらない。

(6) 恵さんは，図5のように，BにAをのせたアと，BにAをつり下げたイを，それぞれ水に入れ，手で支えた。手を離したところ，ア，イのどちらも水にうき，水平に静止した。このとき，水面からBの底面までの距離が小さいのはア，イのどちらか，記号を書きなさい。また，その距離は何cmか，求めなさい。

図5

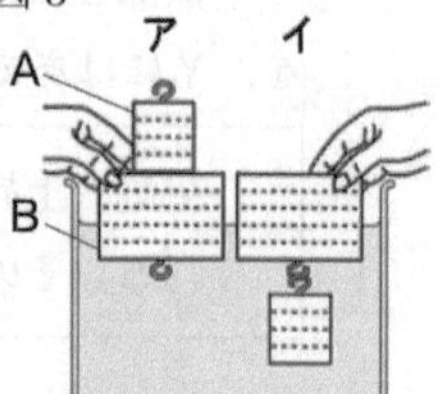

5　愛さんは，自分で作った望遠鏡で月の観察を行ったり，月をよんだ俳句から月の見え方を考察したりした。次の(1)，(2)の問いに答えなさい。

(1)　愛さんは，博物館の工作教室の先生から望遠鏡の作り方についての説明を聞き，作った望遠鏡で月を観察した。

焦点距離の異なる２つのａ凸レンズと２つの牛乳パックで，ｂ図１のような望遠鏡を作ります。この望遠鏡は，物体の実像が対物レンズによってでき，その実像の虚像が接眼レンズによってできることで，物体が大きく見えます。

図１

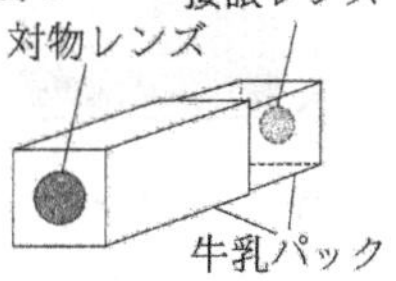

①　下線部ａのような透明な物体に入射した光が曲がる現象を何というか，書きなさい。

②　図２のような，ＣＤ間に焦点がある凸レンズの軸上で，物体をＡからＥまで順に移動させ，凸レンズを通して物体を見たとき，虚像が見える物体の位置はＡ～Ｅのどこか。**すべて**選んで記号を書きなさい。

図２

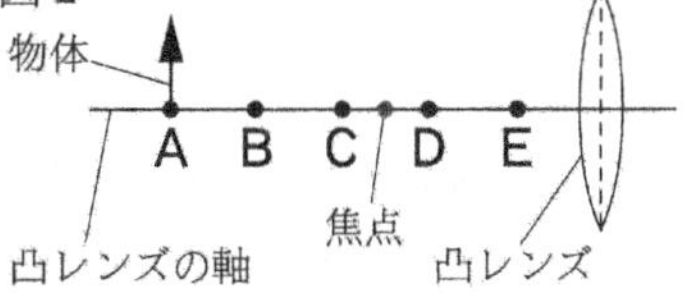

③　図３のように，ある日の夕方，愛さんが三日月を観察するとき，下線部ｂを通して三日月はどのように見えるか。最も適切なものを次から１つ選んで記号を書きなさい。

図３

ア　イ　ウ　エ

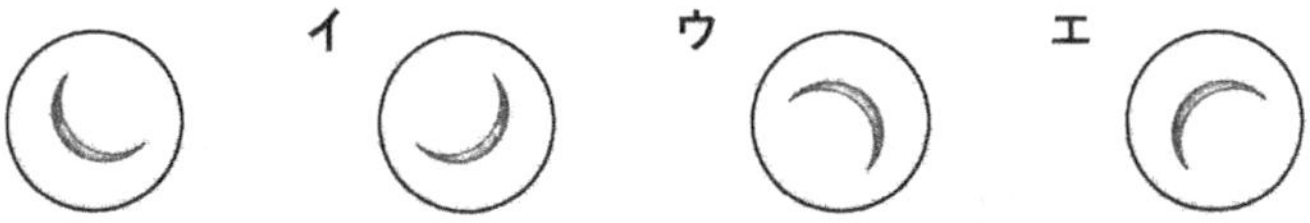

(2)　愛さんは，次のような松《まつ》尾《お》芭《ば》蕉《しょう》がよんだ俳句とその解説を見て，下のように考えた。

> 「明けゆくや二十七夜も三日の月」
> この俳句には，芭蕉が旅先の舟の中で一夜を明かしたとき，ｃ夜明け前に見える細い月(二十七夜)は，まるで夕方に見える三日月のようだと感じたことが表現されている。

ｄ新月の日を１日目として数えるとき，芭蕉は27日目の夜に舟で過ごし，28日目の夜明け前に下線部ｃを（　Ｘ　）の空に見たと思います。新月から次の新月まで30日かかるとすると，芭蕉が下線部ｃを見た日から，およそ（　Ｙ　）日後の夕方に三日月を見ることができます。

①　図４は，地球と月の位置関係を模式的に表したものである。下線部ｄの位置は図４のＧ～Ｎのどこか，最も適切なものを，１つ選んで記号を書きなさい。

②　愛さんの考えが正しくなるように，Ｘにあてはまる方位を，東，西，南，北から１つ選んで書きなさい。また，Ｙにあてはまる最も適切な数値を，次から１つ選んで記号を書きなさい。

ア　5　　イ　12　　ウ　15　　エ　24

図４

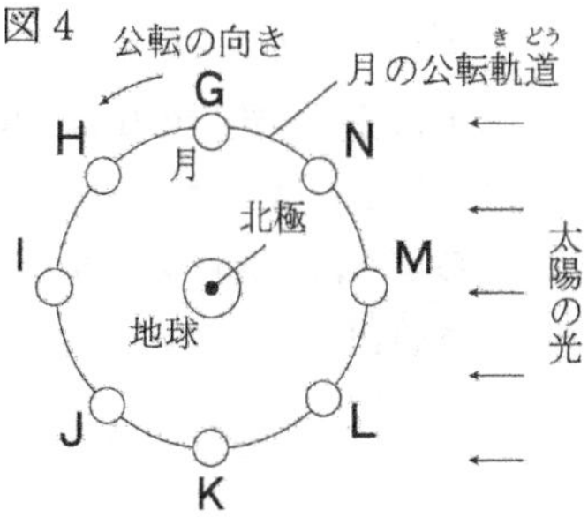

6　学さんは，オンラインのクッキング教室に参加し，ケーキの甘みやふくらみについての説明を聞いた。次の(1)，(2)の問いに答えなさい。

(1)　農家の人から，ケーキに使ったサツマイモについての説明を聞いた。

ケーキに使ったサツマイモは，品種改良によって生み出され，濃厚な甘みが特徴的です。多くの人に食べてもらうために，aこの特徴のサツマイモをつくり続けることに取り組んでいます。

①　サツマイモは双子葉類である。次のうち，双子葉類の特徴を表すものはどれか，**2つ**選んで記号を書きなさい。

ア　網目状の葉脈　　**イ**　平行な葉脈　　**ウ**　ひげ根　　**エ**　主根と側根

②　下線部aについて，次の学さんの考えが正しくなるように，Pには「有性」か「無性」のいずれかを，Qにはあてはまる内容を「**形質**」という語句を用いてそれぞれ書きなさい。

農家の方は，濃厚な甘みが特徴的なサツマイモを（　P　）生殖でつくっていると思います。その理由は，（　P　）生殖は［　Q　］からです。

(2)　先生から聞いたケーキがふくらんだ理由について興味をもち，後日，実験を行った。

ケーキがふくらんで焼きあがったのは，使った材料に含まれていた炭酸水素ナトリウムが加熱されたからよ。

【実験】　炭酸水素ナトリウムを加熱したときの変化を調べるために，図のように，試験管Aを加熱し，出てきた気体を試験管Bに集めた。完全に反応が終わったあと，bガラス管を水からとり出してから，加熱するのをやめた。Aにはc白い固体の物質が残り，内側に水滴がついていることがわかった。また，Bに石灰水を入れ，よくふると白くにごった。

図

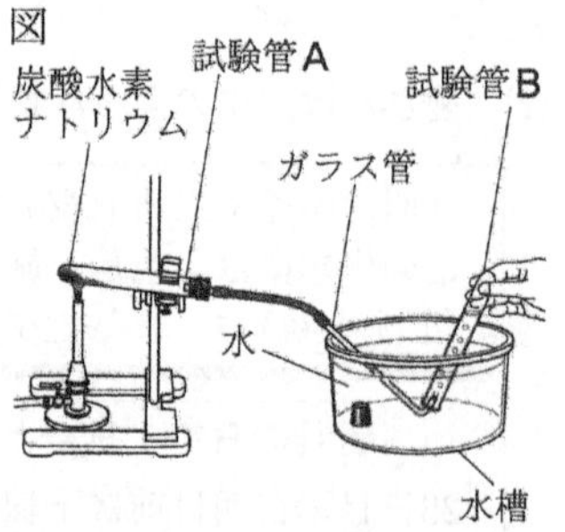

①　下線部bを行う理由を「**水**」という語句を用いて書きなさい。

②　炭酸水素ナトリウムが2.1gのとき，出てきた液体と気体の質量は合わせて何gか，四捨五入して小数第1位まで求めなさい。ただし，この実験における炭酸水素ナトリウムの質量と下線部cの質量の比は，84：53であるものとする。

③　学さんは，ケーキがふくらんだ理由について次のように考えた。学さんの考えが正しくなるように，Xにあてはまる**語句**を書きなさい。また，Yにあてはまる物質を**化学式**で書きなさい。

（　X　）という化学変化により，炭酸水素ナトリウムから発生した水蒸気や（　Y　）が，ケーキをふくらませる要因になっているといえます。

＜社会＞

時間　50分　　満点　100点

1　次の模式図と地図，図，表を見て，(1)～(6)の問いに答えなさい。

模式図

地図

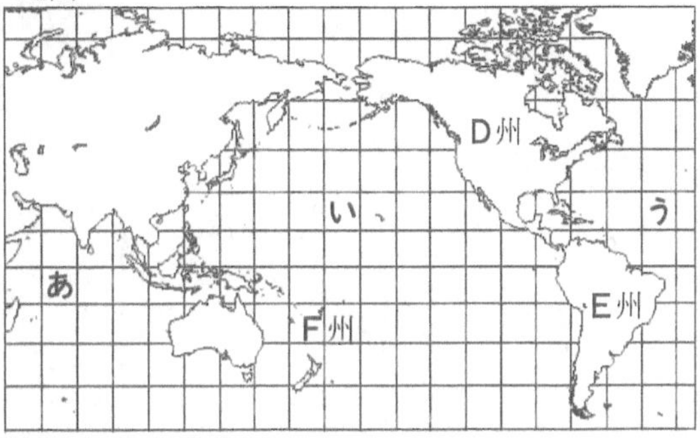

※ロシア連邦はA州に位置づける。
※模式図と地図の緯線は赤道を，経線は本初子午線を基準に，それぞれ15度ごとに引いている。

図1　気温の変化

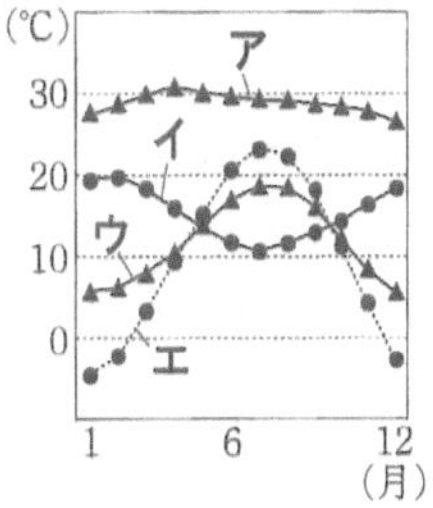

表1　模式図と地図のA～D州の比較（2017年）

州＼項目	年平均人口増加率(%)（2000～2015年）	日本からの輸入額（億円）	一人あたりの CO_2 排出量(t)
㋐	1.05	183 925	10.3
㋑	2.55	8 433	1.1
㋒	1.14	457 345	4.0
㋓	0.16	100 642	6.9

図2　農・鉱産物の生産割合（2018年）

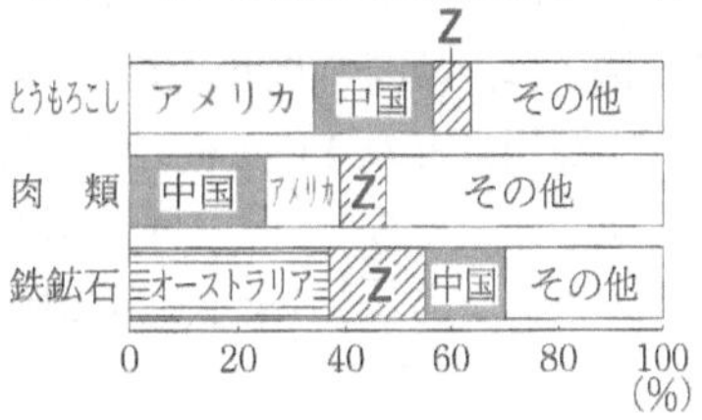

（図1，表1，図2は「データブック　オブ・ザ・ワールド2021年版」などから作成）

(1)　模式図のXは，世界の三大洋のうちの一つである。Xの海洋名を書きなさい。また，Xと同じ海洋を，地図のあ～うから一つ選んで記号を書きなさい。

(2)　模式図に示したY国の位置から，地球の中心を通り，正反対にある州を模式図と地図のA～F州から一つ選んで記号を書きなさい。

(3)　模式図のY国の首都の気温を示すものを，図1のア～エから一つ選んで記号を書きなさい。

(4)　表1の㋐～㋓から，地図のD州にあてはまるものを一つ選んで記号を書きなさい。

(5)　図2のZにあてはまる国を一つ選んで記号を書きなさい。

ア　カナダ　　**イ**　フランス　　**ウ**　サウジアラビア　　**エ**　ブラジル

(6)　表2と図3は，A～D州の各州において，GDPの上位国を取り上げ，比較したものである。表2と図3から読みとれる，他国と比較したインドの経済的な特色を書きなさい。

表2　各国の統計（2018年）

国＼項目	GDP（億ドル）	人口（万人）
ドイツ	39 495	8 312
インド	27 794	135 264
南アフリカ共和国	3 681	5 779
アメリカ	205 802	32 710

図3　第3次産業人口割合と一人あたりのGDP（2018年）

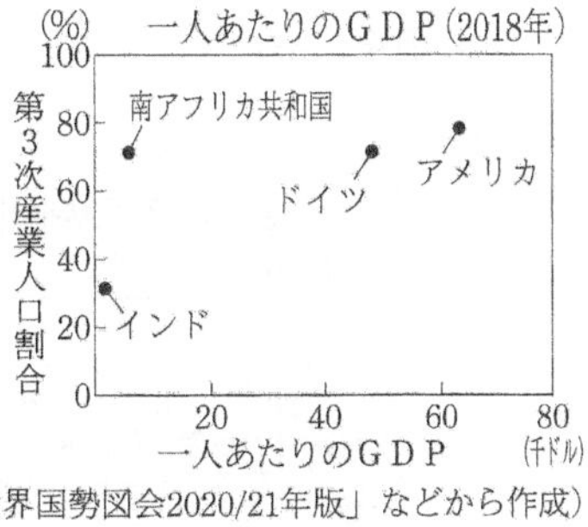

（表2，図3は「世界国勢図会2020/21年版」などから作成）

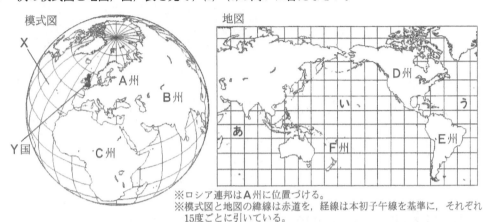

2 次の地図と図，表を見て，(1)〜(4)の問いに答えなさい。

地図

図１

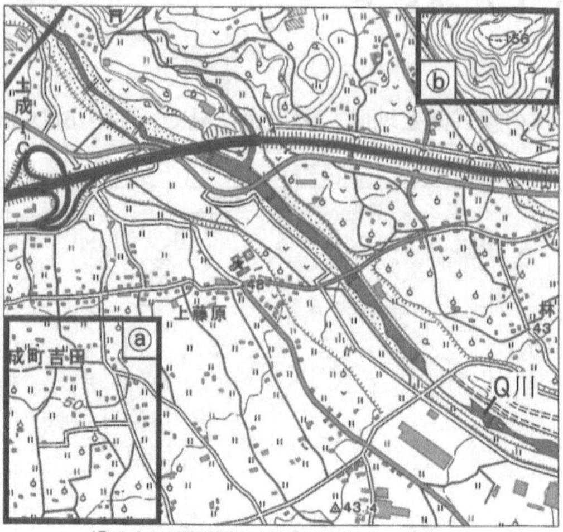

（「国土地理院電子地形図25000」を加工して作成）

(1) 地図の X にあてはまるものを，一つ選んで記号を書きなさい。

ア 讃岐　イ 濃尾　ウ 越後　エ 石狩

(2) 図１は，地図のＰ川の支流であるＱ川付近の地形図の一部である。

① Ｑ川はどの方角からどの方角へ流れているか，一つ選んで記号を書きなさい。

ア 北東から南西　イ 南東から北西　ウ 北西から南東　エ 南西から北東

② 次の文の Y に入る適切な内容と， Z にあてはまる語を，それぞれ書きなさい。

> 図１のⓐの範囲は，ⓑよりも土地の傾斜が Y であり，水田や Z が広がっている。

(3) 表１の㋐〜㋓は，地図の四つの港湾・空港のいずれかを表している。関西国際空港を示すものを，一つ選んで記号を書きなさい。

(4) 国内輸送に関する問題である。

① 表２のＡ〜Ｄは，鉄道，自動車，船舶，航空のいずれかの輸送機関を表している。Ｂにあてはまる輸送機関を書きなさい。

② 図２と図３から読みとれる貨物輸送の特色を，解答欄にしたがって書きなさい。

表１　四つの港の主な輸出品目と輸出額（2019年）

	輸出額の上位品目	輸出額(億円)
㋐	集積回路，電気回路用品，*1科学光学機器	51 872
㋑	自動車，自動車部品，*2内燃機関	69 461
㋒	自動車，自動車部品，内燃機関	123 068
㋓	プラスチック，建設・鉱山用機械，内燃機関	55 571

*1カメラ，レンズ，計測機器など　*2エンジン

表２　国内の*旅客輸送量の輸送機関別割合(%)

	A	B	C	D
1965年	31.6	66.7	0.8	0.9
2017年	62.8	30.4	6.6	0.2

*輸送時の人数に輸送距離をかけたもの

図２　国内の*1貨物輸送量に対する*2エネルギー消費量の割合

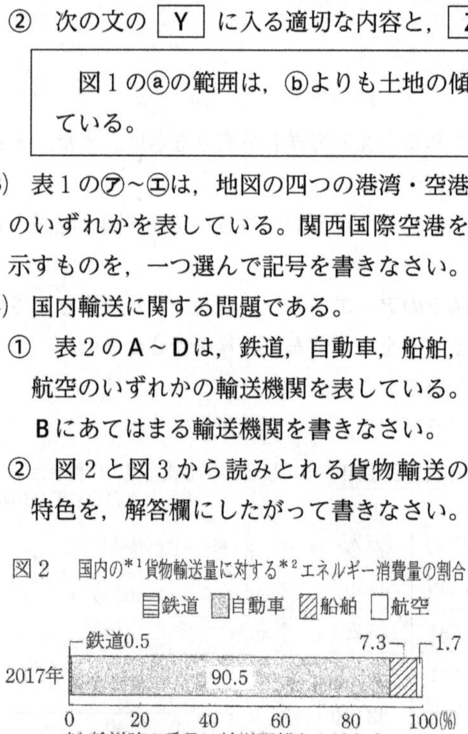

*1 輸送時の重量に輸送距離をかけたもの
*2 使用したエネルギー（石油，石炭など）を熱量で表したもの

図３　国内の貨物輸送量の割合の変化

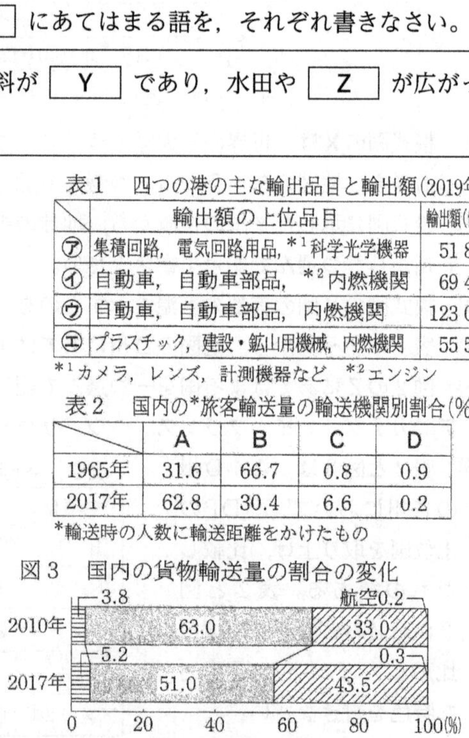

※図３の凡例は図２に同じ。

（表１，表２，図２，図３は「日本国勢図会2020/21年版」などから作成）

3　25，26ページの表は，三つの視点から，わが国の近世までの様子と近現代の様子を比較し，まとめたものである。これを見て，(1)～(3)の問いに答えなさい。

表

視点	政治や国家の制度	人々の生活と文化
近世までの様子	◇大陸から伝わった制度を取り入れながらⓐ政治の仕組みが整えられた。 ◇ⓑ武士が台頭して武家政治が広まり，近世には幕府と藩による支配体制が260年余り続いた。	◇古代には，国際的な要素をもった文化を基礎としながら，文化の国風化が進んだ。 ◇中世からの民衆の成長を背景に，近世には都市での町人文化，各地方の生活文化が生まれた。
近現代の様子	◇明治維新の後，わが国は憲法と議会をもつ近代的な立憲国家となった。 ◇太平洋戦争の後，日本国憲法が制定されるなど民主化が進められた。	◇欧米諸国の影響を受けて，生活様式の変化や，ⓒ文化の大衆化が見られた。また，科学技術の発展により国民の生活水準が向上した。

資料1　十七条の憲法とその内容

	内　容
一に曰く，和を以て貴しとなし，さからうことなきを宗とせよ。 二に曰く，あつく三宝を敬え。… 三に曰く，詔《みことのり》を承りては必ずつつしめ。　（部分）	役人の心構えとして　あ　の命令である詔を守り，　い　の教えなどである三宝をあつく敬うこととされた。

資料3　唐獅子図屏風《からじしずびょうぶ》（狩野永徳）

作品の特色
二頭の唐獅子が歩く姿を描いた，力強く豪華な作品である。

資料2　第1回帝国議会の議員構成（1890年）

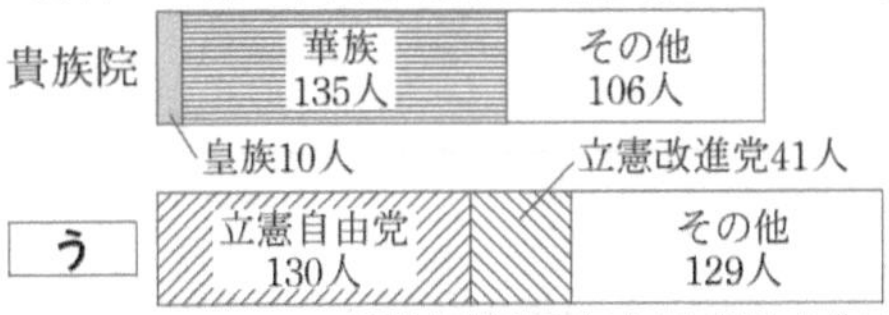

（「議会制度百年史」などから作成）

資料4　5年ごとの雑誌の出版数（1910～1930年）

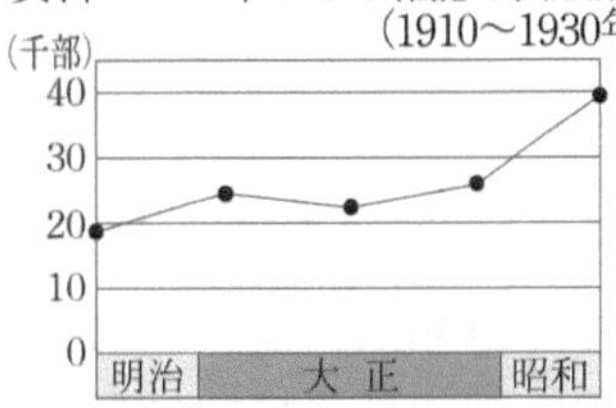

（「数字でみる日本の100年」から作成）

(1)　**政治や国家の制度**に関する問題である。

①　下線部ⓐに関わる資料1の　あ　と　い　にあてはまる語を，それぞれ一つずつ選んで記号を書きなさい。

ア　天皇　　**イ**　大臣　　**ウ**　摂政　　**エ**　律令　　**オ**　儒教　　**カ**　仏教

②　下線部ⓑに関わる**ア**～**ウ**を，年代の古い順に並べ替え，記号を書きなさい。

ア　平治の乱が起こる　　**イ**　承久の乱が起こる　　**ウ**　平将門の乱が起こる

③　資料2の　う　にあてはまる名称を書きなさい。また，　う　の議員選挙において，選挙権があたえられた有権者の資格を，解答欄にしたがって書きなさい。

(2)　**人々の生活と文化**に関する問題である。

①　資料3が描かれた時代に活躍した人物を，一人選んで記号を書きなさい。

ア　歌川広重　　**イ**　千利休　　**ウ**　清少納言　　**エ**　近松門左衛門

②　下線部ⓒに関わる資料4の時期に見られた生活様式の変化を，一つ選んで記号を書きなさい。

ア　ラジオ放送がはじまり全国に普及した

イ　洗濯機，冷蔵庫など家庭電化製品が普及した

ウ　太陰暦に代わって太陽暦が採用された

エ　米などの生活物資が配給制や切符制になった

国際社会との交流

◇古代から東アジアを中心にⓓ活発な交流が見られたが，近世にはⓔオランダ商館が出島に移されるなど鎖国とよばれる状態が続いた。

資料５　モンゴル帝国の拡大

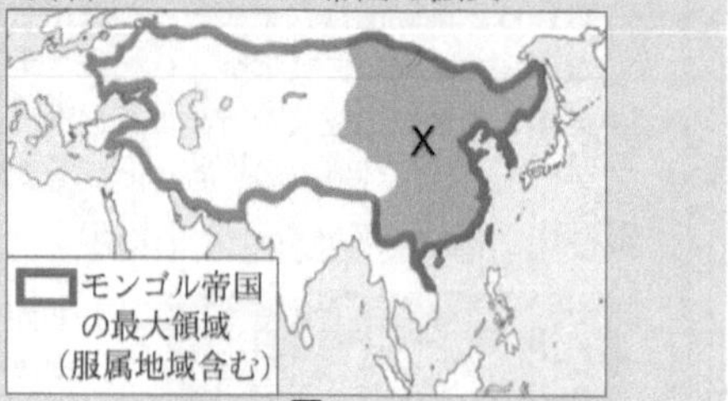

◇開国により欧米やⓕアジア諸国との関係が緊密となった。今後も国際貢献などⓖ交流の活性化が求められている。

資料６　主な周辺国と結んだ条約

日清修好条規

第８条　両国の開港地にはそれぞれの役人を置き，自国の商人の取り締まりを行う。財産や産業について訴えがあった事件は，その役人が裁判を行い，自国の法律で裁く。(部分要約)

日朝修好条規

第10条　日本国の人民が朝鮮国の開港地に在留中に罪を犯し，朝鮮国の人民と交渉が必要な事件は，全て日本国の領事が裁判を行う。(部分要約)

年表

年代	主なできごと	
1860	パリ*万博に，幕府や薩摩藩，佐賀藩が出展	A
1870	ウィーン万博に，新政府が初出展	
1880		
1890	シカゴ万博に，高村光雲「老猿《ろうえん》」など出品	
1900	パリ万博に，黒田清輝「湖畔《こはん》」など出品	
1910		
1920	国際連盟に加盟	
1930	国際連盟を脱退 東京での万博の開催延期を決定　……………	B
1940	ポツダム宣言を受諾	
1950	サンフランシスコ平和条約を締結 国際連合に加盟	
1960		
1970	大阪万博を開催 非核三原則を決議 沖縄で，国際海洋博覧会を開催　……………	C

*万博とは，万国博覧会の略称

(3)　**国際社会との交流**に関する問題である。

①　下線部ⓓに関わる資料５に示したXの国と，わが国との交流の様子を，一つ選んで記号を書きなさい。

ア　皇帝から王の称号や金印などが授けられた
イ　朱印船貿易により各地に日本町ができた
ウ　民間の貿易が行われ禅宗の僧が行き来した
エ　勘合を用いた朝貢形式の貿易が行われた

②　下線部ⓔのときの将軍は誰か，書きなさい。

③　下線部ⓕに関わる資料６から読みとれる，当時のわが国が結んだ二つの条約の特色の違いを，それぞれの条約を結んだ**相手国の国名**を用いて書きなさい。

④　下線部ⓖに関わる年表のAの時期に，新政府の中で主導権を維持しようとして，当時の将軍が行ったことを，次の語を用いて書きなさい。〔**返上**〕

⑤　年表のBの背景となるできごとを，一つ選んで記号を書きなさい。

ア　ベトナム戦争の激化　　**イ**　石油危機の発生
ウ　ソ連の解体　　　　　　**エ**　日中戦争の長期化

⑥　年表のCに関連した次の文の［**え**］に入る適切な内容を書きなさい。

政府は，沖縄が［**え**］ことを記念して，国際海洋博覧会を開催した。

4　次は，「私たちが築く社会のあり方」について，それぞれのテーマを生徒が調べまとめたものの一部である。これらと図，資料，表を見て，(1)〜(3)の問いに答えなさい。

テーマ１　男女平等の実現に向けて

・男女の賃金を比較すると，男性より女性の方が低く，［あ］傾向にある。
・女性の活躍推進に向けて法律が作られ，ⓐ企業の行動計画策定を促進している。

図１　わが国の男女の年齢別賃金

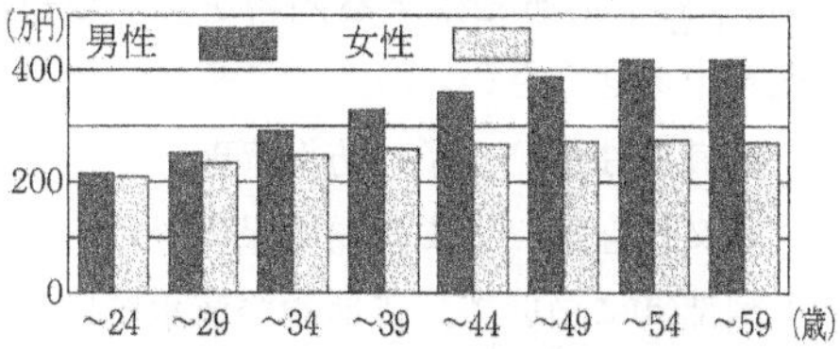

（厚生労働省資料から作成）

資料１　企業の行動策定と秋田県の取り組み

ある企業では，子育て世帯の従業員の［い］を目的として，社内に保育所を設置している。こうした企業に，県では右のようなステッカーを配布している。

（秋田県あきた未来創造部資料から作成）

テーマ２　経済の安定と公平な税制に向けて

・人や物，お金や情報などが国境を越えて地球規模で移動する［う］化の進展により，ⓑ貿易が活発になり，ⓒ日本企業の海外進出が進んだ。
・地方自治の充実のため，地方の財政格差を抑える目的で［え］が配分されている。

資料２　為替相場の変動による影響

<20ドルのシャツを1,000枚輸入する場合>

［Ⅰ］１ドル＝120円の時　2, 400円×1, 000枚
［Ⅱ］１ドル＝100円の時　2, 000円×1, 000枚

［Ⅰ］と［Ⅱ］を比較すると，［Ⅱ］の時にわが国の［X］には有利になる。これは，市場で円に対する需要が高まり，［Y］に替える動きが強まったことによる。

(1)　**テーマ１**に関する問題である。

①　労働三法のうち，労働時間の上限について定めた法律名を書きなさい。

②　［あ］に入る適切な内容を，図１から読みとり，次の語を用いて書きなさい。

［　**年齢**　］

③　下線部ⓐに関して，資料１の［い］にあてはまる内容を，一つ選んで記号を書きなさい。

ア　団結権の保障　　**イ**　離職率の低下
ウ　労働災害の防止　　**エ**　雇用の減少

(2)　**テーマ２**に関する問題である。

①　［う］にあてはまる語を書きなさい。

②　下線部ⓑに関して，資料２の［X］と，［Y］にあてはまる内容の正しい組み合わせを，一つ選んで記号を書きなさい。

ア　X　輸入企業　Y　円をドル
イ　X　輸出企業　Y　円をドル
ウ　X　輸入企業　Y　ドルを円
エ　X　輸出企業　Y　ドルを円

③　下線部ⓒに関して，図２に見られる変化によって起きた国内の状況を，一つ選んで記号を書きなさい。

ア　市場の寡占化
イ　流通の合理化
ウ　都市の過密化
エ　産業の空洞化

④　［え］にあてはまる収入項目を，図３の**ア**〜**エ**から一つ選んで記号を書きなさい。

図２　日本の製造業の*海外生産比率

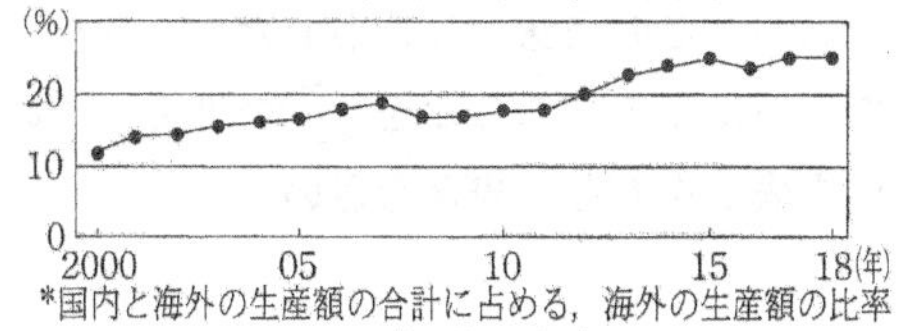

*国内と海外の生産額の合計に占める，海外の生産額の比率
（経済産業省資料から作成）

図３　地方公共団体の収入項目の割合（2019年度）

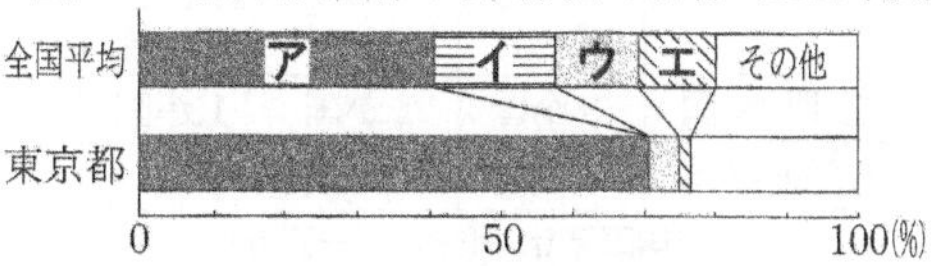

（総務省資料から作成）

図4 「公平さ」の視点から見た各国の税制

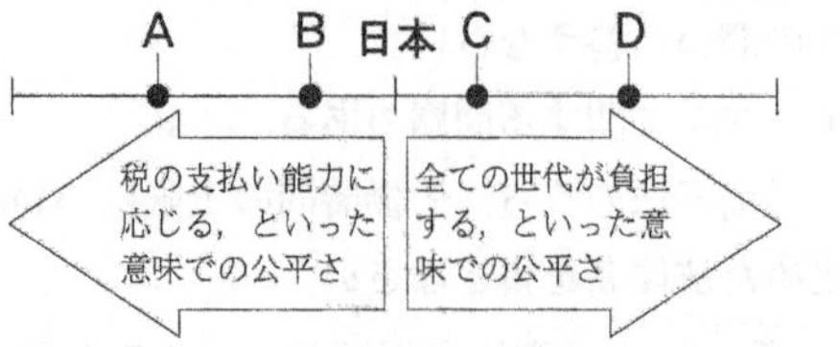

図5 5か国の直接税と間接税の割合

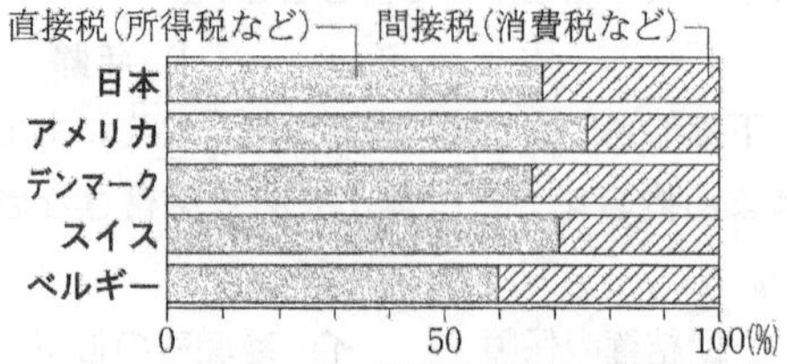

(財務省資料などから作成)

テーマ3 国際社会の平和と発展に向けて

- 社会の変化にともなって生じる課題の解決に向けて，身近なところでは，[お]を目的とした取り組みが見られる。
- 国家間には，国際協調を進めるために，ⓓ様々なきまりがある。また，ⓔ地域ごとに連携や協力の動きが見られる。
- ⓕ国際連合には，総会，ⓖ安全保障理事会などがあり，世界の平和と安全の維持を目的とした活動に，わが国も積極的に関わっている。

資料3 身近な取り組みの例

一部の駅や空港などには，礼拝のために，静かに過ごせるスペースが設けられている。

表1 人権に関する主な条約と日本の取り組み

主な条約	日本の取り組み	
	批准年	関連する主な法律
女子差別撤廃条約	1985	男女雇用機会均等法
子どもの権利条約	1994	児童福祉法
障害者権利条約	2014	障害者差別解消法

表2 中東の情勢に関する決議の投票結果

	賛 成	反 対	棄 権
常任理事国	3か国	1か国	1か国
非常任理事国	9か国	1か国	な し

(国際連合広報センター資料から作成)

⑤ 図4は，図5をもとに**日本**を基準として二つの「公平さ」の視点から生徒がまとめたものであり，**A～D**は，それぞれ**日本**を除く4か国を示している。**A**にあたる国名を，図5から一つ選んで書きなさい。

(3) **テーマ3**に関する問題である。

① 資料3は，[お]に関する取り組みの例である。[お]にあてはまる内容を，一つ選んで記号を書きなさい。

ア 地域活性化　**イ** 防災管理
ウ 異文化理解　**エ** 環境保全

② 下線部ⓓについて，排他的経済水域において沿岸国に認められた権利を，**二つ**選んで記号を書きなさい。

ア 水産資源の管理
イ 鉱産資源の開発
ウ 上空飛行の独占
エ 沿岸国以外の航行の禁止

③ 下線部ⓔについて，東南アジア10か国が加盟している組織の名称を，一つ選んで記号を書きなさい。

ア EU　**イ** NIES
ウ OPEC　**エ** ASEAN

④ 次は，下線部ⓕに関わる表1について，生徒がまとめたものである。[か]にあてはまる語を書きなさい。

> 1948年に国際連合で[か]が採択された後，関連する様々な条約が採択された。わが国でも共生社会の実現に向けて，条約の批准と法律の整備が進められている。

⑤ 表2は，下線部ⓖにおける決議の投票結果である。この決議が採択されたか，採択されなかったかのどちらかを◯で囲み，その理由を表2をもとに書きなさい。

六　次の【表】は、ある国語辞典の第一版と第八版の記載内容についてまとめたものである。この【表】から気付いたことを具体的に取り上げながら、「言葉」について考えたことを、後の〈条件〉にしたがって書きなさい。

【表】

語句＼版	第一版（昭和四十七年発行）	第八版（令和二年発行）
聖地	神・仏・聖人などに関係のある、神聖な土地。	①神・仏・聖人などに関係のある、神聖な土地。②ある物事に強い思い入れのある人が訪れてみたいとあこがれる、ゆかりの場所。
リサイクル		いったん使用され廃物となった新聞紙・金属製品などを捨てずに回収して、再び資源として利用すること。

※「リサイクル」は、第一版には掲載されていなかった。

〈条件〉
・題名は不要
・字数は二百字以上、二百五十字以内

我にその半分を与へ給はば、教へ奉《たてまつ》らん」とBいふ。鷲、うけがふて（同意して）、その故（方法）をC問ふに、烏申すやう、「蝸牛を高き所より落し給はば、その殻、忽《たちま》ちに砕けなん」といふ。則《すなは》ち、教へのやうにしければ、案の如《ごと》く（鳥の提案通りに）、たやすくD取つて、これを食ふ。

その如く（このように）、たとひ権門高家（権力があり身分が高い家柄）の人なりとも、我が心を恣《ほしいまま》に（思うがままに）せず、智者の教へに従ふべし。その故は、鷲と烏を比べんに、その徳（備えた能力）、などかは勝るべきなれども、蝸牛の技に②おゐては、烏、最もこれを得たる。事にふれて（物事に応じて）、事毎《ことごと》に人に問ふべし。

（「伊曾保物語《いそぽものがたり》」による）

1　①やうに　②おゐては　を現代仮名遣いに直しなさい。

2　A～Dの〰〰線部のうち、主語が他と異なるものを、一つ選んで記号を書きなさい。

3　いかんともせん事を知らず　とあるが、何を知らなかったのか。最も適切なものを、次のア～エから一つ選んで記号を書きなさい。

ア　蝸牛の中身の取り出し方　**イ**　蝸牛を見つけ出す方法

ウ　蝸牛がたくさんいる場所　**エ**　蝸牛が食料になること

4　教へ　とあるが、その具体的な内容を、解答欄にしたがって**二十字以内**で書きなさい。

5　次は、本文の内容について、【授業で学習した漢文】と比較している生徒A、B、Cの会話である。これを読んで、後の問いに答えなさい。

【授業で学習した漢文】

〔書き下し文〕

騏《き》驥《き》驊騮《かりゅう》（足の速い名馬）は一日にして千里を馳《は》するも、鼠《ねずみ》を捕ふるは狸狌《りせい》に如《し》かず（猫やイタチには及ばない）とは、技を殊《こと》にするを言へるなり。

（「荘子」の一節）

A　本文の「智者」は、「知恵がある者」という意味だよね。

B　「智者」にあたる動物は、〔a〕だね。能力では劣るようにみえるけれど、鼠を捕るのが上手な狸狌と似ているよ。

C　お互いに違った技能をもっているということなんだね。このことを、漢文では〔b〕と書いているよ。

A　国や時代が違っても、共通するテーマがあって興味深いね。

B　本文には、「智者」の教えに従うのがよいとも書かれているよ。そのためには、自分の力で何でもできると思わずに、それぞれの分野の〔c〕ことが大切なんだね。

C　これからの生活に役立ちそうな教訓だね。

(1)　〔a〕に当てはまる語句を、本文中から**漢字一字**で抜き書きしなさい。

(2)　〔b〕に適する内容を、〔書き下し文〕の中から**六字**で抜き書きしなさい。

(3)　〔c〕に適する内容を、**十字以内**で書きなさい。

＊バイト……工作機械に取り付けて金属の切削に使用する刃物
＊要綱……物事の基本となる大切な事柄をまとめて記したもの。ここでは、ものづくりコンテストについての資料のこと

1　浮き上がってきた　とあるが、その様子を次のようにまとめた。〔　〕に当てはまる語句を、本文中から**二字**で抜き書きしなさい。

> 鉄の塊に隠れていたネジ型が、〔　〕されたように見えた様子。

2　胸にやるせない風が吹き抜けたようになって　について、次のようにまとめた。〔a〕〔b〕に当てはまる内容を、〔a〕には**九字**で、〔b〕には**十一字**で本文中からそれぞれ抜き書きしなさい。

> 心《しん》は、鉄の加工に必要なのは、立ち向かう気持ちよりも、硬い鉄でも〔a〕ではないかと気付き始めた。それなのに、けがで練習ができず、亀井から〔b〕と感じ、切なくなっている。

3　ゆがんでいた　とあるが、心《しん》がこのように考えた理由を、「高い技術」「仲間」の二語を用いて、解答欄にしたがって**四十五字以内**で書きなさい。

4　次は、赤い折り紙がはらりと落ちた　以降の印象に残った表現について書いたメモ①～④と、生徒A、B、Cの会話である。これを読んで、後の問いに答えなさい。

①	②	③	④
赤い折り紙がはらりと落ちた	練習を見学する時には折り紙を折るようになった	五十枚入りの折り紙が半分ほどになった頃	折り目正しいツルが、手から生まれるようになった頃、心《しん》は傷口を抜糸した
↑	↑	↑	↑
きっかけ	変化	表現の効果	今後を暗示

A　メモを並べると、心《しん》の気持ちの変化が分かるね。①は、心《しん》に変化をもたらすきっかけになった出来事だと思うよ。
B　それが、②のような行動につながったんだね。ものづくりをしたいという心《しん》の思いの強さが感じられるよ。
C　けがで不自由な状態だけど、折り紙を折ることを通して、心《しん》は自分の〔Ⅰ〕を学んでいくのね。
A　③の「五十枚入りの折り紙が半分ほどになった頃」は効果的な表現だね。時間の経過だけではなく、〔Ⅱ〕も読み取れるよ。
B　折り紙を折ることで変化した心《しん》の姿が、④にも表れているのではないかな。
C　そうね。④の「折り目正しいツルが、手から生まれる」と「傷口を抜糸した」という表現からは、心《しん》がこれから〔Ⅲ〕ことが想像できるわ。

(1)　〔Ⅰ〕に適する内容を、**七字以内**で書きなさい。
(2)　〔Ⅱ〕に当てはまる内容として最も適切なものを、次の**ア**～**エ**から一つ選んで記号を書きなさい。
ア　礼儀正しくなったこと　　**イ**　友人関係が変化したこと
ウ　周囲の信頼を得たこと　　**エ**　根気強く取り組んだこと
(3)　〔Ⅲ〕に適する内容を、「ものづくり」という語句を用いて、**三十字以内**で書きなさい。

五　次の文章を読んで、1～5の問いに答えなさい。

ある時、鷲《わし》、「蝸牛《かたつぶり》を食らはばや（食べたい）」と思ひけれども、いかんともせん事を知らず。A思ひ煩ふ処《ところ》に、烏《からす》、傍《かたはら》より進み出て申しけるは、「この蝸牛、亡さん事、いとやすき事にて侍《はべ》る。我が申す①やうにし給《たま》ひて後、

た。けれど、確かな技術というのは、硬い鉄さえも自然に変化させる力を持っているものかもしれない。

亀井を見た。亀井は自分の旋盤についていた。その手元が見える。どうやら原口と同じ作業をしているようだ。すでにネジ切りを習得しているらしい。

完全に離されてしまった。

前みたいに、焦《こ》げつくような痛みは感じなかった。ただ胸にやるせない風が吹き抜けたようになって、心《しん》は定位置に戻った。

試されていたのかもしれん。

「一生懸命になっとる時、それが本物かどうか、人は時々試される」

大山先生の言葉が思い出される。

一日も早くすべての切削ができるようになりたかった。あの日の自分の思いは本物だったはずだ。が、その先を冷静に考えてみて、心《しん》は首を振った。否《いな》。

自分は、ただ高い技術を身につけたいとばかり、純粋に思っていたわけではなかった。見当ちがいに原口を邪推《じゃすい》し、亀井には、刃《やいば》のような競争心を感じていた。意欲は本物だったけれど、それに固執するあまりにやはりどこかがゆがんでいたのだ。神様は、それをたちどころに見抜いたのだろう。

「ふう」

大きなため息をひとつついて、心《しん》はファイルに手を伸ばした。気を取り直して、もう一度＊要綱《ようこう》を確認しておこうとページをめくる。と、赤い折り紙がはらりと落ちた。前に亀井からもらったものだ。

それを手に取った。折りヅルでも折ってみることにする。

「あれ？」

予想に反して難しかった。もともと心《しん》は器用なたちで、幼い頃から折り紙は得意だ。性格的にも几帳面《きちょうめん》なので、角と角をきちんと合わせないと気がすまない。心《しん》の折る折りヅルは、どれも姿勢が正しく、くちばしの先までぴんととがっていた。

が、うまく角が合わない。普通なら目をつぶっても折れるくらいなのに、一か所折るのに思わぬ時間を要した。指が一本使えないだけだと思っていたけれど、実際にやってみると、一本使えないことで、ほかの指も不自然な動きになってしまう。実質三本くらい不自由になった感じだ。

傷口に触らぬように気をつけながら、なんとかひとつ折り上げた時には、三十分くらいが経過していた。普段なら二分もかからないところだ。

その日から、練習を見学する時には折り紙を折るようになった。よくしたもので、しだいに慣れてきた。慣れてきたというより、指の動き方がわかってきたようだった。人間の指というものは、五本すべてが同じように動くわけではなく、癖がある。薬指や小指は自在に動かすのがとても難しかった。いちばん活躍していた右手の人差し指が封じられたことで、それがよくわかった。けれども封じられた機能は、ほかの指の使い方によっては、ちゃんとフォローできるし、動きが鈍かった指も鍛えれば細かく動く。

五十枚入りの折り紙が半分ほどになった頃、それがわかった。そして、いつも折っていたような折り目正しいツルが、手から生まれるようになった頃、心《しん》は傷口を抜糸した。

（まはら三桃《みと》「鉄のしぶきがはねる」による）

旋盤作業

【注】＊旋盤……加工する物を回転させ、むらなく削る工作機械

ウ　他者の意見を批判しようとしている
エ　仮説における矛盾点を強調している

4　雑草にとって、逆境は敵ではない　とあるが、筆者がこのように考えるのはなぜか。「克服」「生存競争」の二語を用いて、解答欄にしたがって**三十五字以内**で書きなさい。

三　次の文章を読んで、1～4の問いに答えなさい。

一般的に「博物館」の印象とはどのようなものでしょう。「①厳かな雰囲気の建物」や「②キチョウなものを収蔵している施設」でしょうか。現在、日本には六千もの「博物館」があるとされています。例えば、地域の歴史資料館は、最も身近でなじみ深い「博物館」です。科学館や美術館なども「博物館」ですし、意外に思うかもしれませんが、動物園も「博物館」に該当します。それぞれの「博物館」が担《にな》う役割は多種多様ですが、先人が守り伝えてきたものを未来に③継承するという④イトナみは、共通しています。

1　①厳か　③継承　の読み仮名を書きなさい。
　②キチョウ　④イトナみ　を漢字に直して書きなさい。

2　身近でなじみ深い　の「身近で」と「なじみ深い」の文節どうしの関係を、次の**ア**～**エ**から一つ選んで記号を書きなさい。
ア　主語・述語の関係　**イ**　修飾・被修飾の関係
ウ　補助の関係　**エ**　並立の関係

3　思う　の活用の種類を、解答欄にしたがって書きなさい。

4　多種多様　と同じ意味を表す四字熟語を、次の**ア**～**エ**から一つ選んで記号を書きなさい。
ア　大同小異　**イ**　千差万別
ウ　花鳥風月　**エ**　適材適所

四　次の文章を読んで、1～4の問いに答えなさい。

心《しん》は、北九州工業高校のものづくり研究部で活動している女子生徒である。*旋盤《せんばん》作業を得意とする原口先輩や仏像が好きな亀井たちと、ものづくりコンテストに向けて練習に励んでいた。原口からは「手は大事な測定器」と言われていたが、心《しん》は指先にけがをしてしまい、練習を見学していた。

キュルルーン

近くできいても、原口の切削音《せっさくおん》は澄んでいる。すぐにうっすらとネジの溝ができてきた。

工作物の上を*バイトが移動するたび、ネジの溝が深くなる。

「だんだん浮き上がってきた」

つい言ってしまって、心《しん》ははっとした。自分の言葉に驚いた。ネジが浮き上がってくるわけもないのに。これじゃあ、まるで、亀井が運慶の彫刻を表現した時みたいだ。

あの時は、そう言った亀井のことがまったく理解できなかったけれど、今、目の前で徐々に姿を現すネジを見ていると、浮き上がってくるという表現はとてもしっくりくるようにも思えてくる。亀井が言ったように、あらかじめ隠れていたネジ型が、原口の作業によって発掘されたような感じだ。それほどに硬い鉄が自然に形を変えたように見えた。

とん、と、胸が大きく打った。ずっと見慣れていた四角形が、裏に回ったらじつは丸かったのがわかったようなちぐはぐな感覚だ。混乱しているくせに、なぜか視覚だけは妙にクリアだ。浮かび上がるネジから目を離すことができない。

正しい形をつくるために、心《しん》は鉄に立ち向かうような気持ちでいほぼ、実力どおりの結果になるだろう。ところが、風雨が強く、ぬかるんだグラウンドで試合が行われたとしたらどうだろう。弱小チームにとっても、雨天の試合はやりにくいことに間違いない。しかし、それは相手チームにとっても同じである。どちらも実力が出しきれない状況では、勝負の行方はわからない。もしも、格下のチームが雨天での経験を積んでいたとしたらどうだろう。試合の有利不利はまったく逆の結果になることになるだろう。番狂わせの可能性も出てくるのである。

　プロの将棋の対局では、自分が不利になると、意図的に＊定跡《じょうせき》を外れた手や、常識的な読み筋を外した奇抜な手を指すことがある。苦し紛れに見えるそんな手が、最善手である可能性は低い。しかし、定跡どおりに進めば有利不利の関係が逆転することは少ない。その安定した関係を乱すために、奇抜な一手を放つのである。もちろん、どちらにとっても定跡どおり指すほうが楽である。定跡を離れれば、自分も知らない未知の世界、予測不能な世界である。しかし、その条件はどちらも同じ。そういう状況に持ち込めば逆転の可能性が出てくるのである。プロの棋士はそうして逆転の機を狙っている。

　雑草の勝負に対する考え方も同じである。悪条件な環境を生存競争の場とすれば、「弱い植物」とされている雑草にも活路が見いだせる。むしろ悪条件での戦い方を身につければ、強い相手よりも有利になるチャンスなのである。攪乱が起こる環境は、どんな植物にとっても不利な環境だ。しかし、その不利を克服する力が他の植物よりも強いという相対的な強さで、雑草は他の植物を圧倒しているのである。雑草にとって、逆境は敵ではない。自らの生存に必要な味方なのである。

（稲垣栄洋《いながきひでひろ》「雑草の成功戦略」による）

【注】＊攪乱……かき乱すこと。混乱させること
＊定跡……将棋で、その局面で最善とされる決まった指し方

1　成功　とあるが、ここでの成功とはどういうことか。解答欄にしたがって、これより前の本文中から**二字**で抜き書きしなさい。

2　予測不能な攪乱　とあるが、このような状況下で求められるのはどのような力か。本文中から**十四字**で抜き書きしなさい。

3　次は、本文の内容を整理したノートの一部である。これを読んで、後の問いに答えなさい。

○筆者が示した事例について

	サッカーの試合	将棋の対局
着目した表現	〈番狂わせ〉風雨等の影響で、勝敗が予想外の結果になること。	〈奇抜な一手〉定跡や常識的な読み筋を〔a〕に外す手のこと。
筆者の意図	悪条件下では、両チームともに〔b〕ため、格下が勝つ場合があることを示す。	相手を予測不能な状況に引き込み、有利不利の関係を乱しながら〔c〕ことを示す。

〔事例が論の展開にもたらす効果〕
　攪乱の状況を具体的にイメージできる事例を複数示すことで、雑草の戦略についての〔d〕。

(1)　〔a〕〔b〕に当てはまる内容を、〔a〕には**三字**で、〔b〕には**九字**で本文中からそれぞれ抜き書きしなさい。

(2)　〔c〕に適する内容を、「可能性」という語句を用いて、**十五字以内**で書きなさい。

(3)　〔d〕に当てはまる内容として最も適切なものを、次の**ア**～**エ**から一つ選んで記号を書きなさい。

ア　新たな問題提起へと結び付けている
イ　筆者の主張に説得力をもたせている

ア　互いの発言を比較し、数値を示して客観的に内容を分析しながら進めている。

イ　互いの発言の問題点を明らかにし、話題の方向性を修正しながら進めている。

ウ　相手の発言を受け止め、提示する資料について具体案を示しながら進めている。

エ　相手の発言のあいまいな部分を指摘し、詳しい説明を求めながら進めている。

繰り返します。（※**ア**から**エ**を繰り返して読む）

（間10秒）

これで国語の「聞くこと」に関する検査を終わります。問題用紙を開いて、次の問題に移ってください。

二　次の【表】と文章を読んで、1～4の問いに答えなさい。

【表】植物の戦略タイプ（筆者による説明をまとめたもの）

C	競合型。競争に打ち勝って成功する強腕タイプ。
S	ストレス耐性型。じっと我慢の忍耐タイプ。
R	*攪乱《かくらん》耐性型。柔軟性を備えた臨機応変タイプ。

Cタイプ、Sタイプ、Rタイプ。この三つの戦略のうち、雑草はRタイプと、CタイプとRタイプの中間型（C－Rタイプ）に該当するものが多い。つまり雑草は予測不能な環境変化に強い臨機応変タイプと言える。

Rタイプは、予測不能な変化に強いとされている。この予測不能な変化は、一般に「攪乱」と表現されるものだ。攪乱とは穏やかでない言葉である。平穏な安定した植物の生息環境が、ある日突然掻《か》き乱されるのである。たとえば、洪水や山火事、土砂崩れなど天変地異がその一例である。もちろん、天変地異ばかりではない。攪乱はもっと身近なところにも起こる。草刈りや除草剤の散布も、植物にとっては天変地異に等しい大きな攪乱である。車が通って踏みにじられることも九死に一生の事件だろう。田んぼや畑に生息する植物にとっては、ある日いきなり耕されることも一大事である。のどかな田園風景で行われる野良仕事も、この世の終わりのような大事件なのである。

Rタイプである雑草は、予測不能な変化に適応し、攪乱が起こる条件を好んで繁栄している。洪水や山火事のような天変地異や草刈りや除草剤などによる攪乱は生命を脅《おびや》かす存在であるはずなのに、そんな条件を好むとは一体どういうことなのだろう。

雑草にとって、攪乱という逆境を克服したことは成功の大きな鍵となった。そして今や、多くの植物の生存を困難にしている攪乱が、雑草の生存にとっては必要不可欠なものにさえなっている。

予測不能な攪乱がなぜ雑草にとって有利なのか。その理由は、自分にとって生存が困難な環境は、ライバルとなる他の多くの植物にとっても不利な条件であるということである。まず、このような環境では強大な力を持つはずのCタイプは必ずしも成功しない。そこで要求されるのは、けんかの強さよりも、次々と襲いかかる困難に対応するサバイバル能力なのである。

人間の世界でもそうだが、安定した環境下では実力どおりの結果になり、番狂わせの可能性は低い。たとえばサッカーの試合を考えてみよう。風もなく、天気もよい、芝の状態も最高。そんな好条件で試合が行われれば、格下の弱小チームが強豪チームに勝つことは難しい。

なったというエピソードは、テレビ番組などでもよく取り上げられていますね。さとるさんは、ゆかさんの案についてどう思いますか。

さとる　はい。ゆかさんの話を聞いて、トム先生が、和食に関心があると話していたのを思い出しました。和食は、季節感を大切にするので、旬の野菜が手に入る産地直売センターは、トム先生に紹介する場所としてふさわしいと思いました。

ゆ　か　なるほど。私は品物の安さに焦点を当てて紹介するのがよいと思っていましたが、さとるさんの話を聞いて、旬の野菜が手に入るということを伝えた方が、トム先生に興味をもってもらえそうだと考え直しました。

たけし　では、産地直売センターについては、旬の野菜が手に入ることに焦点を当てるのがよさそうですね。プレゼンテーションの際に、季節ごとにどんな野菜が売られているかを紹介するだけでなく、実物の野菜やその野菜を使った和食のレシピを資料として提示することも検討してみませんか。

さとる　そうですね。実物やレシピを提示するのは、おもしろいと思います。

たけし　ここまでの話し合いから、プレゼンテーションをする上で大切なことは、聞き手の興味や関心に基づいて情報を伝えることだと言えそうですね。みんなで話し合ったことを基に、トム先生が喜んでくれるプレゼンテーションにしましょう。

(間2秒)

話し合いの様子はここまでです。

(間2秒)

それでは問題に移ります。問題は選択肢も含めてすべて放送で出題します。答えは解答用紙に記入しなさい。

(間3秒)

1　さとるさんが、運動公園について紹介したいと考えたことは、たくさんの運動施設があることと、もう一つはどのようなことでしたか。解答欄にしたがって書きなさい。

(間30秒)

次の問題に移ります。

2　ゆかさんは、さとるさんの話を聞いて、産地直売センターについてどのようなことを伝えた方がよいと考え直しましたか。解答欄にしたがって書きなさい。

(間30秒)

次の問題に移ります。

3　たけしさんは、プレゼンテーションをする上で、どのようなことが大切だとまとめましたか。解答欄にしたがって書きなさい。

(間30秒)

次の問題に移ります。

4　たけしさんの進行の仕方について、最もふさわしいものを、次に読み上げる選択肢**ア**、**イ**、**ウ**、**エ**の中から一つ選んで、解答欄に記号をカタカナで書きなさい。選択肢は二回読みます。

＜国語＞

時間　六〇分　満点　一〇〇点

一　「聞くこと」に関する検査

〔注〕（　）内は音声として入れない。

ただいまから、国語の「聞くこと」に関する検査を始めます。「聞くこと」に関する検査は、出題も含めてすべて放送で行いますので、指示があるまで問題用紙を開いてはいけません。解答用紙とメモ用紙を準備してください。

（間5秒）

メモ用紙は必要に応じて使ってください。問題は全部で四つです。

（間3秒）

たけしさんの学級では、国語の授業で、グループごとに目的を決めてプレゼンテーションをすることになりました。たけしさんのグループは、新しく着任したALTのトム先生に、町の自慢の場所を知ってもらうためにプレゼンテーションをすることに決めました。

これから放送する内容は、たけしさん、さとるさん、ゆかさんの三人が、プレゼンテーションの構想について話し合っている様子です。進行役はたけしさんが務めています。

話し合いの様子と問題は、一度だけ放送します。

それでは、始めます。

（間3秒）

たけし	この町の自慢できる場所として、トム先生にどこを紹介すればよいでしょうか。紹介したい場所の候補を、さとるさんから発表してください。
さとる	はい。僕は、運動公園を紹介したいと考えました。トム先生の趣味はスポーツをすることだそうです。運動公園には体育館やテニスコートなどたくさんの運動施設があることや、自然に囲まれた環境でスポーツを楽しめることを紹介すれば、きっと興味をもってくれると思います。
たけし	さとるさんは、トム先生の趣味を基に、候補を考えてくれたのですね。今のさとるさんの案について、ゆかさんはどう思いますか。
ゆか	はい。よい案だと思います。施設の紹介に加えて、運動公園で活動しているスポーツクラブのことも取り上げてはどうでしょう。スポーツクラブに参加し、町の人たちと交流を深められるという点も、運動公園の魅力として伝えることができるのではないかと思います。
たけし	それはよい考えですね。プレゼンテーションで使う資料の中に、スポーツクラブの活動の様子を撮影した写真を入れると、より興味をもってもらえるかもしれませんね。では、次に、ゆかさんが紹介したい場所を教えてください。
ゆか	はい。わたしは、産地直売センターを紹介したいです。産地直売センターには、この町でとれた旬の野菜や手作りのお弁当が、手頃な値段で売られています。おいしい食べ物や野菜が安く買えるのは、大きな魅力ではないかと考えています。
たけし	たしかに、食べ物を通してその土地のことを好きに

MEMO

大切なことはメモしておこうネ！

2022年度

解答と解説

《2022年度の配点は解答用紙集に掲載してあります。》

＜数学解答＞

1　(1)　9　(2)　b　(3)　20　(4)　$\sqrt{2}$，π

(5)　$x=7$，$y=2$　(6)　$x=-2$，-1　(7)　$y=\dfrac{8}{x}$

(8)　およそ150個　(9)　109　(10)　6個

(11)　$x=10$　(12)　115°　(13)　図1

(14)　$3\sqrt{55}\pi\,\text{cm}^3$　(15)　108cm^3

図1

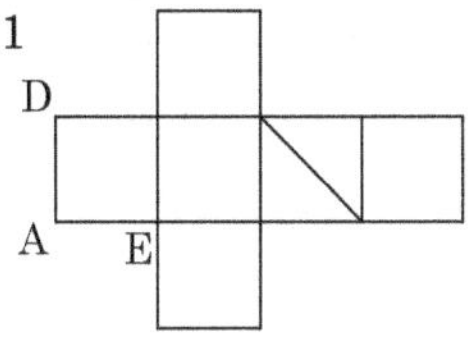

2　(1)　①　図2　②　イ　(2)　①　6cm　②　$2\sqrt{3}$

(3)　図3　(4)　エ

図2

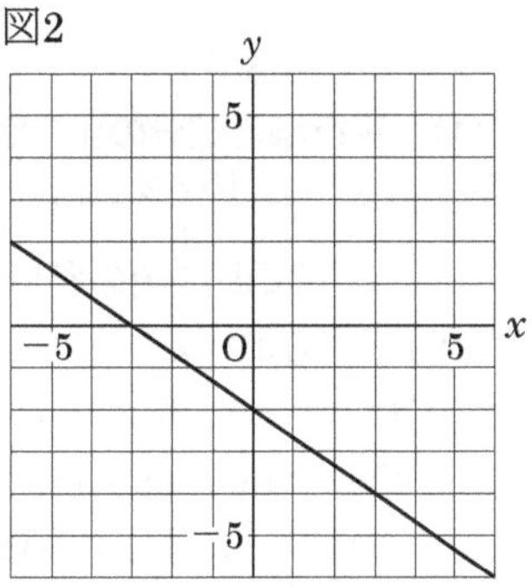

図3

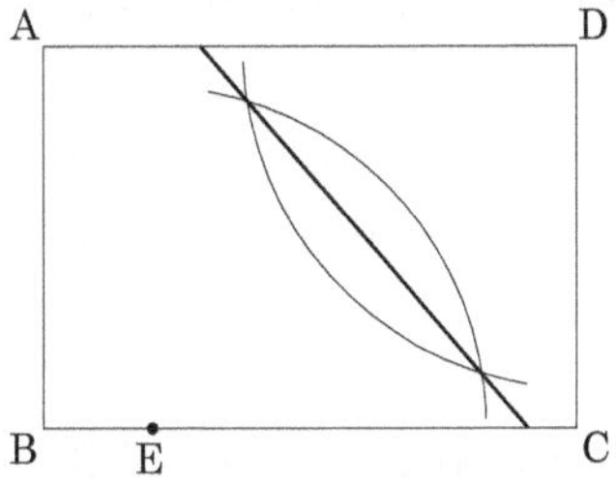

3　(1)　①　ア　28

イ　21　②　$m=15$

③　ウ　(例)$m(m+1)$

エ　(例)$\dfrac{m(m+1)}{2}$

(2)　$3n^2$個

4　(1)　①　$\dfrac{1}{2}$

②　(記号)　A(理由は解説参照)　(2)　エ

5　Ⅰ　(1)　解説参照　(2)　①　ウ　②　$\dfrac{9}{25}$倍

Ⅱ　(1)　解説参照　(2)　①　イ　②　$\dfrac{9}{46}$倍

＜数学解説＞

1　(数・式の計算，平方根，連立方程式，2次方程式，比例関数，標本調査，式の値，数の性質，線分の長さ，角度，展開図，体積，切断)

(1)　$-3\times(5-8)=-3\times\{-(8-5)\}=-3\times(-3)=9$

(2)　$a^2\times ab^2\div a^3b=a^2\times ab^2\times\dfrac{1}{a^3b}=\dfrac{a^2\times ab^2}{a^3b}=b$

(3)　$\sqrt{80}=\sqrt{2^2\times2^2\times5}=4\sqrt{5}$だから，$\sqrt{80}\times\sqrt{5}=4\sqrt{5}\times\sqrt{5}=4\times5=20$

(4)　分数の形には表せない数を**無理数**という。また，**円周率πも無理数**である。よって，$\sqrt{9}=\sqrt{3^2}=3=\dfrac{3}{1}$，$-0.6=-\dfrac{6}{10}=-\dfrac{3}{5}$より，$\sqrt{2}$と$\pi$が無理数である。

(5)　$\begin{cases}x+y=9\cdots①\\0.5x-\dfrac{1}{4}y=3\cdots②\end{cases}$　とする。②の両辺を4倍して，$2x-y=12\cdots③$　①＋③より，$x+2x=9+12$　$3x=21$　$x=7$　これを①に代入して，$7+y=9$　$y=2$　よって，連立方程式の解は，$x=7$，$y=2$

(6)　$x^2+3x+2=0$　たして3，かけて2になる2つの数は，$2+1=3$，$2\times1=2$より，2と1だから$x^2+3x+2=(x+2)(x+1)=0$　$x=-2$，$x=-1$

(7)　**yはxに反比例する**から，xとyの関係は$y=\dfrac{a}{x}$と表せる。$x=2$のとき$y=4$だから，$4=\dfrac{a}{2}$　$a=8$　xとyの関係は$y=\dfrac{8}{x}$と表せる。

(8)　**標本**における白い碁石の比率は，$\dfrac{18}{60}=\dfrac{3}{10}$　よって，**母集団**における白い碁石の比率も$\dfrac{3}{10}$と推定すると，この袋の中に入っている500個の碁石には，白い碁石がおよそ$500\times\dfrac{3}{10}=150$(個)含まれていると推定できる。

(9)　**乗法公式$(a+b)(a-b)=a^2-b^2$**より，$x=11$，$y=54$のとき，$25x^2-y^2=(5x)^2-y^2=(5x+y)(5x-y)$　$x=11$，$y=54$を代入すると$(5\times11+54)(5\times11-54)=(55+54)(55-54)=109\times1=109$

(10)　2つの整数148，245を自然数nで割ったとき，余りがそれぞれ4，5となる自然数nは，$148-4=144$と$245-5=240$の**公約数**のうち，大きい方の余りが5であることから，5より大きい公約数である。144と240の公約数は，144と240の**最大公約数**48の約数だから，このうち5より大きい約数は6，8，12，16，24，48の6個である。

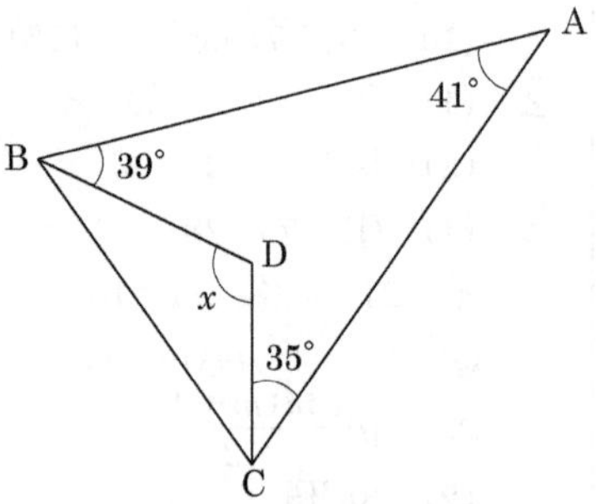

(11)　**平行線と線分の比の定理**を用いると，$15：x=18：12=3：2$　$x=\dfrac{15\times2}{3}=10$

(12)　**△ABCの内角の和は180°**だから，$\angle\text{DBC}+\angle\text{DCB}=180-\angle\text{ABD}-\angle\text{BAC}-\angle\text{ACD}=180-39-41-35=65$(°)　△DBCの内角の和は180°だから，$\angle x=180-(\angle\text{DBC}+\angle\text{DCB})=180-65=115$(°)

(13)　図2の展開図に立方体の頂点A～Hをかきこむと右図のようになる。これより，面GFBCに対角線BGをかけばよい。

図2

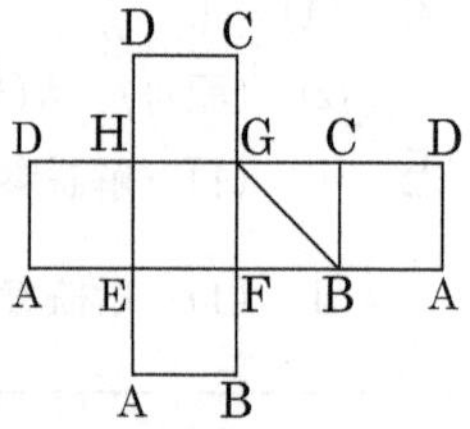

(14)　**半径r，弧の長さℓのおうぎ形の面積は$\dfrac{1}{2}\ell r$**で求められるから，問題の円錐の母線の長さを$a$cmとすると，(円錐の側面積)$=\dfrac{1}{2}\times$(底面の円の円周の長さ)$\times$(母線の長さ)$=\dfrac{1}{2}\times(2\pi\times3)\times a=3\pi a$ (cm^2)　これが，$24\pi\,\text{cm}^2$に等しいから，$3\pi a=24\pi$より$a=8$　円錐の高さを$h$cmとして**三平方の定理**を用いると，$h=\sqrt{(\text{母線の長さ})^2-(\text{底面の円の半径})^2}=\sqrt{8^2-3^2}=\sqrt{55}$　よって，求める円錐の体積は，$\dfrac{1}{3}\times$(底面積)$\times$(高さ)$=\dfrac{1}{3}\times(\pi\times3^2)\times\sqrt{55}=3\sqrt{55}\pi$ (cm^3)

(15)　(三角錐M－ABDの体積)$=\dfrac{1}{3}\times\triangle\text{ABD}\times\text{AM}=\dfrac{1}{3}\times\left(\dfrac{1}{2}\times\text{AB}\times\text{AD}\right)\times\text{AM}=\dfrac{1}{3}\times\left(\dfrac{1}{2}\times6\times6\right)\times6=36$ (cm^3)…①　(三角錐G－BCDの体積)$=\dfrac{1}{3}\times\triangle\text{BCD}\times\text{CG}=\dfrac{1}{3}\times\left(\dfrac{1}{2}\times\text{CB}\times\text{CD}\right)\times\text{CG}=\dfrac{1}{3}\times\left(\dfrac{1}{2}\times6\times6\right)\times12=72$ (cm^3)…②　(四角錐G－BMEFの体積)＝(四角錐G－DMEHの体積)$=\dfrac{1}{3}\times$台形BMEF$\times\text{FG}=\dfrac{1}{3}\times\left\{\dfrac{1}{2}\times(\text{ME}+\text{BF})\times\text{EF}\right\}\times\text{FG}=\dfrac{1}{3}\times\left\{\dfrac{1}{2}\times(6+12)\times6\right\}\times6=108$ (cm^3)…③　以上より，(四面体BDGMの体積)＝(直方体ABCD－EFGHの体積)－①－②－③×2$=6\times6\times12-36-72-108\times2=108$ (cm^3)

2　(1次関数，グラフの作成，図形と関数・グラフ，線分の長さ，作図，関数とグラフ)

(1)　①　a，b，cを定数とするとき，**2元1次方程式$ax+by+c=0$のグラフは直線である。**方程式$2x+3y=-6$について，x軸との交点は，$y=0$を代入して，$2x+3\times0=-6$　$x=-3$　y軸との交点は，$x=0$を代入して，$2\times0+3y=-6$　$y=-2$　よって，方程式$2x+3y=-6$のグラフは，

2点$(-3,\ 0)$，$(0,\ -2)$を通る直線である。

② 定数a，bを用いて$y=ax+b$と表される関数は1次関数であり，そのグラフは傾きがa，切片がbの直線である。グラフは，$a>0$のとき，xが増加するとyも増加する右上がりの直線となり，$a<0$のとき，xが増加するとyは減少する右下がりの直線となる。また，切片bは，グラフがy軸と交わる点$(0,\ b)$のy座標になっている。問題のグラフは右上がりの直線であり，y軸の負の部分と交わっているから，$a>0$，$b<0$である。

(2) ① 点Bは$y=x^2$上にあるから，そのy座標は$y=2^2=4$　よって，B$(2,\ 4)$　点Cは$y=-\frac{1}{2}x^2$上にあるから，そのy座標は$y=-\frac{1}{2}\times 2^2=-2$　よって，C$(2,\ -2)$　以上より，(線分BCの長さ)$=$(点Bのy座標)$-$(点Cのy座標)$=4-(-2)=6$(cm)

② 点Bのx座標をt $(t>0)$とすると，①と同様に考えて，B$(t,\ t^2)$，C$\left(t,\ -\frac{1}{2}t^2\right)$　△ABCがAB$=$ACの二等辺三角形になるとき，**二等辺三角形の頂角からの垂線は底辺を2等分する**から，辺BCの中点のy座標は，点Aのy座標3と等しい。**2点$(x_1,\ y_1)$，$(x_2,\ y_2)$の中点の座標は，$\left(\frac{x_1+x_2}{2},\ \frac{y_1+y_2}{2}\right)$で求められる**から，辺BCの中点の$y$座標について，$\left\{t^2+\left(-\frac{1}{2}t^2\right)\right\}\div 2=3$が成り立つ。整理して，$t^2=12$　$t>0$より，$t=\sqrt{12}=2\sqrt{3}$

(3) (着眼点) 平面上で，図形を，1つの直線を折り目として折り返して移すことを**線対称移動**といい，このとき，折り目の線を**対称の軸**という。**線対称移動では，対応する点を結んだ線分は，対称の軸と垂直に交わり，その交点で2等分される**から，線分DEの**垂直二等分線**が折り目の線となる。

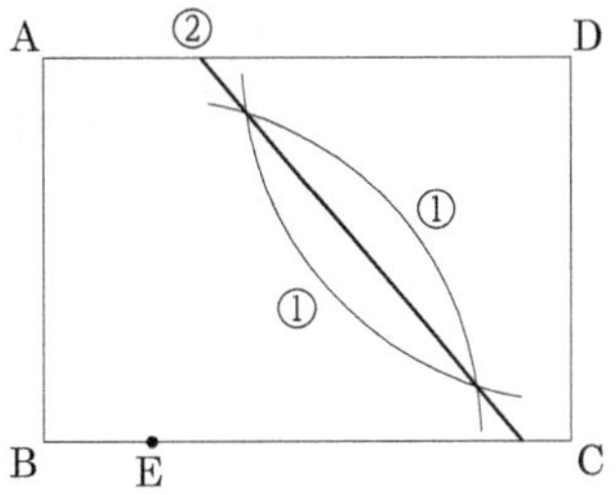

(作図手順) 次の①～②の手順で作図する。 ① 点D，Eをそれぞれ中心として，交わるように半径の等しい円を描く。

② ①でつくった2つの交点を通る直線(線分DEの垂直二等分線)を引く。

(4) $0<x\leqq 4$のとき，AP$=$(毎秒)1(cm)$\times x$(秒)$=x$(cm)，BQ$=$(毎秒)2(cm)$\times x$(秒)$=2x$(cm)だから，$y=\frac{1}{2}\times(\mathrm{AP}+\mathrm{BQ})\times\mathrm{AB}=\frac{1}{2}\times(x+2x)\times 4=6x$…①　また，$4<x<8$のとき，点QはC→Bの方向に動いているから，BQ$=BC\times 2-$(毎秒)2(cm)$\times x$(秒)$=16-2x$(cm)より，$y=\frac{1}{2}\times(\mathrm{AP}+\mathrm{BQ})\times\mathrm{AB}=\frac{1}{2}\times\{x+(16-2x)\}\times 4=-2x+32$　$x=4$のとき，①より，$y=6\times 4=24$だから，$0<x\leqq 8$のとき，xとyの関係を表すグラフは，3点$(0,\ 0)$，$(4,\ 24)$，$(8,\ 16)$を線分で結んだ折れ線のグラフとなり，エのグラフが適切である。

3 (規則性，文字を使った式)

(1) ① m番目の図形のm段目には，三角形Aがm個あるから，7番目の図形には，三角形Aが$1+2+3+4+5+6+7=28$(個)…アある。また，m番目の図形のm段目には，三角形Bが$(m-1)$個あるから，7番目の図形には，三角形Bが$0+1+2+3+4+5+6=21$(個)…イある。

② m番目の図形に，$(m+1)$段目を加えて，$(m+1)$番目の図形をつくる。加えた$(m+1)$段目には，三角形Aが$(m+1)$個，三角形Bがm個あるから，$\begin{cases} m+1=16 \\ m=15 \end{cases}$ より$m=15$

③ 三角形Aは各段に$(m+1)$個ずつm段あるから，三角形Aの個数は全部で$(m+1)$個$\times m$段$=m(m+1)$個…ウとなる。このことから，m番目の図形にある三角形Aの個数は，$m(m+1)$個の半分の$\frac{m(m+1)}{2}$個…エとなる。

(2)　例えば，3番目の正六角形を，右図の太線で示したように，合同な3つのひし形に分けると，1つのひし形の中には三角形Aが$3\times3=3^2$(個)ある。同様に考えると，n番目の正六角形について，1つのひし形の中には三角形Aが$n\times n=n^2$(個)あるから，合同なひし形が3つあることを考えると，n番目の正六角形にある三角形Aの個数は$n^2\times3=3n^2$(個)である。

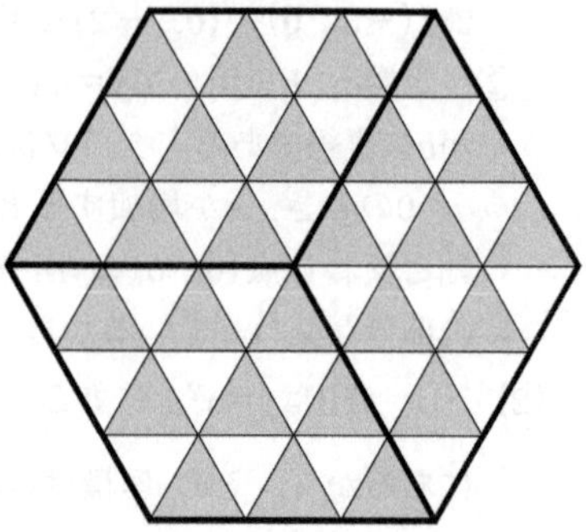

4 (確率，資料の散らばり・代表値)

(1)　①　起こりうるすべての場合は1，2，3，4の4通りで，このうち，カードに書かれている数が偶数であるのは2，4の2通りある。これより，求める確率は$\frac{2}{4}=\frac{1}{2}$

②　(理由)　(例)Aのとき，起こりうるすべての場合は12通りで，このうち，和が5以上になるのは8通りある。Bのとき，起こりうるすべての場合は16通りで，このうち，和が5以上になるのは10通りある。これより，和が5以上になる確率は，Aのときは$\frac{8}{12}=\frac{2}{3}$，Bのときは$\frac{10}{16}=\frac{5}{8}$となる。$\frac{2}{3}>\frac{5}{8}$だから，Aのほうが起こりやすい。

(2)　ア　**相対度数＝$\frac{\text{各階級の度数}}{\text{度数の合計}}$**　容器Pについて，60g以上62g未満の**階級**の**度数**は1個だから，その相対度数は$\frac{1}{10}=0.1$，容器Qについて，60g以上62g未満の階級の度数は2個だから，その相対度数は$\frac{2}{10}=0.2$で，容器Qのほうが容器Pよりも大きい。アは正しくない。　イ　58g以上の卵の個数は，容器Pが$2+1=3$(個)，容器Qが$1+2+1=4$(個)で，容器Qのほうが容器Pよりも多い。イは正しくない。　ウ　**ヒストグラム**の中で度数の最も多い階級の**階級値**が**最頻値**。容器Pの最頻値は$\frac{56+58}{2}=57$(g)，容器Qの最頻値は$\frac{54+56}{2}=55$(g)で，容器Pのほうが容器Qよりも大きい。ウは正しくない。　エ　**中央値**は資料の値を大きさの順に並べたときの中央の値。卵の個数は10個で偶数だから，重さの軽い方から5番目と6番目の卵が含まれている階級が，中央値の含まれている階級。これより，容器Pについて，中央値の含まれている階級は56g以上58g未満の階級，容器Qについて，中央値の含まれている階級は54g以上56g未満の階級で，容器Pの中央値は，容器Qの中央値よりも大きい。エは正しい。

5 (相似の証明，円の性質，面積比)

Ⅰ　(1)　(証明)　(例)△ABCと△ACDにおいて仮定より，∠ACB＝∠ADC＝90°…①　共通な角だから，∠BAC＝∠CAD…②　①，②より，2組の角がそれぞれ等しいから，△ABC∽△ACD

(2)　①　ア，イ，エ　(1)と同様にして，△ABC∽△CBDだから，△ABC∽△ACD∽△CBDである。また，図2は，線分ABに関して対称だから，△CBD≡△EBDである。△ABCに三平方の定理を用いると，$AB=\sqrt{AC^2+BC^2}=\sqrt{AC^2+BE^2}=\sqrt{8^2+6^2}=10$(cm)　以上より，CB：CD：BD＝EB：ED：BD＝AC：AD：CD＝AB：AC：BC＝10：8：6　これより，ア，イは正しくない。　エ　CB：CD：BD＝10：8：6であることより，△CBDは直角二等辺三角形ではなく，∠BCEは45°ではないから，エも正しくない。　ウ　弧AEに対する**円周角**の大きさは等しいから，∠ABE＝∠ACE　ウは正しい。

②　△BCDと△ABCの**相似比**は，BC：AB＝6：10＝3：5　**相似な図形では，面積比は相似比の2乗に等しいから**，△BCD：△ABC＝3^2：5^2＝9：25　よって，△BCDの面積は，△ABCの

面積の$\frac{9}{25}$倍である。

Ⅱ (1) (証明) (例)△ABCと△ADBにおいて　共通な角だから，∠BAC＝∠DAB…①　半円の弧に対する円周角だから，∠ACB＝90°…②　**円の接線は，接点を通る半径に垂直**だから，∠ABD＝90°…③　②，③より，∠ACB＝∠ABD…④　①，④より，2組の角がそれぞれ等しいから，△ABC∽△ADB

(2) ①　ア　点Cの位置によって，OB＝BEとならない場合もあるから，アは必ずしもいえない。　イ　∠ACB＝∠BCD＝90°…①　△ABC∽△ADBより，∠ABC＝∠BDC…②　①，②より，2組の角がそれぞれ等しいから，△ABC∽△BDC　よって，∠CAB＝∠CBD　つまり，∠BAD＝∠CBDは必ずいえる。　ウ　点Cの位置によって，OC＝CDとならない場合もあるから，ウは必ずしもいえない。　エ　イの∠BAD＝∠CBDを考慮すると，∠COD＝∠CBDが成り立つのは，∠COD＝∠CBD＝∠BAD＝∠BAC＝$\frac{1}{2}$∠BOCより，線分ODが∠BOCの二等分線となるときだけであり，エは必ずしもいえない。

②　△ABC∽△ADBより，AC：AB＝AB：AD　$AC=\frac{AB\times AB}{AD}=\frac{2OB\times 2OB}{AD}=\frac{2\times3\times2\times3}{8}=\frac{9}{2}$　AC：CD＝AC：(AD－AC)＝$\frac{9}{2}:\left(8-\frac{9}{2}\right)=9:7$　△CDO＝$\frac{CD}{AD}$△ADO＝$\frac{CD}{AD}\times\frac{OA}{AB}$△ABD＝$\frac{7}{9+7}\times\frac{1}{1+1}$△ABD＝$\frac{7}{32}$△ABD，△BDO＝$\frac{OA}{AB}$△ABD＝$\frac{1}{1+1}$△ABD＝$\frac{1}{2}$△ABD　CE：EB＝△CDO：△BDO＝$\frac{7}{32}$△ABD：$\frac{1}{2}$△ABD＝7：16　以上より，△OBE＝$\frac{EB}{CB}$△OBC＝$\frac{EB}{CB}\times\frac{OB}{AB}$△ABC＝$\frac{EB}{CB}\times\frac{OB}{AB}\times\frac{AC}{AD}$△ABD＝$\frac{16}{7+16}\times\frac{1}{1+1}\times\frac{9}{9+7}$△ABD＝$\frac{9}{46}$△ABD　よって，△OBEの面積は，△ABDの面積の$\frac{9}{46}$倍である。

(補足説明)CE：EB＝△CDO：△BDOの説明　点C，Bから線分ODへそれぞれ垂線CP，BQを引くと，CP//BQより，平行線と線分の比についての定理を用いると，△CDO：△BDO＝CP：BQ＝CE：EBが成り立つ。

<英語解答>

1 (1) ①　ウ　②　エ　(2) ①　ウ　②　イ　③　ア　(3) ①　ア　②　エ　③　イ　(4) ア，エ　[答え] (例)I went to a shrine with my family. I wished for good health and a good year.

2 (1) ①　found　②　getting　③　gave　④　better　(2) ①　Saturday　②　(例)library　③　(例)popular　④　(例)collect　(3) ①　(例)(How)(did)(you)go there?　②　(例)I think skiing is the(most)(exciting)(of)all winter sports.　③　(例)He told(me)(to)(go)to the science room after lunch.

3 (1) ①　(例)It was held in May.　②　(例)He practiced it for two hours. (2) (例)My best memory was(our school festival). Our class danced this year. We practiced hard after school. I was happy to see the smile of the audience.

4 (1) ①　イ　②　ア　(2) (例)ago　(3) (例)choose　(4) 幸　ⓐ　ベッキー　ⓒ　理由　(例)ステージ上の人々の表情がよく見えたから

5 (1) ウ　(2) ア　(3) (例)前に並んでいた客が支払ってくれていたから　(4) イ　(5) ウ，オ　(6) ①　イ　②　エ

＜英語解説＞

1 (リスニング)

放送台本の和訳は，48ページに掲載。

2 (会話文：語句の問題，語形変化，語句補充・選択，現在・過去・未来と進行形，動名詞，比較，関係代名詞，現在完了，名詞・冠詞・代名詞)

(1) (問題文訳) 未来：ああ，あなたはすてきなバッグを持っているのね。どこで見つけたの？／ルーシー：先週，家の近くの新しい店で①(見つけた)。これは私のお気に入りの銘柄なの。／未来：その銘柄を知っているよ。そのデザインが好きなの。とても有名なので，②(手に入れること)は難しいでしょう？／ルーシー：ええ。ああ，あなたも新しいバッグを持っているのね。このようなデザインは見たことがない。／未来：この小さなバッグは，私の祖母が作ったの。祖母は先月それを私に③(くれた)。この種類の小さなバッグは，日本ではガマグチと呼ばれているの。／ルーシー：ガマグチ？ それは何？／未来：それはヒキガエルの口を意味している。広く開くから，小さなものをこれには入れやすいの。このガマグチは私の古いバッグ④(よりもいい)と思う。 ① find の直前の文では，Where did you find it? と，「どこで見つけたのか？」と質問していて，過去のことを聞いていることからカッコの find は過去形の found が適当。 ② (get)it is～となっていることから，動詞 is が続く get it は主語になる。この場合 get を現在分詞 getting として getting it(それを得ること)と動名詞形が適当。
③ give のある文では last month(先月)と過去の文なので give は過去形 gave にする。
④ good の後には than があることから good を比較級 better として better than～(～よりもいい)とする。

(2) ① みどり市に住んでいる友達がいます。私は先週の(土曜日)に彼を訪ねました。〔説明〕日曜日の前の日 問題文の who lives の who は**関係代名詞**で，直前の friend を説明している。 ② 本を借りたい場合，(図書館)に行ってください。〔説明〕本や新聞などがたくさんある建物 ③ あのスーパーマーケットはたくさんの種類の野菜が売られているので(人気)が出ました。〔説明〕多くの人に好かれ，楽しまれる 問題文の has become は**現在完了形**。
④ このアニメキャラクターのカードを(集める)ことが好きです。私はそのキャラクターのカードをたくさん持っています。〔説明〕さまざまな場所から物を入手すること to collect は不定詞で「集めること」。

(3) ① カナ：先週京都に行ってきました。／スミス先生：いいですね。そこにはどのように行きましたか？／カナ：電車で行きました。そこはとても楽しかったです。 (正答例) (How)(did)(you)go there? 四角の空欄の後の文では「電車で行った」とあるので，四角の空欄にはこれを訪ねる文を入れたい。how did you go～? で，「～へどのように行ったのか？」を尋ねる文になる。 ② ベン：来月スキーに行くの。／カナ：いいね！ スキーはすべてのウィンター・スポーツ(の中で最もわくわくする)と思う。 (正答例) I think skiing is the(most)(exciting)(of)all winter sports. 四角の空欄の前に the があることから比較の最上級だと考えたい。exciting に most を付け最上級の形にして，「ウィンター・スポーツの中で」とするために of を付ける。 ③ ケビン：サトウさんはあなたに何と言いましたか，タケル？／タケル：彼は(私へ)昼食後に理科室へ(行くよう)に言いました。 (正答例) He told(me)(to)(go)to the science room after lunch. tell＋人＋to～「人に～するように言う」の形となる。

3 (会話文：英問英答，条件付き英作文，受け身，不定詞)

(問題文訳)　ホワイト先生：日本の中学校では，面白い学校行事がたくさんあります。私は本当にそれらが大好きです。あなたの好きな学校のイベントは何でしたか，亮太？

亮太　　　：私の好きな学校のイベントは運動会でした。最高の思い出でした。中学生の時に好きな学校行事は何でしたか，ホワイト先生？

ホワイト先生：そうですね... 私はあなたのように，学校生活を楽しみました。私の好きなイベントはタレントショーでした。5月にありました。イベントでは，ステージ上で私たちの特技を見せました。たとえば，私の友達が私たちに器械体操を見せてくれました。

絵美　　　：面白そうですね！ 先生はイベントで何をしましたか？

ホワイト先生：ギターを弾きました。たくさんの生徒の前で頑張るために，毎晩午後7時から午後9時まで練習しました。イベントの当日は緊張しましたが，ギターを弾くことはとても楽しかった。イベントはコンテストではなかったので，みんなで楽しい時間を過ごしました。これが私の最高の思い出でした。さあ，みなさん，<u>みなさんの中学校生活での最高の思い出は何でしたか？</u>

(1)　①　(問題文訳)ホワイト先生の学校で，タレントショーが開催されたのはいつですか？
(正答例)　It was held in May.(それは5月に開催されました)。　問題本文の第3番目のホワイト先生の発話第4文We had it～の「タレントショーは5月に開催された」とある部分を参照。
②　ホワイト先生は，毎晩何時間ギターを練習しましたか？　(正答例)　He practiced it for two hours.(彼はそれを2時間練習した)　問題本文第5番目のホワイト先生の発話第2文 To do my～の「毎晩午後7時から午後9時まで練習した」とある部分を参照。

(2)　(正答例)　My best memory was(our school festival). Our class danced this year. We practiced hard after school. I was happy to see the smile of the audience.(私の最高の思い出は，私たちの学園祭でした。私たちのクラスは今年ダンスをしました。放課後，一生懸命練習しました。私は観客の笑顔を見てうれしかったです。)

4 (会話文：絵・図・表・グラフなどを用いた問題，日本語で答える問題，文の挿入・並べ換え，語句補充・選択，現在・過去・未来と進行形，関係代名詞，受け身，間接疑問，前置詞，比較)

(問題文訳)　ベッキー：あなたは，ブロードウェイミュージカルに興味があると聞いたの。①[母と私もミュージカルが好き]。私がアメリカにいたとき，私たちはよく一緒にブロードウェイに行った。

幸　　　：いいね。私はそこに行ったことがないけれども，ミュージカルが本当に好きなの。

ベッキー：前に見たミュージカルのチケットを持ってきた。見たい？

幸　　　：ええ，お願い。ブロードウェイミュージカルについてもっと知りたい。

ベッキー：どうぞ。

幸　　　：うわー，2年≪前≫にABC劇場で“The Cat King”を見たのね。

ベッキー：ええ。“The Cat King”は，音楽と踊りが本当に良かったので，私のお気に入りのミュージカルだった。

幸　　　：それは私が長い間見たかったものなの。いつかアメリカに行ってそれを見たい。

ベッキー：あなたにはそれをするチャンスがきっとあると思う。

幸　　　：ありがとう。ああ，聞きたいことがあるの。チケットにあるこの“MEZZ”はどういう意味？

ベッキー：それはメザニンという意味。2 階に座席がある部分なの。この地図を見て。この劇場では，このエリアはメザニンと呼ばれている。私はメザニンから “The Cat King” を見たの。他のエリアはオーケストラと呼ばれる。1階に座席がある部分ね。

幸　　　：メザニンの階からミュージカルを見たいの？

ベッキー：ええと，メザニンとオーケストラの両方にそれぞれの良い点があるね。たとえば，オーケストラの座席はステージの近くにある。一方では，メザニンの席は高いフロアーにあるから，②[あなはステージ全体を簡単に見ることができる]。ミュージカルを見るときは，それについて考える必要があるね。

幸　　　：なるほど。アドバイスありがとう。

翌年の2021年，幸はアメリカで同じミュージカルを見てベッキーに手紙を書きました。

昨日，ニューヨークのABC劇場で ”The Cat King” を見ました！　メザニンとオーケストラのどちらのフロアーを(選ぶ)のかを考えました。結局，オーケストラにあるステージのすぐ前の席を手に入れました。ステージ上の人々の表情がよく見えました。それに満足しました。

(1)　①　ア　私もあなたのお気に入りの場所が好きです　イ　母と私もミュージカルが好きです(○)　ウ　あなたが見たミュージカルはとても有名です　エ　あなたの両親はなぜあなたがそれを好きなのか理由を知っています。空欄前後の文の意味とあった選択肢の文を選びたい。選択肢ウの musical と you の間には**関係代名詞** which が省略されている。　②　ア　あなはステージ全体を簡単に見ることができます(○)　イ　オーケストラはそれを一番見やすいフロアーです　ウ　劇場は今とても混んでいます　エ　あなたの演技は本当に，よく見えました　空欄の前の文にある「メザニン席が高い階にある」に対応するような選択肢の文を選びたい。選択肢ウの is very crowded は**受け身**になっている。

(2)　(正答例)　ago　問題本文の会話の次に「次の年2021年～」あることから，ベッキーと幸の会話の当時は2020年だったことがわかる。また，ベッキーのチケットからミュージカルを見たのは2018年なので，空欄には「2年前」となる ago(会話の時点から前)が適当。

(3)　空欄の文は，「メザニンとオーケストラのどちらのフロアーを～か？」という意味になるので，空欄にあたる～にはcから始まる choose(選ぶ)が適当。

(4)　幸はⓐでミュージカルを見た。問題本文の幸の描いた手紙第3文 Finally, I got～には，「オーケストラのステージのすぐ前の席を手に入れた」とある。また，ベッキーはメザニンフロアーでミュージカルを見たのでⓒが適当。問題本文の第11番目のベッキーの発話第5文 I watched “The～には，The Cat King をメザニンフロアーで見たとある。幸が自分の席で満足した理由は，「(例)ステージ上の人々の表情がよく見えたから」。問題本文の幸の書いた手紙の第4文 I could see～と次の文 I was satisfied～に「テージ上の人々の表情がよく見え満足した」とある部分を参照。

5　(長文読解：語句補充・選択，語句の解釈・指示語，内容真偽，助動詞，動名詞，文の構造，形容詞・副詞，接続詞)

8時でした。私は16歳でした。私が学校に着いたとき，何人かの生徒会のメンバーが，学校の前に立っていました。彼らは笑顔で生徒たちにあいさつをしていました。それで私は他のみんなと同じように「おはよう」と言いましたが，私は「なぜ彼らはそんなことをしているの？　あいさつはそれほど大切なのかな？」と独り言を言いました。

私は17歳の時，英語を勉強することと，アメリカの文化について何か≪個性的な≫ことを学ぶために，アメリカへ行きました。ある日，店に行きました。店のレジの近くにトレイが見えました。トレイには1セント硬貨が何枚か入っていました。私はよくわからなかったので，それが何かを店のレジ係に聞いてみました。そして，彼は私に説明しました。「アメリカのいくつかの店では，レジの近くにこのトレイがあります。何枚かの1セント硬貨がトレイにあります。人々が1セント硬貨をおつりとして受け取り，それらを必要としないとき，彼らは他の人々のために1セント硬貨をトレイに入れます。もし物を買うために数セントが必要な場合，トレイからいくらか取り出して，支払うために使用できます」。それから，私が支払おうとしたとき，3セントが必要でした。トレイを使いたかったので，(A)しました。私はアメリカ文化の一部にふれることができて良かったです。

その後すぐに，私にとって面白いことが起こりました。ホストマザーと私はドライブスルーレストランに行きました。ホストマザーがハンバーガーを注文して支払おうとしたとき，店のレジ係は「(B)お金を払う必要はありません」と言いました。ホストマザーは驚いて，理由を尋ねました。店のレジ係は「あなたの前の男の人が，すでに支払いを済ませています」と答えました。彼女は，「そのお客は知りませんが，彼は私にお金を払ってくれました！」と言いました。ホストマザーと私は少し話をして，彼女は「次の家族にお金を払います」と言いました。私たちは自分たちが決めたことに満足しました。数日後，新聞の記事を読んで，他の多くのお客が私たちの後に，同じことをしていることを知りました。約50人が他人の食べ物にお金を払いました！

アメリカでのこれらの2つの例は，私に大切なことを教えてくれました。日本では，生徒会のメンバーが生徒たちへあいさつしたとき，多くの生徒たちが「おはよう」と言いました。だから私もそうしました。しかし，アメリカのこれらの例では，人々は1セント硬貨を寄付する必要も，他のお客にお金を払ったりする必要もありませんでした。彼らは親切心からそれらをしました。彼らは誰を助けているのかを気にしませんでした。この考えは私にとって新しいものであり，私の(C)見方を変えました。私は「他人からは何も望まず，他人のために何か努力しよう」と独り言を言いました。

今は8時です。私は18歳で，日本に戻ってきています。私は生徒会のメンバーとして学校の前にいます。私は笑顔で生徒たちにあいさつしています。「おはよう」と言わずに通り過ぎる生徒もいます。他の生徒は私たちにあいさつし，うれしそうに見えます。それは私をうれしくさせます。今，私はついに自分の人生を豊かにする方法を知りました。

(1)　(ア)　厳しい　(イ)　同じ　(ウ)　個性的(○)　(エ)　高価な　空欄の文の意味にあうように選択肢の単語を選びたい。

(2)　(ア)　トレイから1セント硬貨を取った(○)　(イ)　1セント硬貨をトレイに入れた　(ウ)　おつりとして1セント硬貨が欲しかった　(エ)　おつりとして1セント硬貨を残した　問題本文第2段落第7文(会話文) If people need～には，「物を買うために数セントが必要な場合，トレイから取り出して支払いに使用できる」とあり，下線部はこれを意味していると考えられることからアが適当。

(3)　(正答例)　前に並んでいた客が支払っていてくれたから。下線部の2つ後の文 “He answered” The～ の，「前の男の人がすでに支払いを済ませているから」とある部分を参照。

(4)　下線部のある文の意味にあった選択肢ではイが適当。

(5)　ア　さくらはアメリカに行く前は，あいさつが大切だとは思っていなくて，他の生徒にもあいさつをしていなかった。　イ　人々がアメリカの店のレジの近くで1セント硬貨を使うとき，彼らはそれらを返さなければならない。　ウ　ドライブスルーレストランの多くの人が，次のお客にお金を払っていた。(○)　エ　アメリカの人々は，そうしなければならないので，常に他人を助ける。　オ　今では学校の前で彼女へあいさつをする生徒もいるので，さくらは気持ちがいい。(○)　問題本文第3段落の最後から1つ前の文 A few days~には，「他の多くの客が同じことをしていると知った」とあることからウが適当。また，問題本文最後の段落第5文 Some students pass~と，第6文 Other students greet~，第7文 That makes me~には，「何も言わずに通り過ぎる生徒もいるが，あいさつをする生徒がいてうれしい」とあることからオが適当。選択肢アの greeting は「あいさつすること」という動名詞形。

(6)　(問題文訳)　私はこの話を読む前に，誰かが親切にしてくれたら人々はうれしいのだと思いました。しかし，もし①(知らない)人ならば，助けたくありませんでした。また，困っている人を誰かが助けてくれると，いつも思っていました。この話は，私たちの親切な行動が人々を心地よい気持ちにさせ，人々の生活を変えるかもしれないことを私に教えてくれています。これらの行動が，世界の多くの場所で永遠に②(続く)ことを願っています。
ア　終わる　イ　知る(①)　ウ　合意する　エ　続く(②)　オ　作る　カ　解決する
問題文の意味にあった単語を選択したい。問題文の第4番目の文 This story tells~ の give people good feelings は give A B という形で A/B ともに目的語であり，「AにBを与える」という意味になる。

2022年度英語　リスニングテスト

〔放送台本〕

ただ今からリスニングテストを始めます。

問題は(1)から(4)まであります。聞きながらメモをとってもかまいません。また，(2)の会話は1回しか言いませんので，注意して聞いてください。(1)を始めます。問題は2つです。二人の会話とそれについての質問を聞いて，答えとして最も適切な絵を，それぞれア，イ，ウ，エから1つずつ選んで記号を書きなさい。会話と質問は通して2回ずつ言います。では始めます。

①　(A男)：I'm looking for my cap. Do you know where it is?
(B女)：I saw it under the table.
(A男)：Oh, thank you.
Question: Which picture shows this?

②　(A女)：I want to play tennis with you next Sunday.
(B男)：Well, it will rain on that day. Instead of tennis, let's play basketball at the community center.
(A女)：Sounds good.
Question: What sport will they play next Sunday?

〔英文の訳〕

①　(A男)：私の帽子を探しています。どこにあるか分かりますか？
(B女)：その帽子をテーブルの下で見ました。
(A男)：ああ，ありがとう。
質問　：これを示す絵はどれですか？
答え　：ウ

②　(A女)：来週の日曜日にあなたと一緒にテニスをしたい。

(B男)：ええと，その日は雨になるね。テニスの代わりに，コミュニティセンターでバスケットボールをしよう。
(A女)：いいね。
質問　：彼らは来週の日曜日に何のスポーツをしますか？
答え　：エ

〔放送台本〕
(2)に移ります。問題は3つです。二人の会話を聞いて，それぞれの会話の最後の文に対する応答として最も適切なものを，それぞれア，イ，ウから1つずつ選んで記号を書きなさい。会話は通して1回だけ言います。では始めます。

① (A男): Hello.
(B女): Hello, this is Aya. May I speak to Naomi, please?
(A男): I'm sorry, but she is out right now.

② (A 女): I'll have a hamburger and a salad.
(B男): OK. Anything to drink?
(A女): Apple juice, please. That's all. How much is it?

③ (A男): I'm going to go shopping with my sister tomorrow.
(B女): That's nice.
(A男): Do you want to come with us?

〔英文の訳〕
① (A男)：もしもし。
(B女)：もしもし，アヤです。ナオミと話してもいいですか？
(A男)：ごめんなさい，彼女は今外出しています。
答え　：ウ(伝言を残せますか？)

② (A女)：ハンバーガーとサラダをください。
(B男)：わかりました。何か飲みますか？
(A女)：リンゴジュースをお願いします。それで全部です。いくらですか？
答え　：イ(5 ドルです。)

③ (A男)：明日は姉妹と買い物に行くんだ。
(B女)：それはいいね。
(A男)：僕たちと一緒に来ない？
答え　：ア(もちろん。待てないね。)

〔放送台本〕
(3)に移ります。ALTのグリーン先生(Ms. Green)と中学生の陸(Riku)が，教室で会話をしています。会話の後で，3つの質問をします。答えとして最も適切なものを，それぞれア，イ，ウ，エから1つずつ選んで記号を書きなさい。会話と質問は通して2回ずつ言います。では始めます。

(*Ms. Green*): Hi, Riku. What are you reading?
(*Riku*): Hello, Ms. Green. I'm reading a book about traveling.
(*Ms. Green*): You are interested in traveling, right?
(*Riku*): Yes. I want to go to Italy someday.

(*Ms. Green*): Oh, really? I went there in 2013 and 2015. I like Italy very much. Why do you want to go there?
(*Riku*): Because I'm interested in the history of that country. I want to see old buildings there.
(*Ms. Green*): I have many beautiful pictures of them. Do you want to see them?
(*Riku*): Of course.
(*Ms. Green*): OK. I'll bring them tomorrow.
Questions: ① How many times has Ms. Green visited Italy?
② Why does Riku want to visit Italy?
③ What will Ms. Green bring to Riku tomorrow?

〔英文の訳〕
(グリーン先生)：こんにちは，陸。あなたは何を読んでいるの？
(陸)　：こんにちは，グリーン先生。旅行についての本を読んでいます。
(グリーン先生)：旅行に興味があるのね？
(陸)　：はい。いつかイタリアに行きたいです。
(グリーン先生)：ああ，本当に？ 私は2013年と2015年にイタリアへ行きました。私はイタリアがとても好きです。なぜそこに行きたいのですか？
(陸)　：イタリアの国の歴史に興味があるからです。そこで古い建物が見たいのです。
(グリーン先生)：私は古い建物のきれいな写真をたくさん持っています。あなたは写真を見たいですか？
(陸)　：もちろん。
(グリーン先生)：わかりました。明日写真を持ってきます。
質問①：グリーン先生は何回イタリアを訪れましたか？
答え①：ア(二回)
質問②：陸はなぜイタリアに行きたがっているのですか？
答え②：エ(彼はイタリアの歴史に興味があるから)
質問③：グリーン先生は明日陸に何を持ってきますか？
答え③：イ(古い建物の写真)

〔放送台本〕
(4)に移ります。交換留学生として秋田の中学校で学んでいたジャック(Jack)から，クラスにビデオレターが届きました。ジャックの話を聞いて，その内容として適切なものを，ア，イ，ウ，エから2つ選んで記号を書きなさい。また，ジャックの最後の[問い]に対して，話題を1つ取り上げ，2つの英文であなたの[答え]を書きなさい。ジャックの話は2回言います。はじめに15秒間，選択肢に目を通しなさい。では始めます。

Hello everyone. I went back to America last month. Thank you for helping me in Akita. I enjoyed staying there because everyone was so kind. At the beginning, it was difficult to talk with you in Japanese. However, soon I could understand you well because you spoke to me every day. Here in America, I started doing volunteer work. I help Japanese people who want to learn English. We usually talk in English. Sometimes I talk to them in Japanese. It is a lot of fun. Yesterday, we talked about our winter vacation. It was interesting because many people talked about different things. So I want to ask you a question. What did you do during your winter vacation?

これでリスニングテストを終わります。

〔英文の訳〕

こんにちは，みなさん。私は先月アメリカに戻りました。秋田でお世話になりました。みんなとても親切だったので，そこに滞在して楽しかったです。初め，みなさんと日本語で話すのは大変でした。しかし，みなさんが毎日私に話しかけてくれたので，すぐに私はみなさんをよく理解することができました。ここアメリカでは，ボランティア活動を始めました。私は英語を学びたい日本人を支援しています。普通私たちは英語で話をします。時々彼らと日本語で話します。とても楽しいです。昨日，私たちは冬休みについて話しました。多くの人がいろいろなことを話していたので面白かったです。だから，私はあなたに質問したいです。冬休みに何をしましたか？

答え：内容の適切な選択肢はアとエ。

［問に対する答え］ (例)I went to a shrine with my family. I wished for good health and a good year. (私は私の家族と神社へ行きました。私は，健康でよい年であることをお祈りしました。)

＜理科解答＞

1 (1) ① (例)酢酸オルセイン　② 細胞壁　③ イ　(2) ① 水　② 葉緑体　③ (例)養分からエネルギーをとり出す

2 (1) (名称) 沸点　(記号) ウ　(2) 19.4g　(3) (例)液体が急に沸騰する現象　(4) ① W 大きい　X 小さい　Y 小さい　② (例)エタノールの割合

3 (1) ① ウ　② (例)水蒸気が水滴に変わった　(2) ① ア，イ　② 右図1　③ 過程 (例)B日正午において，気温が16℃のときの飽和水蒸気量は13.6〔g/m^3〕で，湿度は79〔%〕だから，空気$1m^3$中に含まれる水蒸気量は，13.6×0.79＝10.744　よって，10.7〔g〕　10.7g　④ X C　Y (例)気温と露点の差が大きい

図1

4 (1) 右図2　(2) (例)弾性力　(3) 2.0 N　(4) ウ　(5) (例)水中にある部分の体積　(6) (記号) イ　(距離) 3cm

図2

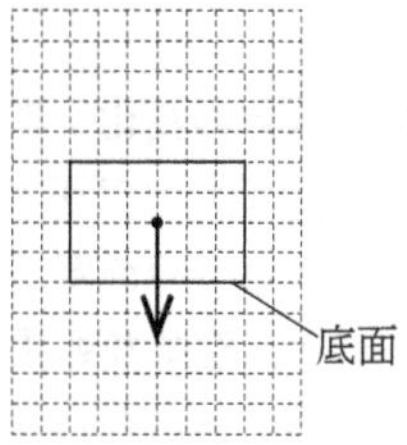

5 (1) ① (例)光の屈折　② D，E　③ エ　(2) ① M　② X 東　Y ア

6 (1) ① ア エ　② P 無性　Q (例)親の形質がそのまま現れる　(2) ① (例)加熱した試験管に水が流れこむことを防ぐため　② 0.8 g　③ X (例)分解　Y CO_2

＜理科解説＞

1 (生物と細胞：植物と動物の細胞の観察，生物の成長と生殖：体細胞分裂，植物の体のつくりとはたらき：光合成，動物の体のつくりはたらき：細胞による呼吸)

(1) ① 植物の細胞Aと動物の細胞Bの両方に見られる丸いものは核で，核が赤くよく染まる染色液は**酢酸オルセイン**である。 ② 植物の細胞Aには見られ，動物の細胞Bには見られない，Pは**細胞壁**で，細胞の形を維持し，からだを支えるのに役立っている。 ③ **細胞分裂の準備に入ると，それぞれの染色体が複製されて同じものが2本ずつできる。**細胞分裂が開始されると，染色体は2本ずつがくっついたまま太くなり，これが2等分され，それぞれが分裂後の細胞へと受けわたされる。よって，体細胞分裂を行う前とあとで，細胞1個の染色体の数は同じ数であり，xである。

(2) ① **光合成**では，気孔からとり入れた**二酸化炭素**と根から吸い上げた**水を使い，葉緑体で，光のエネルギーを利用して，デンプンなどの養分と酸素がつくられる。**細胞による呼吸では，酸素をとり入れ，二酸化炭素と水を放出している。よって，◇が表しているものは，水である。
② 細胞質の中で，光のエネルギーを使って光合成を行う部分を**葉緑体**という。 ③ **細胞による呼吸では酸素を使って，養分からエネルギーをとり出すときに，二酸化炭素と水ができる。**

2 （状態変化：蒸留実験・蒸留で得た物質の成分を密度で考察・沸点，身のまわりの物質とその性質：密度と物質の区別）

(1) 沸騰するときの温度を**沸点**といい，物質の種類によって決まっている。エタノールが沸点で沸騰しているときは**液体から気体に状態変化**しているので，液体と気体が混ざった状態である。

(2) 密度が1.00〔g/cm^3〕の水17cm^{3}と，密度が0.79〔g/cm^3〕のエタノール3cm^{3}の混合物の質量は，1.00〔g/cm^3〕×17〔cm^3〕+0.79〔g/cm^3〕×3〔cm^3〕≒19.4〔g〕である。

(3) ガスバーナーで加熱する液体を入れた太い試験管に**沸騰石を入れるのは，液体が急に沸騰する現象を防ぐためである。**

(4) ① 加熱する前の水とエタノールの混合物Aにポリプロピレンの小片を入れたとき，プロピレンがういたことから，Aはポリプロピレンよりも密度が大きいこと，最初に出てきた液体Bは，ポリプロピレンがしずんだことから，ポリプロピレンよりも密度が小さい。よって，BはAより密度が小さいことがわかる。 ② AからDを比べると，液体を集めたときの気体の温度がエタノールの沸点に最も近いBが最も燃えやすいことも表3からわかる。**密度や燃えやすさのちがいは，**それぞれの液体における**エタノールの割合のちがいに関係がある。**熱する前のS(成分はAと同じ)よりも，**エタノールが沸騰するときの温度あたりで集めたBのほうがエタノールの割合が大きい**から，沸騰するときの温度の違いを利用すれば，エタノールをとり出すことができる。

3 （天気の変化：雲のでき方の実験・空気中の水蒸気量・雲ができはじめる高さ・気圧）

(1) ① 1気圧は1013hPaである。 ② 注射器のピストンをすばやく引いたところ，丸底フラスコ内の温度が下がり，白くくもった理由は，ピストンを引いて丸底フラスコ内の**気圧を下げると，空気が膨張して温度が下がって露点に達し，**丸底フラスコ内の空気中の**水蒸気が水滴に変わったからだと考えられている。**

(2) ① 上昇気流ができる場所は，太陽の光で地面があたためられるところや，空気が山の斜面にぶつかるところである。 ② **雲量2～8が晴れ**である。よって，天気記号は，①である。
③ B日正午の気温は16℃であり，16℃における飽和水蒸気量は13.6〔g/m^3〕であり，湿度は79〔%〕である。よって，**空気1m^{3}中に含まれる水蒸気量は，13.6〔g/m^3〕×0.79≒**10.7〔g/m^3〕である。 ④ Cは気温が20℃のとき，露点が12℃であり，**空気が800m上昇して8℃気温が下がると露点になり，**空気中の水蒸気は水滴へと変わり凝結して雲ができる。同様にして，Aは気温と露点との差は6℃であるため，雲ができ始める高さは600mであり，Bは400mである。これら

のことから，空気の上昇によって雲のできはじめる高さが最も高かったのは，C日だと考えられる。その理由は，C日はほかの2日と比べて**気温と露点の差が大きい**からである。

4 (力と圧力：浮力と重力と弾性力・水圧)

(1) 物体Bの質量は80gであるため，0.8Nの重力がはたらいている。よって，Bの中心を作用点として下向きに4目盛りの矢印をかく。

(2) 変形したばねが，もとにもどろうとして生じる力を弾性力という。

(3) 表3において，**Tが2cmのとき**，ばねばかりの値は0であるため**Bは浮いているので，Bにはたらく重力0.8Nとつり合う浮力0.8Nがはたらいている。Tが6cmのとき，(ばねばかりがBを引く力1.2N)＋(Bにはたらく重力0.8N)＝2.0(N)**であるため，この下向きにはたらく力と**つり合う**上向きの力が**浮力**であり，**2.0NがBにはたらいている。**

(4) 表2において，Sが4cmのときのAにはたらく浮力＝(Aにはたらく重力0.8N)－(ばねばかりがAを引く力0.4N)＝0.4(N)である。よって，**$1\,\mathrm{N/m^2}=1\,\mathrm{Pa}$**，より，Sが4cmのとき**のAの底面にはたらく水圧〔Pa〕**$=\frac{0.4\,[\mathrm{N}]}{0.001\,[\mathrm{m}^2]}=400\,[\mathrm{N/m^2}]=400\,[\mathrm{Pa}]$である。Tが4cmのとき，(ばねばかりがBを引く力0.8N)＋(Bにはたらく重力0.8N)＝1.6(N)とつり合う浮力1.6NがBにはたらいている。よって，Tが4cmのとき**のBの底面にはたらく水圧〔Pa〕**$=\frac{1.6\,[\mathrm{N}]}{0.004\,[\mathrm{m}^2]}=400\,[\mathrm{N/m^2}]=400\,[\mathrm{Pa}]$である。したがって，水圧の大きさの比は1：1である。

(5) 表2から，水面からAの底面までの距離Sが1cmから4cmまでは大きくなっていき，水中にある部分の体積が大きくなると浮力が大きくなるため，ばねばかりの値〔N〕は、しだいに小さくなっていく。水面からAの底面までの距離Sが4cmから6cmは，物体がすべて水に入った状態になり浮力の大きさは変化しないため，ばねばかりの値〔N〕は一定になり，浮力の大きさは深さに関係ないことがわかる。以上は**アルキメデスの原理**の検証実験である。よって，**物体の水中にある部分の体積が大きくなるほど浮力は大きくなるが，物体がすべて水に入った状態では，物体の水中にある部分の体積が変わらず，浮力は変わらない。**

(6) BにAをのせたアも，BにAをつり下げたイも，はたらく重力は**1.6N**であり，どちらも水に浮くため，はたらく浮力は1.6Nである。イの場合，Aがすべて水に入ったときの浮力は表2より，0.4Nである。このとき，水に浮くには，**1.6－0.4＝1.2(N)の浮力が必要**である。問3と同様に，表3より，**Tが3cmのとき**，Bにはたらく浮力が**0.8＋0.4＝1.2(N)**であることがわかる。よって，**イの場合**，水面からBの底面までの距離は**3cm**で浮いている。アの場合，表3より，**Tが4cm**のとき，Bにはたらく浮力が**0.8＋0.8＝1.6(N)**であることがわかる。よって，**アの場合**，水面からBの底面までの距離は**4cm**で浮いている。

5 (光と音：光の屈折・凸レンズによる虚像・望遠鏡による像，太陽系と恒星：月の動きと見え方)

(1) ① 透明な物体に入射した光が曲がる現象は，光が異なる物質どうしの境界へ進むとき，境界の面で曲がる現象であり，これを**光の屈折**という。　② 凸レンズを通して物体より大きな**虚像**が同じ向きに見えるのは，物体が凸レンズの焦点の内側にあるとき，すなわち，図2では物体を**DとEの位置**に移動させたときで，スクリーン上に実像はできない。　③ 図1の手作り望遠鏡を通して，図3の三日月を観察するときの見え方である。まず，三日月は，凸レンズを使用した対物レンズによって，**上下左右が逆向きの実像**となる。上下左右が逆向きの実像の**正立の虚像**(図3の三日月とは上下左右が逆向きの虚像)が，焦点距離が異なる接眼レンズによってできることで，**物体が拡大されて見える**(ルーペの原理)。すなわち，図3の三日月を望遠鏡で見た場合は，**上下左右が逆向きの拡大された虚像**を見ていることになり，エのように見える。一般の望遠鏡もこの原理を活用したものである。

(2)　①　新月のときは，太陽の光を反射している面が地球から見えないため，月のすがたは見えないから，Mの位置である。　②　地球は西から東へ自転しているため，図4より，太陽が東から上がる地球上の夜明けの位置から，**夜明け前に見える細い月(二十七夜)を東の空に見ている。**芭蕉が二十七夜を見た28日の夜明け前から，およそ3日後の1日に新月となり，新月からおよそ2日後の3日の夕方，すなわち，**二十七夜からおよそ5日後の夕方に三日月を見ることができる。**

6　**(植物の分類，遺伝の規則性と遺伝子：無性生殖と遺伝子，物質の成り立ち：分解・化学式，化学変化と物質の質量：質量比・質量保存の法則)**

(1)　①　双子葉類は，網目状の葉脈や主根と側根などの特徴をもつ。　②　農家は，濃厚な甘みが特徴的なサツマイモを**無性生殖**でつくっている。その理由は，無性生殖では，親の体の一部が分かれてそれがそのまま子になるので，**子は親とまったく同じ遺伝子**を受けつぎ，**親とまったく同じ形質が現れる。**

(2)　①　ガラス管を水からとり出してから，加熱するのをやめた理由は，加熱した試験管に水が流れこむことを防ぐためである。　②　炭酸水素ナトリウムを加熱したときの変化を化学反応式で表すと，$2NaHCO_3 \rightarrow Na_2CO_3+H_2O+CO_2$，である。この実験における炭酸水素ナトリウムの質量と白い固体の物質である炭酸ナトリウムの比は84：53であることから，炭酸水素ナトリウムの質量が2.1gのときの炭酸ナトリウムの質量をxgとすると，**2.1：x=84：53**，x≒1.3(g)，である。よって，出てきた液体である水の質量と気体である二酸化炭素の質量の合計は，2.1−1.3=0.8(g)，である。　③　**分解**という化学変化により，炭酸水素ナトリウムから発生した水蒸気やCO_2が，ケーキをふくらませる要因になっている。

<社会解答>

1　(1)　(海洋名)　大西洋　(記号)　う　(2)　F(州)　(3)　ウ　(4)　㋐　(5)　エ
(6)　(例)インドは他国よりも第3次産業人口の割合が低く，人口が多いため一人あたりのGDPも低い。

2　(1)　イ　(2)　①　ウ　②　Y　(例)ゆるやか　Z　(例)果樹園　(3)　㋐
(4)　①　鉄道　②　(例)自動車は，他の輸送機関に比べてエネルギー消費量の割合が高く，貨物輸送量の割合が減っている。

3　(1)　①　あ　ア　い　カ　②　ウ→ア→イ　③　(名称)　衆議院　(資格)　(例)一定額以上の税金を国に納める満25歳以上の男子　(2)　①　イ　②　ア
(3)　①　ウ　②　徳川家光　③　(例)清とは対等な条約を結び，朝鮮とは日本に有利な不平等条約を結んだ。　④　(例)政権を朝廷に返上した。　⑤　エ　⑥　(例)日本に復帰した

4　(1)　①　労働基準法　②　(例)年齢が上がるにつれて，格差が拡大する　③　イ
(2)　①　(例)グローバル　②　ウ　③　エ　④　イ　⑤　アメリカ　(3)　①　ウ
②　ア・イ　③　エ　④　世界人権宣言　⑤　採択されなかった理由　(例)反対する常任理事国があったから。

＜社会解説＞

1 **(地理的分野—世界地理－地形・気候・資源・人口・貿易，—環境問題)**

(1)　海洋名　**太平洋・大西洋・インド洋**が**世界三大洋**である。三大洋の中で，ユーラシア大陸・アフリカ大陸・北アメリカ大陸・南アメリカ大陸・南極大陸に囲まれた大洋が，大西洋である。記号　北アメリカ大陸・南アメリカ大陸の地図上の右側，つまり東側に位置するのが大西洋である。記号の，うである。

(2)　Y国はイギリスであり，地球の中心を通り，正反対にある地点は，F州のアンティポデス諸島である。F州はオセアニア州である。なお，地球の中心を通り，正反対にある地点のことを**対せき点**という。

(3)　Y国は**イギリス**であり，その首都は**ロンドン**である。ロンドンは**西岸海洋性気候**に属して，暖流と偏西風の影響を受け，高緯度の割には年間を通じて比較的暖かい。グラフのウである。

(4)　**一人あたりの**CO_2**排出量**が最も多いのは，**アメリカ合衆国**であり，アメリカ合衆国を含むD州は，表1中の㋐である。

(5)　ブラジルは，石炭は輸入依存だが，**鉄鉱石**については鉱山を有し自給している。さらにブラジルは，世界第三位の鉄鉱石産出国であり，世界有数の鉄鉱石輸出国である。日本は，ブラジルから膨大な量の鉄鉱石を輸入している。

(6)　インドは，図3に見られるように，アメリカ・ドイツ・南アフリカ共和国と比べて，**第3次産業人口**の割合が低く，人口が多いため一人あたりの**GDP(国内総生産)**も極めて低い。しかし，インドは，ブラジル・ロシア・中国と共に2000年代以降に著しい経済発展を遂げており，この4か国をまとめて**BRICs**という。

2 **(地理的分野—日本地理－地形・地形図の見方・交通)**

(1)　地図のXは**濃尾平野**である。濃尾とは，旧国名の美濃(岐阜県)と尾張(愛知県)にまたがる地方であるところから言われる。

(2)　①　普通の地図では，上が北，右が東，下が南，左が西である。　Q　川は左上から右下に流れているので，北西から南東に流れている。　②　Y　この**地形図**の縮尺は2万5000分の1なので，等高線は10mごとに引かれている。等高線が密なのは，bの範囲であり，aの範囲の方が傾斜はゆるやかである。Zaの範囲には，「ó」の地図記号が多くみられ，これは果樹園を表している。広葉樹林の地図記号「Q」と似ているので注意が必要である。

(3)　**集積回路・半導体・精密機械**など，小さく，軽くて高価なものは，**飛行機**での輸送に適しているため，空港からの輸出入が多くなる。アが関西国際空港である。

(4)　①　1965年では，**旅客輸送量**の3分の2を占めていたが，50年間に減少し，2017年では3分の1に激減しているのが鉄道である。　②　自動車は，鉄道・船舶・航空などの輸送機関に比べて**エネルギー消費量**の割合が極めて高く，貨物輸送量の割合が6割強から5割強に減っている。

3 **(歴史的分野—日本史時代別－旧石器時代から弥生時代・古墳時代から平安時代・鎌倉時代から室町時代・安土桃山時代から江戸時代・明治時代から現代，—日本史テーマ別－政治史・経済史・外交史・文化史，—世界史－政治史)**

(1)　①　あ　詔(みことのり)とは天皇の命令である。　い　538年に伝わった**仏教**は，天皇家や**蘇我氏**の信仰を集め，半世紀の間に広まり，政治にも影響を及ぼした。　②　ア　**平治の乱**が起こったのは，平安時代末期の1159年である。　イ　**承久の乱**が起こったのは，鎌倉時代の1221年である。　ウ　**平将門の乱**が起こったのは，平安時代中期の935年である。したがって，年代の古い順に並べると，ウ→ア→イとなる。 ③ 名称 **大日本帝国憲法**下では，**帝国議会**は上院である**貴族院**と下院である**衆議院**の二院制であった。 資格 有権者資格は，一定額の税金を国に納める**満25歳以上の男子**であった。一定額の税金とは，第一回衆議院議員選挙の際には，**直接国税15円**以上であった。このように納税額等で，選挙権資格を制限することを**制限選挙**という。納税額による制限がなくなったのは，1925年の衆議院議員選挙法の改正により**普通選挙**が実現した時である。

(2) ① **狩野永徳**は，安土桃山時代に活躍した絵師である。代表的作品として**「唐獅子図屏風」**がある。同じ安土桃山時代に活躍したのは，**千利休**である。利休は，大名や豪商たちの間に茶の湯が流行する中で，わび茶を大成させた。 ② イ 洗濯機・冷蔵庫などが普及したのは，1950年代から始まった**高度経済成長期**である。 ウ **太陽暦**が採用されたのは，明治初期の**文明開化**の風潮の中にあった1872年である。 エ 米などの生活物資が**配給制**や**切符制**になったのは，**日中戦争**の長期化する1941年に始まり，第二次世界大戦後まで続いた。イ・ウ・エのどれも別の時代の説明であり，アが正しい。**ラジオ放送**が始まったのは，大正時代末期の1924年である。

(3) ① ア 中国の**皇帝**から**王の称号**や**金印**を授けられたのは，弥生時代のことである。 イ **朱印船貿易**により各地に**日本町**ができたのは，安土桃山時代である。 エ **勘合符**を用いた貿易が行われたのは，室町時代である。ア・イ・エのどれも別の時代の説明であり，ウが正しい。**元寇**後の鎌倉後期から南北朝時代には，**元**と日本の間には活発な交流があり，多くの**禅僧**が来日した。 ② 1641年に**平戸**の**オランダ商館**が**長崎出島**に移され，**鎖国**が完成したのは，江戸幕府の**3代将軍徳川家光**の時代である。 ③ **清**とは1871年に対等な**日清修好条規**を結び，**朝鮮**とは1875年江華島事件などでの軍事力を背景に，日本に有利な**不平等条約**である**日朝修好条規**を結んだ。 ④ **倒幕**の勢いが強まる中で，1867年の**大政奉還**によって政権を朝廷に返上することで徳川家の勢力を温存し，新政権にも加わろうとした。 ⑤ ア **ベトナム戦争**が激化したのは，アメリカ軍による**北爆**が行われた1960年代中期のことである。 イ 1973年に起こった**第4次中東戦争**をきっかけに**石油危機**が起こった。 ウ 1991年の旧ソ連の解体により，多くの国が独立を宣言した。ア・イ・ウのどれも別の時代のことであり，エが正しい。1931年の**満州事変**以来の日中両国の交戦は，1937年の**盧溝橋事件**をきっかけに**日中戦争**として本格化した。
⑥ **第二次世界大戦**終結後27年間にわたって，アメリカによる占領統治が続いていた**沖縄**は，ニクソンアメリカ大統領と**佐藤栄作首相**の交渉により，1972年に日本に返還され，沖縄県となった。しかし，沖縄に置かれた**米軍基地**は，アメリカの東アジアに対する戦略から，そのまま残された。

4 (公民的分野―経済一般・国際社会との関わり・地方自治・財政・基本的人権)

(1) ① **「労働三法」**とは，三つの法律**「労働基準法」「労働組合法」「労働関係調整法」**の総称である。労働者のための統一的な保護法として，1947年に制定されたのが，労働基準法である。**労働条件**の基準を定め，第4条では，**男女同一賃金**について定め，第32条では，**1日8時間労働制**や，1週40時間労働制などを内容としている。 ② 図1を読み取り，年齢が上がるにつれて，男女間の格差が拡大するということを簡潔に記せばよい。 ③ 女性は30歳から40歳までの間，働いている人の割合が落ちこんでいる。それは，育児のためと考えられ，会社が保育園をつくることにより，子供を保育園に入れることで，女性が働きやすくなり，**女性の離職率**が下がると期待される。

(2) ① 文化・経済・政治などの人間の諸活動およびコミュニケーションが，これまで存在した国家・地域など縦割りの境界・枠組みを越えて大規模に行なわれるようになり，**地球規模**で統合され，一体化される傾向のことを**グローバル化**という。　②　例えば1ドル120円が1ドル100円になるとき，ドルに対して円の価値が高くなったということで，**円高**になったという。円高になると輸入品の価格が安くなり，輸入企業には有利になる。また，円高のときには，円に対する需要が高まり，ドルを円に換える動きが強まる。　③　円高が進むと，日本国内で生産し輸出することが難しくなるため，海外に工場を移転させ，現地で生産・販売をするようになる。そのため，国内の生産や雇用が減少することが起こり，それは**産業の空洞化**と言われる。　④　**地方公共団体**には，東京都のように，**地方税**収入が潤沢なところもあるが，地方税収入の少ない県もある。そこで，地方公共団体間の財政格差を減らすため，**地方交付税交付金**が存在する。国が国税として徴収した税の中から，一定割合を地方に配分し，その用途は地方公共団体が自由に決められるというのが，地方交付税交付金である。　⑤　図5を読み取り，アメリカは，**所得税**などの**直接税**の割合が大きく，税の支払い能力に応じて課税するという意味での公平さがあることを指摘する。

(3)　①　自分と異なる考えや価値観を受け入れることが，**異文化理解**である。　②　領土の海岸線から12海里(約22km)を領海という。領海に接し，海岸線から200海里(約370km)までの海域を，**排他的経済水域**という。排他的経済水域内では，**漁業**や**天然資源の採掘**，**科学的調査**などを自由に行う事ができる。正解はアとイである。　③　1967年に設立され，現在はタイ・インドネシア・シンガポール・フィリピン・マレーシア等10か国から構成されているのが，**ASEAN(東南アジア諸国連合)**であり，日本は長い間協力関係を築いてきた。　④　1948年に行われた**国際連合**の第3回**総会**で，人権および自由を尊重し確保するために，「すべての人民とすべての国とが達成すべき共通の基準」を宣言し，採択されたのが**世界人権宣言**である。法の下の平等，身体の安全，思想・良心・宗教の自由，表現の自由，集会・結社の自由，生存権などが，全国家と人民の「達成すべき共通の基準」であることがうたわれている。　⑤　下記の理由で採択されなかったことを明確に解答する。　理由　国連の**安全保障理事会**では，**常任理事国**5か国のうち1国でも反対すれば，その議案は否決される。常任理事国は**拒否権**を持っていることになり，この決議案も常任理事国のうちの1国が反対したことにより否決された。

＜国語解答＞

一　1　(例)自然に囲まれた環境でスポーツを楽しめる(こと)　2　(例)(品物の安さより，)旬の野菜が手に入る(ということを伝えた方がよい)　3　(例)聞き手の興味や関心に基づいて(情報を伝えること)　4　ウ

二　1　(環境に適応して生息し，)繁栄(していること)　2　困難に対応するサバイバル能力　3　(1)　a　意図的　b　実力が出しきれない　(2)　(例)逆転の可能性にかけている　(3)　イ　4　(例)(攪乱が起こる環境では，)悪条件を克服する力が他の植物より強い雑草が，生存競争を有利に進める(ことができるから)

三　1　①　おごそ(か)　②　貴重　③　けいしょう　④　営(み)　2　エ　3　五段(活用)　4　イ

四　1　発掘　2　a　自然に変化させる力　b　完全に離されてしまった　3　(例)高い技術を身につけたいと純粋に思っていたわけではなく，仲間への邪推や競争心があった(ことに気付いたから)　4　(1)　(例)指の動かし方　(2)　エ　(3)　(例)確かな技術を

身につけて，ものづくりに一生懸命取り組んでいく

五　1　①　ように　②　おいては　2　B　3　ア　4　(例)(烏からの,)高い所から蝸牛を落として殻を割ればよい(という教え)　5　(1)　鳥　(2)　技を殊にする　(3)　(例)優れた人に聞く

六　(例)　表を見ると，第一版には掲載されていなかった「リサイクル」という語句が，第八版には掲載されていることに気付きます。これは，近年のごみ問題が，昭和四十七年ごろと比べて深刻な社会問題となり，資源の再利用が叫ばれるようになったためだと考えられます。時代が変わり，社会や人々の考え方が変化すれば，新しい言葉が生まれたり，前からある言葉に新しい意味が加わったりするのは，当然のことです。私は，変化を恐れることなく，そのときどきの状況や思いを的確に捉える言葉を使って，新しい世界に挑戦していきたいと思います。

＜国語解説＞

一　(聞き取り―内容吟味)

1　さとるさんは，「運動公園には体育館やテニスコートなどたくさんの運動施設があることや，**自然に囲まれた環境でスポーツを楽しめる**ことを紹介すれば……」と言っている。

2　ゆかさんは，「さとるさんの話を聞いて，**旬の野菜が手に入る**ということを伝えた方が……と考え直しました」と言っている。

3　たけしさんは，「プレゼンテーションをする上で大切なことは，**聞き手の興味や関心に基づいて情報を伝える**ことだと言えそうですね」と言っている。

4　たけしさんは，「～ですね。」という形でさとるさんやゆかさんの**発言を受け止め**，**資料**について写真やレシピなどの**具体案**を示しながら進めているので，ウが正解。発言の比較や数値による分析はしていないので，アは誤り。イの，発言の問題点の指摘や話題の方向性の修正はしていない。発言についての詳しい説明を求める場面はないので，エは不適切である。

二　(論説文－内容吟味，文脈把握)

1　解答欄の前の「環境に**適応**して生息し」という語句に注目する。設問に「これより前の本文中から」とあるので，前の段落の「雑草は，予測不能な変化に適応し，攪乱が起こる条件を好んで**繁栄**している」から抜き書きする。

2　同じ段落の後半に「そこで要求されるのは，けんかの強さよりも，次々と襲いかかる**困難に対応するサバイバル能力**なのである」とあるので，ここから抜き書きする。

3　(1)　a　「奇抜な一手」については，「プロの将棋の対局では，自分が不利になると，**意図的**に定跡を外れた手や，常識的な読み筋を外した奇抜な手を指すことがある」とあるので，ここから抜き書きする。　b　筆者は，雨天の試合など「どちらも**実力が出しきれない**状況では，勝負の行方はわからない」と述べている。この場合の「勝負の行方はわからない」は格下が勝つ場合があるということである。　(2)　予測不能な状況では，「逆転の可能性」が出てくる。将棋で定跡や常識的な読み筋を外すのは，予測不能な状況での**逆転の可能性にかけている**ことを示している。「不利な者が勝つ可能性を狙う」などでも正解とする。　(3)　筆者は，サッカーや将棋の事例を挙げて，「雑草は逆境を好む」という**主張に説得力を持たせている**。このことを説明したイが正解。アの「問題提起」，ウの「批判」，エの「仮説における矛盾点」は，本文の事例とは無関係である。

4　最終段落の「悪条件な環境を**生存競争**の場とすれば……雑草にも活路が見いだせる」「不利を**克服**する力が他の植物よりも強いという相対的な強さで，雑草は他の植物を圧倒している」をもとに，前後の語句につながるように35字以内で書く。指定語句の「克服」「生存競争」を必ず入れて書くこと。

三 (知識―漢字の読み書き，熟語，文と文節，品詞・用法)

1　①「**厳**」には，「ゲン・ゴン・**おごそ(か)**・きび(しい)」という読みがある。　②「**貴重**」は，非常に大切な様子を表す。　③「**継承**」は，受け継ぐという意味。　④「**営**」は，上の点の向きに注意する。

2　「身近で」と「なじみ深い」は，いずれも「『博物館』です」を修飾する文節であり，順序を入れ替えて「なじみ深く身近な『博物館』です」としても文全体の意味が変わらないので，エの「**並立の関係**」にある。

3　「思う」は**五段活用**の動詞で，「思わ・思い・思う・思う・思え・思え」と活用する。

4　「多種多様」は，**たくさんのものがそれぞれ違っていること**を表す四字熟語であり，これと同じ意味を表すのはイの「**千差万別**」である。他の四字熟語の意味は，ア「大同小異」＝小さな違いはあるが大体は同じであること，ウ「花鳥風月」＝自然の美しい風物，エ「適材適所」＝その人の才能にふさわしい仕事や地位につけること。

四 (小説―情景・心情，内容吟味，文脈把握)

1　少し後の本文に「あらかじめ隠れていたネジ型が，原口の作業によって**発掘**されたような感じだ」とあるので，ここから抜き書きする。

2　a　本文で「鉄に立ち向かうような気持ち」と対比されているのは，「硬い鉄さえも**自然に変化させる力**」である。　b　心は，自分がけがで練習を見学している間にネジ切りを習得しているらしい亀井を見て，「**完全に離されてしまった**」と感じている。

3　「**高い技術**を身につけたいとばかり，純粋に思っていたわけではなかった。見当ちがいに原口を邪推し，亀井には，刃のような競争心を感じていた」の内容をまとめて，解答欄の後の語句に続くように45字以内で書く。「原口」「亀井」という固有名詞の代わりに，指定語句の「**仲間**」を用いること。

4　(1)　他の生徒の練習を見学しながら折りヅルを折り続けた心の様子は，「**指の動き方**がわかってきたようだった」と書かれている。　(2)　「五十枚入りの折り紙が半分になった」は，**不自由な指で長い時間をかけて**25羽以上のツルを折ったことを表すので，エが正解となる。心の礼儀正しさや周囲との人間関係が変化したことは読み取れないので，他の選択肢は不適切である。
(3)　心は見学中に「**確かな技術**」がどのようなものであるかについて考えを深め，仲間に邪推や競争心を抱いていた自身のあり方を反省するとともに，指の動かし方を工夫し，折り目正しいツルを作れるようになっている。けがをして，高い技術を身につけたいという意欲がかえって強くなっている様子が読み取れる。抜糸の後は，確かな技術を身につけようと努力しながら**ものづくり**に取り組むことが想像できる。指定語句の「ものづくり」を用いて，30字以内で書くこと。

五 (古文・漢文―内容吟味，文脈把握，仮名遣い)

〈本文の口語訳〉　ある時，鷲が「蝸牛を食べたい」と思ったけれども，どうしたらいいか知らない。思い悩んでいたところに，烏がわきから出てきて申したのは，「この蝸牛を殺すことは，とてもたやすいことです。私が申し上げるようになさった後，私にその半分をお与えになれば，お教えいたしましょう。」と言う。鷲は同意して，その方法を問うと，烏が言うことには，「蝸牛を高い所から落としなさったら，その殻は，すぐに砕けるでしょう」と言う。そこで，教えられたようにすると，烏の提案通りに，たやすく身を取って，これを食べた。

このように，たとえ権力があり身分が高い家柄であっても，自分の心を思うがままにせず，知恵がある者の教えに従うべきである。その理由は，鷲と烏を比べると，備えた能力は，決して勝るはずはないけれども，蝸牛の中身を取り出す技術については，烏が最も優れている。物事に応じて，個別に人に尋ねるのがよい。

〈漢文の口語訳〉 足の速い名馬は一日で千里を走るが，ねずみを捕らえる技能は猫やイタチに及ばないというのは，それぞれがもっている技能が違うことを言うのである。

1 ①「**や**」を「**よ**」に直して「**ように**」と書く。　②「**ゐ**」を「**い**」に直して「**おいては**」と書く。

2 Aの主語は鷲，Bの主語は**烏**，Cの主語は鷲，Dの主語は鷲なので，Bが正解。

3 烏が「この蝸牛，亡さん事」と言っていることからわかるように，**蝸牛は鷲の目の前にいる**。しかし，蝸牛が硬い殻に閉じこもってしまったので，中身を取り出して食べることができないのである。正解はア。鷲は，蝸牛が食料になることを知っているし，すでに見つけているので，他の選択肢は不適当である。

4 「**蝸牛を高き所より落し給はば，その殻，忽ちに砕けなん**」をもとに，「高い所から蝸牛を落とす」「殻を割る」の二つの要素を入れて，前後の表現につながるように書く。

5 (1) 鷲に蝸牛の殻を割る方法を教えたのは**烏**である。 (2) 漢文で「違った技能をもっている」という内容に対応するのは「**技を殊にする**」である。 (3) 「**『智者』の教えに従う**」という意味の現代語を10字以内で書く。「知恵がある人に尋ねる」(10字)，「熟練者に教えてもらう」(10字)などと答えても正解とする。

六 (作文)

与えられた**条件**を満たして書くこと。**【表】**から気付いたことを**具体的に**取り上げて，「言葉について**考えたこと**を**200～250字**で書く。解答例は，「リサイクル」という語句が第一版には掲載されていなかったのに第八版には掲載されていることを取り上げ，言葉の変化に対する自分の考えを述べている。書き終わったら**必ず読み返して**，誤字・脱字や表現の不自然なところは書き改める。

秋田県公立高等学校

2021年度

★★★★★★★★★★★★★★★★★★★★★★★

入　試　問　題

2021年度

●くわしい解説……39ページ

＜数学＞

時間　60分　　満点　100点

1　次の(1)～(15)の中から，**指示された８問**について答えなさい。

(1)　$4-(-6)\times 2$　を計算しなさい。

(2)　$\dfrac{x-2y}{2}-\dfrac{3x-y}{6}$　を計算しなさい。

(3)　$(x-3y)(x+4y)-xy$　を計算しなさい。

(4)　$a=\sqrt{3}-1$ のとき，a^2+2a　の値を求めなさい。

(5)　方程式　$\dfrac{3}{2}x+1=10$　を解きなさい。

(6)　紅茶が450mL，牛乳が180mLある。紅茶と牛乳を５：３の割合で混ぜて，ミルクティーをつくる。紅茶を全部使ってミルクティーをつくるには，牛乳はあと何mL必要か，求めなさい。

(7)　連立方程式　$\begin{cases} x+4y=-1 \\ -2x+y=11 \end{cases}$　を解きなさい。

(8)　方程式　$2x^2-5x+1=0$　を解きなさい。

(9)　右のグラフは，あるクラスの20人が，読書週間に読んだ本の冊数と人数の関係を表したものである。この20人が読んだ本の冊数について代表値を求めたとき，その値が最も大きいものを，次の**ア**～**ウ**から１つ選んで記号を書きなさい。

ア　平均値	**イ**　中央値	**ウ**　最頻値

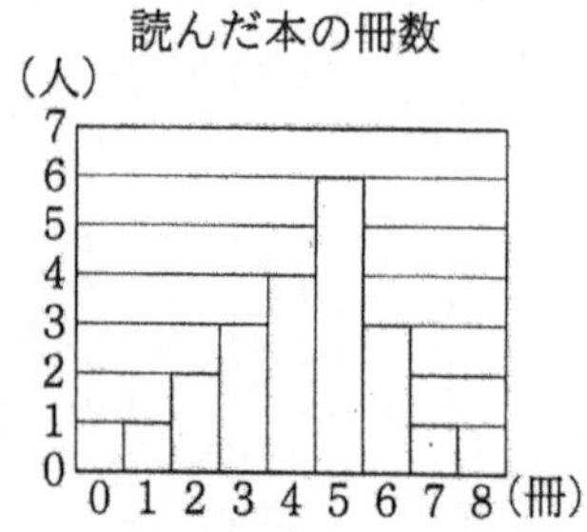

(10)　n は自然数である。$10<\sqrt{n}<11$を満たし，$\sqrt{7n}$ が整数となる n の値を求めなさい。

(11)　下の図で，$\angle x$ の大きさを求めなさい。

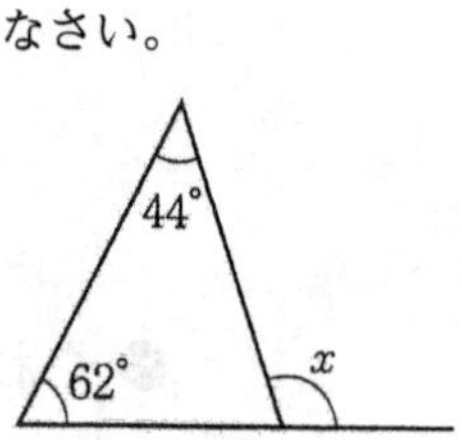

⑿　右の図で，おうぎ形の半径は5㎝，中心角は240°である。このおうぎ形の面積を求めなさい。ただし，円周率をπとする。

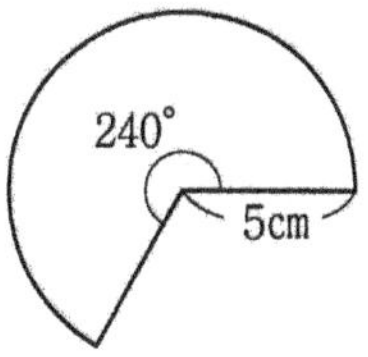

⒀　右の図のように，円Oの周上に3点A，B，Cがある。線分ABの長さが半径OAの長さに等しいとき，∠BACの大きさを求めなさい。

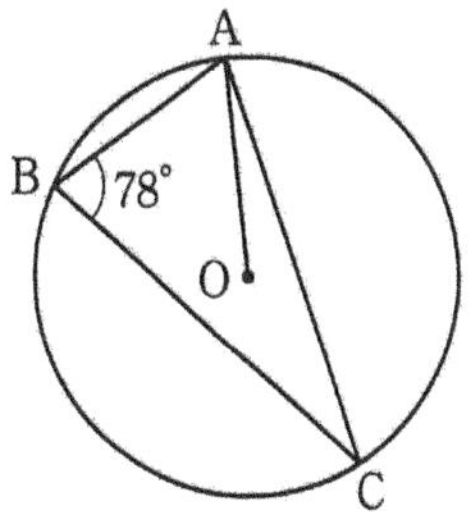

⒁　右の図のように，AB＝2㎝，BC＝3㎝，∠B＝90°の直角三角形ABCがある。この直角三角形ABCを，辺ABを軸として1回転させてできる円錐の体積は，辺BCを軸として1回転させてできる円錐の体積の何倍か，求めなさい。

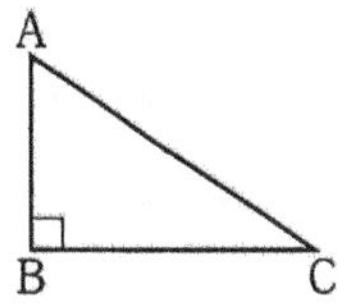

⒂　右の図で，立方体ABCD－EFGHの体積は1000㎤である。三角錐H－DEGにおいて，△DEGを底面としたときの高さを求めなさい。

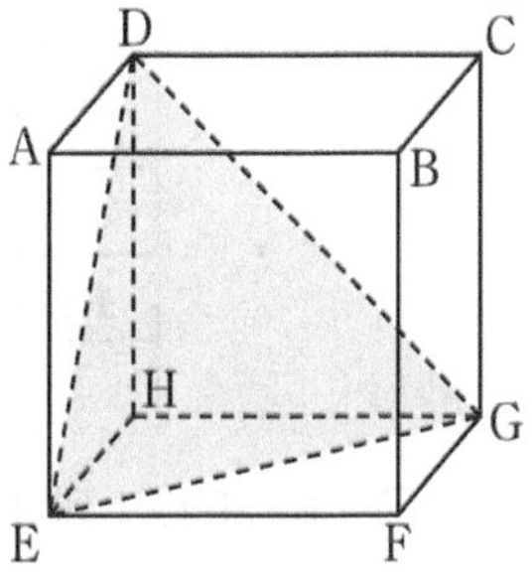

2　次の⑴～⑷の問いに答えなさい。

⑴　次の①，②の問いに答えなさい。

①　関数$y=\frac{6}{x}$で，xの値が1から3まで増加するときの変化の割合を求めなさい。求める過程も書きなさい。

②　次のページの図において，Ⓐは関数$y=ax^2$，Ⓑは関数$y=bx^2$，Ⓒは関数$y=cx^2$，Ⓓは関数$y=dx^2$のグラフである。a，b，c，dの値を小さい順に左から並べたとき正しいものを，次の**ア**～**エ**から1つ選んで記号を書きなさい。

ア　c，d，a，b	**イ**　b，a，d，c
ウ　d，c，b，a	**エ**　c，d，b，a

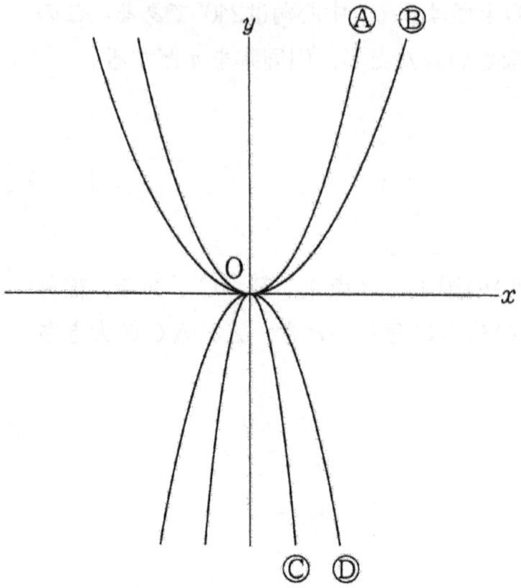

⑵　１から順に自然数が１つずつ書かれているカードがある。次の表のように，これらのカードを，書かれている数の小さい順に１行目の１列目から矢印に沿って並べていく。

表

	１列目	２列目	３列目	４列目	５列目
１行目	1 →	2 →	3 →	4 →	5
２行目	10	← 9	← 8	← 7	← 6
３行目	□ →	□ →	□ →	□ →	□
４行目	□	← □	← □	← □	← □
⋮	⋮	⋮	⋮	⋮	⋮

①　６行目の１列目のカードに書かれている数を求めなさい。

②　n 行目の３列目のカードに書かれている数を，n を用いた式で表しなさい。

⑶　右の図のように，三角形ＡＢＣがある。点Ｄは辺ＡＢ上にあり，ＡＢ⊥ＣＤである。辺ＣＡ上に，∠ＢＣＤ＝∠ＢＰＤとなる点Ｐを，定規とコンパスを用いて作図しなさい。ただし，作図に用いた線は消さないこと。

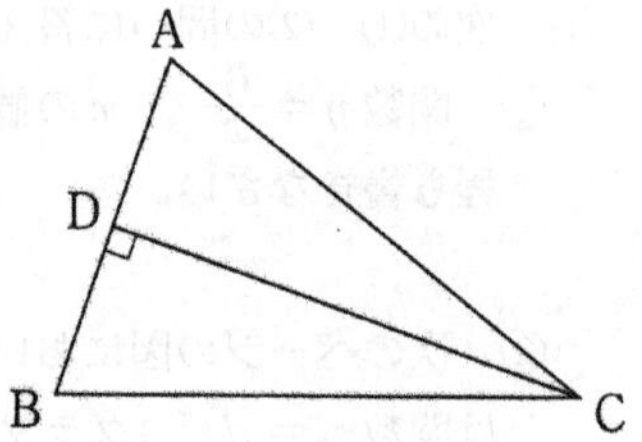

⑷　サイクリングコースの地点Ｓから地点Ｇまで自転車で走った。地点Ｓから地点Ｇまでの道のりは30㎞である。午前10時に地点Ｓを出発し途中の地点Ｒまで時速12㎞で走り，地点Ｒから地点Ｇまで時速９㎞で走ったところ，午後１時に地点Ｇに到着した。地点Ｓから地点Ｒまでと，

地点Rから地点Gまでのそれぞれの道のりとかかった時間を知るために，麻衣さんは道のりに着目し，飛鳥さんはかかった時間に着目して，連立方程式をつくった。２人のメモが正しくなるように，**ア**，**ウ**にはあてはまる**数**を，**イ**，**エ**にはあてはまる**式**を書きなさい。

[麻衣さんのメモ]

地点Ｓから地点Ｒまでの道のりを x km，地点Ｒから地点Ｇまでの道のりを y kmとすると，

$$\begin{cases} x+y = \boxed{\text{ア}} \\ \boxed{\text{イ}} = 3 \end{cases}$$

[飛鳥さんのメモ]

地点Ｓから地点Ｒまで走るのにかかった時間を x 時間，地点Ｒから地点Ｇまで走るのにかかった時間を y 時間とすると，

$$\begin{cases} x+y = \boxed{\text{ウ}} \\ \boxed{\text{エ}} = 30 \end{cases}$$

3　次の⑴～⑶の問いに答えなさい。

⑴　右の図１のように，三角形ＡＢＣがある。点Ｄ，Ｅは，それぞれ辺ＡＢ，ＡＣ上の点であり，ＤＥ // ＢＣである。このとき，△ＡＢＣ∽△ＡＤＥとなることを証明しなさい。

図１

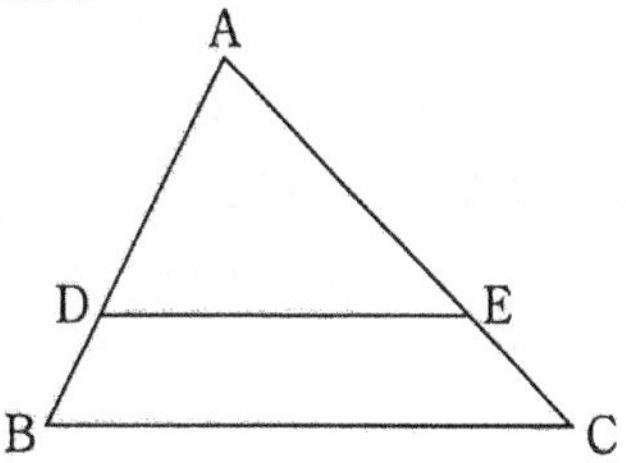

⑵　四角形ＡＢＣＤがあり，点ＡとＣ，点ＢとＤをそれぞれ結ぶ。次の《**条件**》にしたがって，点Ｅ，Ｆ，Ｇ，Ｈを，それぞれ辺ＡＢ，ＢＣ，ＣＤ，ＤＡ上にとり，四角形ＥＦＧＨをつくる。

《**条件**》
・ＡＥ＝ＥＢ，ＢＦ＝ＦＣ
・ＥＨ // ＢＤ，ＦＧ // ＢＤ

①　[詩織さんの説明] が正しくなるように，ⓐにあてはまる**言葉**を書きなさい。

[詩織さんの説明]

図２において，四角形ＥＦＧＨは平行四辺形になります。

[証明]
仮定より，ＡＥ＝ＥＢ，ＢＦ＝ＦＣだから，
ＥＨ：ＢＤ＝ＦＧ：ＢＤ＝１：２
したがって，ＥＨ＝ＦＧ…①
ＥＨ // ＢＤ，ＦＧ // ＢＤだから，
ＥＨ // ＦＧ…②
①，②より［　ⓐ　］から，
四角形ＥＦＧＨは平行四辺形である。

図２

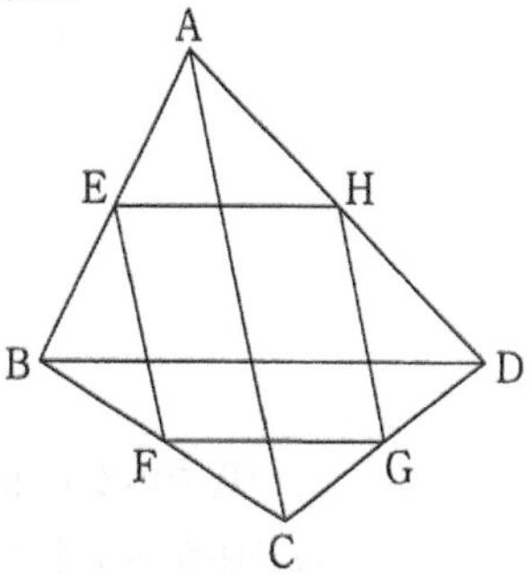

②　［詩織さんの説明］を聞いた健太さんは，四角形ＥＦＧＨがひし形になる場合について考えた。［健太さんの説明］が正しくなるように，ⓑにあてはまるものを下の**ア**～**オ**から１つ選んで記号を書きなさい。

［健太さんの説明］

詩織さんが説明しているように，四角形ＥＦＧＨは平行四辺形になります。さらに，四角形ＡＢＣＤの条件として，［　ⓑ　］を加えます。このとき，《**条件**》にしたがって四角形ＥＦＧＨをつくると，四角形ＥＦＧＨはいつでもひし形になります。

ア　∠ＢＡＣ＝∠ＢＤＣ　　**イ**　∠ＢＡＣ＝∠ＤＣＡ
ウ　∠ＡＣＢ＝∠ＡＤＢ　　**エ**　ＡＣ＝ＢＤ
オ　ＡＣ＝ＡＤ

⑶　図３のように，四角形ＡＢＣＤがあり，ＡＣ⊥ＢＤである。点Ｅ，Ｆ，Ｇ，Ｈは，それぞれ辺ＡＢ，ＢＣ，ＣＤ，ＤＡ上の点であり，ＡＥ：ＥＢ＝ＣＦ：ＦＢ＝２：１，ＥＨ // ＢＤ，ＦＧ // ＢＤである。四角形ＡＢＣＤの面積が18cm^2のとき，四角形ＥＦＧＨの面積を求めなさい。

図３

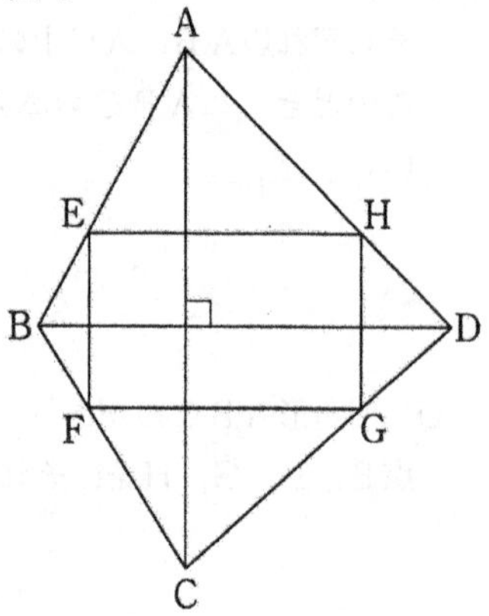

4　次の⑴，⑵の問いに答えなさい。

⑴　次の図のように，袋の中に整数1，2，3，4，5が１つずつ書かれている玉が５個入っている。このとき，後の①，②の問いに答えなさい。ただし，どの玉が取り出されることも同様に確からしいものとする。

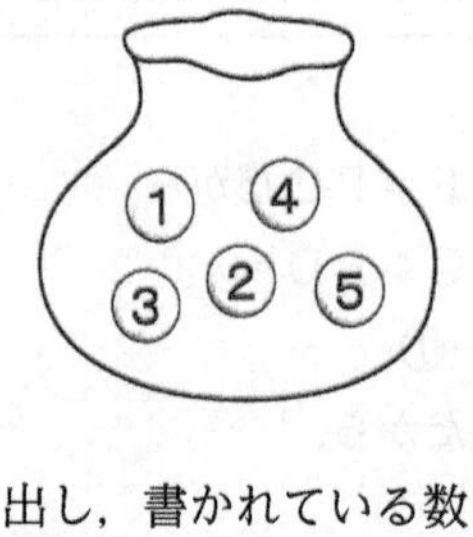

①　この袋の中から玉を１個取り出し，書かれている数を確かめた後，玉を袋に戻す。再びこの袋の中から玉を１個取り出し，書かれている数を確かめる。はじめに取り出したときの玉に書かれている数をxとし，再び取り出したときの玉に書かれている数をyとする。$x > y$になる確率を求めなさい。

② この袋の中から同時に２個の玉を取り出すとき，少なくとも１個の玉に書かれている数が偶数になる確率を求めなさい。

⑵ 「３けたの自然数から，その数の各位の数の和をひくと，９の倍数になる」ことを，次のように説明した。［説明］が正しくなるように，**ア**に説明の続きを書き，完成させなさい。

［説明］

> ３けたの自然数の百の位の数を a，十の位の数を b，一の位の数を c とすると，３けたの自然数は，$100a+10b+c$ と表すことができる。各位の数の和をひくと，
>
> **ア**
>
> したがって，3けたの自然数から，その数の各位の数の和をひくと，９の倍数になる。

5 次のⅠ，Ⅱから，**指示された問題**について答えなさい。

Ⅰ 次の図のように，２点Ａ(8, 0)，Ｂ(2, 3) がある。直線㋐は２点Ａ，Ｂを通り，直線㋑は２点Ｏ，Ｂを通る。点Ｃは，直線㋐と y 軸の交点である。次の⑴～⑶の問いに答えなさい。

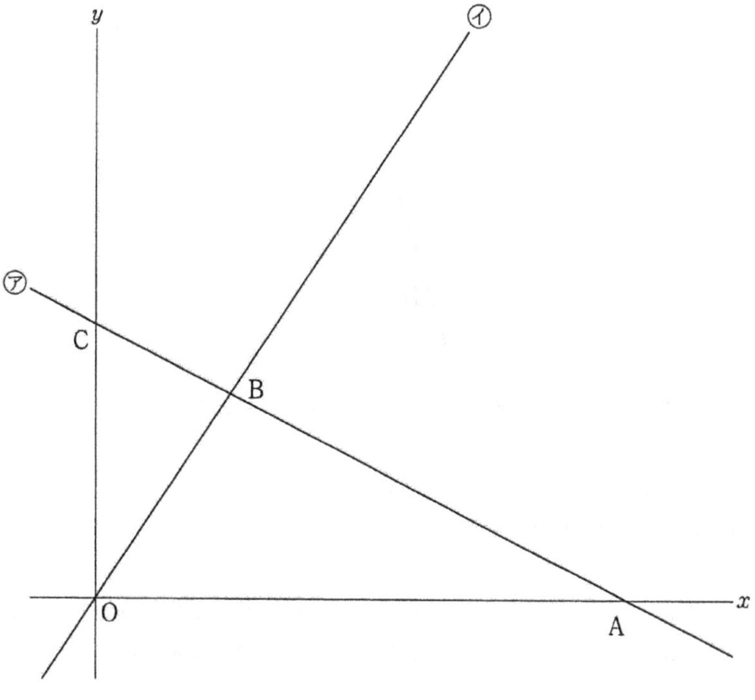

⑴ 線分ＡＢの長さを求めなさい。ただし，原点Ｏから (0, 1)，(1, 0) までの距離を，それぞれ１㎝とする。

⑵ 直線㋐の式を求めなさい。求める過程も書きなさい。

⑶　直線㋑上に，x 座標が２より大きい点Ｐをとる。△ＣＯＰの面積と△ＢＡＰの面積が等しくなるとき，点Ｐの x 座標を求めなさい。

Ⅱ　次の図のように，２点Ａ（3，4），Ｂ（0，3）がある。直線㋐は２点Ａ，Ｂを通り，直線㋑は関数 $y=3x-5$ のグラフである。点Ｃは直線㋑と x 軸の交点，点Ｄは直線㋑と y 軸の交点である。次の⑴，⑵の問いに答えなさい。

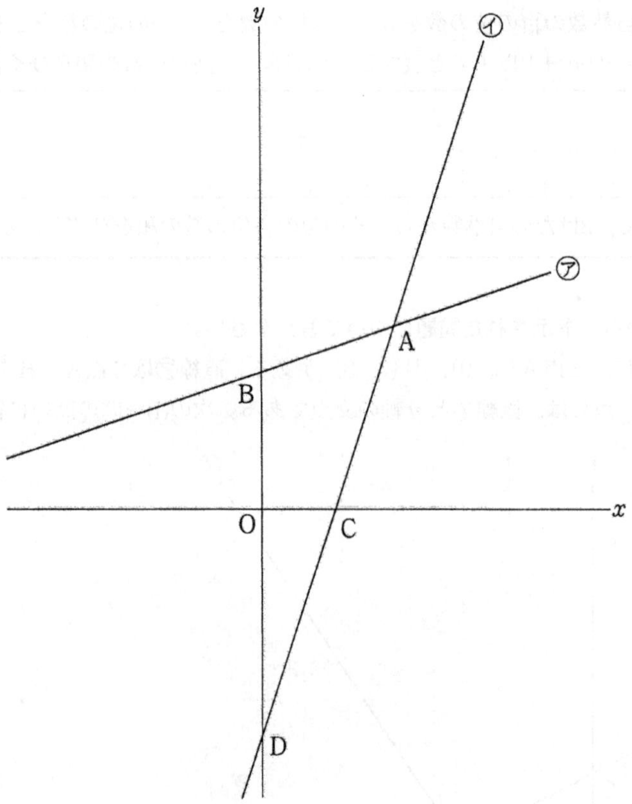

⑴　２点Ｂ，Ｃを通る直線の式を求めなさい。求める過程も書きなさい。

⑵　直線㋑上に，x 座標が正である点Ｐをとる。

①　線分ＢＤの長さと線分ＰＤの長さが等しくなるとき，点Ｐの x 座標を求めなさい。

②　点Ｐの x 座標が３より大きいとき，直線ＯＰと直線㋐の交点をＱとする。△ＯＢＱの面積と△ＡＰＱの面積が等しくなるとき，点Ｐの x 座標を求めなさい。

＜英語＞

時間　60分　　満点　100点

1　リスニングテスト

(1)（会話を聞き，質問に対する答えとして最も適切な絵を選ぶ問題）　**2回ずつ放送**

① ア

イ

ウ

エ

② ア

イ

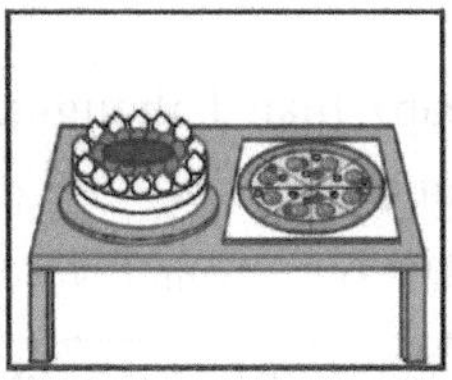

ウ

エ

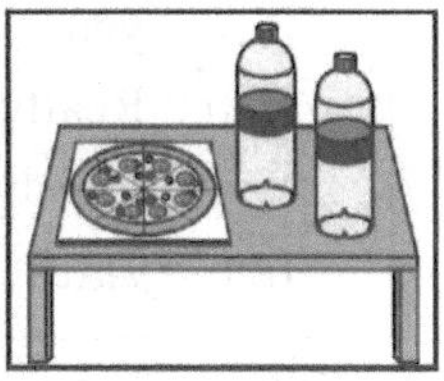

(2)（会話を聞き，会話の最後の文に対する応答として最も適切なものを選ぶ問題）**1回ずつ放送**

① ア No. We have no homework.　イ OK. Thank you for your help.
　ウ Sure. Let's do it together.

② ア How about 8:30, then?　イ How about 9:30, then?
　ウ How about 10:00, then?

③ ア No. I said, "Right now."　イ No. I said, "Turn left."
　ウ No. I said, "You're right."

(3)（会話を聞き，質問に対する答えとして最も適切なものを選ぶ問題）　**2回ずつ放送**

① ア Because he is sick.　イ Because he is busy.
　ウ Because he forgot the practice.　エ Because he has a piano lesson.

② ア On Monday.　イ On Tuesday.
　ウ On Wednesday.　エ On Thursday.

③ ア A notebook and a dictionary.　イ A notebook and a textbook.
　ウ A pen and a dictionary.　エ A pen and a notebook.

(4)（佐藤先生の話を聞き，その内容として適切なものを2つ選ぶ問題と，佐藤先生の最後の［問い］に対して，**話題を1つ取り上げ**，**英文2文**であなたの［答え］を書く問題）　**2回放送**

ア John is a new student staying in Japan now.
イ John talked with Mr. Sato in Japanese and English.
ウ John wants to join the basketball team at school in Japan.
エ John hopes that he will make designs of buildings as his job.

［答え］ ＿＿＿＿＿＿＿＿＿＿＿＿＿＿＿＿＿＿＿＿＿＿＿＿＿＿＿＿＿

2　次の⑴～⑶の問いに答えなさい。

⑴　次は，中学生の健（Ken）と留学生のルーカス（Lucas）が，試合やゲームの始め方について会話した内容の一部です。①～④の（　）内の語を，それぞれ**適切な形**に直して書き，会話を完成させなさい。

Ken: We sometimes do *janken when we start a game. It's (① know) by many people in Japan. Do you know about it?
Lucas: Yes, I know a little about it. But I've never (② try) it.
Ken: How do you start a game in your country?
Lucas: We usually *toss a *coin. The *referees of the games do it.
Ken: Oh, I have seen it on TV before. In an international soccer game, a referee was (③ use) a special coin. I want to get the coin.
Lucas: You can buy coins for tossing. I guess they are about three hundred yen.
Ken: Really? They are (④ cheap) than I thought. It's interesting to know the difference between countries.

【注】 *janken：じゃんけん　*toss：投げる　*coin：コイン　*referee：主審

⑵　次の①～④について，（例）を参考にして，［説明］が示す**英語１語**を（　）に書き，英文を完成させなさい。ただし，**答えは（　）内に示されている文字**で書き始めること。

（例）You can't (e　　) or drink in many libraries.
［説明］To take food into your body through your mouth
［答え］(eat)

① Mountains change colors and we can see snow in some places in (N　　).
［説明］It's the eleventh month of the year.
② We have a (f　　) for girls on March third in Japan.
［説明］It's a kind of event. It's usually held to celebrate something.
③ This homestay program is for the students who are interested in studying (a　　).
［説明］In other countries
④ At this zoo, people can (r　　) horses and enjoy walking around.
［説明］To sit on something and move

⑶　次の①～③について，（例）を参考にして，〈　〉の状況の会話がそれぞれ成り立つように□内の語に**必要な２語を加え，正しい語順**で英文を完成させなさい。ただし，文頭にくる語は，最初の文字を大文字にすること。

（例）〈休み明けに留学生から話しかけられて〉
Mike: [you] go to the park yesterday?
Naoki: I went there to play tennis with Ken.
［答え］(Why) (did) (you)

① 〈休み時間にＡＬＴの先生と教室で〉

Kanako: I know you speak Japanese well. [languages] can you speak?

Ms. Davis: Three languages. I can speak English, Japanese, and French.

② 〈留学生と下校中に〉

Patricia: I'll go camping tomorrow. But I hear it'll rain this evening.

Eriko: Don't worry. It [stop] tomorrow morning. The weather news said so.

③ 〈新しく来た留学生と教室で〉

Robert: Can you tell me about the teacher of this class?

Makoto: Sure. He is a science teacher [who] Komachi Town.

Robert: I live there, too. I'll talk to him.

3　次は，ALT のブラウン先生 (Mr. Brown) が英語の授業で話した質問に，裕太 (Yuta)，沙知 (Sachi)，麻衣子 (Maiko) が答えた内容の一部です。これを読んで，(1)，(2)の問いに答えなさい。

> My mother's birthday is next month. I called my brother last night to talk about our presents for my mother. He'll buy an umbrella because she wants a new one. My mother likes learning about other countries and enjoys traveling with my father. She visited Italy and had a good time with him there last year. Now my mother is interested in Japanese *culture. So I'm going to give her a nice Japanese thing. Now I have two choices. One is a *furoshiki*. And the other is a DVD of English *rakugo*. <u>Which is better as a birthday present for her?</u>

Mr. Brown

【注】 *culture：文化

Yuta

> I think a DVD is better. Your mother can enjoy watching *rakugo* with your family.

Sachi

> I think a *furoshiki* is better. The colors and designs are very beautiful.

Maiko

> I think a (*furoshiki* ／ DVD) is better.
> I have a different reason. [　　　　　　　　　　].

(1) 次の①，②の問いに対する答えを，それぞれ**主語と動詞を含む英文１文**で書きなさい。

① What will Mr. Brown's brother give his mother as a birthday present?

② When did Mr. Brown's father and mother enjoy a trip to Italy?

(2) あなたが麻衣子なら，下線部の質問に対してどのように答えますか。(　) 内の２つのうち**どちらか一方を○で囲み**，次の≪条件≫にしたがって，[　　] 内に適する英文を書きなさい。

≪条件≫　・文の数は問わないが，**15語以上25語以内の英語**で書くこと。

・符号（，．？！など）は語数に含めない。

4　次は，中学生の真紀（Maki）が海外旅行で訪れる観光地（sightseeing spot）について，留学生のエイミー（Amy）と，パンフレットの一部を見ながら会話をしている場面です。これを読んで，(1)～(3)の問いに答えなさい。

Amy: What are you looking at, Maki?

Maki: I'm looking at famous sightseeing spots in Green City. I will go there with my family next month.

Amy: That is a nice city. I have visited it many times.

Maki: Oh, really? We have free time on the second day of our visit. I haven't been to Green City before. Which place do you *recommend?

Amy: I think that Bluehill Castle is the best place to visit. It was built in the 12th century, and [①]. Clothes and other things people used long ago are shown there. You will learn how people in Green City lived then.

Maki: Oh, that's very interesting.

Amy: Mt. Rose is a good place, too. Mountains and rivers are very beautiful.

Welcome to Green City !

○ **Places you should visit**

If you want to ...

1. ***Learn the history of Green City***

Bluehill Castle
☆*From Central Station* 15 minutes by bus
☆*You need* 3 hours *to enjoy this place*

2. ***See mountains and rivers***

Mt. Rose
☆*From Central Station* 2 hours by bus
☆*You need* 5～6 hours *to enjoy this place*

3. ***Enjoy art***

White Art Museum
☆*From Central Station* 20 minutes walk
☆*You need* 3 hours *to enjoy this place*

4. ***Enjoy《　　　》at many stores***

Cherry Street
☆*From Central Station* 10 minutes by bus
☆*You need* 1～2 hours *to enjoy this place*

Maki: Do you think that we can visit those two places on the same day?

Amy: No. [②]. If you go to Mt. Rose, you will come back to the city in the evening. So why don't you go to Cherry Street after the *castle? It's near the castle. It's a good sightseeing spot, and it's also a nice place if you want to go《　　　》. You can buy something for your friends there.

Maki: Well, how about White Art Museum? I'm interested in art museums in different countries.

Amy: That's a good choice. You can see many wonderful pictures there.

Maki: OK. I will talk about the places to visit with my family. Thank you very much.

Amy: You're welcome. Have a nice trip.

【注】 *recommend：勧める　*castle：城

(1) 本文中の①, ②に当てはまる最も適切なものを, **ア～エ**からそれぞれ**1つずつ**選んで記号を書きなさい。

① **ア** it is used as a history museum now
　イ it is now called Central Station
　ウ you can't get there by bus
　エ you have visited Bluehill Castle before

② **ア** Mt. Rose is near Bluehill Castle
　イ Bluehill Castle has a history of 500 years
　ウ You can't see any rivers at Mt. Rose
　エ You need a lot of time to visit Mt. Rose

(2) 本文中及びパンフレット内の《　　》に共通して当てはまる語を, **s で始まる英語 1 語**で書きなさい。

(3) 次は, 真紀が旅行先からエイミーにあてて書いたはがきの一部です。**a**, **b** にそれぞれ適する**英語 1 語**を書きなさい。

> Today I visited Bluehill Castle and Cherry Street. I really enjoyed seeing the towers and old clothes in Bluehill Castle. At Cherry Street, I bought nice presents for my grandparents and you. It (a) many hours, so I didn't go to White Art Museum.
>
> This was my (b) visit to Green City, but it was easy for me to find those places. Thank you for your help. I really enjoyed sightseeing with my family.

5 次の英文は, 国連機関である国連世界食糧計画 (WFP) とネパール (Nepal) 出身の女性ニムドマ・シェルパ (Nimdoma Sherpa) さんの取り組みについての話です。これを読んで, (1)～(6)の問いに答えなさい。なお, [1]～[6]は段落の番号を表します。

[1] Have you ever heard of the WFP? It has supported many children in the world since 1963. For example, the WFP has held the Red Cup Campaign for about ten years. When people buy something with the logo shown on the right, some money from it will go to the WFP. The WFP uses the money to improve the children's health and lives.

レッド・カップ・キャンペーン (Red Cup Campaign) のロゴマーク (logo)

[2] In the world, there are many poor children who cannot get *education. Especially, it is hard for children in poor countries to go to school. For

example, in Nepal, some children have no schools or teachers in their *community, and other children must work to get money and food for their family. They believe that working for their family is the only thing they can do. They don't think about what they want to do. But since the WFP started to support them, more children in the country have begun to go to school and think about their future.

③ Nimdoma Sherpa was one of the children who were supported by the WFP. She lived in a small town in Nepal. When she was a little girl, she was always crying because she was hungry. But she was lucky because the WFP gave school lunches to the children at the school near her house. At first, Nimdoma went to school to eat, and she was not so interested in studying. Later, she learned a lot of new things at school and began to think about her dream. She says, "When I was a little girl, I wanted to do something different, something big, something special, but I didn't know what it was. Through education, I found a (   ). It was to *climb the highest mountain, *Mt. Everest." In 2008, when she was 17 years old, she became the youngest woman in the world to climb it.

④ Nimdoma's great (A)feat changed her life. After climbing Mt. Everest, she wanted to tell children her experiences and messages. She joined the volunteer work with the WFP, and became a member of the WFP. She visits many elementary schools in Nepal to talk about her experiences. She says, "I believe that everyone has a dream. I teach children the importance of having a dream and working hard for it. I believe education opens the door to many different worlds that children never knew."

⑤ Now, poor children receiving help from the WFP are happy because they can eat lunch and study at school. The children's health is becoming better. So their family members feel happy. They work without worrying about children's food while the children are in school. And the community is becoming better with (B)the help from the WFP. The WFP buys food that children eat at school from their town. Because of this, the number of jobs in the community is increasing. For example, some people get jobs to *grow rice and beans for school lunch. Other people get jobs to cook school lunch.

⑥ Education gives every child a chance to make their own future. It also has the power to improve the community. Now, there are many children studying at school with a dream and a hope for their future. When you see the logo of the Red Cup Campaign, remember these children and think about the importance of education.

【注】 *education：教育　*community：地域社会　*climb：登る　*Mt. Everest：エベレスト山
*grow：育てる

(1)　第2段落と第4段落のそれぞれの内容を表す見出しとして，最もふさわしいものを次の**ア**～**オ**から1**つずつ**選んで記号を書きなさい。

ア　What Nimdoma wants to teach children on her visit
イ　Why people feel glad with the help of the WFP
ウ　What is the problem of poor children in Nepal
エ　How Nimdoma spent her child days
オ　What the WFP does with the Red Cup Campaign

(2)　(　)に当てはまる**英語1語**を，第3段落から**抜き出して**書きなさい。

(3)　下線部(A)<u>feat</u>の意味として最も適切なものを，本文の内容から判断して，次の**ア**～**エ**から1つ選んで記号を書きなさい。

ア　孤独　　**イ**　仲間　　**ウ**　挫折　　**エ**　偉業

(4)　下線部(B)<u>the help from the WFP</u>の具体的な内容を，解答欄にしたがって，**日本語**で書きなさい。

(5)　本文の内容と合っているものを，次の**ア**～**カ**から2**つ**選んで記号を書きなさい。

ア　The WFP is trying to make children's lives better with the Red Cup Campaign.
イ　The number of the children going to school in Nepal is becoming smaller.
ウ　Nimdoma had no chance to learn new things at school before she was 17 years old.
エ　Nimdoma shared her experiences at elementary schools in Nepal before going to Mt. Everest.
オ　Nimdoma believes children can find new worlds they didn't know through education.
カ　The families of the poor children supported by the WFP must worry about children's school lunches.

(6)　次の英文は，ある生徒が本文を読んで考えたことをまとめたものです。本文の内容に合うように，①，②に適する**英語1語**を，下の**ア**～**オ**からそれぞれ1**つずつ**選んで記号を書きなさい。

I didn't know that there are many poor children going to school to eat. With the help from the WFP, they can (①) their good health and continue to study. It is good for the WFP to support them. After reading this story, I understood learning at school is important. I want to learn about the world's problems and think about ways to (②) well.

ア　lose　　**イ**　live　　**ウ**　keep　　**エ**　borrow　　**オ**　invite

＜理科＞　時間　50分　　満点　100点

1　植物のからだのつくりの特徴について，学校周辺にある植物を観察したり資料で調べたりした。次の⑴，⑵の問いに答えなさい。

⑴　図１は，アブラナの花とマツの花についてまとめたものである。

図１

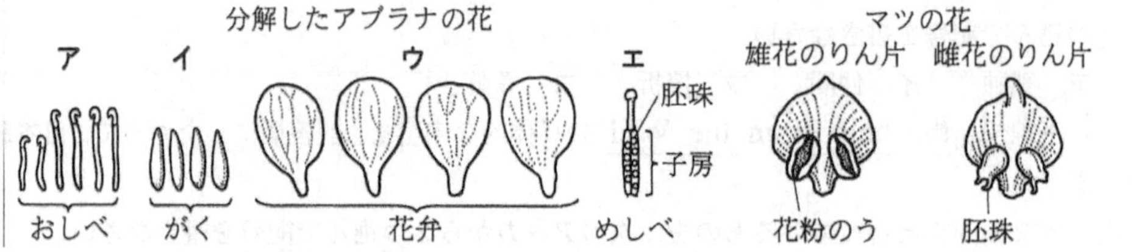

・アブラナの花は a 花弁が１枚ずつ分かれている。マツの雄花，雌花には花弁がない。
・アブラナの花の胚珠は子房の中にある。マツの花の胚珠はむき出しである。

①　アブラナの花は，花の外側から中心に向かってどのような順に構成されているか。図１のア～エを順に並べて記号を書きなさい。

②　双子葉類のうち，下線部 a のような花弁をもつ植物を何類というか，書きなさい。

③　図１の特徴にもとづいた分類について説明した次の文が正しくなるように，P～R にあてはまる語句を下のア～ウから１つずつ選んで記号を書きなさい。

> （　P　）の有無に着目すると，アブラナとマツは異なるグループに分類される。しかし，（　Q　）に着目すると，どちらも受粉後に（　Q　）が成長して（　R　）になるため同じグループに分類される。

ア　胚珠　　イ　子房　　ウ　種子

⑵　図２は，イヌワラビとコスギゴケについてまとめたものである。

図２

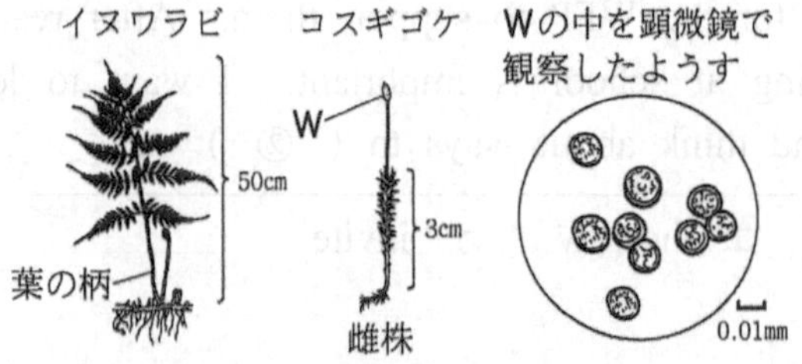

・Wの中を顕微鏡で観察すると，小さな粒がたくさん見られた。
・イヌワラビには b 維管束がある。
・コスギゴケには維管束がない。また，c 根のように見える部分がある。

①　Wを何というか，書きなさい。

②　下線部 b がどこにあるかを確認するため，染めることにした。染める方法について説明した次のページの文が正しくなるように，X にあてはまる内容を書きなさい。

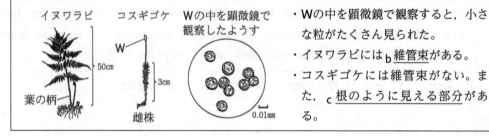

下線部**b**を染めるため，イヌワラビを葉の柄の部分で切って［　X　］。

③　下線部**c**について説明した次の文が正しくなるように，**Y**，**Z**にあてはまる語句や内容を下の**ア**～**エ**から１つずつ選んで記号を書きなさい。

下線部**c**は（　Y　）とよばれ，［　Z　］ように変形したものである。

ア　地下茎　　**イ**　仮根　　**ウ**　からだを土や岩に固定させる　　**エ**　効率的に吸水する

2　酸の水溶液とアルカリの水溶液について，それぞれの性質と，混ぜ合わせたときの水溶液の変化のようすを調べるため，実験Ⅰ～Ⅲを行った。後の⑴～⑸の問いに答えなさい。

【実験Ⅰ】図１のような装置を２つつくり，一方にはうすい塩酸をしみこませた糸を，もう一方にはうすい水酸化ナトリウム水溶液をしみこませた糸を置き，それぞれ電圧を加えた。図２は，このときの結果を表している。ただし，リトマス紙**S**，**T**は，それぞれ赤色のリトマス紙，青色のリトマス紙のいずれかである。

図１
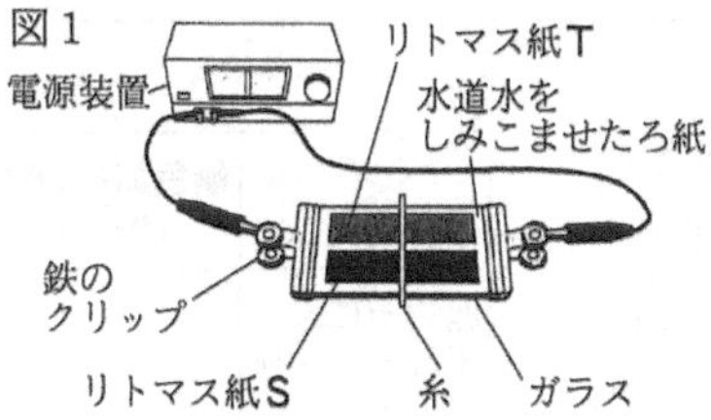

図２
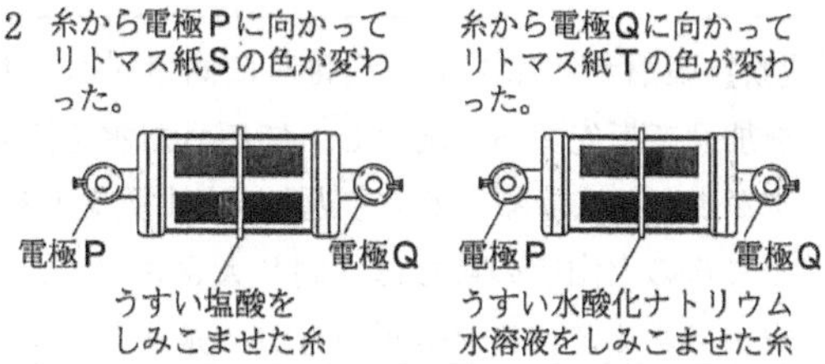

【実験Ⅱ】緑色のＢＴＢ溶液数滴とうすい塩酸５cm³を入れた試験管**A**～**G**を用意した。次に，こまごめピペットを用いて，図３のように，試験管**B**～**G**に表に示した量のうすい水酸化ナトリウム水溶液を加えて混ぜ合わせ，それぞれの水溶液の色を調べてまとめた。

図３
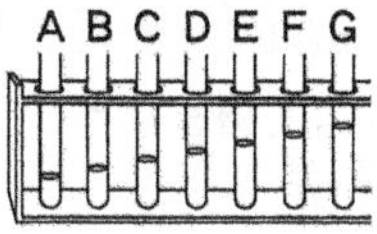

表

試験管	A	B	C	D	E	F	G
加えたうすい水酸化ナトリウム水溶液[cm³]	0	1	2	3	4	5	6
水溶液の色	黄	黄	黄	黄	黄	緑	青

【実験Ⅲ】実験Ⅱで，混ぜ合わせても水溶液の色が黄色であった試験管**B**～**E**で中和が起こったかを確かめるため，図４のように，試験管**A**～**E**にマグネシウムリボンをそれぞれ入れ，気体の発生のようすを比べた。このとき，気体の発生は，試験管**A**が最もさかんで，**B**から順に弱くなり，**E**が最も弱かった。

図４
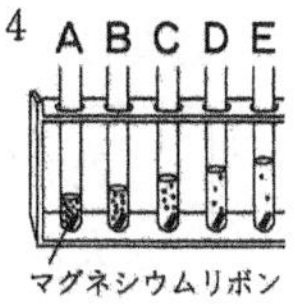

⑴　次のうち，アルカリ性を示すものはどれか，**すべて**選んで記号を書きなさい。

ア　アンモニア水　　**イ**　酢酸　　**ウ**　石灰水　　**エ**　炭酸水

⑵　図２で，**陽極**は電極**P**，**Q**のどちらか。また，**赤色のリトマス紙**はリトマス紙**S**，**T**のどちらか。それぞれ１つ選んで，記号を書きなさい。

⑶　図５は，実験Ⅱで用いたこまごめピペットである。こまごめピペットの安全球の役割を「**ゴム球**」という語句を用いて書きなさい。

図５
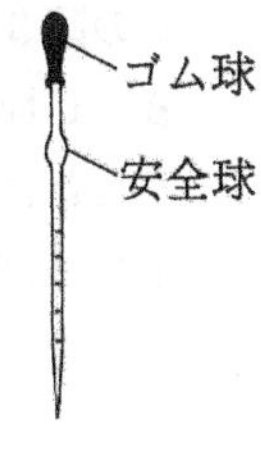

⑷　実験Ⅱの試験管Gについて，水溶液中に最も多く存在するイオンは何か，**イオン式**を書きなさい。

⑸　実験Ⅲについて考察した次の文が正しくなるように，Xにはあてはまるイオンの名称を，Yにはあてはまる語句を，Zにはあてはまる内容を「**中和**」という語句を用いて，それぞれ書きなさい。

> 気体の発生のようすから，うすい水酸化ナトリウム水溶液の量が多くなるにつれ，（　X　）が減少していくことで酸の性質が（　Y　）なっていったと考えられる。よって，試験管B～Eでは［　Z　］といえる。

3　愛さんは，火山灰と火山灰をふくむ地層について調べた。次の⑴，⑵の問いに答えなさい。

⑴　愛さんは，次のような疑問をもち，火山灰の観察を行った。

> 園芸用の土に使われる鹿沼《かぬま》土や赤玉《あかだま》土には，火山灰がふくまれていると祖父に聞いたけれど，それぞれの土にふくまれる火山灰にはちがいがあるのかな。

【観察】鹿沼土と赤玉土を蒸発皿に同量ずつ入れた。水を加えて指先でおし洗いし，にごった水を流す作業を水がきれいになるまでくり返し，火山灰をとり出した。どちらの火山灰の粒もほぼ同じ大きさだったが，a鹿沼土にふくまれる火山灰の方が，赤玉土にふくまれる火山灰より白っぽく見えた。次に，乾燥させた火山灰の無色鉱物と有色鉱物の数を双眼実体顕微鏡で調べ，表にまとめた。

表

	無色鉱物［個］	有色鉱物［個］
鹿沼土にふくまれる火山灰	84	36
赤玉土にふくまれる火山灰	90	110

①　火山灰にふくまれる鉱物は，何が冷えてできたものか，書きなさい。

②　次のうち，無色鉱物に分類される鉱物はどれか，2つ選んで記号を書きなさい。

ア　黒雲母《くろうんも》　**イ**　長石《ちょうせき》　**ウ**　輝石《きせき》　**エ**　石英《せきえい》　**オ**　角閃石《かくせんせき》

③　愛さんが下線部aについてまとめた次の文が正しくなるように，Xにあてはまる内容を書きなさい。

> 表から，鹿沼土にふくまれる火山灰の方が，赤玉土にふくまれる火山灰よりも［　X　］が大きいため，白っぽく見えると考えられる。

⑵　図1は，A～C地点の標高と位置関係を表しており，図2は，真南を向いたときに見えたA地点の露頭を表している。愛さんは，次のページの図3のように，A地点の露頭のスケッチと，B，C地点のボーリング試料から作った柱状図をもとにわかったことをまとめた。ただし，図1の地域の地層は，平行に重なり，つながって

図1

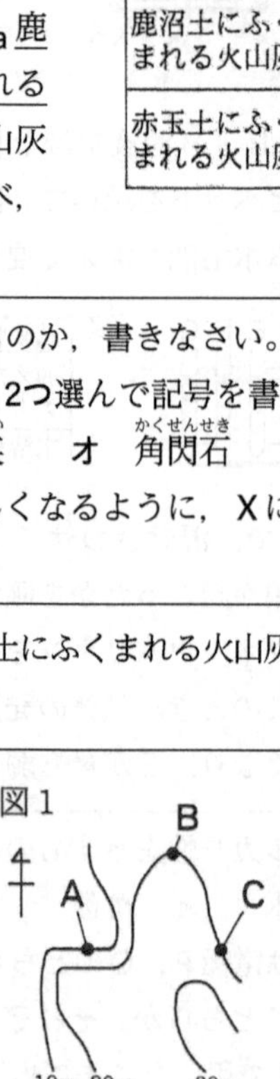

図2

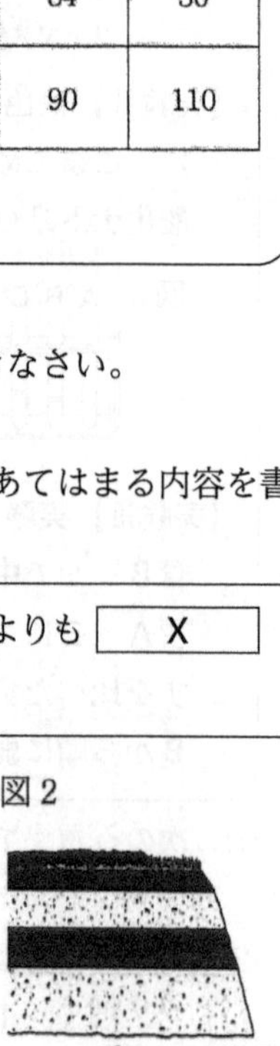

いる。また，しゅう曲や断層はないものとする。

① 下線部bのような岩石を何というか，書きなさい。

② 砂岩にふくまれる粒の形が，下線部cのようになるのはなぜか，書きなさい。

③ 図３のわかったことが正しくなるように，Yにあてはまる方位を，東，西，南，北から１つ選んで書きなさい。

図３

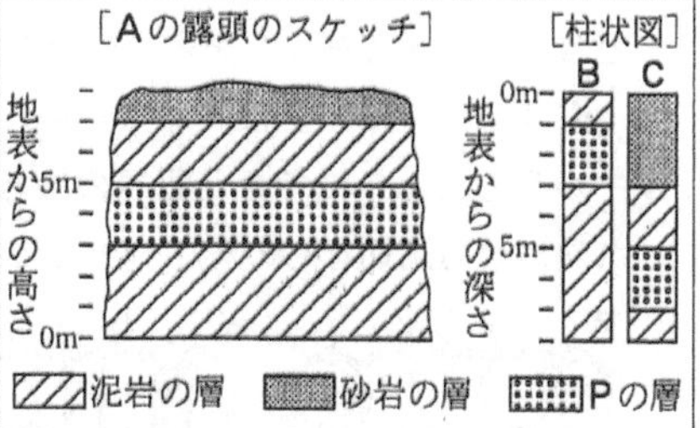

【わかったこと】

・Pは，b 火山灰がおし固まってできている。

・砂岩にふくまれる粒の形は c 丸みを帯びている。

・この地域の地層は（ Y ）に向かって下がっている。

4 明さんは，買い物での支払いに使った図１のようなＩＣカードに興味をもった。そこで，資料で調べ，疑問に思ったことについて，実験を行った。後の⑴～⑸の問いに答えなさい。

図１

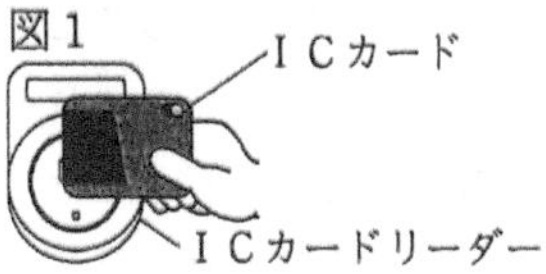

【資料からわかったこと】

・ＩＣカードには電源はないが，図２のようにＩＣチップとコイルが組みこまれ，ＩＣカードに電流が流れたときにＩＣカードリーダーと情報のやりとりができる。

・ＩＣカードリーダーには，ＩＣカードのコイル内部の磁界を変化させる装置が組みこまれている。

図２

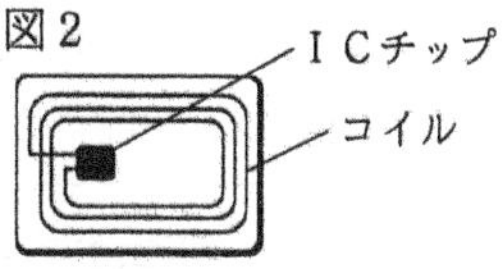

【疑問】電源がないのに，どのようにＩＣカードに電流を流しているのだろうか。

【予想】ＩＣカードのコイル内部の磁界を変化させることで，電流が流れるのではないか。

【実験】図３のように，コイルPをＩＣカードに見立てた。磁界の変化のようすを，コイルPの下から棒磁石を動かすことで再現し，棒磁石の動かし方を変えて検流計の針の振れを調べ，結果を表にまとめた。

図３

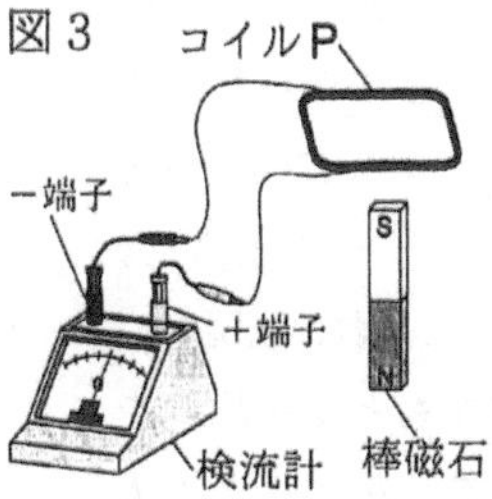

表

	棒磁石の動かし方	針の振れ
A	S極を近づける	左
B	S極を近づけたまま動かさない	振れない
C	S極を遠ざける	右
D	N極を近づける	右
E	N極を近づけたまま動かさない	振れない
F	N極を遠ざける	左

⑴ 磁石どうしが，引き合ったり，反発し合ったりする力を何というか，書きなさい。

⑵　表のＡ～Ｆのうち，電流が検流計に＋端子から流れこんだものはどれか，**すべて**選んで記号を書きなさい。

図４　コイルＰ

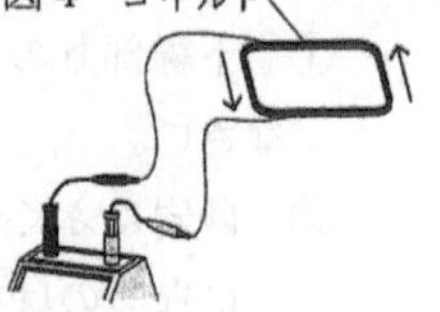

⑶　図４で，コイルＰに矢印（⟶）の向きに電流が流れたとき，コイルＰのまわりにできた磁界の向きを表した矢印（⇨）は次のどれか，最も適切なものを１つ選んで記号を書きなさい。

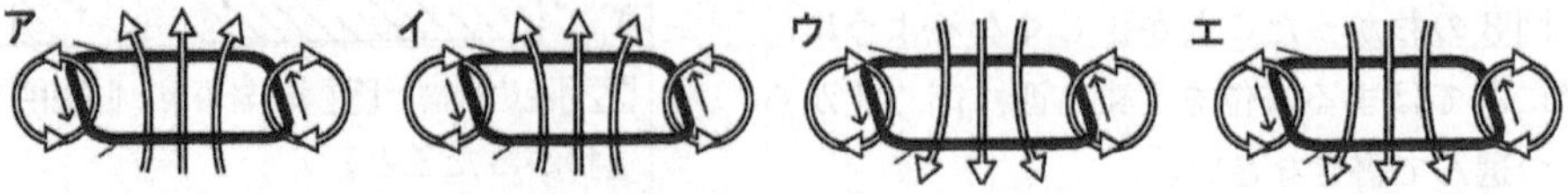

⑷　明さんは，表をもとに次のように考えた。

a コイルの内部の磁界が変化したとき，コイルに電流が流れるといえます。b この電流の向きは，棒磁石の極だけを変えると逆になり，棒磁石を動かす向きだけを反対にしたときも逆になるといえます。電源がないＩＣカードに電流が流れるのは，この現象を利用しているのだと考えます。

①　下線部ａの現象を何というか，書きなさい。

②　下線部ｂのことがいえるのは，表のＡ～Ｆのどの結果とどの結果を比べたときか，**２つ**の組み合わせをそれぞれ書きなさい。

⑸　実験後，明さんは別のＩＣカードリーダーについて調べたところ，ＩＣカードと情報をやりとりするとき，ＩＣカードリーダーに5.0Ｖの電圧で200mAの電流が流れることがわかった。このＩＣカードリーダーに，電流が2.0秒間流れたときの電力量は何Ｊか，求めなさい。

5　次は，守さんの学校で秋に行われた交通安全教室で配布された資料の一部である。守さんは資料の内容の下線部について興味をもった。下の⑴，⑵の問いに答えなさい。

【資料】……運転手が a 危険を感じてからブレーキを踏むまでに時間がかかるなどの理由で，車は急に止まれない。また，暗い時間帯は歩行者が見えにくくなる。これから b 冬に近づくと，日の出は遅く日の入りは早くなるので，運転手も歩行者も注意が必要である。……

⑴　下線部ａについて，課題Ⅰを設定して実験Ⅰを行った。

【課題Ⅰ】刺激に対して反応する時間は，どのくらいか。

【実験Ⅰ】９人の生徒が輪になり手をつないだ。次に，図１のように，守さんは右手にストップウォッチを持ち，恵さんに右手首をにぎらせた。そして，守さんは左手で広子さんの右手をにぎると同時にストップウォッチをスタートさせた。c 右手をにぎられた人はすぐに左手でとなりの人の右手をにぎっていき，最後に，守さんは自分の右手首をにぎられたらすぐにストップウォッチを止めた。この実験を３回行ったところ，かかった時間はそれぞれ，2.52秒，2.61秒，2.16秒という結果になった。３回の結果をもとに平均値を求めた上で，d 手をにぎられてから反応するまでにかかった１人あたりの時間を計算した。

図１

① 次のうち,「手をにぎられた」という圧力の刺激を受けとる感覚器官はどれか, 1つ選んで記号を書きなさい。

ア 目　イ 鼻　ウ 耳　エ 舌　オ 皮膚《ひふ》

② 下線部cのような反応において，判断や命令などを行う脳やせきずいを何神経というか，書きなさい。

③ 下線部dは何秒か，求めなさい。

(2) 下線部bについて，課題Ⅱを設定して仮説を検証するための方法を考えた。

【課題Ⅱ】夜の長さは，夏と冬で異なるのか。

【仮説】秋田県の北緯40°，東経140°の地点では，冬の方が夏よりも夜の長さが長いのではないか。

【方法】図２のように，太陽に見立てた光源と，地軸の傾きが同じ方向になるように地球儀A，Bを置き，e地球の公転のモデルをつくる。

地球儀A，Bをそれぞれ秋田県が真夜中になるようにして考えるとき，(　X　)について，光源の光が当たっていない部分の長さを比べ，地球儀(　Y　)の方が長ければ，仮説は正しいといえる。

図２

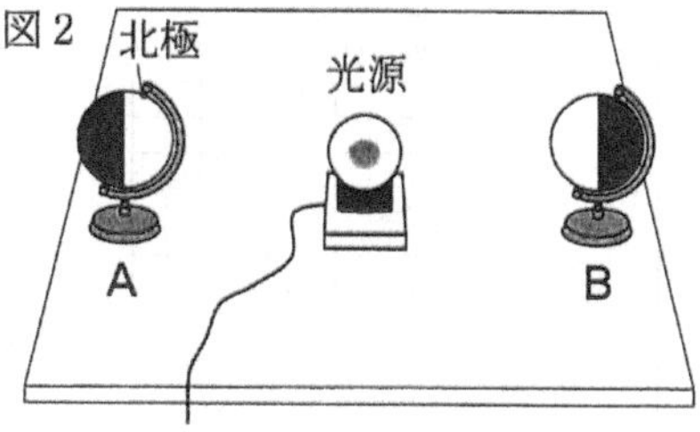

① 下線部eによって生じる天体の見かけの動きを何というか，書きなさい。

② この方法で行う実験で，どのような結果が得られれば仮説が正しいといえるか。Xには「北緯40°の緯線」か「東経140°の経線」のいずれかを，Yには「A」か「B」のいずれかを，それぞれ書きなさい。

6 純さんは，花火を見物して次のことに気づいた。後の(1)～(3)の問いに答えなさい。

ろうそくの炎と比べて，a花火の光の方が明るく見えました。また，b花火が見えてから少し遅れて音が聞こえました。このとき，花火によって聞こえるc音の大きさや高さがちがっていました。

(1) 下線部aについて純さんが資料で調べたところ，花火の光を明るくするために，マグネシウムの燃焼によって出る光を利用する場合があることがわかった。図１は○をマグネシウム原子，●を酸素原子として，マグネシウムと酸素の反応をモデルで表したものである。

図１

① 図１の化学変化を化学反応式で書きなさい。

② 図１で，反応するマグネシウムと酸素の質量の比は３：２である。1.5gのマグネシウムが完全に反応したときにできる酸化マグネシウムの質量は何gか，求めなさい。求める過程も書きなさい。

(2) 下線部bの理由を「**光の速さは**」に続けて書きなさい。

(3) 純さんは，下線部cは振幅や振動数に関係があると考え，次の実験を行った。

【実験】図2のように，モノコードの駒《こま》をAに置き，駒とF点の中間で弦を強くはじいたり弱くはじいたりして，音の大きさや高さをコンピュータで調べた。また，駒をBに置き，同様に調べた。

図2

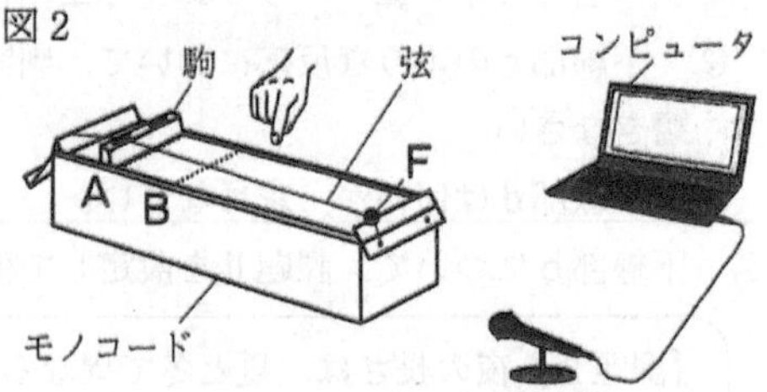

【結果】図3～図5のようになった。ただし，左右方向は時間を，上下方向は振幅を表しており，図3～図5の目盛りのとり方はすべて同じである。

図3 駒をAに置き 弱くはじいたとき

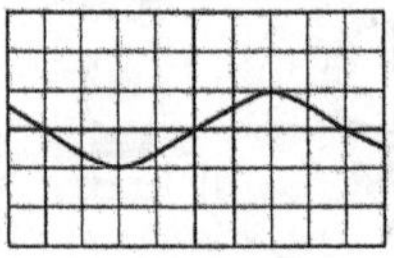

図4 駒をAに置き 強くはじいたとき

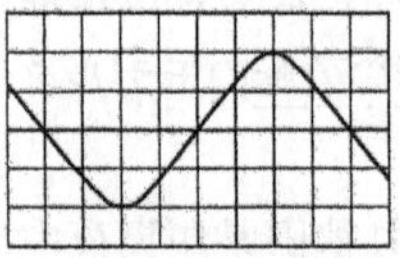

図5 駒をBに置き 強くはじいたとき

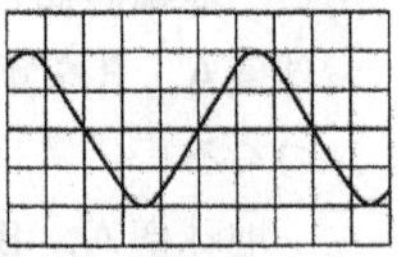

【考察】図3と図4を比べると，図4の方が振幅が大きいため，大きい音が出たことがわかる。また，図4と図5を比べると，（ X ）の方が単位時間あたりの Y ため，高い音が出たことがわかる。

① 図3と図4の振幅の比はいくらか，最も簡単な整数比で書きなさい。

② 考察が正しくなるように，Xには「図4」か「図5」のいずれかを，Yにはあてはまる内容を，それぞれ書きなさい。

＜社会＞　時間　50分　満点　100点

1　次の地図と図，表を見て，(1)～(4)の問いに答えなさい。

地図

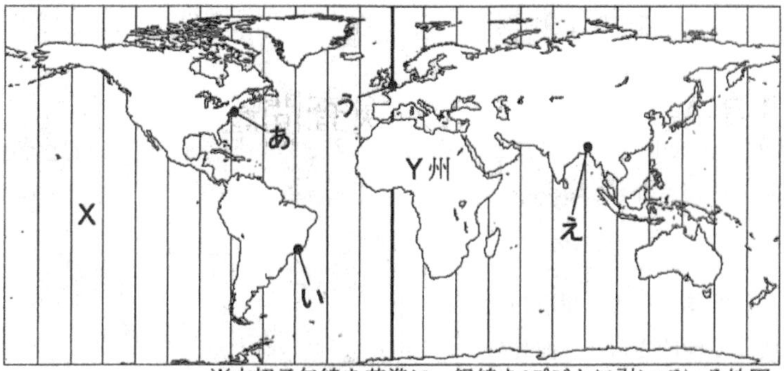

※本初子午線を基準に，経線を15°ごとに引いている地図。

図１　各大陸における熱帯の面積の割合

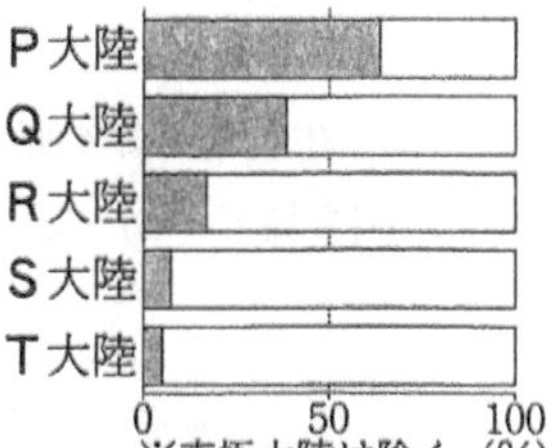

※南極大陸は除く。(%)

(「データブックオブ・ザ・ワールド2020年版」から作成)

図２　外国に住んでいる中学生Aさんとの会話

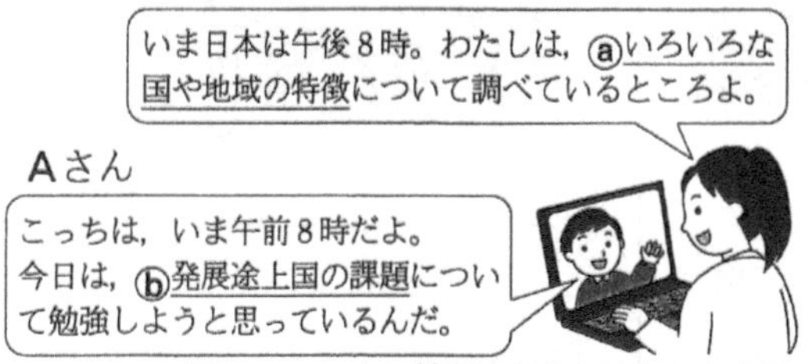

※サマータイム制度は考えないものとする。

表　国や地域の比較（2017年）

国・地域＼項目	面積(千km²)	人口(百万人)	GDP(億ドル)	貿易額(億ドル) 輸出	貿易額(億ドル) 輸入
ア	8 516	209	20 555	2 178	1 575
イ	4 374	511	173 065	56 927	56 140
ウ	9 834	325	194 854	15 467	24 095
エ	9 600	1 421	122 378	22 804	18 423
オ	378	128	48 724	6 982	6 713

(「世界国勢図会2019/20年版」などから作成)

(1)　地図のXの海洋名を書きなさい。

(2)　日本の標準時子午線上に国土を有する国のうち，最も面積の大きい国の名称を書きなさい。

(3)　図１のP大陸の名称を書きなさい。

(4)　図２に関連した問題である。

①　二人の会話から，Aさんが住んでいる位置を，地図の**あ**～**え**から一つ選んで記号を書きなさい。

②　下線部ⓐについて，表の**ア**～**オ**は，それぞれ日本，アメリカ，ブラジル，中国，EUのいずれかを示している。EUを示すものを，一つ選んで記号を書きなさい。

③　下線部ⓑについて，地図のY州の「ある国」の輸出総額が安定しない理由を，図３と図４（次のページ）から読みとれることを関連づけて書きなさい。

図３　輸出総額に占める原油の推移の比較

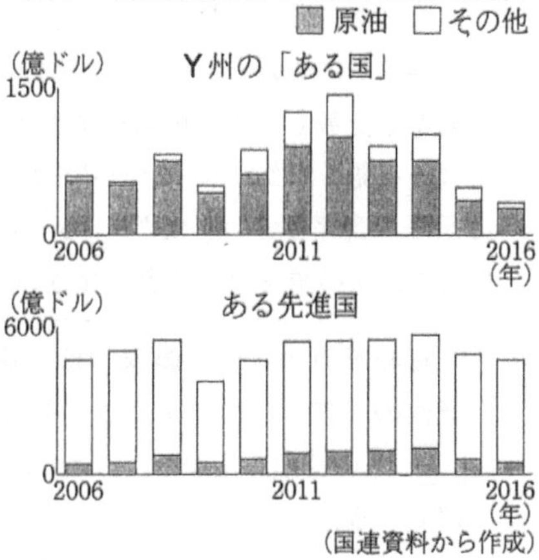

(国連資料から作成)

図4 原油価格の推移〔1バレル(約159L)あたり〕

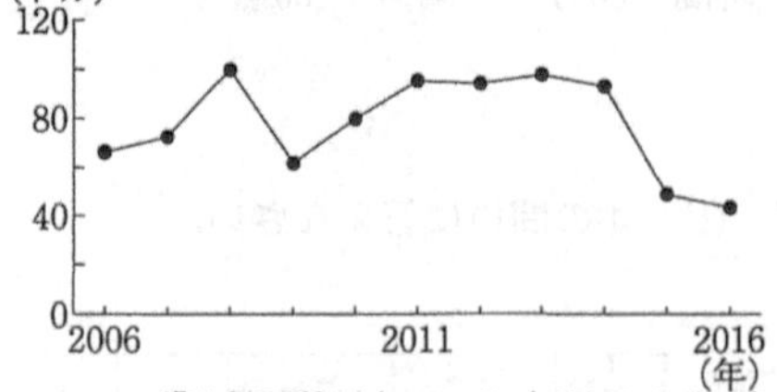

(「世界国勢図会2019/20年版」から作成)

2 次は，生徒が日本の地域的特色をレポートにまとめるためのメモの一部である。これと地図や表，図を見て，(1)～(5)の問いに答えなさい。

メモ

- 日本は，北海道，［あ］，四国，九州の面積の大きな四つの島と周辺の島々で構成され，ⓐ標高の高い山々や火山が連なっている。
- 三大都市圏や地方中枢都市に人口が集中し，ⓑ交通網の発達などにより他地域と結びついている。
- ⓒ気候や地形の特色を生かした多様な農業を展開している。
- 関東地方から九州地方北部にかけた海沿いに工業地域が形成され，近年ではⓓ内陸部にも工場が増えている。

地図

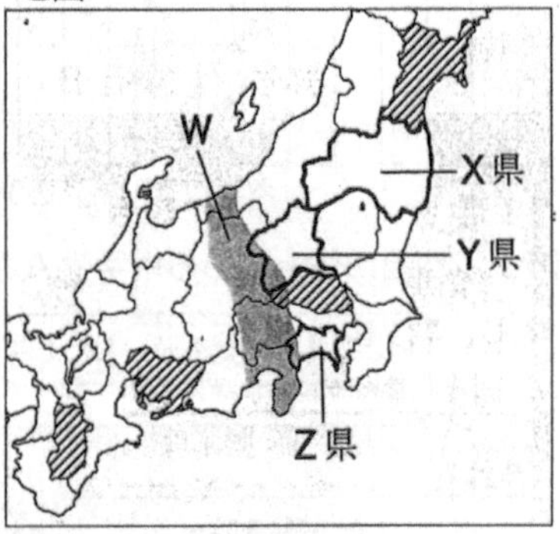

(1) ［あ］にあてはまる語を書きなさい。

(2) 下線部ⓐについて，山地や山脈が大きく向きを変える地図のWで示した一帯の名称を書きなさい。

(3) 下線部ⓑについて，表1のA～Dは，それぞれ地図の▨で示した4県のいずれかを示している。Cにあてはまる県名を書きなさい。

(4) 下線部ⓒについて，次は，地図に示したX県と宮崎県を比較した表2の説明である。［い］にあてはまる語を，次のページのア～エから一つ選んで記号を書きなさい。また，［う］にあてはまる内容を，次の語を用いて書きなさい。〔 価格 〕

> 宮崎県のきゅうり農家では，冬の温暖な気候の下で，ビニールハウス等を利用する［い］の特色を生かし，［う］，利益を上げている。

表1 人口に関する統計(2015年)

県＼項目	人口密度(人/km²)	*1昼夜間人口比率	*2人口増減率(%)
A	1446.7	101.4	0.19
B	1913.4	88.9	0.20
C	369.6	90.0	-0.53
D	320.5	100.3	-0.12

*1(昼間人口÷夜間人口)×100 *2 2010～2015年の年平均
(「データでみる県勢2017」などから作成)

表2 きゅうりの出荷状況(2019年)

県＼月・1kgの価格(円)	1月 458	2月 367	3月 330	4月 229	5月 215	6月 269
宮崎	○	○				
X						

県＼月・1kgの価格(円)	7月 320	8月 277	9月 309	10月 311	11月 388	12月 546
宮崎					○	○
X	○	○	○			

※○は，その県の出荷量が総入荷量の20%以上を占める月。
(「東京都中央卸売市場 市場統計情報」から作成)

ア　焼畑農業　　イ　混合農業　　ウ　地中海式農業　　エ　施設園芸農業

(5)　地図のY県とZ県に関連した問題である。下線部ⓓについて，表3のY県に見られる変化の理由を，図1と図2から読みとれることを関連づけて，次の語を用いて書きなさい。

〔 輸送用機械　　敷地 〕

図1　工業地の地価推移

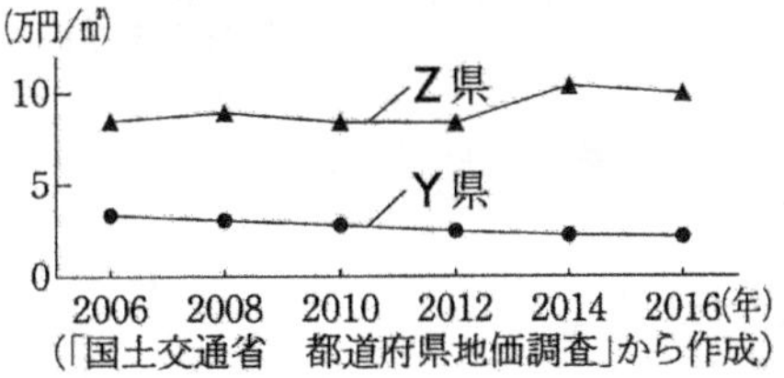

(「国土交通省　都道府県地価調査」から作成)

図2　産業別の工場敷地面積(2016年の平均値)

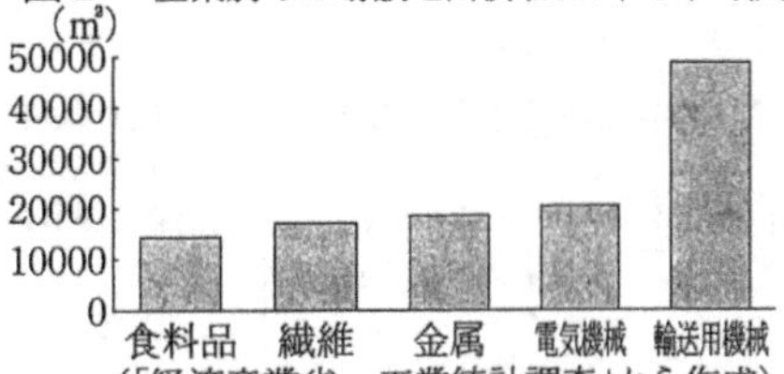

(「経済産業省　工業統計調査」から作成)

表3　*輸送用機械の出荷額に関する統計

県＼項目	出荷額と工業製品総出荷額に占める割合 2006年	出荷額と工業製品総出荷額に占める割合 2016年	割合の増減
Y	24 197億円(30.9%)	35 832億円(40.8%)	+9.9
Z	42 838億円(21.2%)	38 984億円(23.7%)	+2.5

*乗用車やトラックなど（「日本国勢図会2019/20年版」などから作成）

3　次のページのカードは，各時代の特色について，生徒が作成したものの一部である。これらとあとのページの略年表，資料，図，写真を見て，(1)～(11)の問いに答えなさい。

(1)　略年表のAにあてはまる語を書きなさい。

(2)　略年表のBの時代から作られるようになったものを，資料1から一つ選んで記号を書きなさい。

(3)　略年表のCの時代に作られた書物について，資料2の あ と い にあてはまる語を，それぞれ一つずつ選んで記号を書きなさい。

ア　風土記　　イ　古事記　　ウ　万葉集　　エ　古今和歌集

(4)　1班のカードの下線部ⓐについて，図1のVの時期を中心に藤原氏が行った代表的なことを，次の二つの語を用いて書きなさい。〔 娘　　子 〕

(5)　2班のカードの下線部ⓑの地位を代々独占した氏の名称を書きなさい。また，Wにあてはまるものを，一つ選んで記号を書きなさい。

ア　┬六波羅探題
├守護
└地頭

イ　┬大宰府
└国－郡－里

ウ　┬鎌倉府
└守護－地頭

(6)　3班のカードに関連した問題である。

①　X と Y にあてはまる語の正しい組み合わせを，一つ選んで記号を書きなさい。

ア　X　長州藩　Y　シャム　　イ　X　長州藩　Y　琉球王国

ウ　X　対馬藩　Y　シャム　　エ　X　対馬藩　Y　琉球王国

②　下線部ⓒとの外交について，図3の使節は，主にどのようなときに派遣されたか，次の語を用いて書きなさい。〔 将軍 〕

略年表

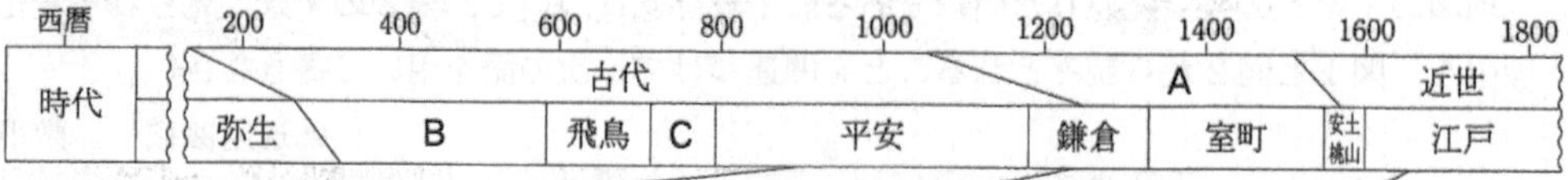

カード

1班 テーマ 藤原氏の政治

貴族の ⓐ藤原氏が勢力を伸ばし，朝廷の実権を握った。

図1 *公《く》ぎょうの数の推移

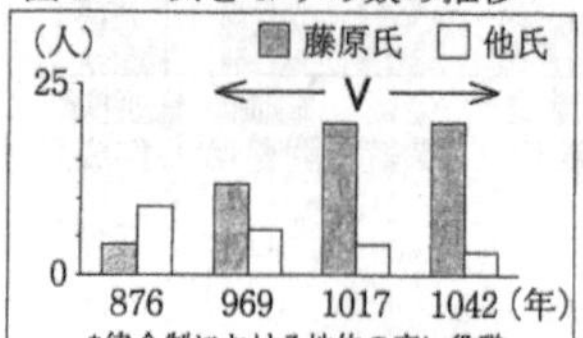

*律令制における地位の高い役職

（「公卿補任年表」から作成）

2班 テーマ 武家政治の始まり

鎌倉幕府は本格的な武士の政権である。承久の乱を経て，幕府の支配はより強くなっていった。

幕府の仕組み（承久の乱後）

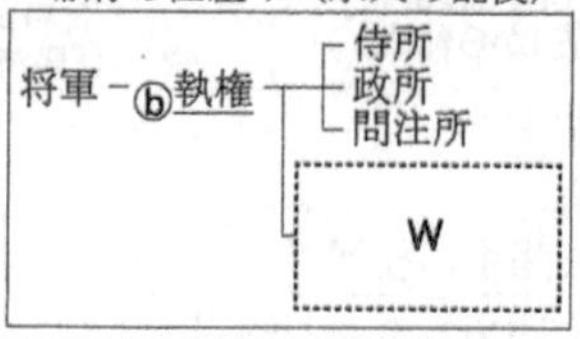

3班 テーマ 鎖国と対外政策

江戸幕府は，キリスト教の信仰や海外との行き来を禁じ，貿易を制限した。

鎖国下の窓口

	相手国（民族）
松前藩	アイヌ民族
X	ⓒ朝鮮
長崎	中国，オランダ
薩摩藩	Y

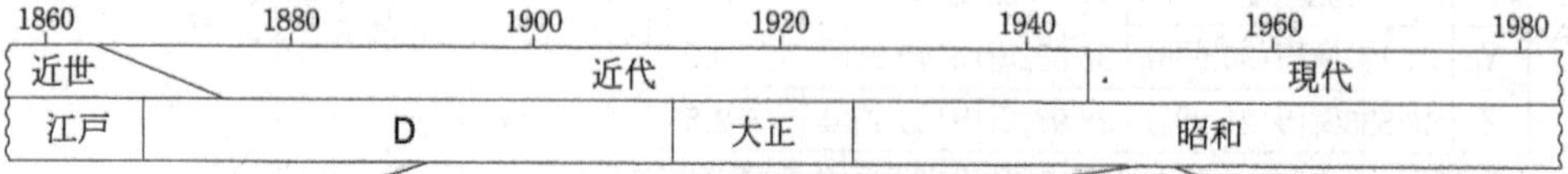

4班 テーマ 条約改正への歩み

ノルマントン号事件において，ⓓイギリス人船長に対して軽い罰しか与えられなかったため，条約改正への世論が高まった。

事件を描いた絵

5班 テーマ 国際社会への復帰

第二次世界大戦後，西側諸国を中心に講和条約を結び，独立を回復した。

新聞の見出しにみる戦後の外交

講和条約ここに調印

四十九ヵ国が参加

↓

Z

↓

日本，正式に国連へ加盟

総会，一致で可決

6班 テーマ わが国の経済成長

ⓔ経済がさらに発展するとともに，社会問題も生まれた。

図2 製造品出荷額と工場数の推移

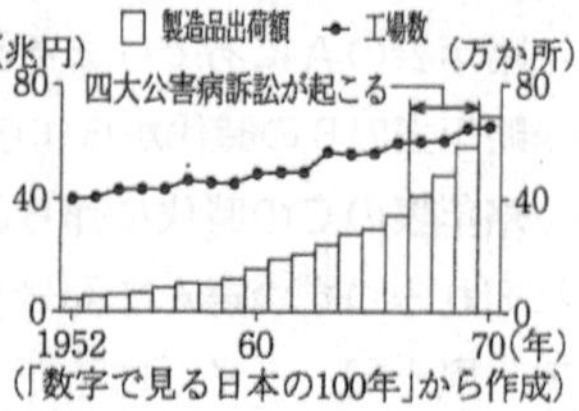

（「数字で見る日本の100年」から作成）

資料1

ア

銅鐸

イ

土偶

ウ

はにわ

エ

打製石器

資料2

＜ あ ・日本書紀＞

神話や国の成り立ちなどを記した歴史書

＜ い ＞

天皇や貴族，民衆の歌を広く収めた和歌集

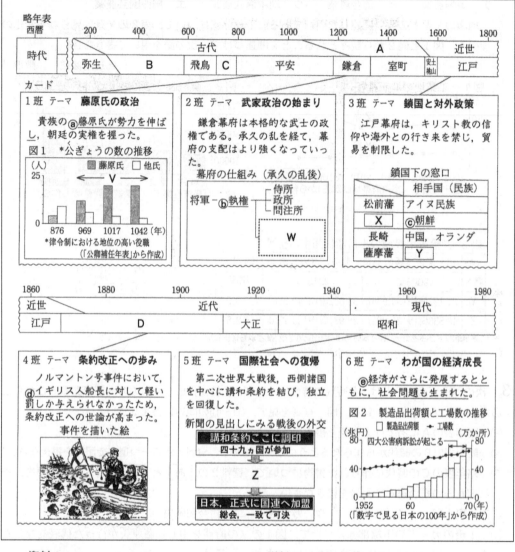

図3　江戸時代の朝鮮通信使

図4　歳入に占める地租の推移

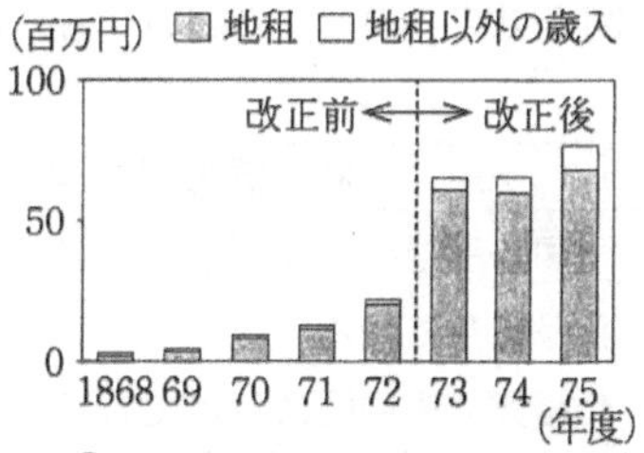

(「明治以降本邦主要経済統計」から作成)

資料3

> テーマ　**第一次世界大戦**
>
> ヨーロッパでは，国力を使い果たす総力戦となり，その後の世界に大きな影響をもたらした。

写真　高度経済成長期の四日市コンビナート

(7)　図4は，略年表のDの時代に行われたある改正の前後の推移を示している。改正の内容を，地租の納入者と納入方法を明らかにして書きなさい。

(8)　次は，4班のカードの下線部ⓓの理由について生徒がまとめたものである。[う]にあてはまる語を書きなさい。

> わが国がイギリスに対して，[う]権を認めていたから。

(9)　資料3は，略年表の大正時代について，新たに先生が提示したカードである。文中の下線部の具体的な内容を，**二つ**選んで記号を書きなさい。

ア　アメリカが独立した　　**イ**　アフリカの植民地化か始まった

ウ　国際連盟が発足した　　**エ**　ドイツでワイマール憲法が成立した

(10)　5班のカードのZにあてはまる新聞の見出しを，一つ選んで記号を書きなさい。

ア　日中共存へ新時代　平和友好条約に調印

イ　日ソ共同宣言，調印終る　十一年の戦争状態終結へ

ウ　沖縄 日本に帰る　基地大部分残し

エ　東京オリンピック開く　94国が堂々入場

(11)　6班のカードの下線部ⓔについて，次は，図2と写真をもとにまとめたものである。[え]と[お]にあてはまる内容を，それぞれ書きなさい。

> 高度経済成長期において，わが国では，[え]ことにより，社会問題として[お]した。

4 次は，それぞれのテーマについて，生徒が調べたことをまとめたものの一部である。これらと資料，図を見て，(1)～(9)の問いに答えなさい。

テーマ **わが国の民主政治**

◇ⓐ日本国憲法では，ⓑ選挙における四つの原則を保障している。

◇全国を複数の選挙区に分けて行う選挙ではⓒさまざまな問題が生じている。

資料1 明治時代と現在の投票用紙の比較

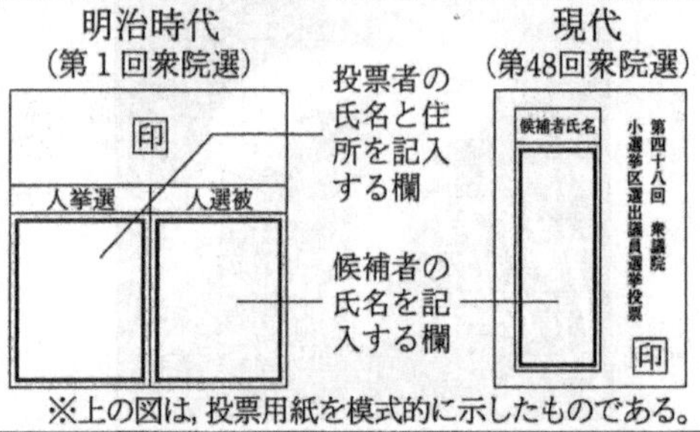

※上の図は，投票用紙を模式的に示したものである。

資料2 新聞の見出し（2014年11月27日付け）

参院選「違憲状態」

昨年4.77倍 最高裁2度連続

資料3 議員一人あたりの有権者数の比較

最も多い選挙区		最も少ない選挙区	
選挙区	有権者数(人)	選挙区	有権者数(人)
北海道	1 149 739	鳥取県	241 096

（総務省資料から作成）

テーマ **人権の保障**

◇憲法で保障されている人権は，ⓓ公共の福祉による制限を受ける場合がある。

◇ⓔ情報通信技術の発達などにより，憲法に直接規定されていないⓕ「新しい人権」がより注目されるようになっている。

資料4 公務員の権利の制限

全体の奉仕者である公務員は，その職務の公共性から，ストライキが禁止されている。

資料5 SNSについての祖父と孫の会話

祖父：友達から許可を得ないでSNSに写真を載せちゃだめだよ。

孫：えっ，どうして？

祖父：その人を特定できる写真の公開は，肖像権の侵害につながるし，本人の同意を得ない個人情報の公開は，［う］の侵害にあたるからだよ。

(1) 下線部ⓐの三つの基本原理のうち，国民が政治の決定権をもつことを定めた基本原理を書きなさい。

(2) 下線部ⓑのうち，資料1の投票用紙の変化はどの原則を反映したものか，一つ選んで記号を書きなさい。

ア 直接選挙 イ 秘密選挙

ウ 平等選挙 エ 普通選挙

(3) 次は，下線部ⓒについて，同一の参議院議員選挙に関連した資料2と資料3をもとに，生徒が考えたことをまとめたものである。

> 最高裁判所が「違憲状態」と判断した理由は，選挙区によって［あ］があり，憲法に定める［い］と考えられるからである。

① ［あ］にあてはまる内容を，次の語を用いて簡潔に書きなさい。〔 **価値** 〕

② ［い］にあてはまる内容を，次の語を用いて簡潔に書きなさい。〔 **法** 〕

(4) 下線部ⓓのうち，資料4で制限されている権利を，一つ選んで記号を書きなさい。

ア 団体行動権

イ 思想・良心の自由

ウ 請願権

エ 身体の自由

(5) 下線部ⓔの略称を，アルファベットで書きなさい。

(6) 下線部ⓕのうち，資料5の［う］にあてはまる語を書きなさい。

テーマ　**消費生活と経済**

◇ⓖ電子マネーによる支払いなど，支払い方法が多様化している。

◇ⓗ行政改革が進められることによって，消費生活も変わってきている。

図１　電子マネーの支払い金額と硬貨の流通量の変化

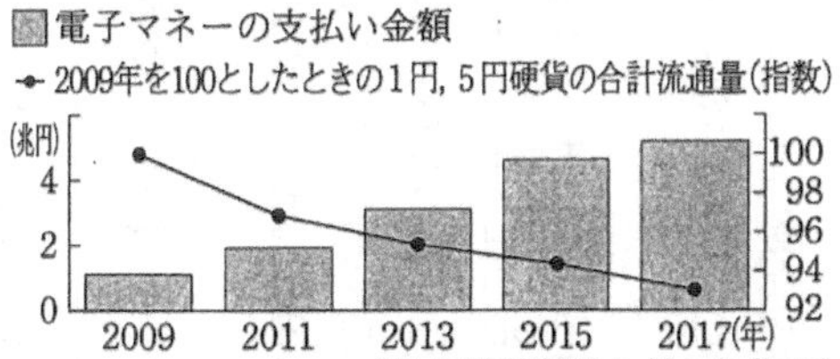

（日本銀行資料などから作成）

資料６　セルフ式ガソリンスタンドでの給油

以前は資格をもつ従業員による給油が義務づけられていたが，客が自分で給油できるようになった。

テーマ　**地球環境保全の取り組み**

◇京都議定書をきっかけに，ⓘ先進国に温室効果ガスの削減目標が課せられた。

◇国際連合の総会で，「持続可能な開発目標（ＳＤＧｓ）」が採択され，2030年までに達成すべき17の目標が設定された。わが国も推進本部を設置してⓙエネルギー政策や環境保全などに取り組んでいる。

(7)　次は，下線部ⓖについて，図１をもとに生徒がまとめたものである。［え］にはあてはまる内容を，［お］にはあてはまる語を書きなさい。

> 電子マネーの利用が増えているが，１円硬貨や５円硬貨の［え］ことが分かる。電子マネーは買い物のとき，［お］を使用せずに支払いができる便利さがあるので，これらの関係性について調べたいと思う。

(8)　下線部ⓗについて，資料６の内容が認められるようになった根拠としてあてはまるものを，一つ選んで記号を書きなさい。

ア　公共サービスの提供
イ　社会保障の充実
ウ　社会資本の整備
エ　規制緩和の推進

(9)　地球環境保全の取り組みに関連した問題である。

①　下線部ⓘの理由を図２から読みとり，簡潔に書きなさい。

②　図３のＸにあてはまる，生物の遺がいが地中に埋もれ，長い年月を経てできた燃料の総称を書きなさい。

③　下線部ⓙの内容を，図３と図４から読みとれることに触れながら，解答欄にしたがって書きなさい。

図２　温室効果ガスの累積排出量の割合（1850～2005年）

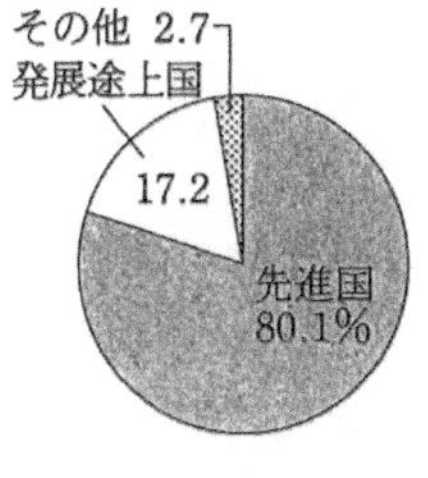

（JICA資料から作成）

図３　わが国の電源構成の現状と目標

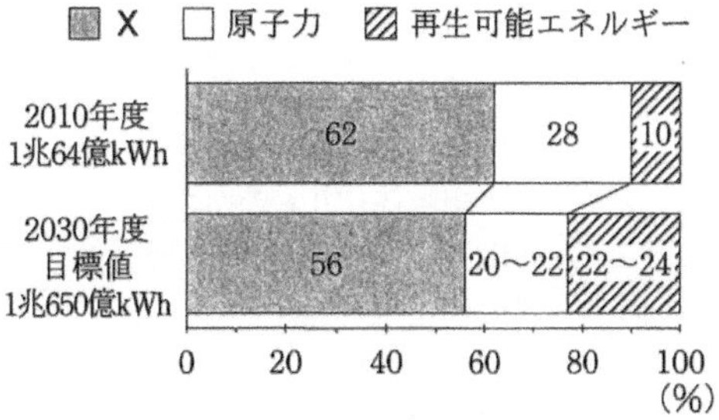

（経済産業省資料などから作成）

図４　わが国の温室効果ガス排出量の現状と目標

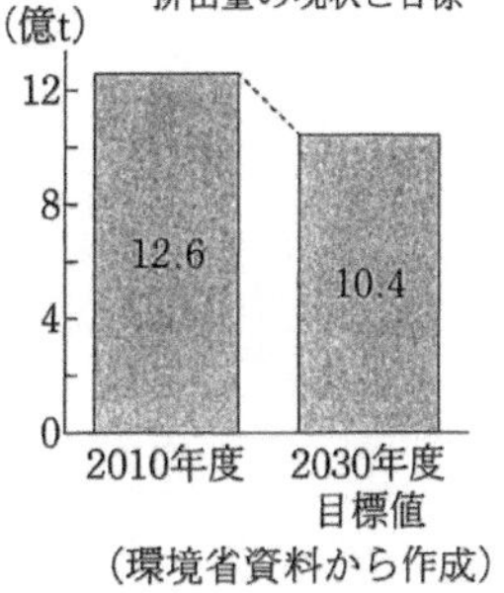

（環境省資料から作成）

A　自分にとっての宝は何なのか考えさせられたよ。

(1) 〔a〕に当てはまる語句を、【I】の本文中から**漢字一字**で抜き書きしなさい。

(2) 〔b〕〔c〕に適する内容を、**七字以内**でそれぞれ書きなさい。

(3) 〔d〕に当てはまる内容として最も適切なものを、次のア～エから一つ選んで記号を書きなさい。

ア　政治家としての力量　　イ　己の心を満たすもの
ウ　自由な発想や想像力　　エ　裕福で安定した生活

六

言葉の大切さについて、心に残っている言葉を一つ取り上げながら、次の〈条件〉にしたがって、あなたの考えを書きなさい。

〈条件〉
・題名は不要
・字数は二百字以上、二百五十字以内

ウ　運命

エ　精神

(2)　【Ⅱ】に当てはまる内容を、本文中から**六字**で抜き書きしなさい。

(3)　【Ⅲ】に適する内容を、解答欄にしたがって**四十字以内**で書きなさい。

五　次の【Ⅰ】【Ⅱ】を読んで、1～4の問いに答えなさい。

【Ⅰ】

宋人《そうひと》に玉を得《う》るもの或《あ》り。諸《これ》を＊子罕《しかん》に＊献《けん》ず。子罕受けず。玉を献ずる者①曰はく、「以《もつ》て＊玊人《きゅうじん》に示すに、玊人以て宝と為《な》せり。故《ゆゑ》に＊敢《あ》へて之《これ》を献ず。」と。子罕曰はく、「我は貪《むさぼ》らざるを以て宝と為し、＊爾《なんぢ》は玉を以て宝と為す。若《も》し以て我に与へば、皆宝を喪《うしな》ふなり。人《ひとびと》其《そ》の宝を有する＊に若《し》かず。」と。

宋人ニ或リレ得ルモノレ玉ヲ。献ズ諸ヲ子罕ニ。子罕弗レ受ケ。献ズルレ玉ヲ者曰ハク、「以テ示スニ二玊人ニ一、玊人以テ為セリレ宝ト也。故ニ敢ヘテ献ズトレ之ヲ。」子罕曰ハク、「我ハ以テ不ルヲレ貪ラ為シレ宝ト、爾ハ以テレ玉ヲ為スレ宝ト。若シ以テ与ヘバレ我ニ、皆喪フレ宝ヲ也。不レ若カ三人有スルニ二其ノ宝ヲ一。」

（「春秋左氏伝」による）

【注】　＊子罕……宋の政治家
＊献ず……献上する
＊玊人……宝玉を磨く職人。「玊」は、玉を加工する人、の意
＊敢へて……進んで
＊爾……あなた。おまえ
＊に若かず……に及ばない。かなわない

【Ⅱ】

銀《しろかね》も金《くがね》も玉も②なにせむに（何になろうか）優《まさ》れる宝子に及《し》かめやも（及ぶだろうか、いや及ばない）

山上憶良《やまのうへのおくら》

（「万葉集」による）

1　【Ⅰ】の①曰はく【Ⅱ】の②なにせむを現代仮名遣いに直し、すべて平仮名で書きなさい。

2　【Ⅰ】の喪ふの主語として最も適切なものを、次の**ア**～**エ**から一つ選んで記号を書きなさい。

ア　宋人と玊人　**イ**　子罕と玊人

ウ　宋人と子罕　**エ**　宋人と子罕と玊人

3　【Ⅰ】の書き下し文を参考にして、献ズ諸ヲ子罕ニに返り点を書き入れなさい。

4　次は、【Ⅰ】と【Ⅱ】を読んだ生徒A、B、Cの会話である。これを読んで、後の問いに答えなさい。

A　【Ⅰ】の文章では、子罕が宋人からの献上品を受け取らなかったね。

B　宋人は宝物の［a］を献上しようとしたけれど、子罕にとっての宝は違うものなのよね。

C　そうだね。子罕にとって大事なのは［b］という生き方を貫くことだったんだ。

A　子罕は、それぞれの宝を守ろうとしたんだね。

B　【Ⅱ】の和歌では、憶良が［c］はないと詠《よ》んでいるわ。

C　子罕と憶良にとっての宝は違うけれど、［d］を重んじていることは共通しているね。

【注】 ＊活花……草木の枝・花・葉などを素材にして花器と組み合わせて形をととのえ鑑賞する作品を作る芸術。立花はその様式のひとつ

1 そう思った広甫は目頭が熱くなった について、次のようにまとめた。これを読んで、後の問いに答えなさい。

> 母は、目が見えていないのに、見えているように振る舞い、胤舜は、それを知りながら、[a]をして図を選ばせている。そのことに気づいた広甫は、[b]。

(1) [a]に当てはまる胤舜の行動を、本文中から**九字**で抜き書きしなさい。

(2) [b]に当てはまる広甫の心情として最も適切なものを、次の**ア**～**エ**から一つ選んで記号を書きなさい。

ア 病気の母に頼ってしまう子の姿勢を心配している
イ 芝居をやめさせて母と子を助けたいと思っている
ウ お互いを思い合う母と子の行動に心打たれている
エ 表面的な親子関係に哀れみの気持ちを抱いている

2 萩尾が指差しているのは、胤舜だった とあるが、萩尾の行為の意図を広甫はどのように捉えているか。解答欄にしたがって**二十五字以内**で書きなさい。

3 切れ切れの声で胤舜がつぶやくように言う とあるが、このときの胤舜の心情として最も適切なものを、次の**ア**～**エ**から一つ選んで記号を書きなさい。

ア 悲嘆
イ 後悔
ウ 興奮
エ 不満

4 次は、この場面をもとにグループで本紹介のポップ（広告）づくりに取り組んでいる生徒A、B、Cの会話である。グループが構想しているポップの案と会話を読んで、後の問いに答えなさい。

グループが構想しているポップの案

キャッチコピー案①《「これからの活花」に込めた師の思い》
案②《胤舜の葛藤…たどりついた境地》

メッセージ
活花という芸術をめぐり、母や師の気持ちを受け止めながら難題に挑む少年の物語。新たな一歩を踏み出そうとしているあなたにおすすめの一冊！

立花様式

A　イラストを入れて活花のイメージを紹介してみたけれどどうかな。
B　この場面は、活花の世界の〔Ⅰ〕的な面を描いている部分が多いから、具体的にイメージしてもらう工夫は効果的ね。
C　僕は、「これからの活花」に注目してキャッチコピー案①を作ってみたよ。
A　美しい花をただ切って活けるのが活花ではないんだね。花の〔Ⅱ〕や「心の花」を生けよという教えを聞いて、胤舜は自分の思いに改めて気づいていくからキーワードとして伝えるのはよい提案だよ。
B　私は、大きすぎる課題を前に呆然としていた胤舜が、「うつむいて考えた」以降、変化していく姿に着目してほしいからキャッチコピー案②を作ってみたわ。
C　たしかに、「口元を真一文字に引き結んでいた」には、〔Ⅲ〕と願う気持ちを示そうとする胤舜の覚悟を読み取ることができるね。
A　メッセージと合わせて、胤舜が成長していく物語だと紹介することで、読みたいという人が増えるといいね。

(1) 〔Ⅰ〕に当てはまる語句として最も適切なものを、次の**ア**～**エ**から一つ選んで記号を書きなさい。

ア 表面
イ 形式

そんな萩尾の顔を胤舜は眺めていたが、不意に図集を胸に抱いて立ち上がった。広甫もすっと立ち上がる。

胤舜は涙をこらえるように、うつむいて廊下を歩くと、本堂に入って座り込んだ。広甫は静かに胤舜の前に立った。

「母上は図集ではなく、そなたを指差されたな」

「はい、母上はすでに目がお見えにならないようです。それで、わたしの声がした方を指差されたのだと思います」

切れ切れの声で胤舜がつぶやくように言うと広甫は頭を横に振った。

「いや、そうではあるまい。たとえ、目が見えずとも、どれがよいとあてずっぽうに答えることはできよう。萩尾様はわかったうえでそなたを指差されたのだ」

「なぜでございましょうか」

戸惑いながら胤舜は広甫を見上げた。

「わからぬか。萩尾様はそなたにひとの真似《まね》ではない、そなた自身の花を活けよと言われたのだ。いや、さらに言えば、そなた自身を活けよと言われたのではあるまいか」

「わたし自身を――」

「そうだ。萩尾様にとって、何より美しく、大切な花はそなただ。そなた自身を活けた花を見たいと萩尾様は思われたに相違あるまい」

胤舜は呆然《ぼうぜん》とした。

「わたし自身を活けることなどできるのでしょうか」

微笑して広甫は告げた。

「活花は、花の美しさだけを活けているのではない。花のいのちその物を活けておるのだ。そのことは池坊専応《いけのぼうせんおう》様の口伝《くでん》にもあるぞ」

池坊専応は池坊流の二十八世にあたる。立花についての様式をまとめ集大成した『池坊専応口伝』を遺《のこ》しており、その中で、

――瓶に花をさす事いにしへよりあるとはきゝ侍《はべ》れど、それはうつくしき花をのみ賞して、草木の風興をもわきまへず、只《ただ》さし生たる計《ばかり》なり。

としている。すなわち昔からの活花は美しい花をただ愛《め》でるだけで草木の風趣を知らなかったというのだ。

これからの活花は「心の花」を生けねばならない、と専応は唱えている。そして心眼で自然の草木花を見ることは、自然の風景そのものを、さらに世界そのものを見ることでもあるのだ。

「花のいのちでございますか」

胤舜はうつむいて考えた。

いまの胤舜にとって最も大切なのは、母のいのちである。母のいのちを永らえさせたい、というのが何よりの願いだ。もし宮中立花会で活けるとしたら自分自身であり、母のいのちでもある花でなければならない。

胤舜は目を閉じて、心を鎮《しず》めた。やがて、瞼《まぶた》を上げると、手をつかえ、広甫に頭を下げた。

「申し訳ございませぬ。母を逝《い》かせたくないと思うあまり、心が乱れておりました。宮中立花会に出していただけるのであれば、わたし自身を示す花を活けたいと存じます」

広甫はたしかめるように胤舜を見つめた。

「さようか。では、そなたの思いを宮中立花会で示してみよ」

厳しい広甫の言葉にも、胤舜は表情を変えなかった。

「かしこまりました」

再び、頭を下げた胤舜は、口元を真一文字に引き結んでいた。

（葉室麟《はむろりん》「嵯峨野花譜《さがのかふ》」による）

三

次の文章を読んで、1～4の問いに答えなさい。

現代において、人工知能（AI）は①著しい進歩を遂げています。社会生活の②コンカンとも言える経済活動においても、人の代わりに動いてくれるAIの需要が拡大しています。しかし、AIにはできないこともあるため、すべてを任せてよいわけではありません。

また、AIは、生存を優先したり、③利潤を追求したりするような個体としての意思をもっていません。与えられた目標を達成するために④マヨわず作動しますが、自ら目標を見つけることはないようです。ですから、AIを活用する上で、目標を適切に設定することが重要であり、そのことは人間に委ねられているのです。

1 ①著しい ③利潤 の読み仮名を書きなさい。
②コンカン ④マヨわず を漢字に直して書きなさい。

2 拡大 の対義語を漢字で書きなさい。

3 任せ の活用形を書きなさい。

4 られ の助動詞としての意味を、次のア～エから一つ選んで記号を書きなさい。

ア 受け身 イ 可能 ウ 自発 エ 尊敬

四

次の文章を読んで、1～4の問いに答えなさい。

京都の寺で＊活花《いけばな》の修行をしている少年僧胤舜《いんしゅん》は、宮中で行われる活花の会（宮中立花会《きゅうちゅうりっかえ》）で活《い》ける花についての意見を聞くため、寺の一室で重い病の床に伏している母（萩尾《はぎお》）のもとを訪ねた。そこで、他流派の二冊の活花図集を母に見せているところを、活花の師匠（広甫《こうほ》）に見られてしまった。

広甫は胤舜を睨《にら》んだ。宮中立花会で他派の活花を活けるなどあってはならないことだ。そんなことは言うまでもなく胤舜はわかっているはずだけに、広甫は二の句が継げなかった。

胤舜はそんな広甫から目をそらせて、右手と左手に『百花式《ひゃっかしき》』と『挿花百規《そうかひゃっき》』をそれぞれ持った。

「母上は、このふたつの活花ではどちらがお好みでございますか。指で差してください」

胤舜が言うと萩尾は目に微笑を浮《う》かべ、横になったまま顔を向けていたが、ゆっくりと手を上げた。

視線がどこかうつろだった。そのときになって、広甫ははっとした。すでに萩尾は目に光を失っているのではないか。そのことに胤舜が気づいていないはずはない。

（胤舜はわざとわからぬ振りをして母親に生花の図を選ばせようとしているのだ）

萩尾はすでに目が見えないことを胤舜に知られたくないと思っているのだろう。

それを知っているから、胤舜はわざと明るく萩尾に図を選ばせている。これは、母と息子の哀《かな》しい芝居なのだ。

そう思った広甫は目頭が熱くなった。

ゆっくりと萩尾は指差した。萩尾の指の先に図集はなかった。胤舜が持つふたつの図集のちょうど真ん中である。

萩尾が指差しているのは、胤舜だった。胤舜はしばらくじっと萩尾を見つめていたが、不意に両手の図集を置いて頭を下げ、

「母上、わかりましてございます」

と告げた。

ゆっくりと萩尾は目を閉じる。どうやら疲れて、眠ろうとしているようだ。

味では、現実の道具というのは、アニメに登場する呪具などよりも魅惑的なように私には思えます。

　端的にいえば、道具を使った問題解決は、過去に工夫が凝らされた問題解決を再び適用することにほかなりません。道具を使い回すといえば、それだけのことに思えますが、それは実際のところ、道具の内に封じ込められた問題解決の過程を呼び起こし、目の前の問題に再び適用することなのです。

　「こんなことができたらいいな」と思うことを実現するプログラミング思考の観点から見れば、これは魔法のようですね。道具が備えた解決方法を引き出しさえすれば、いちいち考えなくても問題が正確に、かつ、美しく解決されるのですから。

（野村《のむら》亮《りょう》太《た》「プログラミング思考のレッスン」による）

【注】＊バール……先端がL字形に曲がった鉄製の工具

バール

＊呪具……神秘的なものの力を借りて様々な不思議な現象を起こそうとするときに使う道具

＊表象……外にあらわれたしるし

1　使い回しができるという性質　により可能になることは何か。解答欄にしたがって、本文中から**十三字**で抜き書きしなさい。

2　問題解決の本質的な過程　とはどのようなことか。解答欄にしたがって**三十五字以内**で書きなさい。

3　解決を待つ　とあるが、ここで述べられている「解決」とは、何がどうなることか。本文中の語句を用いて**十五字以内**で書きなさい。

4　次のノートは、本文をもとにアニメに登場する呪具と現実の道具について読み取ったことや考えたことを、生徒がまとめたものである。これを読んで、後の問いに答えなさい。

〈アニメに登場する呪具と現実の道具との対比について〉

	道具がもたらす作用の表れ
アニメの呪具	作用が〔a〕　⇩　スペル（呪文）
現実の道具	作用が組み込まれている　⇩　〔b〕

○　アニメに登場する呪具と現実の道具を対比して論じることで、〔c〕を明確に示すことがでさると思った。表にまとめてみたら、「魅惑的」という筆者の考えへの理解を読み手に促す効果もあるのではないかと思った。

〈「魅惑的」について〉

○　これまで当たり前のように使っていたが、現実の道具には、呪具とは異なり、〔d〕という点で、魔法のような力がある。確かに「魅惑的」だと思う。

(1)　〔a〕〔b〕に当てはまる内容を、〔a〕には**九字**で、〔b〕には**八字**で本文中からそれぞれ抜き書きしなさい。

(2)　〔c〕に当てはまる内容として最も適切なものを、次の**ア～エ**から一つ選んで記号を書きなさい。

ア　現実の道具の特徴　　**イ**　両者の共通点

ウ　アニメの呪具の形状　　**エ**　現実の道具の欠点

(3)　〔d〕に適する内容を、「過去」「現在」の二語を用いて、**五十字以内**で書きなさい。

ウ　互いの意見を理解しやすいように、発言内容を確認している。
エ　意見を比較しやすいように、発言の違いを明らかにしている。

繰り返します。（※アからエを繰り返して読む）
（間10秒）
これで国語の「聞くこと」に関する検査を終わります。問題用紙を開いて、次の問題に移ってください。

二　次の文章を読んで、1～4の問いに答えなさい。

あなたは、＊バールを使わずに釘《くぎ》を抜いたことはありますか。かなりの力が必要で、よほど指先の力に自信がある人でなければ、そうそう抜けるものではありません。でも、バールのようなものを使えば、釘は楽に抜けます。もっと身近な例で、固い瓶の蓋《ふた》を開けようと汗をかいたこともあるかもしれません。これも専用の器具を使えばすぐに開きます。

このような場合、仮に道具の場所を忘れてしまっていて、探すのにかかった時間を差し引いても、道具を使ったほうが早いこともよくあります。

また、道具には、使い回しができるという性質もあります。ある場面での道具の使い方が、別の場面にも使えるなら、こんなに楽なことはありません。一度考えた方法を状況に応じて使い回すことで、再度考える時間と労力を削減できるからです。

道具がこの働きを持つのは、道具がそのフォルムや部品の組み合わせのうちに、問題解決の本質的な過程を封じ込めているからです。問題を解決しようとすると多くの場合には、何を実現すればいいのか明確にする、アイディアを試してみる、うまくいかなければ改良する、という手続きが必要です。ところが、道具を使い回すときには、この手続きを初めからやり直す必要はありません。

道具の使い回しで再度考える時間と労力を削減できるのは、このためです。

いま手元にある様々な道具を見ても、そうは思えないかもしれません。でも、新しい道具が生み出されるまでの過程を振り返ってみると、道具がその性質を備えていることがはっきりとわかります。

そもそも道具が生み出されるとき、その背景には、目の前にある不満な状態を、なんとか解消したいという欲求があります。例えば、楽に釘を抜きたいとか、楽に瓶の蓋を開けたいという気持ちです。これは解決を待つ問題といっていいでしょう。

私たちはこういった問題を解決するのに何が必要なのかを考え始めます。例えば、釘を抜くのなら、どの方向にどれくらい力を加えればいいのか、とか、どんな力が足りていないんだろうかと考えを巡らせます。いろんなアイディアを検討する過程で、解決方法が見つかります。

初めのうちは抽象的なアイディアかもしれません。しかし、それを実現するのは、いつだって具体的な部品の組み合わせです。ですから、いま手元にある道具のフォルムや部品の組み合わせは、人が問題をどんなふうに捉えたのか、そして、どう解決していったのかと直接的に対応しています。

ファンタジーアニメに登場するような＊呪具とは違って、道具にはスペル（呪文）が書いてありません。それもそのはずで、道具がもたらす作用は、文字のような＊表象に置き換えられているのではなく、道具の形状や部品の組み合わせとして組み込まれているからです。すなわち、道具の形そのものが道具の作用の表れなのです。そういう意

けんた　そうですね。方言によって地域の魅力が引き出されたらうれしいですからね。それでは次に、方言を使うときに配慮することについて話し合います。はなさんからお願いします。

はな　はい。方言の中には共通語に似ている言葉もありますが、聞き慣れない表現もあるので意味を理解しにくいときがあります。だから、相手の反応を見ながら会話をすることが必要だと思います。方言を使って会話が弾むようであれば、方言を積極的に使っていいと思います。うまく伝わっていないようであれば、共通語を交えながら伝えるといいのではないでしょうか。

けんた　相手の反応を見ながら、方言で表現された意味が伝わりにくいときは、共通語を使うということですね。では、ゆずるさんの意見を聞かせてください。

ゆずる　はい。方言と共通語を場に応じて使うことが大事だと思います。例えば、身近な人と会話するときは、親しみやすさのある方言を使った方が、相手との距離を縮められると思います。一方、活動の報告会など大勢の人の前で話すときは、共通語を使った方が話の内容を伝えやすいと思います。

けんた　二人の意見をまとめると、方言を使うときに配慮することは、相手や場に応じて共通語との使い分けをするということですね。

（間2秒）

話し合いの様子はここまでです。

（間2秒）

それでは問題に移ります。問題は選択肢も含めてすべて放送で出題します。答えは解答用紙に記入しなさい。

（間3秒）

1　はなさんが考えた方言のよいところとは、どのようなことでしたか。解答欄にしたがって書きなさい。

（間30秒）

次の問題に移ります。

2　ゆずるさんが、はなさんとけんたさんの発言を聞いて気付いたことは、どのようなことでしたか。解答欄にしたがって書きなさい。

（間30秒）

次の問題に移ります。

3　けんたさんは、方言を使うときに配慮することは、どのようなことだとまとめましたか。解答欄にしたがって書きなさい。

（間30秒）

次の問題に移ります。

4　けんたさんの進行の仕方について、最もふさわしいものを、次に読み上げる選択肢**ア**、**イ**、**ウ**、**エ**の中から一つ選んで、解答欄に記号をカタカナで書きなさい。選択肢は二回読みます。

ア　意見の根拠が明らかになるように、発言者に質問をしている。

イ　話題がそれないように、話し合いの目的を途中で説明している。

＜国語＞

時間　六〇分　満点　一〇〇点

一　「聞くこと」に関する検査

〔注〕（　）内は音声として入れない。

ただいまから、国語の「聞くこと」に関する検査を始めます。「聞くこと」に関する検査は、出題も含めてすべて放送で行いますので、指示があるまで問題用紙を開いてはいけません。解答用紙とメモ用紙を準備してください。

（間5秒）

メモ用紙は必要に応じて使ってください。問題は全部で四つです。

（間3秒）

国語の授業において、「方言のよいところと、方言を使うときに配慮すること」について話し合うことになりました。

これから放送する内容は、けんたさん、ゆずるさん、はなさんの三人がグループで話し合っている様子です。進行役はけんたさんが務めています。

話し合いの様子と問題は、一度だけ放送します。

それでは、始めます。

（間3秒）

けんた	はじめに、方言のよいところについて意見を出してください。ゆずるさんからお願いします。
ゆずる	はい。方言のよいところは、同じ方言を使う人同士に親近感が生まれることだと思います。地域でボランティア活動をしたときに、お年寄りと会話をすることがありました。挨拶をしたり、最近の出来事を話したりするときに方言を使ったのですが、お互いに緊張がほぐれ、和やかな雰囲気になりました。このことから、方言には相手との距離を縮めるよさがあるのだと思いました。
けんた	ぼくも同じような経験があります。方言を使うことによって、親しみやすさや温かさが感じられるのかもしれませんね。では次に、はなさんの意見を聞かせてください。
はな	はい。私が考えた方言のよいところは、印象に残りやすいことです。例えば、共通語の「とても」という意味をもつ方言は、北海道では「ナマラ」、大阪では「エライ」、広島では「ブチ」などがあります。共通語にはない特徴的な表現は、印象に残りやすいと思います。また、地域の施設や特産品の名前に方言が使われているのを、最近よく目にします。方言の独特な音《おん》やイメージを効果的に用いて、印象に残りやすくしていると思います。
けんた	なるほど。方言の特徴的な表現は印象的であり、その地域の魅力を発信する上で効果もあるということですね。ゆずるさんは、どう思いますか。
ゆずる	はい。はなさんとけんたさんの発言を聞いて気付いたことがあります。方言を活用することは、地域の魅力を見直すきっかけになるということです。そうして、地域を元気にしていければいいなと思いました。

2021年度

解　答　と　解　説

《2021年度の配点は解答用紙集に掲載してあります。》

<数学解答>

1　(1)　16　(2)　$-\frac{5}{6}y$　(3)　x^2-12y^2　(4)　2　(5)　$x=6$　(6)　90mL

(7)　$x=-5,\ y=1$　(8)　$x=\frac{5\pm\sqrt{17}}{4}$　(9)　ウ

(10)　$n=112$　(11)　106°　(12)　$\frac{50}{3}\pi\,\mathrm{cm}^2$

(13)　72°　(14)　$\frac{3}{2}$倍　(15)　$\frac{10\sqrt{3}}{3}$cm

2　(1)　①　-2(求める過程は解説参照)　②　エ

(2)　①　30　②　$5n-2$　(3)　右図　(4)　ア　30

イ　$\frac{x}{12}+\frac{y}{9}$　ウ　3　エ　$12x+9y$

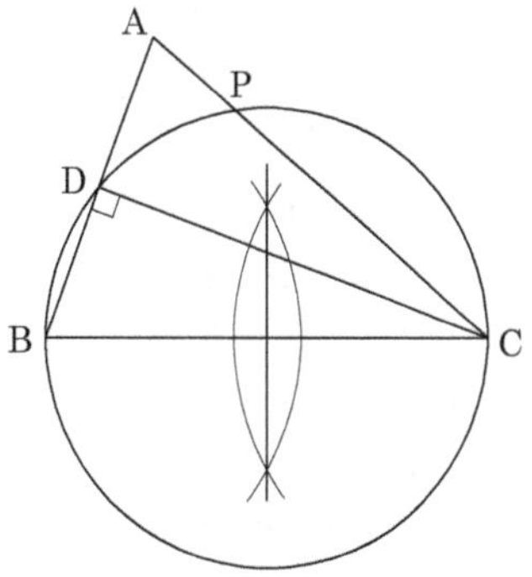

3　(1)　解説参照　(2)　①　ⓐ　(例)1組の対辺が平行でその長さが等しい　②　ⓑ　エ　(3)　8cm²

4　(1)　①　$\frac{2}{5}$　②　$\frac{7}{10}$　(2)　解説参照

5　Ⅰ　(1)　$3\sqrt{5}$ cm　(2)　$y=-\frac{1}{2}x+4$(求める過程は解説参照)　(3)　3

Ⅱ　(1)　$y=-\frac{9}{5}x+3$(求める過程は解説参照)　(2)　①　$\frac{4\sqrt{10}}{5}$　②　$\frac{24}{5}$

<数学解説>

1　(数・式の計算，式の展開，式の値，一次方程式，比例式，連立方程式，二次方程式，資料の散らばり・代表値，平方根，角度，おうぎ形の面積，体積比，線分の長さ)

(1)　**四則をふくむ式の計算の順序は，乗法・除法→加法・減法**　となる。$4-(-6)\times2=4-(-12)=4+12=16$

(2)　$\frac{x-2y}{2}-\frac{3x-y}{6}=\frac{3(x-2y)}{6}-\frac{3x-y}{6}=\frac{3(x-2y)-(3x-y)}{6}=\frac{3x-6y-3x+y}{6}=\frac{3x-3x-6y+y}{6}=\frac{-5y}{6}=-\frac{5}{6}y$

(3)　**乗法公式$(x+a)(x+b)=x^2+(a+b)x+ab$**より，$(x-3y)(x+4y)=\{x+(-3y)\}(x+4y)=x^2+\{-3y+4y\}x+(-3y)\times4y=x^2+xy-12y^2$　だから，$(x-3y)(x+4y)-xy=x^2+xy-12y^2-xy=x^2-12y^2$

(4)　**乗法公式$(a+b)(a-b)=a^2-b^2$**を用いると，$a=\sqrt{3}-1$のとき，$a^2+2a=a(a+2)=(\sqrt{3}-1)(\sqrt{3}-1+2)=(\sqrt{3}-1)(\sqrt{3}+1)=(\sqrt{3})^2-1^2=3-1=2$

(5)　方程式$\frac{3}{2}x+1=10$の両辺に2をかけて$\left(\frac{3}{2}x+1\right)\times2=10\times2$より$3x+2=20$　$3x=20-2=18$　よって，$x=6$

(6)　紅茶を全部(450mL)使ってミルクティーをつくるときに必要な牛乳の量をxmLとすると，紅茶と牛乳を5：3の割合で混ぜるから，$450:x=5:3$…①　**比例式の内項の積と外項の積は等しい**から，①より，$5x=450\times3$　$x=\frac{450\times3}{5}=270$　よって，牛乳はあと$270-180=90$(mL)必要

である。

(7)　$\begin{cases} x+4y=-1 \cdots ① \\ -2x+y=11 \cdots ② \end{cases}$　とする。①×2+②より，$8y+y=-2+11$　$9y=9$　$y=1$　これを①に代入して，$x+4\times1=-1$　$x=-1-4=-5$　よって，連立方程式の解は，$x=-5$，$y=1$

(8)　**2次方程式$ax^2+bx+c=0$の解は，$x=\frac{-b\pm\sqrt{b^2-4ac}}{2a}$**で求められる。問題の2次方程式は，$a=2$，$b=-5$，$c=1$の場合だから，$x=\frac{-(-5)\pm\sqrt{(-5)^2-4\times2\times1}}{2\times2}=\frac{5\pm\sqrt{25-8}}{4}=\frac{5\pm\sqrt{17}}{4}$

(9)　**平均値**＝(20人が読んだ本の冊数の合計)÷20(人)＝$(1\times1+2\times2+3\times3+4\times4+5\times6+6\times3+7\times1)\div20$人$=85\div20=4.25$(冊)　**中央値**は資料の値を大きさの順に並べたときの中央の値。生徒の人数は20人で偶数だから，読んだ本の冊数の少ない方から10番目と11番目の生徒の読んだ本の冊数の平均値が中央値。読んだ本の冊数が4冊以下の生徒は$1+2+3+4=10$(人)いて，5冊以下の生徒は$10+6=16$(人)いるから，読んだ本の冊数の少ない方から10番目と11番目の生徒の読んだ本の冊数の平均値，つまり，中央値は$\frac{4+5}{2}=4.5$(冊)　資料の値の中で最も頻繁に現れる値が**最頻値**だから，最も多い6人が読んだ本の冊数5冊が最頻値。以上より，値が最も大きい代表値は最頻値である。

(10)　$10=\sqrt{10^2}=\sqrt{100}$，$11=\sqrt{11^2}=\sqrt{121}$だから，$10<\sqrt{n}<11$より，$\sqrt{100}<\sqrt{n}<\sqrt{121}$　よって，$100<n<121\cdots①$　$\sqrt{7n}$が整数となるためには，$\sqrt{\ }$の中が(自然数)^{2}の形になればいい。このような自然数nは$7\times$(自然数)^{2}と表され，このうちで①の範囲にあるnは，$7\times3^2=63$，$7\times4^2=112$，$7\times5^2=175$より，$n=112$である。

(11)　**三角形の外角は，それととなり合わない2つの内角の和に等しいから，**$\angle x=44°+62°=106°$

(12)　**半径r，中心角$a°$のおうぎ形の面積は$\pi r^2\times\frac{a}{360}$**だから，半径5cm，中心角240°のおうぎ形の面積は，$\pi\times5^2\times\frac{240}{360}=\frac{50}{3}\pi$(cm^2)

(13)　AB＝OA＝OBより，△OABは正三角形だから，∠AOB＝∠OAB＝60°　$\overset{\frown}{AB}$**に対する中心角と円周角の関係**から，$\angle ACB=\frac{1}{2}\angle AOB=\frac{1}{2}\times60°=30°$　**△ABCの内角の和は180°**だから，∠BAC＝180°－∠ABC－∠ACB＝180°－78°－30°＝72°

(14)　辺ABを軸として1回転させてできる円錐は，底面の半径がBC，高さがABの円錐だから，その体積は$\frac{1}{3}\times\pi\times BC^2\times AB\cdots①$　また，辺BCを軸として1回転させてできる円錐は，底面の半径がAB，高さがBCの円錐だから，その体積は$\frac{1}{3}\times\pi\times AB^2\times BC\cdots②$　よって，①は②の$\left(\frac{1}{3}\times\pi\times BC^2\times AB\right)\div\left(\frac{1}{3}\times\pi\times AB^2\times BC\right)=\frac{BC}{AB}=\frac{3}{2}$(倍)である。

(15)　立方体ABCD－EFGHの1辺の長さを$a$cmとすると，体積が1000cm^{3}であることから，$a\times a\times a=1000$　同じ数を3回かけて1000になる数は10だから，$a=10$　よって，立方体ABCD－EFGHの1辺の長さは10cmである。(三角錐H－DEGの体積)$=\frac{1}{3}\times\triangle EGH\times DH=\frac{1}{3}\times\frac{1}{2}\times EH\times GH\times DH=\frac{1}{3}\times\frac{1}{2}\times10\times10\times10=\frac{500}{3}$(cm^3)　△ADE**は直角二等辺三角形で，3辺の比は1：1：$\sqrt{2}$**だから，$DE=AD\times\sqrt{2}=10\sqrt{2}$(cm)　DE＝EG＝DGだから，△DEGは正三角形。正三角形DEGの頂点Dから底辺EGに垂線DIをひくと，△DEI**は30°，60°，90°の直角三角形で，3辺の比は2：1：$\sqrt{3}$**　$DI=DE\times\frac{\sqrt{3}}{2}=10\sqrt{2}\times\frac{\sqrt{3}}{2}=5\sqrt{6}$(cm)　三角錐H－DEGにおいて，△DEGを底面としたときの高さを$h$cmとすると，(三角錐H－DEGの体積)$=\frac{1}{3}\times\triangle DEG\times h=\frac{1}{3}\times\frac{1}{2}\times EG\times DI\times h=\frac{1}{3}\times\frac{1}{2}\times10\sqrt{2}\times5\sqrt{6}\times h=\frac{50\sqrt{3}}{3}h$(cm^3)　これが$\frac{500}{3}$cm^{3}に等しいから，$\frac{50\sqrt{3}}{3}h=\frac{500}{3}$

$h=\frac{10\sqrt{3}}{3}$　以上より，三角錐H－DEGにおいて，△DEGを底面としたときの高さは$\frac{10\sqrt{3}}{3}$cmである。

2 (比例関数，関数$y=ax^2$，規則性，作図，方程式の応用)

(1) ① (求める過程) (例)xの値が1から3まで増加するとき，xの増加量は，$3-1=2$　yの増加量は，$\frac{6}{3}-\frac{6}{1}=-4$　したがって，**変化の割合**は，$-\frac{4}{2}=-2$

② 関数$y=Ax^2$のグラフは，A>0のとき上に開き，A<0のとき下に開いている。また，Aの絶対値が大きいほど，グラフの開きぐあいは小さくなる。**負の数では，絶対値が大きいほど小さい**ことを考慮すると，a，b，c，dの値を小さい順に左から並べると，c，d，b，aである。

(2) ① カードに書かれている数の並び方の規則性から，$2m$行目の1列目のカードに書かれている数は$10m$だから，$2\times3=6$(行目)の1列目のカードに書かれている数は$10\times3=30$である。

② 3列目のカードに書かれている数は，1行目の3から，3→8→13→18→…のように，5ずつ増える。この規則性から，n行目の3列目のカードに書かれている数は，1行目の3列目のカードに書かれている数に対して，5が$(n-1)$回増えるから，その数は$3+5\times(n-1)=5n-2$

(3) (着眼点) ∠BDC＝90°だから，**円周角の定理の逆**より，点Dは線分BCを直径とする円周上にある。点Pがこの円周上にあるとき，$\overset{\frown}{BD}$に対する**円周角**より，∠BCD＝∠BPDとなる。
(作図手順) 次の①～②の手順で作図する。 ① 点B，Cをそれぞれ中心として，交わるように半径の等しい円を描き，その交点を通る直線(線分BCの**垂直二等分線**)を引く。 ② 線分BCの垂直二等分線と線分BCとの交点を中心として，点Dを通る円(線分BCを直径とする円)を描き，辺CAとの交点をPとする。

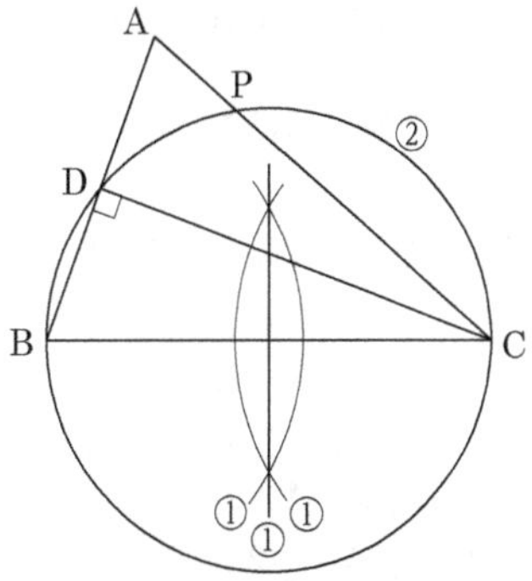

(4) [麻衣さんのメモ] 地点Sから地点Rまでの道のりを$x$km，地点Rから地点Gまでの道のりを$y$kmとすると，地点Sから地点Gまでの道のりが30kmであることより，$x+y=30$…ア　**(時間)＝(道のり)÷(速さ)**より，地点Sから地点Rまで走るのにかかった時間はx(km)÷(時速)12(km)＝$\frac{x}{12}$(時間)，地点Rから地点Gまで走るのにかかった時間はy(km)÷(時速)9(km)＝$\frac{y}{9}$(時間)，地点Sから地点Gまで走るのにかかった時間は，午後1時－午前10時＝3(時間)だから，$\frac{x}{12}+\frac{y}{9}=3$…イ　[飛鳥さんのメモ] 地点Sから地点Rまで走るのにかかった時間をx時間，地点Rから地点Gまで走るのにかかった時間をy時間とすると，地点Sから地点Gまで走るのにかかった時間が3時間であることより，$x+y=3$…ウ　**(道のり)＝(速さ)×(時間)**より，地点Sから地点Rまでの道のりは(時速)12(km)×x(時間)＝$12x$(km)，地点Rから地点Gまでの道のりは(時速)9(km)×y(時間)＝$9y$(km)，地点Sから地点Gまでの道のりが30kmだから，$12x+9y=30$…エ

3 (相似の証明，平行四辺形と特別な平行四辺形，面積)

(1) (証明) (例)∠Aは共通…① DE//BCより，**平行線の同位角は等しい**から，∠ABC＝∠ADE…② ①，②より，2組の角がそれぞれ等しいから，△ABC∽△ADE

(2) ① 平行四辺形になる条件は，「2組の対辺がそれぞれ平行(定義)」，「2組の対辺がそれぞれ等しい(性質)」，「2組の対角がそれぞれ等しい(性質)」，「対角線がそれぞれの中点で交わる(性

質)」，「1組の対辺が平行でその長さが等しい」の5つある。

② 仮定より，AE＝EB，BF＝FCだから，AH：HD＝AE：EB＝1：1，DG：GC＝BF：FC＝1：1より，点E，F，G，Hは，それぞれ辺AB，BC，CD，DAの中点である。△ABCと△ADCで，**中点連結定理**より，$EF=HG=\frac{1}{2}AC$…① △ABDと△CBDで，中点連結定理より，$EH=FG=\frac{1}{2}BD$…② 四角形ABCDの条件として，AC＝BD…③ を加えると，①，②，③より，EF＝HG＝EH＝FGで，4つの辺がすべて等しいから，四角形EFGHはひし形である。

(3) 仮定のAE：EB＝CF：FB＝2：1より，EF//AC また，EH//BD，FG//BDより，**平行線と線分の比についての定理**を用いると，AH：HD＝AE：EB＝2：1，CG：GD＝CF：FB＝2：1だから，AH：HD＝CG：GD＝2：1より，HG//AC △ABD，△CBD，△BCA，△DCAの面積を，それぞれS_1cm²，S_2cm²，S_3cm²，S_4cm²とすると，問題の条件より，$S_1+S_2=18$(cm²)，$S_3+S_4=18$(cm²) EH//BDより，前問(1)の結果を用いると，△AEH∽△ABDであり，**相似比**は，AE：AB＝AE：(AE＋EB)＝2：(2＋1)＝2：3 **相似な図形では，面積比は相似比の2乗に等しい**から，△AEH：△ABD＝2^2：3^2＝4：9 $\triangle AEH=\frac{4}{9}\triangle ABD=\frac{4}{9}S_1$ 同様にして，$\triangle CFG=\frac{4}{9}\triangle CBD=\frac{4}{9}S_2$，$\triangle BFE=\frac{1}{9}\triangle BCA=\frac{1}{9}S_3$，$\triangle DGH=\frac{1}{9}\triangle DCA=\frac{1}{9}S_4$ 以上より，四角形EFGHの面積は四角形ABCD－△AEH－△CFG－△BFE－△DGH$=18-\frac{4}{9}S_1-\frac{4}{9}S_2-\frac{1}{9}S_3-\frac{1}{9}S_4=18-\frac{4}{9}(S_1+S_2)-\frac{1}{9}(S_3+S_4)=18-\frac{4}{9}\times18-\frac{1}{9}\times18=8$(cm²)

4 (確率，式による証明)

(1) ① はじめに袋の中から玉を1個取り出すときの取り出し方が5通り。そのそれぞれに対して，再び袋の中から玉を1個取り出すときの取り出し方が5通りずつあるから，すべての玉の取り出し方は5×5＝25(通り)。このうち，$x>y$になるのは，(x, y)＝(2，1)，(3，1)，(3，2)，(4，1)，(4，2)，(4，3)，(5，1)，(5，2)，(5，3)，(5，4)の10通り。よって，求める確率は$\frac{10}{25}=\frac{2}{5}$

② この袋の中から同時に2個の玉を取り出すとき，すべての取り出し方は，(1，2)，(1，3)，(1，4)，(1，5)，(2，3)，(2，4)，(2，5)，(3，4)，(3，5)，(4，5)の10通り。このうち，2個とも玉に書かれている数が奇数になるのは，～～を付けた3通りだから，少なくとも1個の玉に書かれている数が偶数になる確率は$\frac{10-3}{10}=\frac{7}{10}$

(2) (説明) (例)$100a+10b+c-(a+b+c)=99a+9b=9(11a+b)$ $11a+b$は整数だから，$9(11a+b)$は9の倍数となる。

5 Ⅰ (図形と関数・グラフ)

(1) 2点A，Bの座標は，A(8，0)，B(2，3)だから，**三平方の定理**より，(線分ABの長さ)＝(2点A，B間の距離)$=\sqrt{(8-2)^2+(0-3)^2}=\sqrt{36+9}=3\sqrt{5}$ (cm)

(2) (求める過程) (例)求める直線㋐の式を$y=ax+b$とすると，この直線は，2点A(8，0)，B(2，3)を通るので，傾きは，$a=\frac{3-0}{2-8}=-\frac{1}{2}$ したがって，求める直線の式は，$y=-\frac{1}{2}x+b$と表すことができる。この直線は(8，0)を通るから，$y=-\frac{1}{2}x+b$に$x=8$，$y=0$を代入すると，$0=-\frac{1}{2}\times8+b$ これを解くと，$b=4$ よって，$y=-\frac{1}{2}x+4$

(3) 直線㋐の切片が4であることから，点Cのy座標は4 直線㋑の式を$y=ax$とすると，B(2，3)を通るから，$3=a\times2$ $a=\frac{3}{2}$ よって，$y=\frac{3}{2}x$ 点Pのx座標をpとすると，点Pは直線㋐上にあるから，$P\left(p,\ \frac{3}{2}p\right)$　$\triangle COP=\frac{1}{2}\times OC\times$(点Pの$x$座標)$=\frac{1}{2}\times 4\times p=2p$…①　$\triangle BAP=\triangle OAP-\triangle OAB=\frac{1}{2}\times OA\times$(点Pの$y$座標)$-\frac{1}{2}\times OA\times$(点Bの$y$座標)$=\frac{1}{2}\times 8\times\frac{3}{2}p-\frac{1}{2}\times 8\times 3=6p-12$…②　△COPの面積と△BAPの面積が等しくなるとき，点Pのx座標は，①，②より，$2p=6p-12$　$p=3$　これは問題の条件にあっている。

Ⅱ　(図形と関数・グラフ)

(1)　(求める過程)　(例)点Cはx軸上の点であるから，y座標は0である。$y=3x-5$に$y=0$を代入すると，$0=3x-5$　$x=\frac{5}{3}$　よって，点Cの座標は$\left(\frac{5}{3},\ 0\right)$である。直線BCは$y$軸上の点B(0, 3)を通るから，切片は3である。したがって，直線BCの式は，$y=ax+3$と表すことができる。この直線は$\left(\frac{5}{3},\ 0\right)$を通るから，$y=ax+3$に$x=\frac{5}{3}$，$y=0$を代入すると，$0=\frac{5}{3}a+3$　これを解くと，$a=-\frac{9}{5}$　よって，$y=-\frac{9}{5}x+3$

(2)　①　直線㋑の切片が-5であることから，点Dのy座標は-5　よって，BD＝(点Bのy座標)－(点Dのy座標)$=3-(-5)=8$　点Pのx座標をsとすると，点Pは直線㋑上にあるから，$P(s,\ 3s-5)$　点Pからy軸へ垂線PHを引くと，$H(0,\ 3s-5)$　HD＝(点Hのy座標)－(点Dのy座標)$=3s-5-(-5)=3s$…①　PH＝(点Pのx座標)－(点Hのx座標)$=s-0=s$…②　△PDHに三平方の定理を用いると，$HD^2+PH^2=PD^2$…③　また，問題の条件より，線分BDの長さと線分PDの長さが等しくなるとき，$PD^2=BD^2=8^2=64$…④　①～④より，$(3s)^2+s^2=64$　整理して，$s^2=\frac{32}{5}$　ここで，点Pのx座標が正であることより，$s>0$だから，求める点Pのx座標は$s=\sqrt{\frac{32}{5}}=\frac{4\sqrt{10}}{5}$

②　点Pのx座標をtとすると，$P(t,\ 3t-5)$　$\triangle ABD=\frac{1}{2}\times BD\times$(点Aの$x$座標)$=\frac{1}{2}\times 8\times 3=12$…①　$\triangle POD=\frac{1}{2}\times OD\times$(点Pの$x$座標)$=\frac{1}{2}\times\{0-(-5)\}\times t=\frac{5}{2}t$…②　問題の条件より，△OBQの面積と△APQの面積が等しくなるとき，△ABD＝四角形AQOD＋△OBQ＝四角形AQOD＋△APQ＝△POD…③　①～③より，求める点Pのx座標は$\frac{5}{2}t=12$　$t=\frac{24}{5}$　これは問題の条件にあっている。

＜英語解答＞

1　(1)　①　エ　②　ア　(2)　①　ウ　②　ア　③　イ　(3)　①　イ　②　ウ　③　エ　(4)　イ，エ　[答え]　(例)I want to enjoy judo with him. I think it's a new sport for him.

2　(1)　①　known　②　tried　③　using　④　cheaper
(2)　①　November　②　(例)festival　③　(例)abroad　④　(例)ride
(3)　①　(例)(How)(many)(languages)can you speak?　②　(例)It(will)(stop)(raining)tomorrow morning.　③　(例)He is a science teacher(who)(lives)(in)Komachi Town.

3　(1)　①　(例)He will give her an umbrella.　②　(例)They enjoyed it last year.　(2)　(例)(*furoshiki*)*Furoshiki* is used like a bag. So she can carry things with it. It's useful when she travels because it's light.
(例)(DVD)She can understand *rakugo* easily because it's spoken in English.

So she can learn Japanese culture from the DVD.
4 (1) ① ア ② エ (2) (例)shopping (3) a (例)took b (例)first
5 (1) 第2段落 ウ 第4段落 ア (2) dream (3) エ (4) (例)(国連世界食糧計画が)子どもたちが学校で食べるものを彼らの町から買う(こと) (5) ア，オ
(6) ① ウ ② イ

<英語解説>

1 (リスニング)

放送台本の和訳は，49ページに掲載。

2 (会話文，短文読解：語句補充・選択，語形変化，受け身，現在完了形，現在・過去・未来と進行形，助動詞，動名詞，関係代名詞)

(1) (問題文訳) 健：ぼくたちは，ゲームを始める時に，ときどきじゃんけんをやるんだ。日本の多くの人たちによって，①(知られて)いる。じゃんけんのことを知っている？／ルーカス：うん，少しだけ知っている。だけど，今までに②(やってみたこと)がないんだ。／健：きみの国では，どのようにゲームを始めるの？／ルーカス：ぼくたちは，たいていコインを投げる。ゲームの主審がそれをやるんだ。／健：ああ，前にテレビで見たことがある。サッカーの国際試合で，主審が特別なコインを③(使って)いた。そのコインがほしいな。／ルーカス：投げるためのコインは，買えるよ。だいたい 300 円ぐらいだと思う。／健：本当？ それは思った④(より安い)。国々の違いを知ることは，面白いね。

①は it's(it is)と by の間にあって，be動詞＋動詞の過去分詞形＋by の受け身だと考えられるので known と過去分詞形にする。②は I've never(I have never)に続くことから完了形だと考え，tryを過去分詞形の tried とする。③は動詞 use が be 動詞 was の後にあることから，進行形だと考えられるので using と ing 形とする。④は than に続く比較の表現なので，cheap を比較級の cheaper とする。

(2) ① 山の色は変化して，私たちは(11月)にある場所で雪を見ることができる。[説明]一年のうちの11番目の月です。一年のうちの11番目の月なので，空欄には November(11月)が適当。 ② 日本では3月3日に女の子のための(お祭り)がある。[説明]イベントの一種です。たいてい，何かを祝う時に開かれます。日本では 3 月 3 日はひな祭りなので，空欄には festival(お祭り)が適当。 ③ このホームステイ・プログラムは，(国外で)勉強することに興味がある学生のためのものです。[説明]他の国々で 説明に「他の国々で」とあるので abroad(国外で，海外で)が適当。 ④ この動物園では，人びとが馬に(乗り)あたりを歩いて楽しむことができる。[説明]何かの上に座って移動すること。説明から ride(乗る)が適当。

(3) ① カナコ：先生は日本語を上手に話すことを知っています。いくつの言葉を話すことができるのですか？／デイビス先生：三つの言葉です。英語，日本語とフランス語を話すことができます。 空欄の文は？で終わっているので疑問文で，これに対して「三つ」と数を答えていることから，数を聞くような疑問文を作る。(How)(many)(languages)can you speak? が適当。How many～で，～の数を問う疑問文となる。～の名詞は複数形とする。 ② パトリシア：私は明日キャンプをしに行くつもりなの。けれども，今晩は雨が降るらしいと聞いた。／エリコ：心配ないよ。明日の朝には雨はやむよ。天気予報でそう言っていた。 パトリシアは雨が降ると心配しているが，stopとあることから「雨がやむ」と考え It (will) (stop) (raining)

tomorrow morning. とする。明日の朝のことなので未来形になる。raining は動名詞形で「雨が降ること」，stop raining は直訳すると「雨が降ることがとまる」。 ③ ロバート：このクラスの先生について教えてくれる？／マコト：いいよ。コマチ・タウンに住んでいる理科の先生だよ／ロバート：ぼくもそこに住んでいるんだ。先生と話をしてみるよ。 カッコの who ～はその前の語 a science teacher を説明する**関係代名詞**だと考えられる。また，カッコの次の文では「ぼくもそこに住んでいる」とあるので，カッコのある文は「コマチ・タウンに住んでいる理科の先生」と考え He is a science teacher(who)(lives)(in)Komachi Town.が適当。a science teacher と三人称単数形なので，これを説明する live(住む)は lives とする。

3 (会話文：英問英答，条件付き英作文，不定詞，助動詞，比較，目的語と補語，名詞・冠詞・代名詞，接続詞)

(問題文訳) ブラウン先生：来月は，私の母の誕生日です。昨日の晩に私は兄弟に電話をして，母のためのプレゼントについて話をしました。母が新しい傘をほしがっているので，彼は傘を買うつもりです。母は，他の国について学ぶことが好きで，父と一緒に旅行を楽しみます。昨年母はイタリアを訪れて，そこで父と一緒に楽しい時間を過ごしました。母は今，日本の文化に興味があります。だから，私は母にすてきな日本のものをプレゼントするつもりです。今，二つの選択があります。一つは，*風呂敷*です。そして，もう一つは英語の*落語*の DVD です。母のための誕生日のプレゼントは，どちらがいいですか？

ユウタ：ぼくは，DVD のほうがいいと思います。先生のお母さんは，家族と一緒に*落語*を見て楽しむことができます。

サチ　：私は，*風呂敷*のほうがいいと思います。色とデザインがとても美しいのです。

マイコ：私は，(風呂敷／DVD)のほうがいいと思います。私には別の理由があります。

(1) ① (問題文訳)ブラウン先生の兄弟は，誕生日プレゼントとして母親に何をあげるつもりですか？ (解答例と訳)He will give her an umbrella.(彼は母親に傘をプレゼントするつもりです。) ブラウン先生の発話の第3文 He'll buy an～では「兄弟は傘を買う」とある。解答例の give A B の形は，「AにBを与える」となる。 ② (問題文訳)ブラウン先生の父親と母親は，いつイタリアへの旅行を楽しみましたか？ (解答例と訳)They enjoyed it last year.(彼らは昨年，それを楽しみました) ブラウン先生の発話の第5文 She visited Italy～では，「昨年」とある。解答例の文では，trip を it と表している。

(2) (例と訳)(*furoshiki*)*Furoshiki* is used like a bag. So she can carry things with it. It's useful when she travels because it's light. (風呂敷)風呂敷は，バッグのように使われます。だから，彼女はそれを使って物を運ぶことができます。彼女が旅行をする時に便利です，なぜならそれは軽いからです。解答例文の like～は「～のような，～に似ている」という形容詞。(解答例と訳)(DVD)She can understand *rakugo* easily because it's spoken in English. So she can learn Japanese culture from the DVD. (DVD)彼女は落語を容易に理解できます，なぜならそれは英語で話されているからです。だから彼女は，DVD から日本の文化を学ぶことができます。解答例文の it's spoken は it is spoken であり**＜be動詞＋動詞の過去分詞形＞の受け身**となっている。

4 (会話文：図を用いた問題，文の挿入，語句補充・選択，現在完了，受け身，不定詞，形容詞・副詞)

(問題文訳) エイミー：真紀，何を見ているの？

真紀　　：グリーン・シティの有名な観光スポットを見ているの。来月，家族と一緒にそこへ行くことになっている。
エイミー：それは，すてきな町ね。そこには何回も行ったことがある。
真紀　　：そうなの？　訪問の二日目はフリー・タイムなの。これまでにグリーン・シティへは行ったことがなくて。どこがお勧めの場所？
エイミー：訪れるなら，ブルーヒル城が一番いい場所だと思う。それは12世紀に建てられて，①[今は歴史博物館として利用されているの]。大昔の人たちが使った衣類や物が，そこに展示されている。その当時のグリーン・シティの人たちがどのように暮らしていたのか，学ぶことになるね。
真紀　　：わあ，とても面白そうね。
エイミー：ローズ山もいい所ね。いくつもの山や川がとても美しい。
真紀　　：同じ日にその二カ所を訪問できると思う？
エイミー：いいえ。②[ローズ山を訪れるためには，多くの時間が必要なの]。もしローズ山に行きたいのなら，町へ戻ってくるのは夕方になるでしょう。だから，お城の後は，チェリー・ストリートへ行ってはどう？　お城の近く。それは楽しい観光スポットで，もし《買い物》へ行きたいのなら，そこもいい場所ね。そこでは，あなたの友達に何か買うことができる。
真紀　　：そうね，ホワイト・アート・ミュージアムはどうかな？ いろいろな国の美術館に興味があるの。
エイミー：それはいい選択ね。そこでたくさんのすばらしい絵を見ることができる。
真紀　　：わかった。訪れる場所のこと，家族と話をしてみる。どうもありがとう。
エイミー：どういたしまして。旅行を楽しんでね。

(1)　①　ア　今は歴史博物館として利用されている(○)　イ　今はセントラル・ステーションと呼ばれている。　ウ　バスではそこへ行くことができない　エ　あなたは以前ブルーヒル・キャッスルを訪れたことがある。　空欄①の後の文 Clothes and other～では，「大昔の人たちが使った衣服や物を展示。当時の人たちの暮らしを学ぶことができる」とあるので，アが適当。選択肢エの have visited は現在完了形で，過去の経験を表す用法。　②　ア　ローズ山はブルーヒル・キャッスルの近くにある　イ　ブルーヒル・キャッスルには，500年の歴史がある　ウ　ローズ山では，まったく川を見ることができない　エ　ローズ山を訪れるためには，多くの時間が必要だ(○)　空欄②の後の文 If you go～では，「ローズ山に行けば，町へ戻ってくるのは夕方になる」とあるので，エが適当。

(2)　問題文の空欄《　》の後の文 You can by～で，「そこでは物を買うことができる」と言っている。また，パンフレットの空欄《　》の後には「多くの店で」とあることから，空欄には shopping(買い物)が適当。

(3)　(問題文訳)今日，私はブルーヒル・キャッスルとチェリー・ストリートを訪れました。ブルーヒル・キャッスルで，塔と古い衣類を見ることは，とても楽しかった。チェリー・ストリートでは，祖父母とあなたにすてきなプレゼントを買いました。多くの時間が$_a$(かかった)ので，ホワイト・アート・ミュージアムには行きませんでした。／今回，$_b$(初めて)グリーン・シティを訪れました，けれども，それらの場所を見つけることは，私には簡単なことでした。助けてくれて，ありがとう。家族と一緒に，観光をとても楽しみました。

a　空欄の文の so 以降には「行かなかった」とあるので，空欄の文はその理由を表していると考えられる。空欄の後に many hours(多くの時間)とあるので，文の意味を「多くの時間がかかったので行かなかった」とすると，take many hours となる。過去の出来事を話題にしていることから空欄は took と過去形にする。　b　空欄の文の but 以降は，「けれども，場所を見つけることができた」とある。また，問題本文の会話の第4番目の真紀の発話 I haven't been~(現在完了形の経験を表す)では「グリーン・シティへ行ったことがない」と言っているので，空欄の文は「初めて訪れた」だと考えられ，空欄には first(初めての，最初の)が適当。

5　(物語文：語句補充・選択，語句の解釈・指示語，内容真偽，語句の問題，日本語で答える問題，不定詞，現在・過去・未来と進行形，関係代名詞，分詞の形容詞的用法)

[1]　あなたは，WFP のことを聞いたことがありますか？　それは1963年から世界中で多くの子供たちを援助してきました。たとえば，WFP はおよそ10年間レッド・カップ・キャンペーンを実施しています。人びとが右に示すロゴの付いたものを買うと，そこからいくらかのお金が WFP へ行くことになっています。WFPはそのお金を，子供たちの健康や生活を改善させるために利用します。

[2]　世界には，教育を受けることができない，多くの貧しい子供たちがいます。特に，貧しい国々の子供たちは，学校へ行くことが困難です。たとえば，ネパールでは，地域社会に学校がなかったり教師がいなかったりする子供たちがいます，そして別の子供たちは，家族のためにお金や食べ物を得るため働かなければなりません。その子供たちは，家族のために働くことが唯一のできる事だと考えています。彼らは，やりたいことについては考えません。しかし，WFP が彼らを支援し始めてから，その国のより多くの子供たちが学校へ行き，そして未来について考え始めました。

[3]　ニムドマ・シェルパさんは，WFP が援助した子供たちの一人でした。彼女はネパールの小さな町に住んでいました。彼女が少女だった頃，彼女は空腹のためいつも泣いていました。しかし，彼女は幸運にめぐまれました。なぜなら WFP が彼女の家の近くの学校で子供たちへ給食を提供したからです。最初ニムドマさんは，食べるために学校へ行き，勉強をすることにはそれほど興味がありませんでした。後に，彼女は学校で多くの新しいことを学び，そして彼女の夢について考え始めました。彼女は，「私が少女だったころ，何か違ったこと，何か大きなこと，何か特別なことがしたかった，けれども，それが何かを知らなかったのです。教育を通して，私は(夢)を見つけました。それは一番高い山，エベレスト山に登ることでした」と言います。2008年，彼女が17歳の時，彼女はエベレスト山へ登った世界で最年少の女性になりました。

[4]　ニムドマさんの大きな(A)<u>偉業</u>は，彼女の人生を変えました。エベレスト山へ登った後，彼女は子供たちに彼女の経験とメッセージを伝えたいと思いました。彼女は WFP のボランティア活動に参加し，そして WFP のメンバーになったのです。彼女は経験について話をするために，ネパールにあるたくさんの小学校を訪問します。彼女は，「私はみんな夢を持っていると信じています。子供たちへ，夢をもつこと，そしてそのために一生懸命やることの大切さを教えるのです。教育は子供たちが知らないたくさんのさまざまな世界への扉を開くのだと，私は信じています」と言います。

[5]　今，WFP から支援を受ける貧しい子供たちは幸せです。なぜなら学校で昼食を食べることができて勉強ができるからです。その子供たちの健康状態は良くなっています。だから子供たちの家族は幸せだと感じています。子供たちが学校にいる間は，家族の人たちは子供たちの食べ物について心配せず働きます。そして，(B)<u>WFP からの支援で</u>地域社会がよりよくなっていきます。WFP は学校で子供たちが食べる食べ物をその町から買います。このため，地域社会の仕事の数

が増えつつあります。たとえば，給食のための米や豆を育てる仕事を得る人たちがいます。別の人たちは，給食を調理する仕事につきます。

⑥ 教育はすべての子供たちへ，自分たち自身の将来を作る機会を与えます。それはまた，地域社会を向上させる力も持っています。今，将来の夢と希望をもって学校で勉強する多くの子供たちがいます。レッド・カップ・キャンペーンのロゴを見た時，その子供たちのことを思い出し，教育の大切さについて考えてください。

(1) (ア) ニムドマさんは訪問で子供たちへ何を教えたいか(第4段落) (イ) 人々はなぜWFP の援助をありがたく感じているのか (ウ) ネパールの貧しい子供たちの問題は何か(第2段落) (エ) ニムドマさんが子供時代にどのように過ごしたか (オ) WFP がレッド・カップ・キャンペーンで何をするのか／それぞれの段落の内容から適当な選択肢を選びたい。

(2) 空欄の文は，「教育を通して得たもの」と考えられる。第3段落第6文 Later, she learned ~によると，「学校で学び，夢について考え始めた」とあるので，空欄には dream(夢)が適当だと考えられる。

(3) 下線部は，その前の第3段落の内容を受けている。第3段落の最後の文 In 2008, when~では，「彼女はエベレスト山へ登った世界で最年少の女性になった」と言っているので，これを受ける文としては，エの「偉業」が適当だと考えられる。

(4) (解答例)国連世界食糧計画が子どもたちが学校で食べるものを彼らの町から買う こと。下線部の意味する「WFP の支援」について，下線部の次の文 The WFP buys~で具体的に述べているので，解答はここの文を参考に作成したい。

(5) (ア) WFP はレッド・カップ・キャンペーンで子供たちの生活をよりよくするために努力している。(〇) (イ) ネパールでは学校へ行く子供たちの数が減っている。 (ウ) ニムドマさんは，17歳より前には学校で新しいことを学ぶ機会がなかった。 (エ) ニムドマさんは，エベレスト山へ行く前に，ネパールの小学校で彼女の経験を伝えた。 (オ) ニムドマさんは，教育を通して子供たちが知らない新しい世界を見つけることができると信じている。(〇)
(カ) WFP が援助する貧しい子供たちの家族は，子供たちの給食について心配する必要がある。第1段落を参照すると，「WFP はレッド・カップ・キャンペーンで得たお金で，子供たちの健康や生活を改善させる」とあるのでアが適当。また，第4段落最後の文 I believe education~には，「教育は子供たちが知らない世界への扉を開く」とあるのでオが適当。選択肢オの worlds と they の間には，関係代名詞 which が省略されている。選択肢カの supported by the WFP は，直前の children を説明する分詞の形容詞的用法。

(6) (問題文訳)私は，多くの貧しい子供たちが食べるために学校へ行くとは知りませんでした。WFP からの支援で，その子供たちは良い健康状態を①(保ち)，そして勉強を続けることができます。子供たちを援助することは WFP にとって喜ばしいことです。この物語を読んだ後，私は学校で学ぶことは大切なのだとわかりました。私は，世界の問題について学び，そして健康に②(生活する)方法について考えたいと思います。
ア 失う イ 生活する(②) ウ 保つ(①) エ 借りる オ 招待する 問題本文の内容に合う文にするために，選択肢から適当な単語を選びたい。問題文の最初の文の to eat は「食べるために」という目的を表す to 不定詞。

2021年度英語　リスニングテスト

〔放送台本〕

ただ今からリスニングテストを始めます。

問題は(1)から(4)まであります。聞きながらメモをとってもかまいません。また，(2)の会話は1回しか言いませんので，注意して聞いてください。

(1)を始めます。問題は2つです。二人の会話とそれについての質問を聞いて，答えとして最も適切な絵を，それぞれア，イ，ウ，エから1つずつ選んで記号を書きなさい。会話と質問は通して2回ずつ言います。では始めます。

① (A女): I was reading a book in the park yesterday.
(B男): Really? I was playing the guitar there. Where were you, Ayako?
(A女): I was under the tree.
Question: Which picture shows Ayako?

② (A男): I brought some juice for the party.
(B女): Thank you. I brought some flowers.
(A男): Good! Let's make pizza and cake.
Question: What did they bring for the party?

〔英文の訳〕

① (A女)：昨日，私は公園で本を読んでいたの。
(B男)：そうなの？　僕はそこでギターを弾いていた。アヤコ，きみはどこにいたの？
(A女)：私は木の下よ。
＜質問＞どの写真がアヤコを示していますか？
正解：エ

② (A男)：僕はパーティーのためにジュースをいくつか持ってきた。
(B女)：ありがとう。私は花をいくつか持ってきた。
(A男)：いいね！　ピザとケーキを作ろうか。
＜質問＞彼らはパーティーに何を持ってきましたか？
正解：ア

〔放送台本〕

(2)に移ります。問題は3つです。二人の会話を聞いて，それぞれの会話の最後の文に対する応答として最も適切なものを，それぞれア，イ，ウから1つずつ選んで記号を書きなさい。会話は通して1回ずつ言います。では始めます。

① (A女): Today's homework looks difficult.
(B男): I don't think so. It looks easy for me.
(A女): Really? Will you help me?

② (A男): What time are we going to get on the train tomorrow?
(B女): At ten. So we have to leave home at nine thirty.
(A男): I want to leave before nine to go to the post office.

③ (A女): May I ask you the way to the city hall?

(B男): OK. Turn left at the bank and go straight. You will find it on your right.
(A女): Did you say "Turn right"?

〔英文の訳〕

① (A女)：今日の宿題は難しそうね。
(B男)：いや，そうは思わない。僕には簡単そうだ。
(A女)：本当？ 助けてくれる？
選択肢：(ア) いいえ。私たちには宿題はない。
(イ) わかった。助けてくれてありがとう。
(ウ) もちろん。一緒にやろう。(○)

② (A男)：明日僕たちは何時の電車に乗ることになっているの？
(B女)：10 時よ。だから，9 時 30 分には家を出なければならない。
(A男)：僕は郵便局へ行くために，9 時前には出たい。
選択肢：(ア) それなら，8:30 はどう？ (○)
(イ) それなら，9:30 はどう？
(ウ) それなら，10:00 はどう？

③ (A女)：市役所への道を聞いてもいいですか？
(B男)：はい。銀行のところを左に曲がって，そしてまっすぐ行きます。右側に市役所が見つかります。
(A女)：「右に曲がる」と言いました？
選択肢：(ア) いいえ。私は「今すぐに」と言いました。
(イ) いいえ。私は「左に曲がる」と言いました。(○)
(ウ) いいえ。私は「あなたが正しい」と言いました。

〔放送台本〕

(3)に移ります。中学生の美佳(Mika)とALTのホワイト先生(Mr. White)が，放課後に学校で会話をしています。会話の後で，3つの質問をします。答えとして最も適切なものを，それぞれア，イ，ウ，エから1つずつ選んで記号を書きなさい。美佳とホワイト先生の会話と質問は通して2回ずつ言います。では始めます。

(*Mr. White*): Hi, Mika. I need to talk to you now.
(*Mika*): What is it, Mr. White?
(*Mr. White*): It is about today's practice for your English speech. I'm busy today. So I have to change the day.
(*Mika*): OK. When will we practice?
(*Mr. White*): Let's practice tomorrow. Can we start at four in the afternoon?
(*Mika*): Sorry, I have a piano lesson on Tuesday. How about the next day?
(*Mr. White*): OK. Let's practice at four. We can use the gym on that day.
(*Mika*): I see. Do I need a dictionary and a textbook?
(*Mr. White*): No. You don't have to bring them, but you need a pen and a notebook.

Question: ① Why does Mr. White have to change the day of the practice?
② When will Mika practice with Mr. White?
③ What does Mr. White tell Mika to bring?

〔英文の訳〕

(3)ホワイト先生：こんにちは，美佳。今あなたと話をしなければならないのです。／美佳：何ですか，ホワイト先生？／ホワイト先生：あなたの英語のスピーチのための今日の練習についてです。今日は忙しいのです。だから，日にちを変えなくてはなりません。／美佳：わかりました。練習はいつになるのですか？／ホワイト先生：明日練習をしましょう。午後 4 時に始められますか？／美佳：すみません，火曜日にはピアノの練習があります。次の日はどうですか？／ホワイト先生：大丈夫です。 4 時に練習をしましょう。その日は体育館を使うことができます。／美佳：わかりました。辞書と教科書は必要ですか？／ホワイト先生：いいえ。持ってくる必要はありません，けれども，ペンとノートは必要です。

質問①　なぜホワイト先生は練習の日を変える必要があるのですか？
選択肢　(ア)　彼は病気だから。　(イ)　彼は忙しいから。(○)
(ウ)　彼は練習があることを忘れていたから。
(エ)　彼にはピアノの練習があるから。
質問②　美佳はホワイト先生と一緒にいつ練習をしますか？
選択肢　(ア)　月曜日　(イ)　火曜日　(ウ)　水曜日(○)　(エ)　木曜日
質問③　ホワイト先生は美佳に何を持ってくるように伝えていますか？
選択肢　(ア)　ノートと辞書　(イ)　ノートと教科書　(ウ)　ペンと辞書
(エ)　ペンとノート(○)

〔放送台本〕

(4)に移ります。佐藤先生(Mr. Sato)が，英語の授業で留学生のジョン(John)について話をしています。佐藤先生の話を聞いて，その内容として適切なものを，ア，イ，ウ，エから2つ選んで記号を書きなさい。また，佐藤先生の最後の[問い]に対して，話題を1つ取り上げ，2つの英文であなたの[答え]を書きなさい。佐藤先生の話は2回言います。はじめに15秒間，問題に目を通しなさい。では始めます。

Hello, everyone. I have big news today. A new student will come from Canada next month. His name is John. I talked with him on the phone yesterday. He can speak easy Japanese. So, we began talking in Japanese, but later we used English. He is a member of the basketball team, but he wants to try different club activities in Japan. He wants to be a designer of buildings in the future. He is interested in old Japanese temples and shrines. Now, I have a question for you. What do you want to do with John?

これでリスニングテストを終わります。

〔英文の訳〕

(4)みなさん，こんにちは。今日は大きなニュースがあります。来月カナダから新しい生徒が来ます。彼の名前はジョンです。私は昨日彼と電話で話をしました。彼は，簡単な日本語が話せます。だから，私たちは日本語で話を始めました。けれども，後に私たちは英語を使いました。彼はバスケットボールのチームのメンバーです。けれども，彼は日本で違った部活動をしてみたいと思っています。彼は，将来建物のデザイナーになりたいと思っています。彼は，古い日本のお寺や神社に興味があります。さあ，私はあなたたちに質問があります。ジョンと一緒に何がしたいですか？

選択肢　(ア)　ジョンは今日本に滞在している新しい生徒だ。　(イ)　ジョンは佐藤先生と，英語と日本語で話しをした。(〇)　(ウ)　ジョンは日本の学校ではバスケットボールのチームに入ろうと考えている。　(エ)　ジョンは，仕事として建物のデザインをすることを望んでいる。(〇)

[問い]　ジョンと一緒に何がしたいですか？

[答え]　(解答例)I want to enjoy judo with him. I think it's a new sport for him.

(解答例訳)　私は彼と一緒に柔道を楽しみたい。それは彼にとって新しいスポーツだと思う。

＜理科解答＞

1　(1)　①　イ→ウ→ア→エ　②　離弁花(類)　③　P　イ　Q　ア　R　ウ
(2)　①　(例)胞子のう　②　(例)色水にさしておく　③　Y　イ　Z　ウ

2　(1)　ア，ウ　(2)　陽極　Q　赤色のリトマス紙　T　(3)　(例)液体がゴム球に吸い込まれないようにする役割　(4)　Na^+　(5)　X　水素イオン　Y　(例)弱く
Z　(例)中和が起こった

3　(1)　①　マグマ　②　イ，エ　③　(例)無色鉱物の割合　(2)　①　凝灰岩
②　(例)流れる水のはたらきで，角がとれるから　③　南

4　(1)　磁力　(2)　C，D　(3)　ア　(4)　①　電磁誘導　②　AとD，CとF
(5)　2.0(J)

5　(1)　①　オ　②　中枢(神経)　③　0.27秒　(2)　①　年周運動
②　X　北緯40°の緯線　Y　B

6　(1)　①　(例)$2Mg + O_2 \rightarrow 2MgO$　②　過程　(例)化合する酸素の質量をx[g]とする。
$3:2=1.5:x$　$x=1.0$[g]　よって，求める酸化マグネシウムの質量は1.5＋1.0＝2.5[g]
(2)　(例)(光の速さは)音の速さに比べてはるかに速いから　(3)　①　図3：図4＝1：2
②　X　図5　Y　(例)振動数が多い

＜理科解説＞

1　**(植物の分類：被子植物と裸子植物・シダ植物とコケ植物，植物のからだのつくりとはたらき)**

(1)　①　アブラナの花の外側から中心に向かって，がく → 花弁 → おしべ →めしべ，の順に構成されている。　②　双子葉類のうち，花弁が1枚ずつ分かれている植物を離弁花類という。
③　子房の有無に着目すると，アブラナとマツは異なるグループに分類される。しかし，胚珠に着目すると，どちらも受精後に**胚珠が成長して種子になるためどちらも種子植物**に分類される。

(2)　①　Wはコスギゴケの雌株の**胞子のう**である。胞子のうでは胞子がつくられる。　②　イヌワラビの**維管束**を観察するには，イヌワラビを葉の柄の部分で切って「色水にさしておく」と，維管束が染まる。　③　コスギゴケには維管束がない。根のように見える部分は**仮根**とよばれ，からだを土や岩に固定させるように変形したものである。

2 **(酸・アルカリとイオン：酸・アルカリの性質，中和と塩：酸に加えるアルカリの量の変化にともなうイオンの種類と数の変化，気体の発生とその性質)**

(1)　アルカリ性を示すものはアンモニア水と石灰水である。

(2)　図2において，糸にしみこませた塩酸(塩化水素の気体が水にとけたもの)の中での塩化水素の電離を化学式とイオン式で表すと，$HCl \rightarrow H^{+}+Cl^{-}$，であるため，酸性の水溶液に共通する水素イオン$H^{+}$の移動によってリトマス紙が青色から赤色に変化するのは陰極側であり，塩化物イオンの移動によりリトマス紙の色が変化しないのが陽極である。よって，陽極はQである。リトマス紙Sが青色であることからリトマス紙Tは赤色である。それは，うすい水酸化ナトリウム水溶液をしみこませた糸を置き電圧をかけた場合，リトマス紙Tではアルカリ性の水溶液に共通する水酸化物イオンOH^{-}の移動によって陽極側が赤色から青色に変化していることから検証される。

(3)　こまごめピペットに安全球があるのは，液体がゴム球に吸い込まれないようにするためである。

(4)　緑色のBTB溶液数滴とうすい塩酸5cm^{3}を入れた試験管に，うすい水酸化ナトリウム水溶液を加えていくと，加えるごとに中和，$H^{+}+OH^{-} \rightarrow H_2O$，が起き，水溶液は酸性(BTB溶液は黄色)から中性(BTB溶液は緑色)，そしてさらに，アルカリ性(BTB溶液は青色)へと変化する。イオン式と化学式を用いてモデルで表すと，うすい水酸化ナトリウム水溶液を少量加えた場合は，$(H^{+}+Cl^{-})+(H^{+}+Cl^{-})+(H^{+}+Cl^{-})+(Na^{+}+OH^{-}) \rightarrow H_2O+Na^{+}+3Cl^{-}+2H^{+}$，であり，水素イオン$H^{+}$があるため酸性である。さらに，水酸化ナトリウム水溶液を加えた場合は，$(H^{+}+Cl^{-})+(H^{+}+Cl^{-})+(H^{+}+Cl^{-})+(Na^{+}+OH^{-})+(Na^{+}+OH^{-}) \rightarrow 2H_2O+2Na^{+}+3Cl^{-}+H^{+}$，であり，水素イオン$H^{+}$の数は減少し，酸としての性質は弱くなる。水酸化ナトリウム水溶液をさらに加えて中性になった場合は，$(H^{+}+Cl^{-})+(H^{+}+Cl^{-})+(H^{+}+Cl^{-})+(Na^{+}+OH^{-})+(Na^{+}+OH^{-})+(Na^{+}+OH^{-}) \rightarrow 3H_2O+3Na^{+}+3Cl^{-}$，であり，水素イオン$H^{+}$と水酸化物イオン$OH^{-}$がないため中性である。水酸化ナトリウム水溶液をさらに加えてアルカリ性になった場合は，$(H^{+}+Cl^{-})+(H^{+}+Cl^{-})+(H^{+}+Cl^{-})+(Na^{+}+OH^{-})+(Na^{+}+OH^{-})+(Na^{+}+OH^{-})+(Na^{+}+OH^{-}) \rightarrow 3H_2O+4Na^{+}+3Cl^{-}+OH^{-}$，であり，水酸化物イオン$OH^{-}$があるためアルカリ性であり，試験管Gのモデルである。よって，試験管Gにおいて最も多く存在するイオンは，ナトリウムイオンNa^{+}，である。うすい塩酸と水酸化ナトリウム水溶液との中和では，NaClは沈殿にならないで，イオンとして存在している。

(5)　図4の緑色のBTB溶液が加えられている試験管A・B・C・D・Eの水溶液は，実験Ⅱから黄色で酸性であるため，水素イオンH^{+}が存在する。A～Eのそれぞれにマグネシウムリボンを入れたときに発生した気体は水素H_2である。(4)のモデルから，A → B → C → D → E，の順にうすい水酸化ナトリウム水溶液の量が多くなるにつれ水素イオンH^{+}の数が減少していくため，気体の発生はAが最もさかんで，Bから順に弱くなり，Eが最も弱かったこと，酸の性質が弱くなっていくことがわかる。よって，BからEではうすい塩酸に，うすい水酸化ナトリウム水溶液を加えるごとに中和，$H^{+}+OH^{-} \rightarrow H_2O$，が起こったといえる。

3 **(地層の重なりと過去の様子：地層の傾きの考察・堆積岩，火山活動と火成岩：火山灰にふくまれる鉱物)**

(1)　①　火山灰にふくまれる鉱物は，マグマが冷えてできた結晶である。　②　無色鉱物に分類される鉱物は，無色か白色で不規則に割れる石英と，白色か灰色で決まった方向に割れる長石である。　③　鹿沼土にふくまれる火山灰の方が，赤玉土にふくまれる火山灰より白っぽく見えたのは，表から，鹿沼土にふくまれる火山灰の方が，赤玉土にふくまれる火山灰よりも無色鉱物の

割合が大きいため，白っぽく見えると考えられる。

(2)　①　火山灰がおし固まってできた岩石を凝灰岩という。　②　砂岩にふくまれる粒の形が丸みを帯びているのは、流れる水のはたらきで，角がとれたからである。　③　**Pは凝灰岩の層であるため，かぎ層として考察する。**柱状図BとCにおいて，B地点とC地点は標高が同じである。凝灰岩の層があるのは，B地点では地表から深さ1mから3mであり，C地点では地表から深さ5mから7mであることから，凝灰岩の層はB地点からC地点方向に傾いていると考えられる。次に，**標高10mのA地点の露頭のスケッチと標高20mのC地点の柱状図において，A地点での凝灰岩の層は標高13mから15mであり，C地点での凝灰岩の層も標高13mから15mであることから東西に水平に広がっている**ことがわかる。よって，この地域の地層は南に向かって下がっているといえる。

4　(電流と磁界：電磁誘導・右ねじの法則，電流：電力量)

(1)　磁石どうしが，引き合ったり，反発し合ったりする力を磁力という。

(2)　コイルPに棒磁石のS極を遠ざけたりN極を近づけたりして，コイルPの中の磁界を変化させると，その変化に応じた電圧が生じて，コイルに電流が流れる。**電流が検流計に＋端子から流れ込むと指針は右に振れる。**よって，CとDである。

(3)　コイルPに右ねじが進む矢印の向きに電流が流れたとき，右ねじを回す向きに磁界ができる(**右ねじの法則**)ため，最も適切なのはアである。

(4)　①　コイルの内部の磁界が変化したとき，コイルに電流が流れる現象を**電磁誘導**という。
②　Aは，S極を近づけると指針は左に振れ，Dは，N極を近づけると指針は右に振れるため，電流の向きは，棒磁石の極だけを変えると逆になっている。Cは，S極を遠ざけると指針は右に振れ，Fは，N極を遠ざけると指針は左に振れるため，電流の向きは，棒磁石の極だけを変えると逆になっている。

(5)　ICカードリーダーの電力〔W〕＝ 5.0〔V〕× 0.2〔A〕＝ 1.0〔W〕より，ICカードリーダーの電力量〔J〕＝ 1.0〔W〕× 2.0〔s〕＝ 2.0〔J〕である。

5　(動物のからだのつくりとはたらき：刺激と反応，天体の動きと地球の自転・公転：地球の公転と季節による夜の長さ)

(1)　①「手をにぎられた」という圧力の刺激を受けとる感覚器官は皮膚である。　②　判断や命令などを行う脳やせきずいを中枢神経という。　③　守さんは左手で広子さんの右手をにぎると同時にストップウオッチをスタートさせているので，**守さんが手をにぎられてから反応するまでにかかった時間は，最後に自分の右手首をにぎられてからストップウオッチを止めるまでの1回分で計算する。**よって，手をにぎられてから反応するまでにかかった1人あたりの時間は，(2.52秒＋2.61秒＋2.16秒)÷3÷ 9 ＝ 0.27(秒)である。

(2)　①　地球の公転によって生じる天体の見かけの動きを天体の年周運動という。　②　地球儀A，Bをそれぞれ秋田県が真夜中になるようにして考えるとき，**北緯40°の緯線**について，光源の光が当たっていない部分の長さを比べ，地球儀Bの方が長ければ，仮説は正しいといえる。

6　(化学変化と物質の質量，化学変化：金属の燃焼の化学反応式，光と音：光の速さと音の速さ・音の大小と高低)

(1)　①　**マグネシウムは燃焼することにより酸化する。**図1のモデルは，マグネシウム原子2個と酸素分子1個が化合すると，酸化マグネシウムの分子が2個できることを表している。よって，化学反応式は，$2Mg + O_2 \rightarrow 2MgO$,である。　② 1.5gのマグネシウムと化合する酸素の質量をx[g]とすると，1.5g：x[g] ＝ 3：2，x[g] ＝ 1.0[g]である。よって，求める酸化マグネシウムの質量は，1.5[g]＋1.0[g]＝ 2.5[g]，である。

(2) 光の速さは音の速さに比べてはるかに速いからである。

(3) ① 振幅は弦の振動の振れ幅であるから，図3と図4の振幅の比は，図3：図4 ＝ 1：2である。② 振動数は1秒間に弦が振動する回数であるから，図4より図5の方が単位時間あたりの振動数が多いため，高い音が出たことがわかる。

<社会解答>

1 (1) (例)太平洋　(2) (例)ロシア連邦　(3) (例)南アメリカ(大陸)　(4) ① い　② イ　③ (例)ある先進国と比べて，価格の安定しない原油に頼る輸出をしているから。

2 (1) (例)本州　(2) (例)フォッサマグナ　(3) 奈良(県)　(4) い エ　う (例)価格が高くなる時期に出荷することで　(5) (例)Z県と比べて，輸送用機械を作るための広い敷地を安く確保できるから。

3 (1) 中世　(2) ウ　(3) あ イ　い ウ　(4) (例)娘を天皇のきさきにし，その子を天皇にした。　(5) 氏 北条(氏)　W ア　(6) ① エ　② (例)将軍が代わるとき。　(7) (例)土地の所有者に，地租を現金で納めさせた。　(8) (例)領事裁判(権)　(9) ウ，エ　(10) イ　(11) え (例)工業が発展する　お (例)公害が発生

4 (1) 国民主権　(2) イ　(3) ① (例)一票の価値に格差　② (例)法の下の平等に反する　(4) ア　(5) ICT　(6) (例)プライバシーの権利　(7) え (例)流通量は減っている　お (例)現金　(8) エ　(9) ① (例)先進国が温室効果ガスを多く排出してきたから。　② 化石燃料　③ (例)(風力などの)再生可能エネルギーの割合を増やし，温室効果ガスの排出量を減らす。

<社会解説>

1 (地理的分野―世界地理－地形・人口・産業・貿易)

(1) 世界の**三大洋**とは，**太平洋・大西洋・インド洋**である。このうち，南アメリカ大陸・北アメリカ大陸・ユーラシア大陸・オーストラリア大陸に囲まれているのが，太平洋である。

(2) 日本の**標準時子午線**は，**兵庫県明石市**を通る，**東経135度線**である。この経線は，ユーラシア大陸・オーストラリア大陸・その他多くの島々を通るが，最も面積の大きい国は**ロシア連邦**である。

(3) 南アメリカ大陸は，**赤道**が大陸のほぼ中央部を通り，**熱帯**が6割以上を占める。P大陸は南アメリカ大陸である。アフリカ大陸は，赤道が大陸の中央よりもはるかに南を通るので，意外に熱帯の面積は少なく5割以下である。

(4) ① 地球は**24時間で360度自転**するので，**15度で1時間の時差**となる。時差は12時間なので経度差は180度となる。日本の標準時子午線は，東経135度であるから，時差12時間の都市は**経度差180度―東経135度＝西経45度**で，西経45度の都市ということになる。地図上の「い」がこれに該当する。「い」の都市はリオデジャネイロである。　② アからオのうち，面積が最も

狭く，人口が最も少ないオは，日本である。人口が突出して多いエは，中国である。GDPが最多のウは，アメリカである。GDPが最も少なく，貿易額も最小なアは，ブラジルである。残るイがEUである。貿易額は，輸入・輸出ともEUが最多である。　③　Y州とは**アフリカ州**である。図3に見られるように，ある先進国は，毎年輸出総額に**原油**の占める割合が1割程度である。これに対し，アフリカ州のある国は，毎年，輸出総額の7割から9割を原油が占めている。こうしたアフリカ州の国に見られる経済状態を，**モノカルチャー経済**という。図4に見られるとおり，原油は価格の安定しない産出物であり，アフリカ州のある国は極めて不安定な経済状態となる。原油輸出に大きく依存するナイジェリアなどは，その典型的な例である。

2　**(地理的分野―日本地理－地形・人口・工業・農林水産業)**

(1)　日本列島は，北海道・本州・四国・九州と，無数の島々からなる。一番大きいのが本州で，次に北海道，九州，四国の順になる。

(2)　本州中央部を南北に横断する**大地溝帯**を，大きな溝という意味の，**フォッサマグナ**という言葉で呼ぶ。新潟県糸魚川市から静岡県静岡市に及び，この地溝帯が，東北日本と西南日本の境界線となる。

(3)　奈良県は，全国でも有数の**過疎化**が進行している県であり，一番**人口減少率**が大きいCは，奈良県である。また，奈良県は，京阪神地方に通勤・通学する人が多く，**昼夜間人口比率**が低くなっている。なお，昼夜間人口比率が日本で一番低いのは，大都市東京に隣接する埼玉県である。

(4)　い　宮崎県では，**温暖**で**日照の多い**気候条件を活かし，**ガラス室**や**ビニールハウス**を利用して，きゅうりなどの野菜を栽培している。このように，施設を設置し，天候や外気温を生かし，比較的安定した生産ができる農業形態を，**施設園芸農業**という。　う　地図のX県とは福島県である。寒さによって福島県など他県からの出荷が減り，価格の上がる時期に出荷することで，宮崎県は生産に要した費用に十分見合うだけの利益を上げている。

(5)　Y県は栃木県，Z県は神奈川県である。栃木県では，神奈川県に比べて，**輸送用機械**の出荷額の割合が増えている。輸送用機械を作るためには広い工場敷地面積が必要であり，栃木県では広い敷地を安く確保できるからである。また，2011年の**北関東自動車道**の開通によって，内陸地の栃木県から太平洋岸に輸送しやすくなったことも原因の一つである。栃木県は**北関東工業地域**の一部である。

3　**(歴史的分野―日本史時代別－古墳時代から平安時代・鎌倉時代から室町時代・安土桃山時代から江戸時代・明治時代から現代，―日本史テーマ別－政治史・社会史・経済史・外交史，―世界史－政治史)**

(1)　平安後期の院政の時代から，鎌倉時代・室町時代を経て戦国時代までを，中世という。安土桃山時代からが近世である。なお，中世の始まりには諸説ある。

(2)　素焼きの焼き物で，古墳時代に**古墳**の上に並べて置かれたのが，**埴輪(はにわ)**である。埴輪は3世紀後半から6世紀後半にかけて作られ，聖域を示すために並べたり，古墳の土が崩れないように置かれたといわれている。埴輪は，**円筒埴輪**と**形象埴輪**に二分される。形象埴輪には，人物埴輪(特に武人埴輪)・家形埴輪・器財埴輪・動物埴輪などがあり，当時の衣服・髪型・農具や建築様式などを見てとることができる。

(3)　あ　712年に編纂された，日本最初の歴史書と言われる書物が「古事記」である。**天武天皇**が稗田阿礼(ひえだのあれ)に暗記させたものを，太安万侶(おおのやすまろ)が文書化した書物であり，天地の始まりなどの多くの神話と，**推古天皇**までの歴史を記している。　い　8世紀の半ば，**大伴家持**らが編纂した**万葉集**では，天皇から庶民までの歌が集められた。漢字の音を借りて，国語の音を表記する**万葉仮名**を用いた点が特徴である。

(4)　**藤原氏**は，自分の娘を天皇の**きさき**とし，**生まれた子供を天皇**にして**外祖父**となり，天皇が幼い時には摂政として，成人してからは関白として政治を代行・補佐する，**摂関政治**を進めた。摂関政治は，11世紀前期の**藤原道長・頼通**父子の時代に全盛期を迎えた。

(5)　鎌倉幕府の政所の長官で，将軍を補佐し政務を統轄した最高の職を**執権**という。13世紀初頭から**北条氏**が世襲した。北条氏は，源頼朝の妻政子の父の家系である。　W　**承久の乱**後の図なので，**六波羅探題**が入っているアが正しい。イは律令制度の模式図であり，ウは室町幕府の模式図である。

(6)　①　X　**朝鮮通信使**は**対馬藩**の**宗氏**が窓口となって外交を行った。　Y　**薩摩藩**の**島津氏**が窓口となり，**琉球王国**から幕府に送られた使節は，「**慶賀使**」と「**謝恩使**」の二つである。「慶賀使」は幕府の将軍が代わるたびに，「謝恩使」は琉球の国王が代わるたびに派遣された。　②　江戸時代に**朝鮮国王**が日本の将軍の代替わりの際などに，日本に派遣した外交使節を，朝鮮通信使という。対馬藩の宗氏が仲介し，江戸時代を通じて派遣は12回に及んだ。

(7)　政府は，**地券**を発行し，**土地の所有者**と**地価**を確定し，土地の所有者は**地価の3%**を，毎年**現金**で納めることになった。

(8)　**ノルマントン号**の船長に軽い罰しか与えられなかったのは，外国人が日本で罪を犯した場合は，日本に駐在するその国の領事が，その国の法律で裁くという**領事裁判権**を，幕末に結んだ条約で認めていたからである。領事裁判権の語を確実に解答する。

(9)　ウ　1919年から1920年まで，**第一次世界大戦**の講和会議として開催された**パリ会議**は，**アメリカ大統領ウィルソン**の十四カ条の原則の柱である**国際協調・民族自決**の精神で進められた。この国際協調の精神を具体化したものが，**国際連盟**である。国際連盟は1920年に創立されたが，**アメリカ**は議会の上院の反対のため，**加盟しなかった**。　エ　1919年に，第一次世界大戦の**敗戦国ドイツ**で制定されたのが**ワイマール憲法**である。当時，世界で**最も先進的**な憲法といわれ，世界で初めて，国家が最低限の生活を保障する**社会権**を規定した憲法である。

(10)　1951年にサンフランシスコ平和条約を結んだが，**ソ連**との講和は成立していなかったため，**国連安全保障理事会**の**常任理事国**であるソ連の反対で，**国際連合**への加盟はできなかった。1956年に**日ソ共同宣言**が成立し，ソ連との国交が回復して，日本は国際連合への加盟が実現した。

(11)　え　図2に見られるように，1960年代の**高度経済成長期**に工業が発展し，製造品出荷額が急激に伸びた。　お　高度経済成長期には，まだ環境を守るという考え方は未熟で，**四大公害病**など**公害**が発生した。四大公害病とは，**水俣病**，**新潟水俣病**，**イタイイタイ病**，**四日市ぜんそく**である。

4 (公民的分野―憲法の原理・基本的人権・国の政治の仕組み・消費生活，地理的分野―環境問題)

(1)　**大日本帝国憲法**では，「大日本帝国ハ万世一系ノ天皇之ヲ統治ス」「**天皇**ハ国ノ**元首**ニシテ統治権ヲ総攬シ(以下略)」と明記されていたが，日本国憲法では「**天皇**は，日本国の**象徴**であり日本国民統合の象徴であって，この地位は，**主権**の存する**日本国民**の総意に基く。」と規定し，国民主権を原理としている。

(2)　1889年の初の衆議院議員選挙法以来，投票権者がいかなる選択をしたかが明らかになる仕組みの投票制度がとられており，1900年まで続いた。これに対し現在では，誰が誰に投票したかわからない，**秘密投票**の原則が守られた投票用紙になっている。

(3) ① **公職選挙法**は，議員定数を定めているが，人口の増減により，選挙区によって5倍近くも**一票の価値**に**格差**が生じる状態となっているので，「**違憲状態である**」と，最高裁判所が判断したことを指摘する。　② **日本国憲法第14条**は，「すべて国民は，**法の下に平等**であって，人種，信条，性別，社会的身分又は門地により，政治的，経済的又は社会的関係において，差別されない。」と定めており，一票の価値に大きな格差がある状態では，**法の下の平等に反する。**

(4) 労働三権とは，団結権・団体交渉権・**団体行動権**のことをいい，そのうち**ストライキ**などを行う団体行動権が禁止されている。

(5) IT(Information Technology)が情報を効率的に処理できる能力のことを指すのに対し，情報通信技術のことを，ICT(Information and Communication Technology)という。IT技術をどのように活用すべきかに重点を置いている。

(6) **新しい人権**の一つとして**プライバシーの権利**がある。もとは人がその私生活や私事をみだりに他人の目にさらされない権利を指したが，現在では，名前・**顔写真**・住所・電話番号・生年月日などの個人情報を守る権利としても考えられるようになってきた。顔写真については，特に肖像権として守られている。

(7) え　図1に見られるように，2009年から2017年にかけて，電子マネーの支払い量は10倍近く増加したのに対し，1円玉・5円玉の**流通量**は10分の1程度に減っている。　お　電子マネーは，買い物のとき，現金を持たずに支払いができるという便利さがあることを簡潔に指摘すればよい。

(8) ある産業や事業に対する政府の規制を縮小することを指して，**規制緩和**という。問題では，**ガソリンスタンド**の**セルフ給油**があげられている。ほかの規制緩和の例としては，薬品の販売があげられる。ドラッグストアや薬局では，**薬剤師**による対面販売が義務づけられていたが，2009年に**薬事法**が改正され，一般用医薬品は，薬剤師でなくても登録販売者によって販売できるようになった。

(9) ① 早くから先進国が温室効果ガスを多く排出してきたからであることを指摘すればよい。　② 過去の**植物**や**動物**の**遺骸**が，何億年もかけて変化して生成した**石炭・石油・天然ガス**などの燃料を**化石燃料**という。その燃焼によって，**温室効果ガスを排出**するため，**地球温暖化**の原因となりやすい。　③ 自然の活動によってエネルギー源が半永久的に供給され，継続して利用できるエネルギーのことを，**再生可能エネルギー**という。**風力・太陽光・地熱・波力・バイオマス**などが再生可能エネルギーである。バイオマスとは，とうもろこし・さとうきびなど**植物由来のエネルギー**を指す。こうした再生可能エネルギーの割合を増やし，温室効果ガスの排出量を減らすことが課題であるが，日本では，まだ再生可能エネルギーの利用があまり進んでいない。

＜国語解答＞

一　1 (例)印象に残りやすい(こと)　2 (例)(方言を活用することは,)地域の魅力を見直すきっかけになる(ということ)　3 (例)相手や場に応じて共通語との使い分けをする(ということ)　4 ウ

二　1 再度考える時間と労力を削減(すること)　2 (例)何を実現すればいいのか明確にし，アイディアを試したり，改良したりする(という手続き)　3 (例)不満な状態が解消されること　4 (1) a 置き換えられている　b 道具の形そのもの　(2) ア　(3) (例)過去の問題解決の工夫を呼び起こし，現在の問題に再び適用することで，正確に美しく問題を解決できる

三 1 ① いちじる(しい)　② 根幹　③ りじゅん　④ 迷(わず)　2 (例)縮小
3 連用形　4 ア

四 1 (1) わざとわからぬ振り　(2) ウ　2 (例)(胤舜を指差すことで,)ひとの真似ではなく,自分自身の花を活けてほしい(という気持ちを伝えたかったと捉えている)
3 ア　4 (1) エ　(2) いのちその物　(3) (例)(宮中立花会に出て,)自分自身であり,母のいのちでもある花を活けることで,母に長く生きてほしい

五 1 ① いわく　② なにせん　2 ウ　3 蔵ズ二諸ヲ子孫ニ一　4 (1) 玉
(2) b (例)欲張らない　c (例)子に優る宝　(3) イ

六 (例) 私の心に残っているのは,陸上部の先輩から言われた「がんばっているね」という言葉だ。良い記録がなかなか出なくて他の人に「がんばれ」と言われたとき,私は「ありがとう」と返しながらも,内心では「がんばっているのに」「まだ努力が足りないの?」と反発していた。しかし,先輩の言葉で自分が認められたという気持ちになり,落ち着いて練習に集中できるようになった。言葉は,発した人が考える以上に受け取る人の気持ちを左右する。だから,言葉を大切にすることを意識して,相手や場に応じた言葉を使うよう心がけたい。

<国語解説>

一 (聞き取り―内容吟味)

1 はなさんは,「私が考えた方言のよいところは,**印象に残りやすい**ことです。」と言っている。

2 ゆずるさんは,「はなさんとけんたさんの発言を聞いて気付いたことがあります。方言を活用することは,**地域の魅力を見直すきっかけになる**ということです。」と言っている。

3 けんたさんは,「方言を使うときに配慮することは,**相手や場に応じて共通語との使い分けをする**ということですね。」と言って,話し合いをまとめている。

4 「~ということですね」などの表現からわかるように,けんたさんは前の人の**発言内容を確認**しながら話し合いを進めているので,ウが正解である。意見の根拠は質問していないので,アは誤り。話し合いの目的は初めに示しただけなので,イは不適切。意見の比較をすることが目的ではないので,エは不適切である。

二 (論説文―内容吟味,文脈把握,脱文・脱語補充)

1 傍線部の少し後に「使い回すことで,**再度考える時間と労力を削減**できるからです。」とあるので,ここから抜き書きする。

2 次の文の「**何を実現すればいいのか明確にする,アイディアを試してみる,うまくいかなければ改良する**,という手続きが必要です」の内容を35字以内で書く。

3 少し前の「**目の前の不満な状態を,なんとか解消したい**」の語句を用いて15字以内で書く。「何**がどうなる**ことか」という問いなので,「不満な状態を解消すること」という形ではなく,「不満な状態が解消されること」などと書く。

4 (1) a アニメの呪具の作用は,スペル(呪文)によって示されるもの,すなわち「文字のような表象に**置き換えられている**」ものである。　b 「**道具の形そのもの**が道具の作用の表れなのです」から抜き書きする。　(2) 説明の中心であり,筆者が「魅惑的」と考えているのは**現実の道具**なので,アを選ぶ。アニメの呪具と現実の道具を対比して論じることで明確になるのは,「両者の共通点」ではなく相違点なので,イは不適切。「アニメの呪具の形状」は表では明確に示

せないので，ウは不適切。「現実の道具の欠点」は書かれていないので，エは誤りである。

(3)　本文の最後の2つの段落によれば，道具を使った問題解決は，「**過去に工夫が凝らされた問題解決を再び適用すること**」であり，「道具の内に封じ込められた**問題解決の過程を呼び起こし，目の前の問題に再び適用すること**」で問題を「**正確**に，かつ，**美しく解決**」することができる。この部分をもとに，「目の前の問題」を「**現実の問題**」と言い換えて，前後の表現につながるように50字以内で書く。

三 (知識―漢字の読み書き，同義語・対義語，品詞・用法)

1　①「**著しい**」は，はっきりわかるほど目立っている様子。　②「**根幹**」は，物事のおおもとという意味。　③「**利潤**」は，利益と似た意味の語句である。　④「**迷**」の音読みは「メイ」で，「迷路」「混迷」などの熟語を作る。

2「拡大」は大きくなるという意味なので，小さくなるという意味の「**縮小**」などと答える。

3「任せ」は，マ行下一段活用動詞「任せる」の**連用形**である。

4「与えられた」は，他の人から「与える」という行動を受けたことを表すので，アの「**受け身**」が正解。

四 (小説―情景・心情，内容吟味，文脈把握，脱文・脱語補充)

1　(1)　少し前に，広甫が思ったことが(胤舜は**わざとわからぬ振り**をして母親に生花の図を選ばせようとしているのだ)と示されているので，ここから抜き書きする。　(2)　傍線部の「そう思った」は，広甫が母と子の姿を見て，「萩尾はすでに目が見えないことを胤舜に**知られたくない**」「それを**知っている**から，胤舜は**わざと明るく**萩尾に図を選ばせている」と思ったことを指している。また，「**目頭が熱くなる**」は，感動して涙が出そうになる様子を表す慣用句。したがって，正解はウである。アは「頼ってしまう」が誤り。イは「芝居をやめさせて」が不適切。エは「表面的」が誤りである。

2　後の広甫の言葉に「萩尾様はそなたに**ひとの真似ではない，そなた自身の花を活けよ**と言われたのだ」とある。この内容を，前後につながる形にして25字以内で書く。

3　直前の胤舜の言動を見ると，「胤舜は**涙をこらえる**ように，**うつむいて**～座り込んだ」「**母上はすでに目がお見えにならない**ようです」とある。胤舜は，母が目が見えないために図集を指差すことができなかったと考え，母の死が近いことを感じて悲しんでいる。アが正解。

4　(1)　本文の場面は，活花の花の種類や形を具体的に示す描写はなく，「そなた自身を活けた花」など**精神**面に言及しているので，エが正解となる。　(2)　広甫の「活花は花の美しさだけを活けているのではない。花の**いのちその物**を活けておるのだ」という言葉から抜き書きする。

(3)　胤舜の覚悟は，破線部「うつむいて考えた」の後に，「**母のいのちを永らえさせたい**，というのが何よりの願いだ。もし宮中立花会で活けるとしたら**自分自身であり，母のいのちでもある花**でなければならない」と書かれている。この内容を前後につながる形にして，40字以内で書く。

五 (漢文・和歌―内容吟味，文脈把握，脱文・脱語補充，仮名遣い，表現技法)

〈口語訳〉【Ⅰ】宋の人で玉を手に入れた者がいた。これを子罕に献上した。子罕は受け取らなかった。献上する者が言うことには，「これを宝玉を磨く職人に見せたところ，職人は(本物の)玉だと言いました。だから進んでこれを献上するのです」と。子罕が言うことには，「私は欲張らないことを宝とし，あなたは玉を宝とする。もし(その玉を)私に与えたら，どちらも宝を失ってしまう。人々は，自分の宝を持っていることがいちばんいい。」と。【Ⅱ】銀も金も玉も何になろうか。優れた宝は子に及ぶだろうか，いや，及ばない。

1 ① 語頭にない「**は**」を「**わ**」に直し，平仮名で「**いわく**」と書く。 ② 「**む**」を「**ん**」に直して「**なにせん**」と書く。

2 「喪ふ」の主語は「**皆**」であるが，本文は**宋人**が**子罕**に玉を献上しようとする場面であり，玉人は話に出てくるだけでこの場にはいない。したがって，ウが正解である。

3 【Ⅰ】の書き下し文を見ると，漢字を読む順序は「諸子罕献」となる。「諸子罕」を「献」よりも先に読むので，「**罕**」の左下に**一点**，「**献**」の左下に**二点**を書き入れる。

4 (1) 宋人が子罕に献上しようとしたのは，**玉**である。 (2) b 「我は**貪らざる**を以て宝と為し」をもとに「欲張らない」「貪らない」などと書く。 c 「**優れる宝子に及かめやも**」は，どんな宝でも子には及ばない，子が一番の宝だということだから，これをもとに後につながるように「子に優る宝」などと書く。 (3) 子罕は欲張らないこと，憶良は子を「宝」としていた。両者に共通しているのは，イの「**己の心を満たすもの**」を重んじている点である。アとウは本文で言及されていない。エは，子罕も憶良も，一般的には財宝とされる「玉」や金銀の価値を否定しているので，誤りである。

六 (作文)

与えられた**条件**を満たして書くこと。「**心に残っている言葉**」を一つ取り上げて，言葉の大切さについての**自分の考え**を**200～250字**で書く。解答例は，「がんばっているね」という言葉を取り上げ，自分の体験をふまえて考えを述べている。書き終わったら**必ず読み返して**，誤字・脱字や表現の不自然なところは書き改める。

MEMO

大切なことはメモしておこうネ！

秋田県公立高等学校

2020年度

★★★★★★★★★★★★★★★★★★★★★★

入　試　問　題

2020年度

●くわしい解説……47ページ

＜数学＞

時間　60分　　満点　100点

1　次の⑴～⒂の中から，**指示された８問**について答えなさい。

⑴　$1+(-0.2)\times 2$ を計算しなさい。

⑵　$\dfrac{6}{\sqrt{2}}$ の分母を有理化しなさい。

⑶　$a=\dfrac{1}{2}$，$b=3$ のとき，$3(a-2b)-5(3a-b)$ の値を求めなさい。

⑷　１個 a kgの品物３個と１個 b kgの品物２個の合計の重さは，20kg以上である。この数量の関係を不等式で表しなさい。

⑸　方程式 $\dfrac{2x+4}{3}=4$ を解きなさい。

⑹　連立方程式 $\begin{cases}2x-3y=-5\\ x=-5y+4\end{cases}$ を解きなさい。

⑺　x についての方程式 $x^2-2ax+3=0$ の解の１つが -1 であるとき，もう１つの解を求めなさい。

⑻　家から a m離れた博物館まで，行きは毎分60m，帰りは毎分90mの速さで往復した。往復の平均の速さは分速 □ mである。□ にあてはまる数を求めなさい。

⑼　次のア～エのことがらについて，逆が正しいものを１つ選んで記号を書きなさい。

ア　正三角形はすべての内角が等しい三角形である。
イ　長方形は対角線がそれぞれの中点で交わる四角形である。
ウ　$x\geqq 5$　ならば　$x>4$　である。
エ　$x=1$　ならば　$x^2=1$　である。

⑽　$\sqrt{120+a^2}$ が整数となる自然数 a は全部で何個あるか，求めなさい。

⑾　右の図で，２直線 ℓ，m は平行である。このとき，$\angle x$ の大きさを求めなさい。

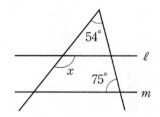

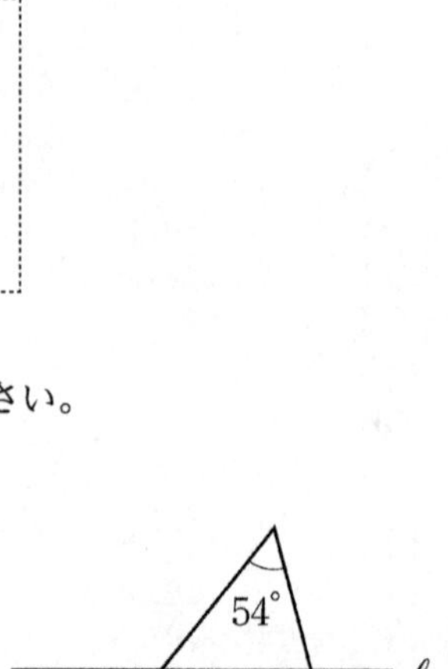

(12)　右の図で，$\angle x$ の大きさを求めなさい。

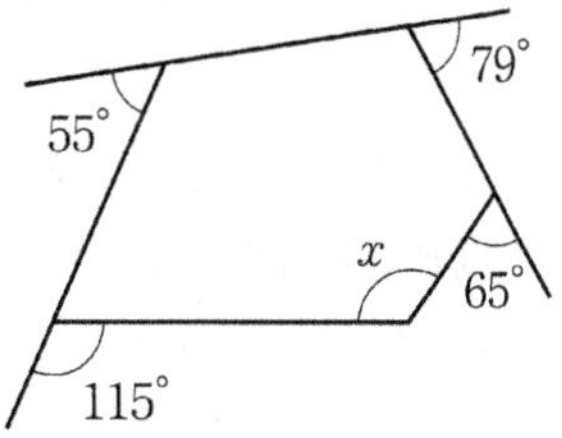

(13)　右の図のように，側面がすべて長方形の正六角柱がある。このとき，辺ＡＢとねじれの位置にある辺の数を求めなさい。

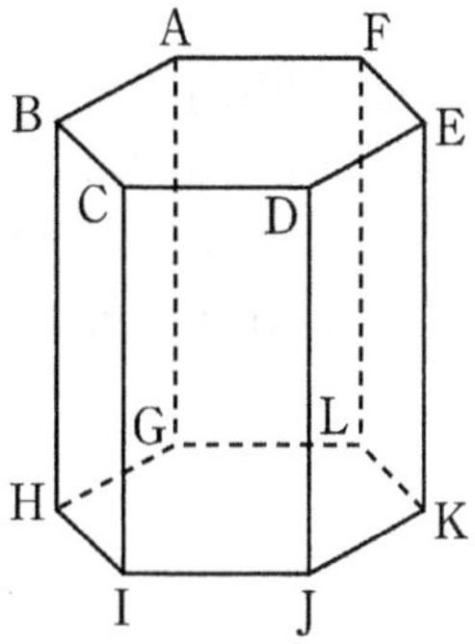

(14)　右の図で，円錐の底面の直径は４㎝，母線の長さは５㎝である。この円錐の体積を求めなさい。ただし，円周率を π とする。

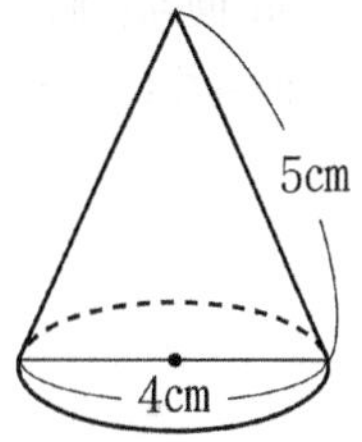

(15)　右の図のように，三角錐Ａ－ＢＣＤがある。点Ｐ，Ｑはそれぞれ辺ＢＣ，ＢＤの中点である。点Ｒは辺ＡＢ上にあり，ＡＲ：ＲＢ＝１：４ である。このとき，三角錐Ａ－ＢＣＤの体積は，三角錐Ｒ－ＢＰＱの体積の何倍か，求めなさい。

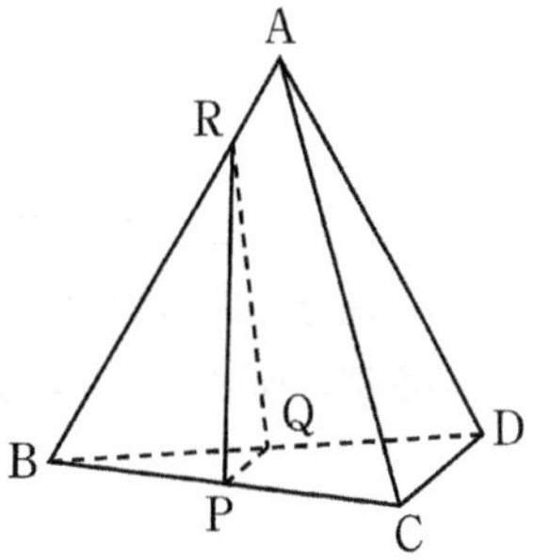

2　次の(1)～(4)の問いに答えなさい。

(1)　関数 $y=\frac{3}{x}$ のグラフについて必ずいえることを，次の**ア**～**エ**から**すべて**選んで記号を書きなさい。

ア　$x>0$ の範囲では，x の値が増加するとき，y の値も増加する。
イ　$x>0$ の範囲では，x の値が増加するとき，y の値は減少する。
ウ　$x<0$ の範囲では，x の値が増加するとき，y の値も増加する。
エ　$x<0$ の範囲では，x の値が増加するとき，y の値は減少する。

⑵　右の図において，㋐は関数 $y=ax^2$，㋑は関数 $y=-\frac{1}{2}x^2$ のグラフである。２点Ｐ，Ｑは，㋐上の点であり，点Ｐの座標が（６，９），点Ｑの座標が（-2，b）である。

①　bの値を求めなさい。求める過程も書きなさい。

②　関数 $y=-\frac{1}{2}x^2$ で，xの変域が $c \leqq x \leqq 2$ のとき，yの変域は $-8 \leqq y \leqq d$ である。このとき，c, dの値を求めなさい。

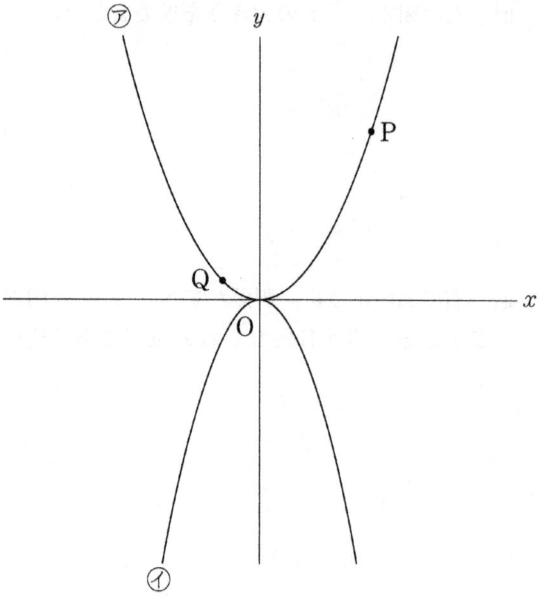

⑶　図のように，直線ℓ上に２点Ｏ，Ｐがある。点Ｏを回転の中心として，点Ｐを時計回りに45°回転移動させた点Ｑを，定規とコンパスを用いて作図しなさい。ただし，作図に用いた線は消さないこと。

⑷　図のように，平行四辺形ＡＢＣＤがある。点Ｅは辺ＣＤ上にあり，ＣＥ：ＥＤ＝１：２である。線分ＡＥと線分ＢＤの交点をＦとする。このとき，△ＤＦＥの面積は，平行四辺形ＡＢＣＤの面積の何倍か，求めなさい。

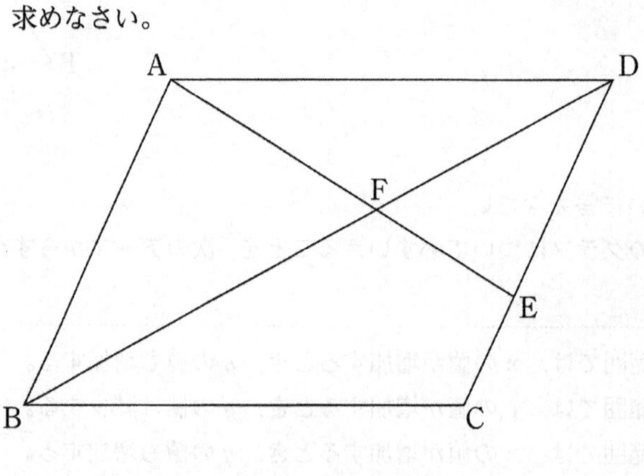

3　加湿器は，タンクの中に入れた水を蒸気にして放出することによって室内の湿度を上げる電気製品である。詩織さんと健太さんは，［加湿器Aの性能］をもとにタンクの水量の変化に着目した。

［加湿器Aの性能］

○運転方法には，強運転，中運転，弱運転の3段階があり，タンクが満水のとき，水量は4000mLである。
○それぞれの運転方法ごとに，常に一定の水量を蒸気にして放出し，タンクの水量は一定の割合で減少する。
○タンクを満水にしてから使用したとき，
・強運転では4時間でタンクが空《から》になる。
・中運転では5時間でタンクが空になる。
・弱運転では8時間でタンクが空になる。

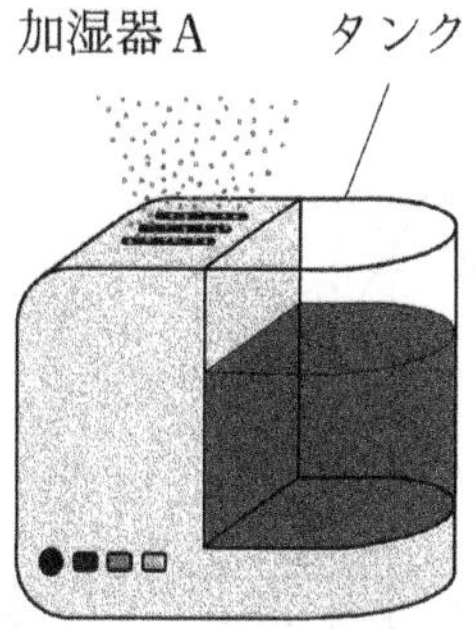

加湿器Aを使い始めてから x 時間後のタンクの水量を y mLとする。詩織さんと健太さんは，それぞれの運転方法で y は x の1次関数であるとみなし，タンクの水量の変化について考えた。ただし，加湿器Aは連続で使用し，一時停止はしないものとする。次の⑴，⑵の問いに答えなさい。

⑴　加湿器Aのタンクを満水にしてから強運転で使い始め，使い始めてから2時間後に弱運転に切り替えて使用したところ，使い始めてから6時間後にタンクが空になった。

①　［詩織さんの説明1］が正しくなるように，ⓐにあてはまる数を書きなさい。

［詩織さんの説明1］

［加湿器Aの性能］から考えると，強運転では1時間あたりにタンクの水量は［ ⓐ ］mL減少します。

②　健太さんは，タンクが空になるまでの x と y の関係を表すグラフをかいた。［健太さんがかいたグラフ］が正しくなるように続きをかき，完成させなさい。

〔健太さんがかいたグラフ〕

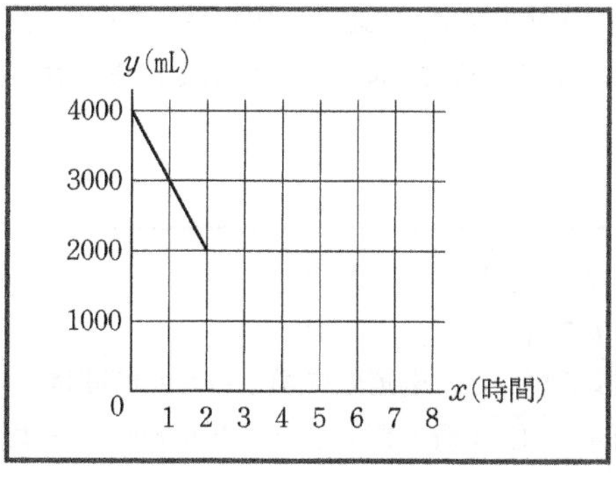

⑵　加湿器Aのタンクを満水にしてから，今度は中運転で使い始め，途中で弱運転に切り替えて

使用したところ，使い始めてから７時間後にタンクが空になった。健太さんと詩織さんは，弱運転に切り替えた時間を求めた。

① 健太さんは，図１～図３のグラフを用いて説明した。[健太さんの説明] が正しくなるように，ⓑに説明の続きを書き，完成させなさい。

図１

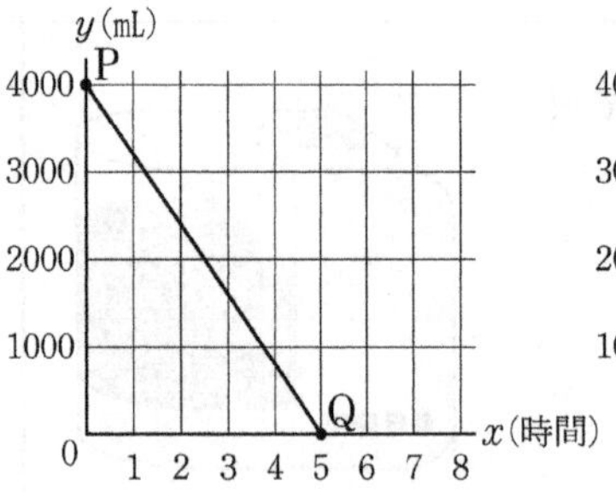

図２

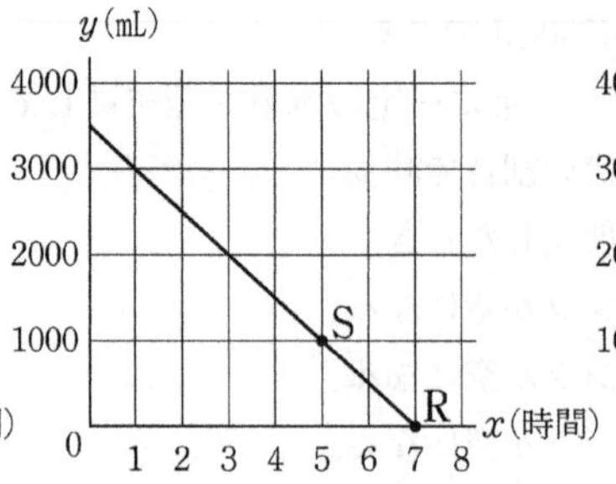

図３

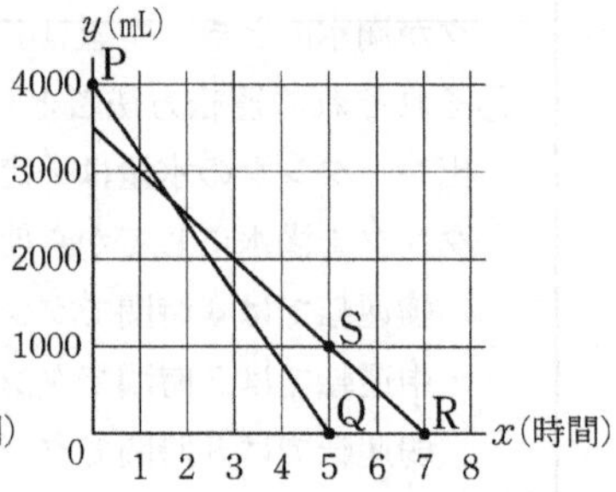

[健太さんの説明]

図１は，中運転で，タンクを満水にしてから空になるまで使用する場合のxとyの関係を表すグラフです。使い始めたときの水量は4000mLだから点P(０，4000)をとり，５時間で空になるので点Q(５，０)をとります。２点P，Qを結んで直線PQをかきます。

図２は，弱運転で，7時間でタンクが空になるように使用する場合のxとyの関係を表すグラフです。７時間で空になるので点R(７，０)をとります。弱運転では，１時間あたりにタンクの水量が500mL減少するから，空になる２時間前には1000mLの水があります。だから，点S(５，1000)をとり，２点R，Sを結んで直線RSをかきます。

図３は，直線PQと，直線RSを重ね合わせたものです。弱運転に切り替えた時間は，［　　ⓑ　　］を読み取るとわかります。

② [健太さんの説明]を聞いた詩織さんは，弱運転に切り替えた時間を，式をつくって求めた。[詩織さんの説明２] が正しくなるように，ⓒ，ⓓにはあてはまる式を，ⓔ，ⓕにはあてはまる数を書きなさい。

[詩織さんの説明２]

図３の直線PQの式は $y=$ ［ⓒ］ ……㋐

直線RSの式は $y=$ ［ⓓ］ ……㋑

㋐，㋑を連立方程式として解くと，弱運転に切り替えた時間は，使い始めてから［ⓔ］時間［ⓕ］分後だということがわかります。

4　次の(1)，(2)の問いに答えなさい。

(1)　次の表は，１か月間に，Ａさん，Ｂさんの２人が100m走を10回ずつ行った記録を度数分布表にまとめたものである。

表

100m 走の記録

階　級(秒)	Ａさん(回)	Ｂさん(回)
14.1以上～14.3未満	4	2
14.3　～14.5	0	4
14.5　～14.7	2	0
14.7　～14.9	1	1
14.9　～15.1	3	3
計	10	10

２人の記録の平均値はともに14.58秒で等しいが，着目する代表値によっては，Ａさんまたは Ｂさんのどちらかの方が速く走れそうだと説明できる。麻衣さんは，最頻値に着目して，次のように説明した。[麻衣さんの説明] が正しくなるように，**ア**，**イ**にはあてはまる数を，**ウ**には**Ａさん**または**Ｂさん**のどちらかを書きなさい。

[麻衣さんの説明]

Ａさんの記録の最頻値は [ア] 秒です。Ｂさんの記録の最頻値は [イ] 秒です。したがって，[ウ] の記録の最頻値が小さいので，[ウ] が速く走れそうだといえます。

(2)　１から６までの目が出る大小２つのさいころを同時に投げたとき，大小のさいころで出た目の数をそれぞれ a, b とする。ただし，さいころのどの目が出ることも同様に確からしいものとする。

①　積 ab の値が，４の倍数になるときの確率を求めなさい。

②　$10a + b$ の値が，素数になるときの確率を求めなさい。

5　次のⅠ，Ⅱから，**指示された問題**について答えなさい。

Ⅰ　図１のように，点Ｏを中心とし，直径ＡＢが８cmである半円Ｏがあり，$\overset{\frown}{AB}$を４等分する点Ｃ，Ｄ，Ｅを$\overset{\frown}{AB}$上にとる。線分ＣＢと線分ＡＥ，ＯＥとの交点をそれぞれＦ，Ｇとする。次の(1)～(3)の問いに答えなさい。

(1)　∠ＡＯＧの大きさを求めなさい。

図１

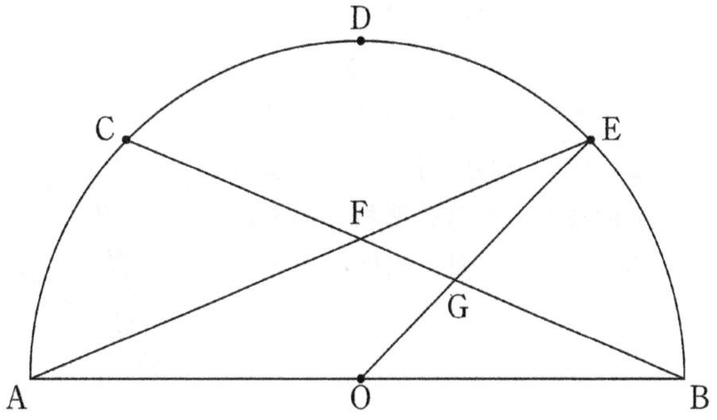

⑵　△ＦＡＢが二等辺三角形であることの証明を，解答欄にしたがって書きなさい。

⑶　図２は，図１に線分ＣＡ，ＣＥをかき加えたものである。このとき，△ＡＣＥの面積を求めなさい。

図２

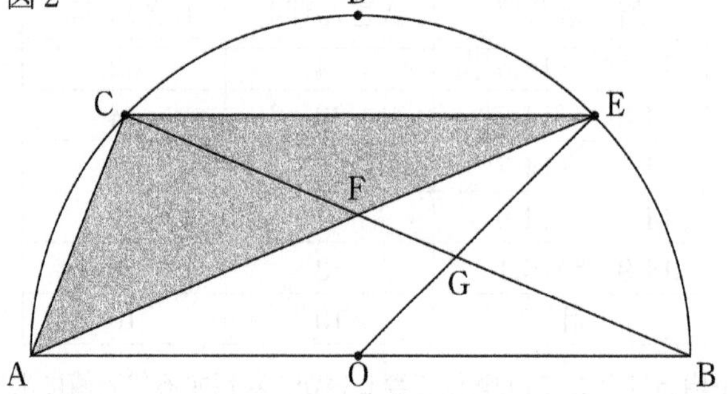

Ⅱ　図１のように，点Ｏを中心とし，直径ＡＢが12㎝である半円Ｏがあり，$\overset{\frown}{\mathrm{AB}}$を６等分する点Ｃ，Ｄ，Ｅ，Ｆ，Ｇを$\overset{\frown}{\mathrm{AB}}$上にとる。線分ＤＢと線分ＯＧの交点をＨとする。次の⑴～⑶の問いに答えなさい。

図１

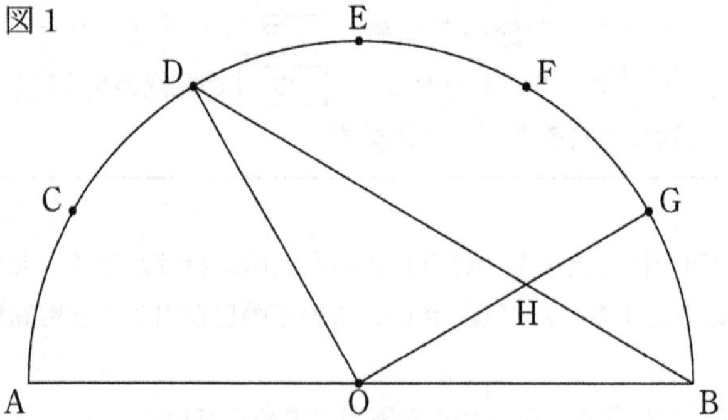

⑴　△ＨＯＢが二等辺三角形であることの証明を，解答欄にしたがって書きなさい。

⑵　線分ＧＨの長さを求めなさい。

⑶　図２は，図１に線分ＡＣ，ＡＤ，ＡＦ，ＡＧをかき加えたものである。このとき，$\overset{\frown}{\mathrm{CD}}$，線分ＡＣ，ＡＤによって囲まれた部分と，$\overset{\frown}{\mathrm{FG}}$，線分ＡＦ，ＡＧによって囲まれた部分の面積の和を求めなさい。ただし円周率をπとする。

図２

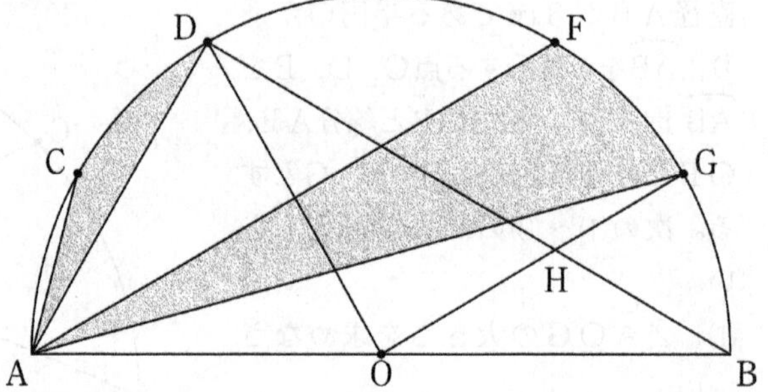

令和２年度

数　　　学

（解　答　用　紙）

受検番号		氏　名	

表合計

合　計

1

小　計

(1)	
(2)	
(3)	
(4)	
(5)	$x =$
(6)	$x =$　　　　, $y =$
(7)	$x =$
(8)	
(9)	
(10)	個
(11)	°
(12)	°
(13)	本
(14)	cm^3
(15)	倍

2

小　計

(1)		
(2)	①	（過程） 答　$b =$
	②	$c =$　　　$d =$
(3)		
(4)	倍	

※この解答用紙は182％に拡大していただきますと，実物大になります。

裏合計

3

小計

(1)	①	ⓐ	
	②		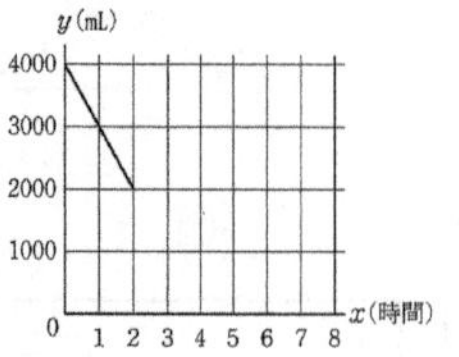
(2)	①	ⓑ	
	②	ⓒ	
		ⓓ	
		ⓔ	
		ⓕ	

4

小計

(1)	ア	
	イ	
	ウ	
(2)	①	
	②	

5－Ⅰ

小計

(1)	°
(2)	［証明］ △ＦＡＢにおいて △ＦＡＢは二等辺三角形である。
(3)	cm^2

5－Ⅱ

小計

(1)	［証明］ △ＨＯＢにおいて △ＨＯＢは二等辺三角形である。
(2)	cm
(3)	cm^2

＜英語＞

時間　60分　　満点　100点

1　リスニングテスト

(1)（会話を聞き，質問に対する答えとして最も適切な絵を選ぶ問題）　**2回ずつ放送**

①

ア

イ

ウ

エ

②

ア

イ

ウ

エ

(2)（会話を聞き，会話の最後の文に対する応答として最も適切なものを選ぶ問題）**1回ずつ放送**

① ア I'll come with you.　イ OK. I'll take it.
　ウ I washed it yesterday.

② ア The movie will be interesting.　イ I'll be free tomorrow.
　ウ That will be nice.

③ ア She is a small brown cat.　イ She is looking at the window.
　ウ She is in my room.

(3)（会話を聞き，質問に対する答えとして最も適切なものを選ぶ問題）　**2回ずつ放送**

① ア Last month.　イ Last Wednesday.
　ウ Five days ago.　エ Five months ago.

② ア For ten minutes.　イ For twenty minutes.
　ウ For thirty minutes.　エ For forty minutes.

③ ア They will have lunch.　イ They will sing a song.
　ウ They will dance.　エ They will practice the *taiko* drum.

(4)（スピーチを聞き，その内容として適切なものを**2つ**選ぶ問題と，ボブ先生の最後の[問い]に対して，**話題を1つ**取り上げ，**英文2文**であなたの［答え］を書く問題）　**2回放送**

ア Bob worked as a teacher in China.

イ Bob was worried because he couldn't speak Japanese.

ウ Bob cleans the streets after his work.

エ Bob learns new things from many friends.

[答え] ＿＿＿＿＿＿＿＿＿＿＿＿＿＿＿＿＿＿＿＿＿＿＿＿＿＿＿＿

2 次の(1)～(3)の問いに答えなさい。

(1) 次は，中学生の純（Jun）が，和食（*washoku*）の料理人であるアレックス（Alex）にインタビューした内容をまとめたレポートの一部です。本文中の①～④にそれぞれ当てはまるものを，[ ] の中から**1つずつ**選んで，**英語1語**に直して書きなさい。

> Alex is from America. He works in a (①) Japanese restaurant. Ten years ago, he visited Japan and found *washoku* was great. Then, he (②) to learn more about it and become a *washoku* chef. He said, “It's interesting for me to know well about Japan through *washoku*. Japanese people have some nice words to thank the food and the people who make it. For (③), '*Itadakimasu*' is one of them. I really like working in Japan.” He will have his own Japanese restaurant next (④).

[決意した　春　ゆっくりと　有名な　例]

(2) 次は，中学生の理子（Riko）と留学生のアン（Ann）が，動物愛護センター（an animal protection center）でのイベントについて会話した内容の一部です。①～④の（ ）内の語を，それぞれ**適切な形**に直して書き，会話を完成させなさい。

> *Riko* : You (① tell) me about your favorite animals last week. I'll go to an animal protection center with my brother next Sunday. An event will be held there. Do you want to come with us?
> *Ann* : Yes, thank you. What can we do at the event?
> *Riko* : There are many *rescued animals. We can play and walk with them. I think many people will go because this event is (② become) popular.
> *Ann* : Can we give the animals some food there?
> *Riko* : Yes. I gave them some food last year. A lot of food was (③ bring) by the people who visited. The animal protection center needs our *donations.
> *Ann* : I see. Has your brother ever visited it?
> *Riko* : Yes. He sometimes (④ carry) some food there when he is free.
>
> 【注】 *rescued：保護された　*donation：寄付

(3) 次の①～③について，（例）を参考にして，〈 〉の状況の会話がそれぞれ成り立つように □ 内の語に**必要な2語を加え**，**正しい語順**で英文を完成させなさい。ただし，文頭にくる語は，最初の文字を大文字にすること。

> （例） ＜休み明けに留学生から話しかけられて＞
> *Mike* : [you] go yesterday?
> *Naoki* : Oh, I went to the park. I played tennis with Ken.
>
> [答え] (Where) (did) (you)

① 〈ALT の先生がクラスに問いかけて〉

Mr. Brown : [pen] this?　I found it under the desk.

Satoru : Oh, it's mine.　Thank you, Mr. Brown.

② 〈授業中の話し合いで〉

Nancy : I always go to bed at ten.　I think sleeping well is important.

Maiko : I agree.　And I think eating breakfast [important] as sleeping well.　So I eat breakfast every morning.

③ 〈放課後に留学生と教室で〉

Minami : We'll have a party next Saturday.　I want [come] to my house.　Can you come at eleven in the morning?

Jack : Sure.　I'll make some food for the party.

3　次は，中学生の優子（Yuko）とカナダにある姉妹校の男子生徒のサム（Sam）が，互いの生活についてやり取りしているメールです。これを読んで，⑴，⑵の問いに答えなさい。

Hello, Yuko.

How are you doing?　I was very happy to get an e-mail from you.　I learned many things about Japan through your e-mail.　I borrowed a book about Japan from the school library last week.　I enjoy reading it every day.　There are also some pictures of traditional Japanese events in it.　They are really interesting.　I found that New Year's Day is special for Japanese people.　I want to know more about it.

<u>What do you do on New Year's Day?</u>

Your friend,

Sam

Hello, Sam.

I'm good.　I'm happy to know that you're interested in Japan.

I'll tell you about my New Year's Day.

[　　　　　　　　　　]

I'm interested in your life in Canada.　How do you enjoy your school life?　Do you play any sports?　I'm a member of the basketball team, and practice basketball hard from Tuesday to Friday after school.　Our team is good and won our games last week.　Please tell me about your school life.

Your friend,

Yuko

(1) 次の①，②の問いに対する答えを，それぞれ主語と動詞を含む英文１文で書きなさい。

① What does Sam enjoy every day?

② How does Yuko usually spend her time after school?

(2) サムはメール内で下線部のような質問をしています。あなたが優子なら，質問に対してどのように答えますか。≪条件≫にしたがって，［　　］内に英文で書きなさい。

≪条件≫ ・文の数は問わないが，15語以上25語以内の英語で書くこと。

・符号（，．？！など）は語数に含めない。

4 次は，中学生の拓（Taku）と留学生のビル（Bill）が，化石展が開催されている博物館の入口（entrance）で，館内案内図（floor guide）を見ながら会話をしている場面です。これを読んで，(1)～(3)の問いに答えなさい。

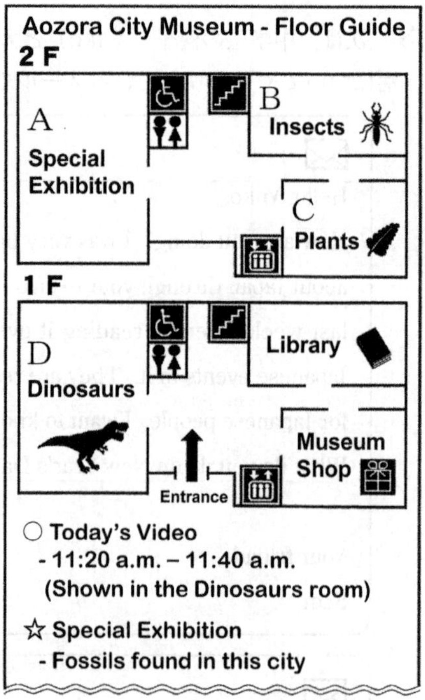

Taku : Look at the floor guide. This museum has four *exhibitions. Where should we go first?

Bill : I want to see *fossils of *dinosaurs.

Taku : Oh, look here. Today's video will start at 11:20 a.m. It's 9:30 now. Why don't we see the second floor first? I want to see the fossils of *insects.

Bill : OK. I'm interested in the fossils of plants. How about seeing the Plants room after the Insects room?

Taku : Great.

Bill : Can we see fossils of fish and *shells in this museum? I'm also interested in them.

Taku : Yes. I heard that there was a sea around here many years ago. So, I think that [①] are shown in the Special Exhibition.

Bill : That's interesting. Let's see them after the plants.

Taku : Yes, let's. Then how about going to the Dinosaurs room after the Special Exhibition?

Bill : OK. Well, can we go to the library on the first floor to find some books about dinosaurs?

Taku : Yes. Let's go there after all the exhibitions. I want to read books about dinosaurs, too.

Bill : [②] It's not easy for me to read Japanese.

Taku : Don't worry. I will help you and look for good ones with you.

Bill : Thank you, Taku. Now let's see the exhibitions.

【注】 *exhibition：展示　*fossil：化石　*dinosaur：恐竜　*insect：昆虫　*shell：貝

(1) 館内案内図中のＡ～Ｄの展示について，拓とビルが行こうとしている順番に並べて，記号を書きなさい。

(2) 本文中の①，②に当てはまる最も適切なものを，**ア～エ**からそれぞれ**１つずつ**選んで記号を書きなさい。

① **ア** many English books　　**イ** many fossils from the sea
　ウ plants and animals of today　　**エ** videos from 11:20 a.m.

② **ア** Can I read them for you?
　イ Have you written them in Japanese?
　ウ Have you seen all the exhibitions?
　エ Can I find any English books there?

(3) 次は，博物館から帰る途中に，拓とビルが会話をしている場面です。①，②にそれぞれ適する**英語１語**を書きなさい。ただし，**答えは（　）内に示されている文字**で書き始めること。

Bill : The exhibitions were wonderful today. I was very ①(e_____) to see many fossils of dinosaurs.

Taku : I'm happy to hear that. I like fossils very much. I hope to study more about them in the future.

Bill : Why don't you come to my hometown? Many fossils were found there, too. I think that my hometown is a good ②(p_____) to study them.

Taku : That's wonderful, but I think I have to study English hard first.

5 次の英文は，インド出身の学生ビスマン・デュー (Bisman Deu) さんの話です。これを読んで，(1)～(6)の問いに答えなさい。

Bisman Deu was born in North India. She wanted to know about everything around her when she was a child. So, she always asked questions. Later, when she was a high school student, she found a wonderful *solution to very difficult problems in her hometown.

Bisman's father and mother were farmers and *grew rice. One evening, when Bisman was walking outside, she saw a lot of *smoke. The smoke was from *rice waste. Many farmers in her hometown grew rice. They usually *burned the rice waste after the *harvest. She found the smoke was not good for people's health. Then, she learned that her town had very bad *air pollution. She wanted to know how to stop it.

First, Bisman began to collect rice waste and study about it. When she was collecting rice waste, she saw many poor people in her town. They lived in old small houses and didn't have enough money to build new houses. She thought, "Can I make something useful for those people? They need something cheap and strong to build houses. If I can (   ) the rice waste, I can help those poor people and stop the air pollution." Then, she started to put different *materials in the rice waste. Every day she tried many different ideas to make a *model product.

After many days, Bisman made the first model product. It was made from rice waste. She named it Green Wood because it looked like wood. However, it was still weak and expensive. She had to improve it, and it was very hard for her to do that alone. She asked two friends to join her work. She was happy to have their help, but there were still many things to do to improve Green Wood. She worked hard with them every day. Green Wood was getting better.

In 2013, Bisman and her friends joined an international contest for high school students. They showed Green Wood as a solution to the problems of their *society. They also showed ideas for their future plans. Many people liked Green Wood and their ideas. There were many students from 19 countries in the contest, but Bisman's team received first prize.

Green Wood has three good points. First, poor people can buy it and build houses because it is cheaper than wood. Second, farmers can get money by selling rice waste. Third, Green Wood will be useful to stop air pollution.

Bisman is still improving Green Wood. She wants to make it cheaper and better for the people around the world. She says, "Good ideas come from thinking in a new way. If we have questions about problems around us and think in different ways, we can find a good solution. Then, we can get over the problems and change our society." Bisman also says, "We all have a great power in us, but many people don't try to use it. Chances to use our power never come to us if we just wait. We must produce the chances with our own hands."

【注】 *solution：解決策　*grow：育てる　*smoke：煙　*rice waste：もみがら
*burn：燃やす　*harvest：収穫　*air pollution：大気汚染　*material：物質
*model product：試作品　*society：社会

(1) （ ）に当てはまる英語1語を，次のア～エから1つ選んで記号を書きなさい。

ア enter　イ send　ウ draw　エ recycle

(2) 本文の内容に合うように，次のア～エを，起こった順に並べかえて，記号を書きなさい。

ア Bisman asked her friends to help her.

イ Bisman made a model product and named it Green Wood.

ウ Bisman found the smoke from the rice waste was bad for people's health.

エ Bisman started to study about rice waste.

⑶ グリーンウッド (Green Wood) が貧しい人々と農家の人々の**それぞれ**にもたらす利点を，本文の内容に合うように，**日本語**で書きなさい。

⑷下線部get overの意味として最も適切なものを，本文の内容から判断して，次の**ア**～**エ**から１つ選んで記号を書きなさい。

ア　克服する　**イ**　見過ごす　**ウ**　妥協する　**エ**　促進する

⑸ 本文の内容と合っているものを，次の**ア**～**カ**から**２つ**選んで記号を書きなさい。

ア Bisman was a child who knew many things and had no questions.

イ Many farmers in Bisman's hometown were so poor that they couldn't grow rice.

ウ Green Wood was made from rice waste and was expensive at first.

エ Bisman made Green Wood better without hard work.

オ Bisman's team won first prize in an international contest.

カ Green Wood is strong and cheap, so Bisman has already stopped improving it.

⑹ 次の英文は，ある生徒が本文を読んで学んだことをまとめたものです。本文の内容に合うように，①，②に適する**英語１語**を，下の**ア**～**オ**からそれぞれ**１つずつ**選んで記号を書きなさい。

> Bisman's story taught me a lot. When we want solutions to problems around us, it is important to have different ways of (①). We have a big power in us, but a lot of people only wait for the chances to use it. I think (②) the chances is also important.

ア　cleaning　**イ**　thinking　**ウ**　making　**エ**　selling　**オ**　teaching

令和２年度

英 語

（解 答 用 紙）

受検番号		氏 名	

表合計

合 計

1 リスニングテスト

小 計

(1)	①	
	②	
(2)	①	
	②	
	③	
(3)	①	
	②	
	③	
(4)		
	［答え］	

2

小 計

(1)	①	
	②	
	③	
	④	
(2)	①	
	②	
	③	
	④	
(3)	①	(　　　)(　　　)(　　　) this?
	②	And I think eating breakfast (　　　)(　　　)(　　　) as sleeping well.
	③	I want (　　　)(　　　)(　　　) to my house.

3

小 計

(1)	①	.
	②	.
(2)	(記入例)	I'm sorry , but I'm very busy .
		5語
		10語
		15語
		20語
		25語

※この解答用紙は189％に拡大していただきますと，実物大になります。

裏合計

4

小計

(1)	→ → →	
(2)	①	
	②	
(3)	①	
	②	

5

小計

(1)		
(2)	→ → →	
(3)	【貧しい人々】	
	【農家の人々】	
(4)		
(5)		
(6)	①	
	②	

＜理科＞

時間　50分　　満点　100点

1　明さんは，短距離走の３つの場面をもとに，からだのつくりとはたらきについてまとめた。次の⑴～⑶の問いに答えなさい。

⑴　スタートしたときのようすについて，次のようにまとめた。

> 音は，感覚器官である耳に伝わる。短距離走では，図１のように選手は a スタートの合図に反応して走り出す。
>
> 図１
>
> 

①　下線部 a のように，意識して起こる反応を，次から **２つ**選んで記号を書きなさい。

ア　暗い場所に行くとひとみが大きくなった　　**イ**　相手が投げたボールをつかんだ

ウ　熱いものにふれて思わず手を引っこめた　　**エ**　名前を呼ばれたので振り向いた

②　明さんは，走り出すときの命令の信号の伝わり方について，次のようにまとめたが，見直したところ誤りに気づいた。下線部 b ～ d のうち，**誤りのあるもの**を１つ選んで**記号**を書きなさい。また，選んだものを正しく**書き直し**なさい。

> b 脳からの命令の信号は，せきずいに伝わり，その後，末しょう神経である c 感覚神経を通って，d 運動器官であるうでやあしなどの筋肉に伝わる。

⑵　走っているときのようすをもとに，からだの動きについて，次のようにまとめた。

> 図２のようにからだが動くのは，骨と筋肉がはたらくためである。図３は，うでの筋肉のようすを表しており，うでを曲げたりのばしたりするとき，e 筋肉Cと筋肉Dは交互にはたらく。
>
> 図２
>
> 
>
> 図３
>
> 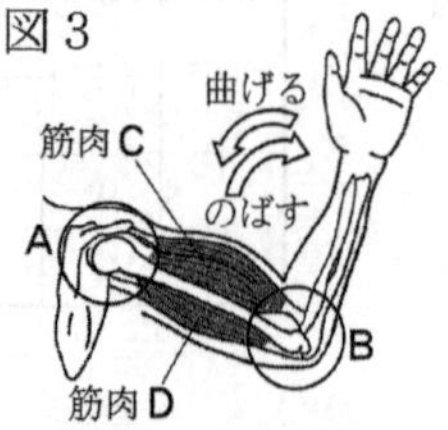
>

①　図３のA，Bのように，骨と骨のつなぎ目で，曲がる部分を何というか，書きなさい。

②　表は下線部 e についてまとめたものである。W～Z のうち，「縮む」の語句が入るのはどれか，**２つ**選んで記号を書きなさい。

表

	筋肉C	筋肉D
うでを曲げるとき	W	X
うでをのばすとき	Y	Z

⑶　ゴールした後のようすについて，次のようにまとめた。

> 走ると，図４のように呼吸が激しくなる。このとき，肺ではさかんに f 酸素と二酸化炭素の交換が行われている。
>
> 図４
>
> 
>

① 体内で不要になった二酸化炭素を，肺に運ぶ役割をもつ血液の成分は何か，書きなさい。

② 下線部 f のとき，呼気の酸素と二酸化炭素の濃度は，吸気に比べてそれぞれどのようなちがいがあるか，「**吸気に比べて**」に続けて書きなさい。

2 洋さんは，7月1日と8月1日に秋田県のある場所で同じ時間帯に天体を観察した。次のノートと図1，図2は，洋さんが観察記録と資料をもとに作成したものである。下の(1)～(6)の問いに答えなさい。ただし，図1，図2の金星の形と大きさについては，天体望遠鏡を使って同じ倍率で観察したものを，肉眼で見たときと同じ向きになるようにかいている。

<ノート>

・夜空の天体は，a 天球上にちりばめられたように見えた。

・b 天体の位置は，1時間で約15°動くことがわかった。

・地球から見た c 金星の形と大きさは変化することがわかった。

・午後8時の d 星座の位置は，1か月で約30°移動していることがわかった。

図1

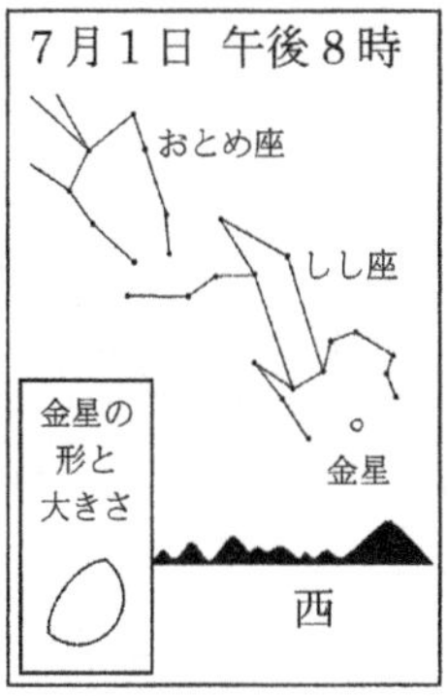

図2

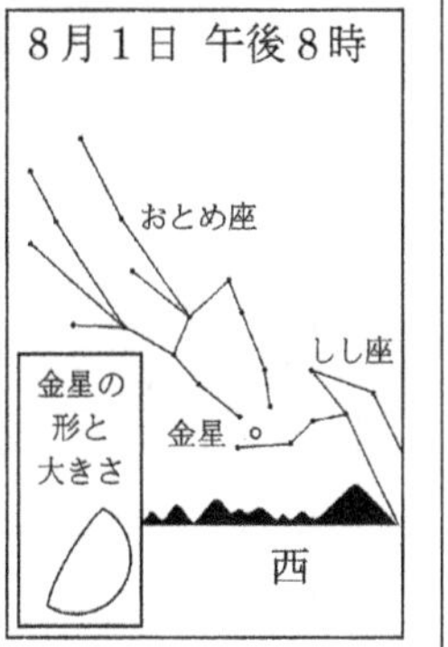

(1) 次のうち，金星はどれに分類されるか，1つ選んで記号を書きなさい。

ア 恒星　　**イ** 惑星　　**ウ** 衛星　　**エ** すい星

(2) 下線部 a において，金星などの天体の位置を表すために必要なものは何か，次から**2つ**選んで記号を書きなさい。

ア 高度　　**イ** 距離　　**ウ** 明るさ　　**エ** 方位角

図3

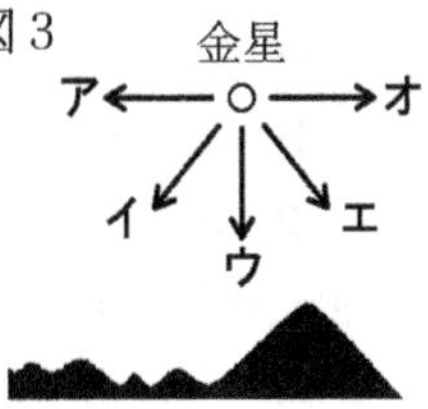

(3) 下線部 b について，図1の金星は，1時間後どの方向に動いたか，図3の**ア**～**オ**から最も適切なものを1つ選んで記号を書きなさい。

図4

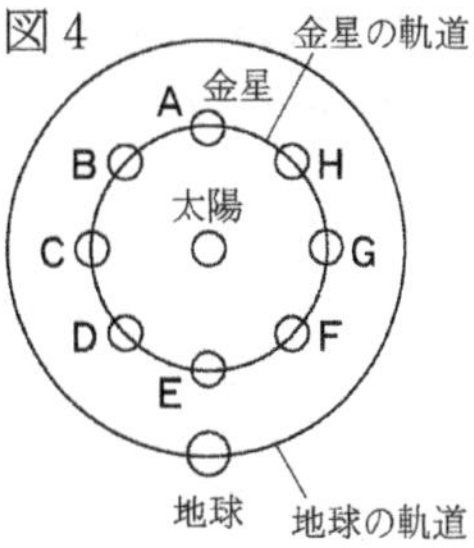

(4) 図4は，地球を静止させた状態で，地球の北極側から見た，太陽，金星，地球の位置関係を模式的に表したものである。日の入り後，西の空に肉眼で金星を観察することができるのは，金星がどの位置にあるときか，A～Hから**すべて**選んで記号を書きなさい。

(5) 下線部 c について，洋さんは次のようにまとめた。まとめが正しくなるように，X，Y に当てはまる語句をそれぞれ書きなさい。

金星は，地球から観察できる位置にあるとき，地球に近いほど次のように見える。
・大きさは（　X　）見える。　・欠け方は（　Y　）なる。

(6) 下線部 d について，洋さんは次のページのように考えた。洋さんの考えが正しくなるように，Z に当てはまる最も適切な時刻を，次のページの**ア**～**オ**から1つ選んで記号を書きなさい。

8月1日から10か月後，図2と同じ位置におとめ座が見えるのは（　Z　）ごろであると考えました。

ア　午後8時　　イ　午後10時　　ウ　午前0時　　エ　午前2時　　オ　午前4時

3　愛さんは，気体の性質について興味をもち，計画を立てて，実験を行った。次の⑴，⑵の問いに答えなさい。

⑴　愛さんは，次のように4種類の気体A～Dを集める実験の計画を立てた。

気体を表1の方法で発生させ，図1のように水上置換法で集める。

表1

	気体	発生方法
A	水素	（　X　）にうすい塩酸を加える。
B	二酸化炭素	石灰石にうすい塩酸を加える。
C	酸素	二酸化マンガンにオキシドールを加える。
D	アンモニア	塩化アンモニウムと水酸化カルシウムを混ぜ合わせて熱する。

図1

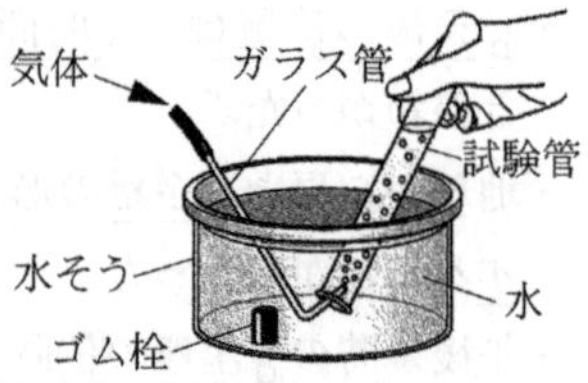

①　A～Dのうち，単体はどれか，すべて選んで記号を書きなさい。

②　次のうち，表1のXに当てはまるものはどれか，1つ選んで記号を書きなさい。

ア　貝がら　　イ　硫化鉄　　ウ　アルミニウムはく　　エ　炭酸水素ナトリウム

③　Bが二酸化炭素であることを確かめるために使うものはどれか，次から1つ選んで記号を書きなさい。

ア　石灰水　　イ　水でぬらした赤色のリトマス紙

ウ　塩化コバルト紙　　エ　無色のフェノールフタレイン溶液

④　愛さんは，実験の計画を見直したところ，水上置換法ではDを集めることができないと判断した。そのように判断したのは，Dにどのような性質があるためか，書きなさい。

⑵　次に愛さんは，空気と，3種類の気体A～Cについて，それぞれの密度のちがいを調べる実験を行った。

【実験】　同じ質量の4つのポリエチレンのふくろに空気（密度0.0012 g/cm^3），A～Cを同じ体積ずつそれぞれ入れて密閉した。その後，風の影響がない室内で，図2のようにポリエチレンのふくろを棒ではさんで，ポリエチレンのふくろを同時にはなしたときのようすを調べた。表2は，このときの結果をまとめたものである。

図2

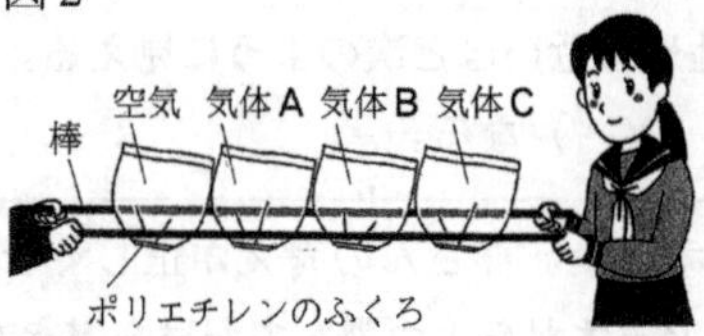

表2

	気体	ポリエチレンのふくろのようす
	空気	下降して床についた。
A	水素	上昇して天井についた。
B	二酸化炭素	空気よりも短い時間で床についた。
C	酸素	空気とほぼ同じ時間で床についた。

① 空気をポリエチレンのふくろに600cm³入れたときの空気の質量は何gか，求めなさい。

② 愛さんは，表2から，気体の密度のちがいについて，次のように考えた。愛さんの考えが正しくなるように，Yに当てはまる内容を「密度」という語句を用いて書きなさい。

> 実験から，気体によって密度がちがうことがわかりました。Aは明らかに空気やB，Cと比べて［　Y　］ということがいえると考えました。

4 力と運動について，次の⑴，⑵の問いに答えなさい。

⑴ 図1のように，水平面と傾きが30°の斜面をなめらかにつなぎ，水平面上のA点から小球を矢印の向きにはじくと，小球はB点まで速さと向きが変化せずに進んだ。その後，小球は斜面を上り，斜面上のC点で速さが0になった後，下り始めた。ただし，小球にはたらく空気抵抗と摩擦は考えないものとする。

図1

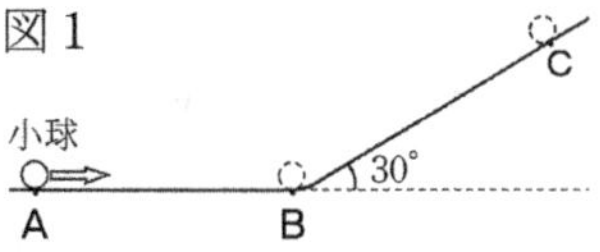

① 小球がAB間を図1の矢印の向きに進んでいるとき，小球にはたらくすべての力を表しているものは次のどれか，最も適切なものを1つ選んで記号を書きなさい。

ア

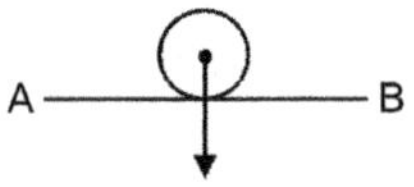

イ

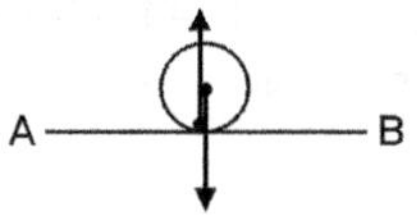

ウ

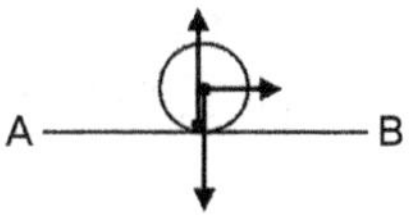

エ

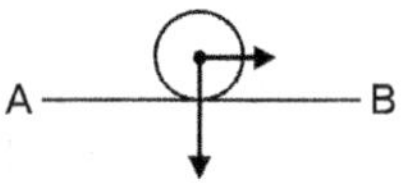

② 図2は，小球がB点からC点まで上るようすを0.1秒間隔で6回撮影したストロボ写真を表したものである。BC間の実際の距離が60cmであるとき，小球のBC間の平均の速さは何cm/sか，求めなさい。

図2

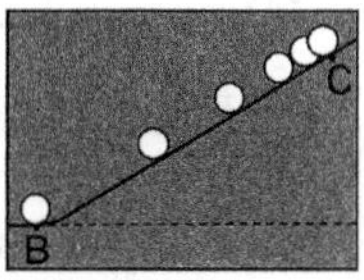

③ 図3は，C点上にある小球にはたらく重力を表したものである。このとき，次のア～ウの大きさを大きい順に並べて記号を書きなさい。

ア　小球にはたらく重力　　イ　小球にはたらく斜面下向きの力
ウ　小球にはたらく垂直抗力

図3

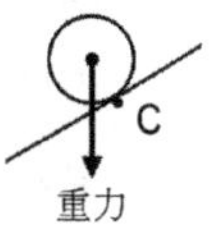

⑵ 300gのおもり1個に同じ長さの2本の糸を取りつけた。ただし，100gの物体にはたらく重力の大きさを1Nとする。また，糸はのび縮みせず，1本の糸を引く力の大きさが3N以上になった瞬間に切れるものとし，糸の質量は考えないものとする。

図4

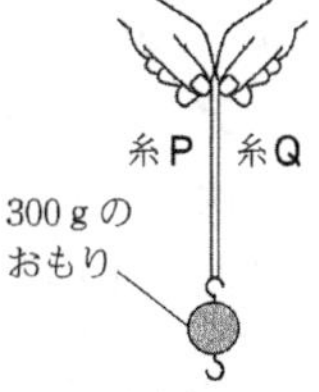

① 図4のように，糸Pと糸Qをそれぞれ真上の方向にしておもりをつるしたとき，糸1本あたりのおもりを引く力の大きさは何Nか，求めなさい。

② 2本の糸を図5（次のページ）のaとf，bとe，cとdの組み合わせにしてそれぞれおもりをつるすとき，おもりにはたらく引く力のつり合いについて次のように説明した。説明

が正しくなるように，Xには下のア～カから１つ選んで記号を，Yには当てはまる内容をそれぞれ書きなさい。

図５

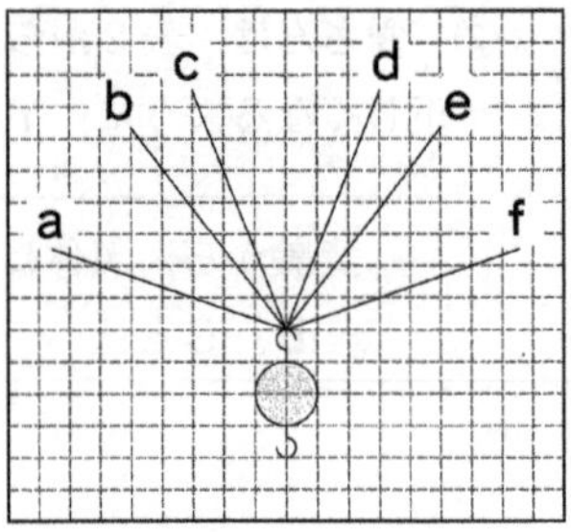

> 図５のａとｆ，ｂとｅ，ｃとｄの組み合わせのうち，糸が切れるのは（　X　）のときである。糸が切れずに，おもりが静止している組み合わせのときには，おもりにはたらく重力の大きさと，それぞれの糸がおもりを［　Y　］の大きさは等しくなっている。

ア　ａとｆ　　イ　ｂとｅ　　ウ　ｃとｄ
エ　ａとｆ，ｂとｅ　　オ　ａとｆ，ｃとｄ　　カ　ｂとｅ，ｃとｄ

5　純さんは，生活日誌に書きとめた疑問を次のようにノートに整理し，資料を調べたり，実験を行ったりした。下の⑴～⑷の問いに答えなさい。

【10／27】イチョウの木に，図１のような黄色く色づいた丸いものが見えた。この a丸いものは何なのか疑問に思った。

図１

【11／１】寒くなり，朝，温かい化学かいろを学校に持っていったが，夕方には冷たくなっていた。b化学かいろが一度しか使えないのはなぜなのか疑問に思った。

【11／５】登校する時，カーブミラーがくもっていた。cどのような条件のときにくもるのか疑問に思った。

⑴　最初に，下線部ａの疑問を解決するため，資料を調べて次のようにまとめた。

・イチョウは，胚珠《はいしゅ》が（　P　）に包まれていないので，d裸子植物に分類される。
・図２のように，イチョウの胚珠は受粉して成長すると丸いものになる。したがって，丸いものはイチョウの（　Q　）である。

図２

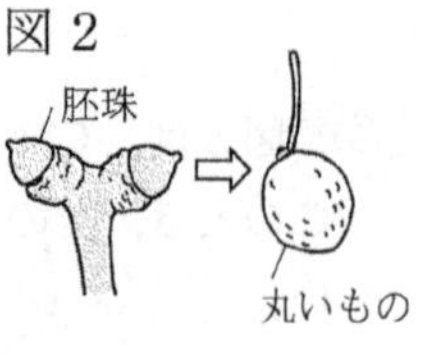

①　Ｐ，Ｑに当てはまる語句を，次からそれぞれ１つずつ選んで記号を書きなさい。
ア　果実　　イ　花弁　　ウ　子房　　エ　種子　　オ　胞子

②　次のうち，下線部ｄに分類される植物はどれか，１つ選んで記号を書きなさい。
ア　マツ　　イ　イネ　　ウ　サクラ　　エ　アブラナ

⑵　次に，下線部ｂの疑問を解決するため，実験Ⅰを行った。
（図３，図４は次のページにあります。）

【実験Ⅰ】　図３のように，ビーカーに鉄粉８ｇと活性炭４ｇを入れ，e５％食塩水を加えて，ガラス棒でかき混ぜながら５分ごとに温度を調べた。図４は，このときの結果を表したものである。

図 3

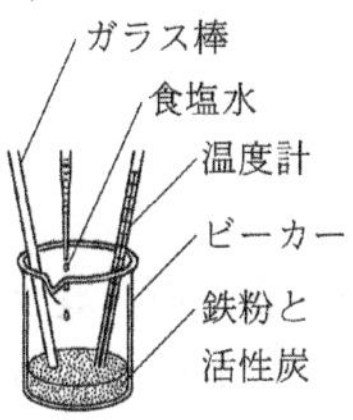

図 4

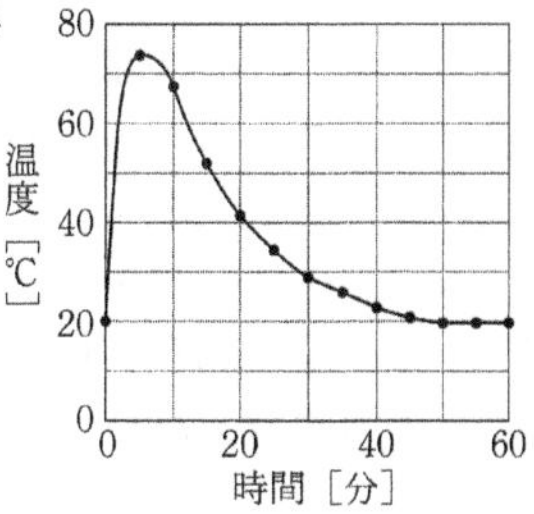

① 純さんは，下線部 e を40 g つくった。このとき，何 g の水に何 g の食塩をとかしたか，それぞれ求めて，解答欄にしたがって書きなさい。

② 図 4 のように，化学変化が起こるときに温度が上がる反応を何というか，書きなさい。

③ 下線部 b について，純さんは次のように考えた。純さんの考えが正しくなるように，R，S に当てはまる数値や語句を，下のア～オからそれぞれ 1 つずつ選んで記号を書きなさい。

図 4 をみると，（ R ）分から温度が変化しなくなることがわかります。このときすでに化学変化が終わっていると考えられます。化学変化が終わったのは，酸素や水と反応できる（ S ）がなくなったからではないかと考えました。だから，化学かいろは一度しか使えないのだと思います。

ア 10　**イ** 30　**ウ** 50　**エ** 炭素　**オ** 鉄

(3) 続いて，下線部 c の疑問を解決するため，実験Ⅱを行った。

【実験Ⅱ】 理科室で，図 5 のように，室温と同じ20℃の水を金属製のボウルに入れた。次に，ボウルの中の水をかき混ぜながら氷水を少しずつ加えると，水の温度が12℃のときにボウルの表面がくもり始め，12℃よりも低くなると水滴がはっきり見えた。ただし，f 金属製のボウルの表面付近の空気の温度は，ボウルの中の水の温度と同じであると考えるものとする。また，表は，各気温における飽和水蒸気量を表したものである。

図 5

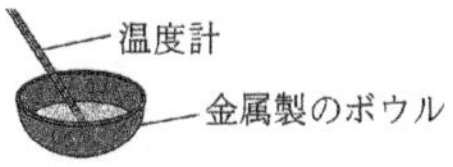

表

気温［℃］	8	12	16	20	24
飽和水蒸気量［g/m^3］	8.3	10.7	13.6	17.3	21.8

① 下線部 f のように考えられるのは，金属にどのような性質があるためか，書きなさい。

② 実験Ⅱを行ったときの理科室の湿度は何％か，四捨五入して小数第 1 位まで求めなさい。求める**過程**も書きなさい。

③ 下線部 c について，純さんは次のように考えた。純さんの考えが正しくなるように，X に当てはまる内容を書きなさい。

実験Ⅱから,「カーブミラーの表面付近の空気の温度が下がり，1 m^3 の空気に含まれる水蒸気の質量が［ X ］こと」が，カーブミラーがくもる条件の 1 つと考えました。

(4) 実験Ⅱを終え，カーブミラーのつくりに興味をもった純さんは，カーブミラーが図6のように中央部分がふくらんだ鏡になっていることに気づき，その理由を調べるため，実験Ⅲ，Ⅳを行った。

図6

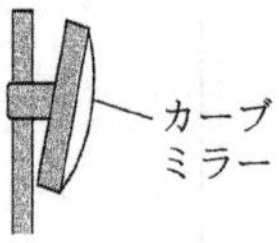

【実験Ⅲ】 図7のように，鏡A～C，物体D，E，板を置き，F点から鏡を見たところ，D，Eは鏡にうつらず見えなかった。ただし，F点からD，Eは直接見えないものとする。

【実験Ⅳ】 図7の状態から，図8のようにAとCに角度をつけてカーブミラーに見立てた。その後，F点から鏡を見ると，D，Eは鏡にうつって見えた。

図7（真上から見た図）

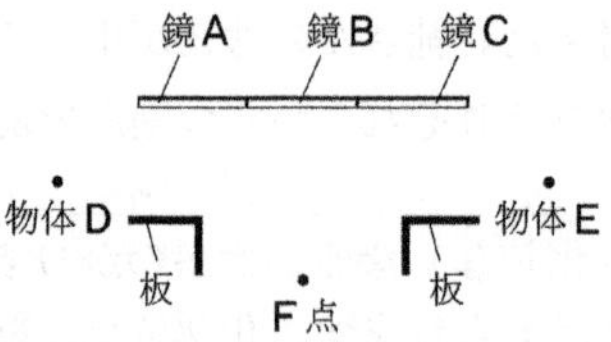

図8（真上から見た図）

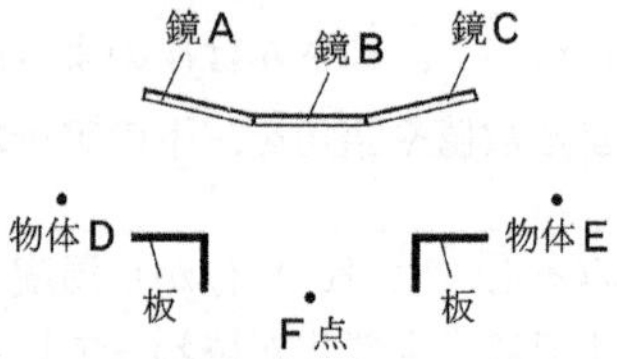

① 図9は，図8の一部である。Eからの光が鏡で反射してF点に届くまでの光の進む道筋を，図9にかきなさい。

図9

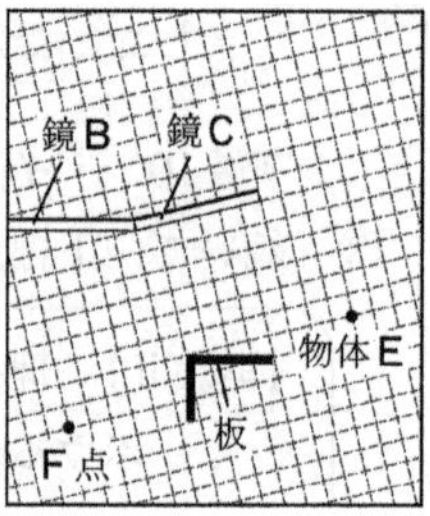

② 純さんは，カーブミラーの中央部分がふくらんでいる理由を次のようにまとめた。まとめが正しくなるように，Yに当てはまる内容を書きなさい。

> 実験Ⅲ，Ⅳから，カーブミラーの中央部分がふくらんでいるのは，［　Y　］ためといえる。

令和２年度

理　　科

（解　答　用　紙）

受検番号		氏　名	

合　計

1

小　計

(1)	①	
	②	記号： 書き直し：
(2)	①	
	②	
(3)	①	
	②	吸気に比べて

2

小　計

(1)	
(2)	
(3)	
(4)	
(5)	X：　　Y：
(6)	

3

小　計

(1)	①	
	②	
	③	
	④	
(2)	①	g
	②	

4

小　計

(1)	①	
	②	cm/s
	③	→　　→
(2)	①	N
	②	X： Y：

5

小　計

(1)	①	P：　　Q：
	②	
(2)	①	gの水に　　gの食塩をとかした。
	②	
	③	R：　　S：
(3)	①	
	②	過程： 答：　　%
	③	
(4)	①	図９ 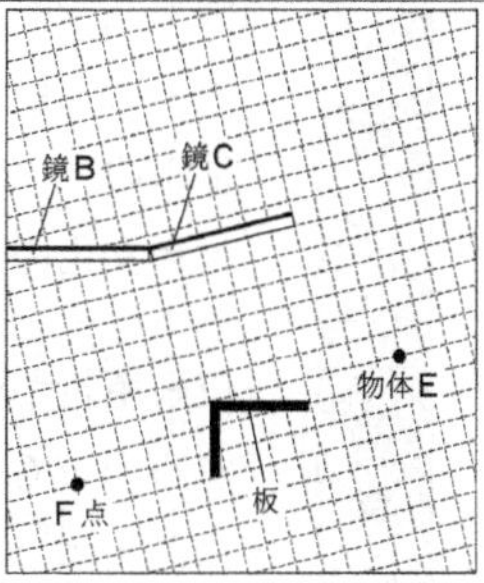
	②	

※この解答用紙は189％に拡大していただきますと，実物大になります。

＜社会＞

時間　50分　　満点　100点

1　次の表は，わが国の産業の発達と人々の生活の変化についてまとめたものである。これと次のページの地図，年表を見て，後の⑴～⑿の問いに答えなさい。

表

時代	産業の発達と人々の生活の変化	
原始・古代	・ⓐ稲作が伝わると，社会のしくみが変わり，小さな国々ができた。 ・渡来人は，絹織物などの新しい技術とともに，ⓑ仏教を伝えた。 ・律令制ではⓒ戸籍に登録された6歳以上の男女には口分田が与えられ，死亡した時には国に返させた。	資料1　中国の歴史書にみる倭の様子 稲をつくり，桑を植えて蚕を飼い，織物をつくっている。…国内が乱れ何年間も争いが続いたので，人々は一人の女子を王とした。名を［あ］という。 （「魏志倭人伝」から部分要約）
中世	・農村では，二毛作や牛馬を利用した農耕がみられるようになり，しだいに各地に広がった。 ・有力な農民を中心に，［い］と呼ばれる自治組織が村ごとにつくられた。 ・商業の発達とともに，ⓓ馬借などが活躍した。	資料2　大津で活動する馬借  （「石山寺縁起絵巻」模本）
近世	・ⓔ江戸幕府や諸藩などの新田開発により，農地の面積が急速に広がった。 ・林業や水産業が発達し，ⓕ鉱山での採掘や精錬の技術も発達した。 ・ⓖ19世紀には，工場を建設し，人を雇って分業で製品を作る者が現れた。	資料3　秋田藩の鉱山労働の様子  秋田藩で産出された銅の多くは，大阪で精錬されたのち，長崎に運ばれた。 （「阿仁鉱山作業絵巻」秋田県立博物館蔵）
近代	・政府は，殖産興業政策を進め，ⓗ産業の近代化を図った。 ・製糸業や紡績業では，工場労働者の大半を女性が占めていた。 ・都市の人口が増え，知識層の拡大や，大衆文化の発展がみられた。	資料4　わが国の輸出入額の推移 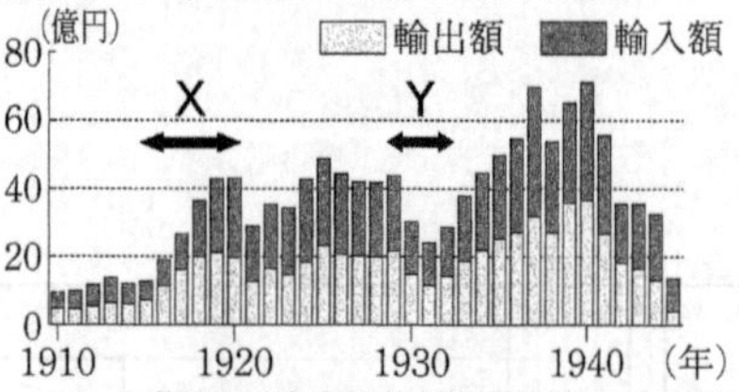 （「明治以降本邦主要経済統計」から作成）
現代	・技術革新が進み，経済が急速に発展する一方で，公害問題が深刻化した。 ・1973年の［う］を境に，エネルギー政策の転換がみられた。 ・グローバル化が進む中，温暖化防止に向けた取り組みなどがみられる。	資料5　わが国のエネルギー供給割合 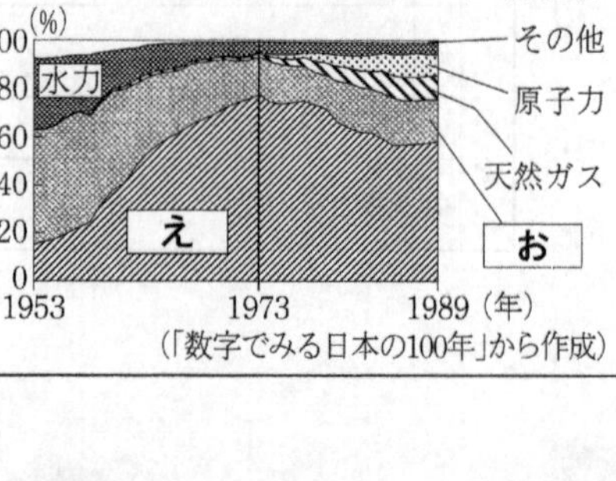 （「数字でみる日本の100年」から作成）

地図

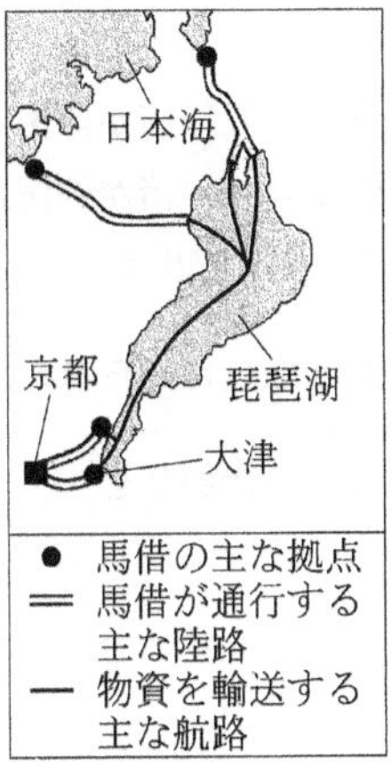

年表

時代	主なできごと	
江戸	寛政の改革　……　Ⅰ	
	天保の改革　……　Ⅱ	
	大政奉還	A
明治	日清戦争	B
	日露戦争	C
大正		
昭和	満州事変	D
	ポツダム宣言受諾	E
	サンフランシスコ平和条約	

(1)　下線部ⓐに関わる資料1を読み，**あ** にあてはまる人物名を書きなさい。

(2)　下線部ⓑに関わる**ア～ウ**を，年代の古い順に並べ替え，記号を書きなさい。

ア　空海が真言宗を開いた

イ　聖武天皇が大仏を造らせた

ウ　平等院鳳凰堂が建てられた

(3)　下線部ⓒの制度を何というか，書きなさい。

(4)　表の **い** にあてはまる語を書きなさい。

(5)　下線部ⓓの拠点が大津にあった理由を，資料2と地図から読みとり，下線部ⓓの役割と関連づけて，次の語を用いて書きなさい。〔 **琵琶湖** 〕

(6)　下線部ⓔの政策について，上の年表のⅠの内容として適切なものを，一つ選んで記号を書きなさい。

ア　凶作やききんに備え，各地に倉を設けて米を蓄えさせた。

イ　株仲間を奨励し，特権を与えるかわりに営業税を徴収した。

ウ　株仲間を解散させ，江戸に流入した人々を農村に帰らせた。

エ　米価の安定に努め，有能な人材を登用し，新田の開発を進めた。

(7)　下線部ⓕに関わる資料3について，銅が長崎に運ばれた目的を，関連する**二つの国名**を用いて書きなさい。

(8)　下線部ⓖのできごとで，年表のⅡにおける外国船への対応に影響を与えたものを，一つ選んで記号を書きなさい。

ア　南北戦争　　**イ**　名誉革命　　**ウ**　アヘン戦争　　**エ**　辛亥革命

(9)　下線部ⓗについて，次のできごとがみられた時期を，年表の**A～D**から一つ選んで記号を書きなさい。

政府は，官営の製鉄所を九州北部の八幡村に設立し，鉄鋼の生産を始めた。

(10)　資料4を見て，XとYのそれぞれの時期における，わが国の様子を，一つずつ選んで記号を書きなさい。

ア　世界恐慌の影響がおよび経済が不況となった　　イ　特需景気により経済が好況となった
ウ　バブル経済の崩壊により経済が不況となった　　エ　大戦景気により経済が好況となった

(11)　年表のEの時期について記した次の文を読み，［Z］に入る適切な内容を書きなさい。

> わが国の経済を支配してきた［　Z　］ため，その下にあった企業は独立させられた。

(12)　表の［う］と，資料5の［え］と［お］にあてはまる語の正しい組み合わせを，ア～エから一つ選んで記号を書きなさい。

ア　う　湾岸戦争　　え　石炭　　お　石油
イ　う　湾岸戦争　　え　石油　　お　石炭
ウ　う　石油危機　　え　石炭　　お　石油
エ　う　石油危機　　え　石油　　お　石炭

2　次の模式図と表，図を見て，(1)～(4)の問いに答えなさい。

模式図1

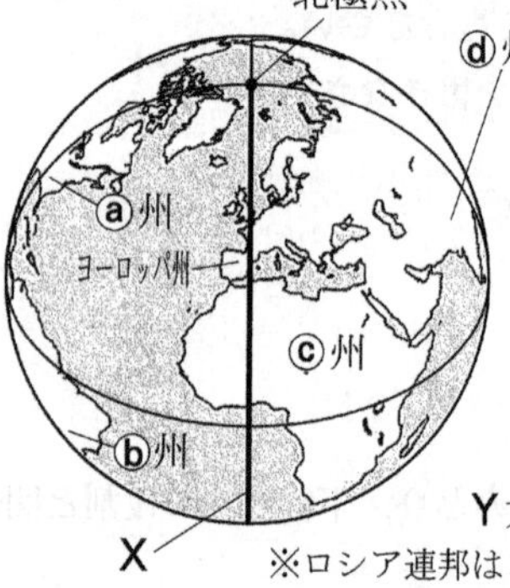

模式図2

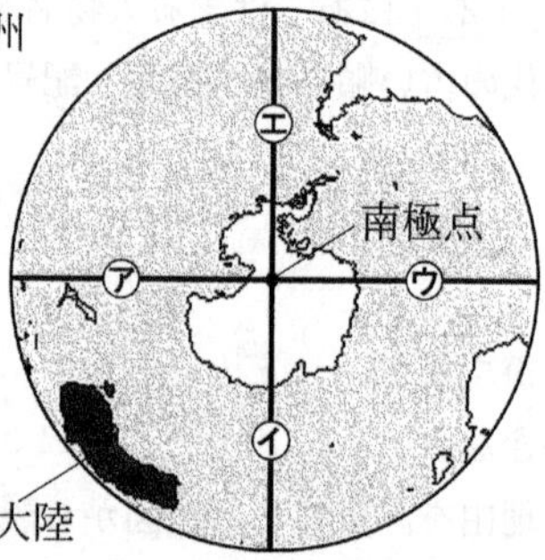

※ロシア連邦はヨーロッパ州に位置づけている。
※経線は90度ごとに引いている。

表　世界に占める各州の割合

州＼項目	耕地面積(%)	森林面積(%)	二酸化炭素排出量(%)
ヨーロッパ州	18.3	25.4	14.9
A	36.5	14.8	53.4
B	17.1	15.6	3.6
C	15.2	18.8	17.8
D	9.8	21.1	3.4

(「データブック オブ・ザ・ワールド 2019年版」から作成)

(1)　模式図1に示した経度0度の経線Xの名称を書きなさい。また，Xと同じ経度を示す経線を，模式図2の㋐～㋓から一つ選んで記号を書きなさい。

(2)　表のA～Dは，それぞれ模式図1のⓐ～ⓓ州のいずれかを表している。AとDにあてはまる州を，ⓐ～ⓓ州から一つずつ選んで記号を書きなさい。

(3)　世界の三大洋のうち，模式図2のY大陸が面しているものを**すべて**書きなさい。

(4)　図1～3は，世界の国々の中から，貿易額上位国の中国，アメリカ，ドイツ，日本を取り上げ，比較したものである。

(図2，図3は次のページにあります。)

①　図1から読みとれる，貿易の収支が赤字の国を，一つ選んで国名を書きなさい。

②　図2のZに共通してあてはまる輸出品目を，一つ選んで記号を書きなさい。

図1　4か国の貿易額（2016年）

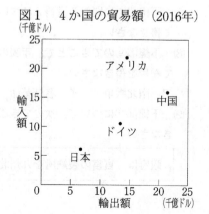

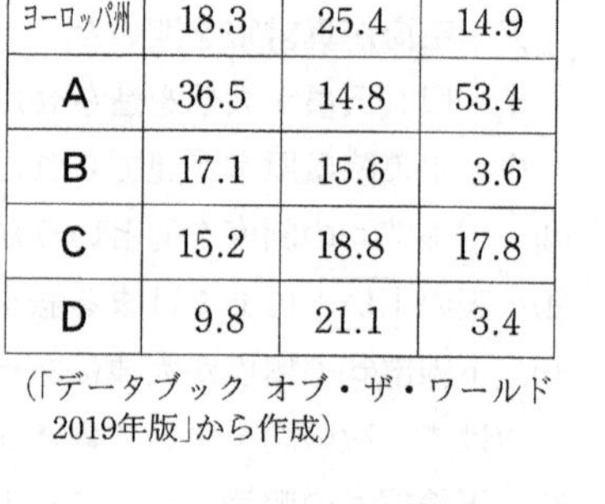

ア　航空機　　イ　自動車　　ウ　鉄鋼　　エ　金属製品

③　次は，図３をもとに生徒がまとめたものである。 E に入る適切な内容を，次の語を用いて書きなさい。〔 州 〕

> 輸出相手先の中で，割合が一番高い相手先に着目すると，アメリカとドイツのどちらも， E 国々への輸出割合が高いという共通点がみられる。

図２　４か国の輸出品目の割合（2016年）

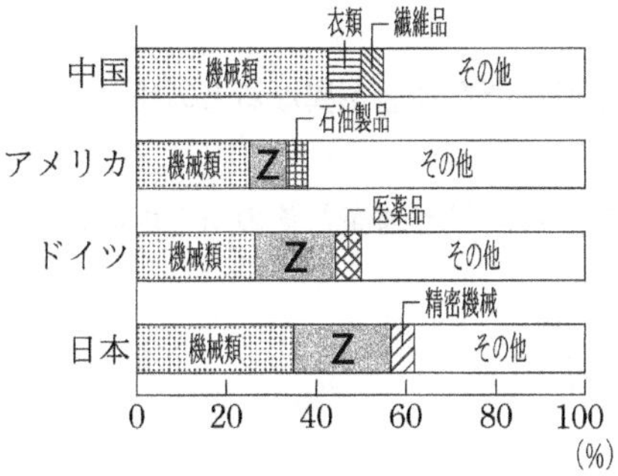

図３　アメリカとドイツの輸出相手先の割合（2016年）

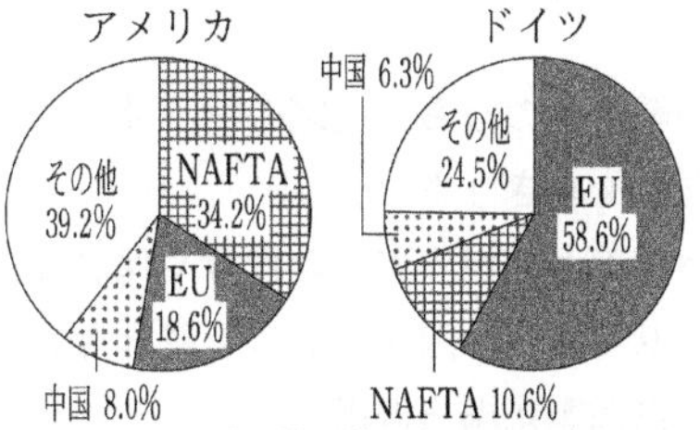

（図１～３は「世界国勢図会2018/19年版」などから作成）

3　次の会話をもとに，地図や図，表を見て，(1)～(5)の問いに答えなさい。

会話

> 生徒Ａ：男鹿のナマハゲなど，ⓐ８県で行われる来訪神の行事がⓑユネスコの無形文化遺産に登録されたね。
> 生徒Ｂ：価値が認められてうれしいね。地域のⓒ伝統文化をこれからも大事にしていきたいな。
> 生徒Ａ：そうだね。豊かな自然を生かしたⓓ伝統的工芸品もあるよ。秋田県のよさを知ってもらうために，多くの人に来てもらいたいな。
> 生徒Ｂ：そのためには迎え入れる準備も必要だよ。ⓔ秋田県が行っていることを調べてみようよ。

地図

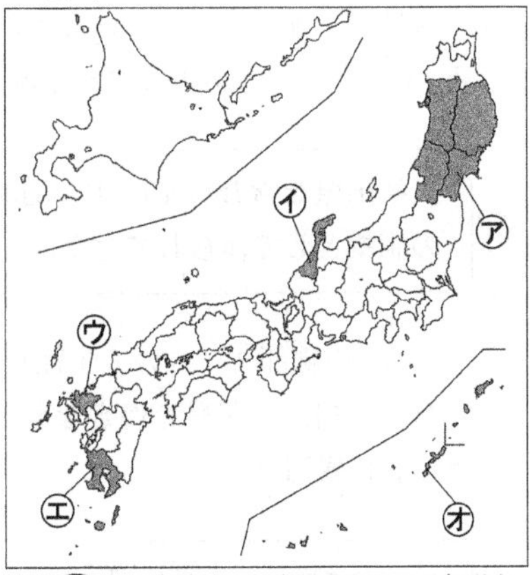

※　は，来訪神の行事がユネスコの無形文化遺産に登録された８県を表す。

図１　日本の年齢別人口構成の変化

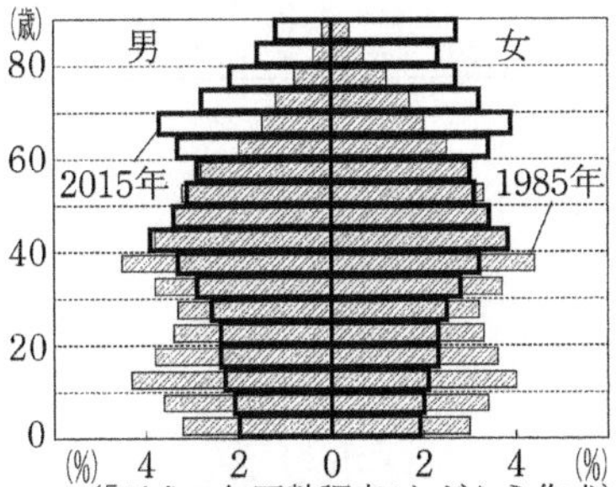

（「平成27年国勢調査」などから作成）

表　祭りを実施するための取り組み例

名称	内容
根崎神社例大祭（北海道）	参加者を公募。域外から学生４人に山車《だし》引きをお願いした。
じじぐれ祭（福井県）	県のホームページで応援隊員を募集。みこしの巡行等に参加してもらった。

（各自治体ホームページなどから作成）

図２　秋田県の外国人宿泊者数の変化

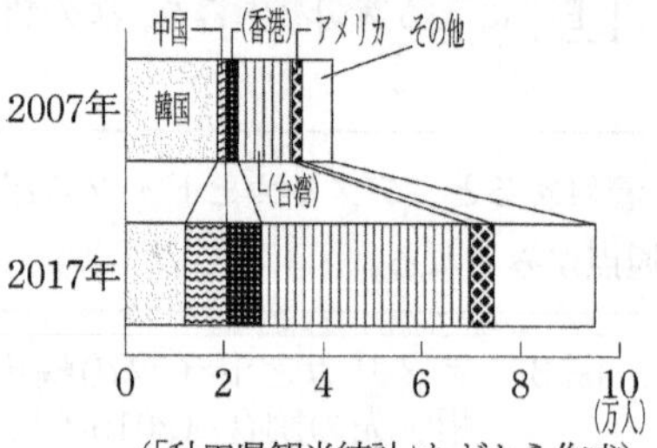

（「秋田県観光統計」などから作成）

図３　外国人への対応マニュアル（一部）

どちらへいらっしゃいますか？
Where would you like to go?
您要去哪里？
어디에 가십니까?
您要去哪裡？

（秋田県観光連盟資料から作成）

⑴　下線部ⓐのうち，地図の㋐～㋔について，県名と県庁所在地名が異なるものを，すべて選んで記号を書きなさい。

⑵　下線部ⓑは世界遺産の登録や保護にも取り組んでいる。世界遺産とその所在地の正しい組み合わせを，一つ選んで記号を書きなさい。

ア　富岡製糸場－群馬県
イ　姫路城－岡山県
ウ　石見銀山遺跡－鳥取県
エ　厳島神社－山口県

⑶　下線部ⓒが受け継がれてきた地域にみられる課題を，図１と表から読みとれることと関連づけて書きなさい。

⑷　次は，下線部ⓓが作られてきた背景を，気候の特色に着目して，生徒Aがまとめたものである。［あ］に入る適切な内容を書きなさい。

> 秋田県を含む日本海側の地域では，［あ］ので農作業のできない期間があり，その間の副業として作られてきた。

⑸　次は，下線部ⓔについて生徒Bがまとめたものである。［い］にあてはまる語を，下の**ア**～**オ**から一つ選んで記号を書きなさい。また，［う］に入る適切な内容を，次の語を用いて書きなさい。〔 **言語** 〕

> 図２を見ると，秋田県の外国人宿泊者数は2007年からの10年間で２倍以上に増え，［い］アジアからの宿泊者が７割以上を占めている。秋田県では，こうした状況を踏まえ，図３のように［う］という工夫をしたマニュアルを作成するなど，グローバル化に対応している。

ア　東
イ　東南
ウ　南
エ　中央
オ　西

4　次は，私たちと社会との関わりについて，これまでに学習したことをもとに，生徒がまとめたものの一部である。これらを見て，(1)～(11)の問いに答えなさい。

広がる権利の保障について

表１　年齢と権利

年齢	内容
18歳	選挙権を得る
20歳	自由にⓐ売買の契約を結ぶ
25歳	[あ]の被選挙権を得る
30歳	[い]の被選挙権を得る

図１　商品を購入するまでの流れ

◇法律や契約などのきまりによって権利が保障され，社会生活を円滑に営むことができる。
◇2022年４月の成年年齢引き下げに向けて，契約について正しく理解することが大切になる。

(1)　表１の選挙権や被選挙権などのように，人権の保障を確かなものにし，国民の意思や判断を政治に反映させるための権利を何というか，書きなさい。

(2)　表１の[あ]と[い]にあてはまる語の正しい組み合わせを，一つ選んで記号を書きなさい。

ア　あ　衆議院議員　い　市町村長　　**イ**　あ　参議院議員　い　市町村長
ウ　あ　衆議院議員　い　都道府県知事　　**エ**　あ　参議院議員　い　都道府県知事

(3)　図１は，商品を購入するまでの流れを，**ア**～**エ**の段階で順に示したものである。下線部ⓐについて，図１の場合ではどの段階から成立するか，**ア**～**エ**から一つ選んで記号を書きなさい。

国民と司法の関わりについて

図２　人口10万人あたりの弁護士数(2006年)

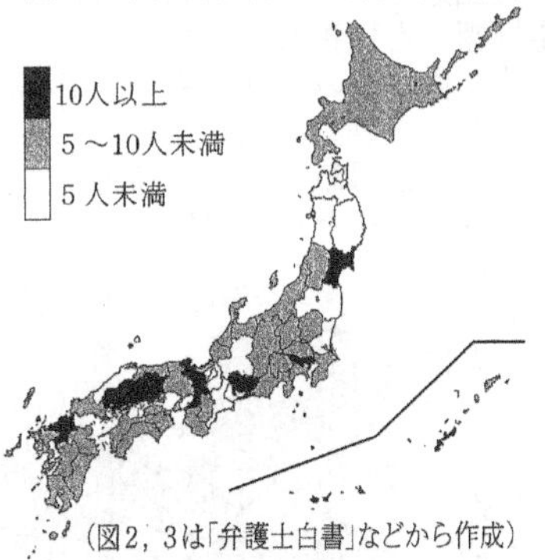

図３　*法テラスの事務所設置数(2017年)

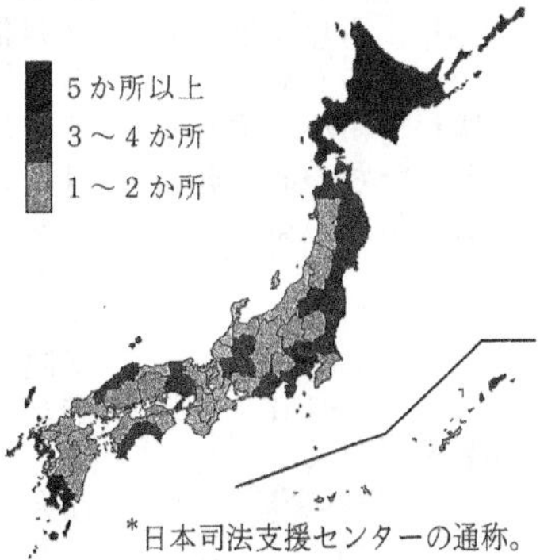

(図２，３は「弁護士白書」などから作成)　*日本司法支援センターの通称。

◇国民の視点や感覚を裁判に反映できるようにすることを目的として，ⓑ裁判員制度が取り入れられている。
◇2006年にⓒ法テラスが設置され，法律相談や情報提供などの司法サービスを提供している。

(4)　下線部ⓑについて，裁判員が行うこととして適切なものを，**二つ**選んで記号を書きなさい。

ア　取り調べを行い，被疑者を起訴する。　**イ**　証拠を調べ，被告人や証人に質問をする。
ウ　個人間の権利に関わる対立を解決する。　**エ**　有罪・無罪や刑について話し合う。

(5)　下線部ⓒが設置された目的を，図２と図３から読みとれることと関連づけて，解答欄にしたがって書きなさい。

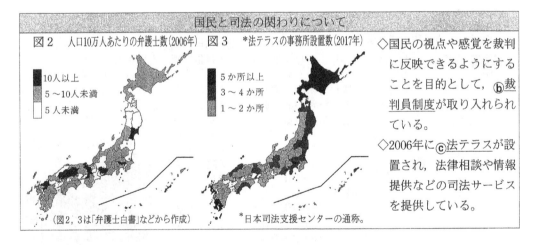

市場の働きと景気対策について

図４　需要・供給と価格の関係

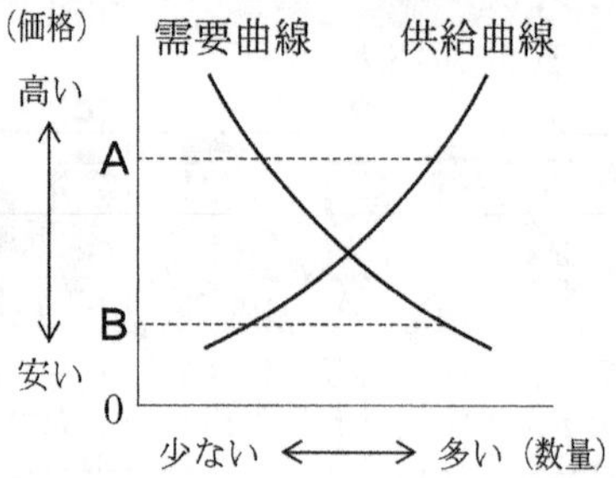

表２　財政政策と金融政策

	政府		日本銀行
	公共事業	税金	国債
好景気	減らす	X	
不景気	増やす		

◇ⓓ一般に，財やサービスの市場価格は，需要量と供給量の関係で決まる。ⓔ公共料金は，政府等によって管理されている。

◇物価や企業の生産，家計などは景気の変動の影響を受けるため，ⓕ政府や日本銀行がそれぞれ対策をとっている。

⑹　次は，下線部ⓓについて，図４をもとに説明したものである。[う] にあてはまる図４のＡまたはＢのいずれかの記号と，[え] に入る適切な内容を書きなさい。

供給量が需要量を上回っている [う] の場合，価格は次第に [え] 。

⑺　下線部ⓔにあたるものを，二つ選んで記号を書きなさい。

ア　電気料金　　イ　理容料金　　ウ　郵便料金　　エ　新聞購読料金

⑻　下線部ⓕについて，表２の [X] にあてはまる内容の正しい組み合わせを，一つ選んで記号を書きなさい。

ア

増やす	買う
減らす	売る

イ

増やす	売る
減らす	買う

ウ

減らす	買う
増やす	売る

エ

減らす	売る
増やす	買う

国際連合とこれからの社会について

資料　国連機関の活動例

[お] は，1949年から15年間，わが国に給食用の粉ミルクや薬，服の原料等を支援していた。現在も，世界中の子どもたちの命と健康を守るために活動している。

図５　国連加盟国数の推移

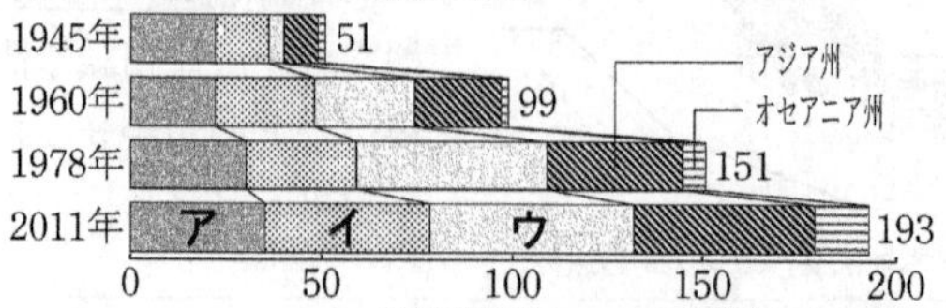

（国連広報センター資料から作成）

◇2015年の国連サミットでは17の「[か] な開発目標」を採択した。目標には企業に具体的な取り組みを促すものもある。

◇多くの企業は，利益の追求とともに，写真のような社会貢献活動などを通じて，企業の [き] を果たそうと努めている。

◇将来の世代と現在の世代の幸福をともに満たそうとする，[か] な社会を目指すことが大切である。

写真　企業による植林活動

⑼　資料の [お] にあてはまる機関を，一つ選んで記号を書きなさい。

ア　ILO　　イ　WTO　　ウ　IMF　　エ　UNICEF

⑽　図５のア～ウは，ヨーロッパ州，アフリカ州，北・南アメリカ州のいずれかを示している。アフリカ州を示しているものを，ア～ウから一つ選んで記号を書きなさい。

⑾　[か] と [き] にあてはまる語を，それぞれ書きなさい。ただし，[か] には同じ語が入る。

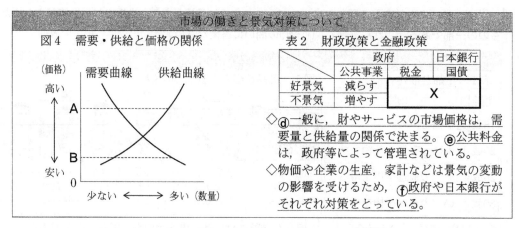

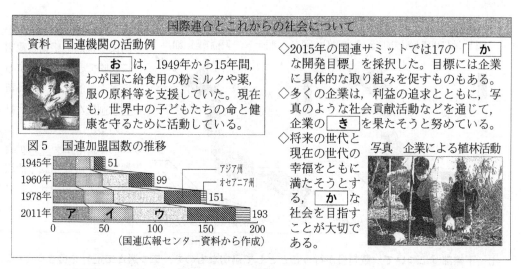

令和２年度

社　会

（解　答　用　紙）

受検番号		氏　名	

合　計

1

小　計

(1)			
(2)	→ →		
(3)			
(4)			
(5)			
(6)			
(7)			
(8)			
(9)			
(10)	X		Y
(11)			
(12)			

2

小　計

(1)	名称		記号	
(2)	A	州		
	D	州		
(3)				
(4)	①			
	②			
	③			

3

小　計

(1)		
(2)		
(3)		
(4)		
(5)	い	
	う	

4

小　計

(1)				
(2)				
(3)				
(4)				
(5)	地域によって,			
(6)	う		え	
(7)				
(8)				
(9)				
(10)				
(11)	か			
	き			

※この解答用紙は175％に拡大していただきますと，実物大になります。

四

小計

1			
2			
3	(1)	a	b
	(2)		
4	(1)		
	(2)	II	
		III	

裏合計

五

小計

1	①		②
2			
3	a		
	b		
4	I		
	II		

六

小計

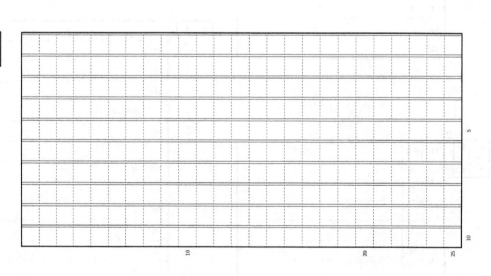

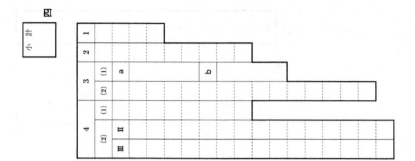

令和二年度

国語（解答用紙）

受検番号		氏名	

一

「聞くこと」に関する検査

1	こと
2	こと
3	ということ
4	

小計

合計

表合計

二

1		
2		パランスよく
		話
3		
4		
5	(1)	a
		b
	(2)	

小計

三

1	漢字	①	④	なる
	読み	②	③	えて
2	文節			
3				
4				

小計

※この解答用紙は189％に拡大していただきますと、実物大になります。

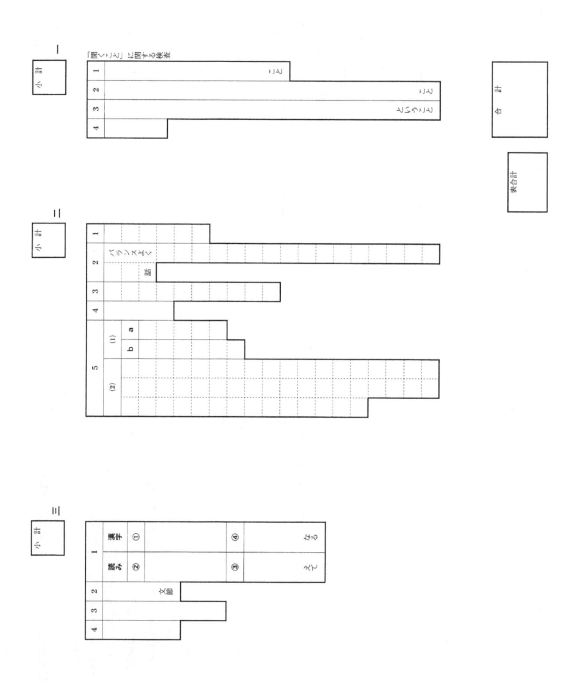

と、さらに思ひよるべからず（決して考えてはいけない）。不便《ふびん》、不便（だめだ、だめだ）」といひければ、その旨《むね》を存ずるところに（「そういうことか」と思っていたが）、俊頼、のちにこのことをよみける、

信濃なる木曾路《きそぢ》の桜咲きにけり
風の祝にすき間あらすな

もつとも腹黒きことか。＊五品《ごほん》、後悔しけり。

（「十訓抄《じっきんしょう》」による）

【注】＊信濃の国……今の長野県　＊五品……資基のこと

1 ①こめすゑて ②いはひ置きて を現代仮名遣いに直し、すべて平仮名で書きなさい。

2 さらに思ひよるべからず とあるが、何を考えてはいけないと言っているか。最も適切なものを、次の**ア**〜**エ**から一つ選んで記号を書きなさい。

ア 風の神を百日間も尊重すること
イ 言い伝えどおりに生活すること
ウ 土地の風習を和歌に詠《よ》むこと
エ 諏訪明神の社を軽んずること

3 本文中の和歌について、次のようにまとめた。〔a〕〔b〕に適する内容を、〔a〕には**五字以内**で、〔b〕には**十字以内**でそれぞれ書きなさい。

> 木曾路に咲いた桜を詠んだ和歌である。〔a〕土地である信濃の国で、人々の生活を守ってきた「風の祝」に、〔b〕ようにしてほしいという作者の願いを託している。

4 次は、この文章を読んだ生徒の感想である。〔Ⅰ〕に当てはまる内容を、本文中から**五字**で抜き書きし、〔Ⅱ〕に適する内容を、**十五字以内**で書きなさい。

> 本文には「〔Ⅰ〕」とあるので、俊頼を批判する話だと思っていましたが、図書室で「十訓抄」を調べたら、この話は「ひたすら思慮深くあるべきこと」という教訓話として載っていました。たしかに、資基が思慮深かったら、〔Ⅱ〕ことはしなかったし、後悔することもなかったと思いました。

六

あなたが考える「外国人に伝えたい日本の魅力」を、伝えたいと思う理由を交えて、次の〈**条件**〉にしたがって書きなさい。

〈**条件**〉
・題名は不要
・字数は二百字以上、二百五十字以内

幸　でも、寝ずに帰りを待っていた祖父も和子を心配していたと思うよ。そう考えると、「がさがさと荒々しく新聞を畳む」祖父の様子からは〔c〕という性格がうかがえるね。

(1)　〔a〕〔b〕に当てはまる語句として最も適切なものを、次の**ア**～**オ**からそれぞれ一つずつ選んで、記号を書きなさい。

ア　緊張　**イ**　興奮　**ウ**　愛情　**エ**　満足　**オ**　落胆

(2)　〔c〕に適する内容を**十五字以内**で書きなさい。

4　国語の授業で《ワカを探しに行く前と、帰宅後で和子はどのように変化したか》という課題について考えた。次は、【前回の授業】の〔本文〕と〔授業のまとめ〕である。これを読んで、後の問いに答えなさい。

【前回の授業】　ワカを探しに行く直前に、祖父が母と和子に向かって話し、和子が答えた場面

〔本文〕

「俺ぁ、この子にいっつも言ってんだ。馬は目ぇかけてやらねば人間ば信用してくんねえと。信用してくれねえば、いざっちゅう時に人間も命預けられん。分かってんのか、和子」

「分かってる」

和子は蚊の鳴くような声で答えるしかなかった。

〔授業のまとめ〕

祖父の考え

主人である人間が大切に世話をしなければ、馬と〔Ⅰ〕ことはできない。

和子の反応

蚊の鳴くような声で「分かってる」

理由　頭では分かっているつもりでも、行動が伴わず、自信もなかったから。

(1)　〔授業のまとめ〕中の〔Ⅰ〕に適する内容を**八字以内**で書きなさい。

(2)　課題について、次のようにまとめた。〔Ⅱ〕〔Ⅲ〕に適する内容を、**十五字以内**でそれぞれ書きなさい。ただし、〔Ⅲ〕には「自覚」という語句を用いて書きなさい。

恐怖を乗り越え、夜の森を抜けて見つけたワカを〔Ⅱ〕ことによって、無事に連れ戻した。この体験を通して、探しに行く直前に祖父に言われた言葉の意味を実感を伴って理解し、〔Ⅲ〕ことができた。

五

次の文章を読んで、1～4の問いに答えなさい。

*信濃《しなの》の国は、きはめて風はやきところなり。これによりて、諏訪《すは》明神《みやうじん》の社《やしろ》に、風の祝《はふり》（「風の祝」という神官）といふものを置きで、①深くこめすゑて（奥深い所に風を閉じ込めて）、②いはひ置きて（神として祭り）、百日の間、尊重することなり。しかれば（そうすると）、その年、風静かにて、農業のためにめでたし。おのづから（もしも）すき間もあり、日の光も見せつれば、風おさまらずして、悪《あ》しといふことを、能登大夫資基《のとのだいぶすけもと》（藤原資基）といふ人聞きて、「かくのごとく承る（こんなふうなことを聞きました）。これを歌によまむと思ふ」と、俊頼《としより》（源俊頼）に語りければ、俊頼、答へていはく、「むげに（まったく）俗に近し。かやうのこ

「いやあ、ワカ居たかい。良かった良かった。寒かったしょ。ああほら、こんなにほっぺた冷たくして。＊デンプン湯作ってあっから、温かいうちに飲みなさい」

玄関の和子に母は駆けより、頬を温かい掌《てのひら》で挟んでくれた。和子は上着を脱ぐと、黙って新聞に目を通している祖父に近づいた。床に正座する。そこでようやく祖父は口を開いた。目は新聞に向けられたままだ。

「どこにいた」

「隣ん家《ち》の畑だった。浜沿いの。雌の馬と一緒にいた」

祖父はちっと小さく舌打ちすると、新聞を荒い音を立てて捲《めく》る。

「明日んなったら、畑境の＊バラ線見て回らねばな。壊してたらこっそり直さねえと。隣にはワカが逃げたとか、余計なことは言うなよ」

「うん」

母からデンプン湯が入った椀《わん》を受け取ると、知らぬ間に外気で冷えた指に熱さが染《し》みる。両手で包むようにして指を温めると、心と体がどうにも弛《ゆる》んだ。

「おじじ、ごめんなさい」

「反省したか」

「はい」

祖父はがさがさと荒々しく新聞を畳むと、俺ぁ寝ると呟《つぶや》いて立ち上がった。和子を見下ろして言い据える。

「今回のでよく分かったべ」

「うん。よく分かった」

骨身に染みて答えると、祖父は「なら、ええ」と頷《うなず》いて寝床に向かった。和子は熱く喉を潤すデンプン湯を少しずつ飲み下し、母に促されて床についた。

（河崎秋子《かわさきあきこ》「颶風《ぐふう》の王」による）

【注】＊踵を返し……体の向きを変えて

＊有刺鉄線……より合わせた針金に、短く鋭く切った針金のとげをつけたもの。境界線用等として使用される

＊デンプン湯……粉末状のデンプンを水で溶き、砂糖を加え、加熱して作ったとろみのある飲み物

＊バラ線……有刺鉄線のこと

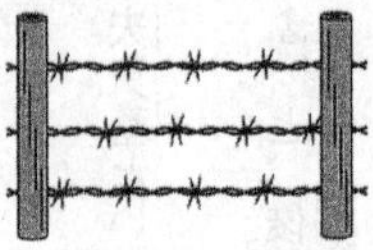

有刺鉄線・バラ線

1　まるで知らない馬のように　とあるが、和子の知るふだんのワカの様子を表現した語句を、本文中から**四字**で抜き書きしなさい。

2　同じ森でも今度は何も恐怖を感じなかった　とあるが、このときの和子の心情について、次のようにまとめた。［　］に当てはまる内容を、本文中から**九字**で抜き書きしなさい。

ワカが一緒だという安心感に包まれるとともに、［　］で心がいっぱいだった。

3　次は、この文章を読んだ、守さん、正さん、幸さんの会話である。これを読んで、後の問いに答えなさい。

守	帰宅したときの、和子や家族の様子はどうかな。
正	母からデンプン湯を受け取って、和子は「心と体がどうにも弛んだ」とあるけれど、デンプン湯の熱と一緒に母の［a］が伝わったのかもしれないね。それまでは、新聞から目を離さない祖父のそばで、和子の［b］が続いていたのだろうね。

このように、他者の「心」の状態を推し量って物語をつくることは、他の動物と④コトなる人間特有の心の働きであると言われています。

1　①カテイ　④コトなる　を漢字に直して書きなさい。
　②遭遇　③捉えて　の読み仮名を書きなさい。
2　人間も動物も外からの刺激を受けると　とあるが、これを文節に分けると何文節になるか。解答欄にしたがって書きなさい。
3　逃げ　の活用の種類を書きなさい。
4　単純　の対義語を漢字で書きなさい。

四　次の文章を読んで、1～4の問いに答えなさい。

> 終戦から間もない北海道根室半島で、小学生の和子《かずこ》は家業の馬の飼育を手伝っている。暴風の迫ったある日、放牧中に馬のワカがいなくなったが、和子はそのまま帰宅した。その晩、このことを祖父に叱られた和子は一人で探しに出かけ、森を抜けた草地で牝馬《ひんば》（雌馬）と一緒にいるワカを見つけた。

「ワカ」

声に出して名を呼ぶ。ワカは近づかない。まるで知らない馬のように、風の中で立ち尽くしている。残った牝馬は和子から一歩逃げる。そのまま＊踵《きびす》を返し、地を蹴り走り去ってしまった。ワカは首を曲げてその方向を見ている。月光をわずかに反射して光る目はこれまで和子の知るワカのものではなかった。このままあの牝馬を追ってしまうのではないか。そう直感し、和子は思わず口を開いて制する。

「行くんでねえぞ。あんたは、うちの馬だ。一緒に帰るんだ」

断固とした主人の物言いに、ワカは弾《はじ》かれたように首を上げ、和子に近づいてきた。鼻先を撫《な》でてやると、ぶふうと熱い鼻息が吹きかかった。いつもの甘ったれだ。良かった、戻ってきた。

「心配かけさせて、この、この馬鹿たれがぁ……」

身を寄せたワカの体温に安堵《あんど》し力が抜けそうになるが、和子は身を奮い立たせて綱を取り出した。ワカは抵抗する気配もなく大人しく繋《つな》がれた。先ほど森で感じたような不安はかき消え、役目を果たした充足が和子の心を温かく満たしていた。

家に帰るには再びあの森を抜けなければならない。しかし、馬を引いて帰る道では、同じ森でも今度は何も恐怖を感じなかった。ワカが通ったであろう＊有刺鉄線が倒れた箇所を越え、慣れた自分の家の牧草地を抜け、いつもの道を歩んでいく。ワカは道すがら、嫌がるふうもなく実に従順だった。

遠くに家の灯《ひ》が見える。ワカが戻ってからは随分気力も戻っていた和子だったが、家を前にするとやはり安堵から大きく息を吐いた。握る綱からもそれが伝わったのか、ワカの歩みがやや速くなる。一人と一頭は、もはや間違えようもない家路を辿《たど》って、ひどく懐《なつ》かしい思いにかられながら帰還を果たした。

馬小屋に戻り戸を開けると、綱を引くより早くワカは自分の馬房《ばぼう》に入って水桶《みずおけ》に顔を突っ込んだ。勢いよく水を飲んでいる間に綱を外し、和子は戸締まりを確認して馬小屋を閉めた。

「ただいま。馬、捕まった」

家の戸を開くと、ストーブで暖められた室内の空気が和子を包む。中では細めたランプの灯の下に母と祖父がいた。弟妹はもう寝たらしい。母は和子の姿を見て慌てて立ち上がった。祖父は和子の方を見ず、黙って新聞を読んでいる。壁の時計は夜半を回っていた。和子が思っていたよりも随分時間が経《た》っていたようだった。

ある。交渉の通訳をしていて、日本側の主張のほうが個人的には正しいと思えるのに、いつの間にか、理屈で追い込まれていく場面に出会うことがある。これは「言葉による説得」で鍛え抜かれた文化とそうでない文化の違いゆえかと思うが、このあたりは、国際的な交渉が一段と増えるなかで、日本人が補強していくべき点であろう。相手の理屈には理屈で押し返す、相手の論理の弱点を言葉で突くといった訓練が必要で、これを屁理屈には陥らずに、やんわりと鋭くやるのが、日本流ということになるのではないかと思う。

（袖川《そでかわ》裕美《ひろみ》「同時通訳はやめられない」による）

【注】＊忖度……他人の気持ちを予測すること
＊難癖、あら探し……小さな欠点を見つけ出し、大げさに非難すること

1　コミュニケーション　について、次のように説明した。〔　〕に当てはまる語句を、本文中から**六字**で抜き書きしなさい。

> コミュニケーションにおいて、話し方とともに聞き方も大切なのは、コミュニケーションが〔　　〕だからである。

2　そういう話　とは、どのような話か。解答欄にしたがって、本文中から**十八字**で抜き書きしなさい。

3　屁理屈という言葉　について、次のようにまとめた。〔　〕に適する内容を**十字以内**で書きなさい。

> 屁理屈という言葉は、日本人が〔　　〕と感じやすいことを象徴している。

4　友人に説明　とあるが、この体験を筆者が取り上げることで読者に伝えようとしたことは何か。最も適切なものを、次の**ア**～**エ**から一つ選んで記号を書きなさい。

ア　欧米圏の人に説明を理解してもらうための有効な方法
イ　欧米圏の人に説明することに成功した筆者の専門性
ウ　欧米圏の人に説明を理解してもらえたことの意外性
エ　欧米圏の人に説明するのが難しかったという現実

5　本文中における筆者の主張を次のようにまとめた。これを読んで、後の問いに答えなさい。

> 日本人は相手と〔a〕ことを心配するため、欧米圏の人のような立場を前面に押し出した議論を苦手としている。これは文化の違いによるものと思われるが、〔b〕に向け、補強が必要な点である。今後は、やんわりと鋭くやる、つまり〔c〕といった日本流のやり方を身に付けるべきである。

(1)　〔a〕〔b〕に当てはまる語句を、〔a〕には**五字**で、〔b〕には**六字**で、本文中からそれぞれ抜き書きしなさい。

(2)　〔c〕に適する内容を「言葉による説得」という語句を用いて、**五十字以内**で書きなさい。

三　次の文章を読んで、1～4の問いに答えなさい。

人間も動物も外からの刺激を受けると、その情報を脳で処理し、何らかの反応や行動を起こしますが、人間の脳ではその①カテイに「心」が介在していると考えられています。

たとえば、ネコに②遭遇したネズミが逃げていくのを人間が見たとします。面前で起きているのは、「ネズミがネコの姿を③捉えて、ネコから離れていった」というだけのことなのですが、人間はそのように単純には考えず、「ネズミが自分より大きなネコを見て『怖い』と思ったから逃げていった」という物語にするそうです。

している。

ウ　正しい言葉遣いの例を複数あげながら、お客様への応対について伝えている。

エ　相手の気持ちに配慮しながら、発言を肯定的に受け止めて話を進めている。

繰り返します。（※**ア**から**エ**を繰り返して読む）

（間10秒）

これで国語の「聞くこと」に関する検査を終わります。問題用紙を開いて、次の問題に移ってください。

二　次の文章を読んで、1～5の問いに答えなさい。

よく伝わるコミュニケーションとは何かと聞かれることがある。コミュニケーションは双方向のものなので、聞き方も大切であり、表情や視線、身振り手振り、声の抑揚なども、豊かなコミュニケーションの大切な要素になる。最近では「傾聴《けいちょう》」、「聞く力」といった言葉も出てきて、聞くことの重要性が説かれている。

こうした中で、通訳者としての経験から、日本語と英語間の能動的コミュニケーションであるスピーチを中心に、何が説得力があってよく伝わるコミュニケーションかということについて考えてみたい。一言でいうと、どちらの言語でも、明快な論理と素直な感情が融合していることがポイントだと考える。両者のバランスが重要で、どちらが欠けても、説得力のあるコミュニケーションにはならない。別の言い方をすると、そういう話は実に通訳しやすい。

よく指摘されるように、英語は結論を先に言って、その後にbecause（なぜなら）などと言って理由を説明していく。yes（イエス）かno（ノー）かを最初に示し、その後に考えを述べる。自分の立場をまず前面に押し出して、相手に入ってこさせないスペースを自分の前に作って、主張していくようなイメージがある。途中で相手が割り込んできても、自分はまだ終わっていないと言って、相手を押し戻し、自分の場を確保しながら論を展開していく。

日本人はこれが苦手だ。自分の立場を最初に言ってしまうと、対立軸がはっきりしすぎて後で険悪になるのではないかと恐れるのだ。そのため、日本人は、話しながら、相手が自分の言いたいことや立場を＊忖度《そんたく》してくれないかと願っている。その気持ちが強くなると、もともと日本語では文末に結論がくるにもかかわらず、さらに語尾を濁したり、声を呑《の》んだりして、もごもごさせてしまうのである。

また、日本人は、主義主張や意見を論理的に主張するのを、うっとうしいと感じる傾向がある。屁《へ》理屈という言葉がそれを象徴している。そのため、理屈を正しいと思っている欧米圏の人に向け、屁理屈という言葉のニュアンスを伝える英語を探すのは難しい。アメリカ人の友人に説明しようとして、「日本人は、あまりにも合理的すぎる理由づけは、〝＊難癖《なんくせ》、あら探し〟と言って嫌う」と言ったが、うまく伝わらなかった。「合理的な理由づけ」はあくまでも正しいもののようだ。2、3回やりとりをしてようやく、「日本人は議論のための議論を好まない。あまりにも自己主張が強いように思うから」と言ったら、理解してもらえた。

そもそもの前提として、理屈を正しいと思っている人たちと、どこか面倒くさいことをごたごた並べていると感じる私たち日本人との間では、ギャップがある。そのためか、いわゆる欧米人と議論を続けていると、日本人は根気を失いがちだ。欧米の人たちはhave the last word（決定的な発言をする、とどめの発言をする）をもって論戦で勝ったと考えるが、日本人はそう考えない。ま、いいかとなりがちで

まゆこ　店員さんを呼んだ後は、どうしたらいいですか。

佐　藤　お客様の応対は店員に任せていいですよ。まゆこさんは、また自分の仕事を続けてください。

まゆこ　分かりました。自分の仕事に責任をもって取り組むことを心がけたいと思います。

佐　藤　自分の仕事に責任をもって取り組みたいという、まゆこさんの心がけはいいですね。期待していますよ。ところで、二人がこの店を選んでくれたのは、なぜですか。ともきさん、どうですか。

ともき　はい。昨年こちらで職場体験をした部活動の先輩から、商品を運ぶ仕事をしてお店の方に喜ばれたと聞きました。ぼくは体力に自信があり、力仕事が得意なので、こちらのお店で自分の得意なことを生かしたいと思いました。

佐　藤　頼もしいですね。でも、商品の中にはかなり重い物もありますから、あまり無理はしないでくださいね。

ともき　はい。分かりました。

佐　藤　まゆこさんがこの店を選んでくれた理由は何ですか。

まゆこ　はい。私は整理整頓が得意なので、商品を並べる仕事に生かしたいと思ったからです。買い物に来るといつでも商品がきれいに並べられているので、ぜひこちらのお店で職場体験をしたいと思いました。

佐　藤　うれしいですね。二人の活躍が楽しみになりました。では、実際に売り場に行ってみましょう。

（間2秒）

打ち合わせの様子はここまでです。

（間2秒）

それでは問題に移ります。問題は選択肢も含めてすべて放送で出題します。答えは解答用紙に記入しなさい。

（間3秒）

1　担当者の佐藤さんが、職場体験学習をする上で気を付けてほしいと言っていたことは、安全に働くことと、もう一つは何でしたか。解答欄にしたがって書きなさい。

（間30秒）

次の問題に移ります。

2　まゆこさんが、仕事をする上で心がけようとしていることは、どのようなことでしたか。解答欄にしたがって書きなさい。

（間30秒）

次の問題に移ります。

3　ともきさんとまゆこさんが、職場体験学習にこのスーパーマーケットを選んだ理由の共通点は、どのようなことでしたか。解答欄にしたがって書きなさい。

（間30秒）

次の問題に移ります。

4　佐藤さんの話し方をまとめたものとして最もふさわしいものを、次に読み上げる選択肢**ア**、**イ**、**ウ**、**エ**の中から一つ選んで、解答欄に記号をカタカナで書きなさい。選択肢は二回読みます。

ア　自分の体験を紹介しながら、仕事のやりがいについて熱心に語っている。

イ　相手の反応を確かめながら、詳しい仕事の内容を繰り返し説明

＜国語＞

時間　六〇分　満点　一〇〇点

一　「聞くこと」に関する検査

〔注〕（　）内は音声として入れない。

ただいまから、国語の「聞くこと」に関する検査を始めます。「聞くこと」に関する検査は、出題も含めてすべて放送で行いますので、指示があるまで問題用紙を開いてはいけません。解答用紙とメモ用紙を準備してください。

（間5秒）

メモ用紙は必要に応じて使ってください。問題は全部で四つです。

（間3秒）

ともきさんとまゆこさんが通う中学校では、毎年、職場体験学習を行っています。二人は、学校の近くのスーパーマーケットで三日間の職場体験学習をすることになりました。

これから放送する内容は、ともきさんとまゆこさんが、職場体験学習の一日目に、担当者の佐藤さんと打ち合わせをしている様子です。打ち合わせの様子と問題は、一度だけ放送します。

それでは、始めます。

（間3秒）

佐藤	おはようございます。担当の佐藤です。ともきさん、まゆこさん、今日から三日間、よろしくお願いします。
二人	はい。よろしくお願いします。
佐藤	それでは始めに、仕事の内容を説明します。主な仕事は三つです。まず、商品を売り場に運び、棚に並べることです。次に、商品が入っていた段ボールを片付けることです。そして、商品を宣伝するカードを作ることです。この店には地元で育てた新鮮な野菜を売るコーナーがあります。そこに飾る宣伝カードを作ってください。詳しいことは、この後、売り場に移動してから説明しますね。
ともき	質問してもいいですか。
佐藤	いいですよ。ともきさん、どうぞ。
ともき	はい。ぼくとまゆこさんは、別々に仕事をするのですか。
佐藤	今日は一人では不安でしょうから、二人で一緒に同じ仕事をしてもらいます。明日からは、別々に仕事をしてもらう予定です。
ともき	分かりました。安心しました。
佐藤	次に、気を付けてほしいことを二つ言いますね。一つ目は、安全に働くことです。周囲に気を配りながら、落ち着いて行動してください。二つ目は、笑顔を大切にすることです。お客様に気持ちよく過ごしてもらいたいですからね。ここまでの説明で、今聞いておきたいことはありますか。まゆこさんは、どうですか。
まゆこ	はい。棚に商品を並べているときに、お客様から何かたずねられたらどうしたらいいですか。
佐藤	そのときは、「確認しますので、お待ちください。」と答えて、近くにいる店員に声をかけてください。

MEMO

大切なことはメモしておこうネ！

2020年度

解　答　と　解　説

《2020年度の配点は解答用紙集に掲載してあります。》

＜数学解答＞

1　(1)　0.6　　(2)　$3\sqrt{2}$　　(3)　-9

(4)　$3a+2b \geqq 20$　　(5)　$x=4$

(6)　$x=-1$，$y=1$　　(7)　$x=-3$　　(8)　72

(9)　ア　　(10)　4個　　(11)　129°　　(12)　134°

(13)　8本　　(14)　$\dfrac{4\sqrt{21}}{3}\pi\,\mathrm{cm}^3$　　(15)　5倍

2　(1)　イ，エ　　(2)　①　$b=1$(求める過程は解説参照)

②　$c=-4$，$d=0$　　(3)　右図1　　(4)　$\dfrac{2}{15}$倍

3　(1)　①　ⓐ　1000　　②　右図2

(2)　①　ⓑ　(例)直線PQと直線RSの交点のx座標

②　ⓒ　$-800x+4000$　　ⓓ　$-500x+3500$

ⓔ　1　　ⓕ　40

4　(1)　ア　14.2　　イ　14.4　　ウ　Aさん

(2)　①　$\dfrac{5}{12}$　　②　$\dfrac{2}{9}$

5　Ⅰ　(1)　135°　　(2)　解説参照　　(3)　$8\mathrm{cm}^2$

Ⅱ　(1)　解説参照　　(2)　$6-2\sqrt{3}\,\mathrm{cm}$

(3)　$6\pi\,\mathrm{cm}^2$

図1

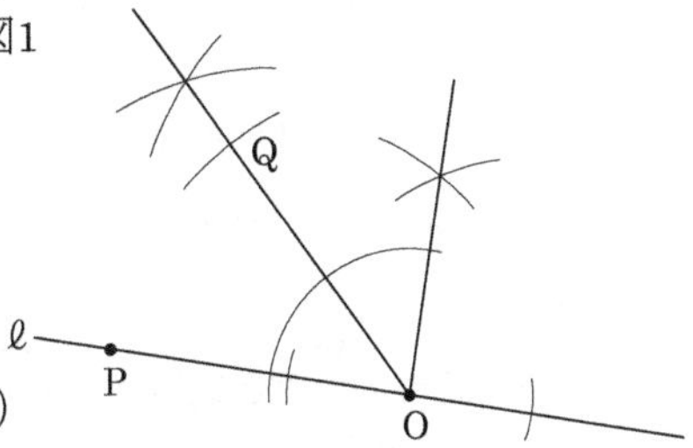

図2

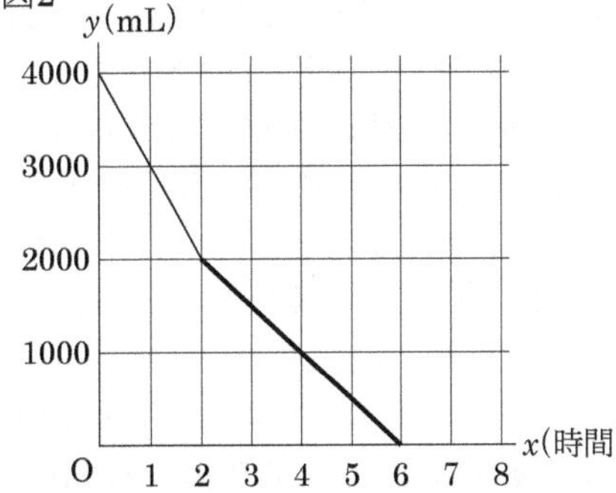

＜数学解説＞

1　(数・式の計算，分母の有理化，式の値，不等式，一次方程式，連立方程式，二次方程式，定理の逆，平方根，角度，ねじれの位置，体積，体積比)

(1)　四則をふくむ式の計算の順序は，乗法・除法→加法・減法　となる。$1+(-0.2)\times2=1+(-0.4)=1-0.4=0.6$

(2)　$\dfrac{6}{\sqrt{2}}=\dfrac{6\times\sqrt{2}}{\sqrt{2}\times\sqrt{2}}=\dfrac{6\sqrt{2}}{2}=3\sqrt{2}$

(3)　分配法則を使って，$3(a-2b)=3\times a-3\times2b=3a-6b$，$5(3a-b)=5\times3a-5\times b=15a-5b$ だから，$a=\dfrac{1}{2}$，$b=3$のとき，$3(a-2b)-5(3a-b)=(3a-6b)-(15a-5b)=3a-6b-15a+5b=-12a-b=-12\times\dfrac{1}{2}-3=-6-3=-9$

(4)　1個$a$kgの品物3個の重さは $a\mathrm{kg}\times3$個$=3a\mathrm{kg}$，1個$b$kgの品物2個の重さは $b\mathrm{kg}\times2$個$=2b\mathrm{kg}$で，合計の重さは $(3a+2b)\mathrm{kg}$。これが20kg以上であるから，この数量の関係を不等式で表すと，$3a+2b\geqq20$

(5)　方程式$\dfrac{2x+4}{3}=4$の両辺に3をかけて $\dfrac{2x+4}{3}\times3=4\times3$ より $2x+4=12$　$2x=12-4=8$　よって，$x=4$

(6)　$\begin{cases} 2x-3y=-5\cdots① \\ x=-5y+4\cdots② \end{cases}$　とする。②を①に代入して，$2(-5y+4)-3y=-5$　$-10y+8-3y=-5$　$-13y=-13$　$y=1$　これを②に代入して，$x=-5\times1+4=-1$　よって，連立方程式の解は，$x=-1$，$y=1$

(7)　xについての方程式 $x^2-2ax+3=0\cdots①$　の解の1つが-1だから，①に$x=-1$を代入して，$(-1)^2-2a\times(-1)+3=0$　$1+2a+3=0$　よって，$a=-2$　これを①に代入して，$x^2-2\times(-2)\times x+3=0$　$x^2+4x+3=0$　たして$+4$，かけて$+3$になる2つの数は，$(+1)+(+3)=+4$，$(+1)\times(+3)=+3$より，$+1$と$+3$だから　$x^2+4x+3=\{x+(+1)\}\{x+(+3)\}=(x+1)(x+3)=0$　以上より，①のもう1つの解は $x=-3$

(8)　**(時間)＝(道のり)÷(速さ)**より，行きにかかった時間は am÷毎分60m$=\frac{a}{60}$分，帰りにかかった時間は am÷毎分90m$=\frac{a}{90}$分。(往復の平均の速さ)＝(往復の道のり)÷(往復にかかった時間)だから，$2a\div\left(\frac{a}{60}+\frac{a}{90}\right)=2a\div\frac{5a}{180}=2a\times\frac{180}{5a}=72$より，往復の平均の速さは分速72mである。

(9)　**ある定理の仮定と結論を入れかえたものを，その定理の逆という。**アの逆は「すべての内角が等しい三角形は正三角形である。」であり，これは正しい。イの逆は「対角線がそれぞれの中点で交わる四角形は長方形である。」であり，対角線がそれぞれの中点で交わる四角形は他に平行四辺形やひし形，正方形があるから，これは正しくない。ウの逆は「$x>4$ならば$x\geqq5$である。」であり，**反例**$x=4.5$があるから($x=4.5$は$x>4$は満たすが，$x\geqq5$は満たさない)，これは正しくない。エの逆は「$x^2=1$ならば$x=1$である。」であり，反例$x=-1$があるから($x=-1$は$x^2=1$は満たすが，$x=1$は満たさない)，これは正しくない。

(10)　$\sqrt{120+a^2}$が整数となるのは，$120+a^2$が**平方数**になるときだから，$120+a^2=m^2$(mは自然数)とおくと，$m^2-a^2=120$　$(m+a)(m-a)=120\cdots①$　である。ここで，①が成り立つ$(m+a)$と$(m-a)$の値の組を考える。$(m+a)+(m-a)=2m$より，$m+a$と$m-a$の和が偶数になることを考慮すると，①が成り立つ$(m+a)$と$(m-a)$の値の組として，$(m+a,\ m-a)=(60,\ 2)$，$(30,\ 4)$，$(20,\ 6)$，$(12,\ 10)$の4組が考えられる。$\begin{cases} m+a=60 \\ m-a=2 \end{cases}$　より，$(a,\ m)=(29,\ 31)$

$\begin{cases} m+a=30 \\ m-a=4 \end{cases}$　より，$(a,\ m)=(13,\ 17)$　$\begin{cases} m+a=20 \\ m-a=6 \end{cases}$　より，$(a,\ m)=(7,\ 13)$

$\begin{cases} m+a=12 \\ m-a=10 \end{cases}$　より，$(a,\ m)=(1,\ 11)$　以上より，$\sqrt{120+a^2}$が整数となる自然数aは全部で1，7，13，29の4個ある。

(11)　**平行線の同位角は等しい**から，$\angle\mathrm{ADB}=\angle\mathrm{AEC}=75°$　$\triangle$ABDの**内角と外角の関係**から，$\angle x=\angle\mathrm{BAD}+\angle\mathrm{ADB}=54°+75°=129°$

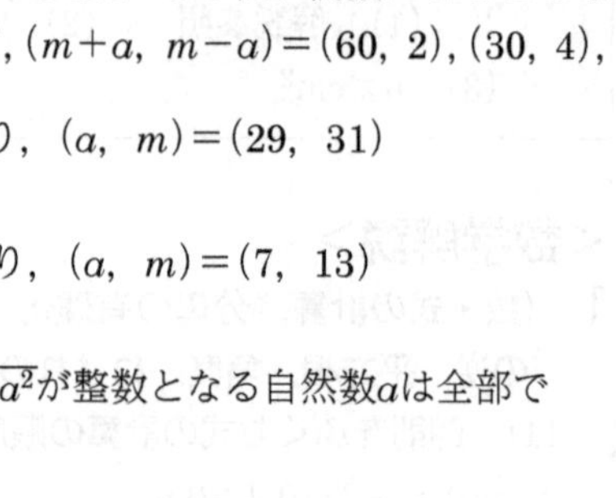

(12)　$\angle x$のとなりの外角を$\angle y$とすると，**多角形の外角の和は360°**だから，$\angle y=360°-(55°+115°+65°+79°)=46°$　よって，$\angle x=180°-46°=134°$

(13)　空間内で，平行でなく，交わらない2つの直線は**ねじれの位置**にあるという。辺ABと平行な辺は，辺DE，GH，JKの3本　辺ABと交わる辺は，辺BC，CD，EF，FA，AG，BHの6本　辺ABとねじれの位置にある辺は，辺CI，DJ，EK，FL，HI，IJ，KL，LGの8本

(14)　問題の円錐の**母線**の長さをℓcm，底面の半径を$r$cmとすると，$\ell=5$，$r=\frac{4}{2}=2$　円錐の高さを$h$cmとすると，三平方の定理を用いて　$h=\sqrt{\ell^2-r^2}=\sqrt{5^2-2^2}=\sqrt{21}$　よって，円錐の体積は　$\frac{1}{3}\times$底面積$\times h=\frac{1}{3}\times\pi\times2^2\times\sqrt{21}=\frac{4\sqrt{21}}{3}\pi\,\mathrm{cm}^3$

(15)　三角錐A－BCD，R－BCD，R－BPQの体積をそれぞれU，V，Wとする。点P，Qはそれぞれ辺BC，BDの中点であるから**中点連結定理**より，PQ//CD，PQ$=\frac{1}{2}$CD　よって，△BPQ∽△BCDであり，**相似比**はPQ：CD＝1：2だから，面積比は△BPQ：△BCD$=1^2:2^2=1:4$　三角錐R－BCDとR－BPQで，底面をそれぞれ△BCDと△BPQと考えたとき，頂点Rを共有していて高さは等しいから，**「高さが等しい三角錐の体積比は，底面積の比に等しい」**ことより，W：V＝△BPQ：△BCD＝1：4　V＝4W…①　△DRBと△DABで，底辺をそれぞれRB，ABと考えたとき，頂点Dを共有していて高さは等しいから，「高さが等しい三角形の面積比は，底辺の長さの比に等しい」ことより，△DRB：△DAB＝RB：AB＝4：(1＋4)＝4：5　三角錐A－BCDとR－BCDで，底面をそれぞれ△DABと△DRBと考えたとき，頂点Cを共有していて高さは等しいから，V：U＝△DRB：△DAB＝4：5　U$=\frac{5}{4}$V…②　①，②より，U$=\frac{5}{4}$V$=\frac{5}{4}\times$4W＝5W　以上より，三角錐A－BCDの体積は，三角錐R－BPQの体積の5倍である。

2 (比例関数，関数$y=ax^2$，作図，面積比)

(1)　xとyの関係が定数aを用いて$y=\frac{a}{x}$と表されるとき，**yはxに反比例**し，そのグラフは**双曲線**を表す。また，$a>0$のとき，xが増加するとyは減少するグラフになり，$a<0$のとき，xが増加するとyは増加するグラフになる。よって，$y=\frac{3}{x}$のグラフについて，イとエのことが必ずいえる。

(2)　①　(求める過程)　(例)$y=ax^2$上に点Pがあるから，$x=6$，$y=9$を代入して，$9=a\times6^2$　$a=\frac{1}{4}$　よって，式は，$y=\frac{1}{4}x^2$…①　となる。①上に点Qがあるから，$x=-2$，$y=b$を代入して，$b=\frac{1}{4}\times(-2)^2$　$b=1$

②　関数$y=-\frac{1}{2}x^2$が，$y=-8$となるxの値は，$-8=-\frac{1}{2}x^2$　$x^2=16$より，$x=\pm\sqrt{16}=\pm4$　よって，$c=-4$　これより，xの**変域**は$-4\leqq x\leqq2$でxの変域に0が含まれているから，yの**最大値**は0より，$d=0$

(3)　(着眼点)　点Oを通る直線ℓの垂線と，直線ℓとがつくる角の二等分線と，点Oを中心とした半径OPの円との交点がQとなる。　(作図手順)次の①～⑤の手順で作図する。　①　点Oを中心とした円を描き，直線ℓ上に交点を作る。　②　①で作ったそれぞれの交点を中心として，交わるように半径の等しい円を描き，その交点と点Oを通る直線(点Oを通る直線ℓの垂線)を引く。　③　点Oを中心とした円を描き，直線ℓと，点Oを通る直線ℓの垂線上に交点を作る。　④　③で作ったそれぞれの交点を中心として，交わるように半径の等しい円を描き，その交点と点Oを通る直線(点Oを通る直線ℓの垂線と，直線ℓとがつくる角の二等分線)を引く。　⑤　点Oを中心として，半径OPの円を描き，④で引いた直線との交点をQとする。

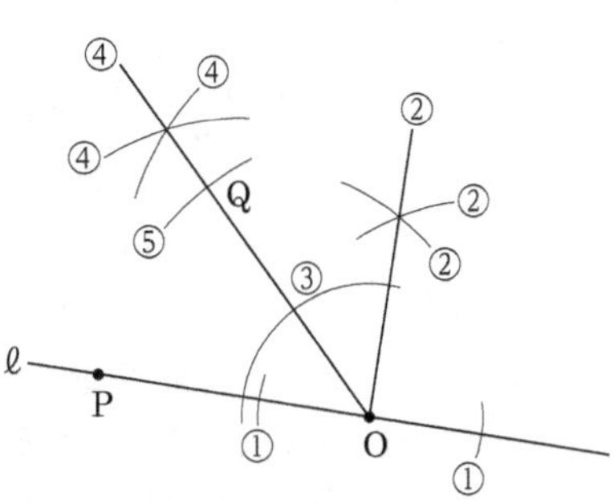

(4)　平行四辺形ABCDの面積をSとすると，△ACD$=\frac{1}{2}$S…①　△AEDと△ACDで，高さが等しい三角形の面積比は，底辺の長さの比に等しいから，△AED：△ACD＝ED：CD＝2：(1＋2)

=2：3　△AED=$\frac{2}{3}$△ACD…②　AB//EDで，**平行線と線分の比についての定理**より，AF：FE=AB：ED=CD：ED=3：2　△DFE：△AED=FE：AE=2：(3+2)=2：5　△DFE=$\frac{2}{5}$△AED…③　①，②，③より，△DFE=$\frac{2}{5}$△AED=$\frac{2}{5}\times\frac{2}{3}$△ACD=$\frac{2}{5}\times\frac{2}{3}\times\frac{1}{2}$S=$\frac{2}{15}$S　以上より，△DFEの面積は，平行四辺形ABCDの面積の$\frac{2}{15}$倍である。

3　(関数とグラフ，グラフの作成)

(1)　①　強運転では4時間でタンクの中に入れた水4000mLが空になるという「加湿器Aの性能」から考えると，強運転では1時間あたりにタンクの水量は，4000mL÷4時間＝1000mL…ⓐ減少する。

②　それぞれの運転方法でyはxの1次関数であるとみなしたことと，使い始めてから2時間後に弱運転に切り替えて使用したところ，使い始めてから6時間後にタンクが空になったから，続きのグラフは点(2，2000)と点(6，0)を結ぶ線分になる。

(2)　①　直線PQ上の弱運転に切り替えたときの点の座標と，直線RS上の弱運転に切り替えたときの点の座標は等しいから，弱運転に切り替えた点は，直線PQと直線RSの交点である。

②　2点P(0，4000)，Q(5，0)を通る直線の傾きは　$\frac{0-4000}{5-0}=-800$　だから，直線PQの式を　$y=-800x+b$　とおいて，点Pの座標を代入すると　$4000=-800\times0+b$　$b=4000$　よって，直線PQの式は　$y=-800x+4000$…㋐　また，2点R(7，0)，S(5，1000)を通る直線の傾きは　$\frac{0-1000}{7-5}=-500$　だから，直線RSの式を　$y=-500x+c$　とおいて，点Rの座標を代入すると　$0=-500\times7+c$　$c=3500$　よって，直線RSの式は　$y=-500x+3500$…㋑　㋐と㋑の交点の座標は，㋐と㋑の連立方程式の解。㋑を㋐に代入して，$-500x+3500=-800x+4000$　これを解いて，$x=1\frac{2}{3}$　よって，弱運転に切り替えた時間は，使い始めてから$1\frac{2}{3}$時間後＝1時間40分後である。

4　(資料の散らばり・代表値，確率)

(1)　**度数分布表**の中で**度数**の最も多い**階級**の**階級値**が**最頻値**だから，Aさんの記録の最頻値は，4回で度数の最も多い14.1秒以上14.3秒未満の階級の階級値$\frac{14.1+14.3}{2}$=14.2秒(ア)。また，Bさんの記録の最頻値は，4回で度数の最も多い14.3秒以上14.5秒未満の階級の階級値$\frac{14.3+14.5}{2}$=14.4秒(イ)。したがって，Aさん(ウ)の記録の最頻値が小さいので，Aさんが速く走れそうだといえる。

a＼b	1	2	3	4	5	6
1	1	2	3	④	5	6
2	2	④	6	⑧	10	⑫
3	3	6	9	⑫	15	18
4	④	⑧	⑫	⑯	⑳	㉔
5	5	10	15	⑳	25	30
6	6	⑫	18	㉔	30	㊱

(2)　①　大小2つのさいころを同時に投げたとき，全ての目の出方は　6×6=36通り。このうち，出る目の数の積abの値が，4の倍数になるのは右上表の○を付けた15通り。よって，求める確率は　$\frac{15}{36}=\frac{5}{12}$

②　$10a+b$の値が，**素数**になるのは右表の□を付けた8通り。よって，求める確率は

a＼b	1	2	3	4	5	6
1	[11]	12	[13]	14	15	16
2	21	22	[23]	24	25	26
3	[31]	32	33	34	35	36
4	[41]	42	[43]	44	45	46
5	51	52	[53]	54	55	56
6	[61]	62	63	64	65	66

$\frac{8}{36}=\frac{2}{9}$

5　Ⅰ　**(角度，図形の証明，面積)**

(1)　**おうぎ形の弧の長さは中心角に比例する**から，$\angle AOG=180^\circ\times\frac{3}{4}=135^\circ$

(2)　(証明)　(例)△FABにおいて　仮定から，$\overset{\frown}{AC}=\overset{\frown}{BE}$　**等しい弧に対する円周角は等しい**から，$\angle ABC=\angle BAE$　よって，$\angle ABF=\angle BAF$　したがって，2つの角が等しいから，△FABは二等辺三角形である。

(3)　前問(2)より，$\angle ABC=\angle BAE$…①　弧BEに対する円周角なので，$\angle BCE=\angle BAE$…②　①，②より，$\angle ABC=\angle BCE$　よって，**錯角が等しい**から，CE//AB　**平行線と面積の関係**より，△ACE＝△OCE　$\angle COE=180^\circ\times\frac{\overset{\frown}{CE}}{\overset{\frown}{AB}}=180^\circ\times\frac{2}{4}=90^\circ$，OC＝OEより，△OCEは直角二等辺三角形だから，$\triangle ACE=\triangle OCE=\frac{1}{2}\times OC\times OE=\frac{1}{2}\times4\times4=8\text{cm}^2$

Ⅱ　**(図形の証明，線分の長さ，面積)**

(1)　(証明)　(例)△HOBにおいて　仮定から，$\overset{\frown}{BG}=\frac{1}{6}\overset{\frown}{AB}$　おうぎ形の弧の長さは中心角に比例するから，$\angle BOG=\angle BOH=30^\circ$…①　仮定から，$\overset{\frown}{AD}=\frac{1}{3}\overset{\frown}{AB}$　おうぎ形の弧の長さは中心角に比例するから，$\angle AOD=60^\circ$　**円周角の定理**から，$\angle ABD=\frac{1}{2}\angle AOD=\angle OBH=30^\circ$…②　①，②より，$\angle BOH=\angle OBH$　したがって，2つの角が等しいから，△HOBは二等辺三角形である。

(2)　**直径に対する円周角は90°**だから，$\angle ADB=90^\circ$　$\angle ABD=30^\circ$　よって，△ABDは**30°，60°，90°の直角三角形で，3辺の比は2：1：$\sqrt{3}$** だから，$BD=\frac{\sqrt{3}}{2}AB=\frac{\sqrt{3}}{2}\times12=6\sqrt{3}$ cm　前問(1)の結果より，△HOBは$\angle BOH=\angle OBH=30^\circ$の二等辺三角形。また，△ODBはOB＝ODより，$\angle BDO=\angle DBO=30^\circ$の二等辺三角形。よって，△HOB∽△ODBであり，**相似な図形では，対応する線分の長さの比はすべて等しい**から，HO：OD＝BO：BD　$HO=\frac{OD\times BO}{BD}=\frac{6\times6}{6\sqrt{3}}=2\sqrt{3}$ cm　$GH=OG-HO=6-2\sqrt{3}$ cm

(3)　$\overset{\frown}{FG}$と線分FGによって囲まれた部分を，$\overset{\frown}{AC}$と線分ACによって囲まれた部分に移動する。また，DF//AB，AF//OGで，平行線と面積の関係より，△AFG＝△AFO＝△ADO　よって，求める面積は，おうぎ形OADの面積に等しく，$\pi\times6^2\times\frac{60^\circ}{360}=6\pi\text{cm}^2$

＜英語解答＞

1　(1)　①　ウ　②　イ　(2)　①　イ　②　ウ　③　ア　(3)　①　エ　②　イ　③　ア　(4)　ア，エ　[答え](例)Playing tennis makes me happy.　I play tennis with my friends after school.

2　(1)　①　(例)famous　②　(例)decided　③　(例)example　④　(例)spring
(2)　①　told　②　becoming　③　brought　④　carries
(3)　①　(例)(Whose)(pen)(is)this?　②　(例)And I think eating breakfast (is)(as)(important)as sleeping well.　③　(例)I want(you)(to)(come)to my house.

3　(1)　①　(例)He enjoys reading a book about Japan.　②　(例)She practices basketball.　(2)　(例)I go to a shrine with my family. We wish good luck for the year.　Then, we eat special dishes called *Osechi* at home.

4 (1)　B → C → A → D　　(2)　①　イ　　②　エ　　(3)　①　(例)excited
②　(例)place

5 (1)　エ　　(2)　ウ → エ → イ → ア　　(3)　【貧しい人々】(例)グリーンウッドは木よりも安いので，それを買ってきて家を建てることができる。【農家の人々】(例)もみがらを売ることで，お金を得ることができる。　(4)　ア　　(5)　ウ，オ　　(6)　①　イ　　②　ウ

<英語解説>

1 (リスニング)

放送台本の和訳は，56ページに掲載。

2 (物語文，会話文：語句補充・選択，語形変化，動名詞，受け身，現在・過去・未来と進行形，比較)

(1)　(問題文訳)　アレックスはアメリカの出身です。彼は①(有名な)日本料理レストランで働いています。10 年前，彼は日本を訪れて，*和食*がすばらしいことに気が付きました。それから彼は，それについてさらに学ぶことを②(決意して)，そして*和食*の料理人になりました。彼は言いました，「*和食*を通して日本のことをよく知ることは，私にとって興味深い。日本の人たちには，食べ物や食べ物を作る人たちに感謝するすばらしい言葉があります。③(たとえば)，『*いただきます*』は，その一つです。私は，本当に日本で働くことが好きです」彼は，次の④(春)に，彼自身の日本料理レストランを持つことになっています。

①は次の Japanese restaurant を説明する言葉が入る。選択語からは「有名な」famous が適当。②には，to が続く動詞が入ると考えられので，「決意した」が適当。decided と過去形にする。③は文の始めで for から始まることば，for example の「たとえば・例」が適当。④の文は He will であり，将来(未来)のことを言っているので，next spring として「次の春＝来春」が適当。問題文 I really like working～の working は動名詞形で「働くこと」。

(2)　(問題文訳)　理子：先週，お気に入りの動物について①(話してくれた)ね。次の日曜日に，兄弟と一緒に動物愛護センターへ行くつもりなの。そこでイベントがあって。一緒に来る？／アン：はい，ありがとう。イベントで何ができるの？／理子：そこには，保護された動物たちがたくさんいるの。その動物たちと遊んだり散歩したりできる。たくさんの人たちが行くと思う，このイベントは有名に②(なっている)から。／アン：そこでは，動物たちに食べ物をあげられるの？／理子：そうね，去年は食べものをあげた。訪れた人たちが，たくさんの食べ物を③(持ってきた)。動物愛護センターでは，私たちの寄付が必要なの。／アン：わかった。あなたの兄弟は，今までにそこを訪れたことはあるの？／理子：ええ，時間があるときは，時々そこへ食べものを持っていくのよ。　①　先週のことを話しているので told と過去形にする。　②　カッコの前は is なのでこれに続く become は現在進行形 becoming と考えられる。　③　be 動詞 ～ by の受け身なので，過去分詞形 broughtとする。　④　「時々持ってゆく」と現在の状態を表していて，主語が He と三人称単数であることから，carries とする。

(3)　①　Brown 先生：このペンは誰のものですか？　机の下でこれを見つけました。／Satoru：ああ，私のです。ありがとう，Brown 先生。　(解答例)(Whose)(pen)(is)this?

Satou が「私のもの」と言っていることから，「誰のペンか？」という疑問文が適当。「誰の～」という意味を表す時は whose を使う。　②　Nancy：私はいつも 10 時に眠ります。十分に眠ることは大切だと思う。／Maiko：そうね。そして，朝食をとることは，よく眠ること

と同じぐらい大切だと思う。だから，毎朝朝食を食べるの。　(解答例)And I think eating breakfast(is)(as)(important)as sleeping well.　important のあとは as になっていることから as … as ～「～と同じくらい…」という意味の比較表現だと考えられる。

③　Minami：今度の土曜日にパーティーがあるの。あなたに私の家へ来てほしい。午前中の11時に来られる？／Jack：もちろん。パーティーに食べ物を何か作っていくよ。　(解答例)I want(you)(to)(come)to my house.　前後の文から，「あなたに家に来てほしい」と言っていると考えられる。want＋人＋to～で「人に～してもらいたい」。

3 (物語文：英問英答，自由・条件付き英作文，動名詞，不定詞)

(問題文訳)　こんにちは，優子。

元気ですか？　私はあなたからメールをもらって，とてもうれしかった。あなたのメールで日本についてたくさんのことを学びました。先週，学校の図書室から，日本についての本を借りました。毎日読んで楽しんでいます。そこには，日本の伝統的なイベントの写真も何枚かあります。それらは，本当に興味深い。日本の人たちにとって，元日が特別な日だと知りました。そのことについてもっと知りたい。

元日には何をしますか？

あなたの友より

サム

こんにちは，サム

私は元気です。あなたが日本に興味を持っていると知って，私はうれしい。

私の元日について教えます。

私は家族と一緒に神社へ行きます。その年の幸運を祈ります。それから，家でおせちと呼ばれる特別な料理を食べます。

私はカナダでのあなたの生活に興味があります。学校生活をどのように楽しんでいますか？　何かスポーツをやっていますか？　私はバスケットボールチームの一員で，火曜日から金曜日の放課後，一生懸命バスケットボールを練習しています。私たちのチームは強くて，先週の試合に勝ちました。あなたの学校生活について教えてください。

あなたの友より，

優子

(1)　①　サムは毎日何を楽しんでいますか？　サムのメールには「日本についての本を借りて，毎日読んでいる」とあるので，(解答例)He enjoys reading a book about Japan.(彼は日本についての本を読んで楽しんでいる)が適当　②　普段優子は，放課後の時間をどのように使っていますか？　優子のメールには「火曜日から金曜日の放課後，バスケットボールを練習している」とあるので，(解答例)She practices basketball.(彼女はバスケットボールの練習をする)が適当。

(2)　(解答例)I go to a shrine with my family. We wish good luck for the year. Then, we eat special dishes called *Osechi* at home.(24語)(訳)私は家族と一緒に神社へ行きます。その年の幸運を祈ります。それから，家でおせちと呼ばれる特別な料理を食べます。 ～ called … は「…と呼ばれる(言われる)～」。

4 (会話文：図を用いた問題，文の並べ換え，語句補充・選択，現在完了，分詞の形容詞的用法)

(問題文訳)　拓：この館内案内図を見て。この博物館では，四つの展示をやっている。最初にどこへ行こうか？

ビル：恐竜の化石を見たいな。

拓　：ああ，ここを見て。今日のビデオは，午前 11 時 20 分に始まる。今は 9 時 30 分だ。最初は 2 階へ行かない？　昆虫の化石が見たい。

ビル：いいよ。ぼくは，植物の化石に興味がある。昆虫の展示室のあとは，植物の展示室を見るのはどう？

拓　：いいね。

ビル：この博物館で魚と貝の化石は見られるかな？　これらにも興味がある。

拓　：見られる。ぼくは，ずいぶん前にこのあたりが海だったと聞いた。だから，①[海のたくさんの化石]を特別展示で見せているのだと思う。

ビル：それは興味ある。植物の後に見ようか。

拓　：よし，そうしよう。特別展示の後に，恐竜の展示室へ行くのはどうかな？

ビル：いいね。ええと，恐竜についての本を探しに，一階の図書室へ行かない？

拓　：そうだね。展示が全部終わってから行こうか。ぼくも，恐竜についての本が読みたい。

ビル：②[ぼくはそこで何か英語の本を見つけることができるかな？]　ぼくにとって日本語を読むことは，簡単じゃない。

拓　：心配ないよ。一緒にいい本を探してあげる。

ビル：ありがとう，拓。さあ，展示を見ようか。

(1)　問題文全体から，B(昆虫の展示)→C(植物の展示)→A(特別展示)→ D(恐竜の展示)の順番が適当。

(2)　①　ア　たくさんの英語の本(×)　イ　海のたくさんの化石(○)　ウ　今日の植物と動物(×)　エ　午前 11 時 20 分からのビデオ(×)　カッコの前では「このあたりが海だった」といって，カッコの発話で「だから，特別展示で見せている」となっているので，イが適当。

②　ア　あなたにそれを読みましょうか？(×)　イ　あなたはそれらを日本語で書きましたか？(×)　ウ　すべての展示を見ましたか？(×)　エ　私はそこで何か英語の本を見つけることができますか？(○)　カッコの前の拓の発話では「恐竜の本を読む」とあり，カッコの後のビルの発話では「日本語で読むことは簡単ではない」とあることから，カッコにはエが適当。

(3)　ビル：今日の展示はすばらしかったね。ぼくは，たくさんの恐竜の化石を見て，とても①(ワクワク)した。／拓：そう聞くとうれしいね。ぼくは，化石がとても気に入っているんだ。将来，化石についてもっと勉強しようと思う。／ビル：ぼくの地元の町にくればいいのに？　そこでもたくさんの化石が見られる。地元の町は化石の勉強をするにはよい②(場所)だと思う。／拓：それはすばらしいけれど，まず英語を一生懸命に勉強しなきゃいけないと思う。　①　カッコでは，「たくさんの恐竜の化石を見たこと」でどうなのかを言っている。be excited to ～で，「～してワクワクする」なので，空欄には(解答例)excited が適当。　②　カッコの前後では，「勉強するにはよい」と言っているので，これに続く単語は(解答例)place(場所)が適当。

5 (物語文：語句補充・選択，文の並べ換え，語句の解釈，語句の問題，内容真偽，日本語で答える問題，不定詞，関係代名詞，受け身，完了形，動名詞，助動詞，接続詞)

ビスマン・デューは，北インドに生まれました。彼女は，子供のころ周りのことについて何でも知りたがりました。だから，いつも質問をしていました。後に，彼女が高校生だった時，彼女の地元の町のとても難しい問題にすばらしい解決策を，彼女が見つけました。

ビスマンの両親は農夫で，米を育てていました。ある晩，ビスマンが外を歩いていた時，大量の煙を見ました。煙は，もみがらからでした。彼女の地元の町の多くの農夫は，米を育てていました。彼らはたいてい，収穫の後にはもみがらを燃しました。彼女は，煙は人々の健康に良くないことを知りました。それから，彼女は，町にはとてもひどい大気汚染があることを学びました。彼女はそれの止め方について知りたいと考えました。

最初に，ビスマンは，もみがらを集めて，それについて勉強し始めました。彼女がもみがらを集めている時，彼女の町の多くの貧しい人たちを見ました。彼らは古い小さな家に住んでいて，新しい家を建てるための十分なお金がありませんでした。彼女は思いました，「その人たちに何か役に立つものができないのか？　彼らは，家を作るために安くて丈夫なものが必要です。もし，私がもみがらを(再利用する)ことができれば，その貧しい人たちを救うことができて，大気汚染を止めることができる」　それから彼女は，もみがらのさまざまな物質を評価し始めました。毎日彼女は，試作品を作るために，多くのさまざまなアイデアを試しました。

何日もの日が過ぎ，ビスマンは最初の試作品を作りました。それはもみがらからできていました。彼女はそれをグリーンウッドと名付けました，なぜなら，それは木のように見えたからです。しかし，それはまだもろくて高価なものでした。彼女は改良をしなければなりません，そして，それを一人でやることは彼女にとってとても大変なものでした。彼女は二人の友人に仕事へ加わるように頼みました。彼女は，友人の助けを受けることがうれしかったのですが，グリーンウッドを改良するためは，まだやるべきことが多くありました。彼女は友人といっしょに毎日一生懸命仕事をしました。グリーンウッドは，よくなっていきました。

2013年に，ビスマンと彼女の友人は，高校生のための国際コンテストに参加しました。彼女たちは，彼女たちの社会の問題に対する解決策として，グリーンウッドを見せました。彼女たちはまた，将来のプランのアイデアも示しました。多くの人々が，グリーンウッドと彼女たちのアイデアを気に入りました。コンテストには，19 カ国からたくさんの生徒がコンテストに参加していましたが，ビスマンのチームが優勝しました。

グリーンウッドには，優れた点が三つあります。第一に，貧しい人たちが買うことができて家を建てることができます，なぜなら，木よりも安いからです。第二に，農夫がもみがらを売ることで，お金を得ることができます。第三に，グリーンウッドは，大気汚染を止めるために役に立ちそうです。

ビスマンは，グリーンウッドを改良し続けています。彼女は，世界中の人たちのために，それをより安くよりよくしたいと考えています。彼女は言います，「よいアイデアは，新しい方法で考えることから生まれます。もし，私たちが身の回りの問題について疑問を持ち，そしてさまざまな方法で考えるのであれば，よい解決策を見つけることができます。そして，私たちは問題を克服して，私たちの社会を変えることができます」　またビスマンは言います，「私たちみんなは，私たちの中に大きな力を持っている，しかし，多くの人々はそれを使おうとはしない。ただ待つだけならば，力を使うチャンスは決して私たちには来ません。私たちは自分たち自身の手でチャンスを作らねばなりません」

(1)　ア　入る(×)　　イ　送る(×)　　ウ　描く(×)　　エ　再利用する(○)　　カッコの文から「もみがらをどうすると，貧しい人たちを助け，大気汚染を止めることができるのか？」と考えられるので，エが適当。

(2)　ア　ビスマンは，彼女の友人に彼女を助けるように頼んだ。　イ　ビスマンは，試作品を作り，それをグリーンウッドと名付けた。　ウ　ビスマンは，もみがらからの煙は人々の健康に悪いと知った。　エ　ビスマンは，もみがらについて勉強を始めた。本文の内容と問題文を合わせて考えると，ウ→エ→イ→ア が適当。

(3)　[貧しい人々](解答例)グリーンウッドは木よりも安いので，それを買って家を建てることができる。第6段落第2文 First, poor people～に，貧しい人々へもたらす利点が書いてある。[農家の人々]（解答例)もみがらを売ることで，お金を得ることができる。第6段落第3文 Second, farmers can～に，農家の人々へもたらす利点が書いてある。

(4)　下線部では，「私たちは問題を(get over)して，私たちの社会を変えることができる」と訳せるので，選択語ではアが適当。

(5)　ア　ビスマンは，たくさんのことを知っていて，質問がまったくない子供でした。(×)　イ　ビスマンの地元の町の多くの農夫は，米を育てることができないほど，貧しかった。(×)　ウ　グリーンウッドはもみがらでてきていて，最初は高価だった。(○)　エ　ビスマンは，努力することなくグリーンウッドを改良した(×)　オ　ビスマンのチームは，国際コンテストで優勝した。(○)　カ　グリーンウッドは丈夫で安価なので，ビスマンはすでに改良することをやめてしまった。(×)　第4段落第2文 It was made～と第3文 She named it～から，「グリーンウッドはもみがらでできている」とわかる。さらに，その後の第4文 However, it was～には，「グリーンウッドは高価だ」とあるので，ウは正しい。また，第5段落第5文 There are many～に，「ビスマンのチームが国際コンテストで優勝した」とあるので，オが正しい。選択文アの **who は関係代名詞**で，who～がa child を説明しているので「たくさんのことを知っていて，質問がまったくない子供」となる。選択文ウの was(be)made from は受け身で，「～からできている」。

(6)　(問題文訳)ビスマンの物語は，私に多くを教えてくれた。私たちが身の回りの問題の解決策が欲しいのならば，さまざまな①(考え)方を持つことは大切だ。私たちは，私たちの中に大きな力を持っている，しかし，多くの人々はその力を使うチャンスを待っているだけだ。私は，チャンスを②(作ること)もまた，大切だと思う。　ア　きれいにすること　イ　考えること　ウ　作ること　エ　売ること　オ　教えること　①　最後の段落第4文 If we have～には，「さまざま方法で考えることで解決策を見つけ出せる」とあることからイ(thinking) が適当。the way of thinking で「考える方法，考え方」。　②　問題の最後の文 We must produce～では，「私は自分たち自身の手でチャンスを作らねばならない」とあることから，ウ(making)が適当。選択語はいずれも動詞の ing 形で動名詞の働きをして「～すること」となる。

2020年度英語　リスニングテスト

〔放送台本〕

(1)を始めます。問題は2つです。二人の会話とそれについての質問を聞いて，答えとして最も適切な絵を，それぞれア，イ，ウ，エから1つずつ選んで記号を書きなさい。会話と質問は通して2回ずつ言います。では始めます。

①　(A女)：　Hi, John. Look at this picture.
　　(B男)：　Oh, the river is beautiful. Did you go there?
　　(A女)：　Yes. These mountains were beautiful, too. You should go.
　　Question: Which picture are they looking at?

②　(A男)：　I finished my homework. Can I help you, Mom?

(B女)： Yes, please. I must wash dishes and clean the rooms. So, can you go shopping for me?
(A男)： Sure. I'll go soon.
Question: What is the son going to do?

〔英文の訳〕

① (A女)：こんにちは，John。この写真を見て。
(B男)：ああ，川がきれいだね。ここへ行ったの？
(A女)：ええ。山もきれい。あなたも行ったほうがいいね。
＜質問＞どの写真を彼らは見ていますか？
正解：ウ

② (A男)：宿題が終わった。お母さん，手伝おうか？
(B女)：ええ，お願い。お皿を洗って，部屋を掃除しなければならないの。だから，買い物へ行ってくれる？
(A男)：いいよ。すぐに行く。
＜質問＞男の子は何をするつもりですか？
正解：イ

〔放送台本〕

(2)に移ります。問題は3つです。二人の会話を聞いて，それぞれの会話の最後の文に対する応答として最も適切なものを，それぞれア，イ，ウから1つずつ選んで記号を書きなさい。会話は通して1回ずつ言います。では始めます。

① (A女)： May I help you?
(B男)： Yes. I like this T-shirt. How much is it?
(A女)： It's one thousand yen. It's very cheap today.

② (A男)： Are you free tomorrow? I want to play tennis with you.
(B女)： Sorry. I'll see a movie with my family.
(A男)： How about next Sunday?

③ (A女)： You look sad. What's the matter?
(B男)： I cannot find my cat at home.
(A女)： I can help you. Tell me about your cat.

〔英文の訳〕

① (A女)：お手伝いしましょうか？
(B男)：はい。このTシャツが気に入りました。いくらですか？
(A女)：それは1,000円です。今日はとても安いですよ。
選択肢：(ア)あなたといっしょに行きます。
(イ)わかりました。それをください。(○)
(ウ)私はそれを昨日洗いました。

② (A男)：明日時間ある？　一緒にテニスをやりたいんだ。
(B女)：ごめんなさい。家族で映画をみる予定なの。
(A男)：次の日曜日はどう？

選択肢：(ア)映画は面白いよ。
(イ)私は明日時間があるの。
(ウ)それはいいね。(○)

③ (A女)：悲しそうね。どうかしたの？
(B男)：家で猫が見つからないの。
(A女)：助けてあげる。どんな猫か教えて。
選択肢：(ア)小さな茶色の猫なの。(○)
(イ)猫は窓を見ている。
(ウ)猫は私の部屋にいる。

〔放送台本〕

(3)に移ります。中学生の佳菜(Kana)と留学生のトム(Tom)が，昼休みに学校で会話をしています。会話の後で，3つの質問をします。答えとして最も適切なものを，それぞれア，イ，ウ，エから1つずつ選んで記号を書きなさい。佳菜とトムの会話と質問は通して2回言います。では始めます。

(*Kana*): Hi, Tom. I didn't see you after school yesterday. What were you doing?
(*Tom*): I was practicing the *taiko* drum with my group.
(*Kana*): Really? Do you play the *taiko* drum?
(*Tom*): Yes. I joined a *taiko* group five months ago. I practice it every Wednesday. The members are so kind. I love to play with them. Next Saturday, we'll have an event in the city hall and play the *taiko* drum there.
(*Kana*): I want to see it. When will the event start?
(*Tom*): It will start at one. Six other groups will come. They will dance or sing.
(*Kana*): What time will your group play the *taiko* drum?
(*Tom*): We will play from one ten to one thirty. Before the event, I have free time. Let's have lunch together.
(*Kana*): Good idea. I hope we will have a good time.

Question: ① When did Tom become a member of the *taiko* group?
② How long will Tom's group play the *taiko* drum at the event?
③ What will Kana and Tom do before the event?

〔英文の訳〕

(3)佳菜：こんにちは，トム。昨日の放課後，見かけなかったね。何をしていたの？／トム：グループで太鼓の練習をしていたんだ。／佳菜：本当？　太鼓を演奏するの？／トム：そうなんだ。5ヵ月前に太鼓のグループに入った。毎週水曜日に練習している。メンバーはとても親切で。彼らと一緒に演奏することが，とても気に入っている。次の土曜日に，ぼくたちは市役所のイベントがあって，そこで太鼓を演奏することになっている。／佳菜：見たい。イベントはいつ始まるの？／トム：1時に始まる。六つの別のグループも来るんだ。彼らは，ダンスをしたり歌ったりする予定。／佳菜：あなたのグループは何時から演奏するの？／トム：ぼくたちは，1時10分から1時30分まで演奏する予定。イベントの前は，時間があるんだ。いっしょに昼ごはんを食べようよ。／佳菜：いい考えね。

楽しい時間になるといいね。

質問①　トムはいつ，太鼓のグループのメンバーになりましたか？

選択肢　(ア)　先月　(イ)　先週の水曜日　(ウ)　5日前　(エ)　5ヵ月前(○)

質問②　トムのグループはイベントでどれぐらいの時間太鼓を演奏しますか？

選択肢　(ア)　10分間　(イ)　20分間(○)　(ウ)　30分間　(エ)　40分間

質問③　佳菜とトムは，イベントの前に何をしますか？

選択肢　(ア)　昼食を食べる。(○)　(イ)　歌を歌う。

(ウ)　ダンスをする。　(エ)　太鼓を練習する。

〔放送台本〕

(4)に移ります。アメリカ出身のALTのボブ(Bob)先生が，日本での生活についてスピーチをしています。スピーチを聞いて，その内容として適切なものを，ア，イ，ウ，エから2つ選んで記号を書きなさい。また，ボブ先生の最後の[問い]に対して，話題を1つ取り上げ，2つの英文であなたの[答え]を書きなさい。スピーチは2回言います。はじめに15秒間，問題に目を通しなさい。では始めます。

I have stayed in Japan for two years. Before I came to Japan, I stayed in China and taught English at a high school there. When I came to China and Japan, I couldn't speak the languages. But I didn't worry. I believe language is not a problem. Doing something with other people is more important. In Japan, I try volunteer work. I clean the streets on holidays and teach English to people in the town after my work. I also help people at festivals. I have many friends. They teach me a lot of new things. So, I'm happy and enjoying my life here. Now I have a question for you. What makes you happy in your life?

〔英文の訳〕

(4)私は二年間日本に滞在しています。私は日本へ来る前には中国に滞在して，そこの高校で英語を教えていました。私が中国と日本へ来た時，私はその言葉を話すことができませんでした。しかし，心配はしませんでした。言葉は問題ではないと信じているからです。他の人たちと一緒に何かをすることは，より大切です。日本では，私はボランティア活動をやってみます。休みの日に道を掃除して，そして仕事の後に町の人々に英語を教えます。私はお祭りで人々に協力します。私には多くの友人がいます。友人たちは，多くの新しいことを私に教えてくれます。だから，私はたのしくて，そしてここでの生活を楽しんでいます。今，私はあなたに質問があります。あなたの生活で，何があなたを楽しくさせますか？

選択肢　(ア)　ボブは中国で教師として働いていた。(○)　(イ)　ボブは心配した，なぜなら，彼は日本語が話せなかったから。　(ウ)　ボブは仕事が終わったあと道路を掃除する。

(エ)　ボブは多くの友人から新しいことを学ぶ。(○)

[問い]　あなたの生活で，何があなたを楽しくさせますか？

[答え]　(解答例)Playing tennis makes me happy. I play tennis with my friends after school.

(解答例訳)　テニスをすることが，私を楽しくさせてくれます。私は放課後に友人たちといっしょにテニスをします。

＜理科解答＞

1　(1)　①　イ　エ　　②　(記号)　c　　(書き直し)　運動神経　　(2)　①　関節
②　W, Z　　(3)　①　血しょう　　②　吸気に比べて(例)酸素の濃度は低く，二酸化炭素の濃度は高い

2　(1)　イ　　(2)　ア　エ　　(3)　エ　　(4)　B, C, D　　(5)　X　(例)大きく
Y　(例)大きく　　(6)　ウ

3　(1)　①　A, C　　②　ウ　　③　ア　　④　(例)水にとけやすい性質　　(2)　①　0.72 g
②　(例)密度が小さい

4　(1)　①　イ　　②　120cm/s　　③　ア→ウ→イ
(2)　①　1.5 N　　②　X　ア　　Y　(例)引く力の合力

5　(1)　①　P　ウ　　Q　エ　　②　ア　　(2)　①　38gの水に2gの食塩をとかした。　②　発熱反応　　③　R：ウ
S：オ　　(3)　①　(例)熱をよく伝える性質
②　過程　(例)理科室内の水蒸気量は10.7g/m^3であり，20℃における飽和水蒸気量は17.3g/m^3なので，湿度をxとすると，
$x = 10.7 \div 17.3 \times 100 = 61.84\cdots$　よって61.8　　答：61.8％
③　(例)飽和水蒸気量をこえる　　(4)　①　右図
②　(例)鏡にうつる範囲が広くなるようにする

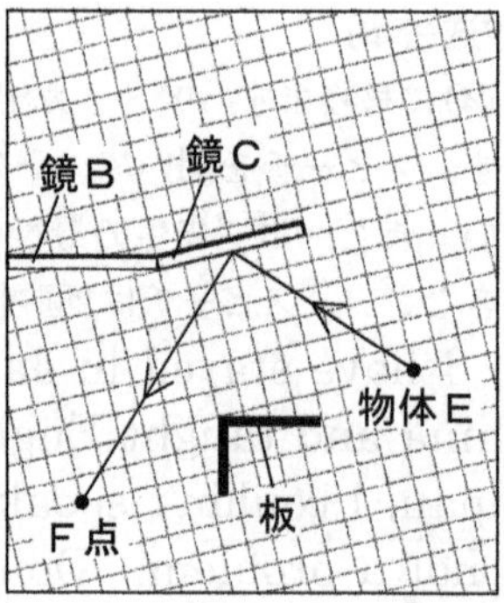

＜理科解説＞

1　(動物の体のつくりとはたらき：刺激と反応・骨格と筋肉のはたらき・呼吸のはたらき)

(1)　①「スタートの合図に反応して走り出す。」のように刺激に対して意識して起こる反応は，イ　相手が投げたボールをつかんだ，エ　名前を呼ばれたので振り向いた，である。ア　暗い場所に行くとひとみが大きくなった，ウ　熱いものにふれて思わず手を引っこめた，は刺激に対して無意識に起こる反応で反射である。　②　走り出すときの命令の信号は次のように伝わる。**中枢神経である脳からの命令の信号は，せきずいに伝わり，その後，末梢神経である運動神経を通って，運動器官であるうでやあしなどの筋肉に伝わる。**

(2)　①　骨と骨のつなぎ目で，曲がる部分を関節という。　②　うでを曲げるとき縮むのは筋肉CでW，うでをのばすとき縮むのは筋肉DでZである。

(3)　①　体内で不要になった二酸化炭素を，肺に運ぶ役割をもつ血液の成分は，血しょうである。　②　吸気に含まれていた酸素は**細胞の呼吸**に使われ，二酸化炭素が放出される。よって，呼気の酸素と二酸化炭素の濃度は，吸気に比べて酸素の濃度は低く，二酸化炭素の濃度は高い。

2　(太陽系と恒星：恒星・金星の動きと見え方，天体の動きと地球の自転・公転：星の日周運動と年周運動)

(1)　金星は太陽のまわりを公転する惑星である。

(2)　天体の位置は，地平線からの高度と方位角で表す。

(3)　星の動きは，天球上で考えると，地球の西から東への自転により，天の北極と観測者を結ぶ線を軸にした回転運動になる。よって，図1の西の空にある金星は，1時間後，右ななめ下の方向に動く。

(4) 図4の地球の北極側から見て反時計回りに，地球は西から東へ自転しているので，地球が日の入り後の地点から，西の空に金星が見えるのは，金星がB，C，Dの位置にあるときである。金星がAの位置にあるときは，太陽とともに西の空に沈む。金星がEの位置にあるときは，新月のように見えない。

(5) 金星は，地球に近いほど，大きく見え，欠け方は大きくなり，太陽に照らされて反射して輝く部分が少なくなるために細長く見える。

(6) **地球の公転による星の年周運動により**，おとめ座は1か月後の同じ時刻に**約30°西に移動**する。よって，8月1日から10か月後，おとめ座は約300°天球上を移動する。**地球の自転による星の日周運動により**，おとめ座は**1時間に約15°西に移動**する。よって，8月1日から10か月後，図2と同じ位置におとめ座が見えるのは，300°÷15°＝20であり，20時間前の午前0時である。

3 (気体の発生とその性質，身のまわりの物質とその性質：密度)

(1) ① 単体は，1種類の原子だけでできている物質であり，水素H_2，酸素O_2，である。 ② **水素は，アルミニウムはく・亜鉛・鉄などの金属にうすい塩酸を加えると発生する。** ③ 石灰石にうすい塩酸を加えたとき発生する気体が二酸化炭素であることを確かめるには，集めた気体に石灰水を加えると，石灰水は白くにごる。 ④ アンモニアは水に非常にとけやすいので，水上置換法では集めることができない。また，アンモニアは空気より密度が小さいので上方置換法で集める。

(2) ① 空気の密度が0.0012g/cm^{3}のとき，その空気600cm^{3}の質量〔g〕＝0.0012〔g/cm^3〕×600〔cm^3〕＝0.72〔g〕，である。 ② 密度は物質の種類によって値が決まっている。実験結果から，**水素は非常に軽く，空気や酸素，二酸化炭素と比べて密度が小さい**といえる。

4 (力の規則性：力の合成と分解・3力のつり合い，力と運動：等速直線運動・平均の速さ)

(1) ① A点から小球をはじいて，小球はB点まで速さと向きが変化せずに進んでいるので，**慣性の法則**による等速直線運動である。よって，小球の運動の向きに力がはたらかないので，小球にはたらく力は重力と垂直抗力であるから，イが正しい。 ② 小球のBC間の平均の速さ〔cm/s〕$=\dfrac{60〔\mathrm{cm}〕}{0.5〔\mathrm{s}〕}=120$〔cm/s〕である。 ③ 小球にはたらく重力を，斜面に垂直な方向の分力と斜面に平行な方向の分力の斜面下向きの力に分解した図をかく。小球にはたらく垂直抗力は斜面に垂直な方向の分力とつり合う力なので，力の大きさは等しい。力の大きさは，重力，垂直抗力，斜面下向きの力の順である。

(2) ① 300gのおもりにはたらく重力の大きさは3Nである。糸1本あたりのおもりを引く力の大きさは半分の1.5Nである。 ② 図5に作図して求める。2本の糸とおもりのフックの結び目を作用点として重力3Nと等しい大きさの力F1を作図する。次に，同じ作用点から力F1とつり合う上向きの3Nの力F2を作図する。F2は2本の糸の合力である。次に**F2を対角線として，糸aと糸fをとなりあった2辺とする平行四辺形をかくと，それぞれの辺の長さが分力の大きさである。**2本の糸のbとe，cとdの組み合わせの分力も同様に作図する。**2本の糸のどの組み合わせも合力は3Nで，等しい。2本の糸のなす角度によって，分力の大きさが変わる。**分力が大きい順は，糸aと糸fの組み合わせの場合それぞれの糸にかかる分力＞3N＞糸bと糸eの組み合わせの場合それぞれの糸にかかる分力＞糸cと糸dの組み合わせの場合それぞれの糸にかかる分力，である。1本の糸を引く力の大きさが3N以上になった瞬間に糸が切れるため，糸が切れるのはaとfの組み合わせであることがわかる。糸が切れずに，おもりが静止している2本の糸のcとd，bとeの組み合わせのときには，おもりにはたらく重力の大きさと，それぞれの糸がおもりを引く力の合力の大きさは等しくなっている。

5 **(植物の体とはたらき，植物の分類，科学技術の発展・化学変化：化学かいろ，化学変化と物質の質量，水溶液，天気の変化：空気に含まれる水蒸気の量，光と音：光の反射)**

(1) ①　イチョウは裸子植物であり，胚珠は子房に包まれていない。黄色く色づいた丸いものは，受精後に**胚珠が種子になったもの**である。　②　裸子植物に分類される植物は，マツである。

(2) **化学かいろ**は，鉄粉が空気中の酸素によっておだやかに酸化され，温度が上がる化学変化を活用したものである。【実験1】で，食塩水は鉄の酸化を速めるはたらきをする。活性炭は食塩水を保ち，空気中の酸素を吸着により取り入れやすくして，酸素の濃度を高めるはたらきをしている。　①　5%食塩水を40gつくるために必要な食塩の質量〔g〕＝40〔g〕×0.05＝2〔g〕であり，水の質量〔g〕＝40〔g〕－2〔g〕＝38〔g〕である。　②　**鉄の酸化**のように，化学変化が起こるときに温度が上がる反応を**発熱反応**という。　③　図4のグラフで，50分後から温度が変化しなくなったのは，化学変化が終わっているからであると考えられる。化学変化が終わったのは，たがいに反応する物質の質量の比は一定であるため，酸素や水と反応できる鉄がなくなったからである。

(3) ①　金属製のボウルの表面付近の空気の温度は，ボウルの中の水の温度と同じであると考えられるのは，金属に熱をよく伝える性質があるからである。　②　**20℃の理科室の1m³中に含まれる水蒸気量は，図5の金属製のボウルの表面が大気中の水蒸気の凝結により水滴ができてくもり始めた温度，すなわち露点の12℃における飽和水蒸気量である。**よって，理科室の湿度〔%〕$=\frac{1\text{m}^3\text{の空気に含まれる水蒸気の質量}[\text{g/m}^3]}{\text{その空気と同じ気温での飽和水蒸気量}[\text{g/m}^3]}\times 100=\frac{10.7[\text{g/m}^3]}{17.3[\text{g/m}^3]}\times 100=61.84\cdots[\%]$，小数第2位を四捨五入すると，理科室の湿度は61.8%である。　③「カーブミラーの表面付近の空気の温度が下がり，1m^3の空気に含まれる水蒸気の質量が飽和水蒸気量をこえること」が，カーブミラーがくもる条件の1つである。

(4) ①　**物体E点と鏡Cに対して対称な位置にE1点をかく。E1点とF点を結ぶ直線と鏡Cの面との交点Pをもとめる。**物体Eから出た光がPに入射し，反射光となってF点にいる人の目に届く。**P点を通る鏡の面に垂直な垂線をかき，光の道筋を作図すると入射角と反射角は等しい。**　②　図7において，図9と同様に物体E点と鏡Cに対して対称な位置にE2点をかく。E2点とF点を結ぶ直線は鏡Cの中を通らないため，物体Eは鏡にうつらず見えなかった。図8のように鏡の向きを変えると，問①で図9に作図したように，物体Eから出た光は鏡に反射してF点にいる人の目に入り，物体Eが鏡にうつって見える。カーブミラーは，図8のように鏡の向きを少しずつかえて中央部分がふくらんだなめらかな凸面にしてあるため，鏡にうつる範囲が広くなる。

<社会解答>

1 (1) 卑弥呼　(2) イ→ア→ウ　(3) (例)班田収授法　(4) (例)惣
(5) (例)馬借によって運ばれる物資が，琵琶湖を経由して大津に集まったから。　(6) ア
(7) (例)中国やオランダとの貿易に銅を用いるため。　(8) ウ　(9) B
(10) X　エ　Y　ア　(11) (例)財閥が解体された　(12) エ

2 (1) (名称) 本初子午線　(記号) ㋒　(2) A　ⓓ州　D　ⓑ州
(3) 太平洋，インド洋　(4) ①　アメリカ　②　イ　③　(例)自国と同じ州にある

3 (1) ㋐・㋑・㋔　(2) ア　(3) (例)少子高齢化が進み，伝統文化を継承する人が少な

くなっている こと。　(4)　(例)降雪量が多い　(5)　い　ア　う　(例)複数の言語で表す

4 (1)　参政権　(2)　ウ　(3)　イ　(4)　イ，エ　(5)　(例)地域によって，弁護士数に差があったので，どの地域でも司法サービスを受けやすくするため。　(6)　う　A　え　(例)下がる　(7)　ア，ウ　(8)　イ　(9)　エ　(10)　ウ
(11)　か　持続可能　き　(例)社会的責任

＜社会解説＞

1 **(歴史的分野―日本史時代別－旧石器時代から弥生時代・古墳時代から平安時代・鎌倉時代から室町時代・安土桃山時代から江戸時代・明治時代から現代，―日本史テーマ別－政治史・宗教史・社会史・経済史・外交史，―世界史－政治史)**

(1)　**魏志倭人伝**に登場する**邪馬台国**の女王は，**卑弥呼**である。卑弥呼は，**鬼道**(呪術)を用いて民衆を支配していたとされる。魏志倭人伝には，卑弥呼は239年に**魏**に朝貢し，**親魏倭王**の称号と金印を得たと記録されている。なお，魏志倭人伝というのは，晋の陳寿が撰した『**三国志**』のなかの『**魏志**』30巻の東夷伝にある倭人の条の通称である。

(2)　ア　**空海**が唐から帰国し，**高野山**に**金剛峯寺**を建立して**真言宗**を開いたのは，9世紀初頭である。空海は**弘法大師**と呼ばれる。　イ　**聖武天皇**が，**鎮護国家**の仏教思想に基づき，仏教の力で国家を守ろうと考え，都に**東大寺**を建立して**大仏**をつくり，各国に**国分寺**・**国分尼寺**をつくらせたのは，8世紀中期である。　ウ　平安中期には，やがて救いのない世が来るという**末法思想**が流行し，**阿弥陀如来**を信仰して，**極楽浄土**に**往生**しようとする，**浄土信仰**が盛んになった。その時代の代表的な建造物である**平等院鳳凰堂**は，11世紀の**摂関政治**の全盛期に，**関白藤原頼通**によって建立された。したがって，年代の古い順に並べると，イ→ア→ウとなる。

(3)　**律令制度**の下で，6歳以上の男女に**口分田**を貸し与えたのが，**班田収授法**である。良民男子2段，女子はその3分の2とされ，賤民は良民の3分の1とされていた。死後は収公された。

(4)　室町時代の農民の自治組織を**惣**という。惣では，**寄合**を開き，乙名・沙汰人などと呼ばれる代表者や**掟**を定めて，自治を行っていた。

(5)　鎌倉から室町時代に，馬を利用して物資を輸送した運送業者を，**馬借**という。日本海沿岸から馬借によって陸路を運ばれた物資が，**琵琶湖**の水上交通を経由して，大津に集まったからであることを簡潔に指摘すればよい。

(6)　イ　**田沼意次**は，特定の商人集団を**株仲間**として積極的に奨励し，一定地域の特権的な営業独占を認め，**運上金**や**冥加金**という営業税を納めさせた。　ウ　**株仲間解散令**や**人返しの法**は，いずれも**水野忠邦**による**天保の改革**の政策である。　エ　米相場の安定に努めて**米将軍**と呼ばれたのは，**8代将軍徳川吉宗**である。また，吉宗による**享保の改革**の中では，**足高の制**によって有能な人材を登用しようとした。イ・ウ・エとも別の時代の政治についての説明である。アが正しい。18世紀末に**老中松平定信**の行った**寛政の改革**で行われたのは，凶作やききんに備えて米を蓄えさせるという，**囲い米の制**である。寛政の改革では，その他に**棄捐令**・**旧里帰農令**などの政策が出された。

(7)　**鎖国**の時代に，**長崎**に来航し日本との貿易を行っていたのは，**中国**と**オランダ**である。貿易では，**生糸**・毛織物・絹織物・砂糖などが輸入され，日本の輸入超過となっていた。その対価として輸出されたのが，**銅**である。幕府は，輸入超過を抑えるため，中国・オランダとの貿易額を制限した。

(8)　1842年に，幕府はそれまでの異国船打払令にかえて，薪水給与令を発布し，強硬策から柔軟策へ政策を転換した。それは，清国がイギリスからのアヘンを禁輸したことを発端とする，イギリスと清とのアヘン戦争のためである。戦争は，イギリスの勝利に終わり，1842年に南京条約が締結され，中国の半植民地化の起点となったことに脅威を覚え，幕府の政策転換が行われたのである。ウが正しい。ア・イ・エはどれも，幕府の異国船への対応の変化には，関係がない。

ア　南北戦争とは，1861年から1865年に行われた，アメリカ合衆国と，その連邦組織から脱退した南部　11州が結成した南部連合との戦争である。アメリカは建国以来，奴隷制度の存在を認めてきたが，リンカーンが大統領に就任するに及んで，南部7州が連邦を脱退して独立し南部連合を結成した。これを認めない北部との間に南北戦争が起った。イの名誉革命は，1688年に，イギリス議会がジェームズ2世を追放し，オランダからウィレム3世とメアリ2世を迎えて国王としたものである。エの辛亥革命は，20世紀初めに，三民主義を唱えた孫文が革命を指導し，清朝を打倒するとともに，2000年来の専制政体を倒して，アジアで最初の共和国である中華民国を建設したものである。

(9)　日清戦争後には，特に鉄鋼の需要が増え，軍備増強および産業資材用鉄鋼の生産増大をはかるためにつくられたのが八幡製鉄所である。日清戦争の賠償金の一部が建設費に用いられ，1901年に操業開始した。北九州の八幡に製鉄所がつくられたのは，周辺の炭鉱の石炭を利用し，また，輸入の鉄鉱石を船で運び込むのに都合がよかったためである。

(10)　X　1914年に起こった第一次世界大戦は，日本に未曽有の好景気をもたらし，それは大戦景気と呼ばれた。工業が急速に発展し，輸出が輸入を上回り，貿易額が大きくなった。成金と呼ばれる人たちが登場したのもこの時期である。しかし，戦争終結後2年経たないうちに，戦後恐慌といわれる不景気が到来した。正解は，エである。Y　1929年にアメリカを発端として起こった世界恐慌の影響下で，日本も恐慌に陥り，国民の生活が苦しくなったため，労働争議や小作争議が頻発した。正解は，アである。なお，イの特需景気とは，1950年の朝鮮戦争に際して起こった好景気のことを指す。また，ウのバブル経済は，1980年代後半から1990年代初頭の，土地や株式に対する投資が増大し，実際の価値以上に地価や株価が異常に高くなった現象のことをいう。

(11)　第二次世界大戦まで，日本経済を動かす推進力となっていたのが，財閥である。特に，三菱・三井・住友・安田の四大財閥の力が顕著であった。財閥の力は国家権力にも及び，軍国主義に加担したと考えられ，終戦後日本を占領するGHQによって，日本民主化政策の一環として，財閥は解体された。

(12)　1973年に，第4次中東戦争を機に，石油輸出国機構(OPEC)諸国が石油価格を大幅に引き上げたことにより，世界経済全体が大きな混乱に陥ったことを，石油危機という。1979年には，第2次石油危機があった。資料5をみると，石油の供給割合は1953年以降1973年まで増加する一方で，石炭の供給割合は減少する一方だった。しかし，石油危機以降は石油への依存率は若干低下した。

2　(地理的分野―世界地理－地形・人々のくらし・産業・貿易)

(1)　(名称)　イギリスのロンドン郊外のグリニッジ天文台を通る経線が，本初子午線である。1884年の国際協定で，この線を東経0度，西経0度とし，全世界の経度の原点とすることが決定された。　(記号)　本初子午線が通る国は，ヨーロッパ州では，イギリス・フランス・スペイン，アフリカ州では，アルジェリア・マリ・ブルキナファソ・トーゴ・ガーナであり，模式図2のウである。

(2) A 世界各国の**二酸化炭素排出量**は，2012年のデータで比較すると，1位が中国，2位がアメリカ，3位がインド，4位がロシア，5位が日本となっており，二酸化炭素の排出量の最も多いA州が，アジア州である。アジア州の位置は，模式図1のⓓである。 D 森林の分布をみると，ヨーロッパ州が第1位，南アメリカ州が第2位，北アメリカ州が第3位である。Dは，ヨーロッパ州についで，**森林面積**が第2位なので，南アメリカ州の位置は，模式図のⓑである。

(3) **三大洋**とは，**太平洋・大西洋・インド洋**である。Y大陸は，オーストラリア大陸であり，面しているのは，太平洋とインド洋である。

(4) ① **アメリカ合衆国**は，輸出額が約15千億ドルなのに対し，輸入額は約20千億ドルを超えており，**貿易赤字国**である。 ② 世界で自動車輸出が多い国の順は，1位フランス，2位日本，3位ドイツ，4位アメリカ合衆国となっており，Zの輸出品は自動車である。 ③ **NAFTAは北米貿易協定**であり，**EUはヨーロッパ連合**である。つまり，アメリカもドイツも，自国と同じ州にある国々への輸出の割合が最も高いことになる。

3 (地理的分野―日本地理－都市・人口・工業・気候・農林水産業・交通)

(1) ㋐の宮城県の**県庁所在地**は，仙台市である。㋑の石川県の県庁所在地は，金沢市である。㋔の沖縄県の県庁所在地は，那覇市である。県名と県庁所在地の異なる県は，ほかに13県ある。そのうち5県の県庁所在地は，**政令指定都市**である。

(2) イ **姫路城**は，兵庫県にある。 ウ **石見銀山**遺跡は，島根県にある。 エ **厳島神社**は，広島県にある。イ・ウ・エのどれも組み合わせに誤りがあり，アが正しい。**富岡製糸場**は，**殖産興業**政策の一環として，1872年に群馬県に建設された，日本で最初の**官営模範工場**である。フランス人技師が招かれ，全国から多くの**工女**を集めて操業を開始した。富岡製糸場は，2014年に**UNESCO**によって**世界遺産**に登録された。

(3) 図1に見られるように，**少子高齢化**が進み，また，都市へ出る若者も多く，**生産年齢人口**が少なくなり，**伝統文化**を継承する人が少なくなっていることを簡潔に指摘すればよい。

(4) 秋田県など，東北地方の日本海側では，冬に大陸にある**シベリア気団**から吹く，冷たい北西の**季節風**の影響で**降雪量**が多いため，冬に農作業ができず，その間の副業として**伝統的工芸品**が作られている。

(5) い 韓国・中国・台湾・香港などの地域を**東アジア**といい，秋田県を訪れる外国人観光客の多くを占めている。 う 英語だけでなく，中国語やハングルなど複数の言語で表すことで，東アジア諸国からの観光客をもてなす工夫がされている。

4 (公民的分野―基本的人権・国の政治の仕組み・消費生活・三権分立・経済一般・財政・国際社会との関わり，地理的分野―環境問題)

(1) 国民が直接に，または間接に国政に参加する権利を**参政権**という。**選挙権・被選挙権**，**公務員になる権利**，**公務員を罷免する権利**などを指している。日本国憲法第43条では，衆議院と参議院について「両議院は，全国民を代表する選挙された議員でこれを組織する。」と規定している。

(2) **衆議院議員**の**被選挙権**の年齢要件は，満25歳以上である。**参議院議員**の被選挙権の年齢要件は，満30歳以上である。**都道府県知事**の被選挙権の年齢要件も，満30歳以上である。なお，年齢は選挙当日の年齢である。また，いずれの場合も，日本国籍を持つ者という条件がある。

(3) **民法**によれば，**売買契約**は**売主**と**買主**の「合意」があったときに成立するとされている。その契約後に，買主は売主に代金を支払う義務を負い，商品を受取る権利を持つ。

(4) アの取り調べを行い，被疑者を起訴するのは，検察官の役割である。ウの個人間の権利にかかわる対立を解決するのは，民事裁判についての説明である。ア・ウのいずれも裁判員が行うことの説明ではない。イとエが，裁判員の行うこととして適切である。裁判員制度は，殺人など，重大な刑事事件の一審の裁判に，くじで選ばれた市民の裁判員が参加する制度で，2009年5月から実施されている。

(5) 図2・図3から読みとれるように，地域によって弁護士数に差があったので，全国のどこにおいても，法的トラブルを解決するための情報やサービスを受けられることを目指して，2006年に日本司法支援センターが業務を開始した。その愛称を「法テラス」という。

(6) う 供給量が需要量を上回っているのは，Aの場合である。 え 市場の原理により，自由競争が行われていれば，財やサービスの供給量が需要量を上回ったときには物価が下がる。

(7) 国会や政府や地方公共団体が，その料金の決定や改定に直接関与する料金のことを公共料金という。主なものとして，政府が認可する電気料金・ガス料金・鉄道運賃・郵便料金・固定電話の通話料金・国内航空運賃，地方自治体が決定する公立学校授業料などがある。

(8) 政府が景気を調整するために行う政策を財政政策といい，好景気の時には公共事業を減らし，増税をする。不景気の時には公共事業を増やし，減税をする。一方，日本銀行は金融政策を行い，不景気の時には，一般の銀行が持つ国債などを買い上げる公開市場操作を行い，一般の銀行が保有する資金量を増やし，市場に通貨が出回りやすくする。これを買いオペレーションという。好景気の時には，逆に銀行に国債などを売る。これは売りオペレーションといわれる。

(9) ア 1919年に設立された，雇用・労働条件の改善を目的とした国連の専門機関が，ILO(国際労働機関)である。 イ 1995年に設立された自由貿易に関連する様々な国際ルールを定めているのが，WTO(世界貿易機関)である。 ウ 1945年に設立され，通貨と為替相場，国際金融システムの安定化を目的とした国際連合の専門機関が，IMF(国際通貨基金)である。ア・イ・ウのどれも別の機関の説明であり，エが正しい。すべての子どもの命と権利を守るため，最も支援の届きにくい子どもたちを最優先に活動しているのが，1946年に設立されたUNICEF(国連児童基金)である。保健・栄養・水・衛生・教育などに関する支援を行っている。

(10) 19世紀までにヨーロッパ諸国により植民地とされていたアフリカ各地で，第二次世界大戦後に独立運動が活発になり，1960年前後に一斉に独立を達成した。特に1960年は，17か国が独立をし，アフリカの年といわれる。これらの独立をした国が国際連合に加盟したために，1960年前後はアフリカの加盟数が増えている。正解は，1960年に加盟数が急増しているウである。

(11) か 地球環境や自然環境が適切に保全され，将来の世代が必要とするものを損なうことなく，現在の世代の要求を満たす開発が行われている社会のことを，持続可能な社会という。
き 企業の社会的責任とは，利益の追求だけでなく，従業員・消費者・地域社会・環境などに配慮した企業活動を行うべきとするものである。

＜国語解答＞

一 1 (例)笑顔を大切にする(こと) 2 (例)自分の仕事に責任をもって取り組む(こと)
3 (例)自分の得意なことを生かしたい(ということ) 4 エ

二 1 双方向のもの 2 (バランスよく)明快な論理と素直な感情が融合している(話)
3 (例)理屈をうっとうしい 4 エ 5 (1) a 険悪になる b 国際的な交渉
(2) (例)相手の立場や気持ちを考えながら主張したり，相手の論理の弱点を突いたりし

て，言葉による説得を行う

三 1 ① 過程 ② 異(なる) ③ そうぐう ④ とら(えて) 2 五(文節) 3 下一段活用 4 複雑

四 1 甘ったれ 2 役目を果たした充足 3 (1) a ウ b ア (2) (例)不器用で気持ちを表に出さない 4 (1) (例)信頼関係を築く (2) Ⅱ (例)断固とした物言いで制する Ⅲ (例)馬の主人としての自覚を深める

五 1 ① こめすえて ② いわいおきて 2 ウ 3 a (例)風が強い b (例)桜の花が風で散らない 4 Ⅰ 腹黒きこと Ⅱ (例)和歌の題材をうっかり話す

六 (例) 私が考える「外国人に伝えたい日本の魅力」は，日本の食事です。それも高級な懐石料理などではなくて，ふだん私たちが食べているようなメニューで，比較的安い値段でたくさん食べられるものがいいと思います。例えば，とんかつや牛丼はもとは西洋料理だったものを日本風にアレンジした料理だと聞いたことがあります。また，秋田のしょっつるは東南アジアの調味料と似ているそうです。そのような料理を食べてもらえば，外国と日本の共通点や相違点を感じてもらうことができるし，日本の魅力を知ってもらうことができると思うからです。

<国語解説>

一 (聞き取り―内容吟味)

1 佐藤さんは，「気を付けてほしいことを二つ言いますね。」と前置きしてから「一つ目は，安全に働くことです。～二つ目は，**笑顔を大切にする**ことです。」と言っている。

2 まゆこは「**自分の仕事に責任をもって取り組む**ことを心がけたい」と言っている。

3 職場体験でその店を選んだ理由について，ともきは「ぼくは体力に自信があり，力仕事が得意なので，こちらのお店で**自分の得意なことを生かしたい**と思いました。」と言っている。また，まゆこは「私は整理整頓が**得意**なので，商品を並べる仕事に**生かしたい**と思ったからです。」と言っている。二人の共通点は，自分の得意なことを生かしたいということである。

4 佐藤さんは，「期待していますよ。」「頼もしいですね。」など，**相手の気持ちに配慮しながら，発言を肯定的に受け止めて話を進めている**。正解はエ。「自分の体験」や「やりがい」については話していないので，アは誤り。仕事の内容の説明は「繰り返し」ていないので，イはふさわしくない。ウは，「正しい言葉遣いの例を複数」あげているとする点が誤りである。

二 (論説文－大意・要旨，内容吟味，文脈把握，指示語の問題)

1 傍線部の次の文に「コミュニケーションは**双方向のもの**なので，聞き方も大切であり，～」とあるので，ここから抜き書きする。

2 解答欄に「バランスよく」とあることに注目。同じ段落の少し前の部分に，「**明快な論理と素直な感情が融合している**ことがポイントだと考える。両者のバランスが重要で～」とある。

3 第五段落の初めに「また，日本人は，**主義主張や意見を論理的に主張するのを，うっとうしい**と感じる傾向がある。」とある。「論理的な主張は嫌いだ」(10字)，「理屈は面倒くさい」(8字)など，同じ意味の解答であれば正解とする。

4 筆者が伝えようとしたのは，「理屈を正しいと思っている欧米圏の人」に，日本人の理屈を「うっとうしい」「嫌いだ」と感じる傾向を**説明するのが難しかった**という体験である。正解はエ。筆者が伝えようとしたのは，アの「有効な方法」やイの「筆者の専門性」ではない。また，苦労の末ようやく「理解してもらえた」のだから，ウの「意外性」は不適切である。

5 (1) a 第四段落に「日本人は～自分の立場を最初に言ってしまうと，対立軸がはっきりしすぎて後で**険悪になる**のではないかと恐れるのだ。」とある。 b 筆者は，第六段落で「**国際的な交渉**が一段と増えるなかで，日本人が補強していくべき点」と言っている。 (2) 「やんわりと」は日本人の交渉術，「鋭く」は欧米人の交渉術である。日本人は，お互いに**相手の立場や気持ちを考えて**話すが，それだけでは「理屈を正しいと思っている人たち」と交渉して自分の**主張**を通すことはできない。国際的な場で相手と対等に交渉するためには，「相手の理屈には理屈で押し返す，**相手の論理の弱点を突く**」などの訓練をして，「**言葉による説得**」を行うための方法を身に付けなければならないのである。

三 (知識―漢字の読み書き，語句の意味，文と文節，品詞・用法)

1 ① 「**過程**」を同音異義語の「仮定」「課程」などと混同しない。 ② 「**異なる**」は，ちがうという意味。 ③ 「**遭遇**」は，思いがけなく出会うという意味である。 ④ 「**捉**」(とら‐える)を形が似ている「促」(うなが‐す)と混同しないように注意する。

2 波線部を文節に分けると「**人間も／動物も／外からの／刺激を／受けると**」となる。

3 「逃げ」は**下一段活用**動詞「逃げる」の連用形である。

4 「単純」は物事が入り組んでいないこと。対義語は，いろいろなことがからみあってややこしいという意味の「**複雑**」である。

四 (小説―情景・心情，内容吟味，文脈把握)

1 和子がワカに声をかけた後の部分に「鼻先を撫でてやると，ぶふうと熱い鼻息が吹きかかった。いつもの**甘ったれ**だ。」とある。

2 傍線部の前の部分に「先ほど森で感じたような不安はかき消え，**役目を果たした充足**が和子の心を温かく満たしていた。」とある。

3 (1) a「頬を温かい掌で挟んでくれた」という動作からも，母のウ「**愛情**」を読み取ることができる。 b「それまでは」という言葉から，点線部の「弛んだ」と反対の意味の言葉が入ることが推測できる。心や体がかたく引きしまるという意味のア「**緊張**」が入る。 (2) デンプン湯を作ったり，優しい言葉をかけたりする母と異なり，祖父は「黙って新聞に目を通して」いた。和子が出かけてからは長い時間が経過しており，新聞はとっくに読み終わっていたはずなのに，心配していたとは言わないし，ねぎらいの言葉もかけない。このことから，祖父は，**不器用で気持ちを表に出さない**性格であることが読み取れる。

4 (1) 本文の「信用」という言葉に注目する。**馬が人間を信用し，人間も馬を信用する**関係を作るという内容を8字以内で書く。 (2) Ⅱ 本文の初めの部分の「和子は思わず口を開いて**制する。～断固とした主人の物言い**に，ワカは弾かれたように首を上げ，和子に近づいてきた。」をもとに書く。 Ⅲ 祖父が和子に伝えたかったのは，馬の主人としての心構えである。和子は，馬を連れ戻すという体験を通して，**馬の主人としての自覚を深める**ことができたのである。

五 (古文―内容吟味，文脈把握，仮名遣い)

〈口語訳〉 信濃の国は，非常に風が強いところである。このため，諏訪明神の社に，「風の祝」という神官を置いて，奥深い所に風を閉じ込めて神として祭り，百日の間，尊重するのである。そうすると，その年は風が静かで，農業のために喜ばしい。もしもすき間があり，(閉じ込めた風に)日の光を見せてしまうと，風はおさまらなくて不都合だということを，藤原資基という人が聞いて，

「このようなことを聞きました。これを歌に詠もうと思います」と，源俊頼に語ったところ，俊頼が答えて言うことには，「まったく低俗である。このようなことを，決して考えてはいけない。だめだ，だめだ」と言ったので，(資基は)「そういうことか」と思っていたが，俊頼が後にこのことを詠んだ(歌)，

信濃にある木曽路の桜が咲いたなあ
風の祝に(花を散らす強い風を閉じ込めて)すき間がないようにさせよ

(俊頼のたくらみは)本当に意地が悪いことだなあ。資基は後悔した。

1　①　ワ行の「**ゑ**」を「**え**」に直して「**こめすえて**」とする。　②　語頭にないハ行の「**は**」「**ひ**」を「**わ**」「**い**」に直し，「**置**」を平仮名にして「**いわいおきて**」とする。

2　資基の「**これを歌によまむ**と思ふ」に対して俊頼が言った言葉である。「これ」は「風の祝」の風習を指し，資基は**土地の風習を歌に詠もうとしている**ことを俊頼に語ったのであるが，俊頼に強く否定されたのである。

3　a 「**風はやき**」の意味を書く。「風が激しい」などでも正解。　b 「風の祝」は，強い風を閉じ込める神官である。ここでは，せっかく咲いた**桜の花が風で散らない**ように，風を閉じ込める社にすき間がないようにしてほしいと言っている。

4　Ⅰ　本文の最後に「もつとも腹**黒きこと**か」という筆者の感想が書かれている。　Ⅱ　資基が俊頼に対して「かくのごとく承る。**これを歌によまむ**と思ふ」と言ったことを指す。資基が思慮深かったら，**和歌の題材をうっかり他人に話す**ようなことはしないで，自分で歌に詠んだはずだということである。

六　(作文)

与えられた**条件**を満たして書くこと。**自分が考える「外国人に伝えたい日本の魅力」**を，**伝えたいと思う理由**を交えて**200～250字**で書く。解答例は伝えたいものとして日本の身近な食事を挙げ，その理由を説明している。

書き終わったら必ず読み返して，誤字・脱字や表現の不自然なところは書き改める。

MEMO

大切なことはメモしておこうネ！

秋田県公立高等学校

2019年度

★★★★★★★★★★★★★★★★★★★★★★★★

入　試　問　題

2019年度

●くわしい解説…… 45ページ

＜数学＞

時間　60分　　満点　100点

1　次の(1)～(15)の中から，**指示された８問**について答えなさい。

(1)　$\frac{5}{6}\times(-0.4)$　を計算しなさい。

(2)　$2(3a-2b)-3(2a-b)$　を計算しなさい。

(3)　比例式　$6:8=x:20$　の x の値を求めなさい。

(4)　方程式　$\frac{3x+4}{2}=4x$　を解きなさい。

(5)　連立方程式　$\begin{cases} 2x+3y=-1 \\ -4x-5y=-1 \end{cases}$　を解きなさい。

(6)　方程式　$3x^2-5x+2=0$　を解きなさい。

(7)　$\sqrt{24}-\frac{18}{\sqrt{6}}$　を計算しなさい。

(8)　$a<0$　のとき，関数　$y=ax$　について必ずいえることを，次の**ア**～**エ**から**すべて**選んで記号を書きなさい。

ア　x が増加すると，y も増加する。　　**イ**　x が増加すると，y は減少する。

ウ　y は x に比例する。　　**エ**　y は x に反比例する。

(9)　距離の測定値6150mの有効数字が上から３桁の６，１，５のとき，整数部分が１桁の数と10の累乗の積の形で表しなさい。

(10)　n，Nを自然数とする。$N\leqq\sqrt{n}<N+1$　を満たす n が31個あるとき，Nの値を求めなさい。

(11)　右の図のように，∠ABC＝90°　の直角三角形ABCがある。辺CA上に，∠PBA＝30°となるような点Pを，定規とコンパスを用いて作図しなさい。ただし，作図に用いた線は消さないこと。

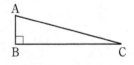

(12)　右の図で，３点A，B，Cは，円Oの周上の点である。このとき，∠ x の大きさを求めなさい。

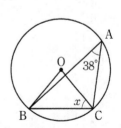

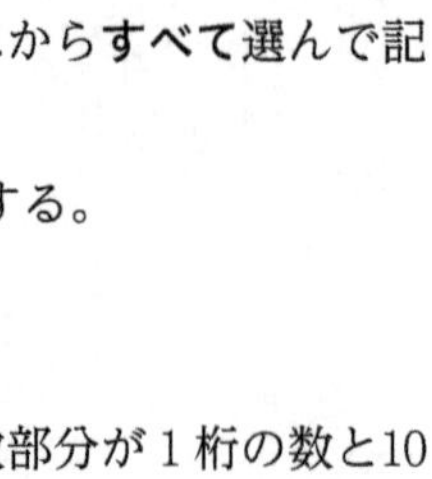

(13)　右の図で，2直線ℓ，mは平行である。このとき，$\angle x$の大きさを求めなさい。

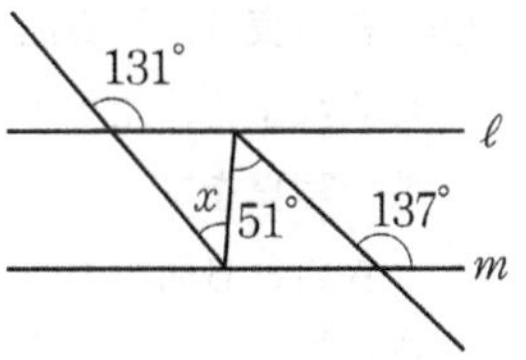

(14)　右の図のような，正四角錐《すい》A－BCDEがある。底面の1辺の長さが6㎝，側面の二等辺三角形の等しい辺の長さが9㎝である。この正四角錐A－BCDEの体積を求めなさい。

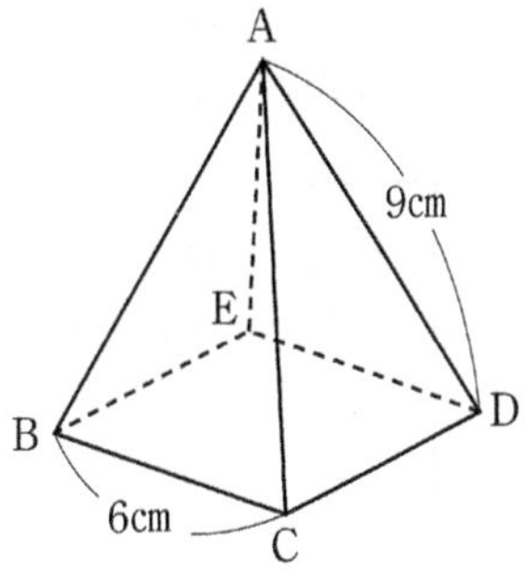

(15)　右の図のような，三角錐《すい》A－BCDがある。点P，点Qは，それぞれ辺AC，辺AD上にある。AP：PC＝AQ：QD＝3：1であるとする。このとき，三角錐A－BPQの体積は，四角錐B－PCDQの体積の何倍か，求めなさい。

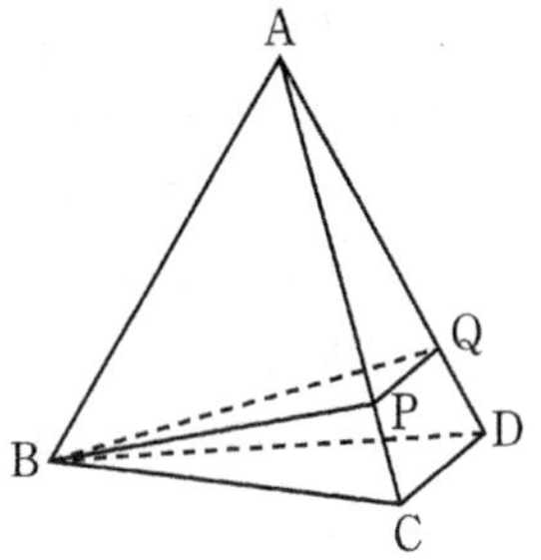

2　次の(1)～(3)の問いに答えなさい。

(1)　右の図において，㋐は関数 $y=ax^2$ $(a>0)$，㋑は関数 $y=-\dfrac{12}{x}$ のグラフである。2点A，Bは，㋑上の点であり，x座標はそれぞれ－2，3である。また，㋐と㋑は点Aで交わっている。

①　aの値を求めなさい。求める過程も書きなさい。

②　2点A，Bを通る直線の式を求めなさい。

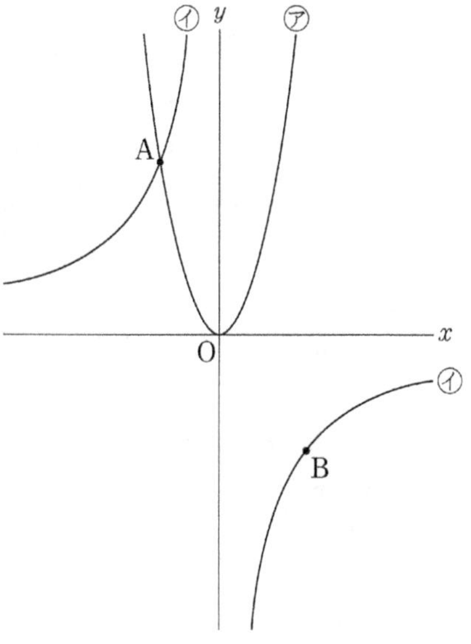

(2) 右の表は，写真店Ａ店とＢ店の写真のプリント料金をそれぞれまとめたものである。Ａ店とＢ店でそれぞれ同じ枚数の写真をプリントする。ある枚数の写真をプリントするとＡ店とＢ店のどちらに頼んでも税抜きの料金が同じになる。このときの写真の枚数を次のように求めた。求め方が正しくなるように，**ア**には方程式をつくって解く過程を，**イ**にはあてはまる**数**を書きなさい。ただし，写真は１枚以上プリントするものとする。

表
写真のプリント料金

店	料金（税抜き）
Ａ店	写真１枚につき24円。
Ｂ店	１枚から30枚までは 写真１枚につき30円。 31枚目からは 写真１枚につき15円。

30枚まではＡ店のほうが安い。31枚以上の場合を考える。Ａ店とＢ店でそれぞれx枚プリントしたとして方程式をつくって解くと，

ア

$x \geqq 31$ であるから，この解は適している。
したがって，**イ** 枚のとき，同じ料金になる。

(3) 次の図のように，縦４㎝，横３㎝の長方形の板を，一部が重なるように右下にずらして並べて図形をつくっていく。このとき，重なる部分は，すべて縦３㎝，横１㎝の長方形となるようにし，図形の面積は太線（━━）で囲まれた部分の面積とする。たとえば，２番目の図形の面積は21㎠となる。

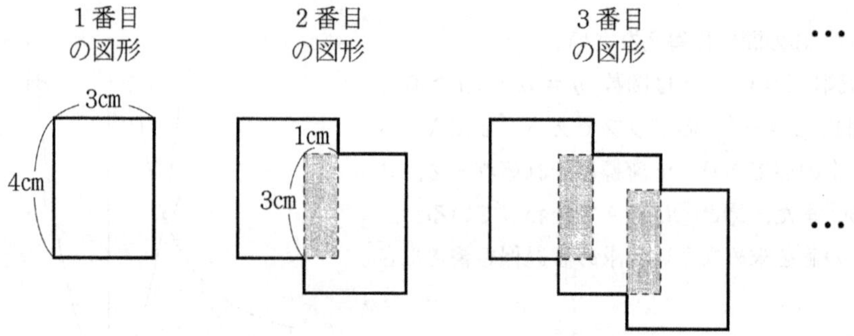

① ４番目の図形の面積を求めなさい。

② 絵美さんは，n 番目の図形の面積の求め方を考え，次のページのように説明した。［絵美さんの説明］が正しくなるように，**ア**にはあてはまる**数**を，**イ**，**ウ**にはあてはまる**式**を書きなさい。

[絵美さんの説明]

板１枚の面積は［ア］cm^2，隣り合う板が重なる部分の面積は３cm^{2}です。重なる部分は，たとえば２番目の図形では１か所，３番目の図形では２か所あり，n 番目の図形では（［イ］）か所あります。これらのことから，n 番目の図形の面積は，（［ウ］）cm^{2}となります。

n 番目の図形

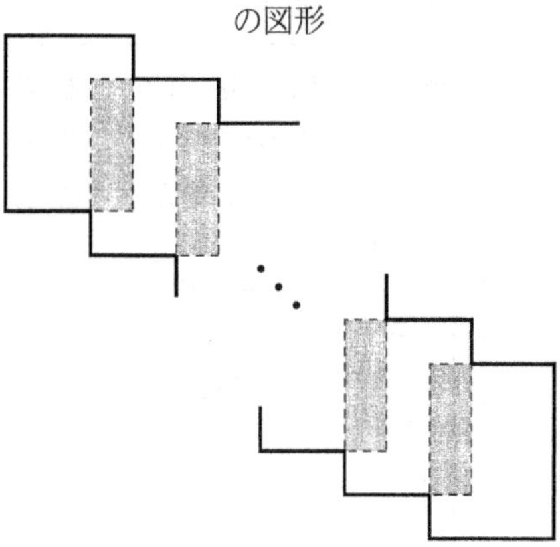

3　図１のように，円Oの外部の点Aから，円Oに接線を２本ひき，接点を点P，Qとする。次の(1)，(2)の問いに答えなさい。

図１

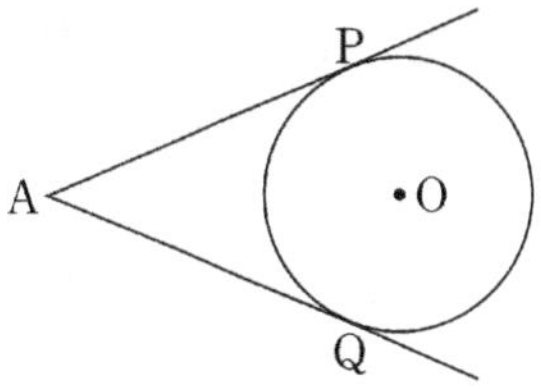

(1)　健太さんと詩織さんは，円Oの接線AP，AQについて考えた。

①　健太さんは，接点P，Qを作図する手順を説明した。[健太さんの説明１] が正しくなるように，ⓐ，ⓑ，ⓒにあてはまるものを，下の**ア**～**ウ**からそれぞれ１つずつ選んで記号を書きなさい。

[健太さんの説明１]

図２

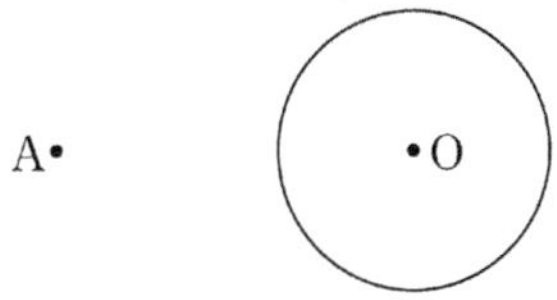

図３

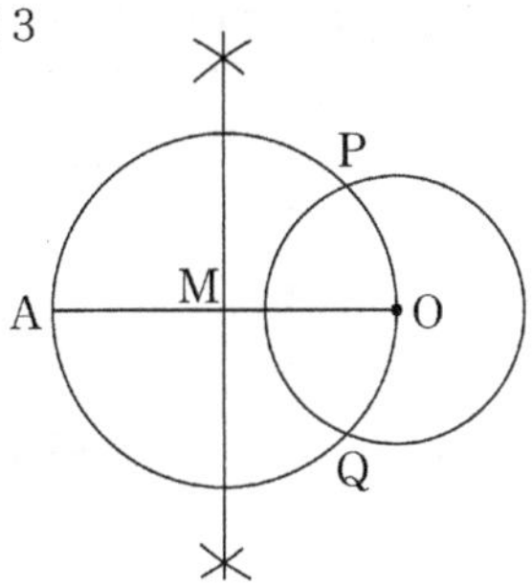

図２において，［ⓐ］→［ⓑ］→［ⓒ］の手順で作図すると，図３のように接点P，Qを作図することができます。

ア　線分AOの垂直二等分線をひき，線分AOとの交点を点Mとする。

イ　点Mを中心として，線分AMを半径とする円をかき，円Oとの交点をそれぞれ点P，Qとする。

ウ　線分AOをひく。

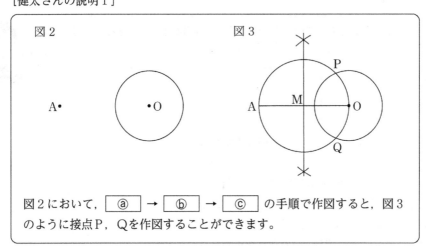

② ［健太さんの説明１］を聞いた詩織さんは，線分AP，AQの長さが等しい理由を説明した。
［詩織さんの説明］が正しくなるように，ⓓに［証明］の続きを書き，完成させなさい。

［詩織さんの説明］

図４のように，図１の点Oと点A，点Oと点P，点Oと点Qをそれぞれ結ぶと，△APO≡△AQO となることが証明できます。

図４

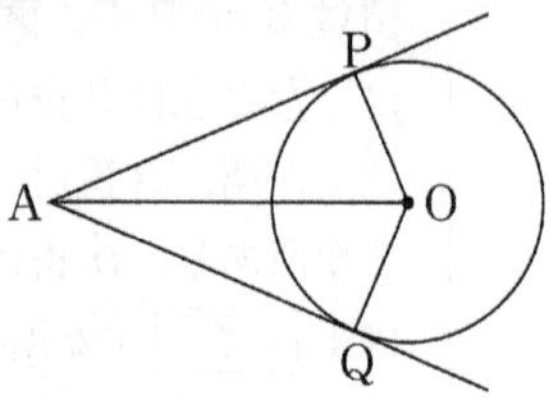

［証明］
△APOと△AQO において

ⓓ

合同な図形の対応する辺は等しいから，AP＝AQ となります。

③ ［詩織さんの説明］を聞いた健太さんは，図５のように，線分AQをQの方向に延長した直線上に点Bをとり，点Bから点Rを接点とする接線BRをひいた。接線APと接線BRの交点を点Cとし，この図について考えたことを説明した。［健太さんの説明２］が正しくなるように，ⓔにあてはまるものを下の**ア**～**エ**からすべて選んで記号を書きなさい。

図５

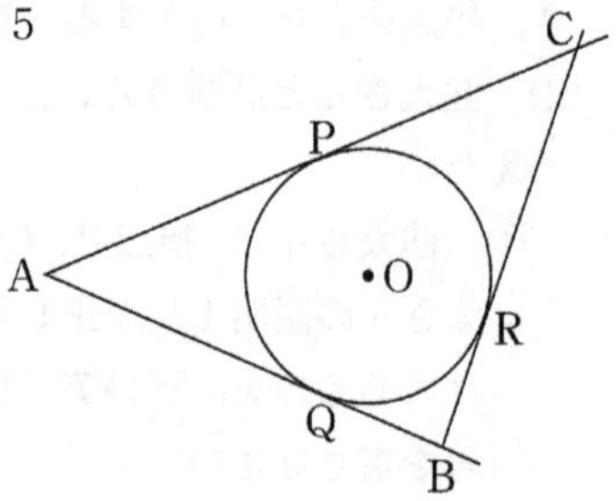

［健太さんの説明２］

図５のように，線分AQをQの方向に延長した直線上に点Bをとるとき，必ず ⓔ

ア AB＝BC となります。

イ BO⊥QR となります。

ウ AC∥QR となります。

エ ４点C，P，O，Rは，１つの円周上にあります。

(2) 図６のような，四角形ABCDがあり，辺DA，AB，BC，CDは，それぞれ点P，Q，R，Sで円Oに接している。∠ABC＝∠BCD＝90°，BC＝12cm，DS＝３cmのとき，線分AOの長さを求めなさい。

図６

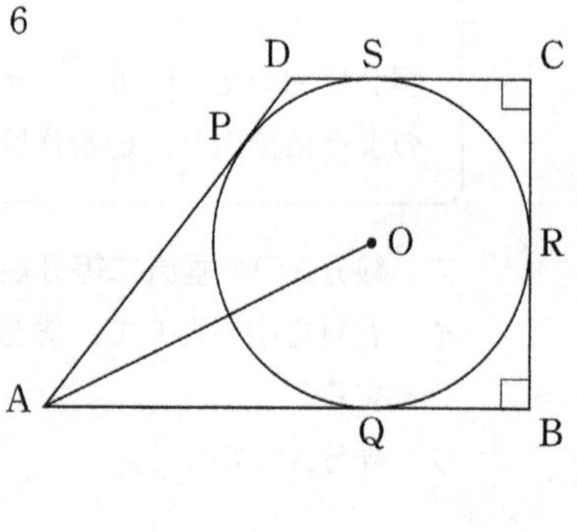

4　次の(1)，(2)の問いに答えなさい。

(1)　A中学校の３年生60人について通学時間を調べた。次の表は，その結果を度数分布表にまとめたものである。また，次の図は，調べた結果を学級別に分けて，ヒストグラムに表したものである。この図から，３年１組，３年２組ともに学級の人数は30人であり，たとえば，３年１組において通学時間が10分以上20分未満の生徒は６人であることがわかる。

表
３年生の通学時間

階級（分）	度数(人)	相対度数
0以上～　10未満	6	0.10
10　～　20	x	0.30
20　～　30	21	y
30　～　40	12	0.20
40　～　50	3	0.05
計	60	1.00

図
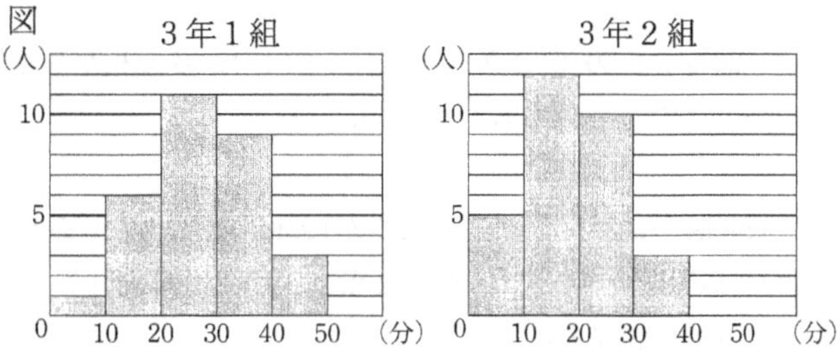

①　x と y にあてはまる数をそれぞれ求めなさい。

②　３年１組と３年２組の中央値ではどちらが大きいか，次の**ア**，**イ**から正しいものを１つ選んで記号を書きなさい。また，そのように判断した理由を，「**階級**」という語句を用いて書きなさい。

ア　３年１組の中央値のほうが大きい。　　**イ**　３年２組の中央値のほうが大きい。

(2)　下の図のように，袋Aには [－1]，[＋2] のカード，袋Bには [－]，[×] のカード，袋Cには [＋1]，[－3] のカードがそれぞれ１枚ずつ入っている。いま，袋A，袋B，袋Cから順にカードを１枚ずつ取り出し，左から並べて減法または乗法の式をつくり計算する。このとき，式を計算した値が負の数になる確率を求めなさい。ただし，袋A，袋B，袋Cからどのカードが取り出されることも，それぞれ同様に確からしいものとする。

（例）　袋Aから [－1]，袋Bから [×]，袋Cから [＋1] のカードを取り出した場合
$(-1) \times (+1) = -1$

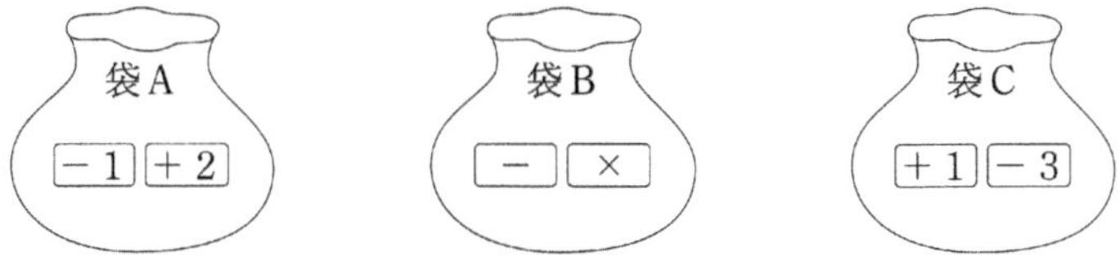

5　次のⅠ，Ⅱから，**指示された問題**について答えなさい。

Ⅰ　右の図のように，１辺の長さが10cmの立方体があり，点Mは辺GHの中点である。点Pは**《ルール》**にしたがって移動する。

《ルール》

点Pは毎秒１cmの速さで，点Aから点GまでA→B→F→Gの順に，辺AB，BF，FG上を動く。

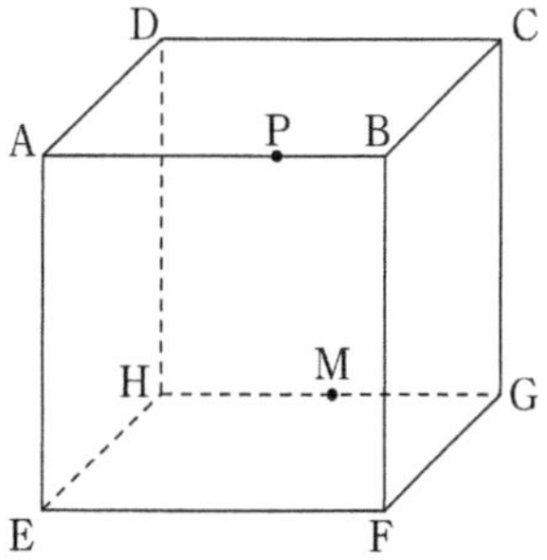

点Pが点Aを出発してからx秒後の△AFPの面積をy cm^{2}とする。ただし，点Pが点Fにあるときは $y=0$ とする。次の(1)～(3)の問いに答えなさい。

(1)　$x=6$ のとき，yの値を求めなさい。

(2)　$10\leqq x\leqq 20$ のとき，$y=24$ となるxの値を求めなさい。求める過程も書きなさい。

(3)　$20\leqq x\leqq 30$ のとき，線分BP，PMの長さの和が最も短くなるxの値を求めなさい。また，そのときのyの値も求めなさい。

Ⅱ　右の図のように，1辺の長さが10cmの正八面体があり，点Mは辺BCの中点である。2点P，Qは《ルール》にしたがって移動する。

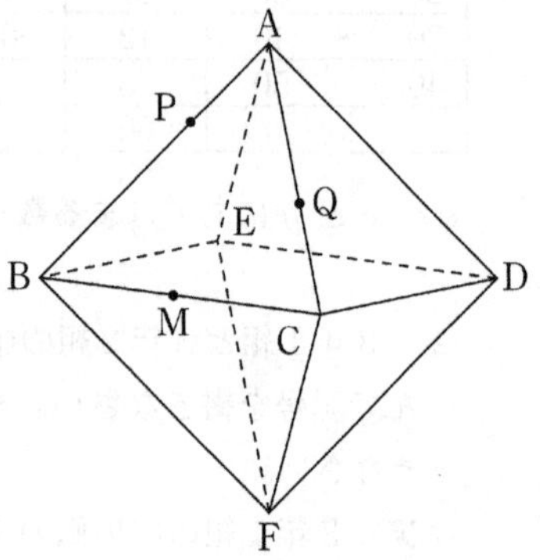

《ルール》

2点P，Qは点Aを同時に出発する。点Pは毎秒1cmの速さで，点Aから点Fまで A→B→F の順に，辺AB，BF 上を動く。点Qは毎秒2cmの速さで，点Aから点Bまで A→C→D→A→B の順に辺AC，CD，DA，AB 上を動く。

2点P，Qが点Aを出発してからx秒後の△APQの面積をy cm^{2}とする。ただし，点Qが点Aにあるときは $y=0$ とする。次の(1)～(3)の問いに答えなさい。

(1)　$x=4$ のとき，yの値を求めなさい。

(2)　$10\leqq x\leqq 15$ のとき，$y=24$ となるxの値を求めなさい。求める過程も書きなさい。

(3)　$15\leqq x\leqq 20$ のとき，線分CQ，QMの長さの和が最も短くなるxの値を求めなさい。また，そのときのyの値も求めなさい。

平成31年度

数　　学

（解　答　用　紙）

受検番号		氏　名	

表合計

合　計

1

小　計

(1)	
(2)	
(3)	$x =$
(4)	$x =$
(5)	$x =$　　　　　，$y =$
(6)	$x =$
(7)	
(8)	
(9)	m
(10)	N =
(11)	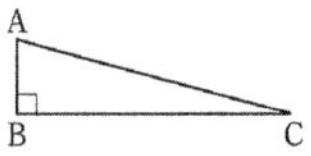
(12)	°
(13)	°
(14)	cm^3
(15)	倍

2

小　計

(1)	①		（過程） 答　$a =$
	②		
(2)	ア		
	イ		
(3)	①		cm^2
	②	ア	
		イ	
		ウ	

※この解答用紙は196％に拡大していただきますと，実物大になります。

裏合計

3

小計

(1)	①	ⓐ　　ⓑ　　ⓒ	
	②	ⓓ	
	③	ⓔ	
(2)			cm

4

小計

(1)	①	x	
		y	
	②	(記号)	
		(理由)	
(2)			

5－Ⅰ

小計

(1)	y =
(2)	(過程) 答　x =
(3)	x =
	y =

5－Ⅱ

小計

(1)	y =
(2)	(過程) 答　x =
(3)	x =
	y =

＜英語＞　時間　60分　満点　100点

1　リスニングテスト

(1)（会話を聞き，質問に対する答えとして最も適切な絵を選ぶ問題）

①

ア

イ

ウ

エ

②

ア

イ

ウ

エ

(2)（会話を聞き，会話の最後の文に対する応答として最も適切なものを選ぶ問題）

①　ア　Great.　It’ll be nice soon.
　　イ　OK.　I can show you the watch.
　　ウ　Really?　How much was it?
　　エ　That’s right.　How will you buy it?

②　ア　You should take a bus.
　　イ　It’ll take only one minute.
　　ウ　You can leave the station by train.
　　エ　It’s very famous for its design.

③　ア　She stayed at her friend’s house.
　　イ　She was a good English teacher.
　　ウ　She studied English hard then.
　　エ　She lived there four years ago.

(3)（スピーチと３つの質問を聞き，質問に対する答えとして最も適切なものを選ぶ問題）

①　ア　A nurse.　　イ　A teacher.　　ウ　A hair stylist.　　エ　A tour guide.

②　ア　One.　　イ　Two.　　ウ　Three.　　エ　Four.

③　ア　He wants to work abroad.
　　イ　He tells Yui how to work for others.
　　ウ　He lives in Tokyo with his family.
　　エ　He sends Yui some presents.

(4)　(会話を聞き，①～③の空欄に入る最も適切なものを選ぶ問題と，［問い］に対する［答え］の下線部に適切な英語を書き，英文を完成させる問題)

①　Mr. Jones got to Japan in (　　　).

　ア　spring　　イ　summer　　ウ　fall　　エ　winter

②　(　　　) students like spring the best among Aya's classmates.

　ア　Thirteen　　イ　Fifteen　　ウ　Twenty　　エ　Thirty

③　Aya says that many people in Japan (　　　) in spring.

　ア　enjoy a lot of events　　イ　are worried about the weather

　ウ　sell several flowers　　エ　start their new life

［問い］　Why does Aya like winter?

［答え］　Because she likes ＿＿＿＿＿＿＿＿＿＿＿＿＿＿＿＿.

2　次の(1)～(3)の問いに答えなさい。

(1)　次は，ある高校生が，ホームステイ先の中国の家庭で，食事をした際の出来事について発表した内容の一部です。本文中の①～④にそれぞれ当てはまるものを，［　］の中から**1つずつ**選んで，**英語1語**に直して書きなさい。

> On the first day of my homestay, I had (①) with my host family. The food was very good, and I ate everything on my dish. Then, my host mother brought more food for me. I ate it, and she gave me more food again. I asked why. Then, she told me the (②). She said, "We usually do this when we (③) people from a different place. Here in China, if people eat everything, it means they are still (④). So, they leave a little food when they want to stop eating." I learned a new thing on that day, and I wanted to know more about China.

［　空腹な　　夕食　　歓迎する　　理由　］

(2)　次は，英語部の沙也加 (Sayaka) が，昨年帰国した ALT のベン先生 (Ben) とテレビ電話で会話した内容の一部です。①～④の（　）内の語を，それぞれ**適切な形**に直して書き，会話を完成させなさい。

> *Ben* : Do you enjoy English classes?
> *Sayaka* : Yes. I really enjoy (① study) English every day.
> *Ben* : I'm glad to hear that. Oh, look at this! Do you remember this?
> *Sayaka* : Our **senbazuru*!
> *Ben* : That's right! When I (② leave) Japan, you gave it to me.
> *Sayaka* : Oh, you still have it.
> *Ben* : Of course. It's my *treasure. Japanese people make *senbazuru* when they *wish for someone's good luck, right? You told me about it.

Sayaka : Wow.　You remember that!
Ben : Yes.　And I (③ teach) this to my sister after I came back.　She learns Japanese at college.　She speaks Japanese well.
Sayaka : Really?
Ben : Yes.　She will join a Japanese speech contest (④ hold) at her college next month.
Sayaka : That's great!　I want to talk with her.

【注】 **senbazuru*：千羽鶴　*treasure：宝物　*wish for ～：～を願う

(3) 次の①～③について，(例) を参考にして，〈　〉の状況の会話がそれぞれ成り立つように □ 内の語に**必要な2語を加え，正しい語順**で英文を完成させなさい。ただし，文頭にくる語は，最初の文字を大文字にすること。

(例)〈休み明けに留学生から話しかけられて〉
Mike : [you] go yesterday?
Naoki : Oh.　I went to the park.　I played tennis with Ken.
［答え］　(Where)　(did)　(you)

① 〈休み時間に ALT の先生から話しかけられて〉
Mr. Lee : Do you have any plans for the summer vacation, Ayumi?
Ayumi : Yes.　My mother and I [going] visit my grandfather's house in Nara.

② 〈友達の姉と電話で〉
Satoru : Hello.　This is Satoru.　May I speak to Tom, please?
Lucy : Sorry.　He isn't at home now.　But he will come back soon.
Satoru : I see.　Could you ask him [call] back?

③ 〈日曜日の午後に図書館で〉
Lisa : Hi, Hanae.　I saw your sister here in the morning.
Hanae : Really? [how] you been here?
Lisa : I've been here for five hours.　I usually spend my free time in the library.

3 次の(1)，(2)の問いに答えなさい。

(1) 次は，中学生の優 (Masaru) が，海外で自己紹介 (self-introduction) したときの体験について書いた文章です。これを読んで，①，②の問いに対する答えを，それぞれ**主語と動詞を含む英文1文**で書きなさい。

Last year, I had a chance to visit our *sister school in America.　At that time, I *introduced myself there.　At first, I tried to *memorize everything.　But it was too difficult because there were many things to memorize.　So, I wrote some important points on a piece of paper.　I looked at it while I was speaking.　*As a result, I did my self-introduction well.

In my self-introduction, I introduced myself and Japanese things like *sushi*, *manga* and *judo* to the students in the class.　I was surprised that they knew well about the things I introduced.　After my self-introduction, they asked many questions about me and Japan.　I was really happy.　It was a good experience for me.

【注】　*sister school：姉妹校　　*introduce：紹介する　　*memorize：暗記する
*as a result：結果として

① What did Masaru do for his self-introduction after he tried to memorize it?

② Why was Masaru surprised when he did his self-introduction?

⑵ 優は，姉妹校の生徒と交流しているときに，ある生徒から次のような質問を受けました。あなたが優なら，質問に対してどのように答えますか。≪条件≫にしたがって，英文で書きなさい。

I want to know what is popular among students in Japan.　Please tell me one of the popular things in your school.

≪条件≫　・文の数は問わないが，**15語以上25語以内の英語**で書くこと。
・符号（ ， ． ？ ！ など）は語数に含めない。

4 次は，高校生の真紀（Maki）が，留学生のエイミー（Amy）と会話をしている場面です。下のマーク（mark）とポスター（poster）を参考にして会話を読み，⑴～⑶の問いに答えなさい。

〈マーク〉

Amy：Maki, I have seen this mark on plastic food *containers many times in Japan.　Is it something about recycling?

Maki：Yes, it is.　This means that the containers can be recycled.　You can see similar marks on *cans and *plastic bottles.

Amy：I see.　There are similar ones on plastic bottles in America.

Maki：Look at this English poster.　This shows us *information about collecting *recyclable resources in our city.　Our city collects many things as recyclable resources.　Of course, [　①　].

Amy：I see.　We *dispose of many things every day.　Many of them can be recycled.

Maki：That’s right.

〈ポスター〉

Recycling Information　Aozora City

Recyclable Resources	Day
Newspapers	Monday〈9：00 a.m.〉
Cans	Tuesday〈9：00 a.m.〉
Plastic Bottles	《　　》〈8：00 a.m.〉
Other Plastics	Friday〈8：00 a.m.〉

Amy : In your city, [　②　], right?

Maki : Yes.　How about your city?

Amy : It collects plastic bottles, cans, and newspapers on the same day.

Maki : Oh, really?　Are they *separated for recycling?

Amy : Yes.　All the recyclable resources are brought to recycling *facilities after they are collected.　Then, they are separated there.

Maki : Here in our city, we separate things for recycling at home before they are collected.　And we have many other things to do before we dispose of recyclable resources.

Amy : What are they?

Maki : For example, when we dispose of plastic bottles, we must separate *caps and *labels from bottles, and wash the bottles.

Amy : Oh, I have many plastic bottles at home.　Today is Tuesday.　I have to dispose of them before 8：00 a.m.　tomorrow.

【注】 *container：容器　*can：缶　*plastic bottle：ペットボトル　*information：情報
*recyclable resource：再利用資源　*dispose of ～：～を捨てる　*separate：分別する
*facility：施設　*cap：ふた　*label：ラベル

(1) 本文中の①，②に当てはまる最も適切なものを，**ア～エ**からそれぞれ**1つずつ**選んで記号を書きなさい。

① **ア** it collects plastic bottles, too
イ we don't recycle plastic containers in our city
ウ newspapers are not recycled
エ cans are collected every weekend

② **ア** you reuse the same bottles
イ they are collected on different days
ウ too much paper is used every year
エ things with these marks are not collected

(2) ポスターの《　》に当てはまる曜日を，**省略しない形の英語1語**で書きなさい。

(3) 次は，上の会話の1週間後に，真紀とエイミーが会話をしている場面です。①，②にそれぞれ適する**英語1語**を書きなさい。ただし，**答えは(　)内に示されている文字**で書き始めること。

Amy : Hi, Maki.　What are you looking at?

Maki : I have just found the information about recyclable resources in Japan on the Internet.　Look at this.　About 84 percent of plastic bottles were recycled in 2016.

Amy : Oh, really?　Well, what will ①(h______) to them after they are recycled?

Maki : They become many things such as pens, clothes and food containers.

Amy : What about other recyclable resources?
Maki : I don't know. We ②(n_____) information about them. Let's check the Internet again.

5 次の英文は，アメリカに家族と引っ越し，新生活を始めた将之（Masayuki）と彼の近所に住むエレン（Ellen）の話です。これを読んで，(1)～(7)の問いに答えなさい。

Masayuki started school about two weeks ago. He became friends with some classmates and sometimes played the guitar with them in his house. *Across from his house, one girl lived with her family. She played the piano very well. From his room, Masayuki sometimes saw her at her window. He *waved at her, but she never waved or smiled back at him. She looked (A) indifferent to him. He thought, "She likes to be alone and it is hard to become friends with her."

One evening, Masayuki was writing about the day in English in his *diary. He did it every day to practice English. Then, Masayuki's mother came into his room with a letter in her hand. She said, "The post office made a (　　). This is for the house across from us. Can you take it there tomorrow?" Masayuki said, "OK." He was excited, but he was nervous. He said to himself, "I have never talked with the girl and her family."

The next morning, Masayuki visited the house with the letter and *knocked at the door. The girl came out. She was using a white *cane and didn't look at his eyes. He was surprised to know that she couldn't see. He said, "Hello, I'm Masayuki. I live across from your house. I have a letter for your family. It came to my house yesterday." She smiled and said, "Thank you. I'm Ellen. You play the guitar, right? I like listening to your guitar." He was happy to hear that.

From the next day, Masayuki and Ellen said hello to each other when they met. They started to talk a lot, and became friends.

One day, Masayuki was invited to Ellen's birthday party. There were many people in her house. Some of them were her classmates. There were also some people who were much older than Ellen. All of them were her friends. She was liked by many people. Masayuki and her friends sang for her, and she played the piano. They all enjoyed the music very much.

During the lunch after the music, Masayuki talked a lot with Ellen's friends. One of them said to him, "Everyone here knows that Ellen can't see. But she plays the piano for little children or for *elderly people on holidays. She tries a lot of things and makes many people happy. We like her." Masayuki could understand why [　　　].

Before the party ended, Ellen said, "Thank you. I'm happy because all of you came today. There are a lot of difficult things for me, but you always support me. I want to do my best for you."

After Masayuki listened to Ellen's speech, he wanted to be like Ellen. She always tried to share time with people around her and make them happy. Her friends knew that and supported her. From the friendship between Ellen and her friends, Masayuki learned that it's important to spend time with other people and try to understand them. He believed (B) that is necessary to make a better friendship.

That evening, (C) Masayuki wrote about Ellen's birthday party in his diary.

【注】 *across from ～：～の向かい側に　*wave at ～：～に手を振る　*diary：日記
*knock at ～：～をノックする　*cane：杖（つえ）　*elderly people：お年寄り

(1) 下線部(A) indifferent の意味として最も適切なものを，本文の内容から判断して，次のア～エから１つ選んで記号を書きなさい。

ア 意識している　イ 印象的である　ウ 同情している　エ 無関心である

(2) （　）に当てはまる**英語１語**を，次のア～エから１つ選んで記号を書きなさい。

ア mistake　イ plan　ウ dream　エ sound

(3) ［　］に当てはまるものを，次のア～エから１つ選んで記号を書きなさい。

ア there were only Ellen's classmates at her birthday party
イ many of Ellen's friends came to her birthday party
ウ Ellen had a lot of difficult things to do
エ some of Ellen's friends didn't enjoy the music at her birthday party

(4) 下線部(B) that が指す具体的な内容を，**日本語**で書きなさい。

(5) 本文の内容に合うように，次のア～エを，起こった順に並べかえて，記号を書きなさい。

ア Masayuki spoke to Ellen for the first time.
イ Masayuki took a letter to Ellen's house.
ウ Masayuki wanted to be like Ellen.
エ Masayuki sang for Ellen with her friends.

(6) 本文の内容と合っているものを，次のア～オから**すべて**選んで記号を書きなさい。

ア Masayuki sometimes wrote about the day in English to improve his English.
イ Ellen wanted to be alone because she didn't like to spend time with her friends.
ウ Masayuki was glad to know that Ellen liked to listen to his guitar.
エ Ellen's friend told Masayuki about Ellen's good points at her birthday party.
オ Ellen gave a speech in front of the people who came to her birthday party.

(7) 次のページの英文は，下線部(C) Masayuki wrote about Ellen's birthday party の内容の一部です。本文の内容に合うように，①～③に入る適切な英語を，**１語ずつ**本文から**抜き出して**書きなさい。

September 30th, Sunday

I(①)Ellen's house for her birthday party. I met many of her friends there. I (②) about many things with them when we were eating lunch together. I made a lot of new friends.

I think Ellen is great. I've (③) a lot of things from her. I'm happy to be her friend.

平成31年度

英　　語

（解　答　用　紙）

受検番号		氏　名	

表合計

合　計

1　リスニングテスト

小　計

(1)	①	
	②	
(2)	①	
	②	
	③	
(3)	①	
	②	
	③	
(4)	①	
	②	
	③	
	［答え］	Because she likes ______________ .

2

小　計

(1)	①	
	②	
	③	
	④	
(2)	①	
	②	
	③	
	④	
(3)	①	My mother and I (　　　) (　　　) (　　　) visit my grandfather's house in Nara.
	②	Could you ask him (　　　) (　　　) (　　　) back?
	③	(　　　) (　　　) (　　　) you been here?

3

小　計

(1)	①	.
	②	.
(2)	（記入例） I'm　sorry ,　but　I'm　very　busy .	
	5語	
	10語	
	15語	
	20語	
	25語	

※この解答用紙は189%に拡大していただきますと，実物大になります。

裏合計

4

小　計

(1)	①	
	②	
(2)		
(3)	①	
	②	

5

小　計

(1)		
(2)		
(3)		
(4)		
(5)	→ → →	
(6)		
(7)	①	
	②	
	③	

＜理科＞

時間　50分　満点　100点

1　次の資料は，エンドウの種子の遺伝について示したものである。下の(1)～(6)の問いに答えなさい。

【資料】

・図のように，丸形の種子をつくる純系のエンドウと，しわ形の種子をつくる純系のエンドウを交配させてできた種子（子にあたる個体）は，すべて丸形になる。

・エンドウの種子の形を丸形に決める遺伝子をA，しわ形に決める遺伝子をaとすると，図の親にあたる丸形の種子としわ形の種子の遺伝子の組み合わせは，それぞれAA，aaになる。

図

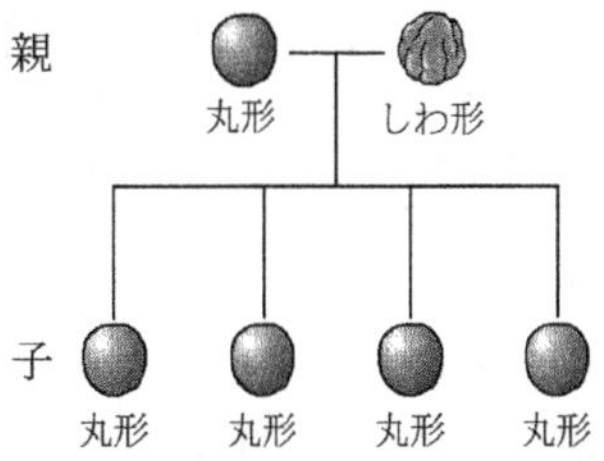

(1)　次のうち，エンドウの特徴を表すものはどれか，**2つ**選んで記号を書きなさい。

ア　子葉は２枚である

イ　花弁はつながっている

ウ　子葉は１枚である

エ　花弁は１枚ずつ分かれている

(2)　エンドウの種子の丸形としわ形のように，対《つい》をなす形質を何というか，書きなさい。

(3)　下線部のようになるのはなぜか，形質に着目して書きなさい。

(4)　エンドウのような有性生殖をする生物では，減数分裂を行うとき，対になっている遺伝子が分かれて別々の生殖細胞に入る。これを何というか，法則名を書きなさい。

(5)　図で，子にあたる種子を育てて自家受粉させると，1000個の種子（孫にあたる個体）ができ，そのうち丸形の種子は750個であった。この丸形の種子のうち，遺伝子の組み合わせがAAの種子はおよそ何個といえるか，最も適切なものを次から１つ選んで記号を書きなさい。

ア　125個　**イ**　250個　**ウ**　375個　**エ**　500個　**オ**　750個

(6)　遺伝子の組み合わせのわからないエンドウの種子Rと種子Sがある。種子Rと種子Sをそれぞれ育てて交配させると，丸形としわ形の種子ができた。次のうち，種子Rと種子Sのそれぞれの遺伝子の組み合わせとして考えられるものはどれか，**すべて**選んで記号を書きなさい。

ア　両方ともAA

イ　一方がAAで，もう一方がAa

ウ　両方ともAa

エ　一方がAaで，もう一方がaa

オ　両方ともaa

2　恵さんは，ある地点で過去に発生した地震について次のようにまとめ，課題Ⅰ～Ⅲを設定して調べた。下の(1)～(5)の問いに答えなさい。

図

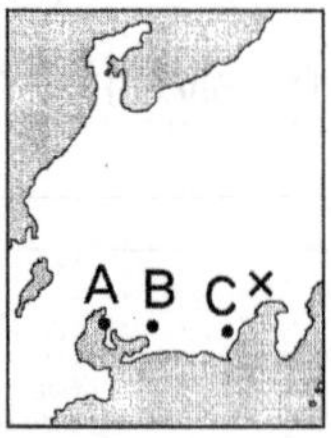

・図の×は a 震源の真上の地点を，A～Cは観測点を表している。
・震源の深さ14km　　・b M 6.4　　・最大震度６強
・各観測点の記録

観測点	震度	震源からの距離	P波の到着時刻	S波の到着時刻
A	2	180km	22時32分12秒	22時32分36秒
B	3	110km	22時32分02秒	22時32分17秒
C	3	70km	22時31分56秒	22時32分06秒

【課題Ⅰ】　震源からの距離と初期微動継続時間には，どのような関係があるか。
【課題Ⅱ】　この地震の発生時刻はいつか。
【課題Ⅲ】　地震はどのようなしくみで起こるか。

(1)　下線部aを何というか，書きなさい。

(2)　下線部bのMは，地震の規模を表している。これを何というか，書きなさい。

(3)　恵さんは，課題Ⅰについて次のように考えた。恵さんの考えが正しくなるように，Qには当てはまる数値を，Rには当てはまる語句をそれぞれ書きなさい。

観測点Aの初期微動継続時間は，観測点Cより（　Q　）秒長いので，震源からの距離が（　R　）なるほど，初期微動継続時間は長くなるのではないかと考えました。

(4)　課題Ⅱについて，P波の到着時刻と震源からの距離の関係を表すグラフをかきなさい。また，この地震の発生時刻は，およそ22時何分何秒か，次から１つ選んで記号を書きなさい。

ア　31分30秒　　**イ**　31分38秒　　**ウ**　31分46秒　　**エ**　31分54秒　　**オ**　32分02秒

(5)　次の表は，恵さんが課題Ⅲについて資料を調べ，わかったことをまとめたものである。

表	地震発生前	地震発生後	わかったこと
内陸型地震	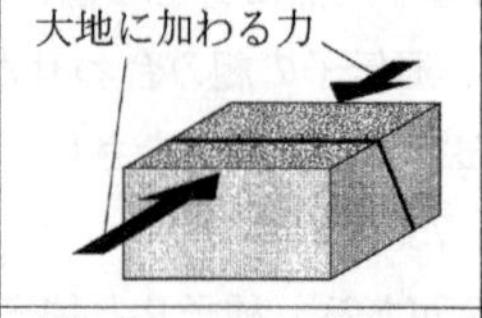	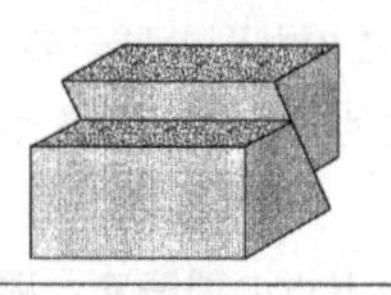	・内陸型地震は，大地に力が加わり c 断層がずれることで起こる。
海溝型地震	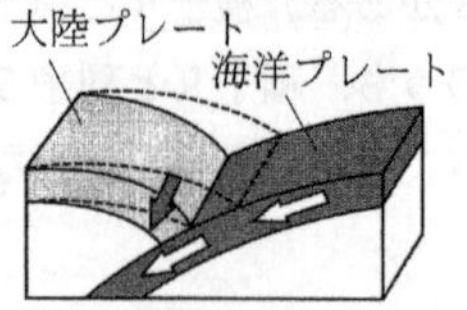	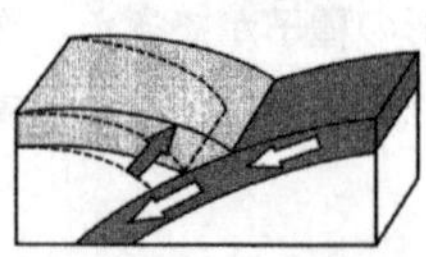	・海溝型地震は，（　T　）が（　U　）の下にしずみこみ，（　V　）した（　U　）の先端部がもとにもどろうとして急激に（　W　）することで起こる。
	⇦ 海洋プレートの動き	⬅ 大陸プレートの動き	点線はもとの位置を表している。

①　下線部cについて，再びずれる可能性がある断層を何というか，書きなさい。

②　わかったことの内容が正しくなるように，T～Wに当てはまる語句を，次からそれぞれ１つずつ選んで記号を書きなさい。

ア　隆起　　**イ**　沈降　　**ウ**　海洋プレート　　**エ**　大陸プレート

3　純さんと明さんは，秋田県で冬に体験した次のことについて疑問をもち，実験を行ったり話し合ったりした。下の(1)～(3)の問いに答えなさい。

体験Ⅰ：北西の季節風がふいた日，秋田県には多くの雪が降った。図1の気象衛星画像では，日本海の上にも雲が見られた。
体験Ⅱ：雪が降った日の朝，雪の上には動物の足あとが見られた。
体験Ⅲ：除雪ボランティアに参加し，除雪道具を利用して雪を持ち上げたとき，使う道具によって手ごたえが変わった。

図1

(1)　純さんは，体験Ⅰについて，日本海の上の雲に関する仮説を立て，実験Ⅰ，Ⅱを行った。

【仮説】　北西の季節風によって運ばれた空気に，日本海から多くの水蒸気が供給されると日本海の上に雲が発生するのではないか。

【実験Ⅰ】　図2のように，氷と a食塩を混ぜたもののまわりの空気を bシベリア気団に，室温と同じ温度の水を入れたバットを日本海に，それぞれ見立てて雲を再現する装置を作った。送風機で風を送ったところ，雲は発生しなかった。

【実験Ⅱ】　図2のバットの中にある水を湯にかえて実験Ⅰと同じように風を送ったところ，雲がバットの上で発生した。

図2

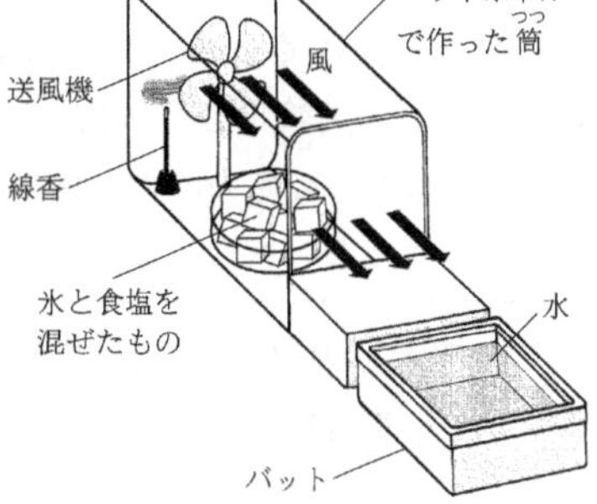

【考察】　北西の季節風によって運ばれた空気に，日本海から多くの水蒸気が供給される。その空気の温度が（　A　）に達し，空気中にふくみきれなくなった水蒸気が［　B　］ことにより，日本海の上に雲ができると考えられる。その雲が，秋田県に多くの雪を降らせる原因といえる。

①　下線部aの主成分は塩化ナトリウムである。塩化ナトリウムの化学式を書きなさい。
②　次のうち，下線部bの性質を表しているものはどれか，1つ選んで記号を書きなさい。
　ア　冷たく乾燥している　　**イ**　冷たくしめっている
　ウ　あたたかく乾燥している　　**エ**　あたたかくしめっている
③　考察が正しくなるように，Aには当てはまる語句を，Bには当てはまる内容をそれぞれ書きなさい。
④　純さんは，図1を見直したところ，岩手県側では雲が消えていることに気づき，その理由を次のように考えた。純さんの考えが正しくなるように，Cに当てはまる内容を「雪」と「水蒸気」という語句を用いて書きなさい。

北西の季節風によって運ばれた空気が山脈にぶつかると，強い上昇気流が発生します。そのときにできた雲が山脈をこえるとき，山間部に［　C　］からだと思います。

⑵ 純さんと明さんは，体験Ⅱについて，図3をもとに話し合った。

純さん：図3は，動物Pと動物Qの気温による体温の変化を表しているよ。
明さん：動物Pは，c 気温が変化しても体温をほぼ一定に保つしくみがあるから，一年中変わらず活動できると思うよ。
純さん：そうだね。動物Qは，寒くなると体温が下がり活発に活動できなくなるね。d 動物Qのなかまにはどんな動物がいるかな。

図3

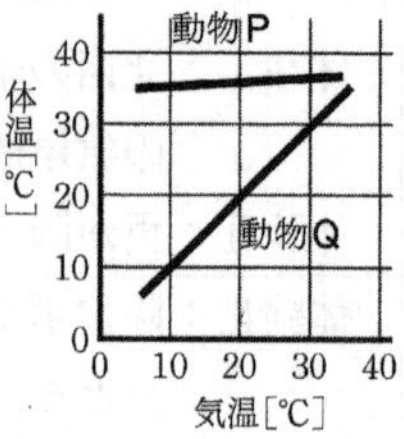

① 下線部cのような特徴をもつ動物を何というか，書きなさい。
② 次のうち，下線部dに当てはまるものを**すべて**選んで記号を書きなさい。

ア イモリ　**イ** コイ　**ウ** コウモリ　**エ** ヘビ　**オ** メダカ　**カ** ワシ

⑶ 明さんは，体験Ⅲについて，図4のような，雪を持ち上げて運搬する除雪道具に関する仮説を立て，実験Ⅲを行った。ただし，100gの物体にはたらく重力の大きさを1Nとし，板の質量は考えないものとする。

図4

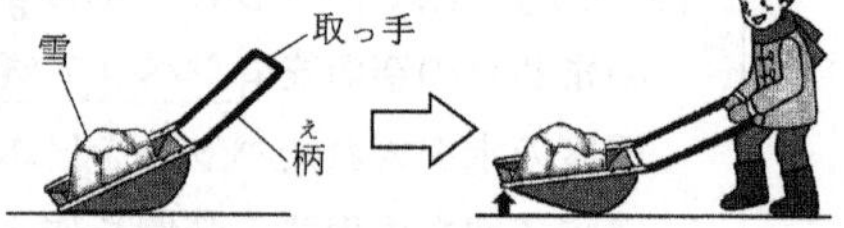

【仮説】 図4の除雪道具の柄を長くすれば，同じ質量の雪を持ち上げるとき，取っ手を押し下げる仕事の大きさは小さくなるのではないか。
【実験Ⅲ】 図5のように，板と台を除雪道具に見立てて，支点から50cmはなれた点Rに，雪に見立てた e 質量6kgの物体を置いた。次に，支点から100cm，150cm，200cmはなれた点S，T，Uを，それぞれ真上からゆっくりと押し下げ，物体を20cm持ち上げた。表は，各点を押し下げたときの力の大きさと押し下げた距離をまとめたものである。

図5

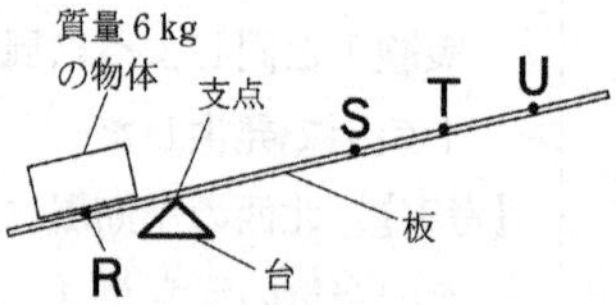

表

力点	力の大きさ［N］	押し下げた距離［cm］
S	30	40
T	20	60
U	15	80

① 下線部eにはたらく重力の大きさは何Nか，求めなさい。
② 点Uを押し下げたときの仕事の大きさは何Jか，求めなさい。
③ 明さんは，表を見て，仮説が誤っていることに気づき，次のように考えた。明さんの考えが正しくなるように，D，E，Fに当てはまる語句を下からそれぞれ1つずつ選んで記号を書きなさい。ただし，同じ記号を何回選んでもよいものとする。

支点から力点までの距離が（ D ）ほど小さい力で動かせますが，押し下げる距離が（ E ）ので，仕事の大きさは（ F ）といえます。

ア 小さくなる　**イ** 大きくなる　**ウ** 変わらない

4　健さんの学級では，溶解度をもとにした物質の見分け方について話し合った。表は，4種類の物質の溶解度を表したものである。下の⑴，⑵の問いに答えなさい。

表

物質＼水の温度［℃］	20	30	40	50	60
塩化ナトリウム	35.8	36.1	36.3	36.7	37.1
塩化アンモニウム	37.2	41.4	45.8	50.4	55.3
硝酸カリウム	31.6	45.6	64.0	85.2	109.2
ミョウバン	11.4	16.6	23.8	36.4	57.4

（溶解度は，100 g の水に物質をとかして飽和水溶液にしたときの，とけた物質の質量［g］である。）

⑴　先生が，授業の始めに次のように話した。

前の時間に，健さんが「溶解度の値から a水溶液にとけている物質を見分けることができるのではないか」と発言しました。そこで，水が100 g ずつ入った4つのビーカーと，表の物質45.0 g ずつを用意しています。まずは表をもとに，4種類の物質の見分け方について考えてみてください。 bろ過などの操作を加えてもかまいません。

①　下線部aにおける水のように，物質をとかす液体を何というか，書きなさい。

②　次のうち，下線部bの正しい操作を表した図はどれか，1つ選んで記号を書きなさい。

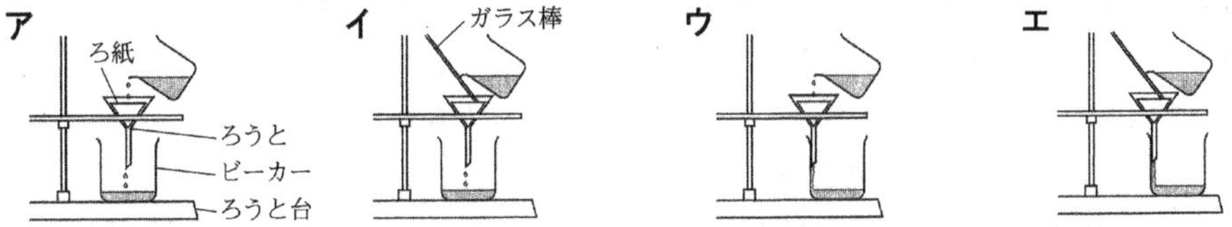

⑵　次の会話は，健さんの班の話し合いの一部である。

望さん：水が100 g ずつ入った4つのビーカーに，表の物質45.0 g をそれぞれ入れると，c20℃の水ではどの物質もとけきれないね。このとき，とけ残った物質をろ過によってとり出して質量を比較することで，物質を見分けられそうだね。

学さん：別の方法もあるよ。d水の温度を60℃にして，表の物質45.0 g をそれぞれ入れると，塩化ナトリウムだけがとけきれずに残るよね。他の3種類の水溶液を，60℃から20℃まで冷やしていくと，途中《とちゅう》で結晶が出てくるはずだよ。そのときの温度が高い順に並べると，［　X　］になるので見分けられそうだね。

健さん：学さんの考えは再結晶を使った見分け方だね。水溶液を冷やして結晶をとり出す再結晶は，［　Y　］を利用している方法だよね。

①　下線部cについて，とけ残る質量が**2番目**に大きい物質は何か，書きなさい。

②　下線部dについて，とけ残る塩化ナトリウムを完全にとかすために，さらに必要な60℃の水の質量は，少なくとも何gか，**整数**で書きなさい。求める**過程**も書きなさい。

③　次のア～ウを，Xに当てはまる順に並べて記号を書きなさい。

ア　塩化アンモニウム　　**イ**　硝酸カリウム　　**ウ**　ミョウバン

④ 健さんの発言が正しくなるように，Yに当てはまる内容を「温度」と「溶解度」という語句を用いて書きなさい。

5 愛さんが自分の部屋で，電気ストーブとドライヤーだけを同時に使ったとき，電気がしゃ断された。表は，愛さんの部屋の電気製品を100Vのコンセントにつないだときの消費電力を表したものである。次の(1)～(3)の問いに答えなさい。ただし，各電気製品に流れる電流の大きさは変化しないものとする。

表

電気製品	消費電力［W］
電気ストーブ	950
ドライヤー	1200
加湿器	330
照明器具	160

(1) 兄の仁さんは，電気がしゃ断されたことについて次のように説明した。

家の中の電気配線は a並列回路になっているよ。安全のため，配線ごとに流れる電流の大きさの合計が b決まった値以上になったとき，図1のように分電盤のブレーカーのスイッチが切れるんだ。

図1

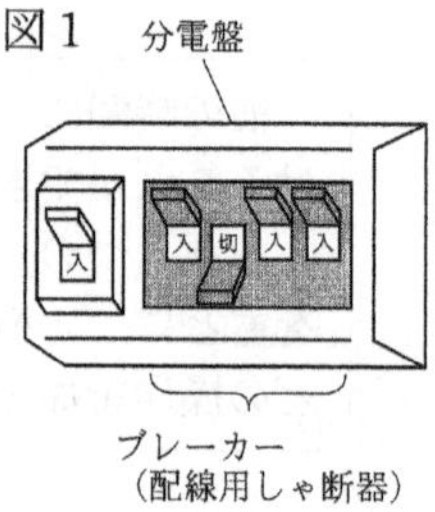

① 下線部aでは，枝分かれしたそれぞれの区間に加わる電圧の大きさには，どのような関係があるか，書きなさい。

② 愛さんの部屋で，電気ストーブと照明器具だけを同時に使ったときや，ドライヤーと加湿器だけを同時に使ったときには，電気がしゃ断されることはなかった。愛さんの部屋の下線部bはどの範囲にあるといえるか，次から1つ選んで記号を書きなさい。

ア 11.1A以下　　イ 11.1Aより大きく15.3A以下

ウ 15.3Aより大きく21.5A以下　　エ 21.5Aより大きい

(2) 仁さんの説明を聞き，愛さんは図2～4の回路をつくり，実験を行った。ただし，抵抗の値は抵抗器Kが30Ω，抵抗器Lが20Ωであり，電源の電圧はそれぞれ3.0Vとする。

① 図2で，回路に流れる電流は何Aか，求めなさい。

② 図3で，抵抗器Kと抵抗器Lの全体に加わる電圧の大きさを測定するとき，電圧計の＋端子と－端子は点C～Eのどこにつなげばよいか，次から1つ選んで記号を書きなさい。

ア （＋端子：C，－端子：D）

イ （＋端子：D，－端子：C）

ウ （＋端子：D，－端子：E）

エ （＋端子：E，－端子：D）

図2

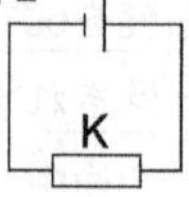

図3

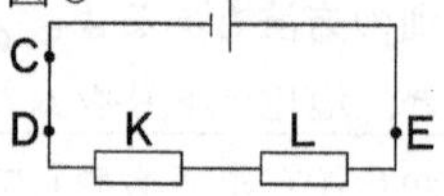

図4

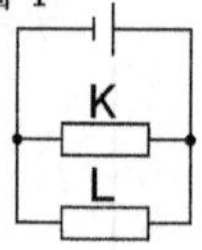

③ 図3と図4の回路全体の抵抗の大きさをそれぞれR_1，R_2とするとき，$R_1:R_2$ を最も簡単な整数比で書きなさい。

(3) 愛さんは，家の中の電気配線にブレーカーが必要な理由について次のように考えた。愛さんの考えが正しくなるように，Xには当てはまる内容を「電流」という語句を用いて，Yには当てはまる語句をそれぞれ書きなさい。

家の中の電気配線は並列回路になっていて，消費電力が大きくなるほど，回路全体では，［　X　］なり，発熱量が（ Y ）なるので危険だからです。

平成31年度

理　　科

（解　答　用　紙）

受検番号		氏　名	

合　計

1

小　計

(1)	
(2)	
(3)	
(4)	
(5)	
(6)	

2

小　計

(1)		
(2)		
(3)	Q：	R：
(4)	グラフ：	
	記号：	
(5) ①		
(5) ②	T：	U：
	V：	W：

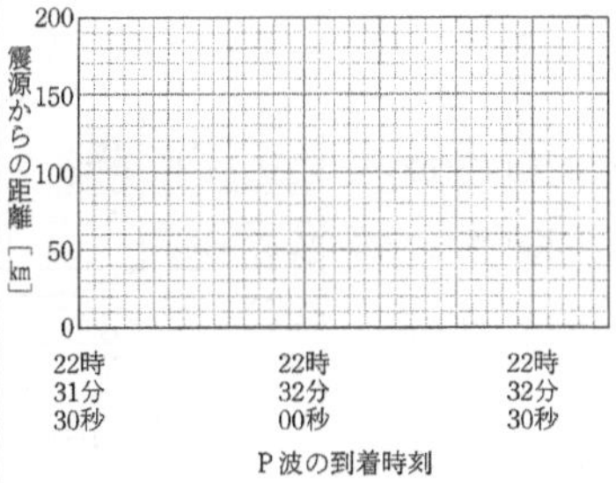

3

小　計

(1)	①	
	②	
	③	A：
		B：
	④	

3

小　計

(2)	①	
	②	
(3)	①	N
	②	J
	③	D：
		E：
		F：

4

小　計

(1)	①	
	②	
(2)	①	
	②	過程：
		少なくとも　g
	③	→ →
	④	

5

小　計

(1)	①	
	②	
(2)	①	A
	②	
	③	$R_1 : R_2 =$ ：
(3)	X：	
	Y：	

※この解答用紙は189％に拡大していただきますと，実物大になります。

＜社会＞

時間　50分　　満点　100点

1　次の表は，わが国の貨幣の歴史と経済の発展についてまとめたものである。これと年表，図を見て，後の(1)～(10)の問いに答えなさい。

表

<table>
<tr><th>時代</th><th colspan="2">貨幣の歴史と経済の発展</th></tr>
<tr><td>古代</td><td>・律令に基づく政治を行う国家を目指す中で，わが国最初の銅銭である［　あ　］や，和同開珎などの貨幣が造られた。
・都に設けられた市では，各地から送られてきた産物が売買された。</td><td>資料１　都の区画
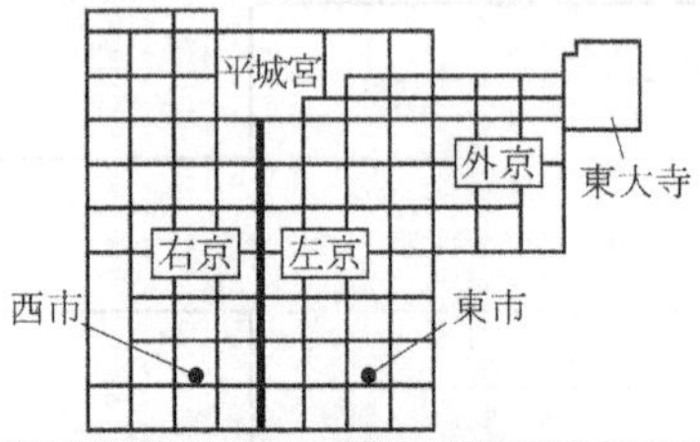</td></tr>
<tr><td>中世</td><td>・ⓐ中国から輸入された大量の宋銭や明銭が，商業の取り引きに使われた。
・寺社の門前や交通の要所には，市が［　い　］に開かれるようになり，次第に場所や回数が増えた。</td><td>資料２　市の様子

（「一遍上人絵伝」清浄光寺蔵）</td></tr>
<tr><td>近世</td><td>・江戸幕府は，金貨や銀貨，銭貨を造り，全国に流通させた。
・財政難に苦しむ幕府や藩では，たびたびⓑ財政の改革が行われた。改革の影響は，貨幣経済が広がる農村にも及んだ。</td><td>資料３　小判に含まれる金の割合
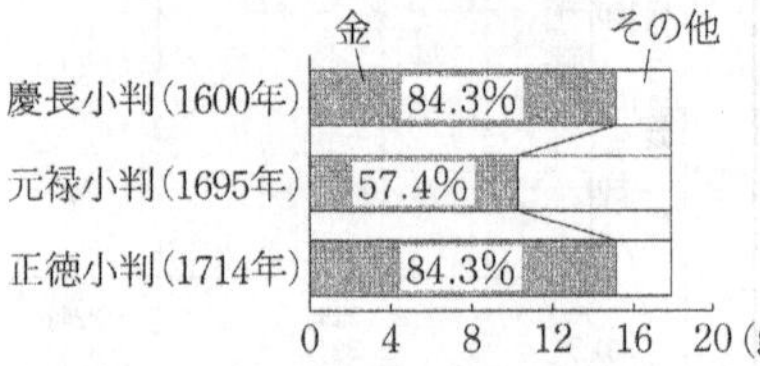
（「国史大辞典」などから作成）</td></tr>
<tr><td>近代</td><td>・政府は，ⓒ殖産興業政策を進める中で，円などを単位とする貨幣制度を整備した。
・近代産業の発展とともに，わが国のⓓ国際的地位の向上がみられ，国際的に活躍する人物も登場した。</td><td>資料４　新渡戸稲造

第一次世界大戦後に開かれた［　う　］では，アメリカ大統領の提案を基に［　え　］の設立が決まった。発足後，新渡戸は事務局次長を務めた。</td></tr>
<tr><td>現代</td><td>・戦後の復興を経て，わが国は経済成長を続けた。国際社会に復帰したのち，ⓔ国交の回復も進んだ。
・経済の状況などに応じて，硬貨や紙幣が製造される一方で，近年は電子マネーの普及が進んでいる。</td><td>資料５　わが国の硬貨の製造枚数
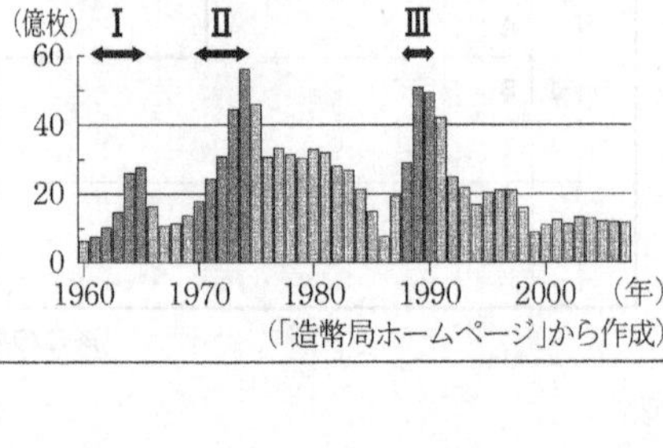
（「造幣局ホームページ」から作成）</td></tr>
</table>

⑴　表の あ にあてはまる語を書きなさい。

⑵　資料1の都を中心に政治が行われた時期のできごとを，一つ選んで記号を書きなさい。

ア　鑑真が遣唐使とともに来日した　　イ　奥州藤原氏が平泉を拠点に繁栄した

ウ　天智天皇が全国の戸籍を作成した　　エ　平将門が関東で反乱を起こした

⑶　下線部ⓐについて，日明貿易を開始した人物を，一人選んで記号を書きなさい。

ア　足利義満　　イ　平清盛　　ウ　北条時宗　　エ　豊臣秀吉

⑷　表の い に入る適切な語句を書きなさい。

⑸　資料2に描かれた X の人物の説明として適切なものを，一つ選んで記号を書きなさい。

ア　題目を唱えれば救われると説いた　　イ　座禅によって悟りを開こうとした

ウ　各地に国分寺・国分尼寺を建てた　　エ　踊りを取り入れて念仏をすすめた

⑹　下線部ⓑについて，資料3を見て，次の問いに答えなさい。

①　元禄小判を発行したときの将軍は誰か，書きなさい。

②　幕府が正徳小判を発行したねらいを，次の語を用いて解答欄にしたがって書きなさい。

〔　質　　物価　〕

⑺　下線部ⓒについて，次の年表を見て，Aの時期のできごとを，一つ選んで記号を書きなさい。

ア　八幡製鉄所の操業開始

イ　工場法の制定

ウ　新橋・横浜間の鉄道開通

エ　ラジオ放送の開始

年表

年代	主なできごと	
1860		
	大政奉還	┬
1870	通貨単位「円」誕生	│
1880	日本銀行設立	A
	大日本帝国憲法発布	┴
1890	日清戦争	
1900		
	日露戦争	┬
1910		B
	第一次世界大戦参戦	┴
1920	大戦景気	

⑻　下線部ⓓについて，年表のBの時期に，条約の改正を実現した外務大臣は誰か，書きなさい。また，実現した内容を書きなさい。

⑼　資料4の う と え にあてはまる語の正しい組み合わせを，一つ選んで記号を書きなさい。

ア　う　ワシントン会議　　え　国際連盟

イ　う　パリ講和会議　　え　国際連盟

ウ　う　ワシントン会議　　え　国際連合

エ　う　パリ講和会議　　え　国際連合

⑽　資料5を見て，次の問いに答えなさい。

①　ⅠとⅡのそれぞれの時期において，下線部ⓔに関するできごとを，一つずつ選んで記号を書きなさい。

ア　日韓基本条約　　イ　日独伊三国同盟

ウ　日ソ共同宣言　　エ　日中共同声明

②　Ⅲの時期に，硬貨の製造枚数が増加した理由を，当時新しく導入された税制と，右の図から読みとれることを関連づけて書きなさい。

図　わが国の硬貨の製造枚数の内訳

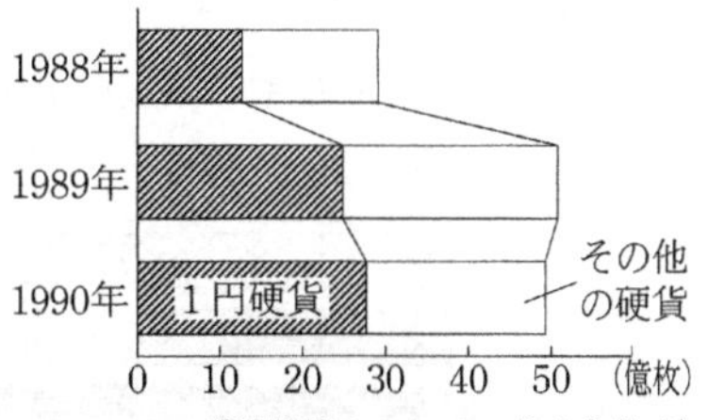

(「造幣局ホームページ」から作成)

2　次の模式図と図，表を見て，⑴～⑸の問いに答えなさい。

模式図

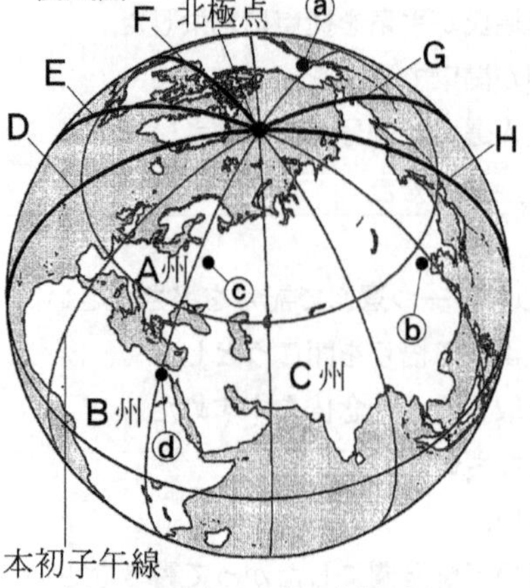

※ロシア連邦はA州に位置づけている。
※経線は30度ごとに引いている。

図1　南アメリカ州

図2　農産物の州別生産割合(%)

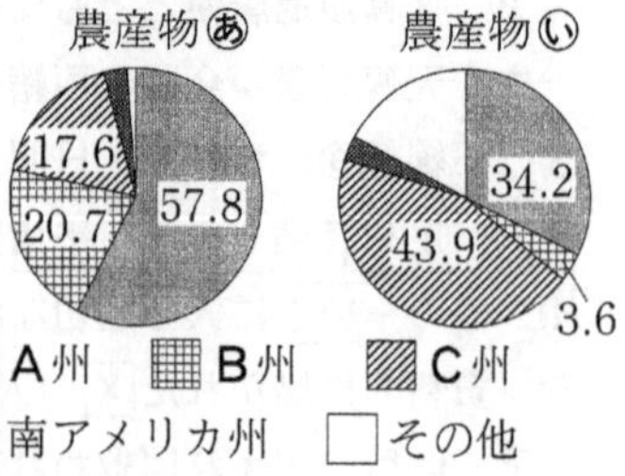

表　各州の比較

州＼項目	面積(万㎢)	人口(百万人)	穀物生産量(百万t)	原油産出割合(%)
南アメリカ州	1 783	424	185	9.8
㋐	2 305	742	Y	
㋑	3 192	4 504		
㋒	3 031	1 256	189	9.7

(図2，表は「データブック オブ・ザ・ワールド2018年版」などから作成)

⑴　模式図のⓐ～ⓓに位置する都市の中から，わが国との時差が最も大きい都市を，一つ選んで記号を書きなさい。

⑵　図1の X と同じ経度を示す経線を，模式図のD～Hから一つ選んで記号を書きなさい。

⑶　図2の農産物あと農産物いにそれぞれあてはまるものを，一つずつ選んで記号を書きなさい。なお，図2のA～C州は，それぞれ模式図のA～C州を表している。

ア　オリーブ　　イ　米　　ウ　小麦　　エ　コーヒー豆　　オ　とうもろこし

⑷　表の㋐～㋒は，それぞれ模式図のA～C州のいずれかを表している。 Y にあてはまる数値の正しい組み合わせを，一つ選んで記号を書きなさい。

ア

529	43.8
1 339	17.3

イ

529	17.3
1 339	43.8

ウ

1 339	43.8
529	17.3

エ

1 339	17.3
529	43.8

⑸　図3と図4は，表の各州からGDP上位国を1か国ずつ取り上げ，比較したものである。

①　図3のア～ウは，水力，火力，原子力のいずれかの発電量の割合を示している。水力の発電量の割合を示すものを，一つ選んで記号を書きなさい。

②　図4から読みとれる，わが国とフランスの共通点を，両国の経済の様子と関連づけて書きなさい。

図3　発電エネルギー源別の発電量の割合

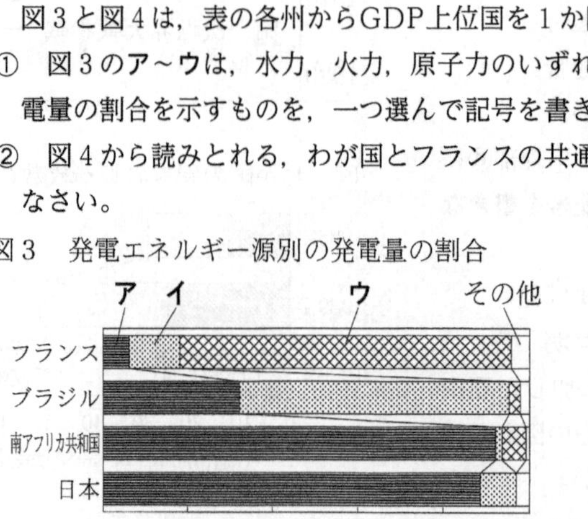

図4　GDPと*エネルギー消費量

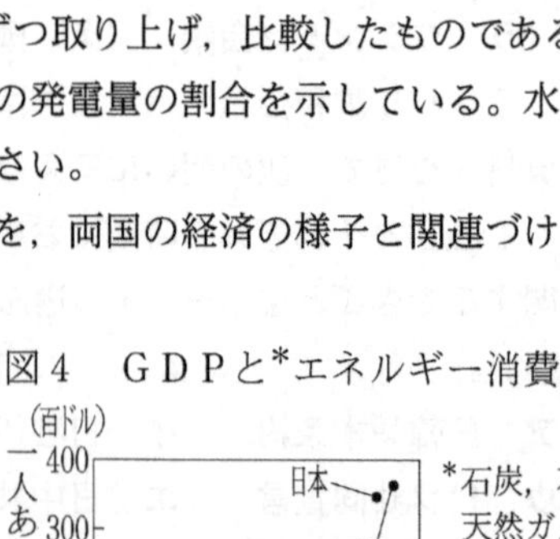

*石炭，石油，天然ガス等の消費量。

(図3，4は「世界国勢図会2017/18年版」などから作成)

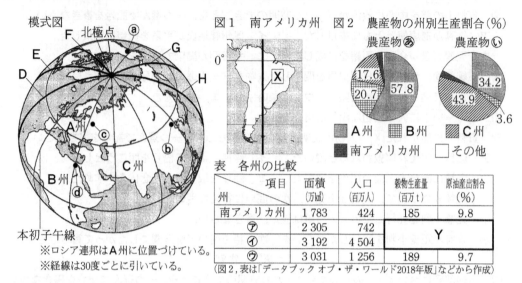

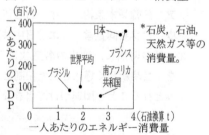

3　次の地図と図，表を見て，(1)～(6)の問いに答えなさい。

地図

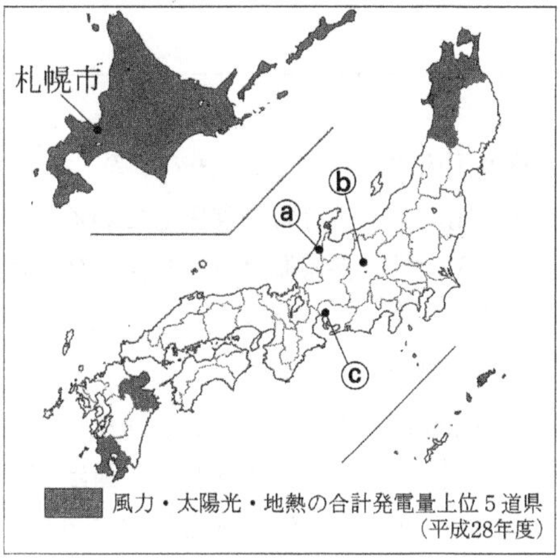

図１　ⓐ～ⓒの気温と降水量

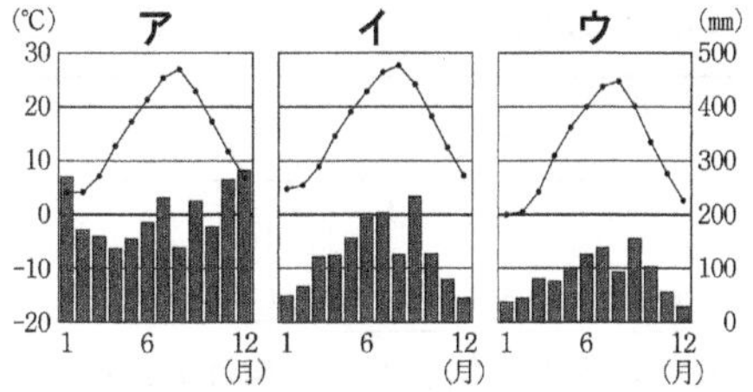

（「理科年表 平成30年」から作成）

図２　風力・太陽光・地熱の合計発電量

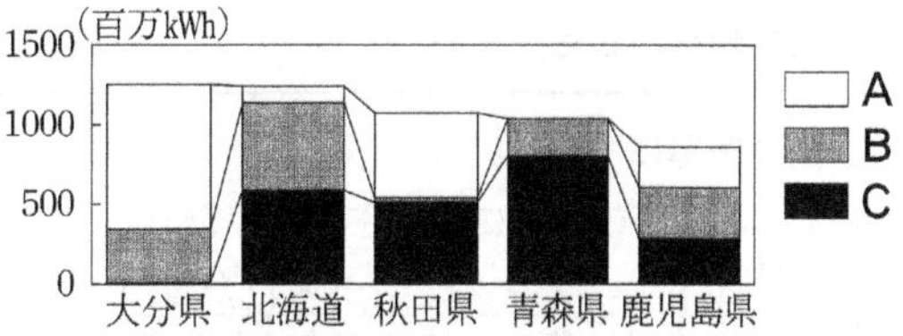

（「電力調査統計表 平成28年度」から作成）

表１　図２の５道県の農産物の生産額（2015年）

道県	農産物の生産額（億円）			
	米	野菜	果実	畜産
ア	422	751	857	910
イ	216	366	129	454
ウ	1 149	2 224	64	6 512
エ	854	261	64	352
オ	191	557	85	2 837

（「データでみる県勢2018」から作成）

表２　肉用牛の飼育戸数と飼育頭数

項目	年	1977年	1997年	2017年
秋田県	戸数(千戸)	11.0	3.0	0.9
	頭数(千頭)	44.9	29.2	17.1
鹿児島県	戸数(千戸)	59.5	22.7	8.4
	頭数(千頭)	214.0	285.1	306.1

（「畜産統計」から作成）

(1)　地図の札幌市のように，人口50万人以上で，都道府県の権限が一部委譲されている都市を何というか，書きなさい。

(2)　図１の**ア**～**ウ**は，それぞれ地図のⓐ～ⓒのいずれかの都市の気温と降水量を表したものである。ⓑの都市を表すものを，**ア**～**ウ**から一つ選んで記号を書きなさい。

(3)　図２の**A**～**C**は，風力，太陽光，地熱のいずれかの発電量を表したものである。**A**にあてはまるものはどれか，次の文を参考に書きなさい。

> **A**を利用した発電は，**B**や**C**を利用した発電とは異なり，天候や季節，昼夜を問わず，安定した電力を供給できる。

(4)　表１の**ア**～**オ**は，図２の５道県のいずれかである。秋田県にあてはまるものを，**ア**～**オ**から一つ選んで記号を書きなさい。

(5)　図３は，表２をもとに作成されたものである。折れ線グラフは，何の推移を示しているか，書きなさい。

(6)　図４を見て，年間を通した宿泊者数の割合について，二つの道県を比較して傾向の違いを読みとり，書きなさい。

図３　秋田県と鹿児島県の比較

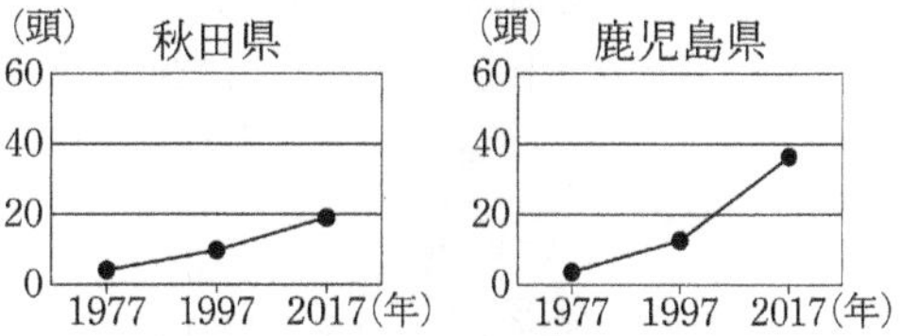

図４　宿泊者数の割合（2015年）

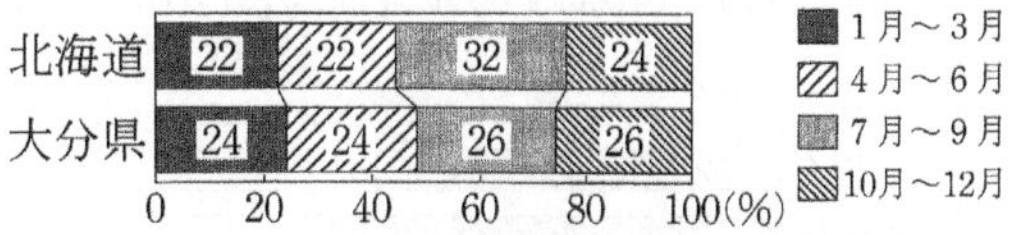

（「宿泊旅行統計調査報告」から作成）

4 次は，望ましい社会のあり方をテーマとして，各班が調べたことをまとめたものの一部である。これらと図を見て，後の(1)～(11)の問いに答えなさい。

● 1班が調べたこと

○社会保障について

図1 ある店の入口に表示されていたマーク

<マークに添えられた文>

法律により盲導犬・介助犬・聴導犬は同伴できます

図2 税金・保険料と社会保障給付金(2015年)

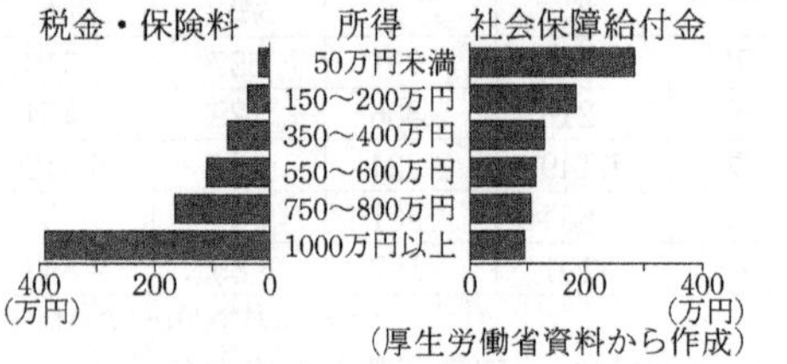

(厚生労働省資料から作成)

・日本国憲法は，第14条で法の下の [あ] を，第25条で生存権を保障している。

・わが国の社会保障制度は，社会全体で助け合い支えようとする中で，[い] しくみが働いている。

・社会保障制度は国ごとに違いが見られ，[う] のように保障が手厚い国ほど，国民の負担が [え] なる傾向にある。一方で，国による保障をあまり拡充しない国もある。

● 2班が調べたこと

○私たちにできる地域づくりについて

<私たちの地域の現状>
・商店街に空き店舗が増えている。
・地域の人々がふれあう場が減っている。
<私たちの提案>
・地域住民の交流の場として，商店街の一角に，ふれあいルームを開設する。

図4 家族類型別世帯の割合

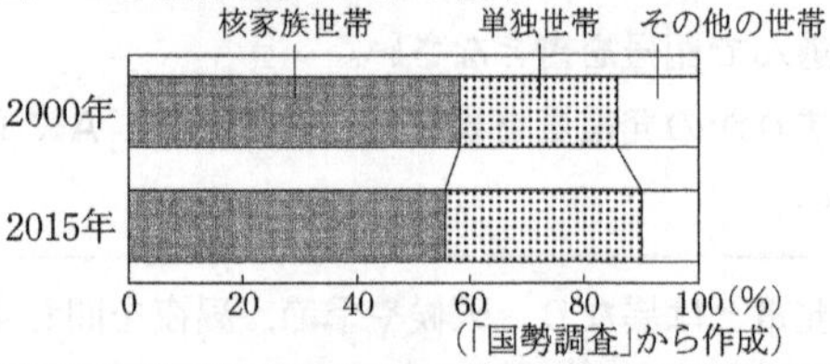

(「国勢調査」から作成)

・ⓐ家族のかたちの変化が見られ，地域における人々の結びつきが薄れていくことが心配される。

・ⓑふれあいルームの開設に向けて話し合い，効率の視点や公正の視点で考えることが重要だとわかった。

・地域づくりにおいては，積極的な住民参加が必要である。ボランティアの活動も広がりをみせており，ⓒNPOの存在もますます重要になってきている。

● 3班が調べたこと

○国際社会と国際協力について

図6 主な先進国のODAの実績(%)(2016年)

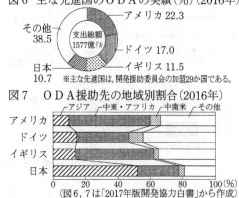

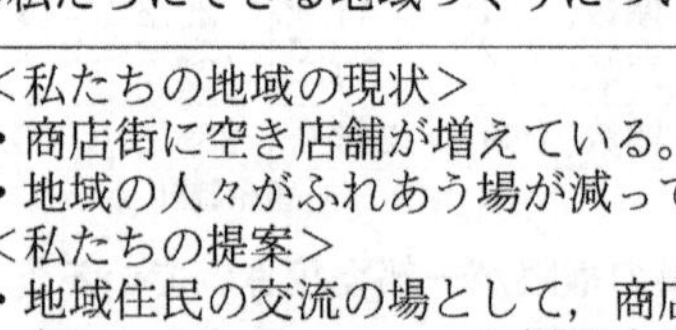

※主な先進国は，開発援助委員会の加盟29か国である。

図7 ODA援助先の地域別割合(2016年)

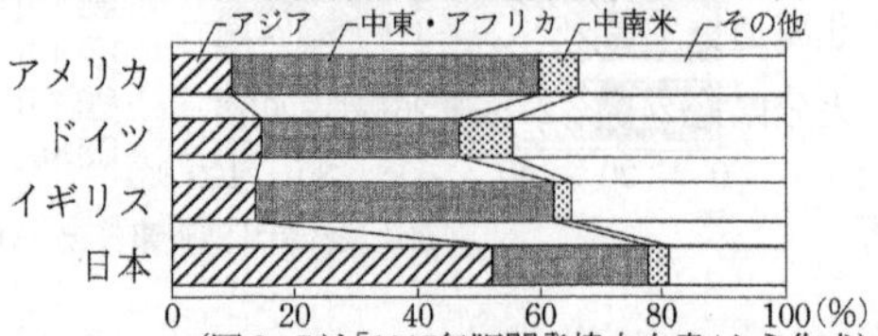

(図6，7は「2017年版開発協力白書」から作成)

・現在，世界には190余りのⓓ国家がある。

・ⓔAPECなど，特定の地域でまとまりをつくり，協調や協力を強めようとする動きが世界各地でみられる。

・国際協力には，さまざまな支援の形があり，ⓕODAのような国家による援助だけでなく，ⓖ私たちが参加できる取り組みもある。

・現在の世代と将来の世代の幸福をともに満たすような発展が望まれている。

⑴　図1は，何の向上を図ろうとして作成されたものか，一つ選んで記号を書きなさい。

ア　社会保険　　**イ**　社会福祉　　**ウ**　公的扶助　　**エ**　公衆衛生

⑵　あ　にあてはまる語を書きなさい。

⑶　い　に入る適切な内容を，図2から読みとり，次の語を用いて解答欄にしたがって書きなさい。［　**調整**　］

⑷　う　と　え　にあてはまる語の正しい組み合わせを，図3から読みとり，**ア**～**エ**から一つ選んで記号を書きなさい。

ア　う　オーストラリア　　え　軽く

イ　う　オーストラリア　　え　重く

ウ　う　デンマーク　　え　軽く

エ　う　デンマーク　　え　重く

図3　社会保障支出と国民負担率(2014年)

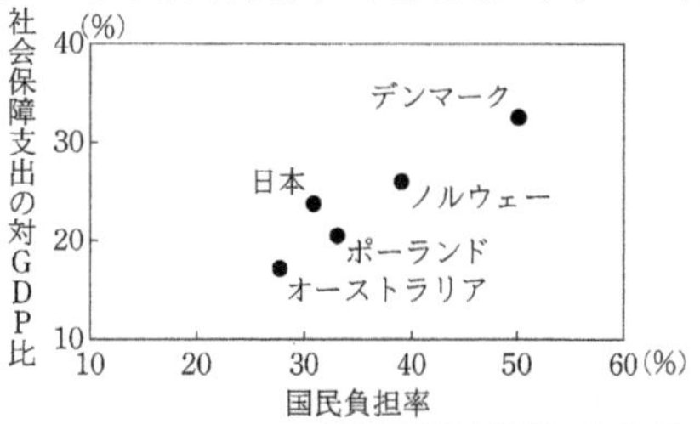

(厚生労働省資料から作成)

⑸　下線部ⓐについて，図4と図5から読みとれる変化を書きなさい。

図5　単独世帯数の推移

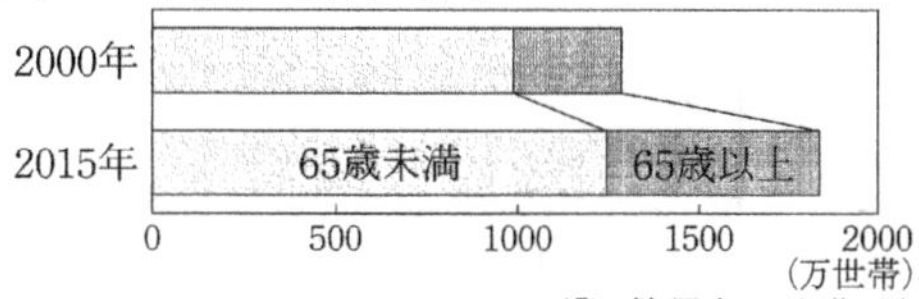

(「国勢調査」から作成)

⑹　下線部ⓑについて，公正の視点に基づいて出された意見を，**二つ**選んで記号を書きなさい。

ア　さまざまな立場の人の要望が反映されるようにする

イ　運営に必要となる労力がより少なくなるようにする

ウ　みんなが利用しやすい使い方を考えるようにする

エ　開設に必要な費用に無駄がないか考えるようにする

⑺　下線部ⓒの法人の設立について定めている法律を，一つ選んで記号を書きなさい。

ア　男女共同参画社会基本法　　**イ**　製造物責任法

ウ　循環型社会形成推進基本法　　**エ**　特定非営利活動促進法

⑻　下線部ⓓに関して，お　と　か　にあてはまる語を，それぞれ書きなさい。

> 独立した国家は，他国に支配されたり干渉されたりせず，国の政治や外交について自ら決める権利である　お　をもつ。国家間のきまりである　か　には，国と国とが結ぶ条約や，公海自由の原則のように長年の慣行で守られているものがある。

⑼　下線部ⓔの参加国を，図6に示した4か国から**二つ**選んで書きなさい。

⑽　下線部ⓕについて，図6と図7から読みとれる，わが国のODAの現状を書きなさい。

⑾　次は，下線部ⓖに関連して，生徒がまとめたものの一部である。き　にあてはまる語を，下の**ア**～**エ**から一つ選んで記号を書きなさい。

> 消費者の立場から途上国の生産者の生活を支え，貧困問題を解決しようとする取り組みとして，途上国でつくられた農産物や製品を適正な価格で購入する　き　がある。

ア　モノカルチャー　　**イ**　フェアトレード　　**ウ**　セーフティネット　　**エ**　バイオマス

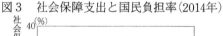

平成31年度

社　　会

（解　答　用　紙）

受検番号		氏　名	

合　計

1

小　計

(1)		
(2)		
(3)		
(4)		
(5)		
(6)	①	
	②	元禄小判に比べて,
(7)		
(8)	外務大臣	
	内容	
(9)		
(10)	①	Ⅰの時期　　Ⅱの時期
	②	

2

小　計

(1)		
(2)		
(3)	農産物あ	農産物い
(4)		
(5)	①	
	②	

3

小　計

(1)	
(2)	
(3)	
(4)	
(5)	
(6)	

4

小　計

(1)		
(2)		
(3)		所得に応じて,
(4)		
(5)		
(6)		
(7)		
(8)	お	
	か	
(9)		
(10)		
(11)		

※この解答用紙は182％に拡大していただきますと，実物大になります。

裏合計

四

小計

1	読み	①		②	ほし
	漢字	③		④	び
2					
3					
4					

五

小計

1	①		②		
2					
3	(1)				
	(2)	b			
		c			
4					

六

小計

選んだ記号〔　　〕

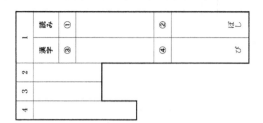

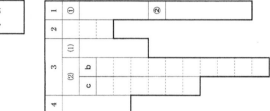

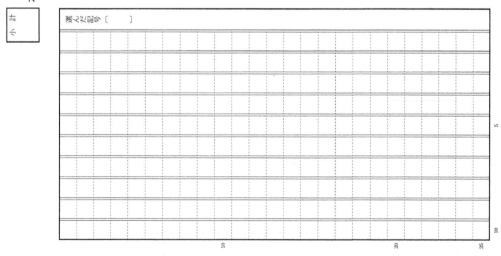

平成三十一年度

国語

（解答用紙）

受検番号		氏名	

一

小計

「聞くこと」に関する検査

1	話をしながら
2	活動を通して、大山さんに　　　　という思い
3	明子さんが、　　　　提案したから
4	

合計

表合計

二

小計

1		
2		
3		
4		から
5	a	
	b	
	c	
	d	

三

小計

1			
2			という状況
3			
4			
5	(1)	a	
		b	
	(2)		

※この解答用紙は192％に拡大していただきますと、実物大になります。

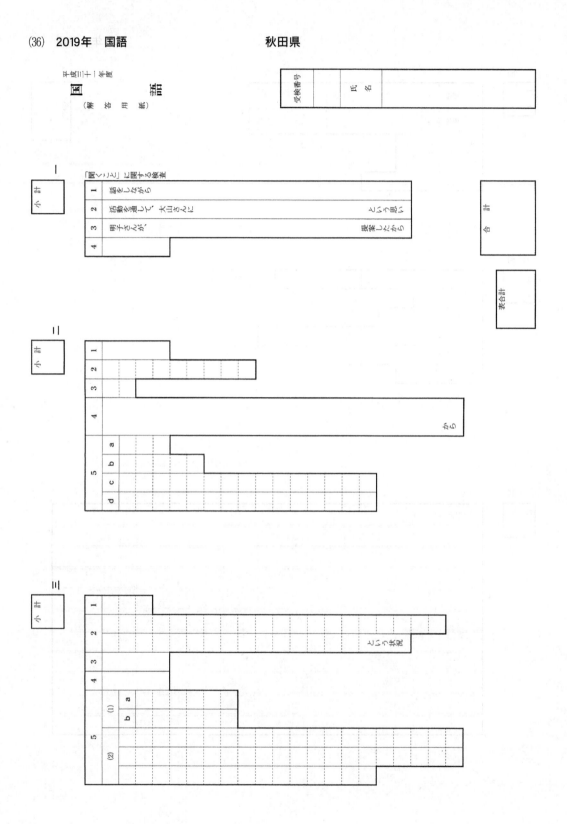

Ⅰ

［a］の色はあせて移り変わるのがはっきり見えるのに、［b］ことはなかなか捉えられないことを詠んでいる。

Ⅱ

「うき」は掛詞《かけことば》で、「つらい」と「浮く」という二つの意味が重ねられている。「つらい思いをしているので、誘ってくれる人がいるなら、浮き草の根が切れて流れていくようにどこへでもついていこうと思います」という意味になる。

Ⅲ

恋人と、夢の中でも一緒にいたいという情熱的な和歌である。しかし、現実には［c］しまったので、恋人の姿が見えなくなったことを悔やんでいる。

(1) ［a］に当てはまる語句を、Ⅰの和歌から抜き書きしなさい。

(2) ［b］［c］に適する内容を、［b］には**十字以内**で、［c］には**六字以内**でそれぞれ書きなさい。

4 女の歌はかやうにこそ　とあるが、Ⅰ、Ⅱ、Ⅲの和歌に共通する特徴として、最も適切なものを、次の**ア**～**エ**から一つ選んで記号を書きなさい。

ア 物事を繊細な感覚で捉えており、しみじみとした趣がある。

イ 実際の情景を丁寧に描写することにより、躍動感が伝わる。

ウ 容姿や顔だちなどと同様に、きらびやかな美が感じられる。

エ 感動で涙ぐむなどの日常の様子を、格調高く表現している。

六

次は二〇三〇～二〇四〇年頃を舞台にした小説に描かれた未来の姿の一部である。**a**～**c**から最も実現してほしいものを一つ選び、実現してほしい理由を、後の**〈条件〉**にしたがって書きなさい。

a　手元にマイ工場

日用品や雑貨などは、データを買って、自宅の＊3Dプリンタで作製することができる。

b　いつでもドクター

家や街に備え付けられたセンサーで健康管理をサポートし、異変があれば＊AIが簡単な診断をしてくれる。

c　クルマヒコーキ

自動運転の空陸両用タクシーが近距離の輸送手段となり、行き先を告げると、目的地まで送り届けてくれる。

（総務省　未来デザインチーム　小説「新時代家族～分断のはざまをつなぐ新たなキズナ～」より作成）

【注】＊3Dプリンタ……立体を造形するプリンタ
＊AI……人工知能

〈条件〉

・選んだ記号を［　］に書くこと
・自分の生活に関連づけて書くこと
・字数は二百字以上、二百五十字以内

き書きしなさい。

(2) [c] に適する内容を五十五字以内で書きなさい。

四 次の文章を読んで、1～4の問いに答えなさい。

私たちは、普段、様々な言葉を使って生活している。会話の中で相手が使った何気ない言葉によって、うれしくなったり不安になったりすることがある。使い方によっては交友関係が①親密になることもあれば、疎遠になることもある。言葉は、私たちの心情から人間関係に至るまで、大きく影響を②及ぼしている。

また、ある人が、発した言葉一語によって他から③ソンケイのまなざしで見られた場面、逆に、非難を④アびた場面を見たことがある。わずか一語で、その人自身が評価されてしまったのである。

このように考えると、言葉には力があり、その果たす役割は大きいと言える。私たちは、常にこのことを意識し、言葉を吟味しながら使っていく必要がある。

1 ①親密 ②及ぼし の読み仮名を書きなさい。
③ソンケイ ④アび を漢字に直して書きなさい。

2 うれしくなったり不安になったりする とあるが、これと同じ意味の四字熟語を、次のア～エから一つ選んで記号を書きなさい。
ア 優柔不断 イ 一喜一憂
ウ 朝三暮四 エ 意気消沈

3 ある と同じ品詞の言葉を、次のア～エから一つ選んで記号を書きなさい。
ア かなり イ 走る ウ 小さな エ 無い

4 意識し の活用形を書きなさい。

五 次の文章は「無名草子《むみょうぞうし》」の一節で、ある女性が小野小町《をののこまち》について批評している部分である。これを読んで、1～4の問いに答えなさい。

色（趣）を好み、歌を詠《よ》む者、昔より多からめど（昔から多いでしょうけれど）、小野小町こそ、みめ、容貌《かたち》も、もてなし（容姿、顔だちも、態度）、心遣ひよりはじめ、何事も、いみじかり①けむ（すばらしかっただろう）とおぼゆれ。

Ⅰ 色見えで（色が見えないで）②移ろふものは世の中の人の心の花にぞありける

Ⅱ 侘《わ》びぬれば身をうき草の根を絶《た》えて誘ふ水あらば往《い》なむとぞ思ふ

Ⅲ 思ひつつ寝《ぬ》ればや人の見えつらむ夢と知りせば覚めざらましを（覚めないでいたでしょうに）

と詠みたるも、女の歌はかやうにこそ（こうであるべき）とおぼえて、そぞろに（わけもなく）涙ぐましくこそ。

1 ①けむ ②移ろふ を現代仮名遣いに直し、すべて平仮名で書きなさい。

2 Ⅲの和歌を音読するとき、意味のまとまりから考えて、一か所区切るとしたらどこがふさわしいか。後半部分の**始めの三字**を抜き書きしなさい。

3 次のページの文は、Ⅰ、Ⅱ、Ⅲの和歌の解説文である。これを読んで、後の問いに答えなさい。

らしか発見できない。そして、この深くかかわれる場所は、人間にとってはそれほど大きなものではない。

6　私たちは、大きな世界とかかわろうとすれば、浅くかかわるしか、あるいは一面的にかかわるしかなくなる。グローバル化していく経済にかかわろうとすれば、経済という一面から世界と関係することになってしまうように。また、ときには、環境という一面から世界とかかわるように。

7　もちろん、私はそれらをすべて否定しているわけではない。大きな世界とかかわればかかわるほど、浅く一面的な関係になっていくことを、忘れてはいけない、と考えているだけである。深くかかわり、深く考えさせてくれる場所は、ローカルな世界のなかにしかないのだ、と。

8　近代化されていく世界が生みだした思想は、この点でとらえ方を間違えた。近代的な発想は、グローバルな発想や思想、システムに価値があり、ローカル性に基盤をおいたものを、あたかも古い時代のものであるかのごとく軽視したのである。その結果が、浅い知識だけで生きる人間の＊頽廃《たいはい》を生んでいる、と最近になって気づくようになるまで。だから、私も、いまでははっきり言うことができる。人間は少なくとも一方に、ローカルな世界をとり戻さなければいけない、と。

（内山節《うちやまたかし》「『里』という思想」による）

【注】＊グローバル……世界的な規模であるさま
＊頽廃……衰え、廃れること。道徳などが崩れ、不健全になること

1　何も困ることのない世界　を次のように言い換えた。［　］に当てはまる語句を、本文中から**三字**で抜き書きしなさい。

［　］のある世界

2　現在の村の現実　とあるが、村では実際にどのような状況がみられるか。本文中の語句を用いて、解答欄にしたがって**三十五字以内**で書きなさい。

3　自然に考えさせてくれる　の「自然に」の意味として最も適切なものを、次の**ア**～**エ**から一つ選んで記号を書きなさい。

ア　気まぐれに　**イ**　ひとりでに
ウ　あきらかに　**エ**　予定通りに

4　本文中における段落の関係を説明したものとして、最も適切なものを、次の**ア**～**エ**から一つ選んで記号を書きなさい。

ア　第3段落は第2段落の内容をまとめ、客観的事実を踏まえて結論を述べている。
イ　第4段落は第3段落の内容に対し、具体例を挙げながら主張を否定している。
ウ　第5段落は第4段落の内容を受け、疑問を解決し新たな話題を提示している。
エ　第6段落は第5段落の内容と関連させ、異なる視点から補足的に説明している。

5　本文中における筆者の主張を次のようにまとめた。これを読んで、後の問いに答えなさい。

大きな世界とかかわろうとすると、［a］かかわりになる。だが、［b］はこのようなかかわりに価値を見いだし、その結果、人間の頽廃を生んでしまった。だから人間はもう一方にローカルな世界をとり戻さなければいけない。なぜならローカルな世界には［c］からである。

(1)　［a］［b］に当てはまる語句を、本文中から**六字**でそれぞれ抜

5 次は、この文章を読んだ桃子さんと貴明さんの会話である。これを読んで、〔a〕～〔d〕に適する内容を、〔a〕には**三字以内**で、〔b〕には**五字以内**で、〔c〕〔d〕には**十五字以内**でそれぞれ書きなさい。

桃子　学は「……だっせ。めそめそしやがって」、「おまえの未来って、なんだよ」と低い声で言う憲太の普段と〔a〕様子から、自分への怒りを感じ取ったのね。
貴明　そうだね。でも、学の実力を十分に〔b〕憲太は、「本当にすごいやつは、どこにいたってちゃんとやれる」と学に語りかけたのではないかな。
桃子　そうね。憲太は学をずっと誇りに思ってきたのよね。学も憲太の思いを分かっているから、「ずっと、誰よりすごくあり続けなくてはいけないと思った」のよね。
貴明　学がうなだれたのは悔しさに加えて、憲太が自分に寄せている〔c〕を感じたからではないかな。
桃子　そうね。そして大人っぽい雰囲気の学が、憲太の前では、〔d〕を出していることに、憲太自身「不思議な気分になった」のね。確かな友情で結ばれた二人の姿が伝わってくるわね。

三

次の文章を読んで、1～5の問いに答えなさい。なお、設問の都合で本文の段落に1～8の番号を付けている。

1 村の暮らしには安心感がある。いや、そんなはずはない。村では過疎化も高齢化もすすんでいる。＊グローバル化していく市場経済は村の経済活動をこわしつづける。そう考えていくと、今日の村ほど不安な社会はないはずなのに、村に暮らしていると不思議な安心感をおぼえる。

2 私は、それを、記憶と理性の違いだと思っている。長い人類史をへてつくられた人間の記憶は、村は永遠の安心感につつまれていると感じさせる。畑や森や川があり村がある。村人たちは、畑のつくり方も、森の扱い方も知っている。村人のなかにある人類史の記憶は、ここには何も困ることのない世界がひろがっていると感じさせる。ところが、それだけではすまない現在の村の現実を理性は知っている。ここでは、記憶と理性は一致しない。この記憶と現在の不一致を感じながら過ごす時間が、私は好きだ。

3 もうひとつ、村で暮らす方が好きな理由がある。それは、村で暮らしていると、私たちは一代ではつくりだしえないものに支えられて生きていると感じられる、という点にあって、そのことが、ある時代を生きている人間とは何かを、自然に考えさせてくれる。自然の長い歴史。村の長い歴史。村で暮らすために必要なさまざまな技をつくり、伝えてきた長い歴史。そういった一代ではつくりだせないものに支えられて、人はある時代を生きる。

4 もちろん、村で暮らしていなくても、私たちは、記憶と理性のくい違いや、人は何に支えられて生きているかを、感じることはできるだろう。村の方が、そういうことがよくみえる、というだけである。むしろ、重要なのは次のことにある。それは、人にそのようなことを感じさせ、考えさせる場所は、ローカルな世界のなかにあるということである。

5 人の奥底にある深い記憶が静かに開かれていく世界も、人は長い時間の蓄積に支えられながら生きていると感じられる世界も、自分が生きている時間や空間を深くみつめることのできる日々のなかか

「なんだって?」

学が眉をつり上げて席を立ち、上目遣いで*ねめつけてきたが、憲太は動じなかった。

「おまえ、さっき言ったこと忘れたのかよ? 自分の成績が落ちたのを生田羽村のせいにしてただろ。こんな田舎だから駄目なんだってさ」

右手が勝手に動いて、向かい合う学の肩を摑《つか》んでいた。

「バッカじゃねえの? 久松先生だってこの村の出身だぞ。そりゃたしかにここは田舎だよ。でも、それだけの理由でおまえが駄目になるなら、それはおまえがその程度だっただけだよ。全世界のお医者さんは一人残らず都会出身なのかよ? 違うだろ?本当にすごいやつは、どこにいたってちゃんとやれる」

「でも」

学が反論しかけた矢先、落雷があった。手の中にある彼の肩が強張《こわば》るのがわかった。憲太はまた窓の外を見てしまった。空が明るくなるごとに、一面を覆う雷雲の形が、黒と群青《ぐんじょう》と紫を混ぜたような色で浮かび上がる。

「でも……僕のことをすごいと言ったのは、僕じゃない。大人たちや、憲太だよ」

憲太の手首が、そっと学の右手で押しのけられた。冷たい手だった。

「大人にはなんと噂《うわさ》されてもよかったけど、憲太が言ってくれたのは嬉《うれ》しかった。だから」

ずっと、誰よりすごくあり続けなくてはいけないと思った――学は打ちひしがれたみたいにうなだれた。

「あ……僕、憲太のせいにしたね」

学はもう泣き声をたてなかった。ただ、両手で顔を拭い続けた。雷が夜を走るたびに、唇を嚙《か》みしめ、目の下や頰に指や手の甲を押し当てる青白い顔が見えた。憲太はだんだんと不思議な気分になった。学はクラスの中ではっきりと大人っぽい部類に入る。本校の生徒を含めてもそうだし、実際に目にしたわけではないけれど、札幌《さっぽろ》の進学塾のクラスでだって、群を抜いて冷静で落ちつき払った雰囲気だっただろう。けれども今、自分の前にいる学は、まるで子どもだった。雷に怯《おび》えて目を閉じ、耳をふさいでいた、遠い日のように。

そうか、嬉しかったのか。俺の言葉が。

(乾《いぬい》ルカ「願いながら、祈りながら」による)

【注】 *分校……本校(主となる学校)から遠く離れた地域に住む児童生徒のために、別に設けた学校

*ねめつけて……にらみつけて

1　たたみかけた　とあるが、どのような意味を表しているか。最も適切なものを、次の**ア**~**エ**から一つ選んで記号を書きなさい。

ア　相手の顔を見つめること　**イ**　不意をついて驚かせること

ウ　知らないふりをすること　**エ**　続けざまに働きかけること

2　空が明るくなるごとに　と同じ内容を表現している部分を、本文中から**九字**で抜き書きしなさい。

3　真っ暗だ。~閉ざすんだ　とあるが、学がそのように考えた理由を次のようにまとめた。[　] に当てはまる語句を、本文中から**二字**で抜き書きしなさい。

> 札幌のような [　] の環境のほうが、勉強するうえで有利だと信じ込んでいるから。

4　俺、今のおまえ~診てほしくない　とあるが、憲太がそのように考えた理由を「命」という語句を用いて、解答欄にしたがって書きなさい。

二　次の文章を読んで、1～5の問いに答えなさい。

北海道生田羽《いくたば》村の中学校の＊分校は全校生徒が五名である。一年生の憲太と学は幼い頃から仲が良く、北海道内でもトップクラスの成績である学のことを、憲太は誇りに思っていた。雷が鳴る夜、行事のため校舎にいた憲太は泣き出した学に語りかけた。

泣きべその理由を推しはかりながら、憲太は学をとりあえず励ましてみた。

「でもおまえ、今でも十分すごいじゃん」

「どこがだよ！」

大声を出した学の頬《ほお》を伝い、細い顎《あご》の先からしずくが落ちる。「成績は下がったんだよ、僕は僕なりにやったつもりだったのに…僕より上のやつらは、みんな都会の子だった。彼らと同じことをやれたら、絶対負けなかったのに」

学は顎を手の甲で拭《ぬぐ》いながら、進学塾のテキストを拾い上げた。

「環境が違うんだ、勉強する環境が……こんな田舎にいるって、それだけですごいハンデだ。このままなら、きっとこれからもどんどん成績は下がる。成績が下がれば、望む高校に行けないかもしれない、大学にだって」

そして、苦しげに絞り出すような声で、こう断じた。

「真っ暗だ。生田羽村が、僕の未来を閉ざすんだ」

ああそうか——憲太は腑《ふ》に落ちた——こいつは悔しいんだ。悔しくて泣いているんだ。自分ではどうにもならないことが自分を邪魔していると信じ込んで。

眼鏡を外して肘《ひじ》をつき、両手で顔を覆って、学はとうとう嗚咽《おえつ》しだした。憲太は暗さにまぎれてしまいそうな彼のつむじを、しばらく睨《にら》んだ。

「……だっせ。めそめそしやがって」

口から出た声は、憲太自身も驚くほどに低かった。

「おまえの未来って、なんだよ」

その低さで、内にくすぶる怒りを憲太は自覚した。学も異変を悟ったのか顔を上げた。

「どんな未来がお望みなんだよ、言ってみろよ、おい」

そういえば、学の将来の夢を憲太は知らないのだった。憲太も教えていなかった。というか、真面目に考えたことがなかった。学校でそういった課題の作文を書かされたこともなかった。学の未来については、村の大人たちが口々に好き勝手なことを語るのを耳にするだけだった。

「……医師」

学も低い声で一言答えた。

「は？　イシ？」

「医師。お医者さんだよ、久松先生みたいな」

子どものころから世話になっている、穏やかで優しそうなおじいさん先生の像が、憲太の頭の中で結ばれた。

また雷が連続して落ちた。学の喉《のど》が、ひゅっと鳴った。

なるほど、医者なら難しいだろう。難しくなければ困る。人の命を預かる仕事なのだから。でも。

「俺、今のおまえみたいなお医者さんなら、診《み》てほしくない。ほんとマジ、絶対やだね」

雷が落ちたみたいに、学の体がびくっとなった。憲太はたたみかけた。「だって今のおまえなら、手術失敗しても、器具が悪かったとか、とにかく上手《うま》くいかなかったら周りのせいにしそうじゃん」

す。ところで、明子さんは、どのような活動を行ったらよいと思いますか。

明子　はい。私は、庭の草取りを手伝えばよいと思います。以前、大山さんの家の前を通ったときに、一人で草取りをしている姿を見かけました。一人よりも複数でするほうが大山さんの負担も減るし、話しながら行うことで楽しんでできるようにも思います。私も仁志さんと同じように、大山さんにぜひ喜んでもらいたいと思っています。

夏美　庭の草取りを行うというのですね。今の明子さんの提案に対して、仁志さんは意見や質問はありませんか。

仁志　はい。僕は、明子さんの意見を聞いて草取りもいいなと思いました。なぜなら、明子さんが、大山さんについての情報をもっていて、その情報に基づいて提案していたからです。

夏美　そうですね。やはり、情報に基づいた意見というのは説得力がありますね。今、二人から提案がありましたので、この後は、出された意見を基にして、具体的にどのような活動をしていくのか考えていきましょう。

(間2秒)

話し合いの様子はここまでです。

(間2秒)

それでは問題に移ります。問題は選択肢も含めてすべて放送で出題します。答えは解答用紙に記入しなさい。

(間3秒)

1　仁志さんは、大山さんと交流するためにどのような活動を提案しましたか。解答欄にしたがって書きなさい。

(間30秒)

次の問題に移ります。

2　仁志さんと明子さんの提案に共通しているのはどのような思いですか。解答欄にしたがって書きなさい。

(間30秒)

次の問題に移ります。

3　明子さんが提案した内容に対し、仁志さんはなぜ共感したのですか。その理由を解答欄にしたがって書きなさい。

(間30秒)

次の問題に移ります。

4　夏美さんが進行役を務める上で、気を付けていたことは何でしたか。最もふさわしいものを、次に読み上げる選択肢**ア**、**イ**、**ウ**、**エ**の中から一つ選んで、解答欄に記号をカタカナで書きなさい。選択肢は二回読みます。

ア　発言の意図を確認するために、何度も質問しながら進めている。

イ　発言の内容に対し、その都度意見を付け加えながら進めている。

ウ　発言したことを受け止め、確認した上で次の発言に移っている。

エ　発言に対し優劣を付けて、活動する内容を決めようとしている。

繰り返します。(※**ア**から**エ**を繰り返して読む)

(間10秒)

これで国語の「聞くこと」に関する検査を終わります。問題用紙を開いて、次の問題に移ってください。

〈国語〉

時間　六〇分　　満点　一〇〇点

〔注〕（　）内は音声として入れない。

一　「聞くこと」に関する検査

ただいまから、国語の「聞くこと」に関する検査を始めます。「聞くこと」に関する検査は、出題も含めてすべて放送で行いますので、指示があるまで問題用紙を開いてはいけません。解答用紙とメモ用紙を準備してください。

（間４秒）

メモ用紙は必要に応じて使ってください。問題は全部で四つです。

（間３秒）

夏美さんが通う中学校では、毎年夏休みに地域の方々と交流する活動を行っています。三年生は高齢者のお宅を訪問することになっており、一組の夏美さんは、他の二人とともに、大山さんという女性のお宅を訪問することに決まりました。

これから放送する内容は、大山さんのお宅を訪問した際に行う活動についての話し合いの様子です。メンバーは、夏美さん、仁志さん、明子さんの三人です。進行役は、夏美さんが務めています。

話し合いの様子と問題は、一度だけ放送します。

それでは、始めます。

（間３秒）

夏美　大山さんのお宅を訪問したときに、どのような活動を行ったらよいか意見を聞かせてください。仁志さん、お願いします。

仁志　はい。僕は、昔の遊びを一緒に行うのがよいと思います。そうすることで交流することができると考えました。

夏美　仁志さんの提案は、昔の遊びを一緒にするということですね。もう少し詳しく説明してください。

仁志　はい。大山さんを含め、お年寄りは子どもの頃に、今私たちがほとんど遊ばなくなった、あやとりなどをして遊んでいたと思います。その当時の思い出について話をしながら一緒に遊ぶことで、交流を深めたいです。僕は、そうすることで、大山さんに喜んでもらいたいと思っています。

夏美　なるほど。会話しながら一緒に昔の遊びをすることで、交流を深めるということですね。明子さんは今の仁志さんの提案を聞いて、意見や質問はありませんか。

明子　はい。昔の遊びを一緒に行うのはよいアイデアだと思います。思い出話などをしながら遊べば、大山さんもきっと喜んでくれるのではないでしょうか。それから、祖母から聞いたのですが、以前、町内会の集まりで大山さんと百人一首のカルタ取りをしたということでした。だから、百人一首をするのもよいと思います。

夏美　明子さんは、大山さんについて知っていることがあるのですね。貴重な意見をありがとうございま

2019年度

解 答 と 解 説

《2019年度の配点は解答用紙集に掲載してあります。》

＜数学解答＞

1 (1) $-\frac{1}{3}$　(2) $-b$　(3) $x=15$　(4) $x=\frac{4}{5}$　(5) $x=4$, $y=-3$

(6) $x=\frac{2}{3}$, 1　(7) $-\sqrt{6}$　(8) イ，ウ

(9) 6.15×10^3m　(10) N＝15　(11) 右図

(12) 52°　(13) 45°　(14) $36\sqrt{7}\text{ cm}^3$　(15) $\frac{9}{7}$倍

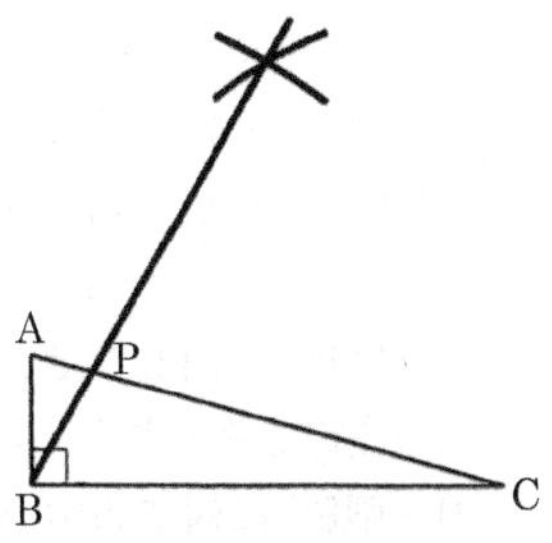

2 (1) ① $a=\frac{3}{2}$(求める過程は解説参照)　② $y=-2x+2$

(2) ア 解説参照　イ 50　(3) ① 39cm^2

② ア 12　イ $n-1$　ウ $9n+3$

3 (1) ① ⓐ ウ　ⓑ ア　ⓒ イ　② ⓓ 解説参照

③ ⓔ イ，エ　(2) $6\sqrt{5}$ cm

4 (1) ① x 18　y 0.35　② (記号) ア(理由は解説参照)　(2) $\frac{3}{8}$

5 Ⅰ (1) $y=30$　(2) $x=\frac{76}{5}$(求める過程は解説参照)　(3) $x=\frac{80}{3}$, $y=\frac{100\sqrt{2}}{3}$

Ⅱ (1) $y=8\sqrt{3}$　(2) $x=\frac{63}{5}$(求める過程は解説参照)　(3) $x=\frac{55}{3}$, $y=\frac{250}{9}$

＜数学解説＞

1 (数・式の計算，比例式，一次方程式，連立方程式，二次方程式，平方根，一次関数，近似値，作図，角度，体積，体積比)

(1) 異符号の2数の積の符号は負で，絶対値は2数の絶対値の積だから，$\frac{5}{6}\times(-0.4)=\frac{5}{6}\times\left(-\frac{2}{5}\right)=-\left(\frac{5}{6}\times\frac{2}{5}\right)=-\frac{1}{3}$

(2) $2(3a-2b)-3(2a-b)=6a-4b-6a+3b=6a-6a-4b+3b=(6-6)a+(-4+3)b=-b$

(3) 比例式の内項の積と外項の積は等しいから，$6:8=x:20$ より $8x=6\times20$ $x=\frac{6\times20}{8}=15$

(4) $\frac{3x+4}{2}=4x$ 両辺に2をかけて $3x+4=8x$ 左辺の$+4$と，右辺の$8x$をそれぞれ移項して $3x-8x=-4$ $-5x=-4$ $x=\frac{4}{5}$

(5) $\begin{cases}2x+3y=-1\cdots①\\-4x-5y=-1\cdots②\end{cases}$ ①×2＋②より，$y=-3$ これを①に代入して，$2x+3\times(-3)=-1$ $2x-9=-1$ $x=4$ よって，連立方程式の解は，$x=4$, $y=-3$

(6) **2次方程式$ax^2+bx+c=0$の解は，$x=\frac{-b\pm\sqrt{b^2-4ac}}{2a}$**で求められる。問題の2次方程式は，$a=3$, $b=-5$, $c=2$の場合だから，$x=\frac{-(-5)\pm\sqrt{(-5)^2-4\times3\times2}}{2\times3}=\frac{5\pm\sqrt{25-24}}{6}=\frac{5\pm\sqrt{1}}{6}=\frac{5\pm1}{6}$ よって，2次方程式の解は $x=\frac{5+1}{6}=1$ と $x=\frac{5-1}{6}=\frac{2}{3}$

(7)　$\sqrt{24}-\frac{18}{\sqrt{6}}=\sqrt{2^2\times 6}-\frac{18\times\sqrt{6}}{\sqrt{6}\times\sqrt{6}}=2\sqrt{6}-3\sqrt{6}=(2-3)\sqrt{6}=-\sqrt{6}$

(8)　xとyの関係が定数aを用いて　$y=ax$　と表されるとき，**yはxに比例**し，そのグラフは原点を通る直線を表す。また，$a>0$のとき，右上がりのグラフ(xが増加すると，yも増加する)になり，$a<0$のとき，右下がりのグラフ(xが増加すると，yは減少する)になる。

(9)　6150の**有効数字**が上から3桁の6，1，5だから，これを整数部分が1けたの数で表すと6.15　実際は整数部分の6は1000の位だから，6.15を1000＝10^3倍して　6.15×10^3m

(10)　$N=\sqrt{N^2}$，$N+1=\sqrt{(N+1)^2}$　だから，$N\leqq\sqrt{n}<N+1$　は　$\sqrt{N^2}\leqq\sqrt{n}<\sqrt{(N+1)^2}$　と表せる。よって，$N^2\leqq n<(N+1)^2$　である。これを満たすnが31個あるということは，$\{(N+1)^2-1\}-N^2+1=31$　が成り立つ。整理して，$2N+1=31$　これを解いて　$N=15$

(11)　(着眼点)直角三角形ABCと重なるように，辺BCを一辺とする正三角形を作図し，辺CAとの交点をPとすると，∠PBA＝∠ABC－∠PBC＝90°－60°＝30°となる。　(作図手順)次の①の手順で作図する。　①　点B，Cをそれぞれ中心として，交わるように半径BCの円を描き，その交点と点Bを通る直線を引き，辺CAとの交点をPとする。

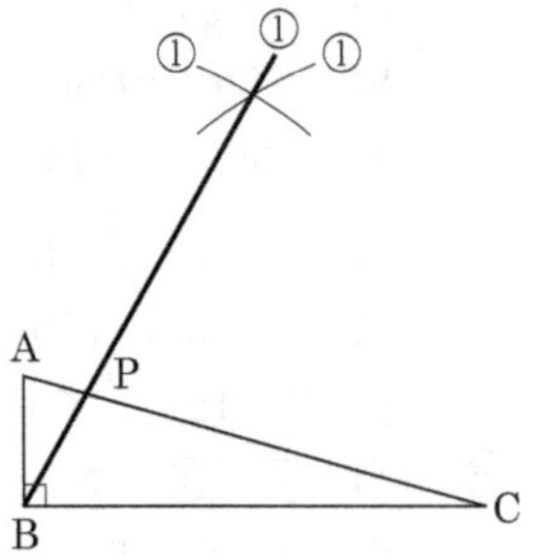

(12)　**弧BCに対する中心角と円周角の関係**から，∠BOC＝2∠BAC＝2×38°＝76°　△OBCはOB＝OCの二等辺三角形だから，$\angle x=\frac{180^\circ-\angle BOC}{2}=\frac{180^\circ-76^\circ}{2}=52^\circ$

(13)　**平行線の錯角は等しい**から，∠DCF＝∠CFE＝180°－137°＝43°　∠BCE＝180°－∠DCE＝180°－(∠ECF＋∠DCF)＝180°－(51°＋43°)＝86°　△BCEの**内角と外角の関係**から，$\angle x$＝∠ABC－∠BCE＝131°－86°＝45°

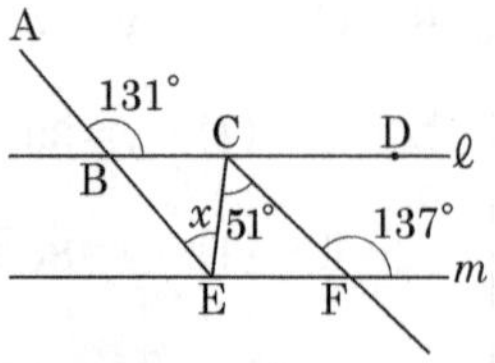

(14)　底面の正方形BCDEの対角線の交点をOとするとき，線分AOは正方形BCDEに垂直であり，正四角錐A－BCDEの高さに相当する。△BCDは**直角二等辺三角形で，3辺の比は1：1：$\sqrt{2}$** だから　$BD=\sqrt{2}BC=\sqrt{2}\times 6=6\sqrt{2}$ cm　直角三角形ABOで**三平方の定理**を用いると　$AO=\sqrt{AB^2-BO^2}=\sqrt{AB^2-\left(\frac{BC}{2}\right)^2}=\sqrt{9^2-\left(\frac{6\sqrt{2}}{2}\right)^2}=3\sqrt{7}$ cm　よって，正四角錐A－BCDEの体積は$\frac{1}{3}$×底面積×高さ＝$\frac{1}{3}\times 6^2\times 3\sqrt{7}=36\sqrt{7}$ cm^3

(15)　三角錐A－BCD，A－BPD，A－BPQの体積をそれぞれV，V_1，V_2とする。「**高さが等しい三角錐の体積比は，底面積の比に等しい**」ことと，「**高さが等しい三角形の面積比は，底辺の長さの比に等しい**」ことから，$V:V_1$＝△ABC：△ABP＝AC：AP＝(3＋1)：3＝4：3より，$V_1=\frac{3}{4}V$…①　$V_1:V_2$＝△ABD：△ABQ＝AD：AQ＝(3＋1)：3＝4：3より，$V_2=\frac{3}{4}V_1$…②　①，②より，$V_2=\frac{3}{4}V_1=\frac{3}{4}\times\frac{3}{4}V=\frac{9}{16}V$　以上より，(三角錐A－BPQの体積)：(四角錐B－PCDQの体積)＝$V_2:(V-V_2)=\frac{9}{16}V:\left(V-\frac{9}{16}V\right)=\frac{9}{16}:\frac{7}{16}=9:7$　三角錐A－BPQの体積は，四角錐B－PCDQの体積の$\frac{9}{7}$倍である。

2 (関数とグラフ，方程式の応用，規則性)

(1)　①　(求める過程)(例)点Aは$y=-\frac{12}{x}$のグラフ上の点であるから，$x=-2$を代入して，$y=\frac{-12}{-2}=6$　よって，点Aの座標は，(－2，6)となる。点Aは$y=ax^2$のグラフ上の点でもあるから，$x=-2$，$y=6$を代入して，$6=a\times(-2)^2$　$6=4a$　$a=\frac{3}{2}$

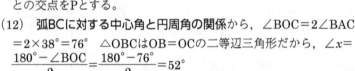

② 点Bは$y=-\frac{12}{x}$のグラフ上の点であるから，$x=3$を代入して，$y=\frac{-12}{3}=-4$　よって，点Bの座標は，(3, −4)となる。2点A(−2, 6)，B(3, −4)を通る直線の式は，傾きが$\frac{-4-6}{3-(-2)}=-2$　なので，$y=-2x+b$とおいて点Aの座標を代入すると，$6=-2\times(-2)+b$　$b=2$　よって，直線ABの式は，$y=-2x+2$

(2) ア (例)$24x=30\times30+15(x-30)$　これを解くと　$24x=900+15x-450$　$9x=450$　$x=50$
イ 前問アより$x=50$なので，50枚のとき，同じ料金になる。

(3) ① 1番目の図形の面積は　$4\text{cm}\times3\text{cm}=12\text{cm}^2$　2番目以降の図形の面積は，1つ前の図形の面積に対して9cm^2ずつ増えていくから，4番目の図形の面積は　$12+9\times(4-1)=39\text{cm}^2$

② 板1枚の面積は　$4\text{cm}\times3\text{cm}=12\text{cm}^2$…ア，隣り合う板が重なる部分の面積は$3\text{cm}^2$である。重なる部分は，たとえば2番目の図形では　$2-1=1$か所，3番目の図形では　$3-1=2$か所あり，n番目の図形では　$(n-1)$か所…イ　ある。これらのことから，n番目の図形の面積は，n枚の板の合計の面積から，隣り合う板が重なる部分の合計の面積を引いて　$12\times n-3\times(n-1)=(9n+3)\text{cm}^2$…ウ　となる。

3 (円の接線の作図手順，図形の証明，線分の長さ)

(1) ① (着眼点)線分AOを直径とする円をかいたとき，その円周上の点P，Qに関して，「**直径に対する円周角は90°である**」ことより，∠APO＝∠AQO＝90°となり，「**接線と接点を通る半径は垂直に交わる**」ことより，半直線AP，AQはそれぞれ点P，Qを接点とする円Oの接線になる。 (作図手順)次の①～③の手順で作図する。
① 線分AOをひく。 ② 点A，Oをそれぞれ中心として，交わるように半径の等しい円を描き，その交点を通る直線(線分AOの**垂直二等分線**)をひき，線分AOとの交点(線分AOの中点)を点Mとする。

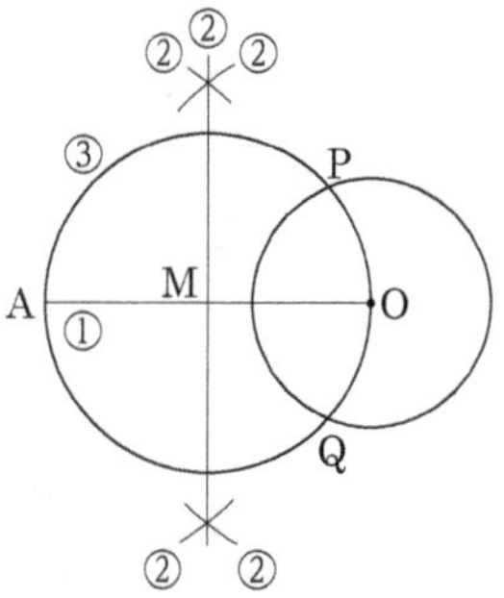

③ 点Mを中心として，線分AMを半径とする円をかき，円Oとの交点をそれぞれ点P，Qとする。

② ⓓ (例)AP，AQは円Oの接線であるから，∠OPA＝∠OQA＝90°…①　AOは共通…②　円Oの半径であるから，OP＝OQ…③　①，②，③より，直角三角形の斜辺と他の1辺がそれぞれ等しいから，△APO≡△AQO

③ ⓔ (イの証明)前問②と同様にして，△BQO≡△BROがいえる。よって，△BROは△BQOを，直線BOを**対称の軸**として**対称移動**した図形とみることができる。**対称移動では，対応する点を結んだ線分は，対称の軸と垂直に交わり，その交点で2等分される**から，BO⊥QRとなる。 (エの証明)CR，CPは円Oの接線であるから，∠ORC＝∠OPC＝90°　直径に対する円周角は90°だから，点R，Pは線分COを直径とする円の円周上にある。

(2) 円Oの半径＝$\frac{BC}{2}=\frac{12}{2}=6\text{cm}$　$\angle AOD=\angle AOP+\angle DOP=\frac{1}{2}\angle POQ+\frac{1}{2}\angle POS=\frac{1}{2}(\angle POQ+\angle POS)=\frac{1}{2}\angle QOS=\frac{1}{2}\times180^\circ=90^\circ$　△ODPに三平方の定理を用いると，$OD=\sqrt{DP^2+OP^2}=\sqrt{DS^2+OP^2}=\sqrt{3^2+6^2}=3\sqrt{5}\text{ cm}$　△AOPと△ODPで，∠APO＝∠OPD＝90°…①　∠OAP＝90°−∠AOP…②　∠DOP＝∠AOD−∠AOP＝90°−∠AOP…③　②，③より，∠OAP＝∠DOP…④　①，④より，2組の角がそれぞれ等しいから　△AOP∽△ODP　よって，AO：OD＝OP：DPより　$AO=\frac{OD\times OP}{DP}=\frac{OD\times OP}{DS}=\frac{3\sqrt{5}\times6}{3}=6\sqrt{5}\text{ cm}$

4 （資料の散らばり・代表値，確率）

(1) ① 相対度数$=\dfrac{\text{各階級の度数}}{\text{度数の合計}}$ より，10分以上20分未満の階級の相対度数に関して $0.30=\dfrac{x}{60}$ よって，$x=60\times0.30=18$ また，20分以上30分未満の階級の相対度数に関して $y=\dfrac{21}{60}=0.35$

② （理由）（例）小さいほうから15番目と16番目の生徒は，3年1組では20分以上30分未満の階級に，3年2組では10分以上20分未満の階級に入っているから，3年1組の中央値のほうが大きい。

(2) 袋A，袋B，袋Cから順にカードを1枚ずつ取り出したとき，すべてのつくられる式と，式を計算した値は $(-1)-(+1)=-2$，$(-1)-(-3)=+2$，$(-1)\times(+1)=-1$，$(-1)\times(-3)=+3$，$(+2)-(+1)=+1$，$(+2)-(-3)=+5$，$(+2)\times(+1)=+2$，$(+2)\times(-3)=-6$ の8通り。このうち，式を計算した値が負の数になるのは，～～を付けた3通りだから，求める確率は $\dfrac{3}{8}$

5 Ⅰ （立方体の辺上を動く動点）

(1) $x=6$のとき，点Pは辺AB上にあり，AP＝毎秒1cm×6秒＝6cmだから，$y=\dfrac{1}{2}\times\text{AP}\times\text{BF}=\dfrac{1}{2}\times6\times10=30$

(2) （求める過程）（例）点Pが点Aを出発してからx秒後のFPの長さは，$10\leqq x\leqq20$のとき，FP$=20-x$と表される。したがって，$\dfrac{1}{2}\times10\times(20-x)=24$ これを解くと $x=\dfrac{76}{5}$

(3) $20\leqq x\leqq30$のとき，点Pは辺FG上にあり，そのときの展開図の一部を右図に示す。点Pが線分BM上にあるとき，BP＋PMはもっとも短くなる。このとき，平行線と線分の比についての定理より，PG：BC＝GM：CM　$\text{PG}=\dfrac{\text{BC}\times\text{GM}}{\text{CM}}=\dfrac{10\times5}{15}=\dfrac{10}{3}$cm よって，このときの$x$の値は $\text{AB}+\text{BF}+\text{FP}=10+10+\left(10-\dfrac{10}{3}\right)=\dfrac{80}{3}$ また，△ABFは直角二等辺三角形で，3辺の比は$1:1:\sqrt{2}$だから $\text{AF}=\text{AB}\times\sqrt{2}=10\sqrt{2}$ cm よって，$y=\dfrac{1}{2}\times\text{AF}\times\text{FP}=\dfrac{1}{2}\times10\sqrt{2}\times\left(10-\dfrac{10}{3}\right)=\dfrac{100\sqrt{2}}{3}$

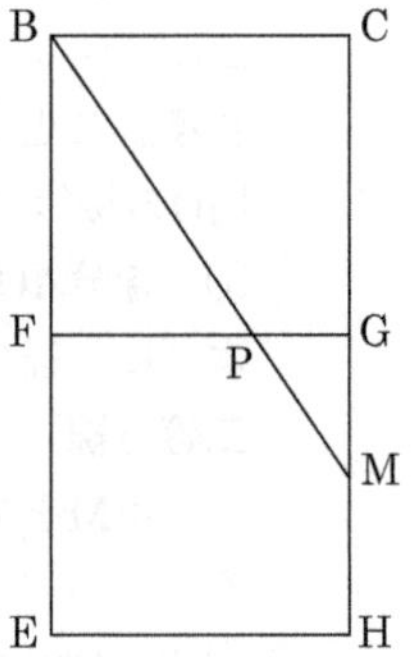

Ⅱ （正八面体の辺上を動く動点）

(1) $x=4$のとき，2点P，Qはそれぞれ辺AB，AC上にあり，AP＝毎秒1cm×4秒＝4cm，AQ＝毎秒2cm×4秒＝8cm よって，△APQはAQ：AP＝8：4＝2：1で，∠PAQ＝60°だから，30°，60°，90°の直角三角形で，3辺の比は$2:1:\sqrt{3}$　$\text{PQ}=\sqrt{3}\,\text{AP}=4\sqrt{3}$ cm $y=\dfrac{1}{2}\times\text{AP}\times\text{PQ}=\dfrac{1}{2}\times4\times4\sqrt{3}=8\sqrt{3}$

(2) （求める過程）（例）2点P，Qが点Aを出発してからx秒後のAQの長さは，$10\leqq x\leqq15$のとき，AQ$=30-2x$と表される。したがって，$\dfrac{1}{2}\times10\times(30-2x)=24$ これを解くと $x=\dfrac{63}{5}$

(3) $15\leqq x\leqq20$のとき，2点P，Qはそれぞれ辺BF，AB上にあり，そのときの展開図の一部を右図に示す。辺ABに関して点Mと対称な位置にある点をNとすると，線分CNと辺ABとの交点に点Qがあるとき，CQ＋QMはもっとも短くなる。このとき，AC//BNで，平行線と線分の比についての定理より，AQ：BQ＝AC：BN＝10：5＝2：1　$\text{AQ}=\dfrac{2}{2+1}\text{AB}=\dfrac{2}{3}\times10=\dfrac{20}{3}$cm よって，このときの$x$の値は $(\text{AC}+\text{CD}+\text{DA}+\text{AQ})\div2=\left(10+10+10+\dfrac{20}{3}\right)\div2=\dfrac{55}{3}$ また，BP＝毎秒1cm×$\dfrac{55}{3}$秒－10cm＝$\dfrac{25}{3}$cm だから $y=\dfrac{1}{2}\times\text{AQ}\times\text{BP}=\dfrac{1}{2}\times\dfrac{20}{3}\times\dfrac{25}{3}=\dfrac{250}{9}$

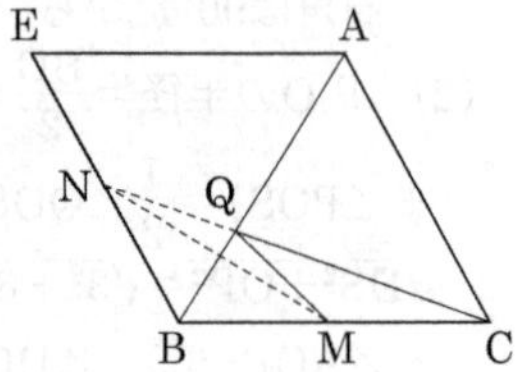

＜英語解答＞

1 (1) ① エ　② ウ　(2) ① ウ　② ア　③ エ　(3) ① ア　② イ　③ ア　(4) ① イ　② イ　③ エ　[答え] (例) (Because she likes) to see snow and ski(.)

2 (1) ① (例)dinner　② (例)reason　③ (例)welcome　④ (例)hungry
(2) ① studying　② left　③ taught　④ held
(3) ① (例) are going to　② (例) to call me　③ (例) How long have

3 (1) ① (例) He wrote some important points on a piece of paper.
② (例)Because the students in the class knew well about the things he introduced.　(2) (例) Dancing is very popular and we enjoy it with friends after school. Some of us show our dance at school festival.

4 (1) ① ア　② イ　(2) Wednesday　(3) ① (例) happen　② (例) need

5 (1) エ　(2) ア　(3) イ　(4) (例)他の人と時間を過ごし，彼らを理解しようとすること　(5) イ→ア→エ→ウ　(6) ウ エ オ　(7) ① visited
② talked　③ learned

＜英語解説＞

1 (リスニング)

放送台本の和訳は，53ページに掲載。

2 (読解問題，会話文問題：語句補充，語形変化，条件英作文)

(1) (全訳)　ホームステイの初日，私はホストファミリーと①夕食をとりました。食べ物はとてもおいしくて，私はお皿にのっていた料理を全部食べました。するとホストマザーが私のためにもっと料理を持ってきてくれました。私はそれを食べました，すると彼女はもう一度私に食べ物をくれました。私はどうしてなのか聞きました。すると，彼女は私にその②理由を教えてくれました。彼女は言いました，「私たちは，違うところから来た人たちを③歓迎する時に，普通はこのようにします。ここ中国では，全部食べたらそれはまだ④お腹がすいているということを意味します。だから，食べるのをやめたい時は少し食べ物を残すのです。」私はその日新しいことを学びました，そして中国についてもっと知りたいと思いました。

(2) (全訳)

ベン　：英語の授業を楽しんでいますか？
沙也加：はい。毎日英語の勉強をとても①楽しんでいます。
ベン　：それを聞いて嬉しく思いますよ。ああ，これを見てください！これを覚えていますか？
沙也加：私たちの千羽鶴ですね！
ベン　：そうです！私が日本を②離れるとき，あなたたちがこれを私に贈ってくれました。
沙也加：まあ，まだ持っていてくださったのですね。
ベン　：もちろんです。これは私の宝物です。日本の人たちは，誰かの幸運を願うときに千羽鶴を作るのですよね？　あなたが私にそれについて教えてくれました。
沙也加：わあ。覚えているのですね！
ベン　：はい。そして私は戻って来てからこれを私の妹に③教えました。彼女は大学で日本語を学んでいます。彼女は日本語を上手に話すのですよ。
沙也加：本当ですか？
ベン　：はい。彼女は来月大学で④行われる日本語のスピーチコンテストに参加することになっています。
沙也加：それはすごいですね！私は彼女と話してみたいです。
①　**enjoy +~ing =~して楽しむ(動名詞)**　②　leave の過去形 left が適当。
③　teach の過去形 taught が適当。　④　hold の過去分詞held が適当。「行われる」という意味を表し，contest を後ろから修飾している。**(分詞の形容詞的用法)**

(3)　①　リー先生：夏休みの計画は何かありますか，アユミ？／アユミ：はい。私の母と私で奈良の祖父の家を訪れる予定です。　**<be 動詞+ going to +動詞の原形>で「~するつもりだ，予定だ」**　②　サトル：もしもし。サトルです。トムはいますか？／ルーシー：ごめんなさい。彼は今家にいません。でももうすぐ帰ってきます。／サトル：分かりました。彼に僕に折り返し電話をしてくれるように伝えてもらえますか？　**<call +人>で「(人)に電話をかける」**
③　リサ：ハイ，ハナエ。私はあなたの妹に今朝ここで会ったわ。／ハナエ：本当に？　あなたはどのくらいここにいるの？／リサ：私は5時間ここにいるのよ。私はたいてい空いている時間を図書館で過ごすの。How long have you been here? で下線部の和訳を表す英文になる。**<have +過去分詞>(継続を表す現在完了)の疑問文。** How long ~ でここでは「(時間)どのくらい長く」の意味。

3 (読解問題・エッセイ：条件・自由英作文)

(1)　(全訳)　昨年，僕はアメリカにある姉妹校を訪れる機会に恵まれました。その時，僕はそこで自己紹介をしました。最初，僕は全部を暗記しようとしました。しかしそれは難しすぎました，なぜなら覚えることがたくさんあったからです。そこで，①僕は紙にいくつか大切な点を書きました。僕は話している時，その紙を見ました。結果として，僕は自己紹介をうまくできました。自己紹介の中で，僕は自分自身のことと，寿司，漫画，柔道のような日本の物についてクラスの生徒たちに紹介しました。②僕は，彼らが僕が紹介した日本の物についてよく知っていることに驚きました。自己紹介の後，彼らは僕に僕のことと日本のことについてたくさん質問してきました。僕はとても嬉しかったです。僕にとって良い経験でした。
①　(問題文・解答例訳)優は，自己紹介のためにそれを暗記しようとした後，どうしましたか？／彼は紙にいくつか大切な点を書きました。第1段落5文目参照。　②　自己紹介をした時，なぜ優は驚いたのですか？／なぜならクラスの生徒たちが彼が紹介したことについてよく知っていたからです。第2段落2文目参照。

(2)　(問題文訳)　私は日本の生徒たちの間で何が人気があるのかを知りたいと思っています。あなたの学校で人気があるものを一つ教えてください。／(解答例訳)　ダンスはとても人気があり，私は放課後友だちと楽しんでいます。私たちの中には学園祭でダンスを発表する人たちもいます。

4 (会話文問題：語句補充・選択)

(全訳)　エイミー：マキ，私はこのマークがプラスティックの食品容器についているのを日本で何度も見たわ。これはリサイクル(再利用)に関するものなの？
真紀　　：そうよ。これは，その容器はリサイクルできるということを意味しているの。缶やペットボトルにも似ているマークがあるわ。

エイミー：そうね。アメリカではペットボトルに似ているマークがついているわ。

真紀　：この英語のポスターを見て。これは私たちの市の再利用資源の収集についての情報を示しているの。私たちの市は再利用資源としてたくさんの物を収集しているのよ。もちろん，①ペットボトルも集めているわ。

再利用情報　　あおぞら市

再利用資源	曜日
新聞	月曜日〈午前9時〉
缶	火曜日〈午前9時〉
ペットボトル	《　　》〈午前8時〉
その他のプラスティック	金曜日〈午前8時〉

エイミー：分かったわ。私たちは毎日たくさんの物を捨てているわ。そのうちの多くが再利用できるのね。

真紀　：その通り。

エイミー：あなたの市では，②再利用資源は別々の日に収集されているのね？

真紀　：そうよ。あなたの市ではどう？

エイミー：ペットボトル，缶，新聞は同じ日に収集されているわ

真紀　：まあ，本当に？　再利用のために分別されるの？

エイミー：そうなの。すべての再利用資源は収集された後，再利用施設に持って来られるのよ。それから，そこで分別されるの。

真紀　：ここ私たちの市では，収集される前に家で私たちが再利用のために分別するのよ。それに私たちは再利用資源を捨てる前にやらなければいけないことが他にたくさんあるの。

エイミー：それは何？

真紀　：例えば，ペットボトルを捨てるときは，キャップとラベルをボトルから分別して，ボトルを洗うの。

エイミー：まあ，家にたくさんペットボトルがあるわ。今日は火曜日ね。明日の8時前に(それらを)捨てなければいけないわね。

(1)　全訳，及びポスター参照。　①　空所①直前のエイミーの発言でペットボトルについて話題にしていることからも推測できる。　②　空所②直後の真紀とエイミーの発言に注目。

(2)　全訳，及びポスター参照。エイミーの最後の発言に注目。　Wednesday ＝水曜日

(3)　(問題文訳)

エイミー：ハイ，マキ。何を見ているの？

真紀　：インターネットで日本の再利用資源についての情報を見つけたところよ。これを見て。2016年には約84％のペットボトルが再利用されたのよ。

エイミー：まあ，本当に？　それで，ペットボトルは再利用された後は①どうなるのかしら？

真紀　：ペンや、洋服，食品の容器のようなたくさんの物になるのよ。

エイミー：他の再利用資源についてはどうかしら？

真紀　：分からないわ。そのことについての情報が②必要ね。もう一度インターネットを調べましょう。

①　happen to ～＝ ～に起こる　　②　need ＝～が必要である，必要とする

5 (長文読解問題・エッセイ：語句の解釈，語句補充・選択，日本語で答える問題，文の並べ換え，内容真偽)

(全訳)　将之は約2週間前に学校が始まりました。彼は何人かのクラスメイトと友だちになり，時々彼の家で彼らとギターを弾いていました。彼の家の向かい側に，一人の少女が家族と住んでいました。彼女はとても上手にピアノを弾きました。彼の部屋から，将之は時々彼女が窓のところにいるのを見かけました。彼は彼女に手を振りましたが，彼女は決して手を振って彼に微笑み返すこ

とはありませんでした。彼女は彼に(A)無関心なように見えました。彼はこう思いました，「彼女は一人でいるのが好きなんだ，彼女と友だちになるのは難しいな。」

ある夜，将之は日記に英語でその日のことを書いていました。彼は英語の練習のためにそれを毎日やっていました。すると，将之のお母さんが手に手紙を持って彼の部屋に入ってきました。彼女は言いました，「郵便局が(間違えた)のよ。これはうちのお向かいの家宛ての物だわ。あなたが明日持って行ってくれないかしら？」 将之は言いました，「分かったよ。」彼はワクワクしていましたが，緊張もしていました。彼は心の中で思いました，「僕は彼女や彼女の家族と話したことがないよ。」

次の朝，将之は手紙を持ってその家をたずね，ドアをノックしました。少女が出てきました。彼女は白い杖を使っており，彼の眼を見ませんでした。彼は彼女は見ることができないのだと知って驚きました。彼は言いました，「こんにちは，僕は将之です。君の家の向かい側に住んでいます。君の家族宛の手紙を持ってきました。昨日うちにこれが来たのです。」彼女は微笑んで言いました，「ありがとう。私はエレンです。あなたはギターを弾きますよね？　私はあなたのギターを聞くのが好きです。」彼はそれを聞いて嬉しく思いました。

次の日から，将之とエレンは，会った時には挨拶を交わしました。彼らはたくさん話し始め，友だちになりました。

ある日，将之はエレンの誕生日パーティーに招待されました。彼女の家にはたくさんの人たちがいました。そのうちの何人かは彼女のクラスメイトでした。また，エレンよりもずっと年上の人たちもいました。そのすべての人たちがエレンの友だちでした。彼女は多くの人たちに好かれていました。将之と彼女の友だちは彼女のために歌を歌い，彼女はピアノを弾きました。彼らは皆音楽をとても楽しみました。

音楽の後の昼食の間，将之はエレンの友だちとたくさん話しました。そのうちの一人が将之にこう言いました，「ここにいる人たちは皆エレンが見えないということを知っているんだ。でも彼女は小さな子どもたちやお年寄りのために休日にはピアノを弾くんだよ。彼女はたくさんのことをしようとして多くの人たちを楽しませているんだ。私たちは彼女が好きなんだ。」将之はなぜ[エレンの多くの友だちが彼女の誕生日パーティーに来たのか]分かりました。

パーティーが終わる前に，エレンは言いました，「ありがとう。今日はみんなが来てくれて嬉しいです。私には難しいことがたくさんあるけれど，みんなはいつも私を支えてくれています。私はみんなのために精一杯やりたいです。」

将之はエレンのスピーチを聞いて，エレンのようになりたいと思いました。彼女はいつも彼女の周りにいる人たちと時間を共有し，彼らを幸せにしようとしていました。彼女の友だちはそれを分かっていて彼女を支えていました。エレンと友だちの友情を見て，将之は他の人たちと共に時間を過ごし，彼らを理解することは大切なことだと学びました。彼はより良い友情をはぐくむために、(B)このことは必要だと思っています。

その夜，(C)将之はエレンの誕生日パーティーについて日記に書きました。

(1)　indifferent ＝無関心な　indifferent to ～＝(～に対して)無関心で，冷淡で

(2)　mistake ＝間違い　**make a mistake ＝間違える**

(3)　全訳参照。第5段落の内容に注目。2文目に「(エレンの誕生日パーティーのために)たくさんの人たちが彼女の家に来ていた」とある。

(4)　全訳参照。第8段落下線部(B)の直前の一文に注目。この that は前に述べられた内容を指す。

(5)　イ　将之はエレンの家に手紙を持って行った。(第3段落1文目)→ア　将之は初めてエレンに話しかけた。(第3段落5文目)→エ　将之は彼女の友だちと一緒に彼女のために歌を歌った。(第

5段落最後から2文目)→ウ　将之はエレンのようになりたいと思った。(第8段落1文目)

(6)　ア　将之は，英語を上達させるために時々英語でその日のことについて書いていた。　イ　エレンは，友だちと一緒に時間を過ごすのは好きではなかったので，一人でいたいと思っていた。　ウ　将之は，エレンが彼のギターを聞くのが好きだと知って嬉しかった。(○)　第3段落最後から2文目から段落の最後までに注目。　エ　エレンの友だちは，彼女の誕生日パーティーで将之にエレンのいいところについて話した。(○)　第6段落2文目に注目。　オ　エレンは誕生日パーティーに来てくれた人たちの前でスピーチをした。(○)　第7段落に注目。

(7)　(問題文訳)　9月30日　日曜日　僕はエレンの誕生日パーティーのためにエレンの家を①訪れた。一緒に昼食を食べながら，彼らとたくさんのことを②話した。たくさんの友だちができた。エレンはすごいと思う。僕は彼女からたくさんのことを③学んだ。彼女の友だちでいられて嬉しい。

①　第3段落1文目参照。visit ＝～のところへ行く，訪れる　②　第2段落最後の文参照。talk ＝話す　③　第8段落4文目参照。learn ＝学ぶ

2019年度英語　リスニングテスト

〔放送台本〕

(1)を始めます。問題は2つです。二人の会話とそれについての質問を聞いて，答えとして最も適切な絵を，それぞれア，イ，ウ，エから1つずつ選んで記号を書きなさい。会話と質問は通して2回ずつ言います。では始めます。

①　(A男):　May I help you?
　　(B女):　Thank you. I want to carry these bags to my car.
　　Question: Where are they talking?

②　(A女):　Look at the man sitting on the chair!
　　(B男):　The man with a cup in his hand?
　　(A女):　Yes. He is a famous scientist.
　　Question: Which man are they looking at?

〔英文の訳〕

①　A：お手伝いいたしましょうか？
　　B：ありがとうございます。これらのカバンを私の車まで運びたいのです。
　　＜質問＞彼らはどこで話をしていますか？
　　正解：エ

②　A：椅子に座っている男の人を見てください！
　　B：手にカップを持っている人ですか？
　　A：そうです。彼は有名な科学者です。
　　＜質問＞彼らはどの男の人を見ていますか？
　　正解：ウ

〔放送台本〕

(2)に移ります。問題は3つです。二人の会話を聞いて，それぞれの会話の最後の文に対する応答として最も適切なものを，それぞれア，イ，ウ，エから1つずつ選んで記号を書きなさい。会話は2回ずつ言います。では始めます。

① (A女): I bought this watch on the Internet.
(B男): It's very nice. Was it expensive?
(A女): No, it wasn't.

② (A男): Excuse me. Where is Akita Station?
(B女): Akita Station? It's a long way from here.
(A男): How can I go there?

③ (A女): Do you know Mika speaks English well?
(B男): Sure. She learned it in Canada.
(A女): Really? When was she in Canada?

〔英文の訳〕

① A：私はこの時計をインターネットで買いました。
B：とても素敵ですね。高かったですか？
A：いいえ，高くありませんでした。
選択肢：ア　すごいですね。すぐに素敵になるでしょう。
イ　分かりました。あなたにその時計をお見せします。
ウ　本当ですか？それはいくらでしたか？(○)
エ　その通りです。あなたはそれをどのように買うつもりですか？

② A：すみません。秋田駅はどこですか？
B：秋田駅ですか？　ここからは遠いですよ。
A：そこへはどうやって行かれますか？
選択肢：ア　バスに乗った方がいいですよ。(○)
イ　ほんの1分です。
ウ　電車で駅を出発できます。
エ　それはそのデザインでとても有名です。

③ A：あなたはミカが英語を上手に話すことを知っていますか？
B：もちろん。彼女は英語をカナダで学んだのです。
A：本当ですか？　彼女はいつカナダにいたのですか？
選択肢：ア　彼女は友だちの家に滞在しました。
イ　彼女は良い英語の先生でした。
ウ　彼女はその時熱心に英語を勉強しました。
エ　彼女はそこに4年前に住んでいました。(○)

〔放送台本〕

(3)に移ります。中学生の由衣(Yui)が英語の授業で行ったスピーチの一部を聞いて，質問に答える問題です。スピーチの後で，3つの質問をします。答えとして最も適切なものを，それぞれア，イ，ウ，エから1つずつ選んで記号を書きなさい。スピーチと質問は通して2回言います。では始めます。

Today, I'll tell you about my sister and my brother. I learn many things from them. My sister is a nurse. She is kind to everyone and works hard. She often tells me about the importance of working for others. I want to get the same job and work with her in the future. My brother is a hair stylist and his dream is to work in America. He always says, "We should try new things." He likes traveling. He went to France and India last year. He will also visit Australia next year. He lives alone in Tokyo now. We often send e-mails to each other.

Questions: ① What does Yui want to be in the future?
② How many foreign countries did Yui's brother visit last year?
③ What can we say about Yui's brother?

〔英文の訳〕

今日は，皆さんに私の姉と兄について話します。私は彼らから多くのことを学んでいます。私の姉は看護師です。彼女は皆に親切で一生懸命働きます。彼女はよく私にほかの人のために働くことの大切さについて教えてくれます。私は将来同じ仕事につき，彼女と一緒に働きたいです。私の兄は美容師で彼の夢はアメリカで働くことです。彼はいつもこう言います，「新しいことをやってみるべきだ」彼は旅行が好きです。彼は昨年フランスとインドに行きました。彼は来年オーストラリアにも行くことになっています。彼は今は東京で一人暮らしをしています。私たちはよくお互いにメールをします。

質問① 由衣は将来何になりたいと思っていますか？
選択肢 ア 看護師(○)　イ 教師　ウ 美容師　エ ツアーガイド
質問② 由衣の兄は昨年何か国を訪れましたか？
選択肢 ア 1か国　イ 2か国(○)　ウ 3か国　エ 4か国
質問③ 由衣の兄について言えることは何ですか？
選択肢 ア 彼は外国で働きたいと思っている。(○)
イ 彼は由衣に他の人のためにどのように働けばよいかを教える。
ウ 彼は東京で彼の家族と住んでいる。
エ 彼は由衣にいくつかプレゼントを送っている。

〔放送台本〕

(4)に移ります。中学生の彩(Aya)とALTのジョーンズ先生(Mr. Jones)が，好きな季節について会話をしています。内容を聞いて，①から③の空欄に入る最も適切なものを，それぞれア，イ，ウ，エから1つずつ選んで記号を書きなさい。また，[問い]に対する答えとなるように，〔答え〕の下線部に適切な英語を書き，英文を完成させなさい。彩とジョーンズ先生の会話は2回言います。はじめに20秒間，問題に目を通しなさい。では始めます。

(*Aya*): Hello, Mr. Jones. Which season do you like in Japan?

(*Mr. Jones*): Well, I like summer. I came to Japan in August. Then, I joined some events in this town. They were fun. Why do you ask me the question?

(*Aya*): I'm making a speech about the season my classmates like. I asked all my classmates to answer the question.

(*Mr. Jones*): What did they answer?

(*Aya*): Among the thirty classmates, only a few students answered, "summer." Many students like spring the best. They are half of my classmates.

(*Mr. Jones*): That's interesting. Why do they like it?

(*Aya*): In spring, the weather is nice and we can enjoy a lot of flowers. It is the exciting season of starting a new life for many people in Japan.

(*Mr. Jones*): I see. What's your favorite season, Aya?

(*Aya*): It's winter. I like to see snow. I also like to ski.

〔英文の訳〕

彩　　　　：こんにちは，ジョーンズ先生。先生は日本でどの季節が好きですか？

ジョーンズ：そうですね，私は夏が好きです。①私は8月に日本に来ました。そして，この町のいくつかの行事に参加しました。それらはとても楽しかったです。なぜその質問を私にするのですか？

彩　　　　：クラスメイトが好きな季節についてスピーチを書いているところなのです。私はクラスメイト全員にこの質問に答えてくれるように頼みました。

ジョーンズ：彼らはなんと答えましたか？

彩　　　　：②30人のクラスメイトのうち，「夏」と答えたのはほんのわずかでした。多くの生徒たちは春が一番好きです。②それはクラスメイトの半数です。

ジョーンズ：興味深いですね。なぜ彼らは春が好きなのでしょう？

彩　　　　：春は，天候が良くてたくさんの花を楽しむことができます。③日本ではたくさんの人たちにとって新しい生活を始めるワクワクする季節なのです。

ジョーンズ：なるほど。あなたのお気に入りの季節はいつですか，アヤ？

彩　　　　：冬です。私は雪を見るのが好きです。またスキーをするのも好きです。

問題①　ジョーンズ先生は日本に(　　)にやってきた。

　ア　春　　イ　夏(○)　　ウ　秋　　エ　冬

問題②　彩のクラスメイトの中で(　　)の生徒たちが春が一番好きだ。

　ア　13人　　イ　15人(○)　　ウ　20人　　エ　30人

問題③　彩は，日本では多くの人たちが春に(　　)と言っている。

　ア　たくさんの行事を楽しむ　　イ　天気の心配をする

　ウ　いろいろな花を売る　　エ　新しい生活を始める(○)

それぞれ英文の訳内の問題番号の下線部に注目。

[問い]　なぜ彩は冬が好きなのですか？

[答え]　なぜなら彼女は雪を見ることとスキーをすることが好きだからです。

英文訳内の波線部分に注目。

＜理科解答＞

1　(1)　ア　エ　　(2)　対立形質　　(3)　(例)丸形はしわ形に対して優性形質だから　(4)　分離の法則　　(5)　イ　　(6)　ウ，エ

2　(1)　震央　　(2)　マグニチュード　　(3)　Q　14　　R　(例)大きく　　(4)　次ページの図　　記号　ウ　(5)　①　活断層　　②　T　ウ　　U　エ　　V　イ　　W　ア

3 (1) ① NaCl　② ア　③ A 露点　B (例)水滴になって出てくる　④ (例)多くの雪を降らせて，水蒸気を失う　(2) ① 恒温動物　② ア，イ，エ，オ　(3) ① 60 N　② 12 J　③ D イ　E イ　F ウ

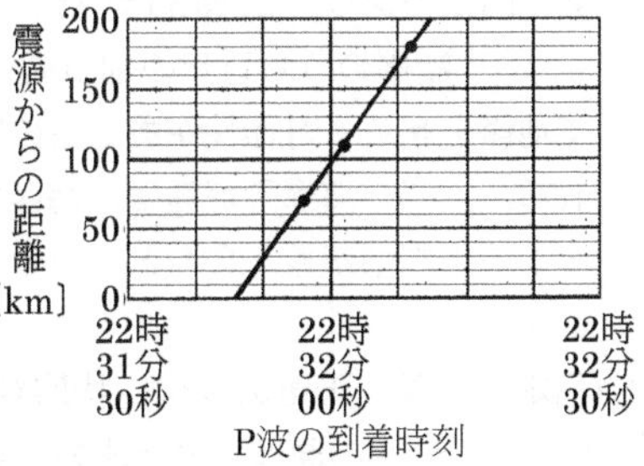

4 (1) ① 溶媒　② エ　(2) ① 硝酸カリウム　② 過程 (例)60℃でとけ残る塩化ナトリウムは45.0－37.1＝7.9[g]　7.9gの塩化ナトリウムを完全にとかすために，さらに必要な60℃の水の質量をx gとすると，x＝7.9×100÷37.1＝21.2…[g]　条件から必要な水の質量は，22gとなる。少なくとも22g　③ ウ→ア→イ　④ (例)温度による溶解度の差

5 (1) ① (例)等しい　② ウ　(2) ① 0.1A　② エ　③ R_1：R_2＝25：6　(3) X (例)電流が大きく　Y (例)大きく

<理科解説>

1 (遺伝の規則性と遺伝子：分離の法則・メンデルの実験)

(1) エンドウは，双子葉類なので，子葉は2枚である。離弁花で，花弁は1枚ずつ分かれている。

(2) エンドウの種子の丸形としわ形のように対をなす形質を対立形質という。

(3) 丸形の種子AAとしわ形の種子aaをかけ合わせると，子の遺伝子の組み合わせはすべてAaであり，優性形質である丸形となる。

(4) エンドウのような有性生殖をする生物では，減数分裂を行うとき，分離の法則により，対になっている遺伝子は分かれて別々の生殖細胞に入る。

(5) 子にあたる種子を育てて自家受粉させると，AaとAaのかけ合わせになるので，孫の代の遺伝子の組み合わせは，AA：Aa：aa＝1：2：1，である。形質では丸形：しわ形＝3：1，である。よって，遺伝子の組み合わせがAAの種子は，丸形の種子の3分の1であり，750÷3＝250，である。

(6) 種子Rと種子Sをかけ合わせたときにできる**丸形の種子の遺伝子の組み合わせはAAまたはAaであり，しわ形の種子の組み合わせはaaである。よって，種子Rと種子Sの組み合わせは，両方ともAa，または一方がAaでもう一方がaa，である。**

2 (地震と地球内部のはたらき：グラフ化で求める地震発生時刻・地震発生のしくみ)

(1) 震源の真上の地点を震央という。

(2) 地震の規模はマグニチュードの値で表す。震源で放出されたエネルギーの大きさに対応し，M7.9，M6.9のように表される。

(3) 観測点Aにおける初期微動継続時間は，22時32分36秒－22時32分12秒＝24(秒)，であり，同様にして観測点Cにおける初期微動継続時間は，10秒である。よって，震源地からの距離が遠くなるほど初期微動継続時間は長い。

(4) 横軸がP波の到着時刻，縦軸が震源からの距離を表すグラフに地点C(22時31分56秒，70km)，地点B(22時32分02秒，110km)，地点A(22時32分12秒，180km)の各点を書き入れ，各点の最も近くを通るように直線を引く。震源からの距離と地震発生時刻からP波が届くまでの時間とは比例する。よって，**直線と震源からの距離が0の横軸との交点が，P波が発生した時刻で，地震**

発生時刻であり，22時31分46秒である。

(5)　①　断層のうち近年の地質時代(数十万年間)にくり返し活動した証拠があり、今後も活動して地震を起こす可能性があるものを活断層とよぶ。活断層のずれによる地震は内陸型地震とよばれる。　②　海溝型地震は，海洋プレートが大陸プレートの下にしずみこみ，沈降した大陸プレートの先端部がもとにもどろうとして急激に隆起することで起こる。

3 (日本の気象，天気の変化，状態変化，物質の成り立ち，動物の分類と生物の進化，仕事とエネルギー：仕事の原理，力と圧力：重力)

(1)　①　塩化ナトリウムの化学式は，NaCl，である。　②　冬のシベリアでは地表が冷えて高気圧が発達し，冷たくて乾燥したシベリア気団ができる。　③　北西の季節風によって運ばれた空気に，**南からの暖流が流れる日本海を通過する間に多くの水蒸気が供給される。その空気の温度が露点に達し，空気中にふくみきれなくなった水蒸気が水滴になって出てくる**ことにより，日本海の上に雲ができる。その雲が，秋田県に多くの雪を降らせる原因となっていると考えられる。④　図1で，岩手県側では雪が消えているのは，北西の季節風によって運ばれた空気が山脈にぶつかると，**強い上昇気流が発生し**，そのときできた雲が山脈をこえるとき，日本海側の山間部に多くの雪を降らせて，水蒸気を失うからである。

(2)　①　気温が変化しても体温をほぼ一定に保つしくみがある動物を恒温動物という。　②　動物Qは変温動物である。哺乳類と鳥類のみが恒温動物で，他のセキツイ動物は変温動物であり，ヘビはハチュウ類，イモリは両生類，コイ，メダカは魚類である。

(3)　①　質量6 kgの物体にはたらく重力〔N〕$=\dfrac{1〔\mathrm{N}〕}{100〔\mathrm{g}〕}\times 6〔\mathrm{kg}〕=60〔\mathrm{N}〕$である。　②　点Uを押し下げたときの仕事〔J〕＝15〔N〕×80〔cm〕＝15〔N〕×0.8〔m〕＝12〔J〕である。　③　支点から力点までの距離が大きくなるほど小さい力で動かせるが，力の向きに押し下げる距離が大きくなり，仕事の大きさ＝力の大きさ×押し下げた距離，は変わらない。これを**仕事の原理**という。

4 (水溶液：ろ過・溶解度・再結晶)

(1)　①　水のように，物質をとかす液体を溶媒という。　②　ろ過の方法は，ろうとのあしのとがった方をビーカーのかべにつけ，ガラス棒を伝わらせて液を入れる。

(2)　①　表は溶解度を表しているから，塩化アンモニウムの場合は20℃の100gの水に37.2gまでとけることを表す。**とけ残る質量が2番目に大きい物質は，2番目に溶解度が小さい物質**であり硝酸カリウムである。　②　60℃の水100gに塩化ナトリウムは37.1gまでとけるので，45.0gがとけるのに必要な60℃の水をxgとすると，37.1g：45.0g＝100g：xg，xg＝121.3(g)，である。よって，**60℃の水をさらに加えて完全にとかすための最小限の質量を整数で答える**と，21gではとけきれないので22gである。　③　60℃でとけていたが，50℃で結晶が出ているのはミョウバン，40℃で結晶が出ているのもミョウバンのみである。30℃で結晶が出ているのはミョウバンと塩化アンモニウム，20℃で結晶が出ているのは，ミョウバン，塩化アンモニウム，硝酸カリウムである。結晶が出てくるときの温度を高い順に並べると，ミョウバン，塩化アンモニウム，硝酸カリウムである。　④　固体の物質をいったん水にとかし，温度による溶解度の差を利用して，水溶液を冷やして再び結晶としてとり出すことを再結晶という。

5 (電流：回路と電流・電圧と抵抗・電力・発熱量)

(1)　①　並列回路では，枝分かれしたそれぞれの区間に加わる電圧の大きさは等しい。また，各区間に加わる電圧の大きさと，全体に加わる電圧の大きさは等しい。　②　電気が遮断された，電気ストーブとドライヤーを使ったときの電流〔A〕＝$\frac{950[\mathrm{W}]+1200[\mathrm{W}]}{100[\mathrm{V}]}$＝21.5〔A〕である。電気が遮断されなかった，電気ストーブと照明器具を使ったときの電流〔A〕＝$\frac{950[\mathrm{W}]+160[\mathrm{W}]}{100[\mathrm{V}]}$＝11.1〔A〕であり，ドライヤーと加湿器を使ったときの電流〔A〕＝$\frac{1200[\mathrm{W}]+330[\mathrm{W}]}{100[\mathrm{V}]}$＝15.3〔A〕である。よって，電流の大きさの合計が15.3Aより大きく21.5A以下の決まった値以上になったとき，分電盤のブレーカーのスイッチが切れる。

(2)　①　オームの法則より，回路に流れる電流〔A〕＝$\frac{3.0[\mathrm{V}]}{30[\Omega]}$＝0.1〔A〕である。　②　電圧計は電圧の大きさを測定する区間に並列につなぐ。電源の記号の長いほうが＋極であるから，＋極側の導線の点Eに電圧計の＋端子をつなぐ。電源の記号の短いほうが－極であるから，－極側の導線の点DまたはCに電圧計の－端子をつなぐ。よって，エが正しい。　③　図3の回路全体の抵抗R_1〔Ω〕＝30〔Ω〕＋20〔Ω〕＝50〔Ω〕である。図4の回路において，$\frac{1}{R_2[\Omega]}=\frac{1}{30[\Omega]}+\frac{1}{20[\Omega]}=\frac{5}{60[\Omega]}$であり，$R_2$〔Ω〕＝12〔Ω〕である。よって，$R_1$：$R_2$＝50：12＝25：6である。

(3)　家の中の電気配線は**並列回路になっていて，電圧は一定である**。よって，消費電力〔W〕＝電圧〔V〕×電流〔A〕より，電気製品の**消費電力が大きくなるほど，回路全体では電流が大きくなる**。電流による発熱量〔J〕＝消費電力〔W〕×時間〔s〕より，**発熱量が大きくなるので危険である**。

<社会解答>

1　(1)　富本銭　(2)　ア　(3)　ア　(4)　(例)定期的　(5)　エ　(6)　①　徳川綱吉　②　元禄小判に比べて，質の良い小判を発行して，物価の上昇を抑えようとした。
(7)　ウ　(8)　(外務大臣)　小村寿太郎　(内容)　(例)関税自主権を回復した。
(9)　イ　(10)　①　Ⅰの時期　ア　Ⅱの時期　エ　②　(例)消費税の導入により，1円硬貨が大量に必要となったから。

2　(1)　ⓐ　(2)　E　(3)　農産物あ　ア　農産物い　ウ　(4)　イ　(5)　①　イ　②　(例)経済的に豊かな先進国のため，一人あたりのGDPとエネルギー消費量が多いこと。

3　(1)　政令指定都市　(2)　ウ　(3)　地熱　(4)　エ　(5)　(例)一戸あたりの肉用牛の飼育頭数　(6)　(例)北海道の宿泊者数の割合は7月～9月が高く，大分県は時期による差が小さい。

4　(1)　イ　(2)　平等　(3)　(例)所得に応じて，税金・保険料の負担額と社会保障の給付額に違いを設け，所得の格差を調整する　(4)　エ　(5)　(例)単独世帯の割合が高くなり，中でも65歳以上の単独世帯数の増え方が大きい。　(6)　ア，ウ　(7)　エ
(8)　お　主権　か　国際法　(9)　アメリカ　日本　(10)　(例)ODAの支出額は先進国の中でも多く，アジアへの援助の割合が高い。　(11)　イ

<社会解説>

1　〔歴史的分野―日本史時代別－古墳時代から平安時代・鎌倉時代から室町時代・安土桃山時代から江戸時代・明治時代から現代，―日本史テーマ別－政治史・外交史・経済史・宗教史・社会史，―世界史－政治史〕

(1)　**壬申の乱**に勝利した**天武天皇**の時代である7世紀後期に鋳造された，日本最古のものと考え

られる銅銭が，**富本銭**である。

(2)　資料1に描かれた都である，**平城京**が都であったのは，8世紀である。　イ　**奥州藤原氏**が繁栄したのは，12世紀である。　ウ　**天智天皇**が全国の戸籍である**庚午年籍**を作成したのは，7世紀のことである。　エ　平将門が反乱を起こしたのは，10世紀である。イ・ウ・エのどれも時期が違い，アの，**鑑真**が来日した，が正しい。鑑真は日本に**戒律**を伝えるために，8世紀半ばに来日した。

(3)　14世紀末に，幕府の実権を握っていた**足利義満**は，朝貢を求める明に応えて，15世紀初めに**朝貢貿易**を開始した。日明貿易では，**倭寇**や密貿易と区別し，正式な遣明使船である事が確認できるように，**勘合符**を使用したことから，**勘合貿易**とも呼ばれる。

(4)　それまでの市が，単発的・不定期だったのに対し，**三斉市・六斉市**のように各地で**定期的**に開かれるようになった。

(5)　Xの人物は，**一遍**である。一遍は，鎌倉時代中期の人物で，踊りながら太鼓や鉦(かね)を打ち鳴らして念仏を唱えることで，誰でも**極楽に往生できる**と説き，**踊念仏**によって多くの信者を獲得した。

(6)　①　**元禄小判**を発行した将軍は，**生類憐みの令**で有名な**五代将軍徳川綱吉**である。このころには，すでに幕府は財政難にみまわれていた。徳川綱吉は，**勘定奉行荻原茂秀**の意見を受け，金の含有量の少ない元禄小判を発行した。　②　元禄小判は**金の含有量が少なく**，質の悪さが際立っていて，**貨幣の価値が下落**し，**物価の上昇**を招いた。**新井白石**は小判の質をもとに戻し，物価の上昇を抑えようとした。以上を簡潔にまとめて解答する。

(7)　アの，官営**八幡製鉄所**の操業開始は，1901年である。イの，**工場法**が制定されたのは，1911年である。ウの，**ラジオ放送開始**は，1925年である。Aの時期に当てはまるのは，**殖産興業期**の，1872年の**新橋・横浜間の鉄道開通**である。

(8)　Bの時期に当てはまる1911年に**条約改正**に成功したのは，**小村寿太郎**である。1894年の**領事裁判権の撤廃**から17年後のことである。　内容　**陸奥宗光**による領事裁判権の撤廃に次いで，小村寿太郎は，**関税自主権を回復**した。

(9)　第一次世界大戦後には，パリの**ベルサイユ**で**講和会議**が開かれた。この会議での**アメリカ大統領ウィルソン**の提案により，世界平和維持と国際協力を目的として**国際連盟が発足**したが，**アメリカ**は議会の反対により**加盟しなかった**。

(10)　①　アの**日韓基本条約**は，1965年に締結された。イの**日独伊三国同盟**は，1940年の出来事である。ウの**日ソ共同宣言**は，1956年に発表された。エの**日中共同宣言**は，1972年に発表された。Ⅰの時期に入るのは，アである。Ⅱの時期に入るのは，エである。　②　Ⅲの時期に新しく導入されたのが，**消費税**である。消費税が導入されたことにより，店舗での支払いや釣り銭に1円硬貨が多く必要となるために，多量の**1円硬貨**が製造された。

2　(地理的分野―世界地理－地形・気候・産業・資源・エネルギー・人口)

(1)　日本の**標準時子午線**は**東経135度**であり，西経150度の@が最も時差が大きい。**地球は24時間で自転するので，15度ごとに1時間の時差**となるので，東経135度と西経150度では，19時間の時差となる。

(2)　標準時子午線から見て，Eは西経60度であるため，北米大陸の東端を通過する。西経60度線は，さらに南米大陸の中央を通過するので，Xの経線と重なる。

(3)　A州は**ヨーロッパ州**である。B州は**アフリカ州**，C州は**アジア州**である。ヨーロッパ州が生産量の半分以上を占めるのは，**オリーブ**である。アジア州とヨーロッパ州が，生産量の多くを占める農作物は，小麦である。

(4) **アジア州**は，最も人口が多く，㋑州が当てはまる。㋑州は**穀物生産量**は多いが，**原油産出割合**でも，40%を超えている。したがって，Yに当てはまるのは，イである。

(5) ① フランスで最も多いのは，**原子力発電**である。日本で最も多いのは，**火力発電**である。ブラジルで最も多いのは，**水力発電**である。 ② 図4を見ると，日本とフランスが**一人あたりのGDP**が多い。また，両国とも，**一人あたりのエネルギー消費量が多い**ことが見てとれる。総じていえば，**先進国**は経済的にも豊かで，一人あたりのGDPも多く，一人あたりのエネルギー消費量も多いことになる。

3 (地理的分野―日本地理―都市・気候・エネルギー・農林水産業・交通)

(1) 地方自治法の規定により，**人口50万人以上**の市の中で，特に政令により指定された都市を**政令指定都市**という。政令指定都市となると，県からの事務移譲や区制の施行・新たな財源等により，**高度で専門的な行政サービス**が行えるようになる。政令指定都市は現在20ある。

(2) bは長野県である。**長野県**では，**夏でも冷涼な気候で気温があまり上がらず，年間降水量**も少なめである。長野県では，これを利用し，レタスなどの**抑制栽培**を行っている。

(3) **大分県**が**再生可能エネルギー**の導入量では第1位である。特に**地熱発電**の導入量では圧倒的な第1位である。大規模な**地熱発電所**が3か所にあって，温泉水を利用した小規模な地熱発電も活発になってきている。

(4) **秋田県**は，**米は都道府県中の第3位**であるが，野菜・果実・畜産とも中下位である。表Ｉ中のエが，秋田県である。

(5) 秋田県も鹿児島県も，**飼育戸数**は減っているが，**飼育頭数**は増えている。つまり，**一戸あたりの肉用牛の飼育頭数**を表したのが，図3の右肩上がりのグラフである。

(6) **北海道の宿泊者数**の割合は，**7月～9月で1年間の約3分の1を**占めているのに対し，**大分県は1年間を平均して宿泊者がある**ことを簡潔に指摘する。

4 (公民的分野―社会保障・基本的人権・経済一般・国民生活・国際社会との関わり，地理的分野―日本地理―人口，その他)

(1) 日本の**社会保障制度**は，**社会保険・公的扶助・社会福祉・公衆衛生**の4本の柱からなっている。**視力・聴力・身体等に不自由のある人**も，同じサービスを受け入れられるようにしようというのが**社会福祉**の考えかたである。

(2) 憲法第14条では，「すべて**国民は，法の下に平等**であって，人種，信条，性別，社会的身分又は門地により，政治的，経済的又は社会的関係において，**差別されない。**」と明記している。

(3) 所得の多い人ほど，**税金・保険料の負担額**が大きくなるように，また，所得の多い人ほど**社会保障の給付額**が少なくなるように制度をつくり，**所得の格差を調整**する。以上の2点をまとめて簡潔に解答する。

(4) 図3から見てとれるように，デンマークは**高福祉・高負担**であるのに対し，オーストラリアは**低福祉・低負担**である。

(5) 図4から見てとれるように，**単独世帯の割合が高く**なり，図5から見てとれるように，単独世帯の中で，**65歳以上の単独世帯数の伸び**が大きい。

(6) 時間・費用・労力の面で無駄を省く考え方が「効率」である。**手続き・機会や結果において公平を期す**考え方が「公正」である。この4つの選択肢の中では，アとウが公正の視点に基づいて出された意見である。

(7) NPOは，Non－Profit Organization という言葉の略で，直訳すると**「非営利組織」**または**「民間非営利組織」**という意味である。NPO法人の設立について定めているのが，1998年に成立した**特定非営利活動促進法**である。

(8) お **独立した国家**では，国の政治や外交について自ら定める**主権**をもつ。 か 国家間の決まりである**国際法**には，**国同士が結ぶ条約**や，公海自由の原則のように**長年の慣行で守られて国際法化**しているものがある。

(9) **APEC**(アジア太平洋経済協力)に参加しているのは，アメリカと日本である。他に韓国・中国・シンガポール・インドネシア・オーストラリア・ニュージーランド・カナダ・メキシコなどが参加している。**全部で18か国が参加**している大きな組織である。

(10) **開発途上国**の経済・社会の発展や福祉の向上を支援するために，**政府が行う資金や技術面での援助**を，**政府開発援助(ODA)**という。日本の援助額は世界で5本の指に入る。日本のODAの供与先はアジア諸国で50%を占めている。

(11) **発展途上国**で作られた**作物や製品**を，**先進国が適正な価格**で継続的に取引することによって，生産者の持続的な生活向上を支えることを，**フェアトレード**という。

＜国語解答＞

一 1 (例)(話をしながら)昔の遊びを一緒に行う　2 (例)(活動を通して，大山さんに)喜んでもらいたい(という思い)　3 (例)(明子さんが，)大山さんについてもっている情報に基づいて(提案したから)　4 ウ

二 1 エ　2 雷が夜を走るたびに　3 都会　4 (例)上手くいかないことを周りのせいにするような医師には，命を預けることはできない(から)　5 a (例)異なる　b (例)認めていた　c (例)期待に応えられない情けなさ　d (例)子どものように，素直に自分

三 1 安心感　2 (例)過疎化も高齢化もすすみ，グローバル化により経済活動がこわされている(という状況)　3 イ　4 エ　5 (1) a 浅く一面的な　b 近代的な発想　(2) (例)記憶と理性のくい違いや，人は何に支えられて生きているかというようなことを人に感じさせ，考えさせる場所がある

四 1 ① しんみつ　② およ(ぼし)　③ 尊敬　④ 浴(び)　2 イ　3 ウ　4 連用形

五 1 ① けん　② うつろう　2 夢と知　3 (1) 花　(2) b (例)人の心が変わっていく　c (例)夢から覚めて　4 ア

六 (例) (選んだ記号) b 私がいつでもドクターを選んだ理由は，現状では病院で診察を受けることが大変だからだ。私は昨年体調を崩したが，診療時間が授業や部活動の時間と重なるため病院に行きそびれていた。すると高熱が出て，あわてて病院に行ったら待合室が混んでいて待つのがつらかった。いつでもドクターがあれば，日頃から健康に気をつけるようになるし，病院に行くか行かないかの判断もしやすい。そして，診察や治療が必要な人が必要な時に病院に行くようになれば，病院の混雑も少しは解消し，病人の負担だけでなく医師や看護師の負担も減ると思う。

<国語解説>

一 (聞き取り－内容吟味)

1 解答欄に示されている語句もヒントになる。仁志さんは，「**昔の遊びを一緒に行う**のがよい」「思い出について話をしながら一緒に遊ぶことで交流を深めたい」と提案している。

2 仁志さんは「大山さんに**喜んでもらいたい**」，明子さんは「大山さんにぜひ喜んでもらいたい」と言っている。

3 仁志さんは，明子さんが提案した「草取り」を「いいな」と思った理由を，「明子さんが，**大山さんについての情報をもっていて，その情報に基づいて**提案したから」と説明している。

4 夏美さんは，仁志さんや明子さんの**発言の内容をくり返し，確認した上で次の発言を促している**ので，ウが正解である。アは「何度も質問」が誤り。夏美さん自身の「意見」は付け加えていないので，イは誤り。発言に対して「優劣」はつけていないので，エは誤りである。

二 (小説－情景・心情，内容吟味，文脈把握，語句の意味)

1 「たたみかける」は，相手に余裕を与えずに**続けざまに働きかける**という意味である。

2 雷が鳴る夜に「空が明るくなる」のは，稲妻のためである。最後のほうの学の様子を描写する場面に「**雷が夜を走るたびに**，唇を噛みしめ～青白い顔が見えた。」とあるので，ここから抜き書きする。

3 「生田羽村＝田舎」「札幌＝**都会**」という対比を読み取る。学は，勉強する環境として都会は有利だが田舎は不利だと考えている。

4 「医者」は「人の命を預かる仕事」である。憲太は，医者は非常に責任が重い仕事だから，なるのが難しいのも当然だと考えている。ところが，今の学は成績が落ちたことを田舎にいるせいにしており，自分で責任を引き受ける覚悟がないように見える。憲太は，将来手術が上手くいかなかったとき，**上手くいかないことを周りのせいにするような医師には、命を預けることはできない**と考えたのである。指定語句の「**命**」を必ず入れ，「**から**」に続くように書くこと。

5 a 「憲太自身も驚くほど」「学も異変を悟った」という部分から，憲太の様子が普段と**異なる**ことがわかる。「違う」など，3字以内の同じ意味の語句でも正解とする。　b 憲太は学の実力を「十分すごい」と**認めていた**。　c 学は，憲太が自分のことを「すごい」と言ってくれたことが嬉しかったからこそその期待に応えたいと思い，**期待に応えられないことが情けない**と感じたのである。　d 学は「クラスの中でははっきりと大人っぽい部類」だが，この場面では「**まるで子どもだった**」と表現されている。

三 (論説文－内容吟味，文脈把握，段落・文章構成，語句の意味)

1 「ここには何も困ることのない世界が広がっている」は，少し前の「村は永遠の**安心感**につつまれている」とほぼ同じ内容なので，ここから抜き書きする。

2 第①段落の「村では**過疎化**も**高齢化**もすすんでいる。**グローバル化**していく市場経済は村の**経済活動**をこわしつづける」の内容をまとめ，「という状況」に続くように制限字数内で書く。

3 「自然」は「人間が作ったもの以外のもの」「ありのままの状態」という意味の名詞だが，「自然に」は「**ひとりでに**」という意味の副詞である。

4 第③段落は，第②段落とは別の筆者が村で暮らす方が好きな理由を述べているので，アは不適当。第④段落は第③段落の内容を補足しており，主張を「否定」するものではないのでイは不適当。第④段落と第⑤段落に「疑問」と「解決」は書かれていないので，ウは誤り。**第⑥段落**は「世界とのかかわり」について**第⑤段落**で述べた「深いかかわり」とは**異なる**「**大きな世界との**

かかわり」という視点から説明しているので，エが適切な説明である。

5 (1) a 第⑥段落に「私たちは，大きな世界とかかわろうとすれば，浅くかかわるしか，あるいは一面的にかかわるしかなくなる。」，第⑦段落に「大きな世界とかかわればかかわるほど，浅く一面的な関係になっていく」とある。 b 第⑧段落に「近代的な発想は，グローバルな発想や思想，システムに価値があり～」とある。「グローバル」は世界的な大きな規模を表すので，近代的な発想は浅く一面的なかかわりに価値を見いだしていることになる。 (2) 第④段落に「重要」なこととして「人にそのようなことを感じさせ，考えさせる場所はローカルな世界のなかにあるということ」が挙げられている。この部分の「そのようなこと」は，「記憶と理性のくい違いや，人は何に支えられて生きているか」を指しているので，この内容を「から」に続く形で書く。

四 (知識－漢字の読み書き，熟語，品詞・用法)

1 ①「親密」は，とても仲がいい様子。 ②「影響を及ぼす」は，影響を与えるという意味。 ③「尊敬」の「尊」は，上の部分の形に注意する。 ④「浴」を形の似ている「溶」と書き間違えないように注意する。「溶」は「と(ける)」と読む。

2 それぞれの四字熟語の意味は次の通り。ア「優柔不断」＝物事を決められずにぐずぐず迷っている，イ「一喜一憂」＝うれしくなったり不安になったりする，ウ「朝三暮四」＝目先の違いに捉われて結局同じであることに気づかない，エ「意気消沈」＝がっかりして気力を失う。

3 本文中の「ある」は連体詞，ア「かなり」は副詞，イ「走る」は動詞，ウ「小さな」は連体詞，エ「無い」は形容詞。

4 「意識し」はサ行変格活用の動詞「意識する」の連用形である。

五 (古文－内容吟味，文脈把握，仮名遣い)

〈口語訳〉 趣を好み，和歌を詠む者は昔から多いでしょうけれど，小野小町が容姿，顔立ちも，態度，心遣いを初めとして何事も，すばらしかっただろうと思われます。

Ⅰ 色が見えないで移り変わるものは世の中の人の心であるのだなあ

Ⅱ つらい思いをしているので，誘ってくれる人がいるなら，浮き草の根が切れて流れていくようにどこへでもついていこうと思います

Ⅲ 恋人のことを思いなが ら寝たからその姿が見えたのだろうか。もし夢だとわかっていたら覚めなかったのに

と詠んだのも，女の和歌はこうであるべきと思われて，わけもなく涙が出るようです。

1 ① 推量の助動詞「けむ」は現代仮名遣いでは「けん」と書く。 ② 語頭にない「ふ」を「う」に改めて「うつろう」とする。

2 Ⅲの和歌の上の句は夢で恋人の姿が見えた理由を推測し，下の句は目覚めたことの後悔を詠んでいるので，4句目「夢と知りせば」の初めの3字を抜き書きする。

3 (1) Ⅰの和歌は，ふつうの花は色が変わっていくのが見えるということを前提としている。 (2) b Ⅰの和歌の「人の心の花」は「人の心」を指し，それが変わっていくことを詠んでいる。 c Ⅲ「もし夢だとわかっていたら覚めなかった」という仮定表現は，「夢だとわからなかったから覚めてしまった」ということを表している。

4 和歌の内容と「そぞろに涙ぐましくこそ」という感想にふさわしい特徴は，アの「しみじみとした趣」である。イの「躍動感」，ウの「きらびやかな美」は和歌から感じられない。「涙ぐましく」は筆者の感想であり，「感動で涙ぐむ」などの様子を表現しているとするエは不適当。

六 (作文)

与えられた**条件**を満たして書くこと。a～cの中から**最も実現してほしいもの**を一つ選び，実現してほしい**理由**を**自分の生活に関連づけて**わかりやすく書く。解答例はbの「いつでもドクター」を選び，理由として診療時間が利用しづらく待ち時間が長いという現状を述べて，それが解消されることへの期待を書いている。

書き終わったら必ず読み返して，誤字・脱字や表現の不自然なところは書き改める。

MEMO

大切なことはメモしておこうネ！

解答用紙集

○月×日 △曜日 天気(合格日和)

◆ご利用のみなさまへ

＊解答用紙の公表を行っていない学校につきましては、弊社の責任において、解答用紙を制作いたしました。

＊編集上の理由により一部縮小掲載した解答用紙がございます。

＊編集上の理由により一部実物と異なる形式の解答用紙がございます。

人間の最も偉大な力とは、その一番の弱点を克服したところから生まれてくるものである。 ——カール・ヒルティ——

※データのダウンロードは 2024 年 3 月末日まで。

東京学参株式会社

※ 179%に拡大していただくと，解答欄は実物大になります。

令和５年度

数　　学

（解　答　用　紙）

受検番号		氏　名	

表合計

合　　計

1

小　計

(1)		
(2)		
(3)		
(4)		
(5)		
(6)	$x=$	
(7)	$x=$　　　　，$y=$	
(8)	$x=$	
(9)		cm
(10)		
(11)		°
(12)		°
(13)		cm
(14)		cm
(15)		cm²

2

小　計

(1)	①	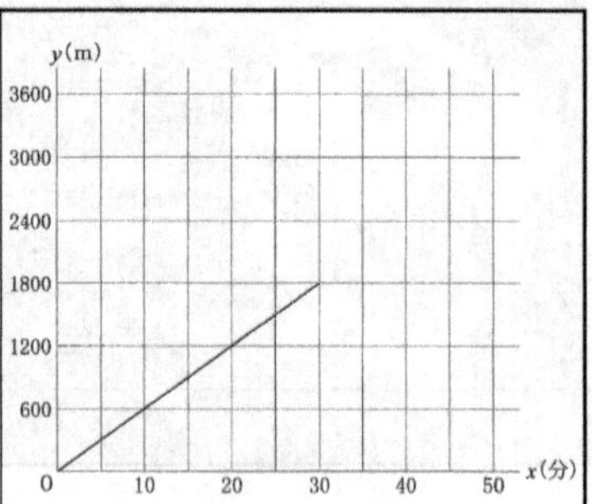	
	②	午前10時	分
(2)	①		
	②		枚
(3)		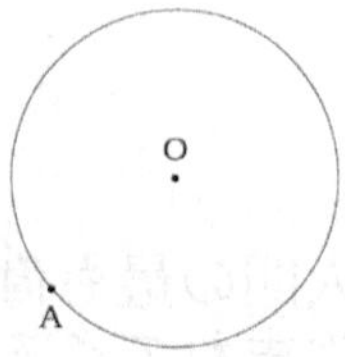	

裏合計

3

小 計

(1)		
(2)	(範囲) 分	
	(第１四分位数) 分	
(3)	①	
	②	(記号)
		(理由)

5－Ⅰ

小 計

(1)	(過程) 答
(2)	cm
(3)	a ＝

4

小 計

(1)	[証明] △ACEと△BCFにおいて △ACE≡△BCF	
(2)	ア	
	イ	
(3)	cm	

5－Ⅱ

小 計

(1)	(過程) 答	
(2)	①	t ＝
	②	t ＝

※ 200%に拡大していただくと，解答欄は実物大になります。

令和5年度

英　語

（解　答　用　紙）

受検番号		氏　名	

表合計

合　計

リスニングテスト

小　計

1

(1)	①	
	②	
(2)	①	
	②	
	③	
(3)	①	
	②	
	③	
(4)		
	[質問]	?

小　計

2

(1)	①	
	②	
	③	
	④	
(2)	①	
	②	
	③	
	④	
(3)	①	(　　)(　　)(　　) he?
	②	Could (　　)(　　)(　　) a menu?
	③	How (　　)(　　)(　　) been skiing?

小　計

3

(1)	①	.
	②	.
(2)	(記入例) I'm sorry, but I'm very busy.	
	The person I respect is (　　).	
	5語	
	10語	
	15語	
	20語	
	25語	

裏 合 計

小 計

4

(1)		
(2)	①	
	②	
(3)		
(4)		

小 計

5

(1)		
(2)		
(3)		
(4)	a	
	b	
(5)		
(6)	①	
	②	

※189％に拡大していただくと，解答欄は実物大になります。

令和５年度

理　　科

（解　答　用　紙）

受検番号		氏　名	

合　計

1

小　計

(1)	①	
	②	ヒトの
	③	
	④	
(2)	①	記号：
		名称：
	②	

2

小　計

(1)	①	
	②	
	③	化学式：
		体積：　cm³
(2)	①	
	②	
(3)		

図４

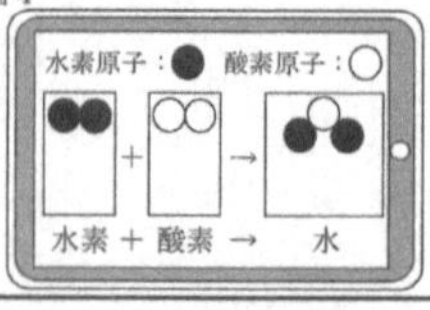

3

小　計

(1)	①	
	②	記号：　書き直し：
(2)	①	km/秒
	②	
	③	X：
		Y：

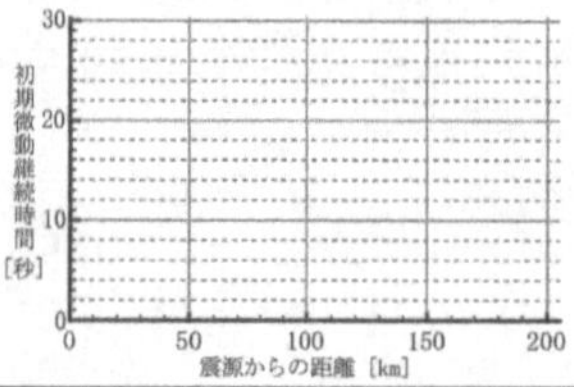

4

小　計

(1)		
(2)	①	
	②	過程：
		W
	③	g
	④	X：
		Y：

5

小　計

(1)	①	
	②	
(2)	①	
	②	
(3)		X：
		Y：

6

小　計

(1)	①	
	②	
(2)	①	北：
		方向：
	②	
	③	

※ 179%に拡大していただくと，解答欄は実物大になります。

令和５年度

社　会
（解　答　用　紙）

受検番号		氏　名	

合　計

1

小　計

(1)		
(2)		
(3)	記号	
	語	
(4)	①	
	②	
	③	

2

小　計

(1)					市
(2)	①	P		Q	
	②				県
(3)	記号		工業地帯名		工業地帯
(4)	①	約			倍
	②	X			
		Y			

3

小　計

(1)	①	
	②	
	③	
(2)	①	
	②	
	③	
(3)	①	
	②	
	③	
(4)	①	
	②	
	③	都市部		農村部	
	④	い	
		う	

4

小　計

(1)	①				
	②				
(2)	①				
	②	う		え	
	③				
(3)					
(4)	Q				
	R				
	S				
(5)					
(6)					
(7)					
(8)					
(9)	①				
	②				

秋田県公立高校　2023年度

※172%に拡大していただくと、解答欄は実物大になります。

令和五年度

国語（解答用紙）

受検番号		氏名	

合計

表合計

一　「聞くこと」に関する検査

小計

1 小学生が水たまりをよけようとして　　　　こと

2 　　　　こと

3 　　　　という視点

4

二

小計

1 　　世代

2 物事は　　　　という見方

3

4

5 (1) a　b　(2)

三

小計

1 読み ①　③　　なう

漢字 ②　④　　き

2

3

4

四

小計

1

2

3 豊蔵に対する反論が、　　　　　　であることに気付いたから

4 (1)

(2) a

b

(3)

五

小計

1 ①　　②

2

3 a

b

4 (1)

(2)

六

小計

裏合計

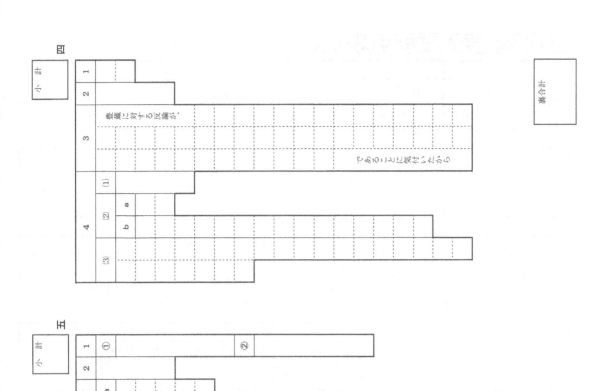

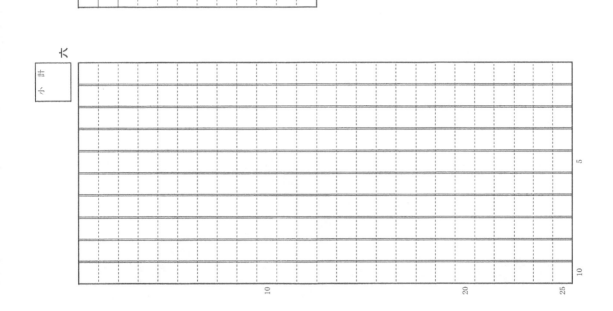

2023年度入試配点表(秋田県)

数学	1	2	3	4	5	計
	各4点×8 ※(1)～(15)から 8問選択((10)完答)	(1)②,(3) 各5点×2 他　各4点×3	各4点×4 ((2),(3)①各完答)	各5点×3 ((2)完答)	各5点×3 ※IとIIから1問選択	100点

英語	1	2	3	4	5	計
	(4)[質問]　5点 他　各2点×10	各2点×11	(2)　5点 他　各3点×2	各3点×5	各3点×9	100点

理科	1	2	3	4	5	6	計
	(1)①　2点 (2)①　4点(完答) 他　各3点×4	(1)① 2点(完答) (1)③ 4点(完答) 他　各3点×4 ((2)②完答)	各3点×6 ((1)②完答)	(2)①　2点 (2)② 4点(完答) 他　各3点×4	(1)①　2点 他　各3点×4 ((3)完答)	(1)②　2点 他　各3点×4 ((2)①完答)	100点

社会	1	2	3	4	計
	(3),(4)①　各3点×2 ((3)完答) (4)③　4点 他　各2点×3	(3),(4)②Y　各3点×2 他　各2点×5 ((2)①,(3)各完答)	(1)①·③,(3)①,(4)③ 各3点×4((1)①,(4)③各 完答)　(2)②　4点 他　各2点×9	(2)①,(4)S,(5),(7) 各3点×4((1)完答) (4)①　4点　他　各2点×9 ((2)②,(4)QR,(7)各完答)	100点

国語	一	二	三	四	五	六	計
	1, 4　各2点×2 他　各3点×2	1　2点 2　4点 5(2)　5点 他　各3点×4	各2点×7	1　2点 3　5点 4(3)　4点 他　各3点×4	2, 4(1) 各3点×2 4(2)　4点 他　各2点×4	内容・構成　5点 表現・叙述　4点 表記等　3点	100点

※ 179%に拡大していただくと，解答欄は実物大になります。

令和４年度

数　　学

（解　答　用　紙）

受検番号		氏　名	

表合計

合　計

1

小　計

(1)	
(2)	
(3)	
(4)	
(5)	$x =$　　　，$y =$
(6)	$x =$
(7)	
(8)	およそ　　　個
(9)	
(10)	個
(11)	$x =$
(12)	°
(13)	図２ 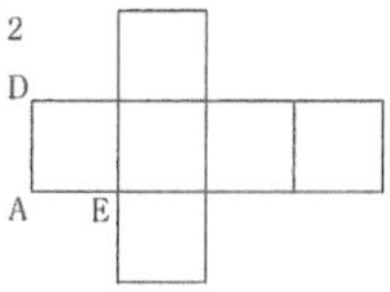
(14)	cm^3
(15)	cm^3

2

小　計

(1)	①	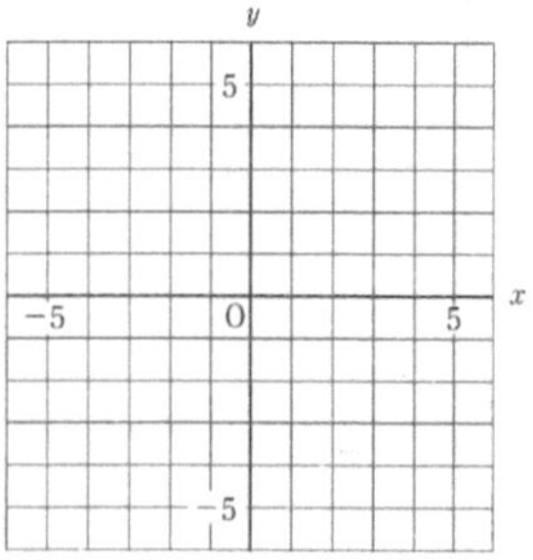
	②	
(2)	①	cm
	②	
(3)		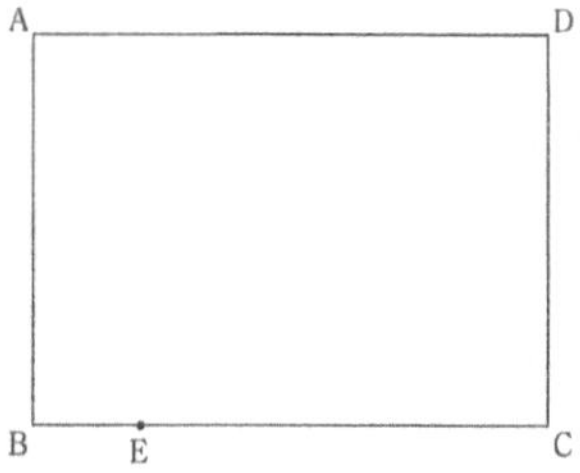
(4)		

裏合計

3

小計

(1)	①	ア	
		イ	
	②		$m =$
	③	ウ	
		エ	
(2)			個

5－Ⅰ

小計

(1)		[証明] △ABCと△ACDにおいて △ABC∽△ACD
(2)	①	
	②	倍

4

小計

(1)	①	
	②	(記号) (理由)
(2)		

5－Ⅱ

小計

(1)		[証明] △ABCと△ADBにおいて △ABC∽△ADB
(2)	①	
	②	倍

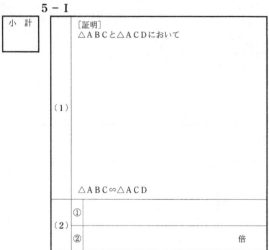

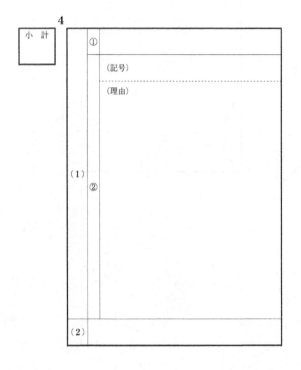

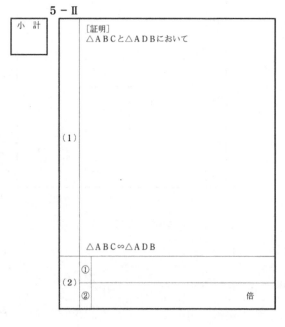

※ 200%に拡大していただくと，解答欄は実物大になります。

令和４年度

英　語

（解　答　用　紙）

受検番号		氏　名	

表 合 計

合　計

小　計

1　リスニングテスト

(1)	①	
	②	
(2)	①	
	②	
	③	
(3)	①	
	②	
	③	
(4)		
	［答え］	.
		.

小　計

2

(1)	①	
	②	
	③	
	④	
(2)	①	
	②	
	③	
	④	
(3)	①	(　　　)(　　　)(　　　) go there?
	②	I think skiing is the (　　　)(　　　)(　　　) all winter sports.
	③	He told (　　　)(　　　)(　　　) to the science room after lunch.

小　計

3

(1)	①	.
	②	.
(2)	（記入例） I'm sorry , but I'm very busy .	
	My best memory was (　　　　　　).	
	5語	
	10語	
	15語	
	20語	
	25語	

裏 合 計

4

小 計

(1)	①	
	②	
(2)		
(3)		
(4)	幸	
	ベッキー	
	理 由	

5

小 計

(1)		
(2)		
(3)		
(4)		
(5)		
(6)	①	
	②	

※ 189%に拡大していただくと，解答欄は実物大になります。

令和４年度

理　　科

（解　答　用　紙）

受検番号		氏　名	

合　計

1

小　計

(1)	①	
	②	
	③	
(2)	①	
	②	
	③	

2

小　計

(1)	名称：		
	記号：		
(2)	g		
(3)			
(4)	①	W：	X：
		Y：	
	②		

3

小　計

(1)	①		
	②		
(2)	①		
	②		
	③	過程：	
		g	
	④	X：	
		Y：	

4

小　計

(1)	図４ 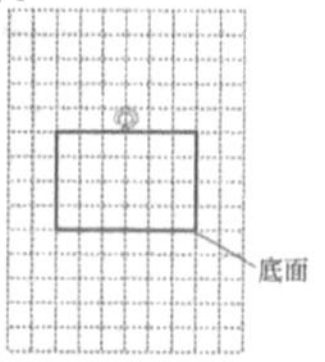
(2)	
(3)	N
(4)	
(5)	
(6)	記号：　　距離：　　cm

5

小　計

(1)	①	
	②	
	③	
(2)	①	
	②	X：　　Y：

6

小　計

(1)	①	
	②	P：
		Q：
(2)	①	
	②	g
	③	X：
		Y：

※ 179%に拡大していただくと，解答欄は実物大になります。

令和４年度

社　　会

（解　答　用　紙）

受検番号		氏　名	

合　計

1

小　計

(1)	海洋名		記号	
(2)	州			
(3)				
(4)				
(5)				
(6)				

2

小　計

(1)			
(2)	①		
	②	Y	
		Z	
(3)			
(4)	①		
	②	自動車は,	

3

小　計

(1)	①	あ		い	
	②	→ →			
	③	名称			
		資格	一定額以上の		
(2)	①				
	②				

3

小　計

(3)	①	
	②	
	③	
	④	
	⑤	
	⑥	

4

小　計

(1)	①		
	②		
	③		
(2)	①		
	②		
	③		
	④		
	⑤		
(3)	①		
	②		
	③		
	④		
	⑤	採択された	採択されなかった
		理由	

秋田県公立高校　２０２２年度

※１７２%に拡大していただくと，解答欄は実物大になります。

令和四年度

国語

（解答用紙）

受検番号	
氏名	

合計	

表合計	

一

「聞くこと」に関する検査

1	こと
2	品物の安さより、　　　　ということを伝えた方がよい
3	情報を伝えること
4	

小計	

二

1		環境に適応して生息し、　　　　していること
2		
3	(1) a	
	(1) b	
	(2)	
	(3)	
4		撹乱が起こる環境では、　　　　ことができるから

小計	

三

1	読み	① 　　か	③
	漢字	②	④ 　　み
2			
3		活用	
4			

小計	

四

小計

1	2 a	2 b	3	4 (1)	4 (2)	4 (3)
			ことに気付いたから			

五

小計

1 ①	1 ②	2	3	4	5 (1)	5 (2)	5 (3)
				鳥からの、 という教え			

六

小計

裏合計

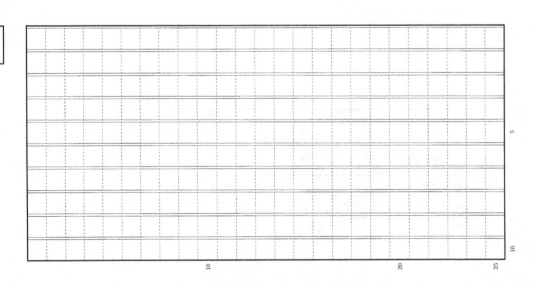

2022年度入試配点表(秋田県)

	1	2	3	4	5	計
数学	各4点×8 ※(1)~(15)から 8問選択	(3)　5点 他　各4点×5	各4点×4 ((1)①·③各完答)	(1)①　3点 (1)②　5点 (2)　4点 ((1)②完答)	各5点×3 ※IとIIから1問選択	100点

	1	2	3	4	5	計
英語	(4)　5点 他　各2点×10	各2点×11	(2)　5点 他　各3点×2	各3点×6	各3点×8	100点

	1	2	3	4	5	6	計
理科	(2)①　2点 (2)③　4点 他　各3点×4	(1)記号　2点 (4)①　4点 他　各3点×4 ((4)①完答)	各3点×6 ((2)①·③·④ 各完答)	各3点×6 ((6)完答)	(1)①　2点 他　各3点×4 ((2)②完答)	(1)①　2点 他　各3点×4 ((1)①·②, (2)③ 各完答)	100点

	1	2	3	4	計
社会	(4), (5)　各3点×2 (6)　4点 他　各2点×3	(2)①, (4)①　各3点×2 (4)②　4点 他　各2点×3	(1)③, (3)②　各2点×3 (3)③　4点 他　各3点×8 ((1)①完答)	(1)①, (3)①~④ 各2点×5 他　各3点×8	100点

	一	二	三	四	五	六	計
国語	1, 4　各2点×2 他　各3点×2	3(2), 4 各4点×2 他　各3点×5	各2点×7	3　5点 4(2)　2点 4(3)　4点 他　各3点×4	4, 5(3) 各3点×2 他　各2点×6	内容·構成　5点 表現·叙述　4点 表記等　3点	100点

※ 179％に拡大していただくと，解答欄は実物大になります。

令和３年度

数　　学

（解　答　用　紙）

受検番号		氏　名	

表合計

合　計

1

小　計

（1）	
（2）	
（3）	
（4）	
（5）	$x=$
（6）	mL
（7）	$x=$　　　，$y=$
（8）	$x=$
（9）	
（10）	$n=$
（11）	°
（12）	cm²
（13）	°
（14）	倍
（15）	cm

2

小　計

（1）	①	（過程） 答
	②	
（2）	①	
	②	
（3）		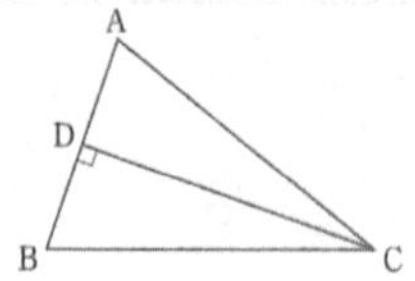
（4）	ア	
	イ	
	ウ	
	エ	

裏合計

3

小計

(1)	［証明］	
(2)	① ⓐ	
	② ⓑ	
(3)		cm²

5－Ⅰ

小計

(1)		cm
(2)	(過程) 答	
(3)		

4

小計

(1)	①	
	②	
(2)	ア	

5－Ⅱ

小計

(1)	(過程) 答	
(2)	①	
	②	

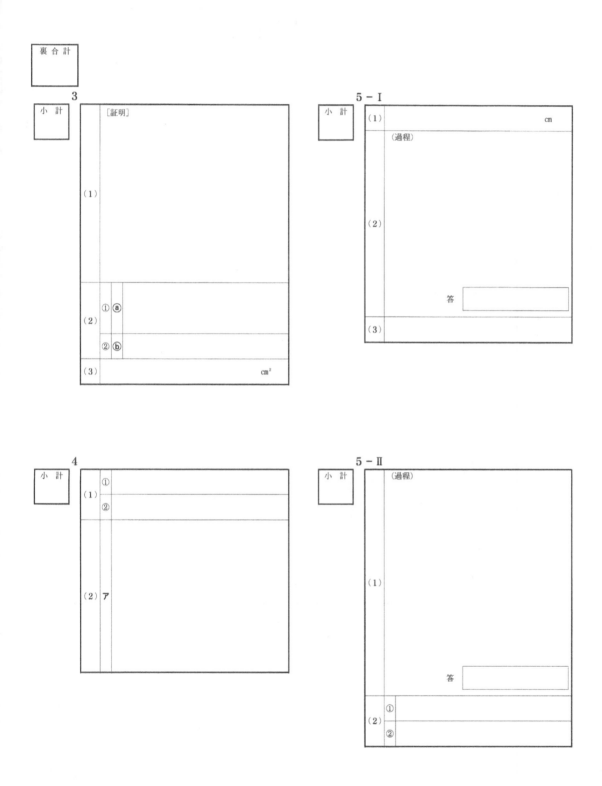

※ 192%に拡大していただくと，解答欄は実物大になります。

令和３年度

英　　語

（解　答　用　紙）

受検番号		氏　名	

表合計

合　計

1　リスニングテスト

小　計

(1)	①	
	②	
(2)	①	
	②	
	③	
(3)	①	
	②	
	③	
(4)		
	［答え］	.
		.

2

小　計

(1)	①	
	②	
	③	
	④	
(2)	①	
	②	
	③	
	④	
(3)	①	(　　　)(　　　)(　　　) can you speak ?
	②	It (　　　)(　　　)(　　　) tomorrow morning.
	③	He is a science teacher (　　　)(　　　)(　　　) Komachi Town.

3

小　計

(1)	①	.
	②	.
(2)	（記入例）	I'm　sorry ,　but　I'm　very　busy .
		I think a（ *furoshiki* ／ DVD ）is better. I have a different reason. ＿＿ ＿＿ ＿＿ ＿＿ ＿＿ 5語 ＿＿ ＿＿ ＿＿ ＿＿ ＿＿ 10語 ＿＿ ＿＿ ＿＿ ＿＿ ＿＿ 15語 ＿＿ ＿＿ ＿＿ ＿＿ ＿＿ 20語 ＿＿ ＿＿ ＿＿ ＿＿ ＿＿ 25語

裏合計

4

小計

(1)	①	
	②	
(2)		
(3)	a	
	b	

5

小計

(1)	第2段落	
	第4段落	
(2)		
(3)		
(4)	国連世界食糧計画が	こと
(5)		
(6)	①	
	②	

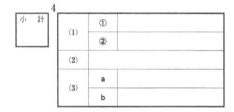

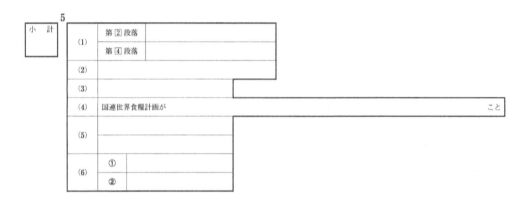

※ 189％に拡大していただくと，解答欄は実物大になります。

令和３年度

理　　科
（解　答　用　紙）

受検番号		氏　名	

合　計

1

小　計

(1)	①	→　→　→
	②	類
	③	P：　Q：　R：
(2)	①	
	②	
	③	Y： Z：

2

小　計

(1)	
(2)	陽極： 赤色のリトマス紙：
(3)	
(4)	
(5)	X： Y： Z：

3

小　計

(1)	①	
	②	
	③	
(2)	①	
	②	
	③	

4

小　計

(1)		
(2)		
(3)		
(4)	①	
	②	と　と
(5)		J

5

小　計

(1)	①	
	②	神経
	③	秒
(2)	①	
	②	X： Y：

6

小　計

(1)	①	
	②	過程： g
(2)		光の速さは
(3)	①	図３　：　図４　＝　：
	②	X： Y：

※ 179％に拡大していただくと，解答欄は実物大になります。

令和３年度

社　会
（解　答　用　紙）

受検番号		氏　名	

合　計

1

小　計

(1)		
(2)		
(3)		大陸
(4)	①	
	②	
	③	

2

小　計

(1)		
(2)		
(3)		県
(4)	い	
	う	
(5)		

3

小　計

(1)		
(2)		
(3)	あ	
	い	
(4)		
(5)	氏	氏
	W	
(6)	①	
	②	

(7)		
(8)		権
(9)		
(10)		
(11)	え	
	お	

4

小　計

(1)		
(2)		
(3)	①	
	②	
(4)		
(5)		
(6)		
(7)	え	
	お	
(8)		
(9)	①	
	②	
	③	風力などの

秋田県公立高校　２０２１年度

※１７９％に拡大していただくと，解答欄は実物大になります。

令和三年度

国語

（解答用紙）

受検番号

氏名

合計

表合計

一　小計

「聞くこと」に関する検査

1　こと

2　方言を活用することは、　ということ

3　ということ

4

二　小計

1　すること

2　という手続き

3

4　(1)　a　b

(2)

(3)

三　小計

1　読み　①　しい　③

漢字　②　④　わず

2

3

4

四

小計

1		2	3	4		
(1)	(2)	嵐舜を指差すことで、…という気持ちを伝えたかったと捉えている		(1)	(2)	(3) 宮中立花会に出て、

五

小計

1	2	3	4			
① ②		献ズ 諸ヲ 子 罕ニ	(1)	(2) b	(2) c	(3)

六

小計

裏合計

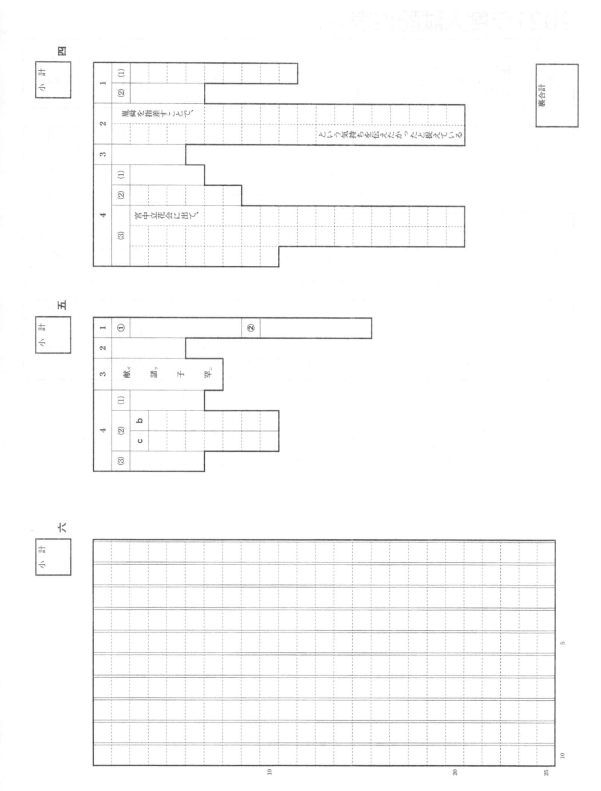

2021年度入試配点表(秋田県)

数学	1	2	3	4	5	計
	各4点×8 ※(1)~(15)から 8問選択	(2)① 2点 (3) 5点 (4) 3点×2 (ア・イ,ウ・エ各完答) 他 各4点×3	各4点×4	各4点×3	各5点×3 ※ⅠとⅡから1問選択	100点

英語	1	2	3	4	5	計
	(4)[答え] 5点 他 各2点×10	各2点×11	(2) 5点 他 各3点×2	各3点×5	各3点×9	100点

理科	1	2	3	4	5	6	計
	各3点×6	(5) 各2点×3 他 各3点×4	各3点×6	各3点×6	(1)① 2点 他 各3点×4	(3)① 2点 他 各3点×4	100点

社会	1	2	3	4	計
	(4)② 3点 (4)③ 4点 他 各2点×4	(2),(3) 各3点×2 (5) 4点 他 各2点×3	(4),(7) 各4点×2 (6)②,(9) 各3点×2 他 各2点×10	(3),(7),(9)② 各2点×5 (9)③ 4点 他 各3点×7	100点

国語	一	二	三	四	五	六	計
	1,4 各2点×2 他 各3点×2	1 2点 2 4点 4(3) 5点 他 各3点×4	各2点×7	2 4点 4(1) 2点 4(3) 5点 他 各3点×4	4(2) 各3点×2 他 各2点×6	内容・構成 5点 表現・叙述 4点 表記等 3点	100点

令和２年度

数　　　学

（解　答　用　紙）

受検番号		氏　名	

表合計

合　計

1

小　計

(1)	
(2)	
(3)	
(4)	
(5)	$x =$
(6)	$x =$　　　　　，$y =$
(7)	$x =$
(8)	
(9)	
(10)	個
(11)	°
(12)	°
(13)	本
(14)	cm^3
(15)	倍

2

小　計

(1)			
(2)	①	（過程） 答　$b =$	
	②	$c =$	$d =$
(3)			
(4)	倍		

※この解答用紙は182％に拡大していただきますと，実物大になります。

裏合計

3

小計

(1)	①	ⓐ	
	②		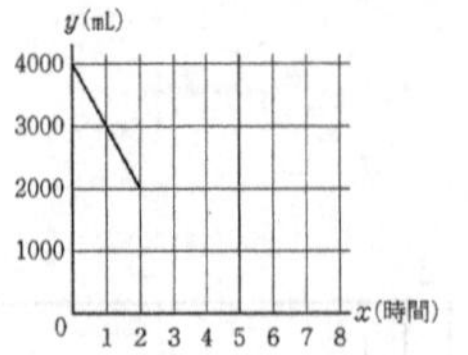
(2)	①	ⓑ	
	②	ⓒ	
		ⓓ	
		ⓔ	
		ⓕ	

4

小計

(1)	ア	
	イ	
	ウ	
(2)	①	
	②	

5－Ⅰ

小計

(1)	°
(2)	[証明] △FABにおいて △FABは二等辺三角形である。
(3)	cm^2

5－Ⅱ

小計

(1)	[証明] △HOBにおいて △HOBは二等辺三角形である。
(2)	cm
(3)	cm^2

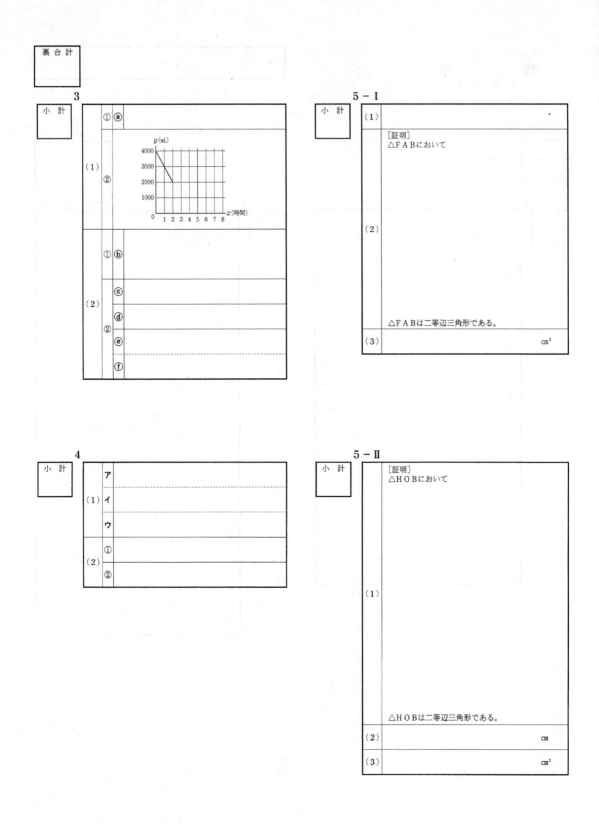

令和２年度

英　　語

（解　答　用　紙）

受検番号		氏　名	

表合計

合　計

小　計

1 リスニングテスト

(1)	①	
	②	
(2)	①	
	②	
	③	
(3)	①	
	②	
	③	
(4)		
	［答え］	

小　計

2

(1)	①	
	②	
	③	
	④	
(2)	①	
	②	
	③	
	④	
(3)	①	(　　　　) (　　　　) (　　　　) this?
	②	And I think eating breakfast (　　　　) (　　　　) (　　　　) as sleeping well.
	③	I want (　　　　) (　　　　) (　　　　) to my house.

小　計

3

(1)	①	.
	②	.
(2)	(記入例)	I'm sorry , but I'm very busy .
		5語
		10語
		15語
		20語
		25語

※この解答用紙は189％に拡大していただきますと，実物大になります。

裏合計

4

小　計

(1)	→　→　→	
(2)	①	
	②	
(3)	①	
	②	

5

小　計

(1)		
(2)	→　→　→	
(3)	**【貧しい人々】**	
	【農家の人々】	
(4)		
(5)		
(6)	①	
	②	

令和２年度

理　　　科

（解　答　用　紙）

受検番号		氏　名	

合　計

1

小　計

(1)	①	
	②	記号：
		書き直し：
(2)	①	
	②	
(3)	①	
	②	吸気に比べて

2

小　計

(1)		
(2)		
(3)		
(4)		
(5)	X：	Y：
(6)		

3

小　計

(1)	①	
	②	
	③	
	④	
(2)	①	g
	②	

4

小　計

(1)	①	
	②	cm/s
	③	→ →
(2)	①	N
	②	X：
		Y：

5

小　計

(1)	①	P：	Q：
	②		
(2)	①	gの水に　　gの食塩をとかした。	
	②		
	③	R：	S：
(3)	①		
	②	過程：	
		答：　　%	
	③		
(4)	①	図９	
	②		

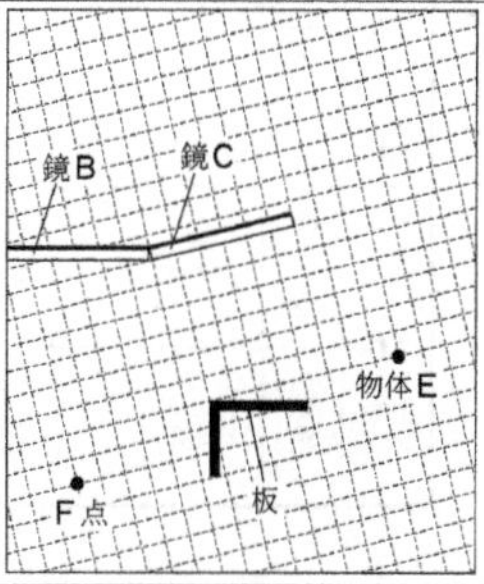

※この解答用紙は189％に拡大していただきますと，実物大になります。

令和２年度

社　　　　会

（解　答　用　紙）

受検番号		氏　名	

合　計

1

小　計

(1)				
(2)	→ →			
(3)				
(4)				
(5)				
(6)				
(7)				
(8)				
(9)				
(10)	X		Y	
(11)				
(12)				

2

小　計

(1)	名称		記号	
(2)	A	州		
	D	州		
(3)				
(4)	①			
	②			
	③			

3

小　計

(1)		
(2)		
(3)		
(4)		
(5)	い	
	う	

4

小　計

(1)				
(2)				
(3)				
(4)				
(5)	地域によって,			
(6)	う		え	
(7)				
(8)				
(9)				
(10)				
(11)	か			
	き			

※この解答用紙は175％に拡大していただきますと，実物大になります。

令和二年度

国語

（解答用紙）

受検番号	
氏名	

一

「聞くこと」に関する検査

1	こと
2	こと
3	ということ
4	

小計

二

1		
2		バランスよく
		話
3		
4		
5	(1)	a
		b
	(2)	

小計

三

1	漢字	①	④ なる
	読み	②	③ えて
2	文節		
3			
4			

小計

合計	表合計

※この解答用紙は１８９％に拡大していただきますと、実物大になります。

四

小計

1

2

3 (1) a b

3 (2)

4 (1)

4 (2) Ⅱ Ⅲ

五

小計

1 ① ②

2

3 a b

4 Ⅰ Ⅱ

六

小計

裏合計

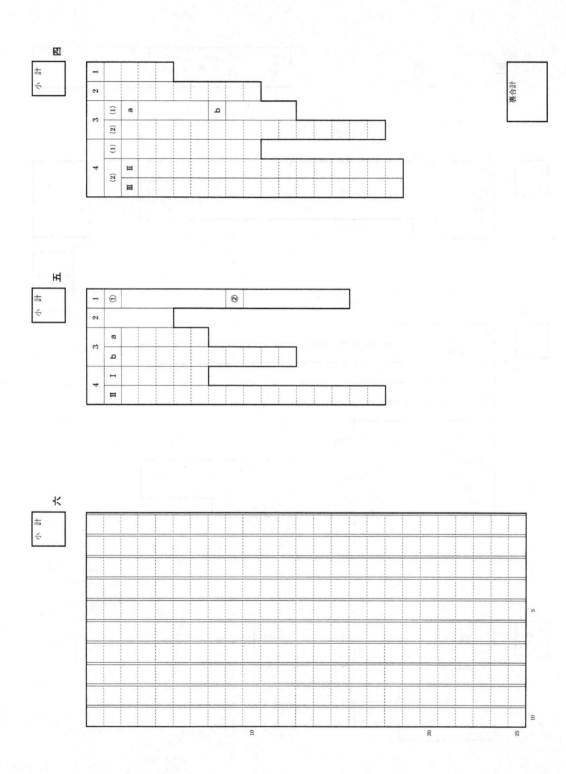

2020年度入試配点表(秋田県)

数学	1	2	3	4	5	計
	各4点×8 ※(1)~(15)から8問選択	(1)　4点(完答) (2)②　各2点×2 他　各5点×3	(1)①　3点 (1)②,(2)① 各4点×2 他　各2点×3 ((2)②ⓔ・ⓕ完答)	(1)　5点(完答) 他　各4点×2	各5点×3 ※IとIIから1問選択	100点

英語	1	2	3	4	5	計
	(4)[答え]　5点 他　各2点×10	各2点×11	(2)　5点 他　各3点×2	各3点×5	各3点×9	100点

理科	1	2	3	4	5	計
	各3点×6	(1)　2点 (5)　4点 他　各3点×4	各3点×6	各3点×6	(1),(3)① 各2点×3 (3)②　4点 他　各3点×6	100点

社会	1	2	3	4	計
	(1),(3),(4)　各2点×3 (5)　4点 他　各3点×8	(1),(4)③　各3点×2 他　各2点×5	(1),(4)　各3点×2 (3)　4点 他　各2点×3	(1),(11)　各2点×3 (5)　4点 他　各3点×8	100点

国語	一	二	三	四	五	六	計
	1, 4　各2点×2 他　各3点×2	1, 2　各2点×2 5(2)　5点 他　各3点×4	各2点×7	1, 2, 3(1) 各2点×4 他　各4点×4	1,2　各2点×3 4II　4点 他　各3点×3	内容・構成　5点 表現・叙述　4点 表記等　3点	100点

平成31年度

数　　学

（解　答　用　紙）

受検番号		氏　名	

表合計

合　計

1

小　計

(1)	
(2)	
(3)	$x =$
(4)	$x =$
(5)	$x =$ 　　　　, $y =$
(6)	$x =$
(7)	
(8)	
(9)	m
(10)	N =
(11)	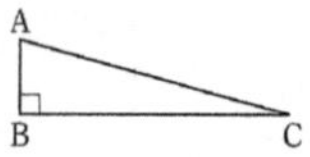
(12)	°
(13)	°
(14)	cm^3
(15)	倍

2

小　計

(1)	①		(過程) 答　$a =$
	②		
(2)	ア		
	イ		
(3)	①		cm^2
	②	ア	
		イ	
		ウ	

※この解答用紙は196%に拡大していただきますと，実物大になります。

裏合計

3

小計

(1)	①	ⓐ		ⓑ		ⓒ	
	②	ⓓ					
	③	ⓔ					
(2)							cm

5 − Ⅰ

小計

(1)	$y=$
(2)	(過程) 答　$x=$
(3)	$x=$
	$y=$

4

小計

(1)	①	x	
		y	
	②	(記号)	
		(理由)	
(2)			

5 − Ⅱ

小計

(1)	$y=$
(2)	(過程) 答　$x=$
(3)	$x=$
	$y=$

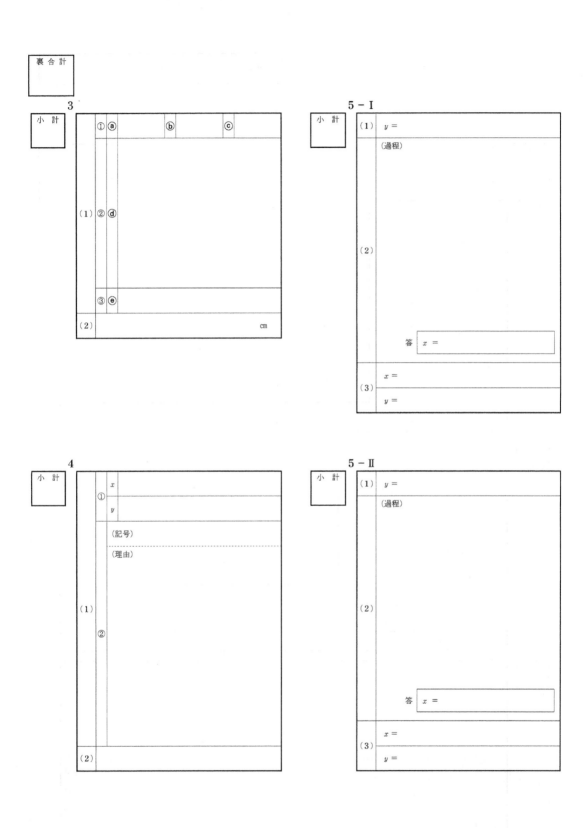

平成31年度

英　　語
（解　答　用　紙）

受検番号		氏　名	

表合計

合　計

1 リスニングテスト

小　計

(1)	①	
	②	
(2)	①	
	②	
	③	
(3)	①	
	②	
	③	
(4)	①	
	②	
	③	
	［答え］	Because she likes ＿＿＿＿＿＿＿＿＿＿ .

2

小　計

(1)	①	
	②	
	③	
	④	
(2)	①	
	②	
	③	
	④	
(3)	①	My mother and I (　　　) (　　　) (　　　) visit my grandfather's house in Nara.
	②	Could you ask him (　　　) (　　　) (　　　) back?
	③	(　　　) (　　　) (　　　) you been here?

3

小　計

(1)	①	.
	②	.
(2)	（記入例）	I'm sorry , but I'm very busy .
		＿＿ ＿＿ ＿＿ ＿＿ ＿＿ 5語
		＿＿ ＿＿ ＿＿ ＿＿ ＿＿ 10語
		＿＿ ＿＿ ＿＿ ＿＿ ＿＿ 15語
		＿＿ ＿＿ ＿＿ ＿＿ ＿＿ 20語
		＿＿ ＿＿ ＿＿ ＿＿ ＿＿ 25語

※この解答用紙は189%に拡大していただきますと，実物大になります。

裏合計

4

小　計

(1)	①	
	②	
(2)		
(3)	①	
	②	

5

小　計

(1)		
(2)		
(3)		
(4)		
(5)	→ → →	
(6)		
(7)	①	
	②	
	③	

平成31年度

理　　科

（解　答　用　紙）

受検番号		氏　名	

合　計

1

小　計

(1)	
(2)	
(3)	
(4)	
(5)	
(6)	

2

小　計

(1)		
(2)		
(3)	Q：	R：
(4)	グラフ：	

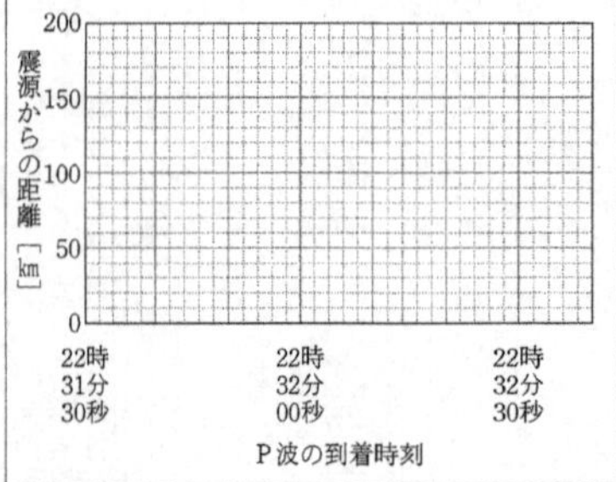

記号：

(5)	①		
	②	T：	U：
		V：	W：

3

小　計

(1)	①	
	②	
	③	A：
		B：
	④	

3

小　計

(2)	①	
	②	
(3)	①	N
	②	J
	③	D：
		E：
		F：

4

小　計

(1)	①	
	②	
(2)	①	
	②	過程：
		少なくとも　　g
	③	→ 　　→
	④	

5

小　計

(1)	①	
	②	
(2)	①	A
	②	
	③	$R_1 : R_2 =$ 　　：
(3)		X：
		Y：

※この解答用紙は189％に拡大していただきますと，実物大になります。

平成31年度

社　会

（解　答　用　紙）

受検番号		氏　名	

合　計

1

小　計

(1)					
(2)					
(3)					
(4)					
(5)					
(6)	①				
	②	元禄小判に比べて,			
(7)					
(8)	外務大臣				
	内容				
(9)					
(10)	①	Ⅰの時期		Ⅱの時期	
	②				

2

小　計

(1)				
(2)				
(3)	農産物あ		農産物い	
(4)				
(5)	①			
	②			

3

小　計

(1)	
(2)	
(3)	
(4)	
(5)	
(6)	

4

小　計

(1)		
(2)		
(3)	所得に応じて,	
(4)		
(5)		
(6)		
(7)		
(8)	お	
	か	
(9)		
(10)		
(11)		

※この解答用紙は182％に拡大していただきますと，実物大になります。

平成三十一年度

国語

（解答用紙）

受検番号

氏名

一

「聞くこと」に関する検査

小計

1	2	3	4
話をしながら	活動を通して、大山さんに　　という思い	明子さんが、　　提案したから	

二

小計

1	2	3	4	5 a	5 b	5 c	5 d
			から				

三

小計

1	2	3	4	5 (1) a	5 (1) b	5 (2)
	という状況					

合計

表合計

※この解答用紙は192％に拡大していただきますと、実物大になります。

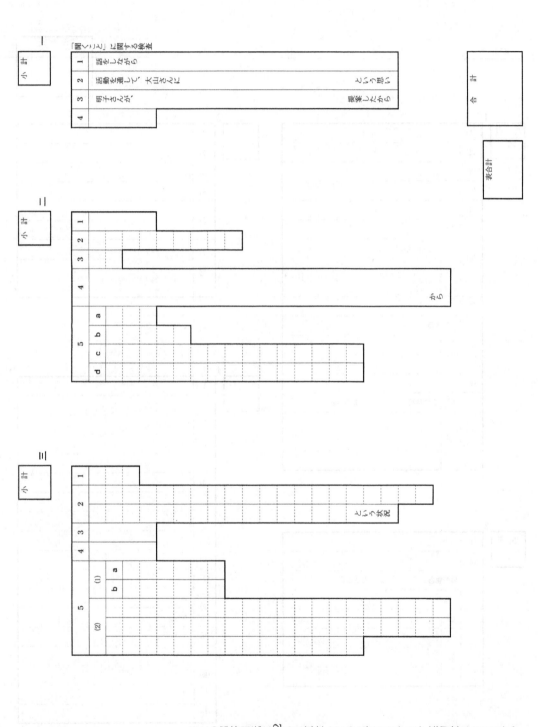

四

小計

1	読み	①	② ぼし
	漢字	③	④ び
2			
3			
4			

五

小計

1	①		②
2			
3	(1)		
	(2)	b	
		c	
4			

六

小計

選んだ記号〔　　〕

裏合計

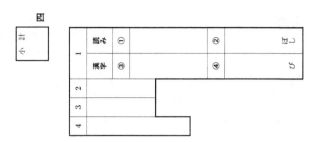

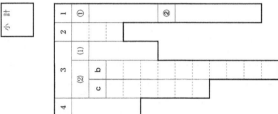

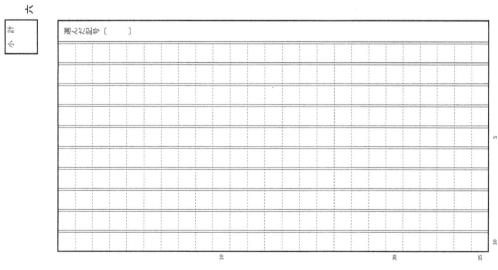

2019年度入試配点表（秋田県）

数学	1	2	3	4	5	計
	各4点 ((8)完答) ※(1)～(15)から 8問選択	(1)①　5点 ②　4点　(2)イ, (3)②ア　各2点×2 他　各3点×4	(1)③　3点(完答) 他　各4点×3 ((1)①完答)	(1)①　各2点×2 ②　5点 (2)　4点	Ⅰ, Ⅱ　(1)　4点 (2)　5点 (3)　各3点×2 ※ⅠとⅡから1問選択	100点

英語	1	2	3	4	5	計
	(4)［答え］　3点 他　各2点×11	各2点×11	(2)　5点 他　各3点×2	各3点×5	(1)　2点 (6)　4点 他　各3点×7	100点

理科	1	2	3	4	5	計
	各3点×6	(4)　4点 (5)②　2点 他　各3点×4	(1)①・② 各2点×2 他　各3点×8	(1)②　2点 (2)②　4点 他　各3点×4	各3点×6	100点

社会	1	2	3	4	計
	(2),(7),(9),(10)① 各3点×4 (6)②,(10)②　各4点×2 他　各2点×7	(3),(4)　各3点×2 (5)②　4点 他　各2点×3	(4)　3点 (6)　4点 他　各2点×4	(1),(4),(6),(9),(11) 各3点×5 (3),(5),(10)　各4点×3 他　各2点×4	100点

国語	一	二	三	四	五	六	計
	1, 4　各2点×2 他　各3点×2	1～3　各2点×3 5a・b　各3点×2 他　各4点×3	1, 3　各2点×2 2　4点 5(2)　5点 他　各3点×3	各2点×7	1,3(1) 各2点×3 他　各3点×4	内容・構成　5点 表現・叙述　4点 表記等　3点	100点

MEMO

大切なことはメモしておこうネ！

MEMO

大切なことはメモしておこうネ！

公立高校入試シリーズ

NEW

長文読解・英作文　公立高校入試対策

実戦問題演習・公立入試の英語　基礎編

- ヒント入りの問題文で「解き方」がわかるように
- 総合読解・英作文問題へのアプローチ手法を出題ジャンル形式別に丁寧に解説
- 全国の公立高校入試から問題を厳選
- 文法・構文・表現の最重要基本事項もしっかりチェック

定価：1,100 円（本体 1,000 円 + 税 10%）／ ISBN：978-4-8141-2123-6　C6300

NEW

旧版『公立入試の英語』をリニューアル！

長文読解・英作文　公立難関・上位校入試対策

実戦問題演習・公立入試の英語　実力錬成編

- 総合読解・英作文問題へのアプローチ手法を出題ジャンル形式別に徹底解説
- 全国の公立高校入試、学校別独自入試から問題を厳選
- 出題形式に合わせた英作文問題の攻略方法で「あと１点」を手にする
- 文法・構文・表現の最重要基本事項もしっかりチェック

定価：1,320 円（本体 1,200 円 + 税 10%）／ ISBN：978-4-8141-2169-4　C6300

脱０点から満点ねらいまでステップアップ構成

目標得点別・公立入試の数学

- 全国の都道府県から選び抜かれた入試問題と詳しくわかりやすい解説
- ステージ問題で実力判定⇒リカバリーコースでテーマごとに復習⇒コースクリア問題で確認⇒ 次のステージへ
- ステージをクリアして確実な得点アップを目指そう
- 実力判定　公立入試対策模擬テスト付き

定価：1,045 円（本体 950 円 + 税 10%）／ ISBN：978-4-8080-6118-0　C6300

解き方がわかる・得点力を上げる分野別トレーニング

実戦問題演習・公立入試の理科

- 全国の公立高校入試過去問からよく出る問題を厳選
- 基本問題から思考・表現を問う問題まで重要項目を実戦学習
- 豊富なヒントで解き方のコツがつかめる
- 弱点補強、総仕上げ……短期間で効果を上げる

定価：1,045 円（本体 950 円 + 税 10%）／ ISBN：978-4-8141-0454-3　C6300

弱点を補強し総合力をつける分野別トレーニング

実戦問題演習・公立入試の社会

- 都道府県公立高校入試から重要問題を精選
- 分野別総合問題、分野複合の融合問題・横断型問題など
- 幅広い出題形式を実戦演習
- 豊富なヒントを手がかりに弱点を確実に補強

定価：1,045 円（本体 950 円 + 税 10%）／ ISBN：978-4-8141-0455-0　C6300

解法＋得点力が身につく出題形式別トレーニング

形式別演習・公立入試の国語

- 全国の都道府県入試から頻出の問題形式を集約
- 基本～標準レベルの問題が中心⇒基礎力の充実により得点力をアップ
- 問題のあとに解法のポイントや考え方を掲載しわかりやすさ、取り組みやすさを重視
- 巻末には総合テスト、基本事項のポイント集を収録

定価：1,045 円（本体 950 円 + 税 10%）／ ISBN：978-4-8141-0453-6　C6300

東京学参の

中学校別入試過去問題シリーズ

＊出版校は一部変更することがあります。一覧にない学校はお問い合わせください。

東京ラインナップ

あ　青山学院中等部(L04)
麻布中学(K01)
桜蔭中学(K02)
お茶の水女子大附属中学(K07)
か　海城中学(K09)
開成中学(M01)
学習院中等科(M03)
慶應義塾中等部(K04)
晃華学園中学(N13)
攻玉社中学(L11)
国学院大久我山中学
（一般・CC）(N22)
（ＳＴ）(N23)
駒場東邦中学(L01)
さ　芝中学(K16)
芝浦工業大附属中学(M06)
城北中学(M05)
女子学院中学(K03)
巣鴨中学(M02)
成蹊中学(N06)
成城中学(K28)
成城学園中学(L05)
青稜中学(K23)
創価中学(N14)★
た　玉川学園中学部(N17)
中央大附属中学(N08)
筑波大附属中学(K06)
筑波大附属駒場中学(L02)
帝京大中学(N16)
東海大菅生高中等部(N27)
東京学芸大附属竹早中学(K08)
東京都市大付属中学(L13)
桐朋中学(N03)
東洋英和女学院中学部(K15)
豊島岡女子学園中学(M12)
な　日本大第一中学(M14)
日本大第三中学(N19)
日本大第二中学(N10)
は　雙葉中学(K05)
法政大学中学(N11)
本郷中学(M08)
ま　武蔵中学(N01)
明治大付属中野中学(N05)
明治大付属中野八王子中学(N07)
明治大付属明治中学(K13)
ら　立教池袋中学(M04)
わ　和光中学(N21)
早稲田中学(K10)
早稲田実業学校中等部(K11)
早稲田大高等学院中等部(N12)

神奈川ラインナップ

あ　浅野中学(O04)
栄光学園中学(O06)
か　神奈川大附属中学(O08)
鎌倉女学院中学(O27)
関東学院六浦中学(O31)
慶應義塾湘南藤沢中等部(O07)
慶應義塾普通部(O01)
さ　相模女子大中学部(O32)
サレジオ学院中学(O17)
逗子開成中学(O22)
聖光学院中学(O11)
清泉女学院中学(O20)
洗足学園中学(O18)
捜真女学校中学部(O29)
た　桐蔭学園中等教育学校(O02)
東海大付属相模高中等部(O24)
桐光学園中学(O16)
な　日本大中学(O09)
は　フェリス女学院中学(O03)
法政大第二中学(O19)
や　山手学院中学(O15)
横浜隼人中学(O26)

千・埼・茨・他ラインナップ

あ　市川中学(P01)
浦和明の星女子中学(Q06)
か　海陽中等教育学校
（入試Ⅰ・Ⅱ）(T01)
（特別給費生選抜）(T02)
久留米大附設中学(Y04)
さ　栄東中学（東大・難関大）(Q09)
栄東中学（東大特待）(Q10)
狭山ヶ丘高校付属中学(Q01)
芝浦工業大柏中学(P14)
渋谷教育学園幕張中学(P09)
城北埼玉中学(Q07)
昭和学院秀英中学(P05)
清真学園中学(S01)
西南学院中学(Y02)
西武学園文理中学(Q03)
西武台新座中学(Q02)
専修大松戸中学(P13)
た　筑紫女学園中学(Y03)
千葉日本大第一中学(P07)
千葉明徳中学(P12)
東海大付属浦安高中等部(P06)
東邦大付属東邦中学(P08)
東洋大附属牛久中学(S02)
獨協埼玉中学(Q08)
な　長崎日本大中学(Y01)
成田高校付属中学(P15)
は　函館ラ・サール中学(X01)
日出学園中学(P03)
福岡大附属大濠中学(Y05)
北嶺中学(X03)
細田学園中学(Q04)
や　八千代松陰中学(P10)
ら　ラ・サール中学(Y07)
立命館慶祥中学(X02)
立教新座中学(Q05)
わ　早稲田佐賀中学(Y06)

公立中高一貫校ラインナップ

北海道　市立札幌開成中等教育学校(J22)
宮　城　宮城県仙台二華・古川黎明中学校(J17)
市立仙台青陵中等教育学校(J33)
山　形　県立東桜学館中学校(J27)
茨　城　茨城県立中学・中等教育学校(J09)
栃　木　県立宇都宮東・佐野・矢板東高校附属中学校(J11)
群　馬　県立中央・市立四ツ葉学園中等教育学校・
市立太田中学校(J10)
埼　玉　市立浦和中学校(J06)
県立伊奈学園中学校(J31)
さいたま市立大宮国際中等教育学校(J32)
川口市立高等学校附属中学校(J35)
千　葉　県立千葉・東葛飾中学校(J07)
市立稲毛国際中等教育学校(J25)
東　京　区立九段中等教育学校(J21)
都立大泉高等学校附属中学校(J28)
都立両国高等学校附属中学校(J01)
都立白鷗高等学校附属中学校(J02)
都立富士高等学校附属中学校(J03)
都立三鷹中等教育学校(J29)
都立南多摩中等教育学校(J30)
都立武蔵高等学校附属中学校(J04)
都立立川国際中等教育学校(J05)
都立小石川中等教育学校(J23)
都立桜修館中等教育学校(J24)
神奈川　川崎市立川崎高等学校附属中学校(J26)
県立平塚・相模原中等教育学校(J08)
横浜市立南高等学校附属中学校(J20)
横浜サイエンスフロンティア高校附属中学校(J34)
広　島　県立広島中学校(J16)
県立三次中学校(J37)
徳　島　県立城ノ内中等教育学校・富岡東・川島中学校(J18)
愛　媛　県立今治東・松山西・宇和島南中等教育学校(J19)
福　岡　福岡県立中学校・中等教育学校(J12)
佐　賀　県立香楠・致遠館・唐津東・武雄青陵中学校(J13)
宮　崎　県立五ヶ瀬中等教育学校(J15)
県立宮崎西・都城泉ヶ丘高校附属中学校(J36)
長　崎　県立長崎東・佐世保北・諫早高校附属中学校(J14)

公立中高一貫校「適性検査対策」問題集シリーズ

総合編　作文問題編　資料問題編　数と図形編　生活と科学編　実力確認テスト編

私立中・高スクールガイド
THE《ザ》 私立
私立中学＆高校の学校生活がわかる！

東京学参の
高校別入試過去問題シリーズ

＊出版校は一部変更することがあります。一覧にない学校はお問い合わせください。

東京ラインナップ

あ　愛国高校(A59)
　　青山学院高等部(A16)★
　　桜美林高校(A37)
　　お茶の水女子大附属高校(A04)
か　開成高校(A05)★
　　共立女子第二高校(A40)
　　慶應義塾女子高校(A13)
　　国学院高校(A30)
　　国学院大久我山高校(A31)
　　国際基督教大高校(A06)
　　小平錦城高校(A61)★
　　駒澤大高校(A32)
さ　芝浦工業大附属高校(A35)
　　修徳高校(A52)
　　城北高校(A21)
　　専修大附属高校(A28)
　　創価高校(A66)★
た　拓殖大第一高校(A53)
　　立川女子高校(A41)
　　玉川学園高等部(A56)
　　中央大高校(A19)
　　中央大杉並高校(A18)★
　　中央大附属高校(A17)
　　筑波大附属高校(A01)
　　筑波大附属駒場高校(A02)
　　帝京大高校(A60)
　　東海大菅生高校(A42)
　　東京学芸大附属高校(A03)
　　東京実業高校(A62)
　　東京農業大第一高校(A39)
　　桐朋高校(A15)
　　都立青山高校(A73)★
　　都立国立高校(A76)★
　　都立国際高校(A80)★
　　都立国分寺高校(A78)★
　　都立新宿高校(A77)★
　　都立墨田川高校(A81)★
　　都立立川高校(A75)★
　　都立戸山高校(A72)★
　　都立西高校(A71)★
　　都立八王子東高校(A74)★
　　都立日比谷高校(A70)★
な　日本大櫻丘高校(A25)
　　日本大第一高校(A50)
　　日本大第三高校(A48)
　　日本大第二高校(A27)
　　日本大鶴ヶ丘高校(A26)
　　日本大豊山高校(A23)
は　八王子学園八王子高校(A64)
　　法政大高校(A29)
ま　明治学院高校(A38)
　　明治学院東村山高校(A49)
　　明治大付属中野高校(A33)
　　明治大付属中野八王子高校(A67)
　　明治大付属明治高校(A34)★
　　明法高校(A63)
わ　早稲田実業学校高等部(A09)
　　早稲田大高等学院(A07)

神奈川ラインナップ

あ　麻布大附属高校(B04)
　　アレセイア湘南高校(B24)
か　慶應義塾高校(A11)
　　神奈川県公立高校特色検査(B00)
さ　相洋高校(B18)
た　立花学園高校(B23)
　　桐蔭学園高校(B01)
　　東海大付属相模高校(B03)★
　　桐光学園高校(B11)
な　日本大高校(B06)
　　日本大藤沢高校(B07)
は　平塚学園高校(B22)
　　藤沢翔陵高校(B08)
　　法政大国際高校(B17)
　　法政大第二高校(B02)★
や　山手学院高校(B09)
　　横須賀学院高校(B20)
　　横浜商科大高校(B05)
　　横浜翠陵高校(B14)
　　横浜清風高校(B10)
　　横浜創英高校(B21)
　　横浜隼人高校(B16)
　　横浜富士見丘学園高校(B25)

千葉ラインナップ

あ　愛国学園大附属四街道高校(C26)
　　我孫子二階堂高校(C17)
　　市川高校(C01)★
か　敬愛学園高校(C15)
さ　芝浦工業大柏高校(C09)
　　渋谷教育学園幕張高校(C16)★
　　翔凜高校(C34)
　　昭和学院秀英高校(C23)
　　専修大松戸高校(C02)
た　千葉英和高校(C18)
　　千葉敬愛高校(C05)
　　千葉経済大附属高校(C27)
　　千葉日本大第一高校(C06)★
　　千葉明徳高校(C20)
　　千葉黎明高校(C24)
　　東海大付属浦安高校(C03)
　　東京学館高校(C14)
　　東京学館浦安高校(C31)
な　日本体育大柏高校(C30)
　　日本大習志野高校(C07)
は　日出学園高校(C08)
や　八千代松陰高校(C12)
ら　流通経済大付属柏高校(C19)★

埼玉ラインナップ

あ　浦和学院高校(D21)
　　大妻嵐山高校(D04)★
か　開智高校(D08)
　　開智未来高校(D13)★
　　春日部共栄高校(D07)
　　川越東高校(D12)
　　慶應義塾志木高校(A12)
さ　埼玉栄高校(D09)
　　栄東高校(D14)
　　狭山ヶ丘高校(D24)
　　昌平高校(D23)
　　西武学園文理高校(D10)
　　西武台高校(D06)
た　東京農業大第三高校(D18)
は　武南高校(D05)
　　本庄東高校(D20)
や　山村国際高校(D19)
ら　立教新座高校(A14)
わ　早稲田大本庄高等学院(A10)

北関東・甲信越ラインナップ

あ　愛国学園大附属龍ヶ崎高校(E07)
　　宇都宮短大附属高校(E24)
か　鹿島学園高校(E08)
　　霞ヶ浦高校(E03)
　　共愛学園高校(E31)
　　甲陵高校(E43)
　　国立高等専門学校(A00)
さ　作新学院高校
　　　(トップ英進・英進部)(E21)
　　　(情報科学・総合進学部)(E22)
　　常総学院高校(E04)
た　中越高校(R03)＊
　　土浦日本大高校(E01)
　　東洋大附属牛久高校(E02)
な　新潟青陵高校(R02)＊
　　新潟明訓高校(R04)＊
　　日本文理高校(R01)＊
は　白鷗大足利高校(E25)
ま　前橋育英高校(E32)
や　山梨学院高校(E41)

中京圏ラインナップ

あ　愛知高校(F02)
　　愛知啓成高校(F09)
　　愛知工業大名電高校(F06)
　　愛知産業大工業高校(F21)
　　愛知みずほ大瑞穂高校(F25)
　　暁高校(3年制)(F50)
　　鶯谷高校(F60)
　　栄徳高校(F29)
　　桜花学園高校(F14)
　　岡崎城西高校(F34)
か　岐阜聖徳学園高校(F62)
　　岐阜東高校(F61)
　　享栄高校(F18)
さ　桜丘高校(F36)
　　至学館高校(F19)
　　椙山女学園高校(F10)
　　鈴鹿高校(F53)
　　星城高校(F27)★
　　誠信高校(F33)
　　清林館高校(F16)★
た　大成高校(F28)
　　大同大大同高校(F30)
　　高田高校(F51)
　　滝高校(F03)★
　　中京高校(F63)
　　中京大附属中京高校(F11)★
　　中部大春日丘高校(F26)★
　　中部大第一高校(F32)
　　津田学園高校(F54)
　　東海高校(F04)★
　　東海学園高校(F20)
　　東邦高校(F12)
　　同朋高校(F22)
　　豊田大谷高校(F35)
な　名古屋高校(F13)
　　名古屋大谷高校(F23)
　　名古屋経済大市邨高校(F08)
　　名古屋経済大高蔵高校(F05)
　　名古屋女子大高校(F24)
　　日本福祉大付属高校(F17)
　　人間環境大附属岡崎高校(F37)
は　光ヶ丘女子高校(F38)
　　誉高校(F31)
ま　三重高校(F52)
　　名城大附属高校(F15)

宮城ラインナップ

さ　尚絅学院高校(G02)
　　聖ウルスラ学院英智高校(G01)★
　　聖和学園高校(G05)
　　仙台育英学園高校(G04)
　　仙台城南高校(G06)
　　仙台白百合学園高校(G12)
た　東北学院高校(G03)★
　　東北学院榴ヶ岡高校(G08)
　　東北高校(G11)
　　東北生活文化大高校(G10)
　　常盤木学園高校(G07)
は　古川学園高校(G13)
ま　宮城学院高校(G09)★

北海道ラインナップ

さ　札幌光星高校(H06)
　　札幌静修高校(H09)
　　札幌第一高校(H01)
　　札幌北斗高校(H04)
　　札幌龍谷学園高校(H08)
は　北海高校(H03)
　　北海学園札幌高校(H07)
　　北海道科学大高校(H05)
ら　立命館慶祥高校(H02)

★はリスニング音声データのダウンロード付き。

都道府県別 公立高校入試過去問 シリーズ

- 全国47都道府県別に出版
- 最近数年間の検査問題収録
- リスニングテスト音声対応

公立高校入試対策 問題集シリーズ

- 目標得点別・公立入試の数学
- 実戦問題演習・公立入試の英語（実力錬成編・基礎編）
- 形式別演習・公立入試の国語
- 実戦問題演習・公立入試の理科
- 実戦問題演習・公立入試の社会

高校入試特訓問題集 シリーズ

- 英語長文難関攻略30選
- 英語長文テーマ別難関攻略30選
- 英文法難関攻略20選
- 英語難関徹底攻略33選
- 古文完全攻略63選
- 国語融合問題完全攻略30選
- 国語長文難関徹底攻略30選
- 国語知識問題完全攻略13選
- 数学の図形と関数・グラフの融合問題完全攻略272選
- 数学難関徹底攻略700選
- 数学の難問80選
- 数学　思考力―規則性とデータの分析と活用―

〈リスニング問題の音声について〉

本問題集掲載のリスニング問題の音声は、弊社ホームページでデータ配信しております。

現在お聞きいただけるのは「2024年度受験用」に対応した音声で、2024年3月末日までダウンロード可能です。弊社ホームページにアクセスの上、ご利用ください。

※本問題集を中古品として購入された場合など、配信期間の終了によりお聞きいただけない年度がございますのでご了承ください。

秋田県公立高校　2024年度

ISBN978-4-8141-2847-1

発行所　東京学参株式会社
〒153-0043　東京都目黒区東山2-6-4
URL　https://www.gakusan.co.jp

編集部　E-mail　hensyu@gakusan.co.jp
※本書の編集責任はすべて弊社にあります。内容に関するお問い合わせ等は、編集部まで、メールにてお願い致します。なお、回答にはしばらくお時間をいただく場合がございます。何卒ご了承くださいませ。

営業部　TEL　03 (3794) 3154
FAX　03 (3794) 3164
E-mail　shoten@gakusan.co.jp
※ご注文・出版予定のお問い合わせ等は営業部までお願い致します。

2023年6月15日　初版